JN392587

상윳따 니까야

주제별로 모은 경[相應部]

제2권

연기를 위주로 한 가르침

상윳따 니까야
Saṁyutta Nikāya

주제별로 모은 경

2

연기를 위주로 한 가르침

초기불전연구원

∴

그분

부처님

공양 올려 마땅한 분

바르게 깨달으신 분께 귀의합니다.

Namo tassa Bhagavato Arahato Sammāsambuddhassa

목차

제2권 해제 27

제12주제 인연 상윳따(S12) 83

제1장 부처님 품 85
연기(緣起) 경(S12:1) 85
분석 경(S12:2) 92
도닦음 경(S12:3) 104
위빳시 경(S12:4) 104
시키 경(S12:5) 112
웻사부 경(S12:6) 112
까꾸산다 경(S12:7) 113
꼬나가마나 경(S12:8) 113
깟사빠 경(S12:9) 113
사꺄무니 고따마 경(S12:10) 113

제2장 음식 품 123
음식 경(S12:11) 123
몰리야팍구나 경(S12:12) 128
사문/바라문 경1(S12:13) 135
사문/바라문 경2(S12:14) 136
깟짜나곳따 경(S12:15) 138
설법자[法師] 경(S12:16) 145
나체수행자 깟사빠 경(S12:17) 147
띰바루까 경(S12:18) 154
우현(愚賢) 경(S12:19) 158
조건 경(S12:20) 162

제3장 십력 품 167
십력 경1(S12:21) 167
십력 경2(S12:22) 169
기반 경(S12:23) 173
외도 경(S12:24) 180
부미자 경(S12:25) 188
우빠와나 경(S12:26) 195
조건 경(S12:27) 196

비구 경(S12:28) 199
사문/바라문 경1(S12:29) 202
사문/바라문 경2(S12:30) 204

제4장 깔라라캇띠야 품 206
되어있는 것 경(S12:31) 206
깔라라 경(S12:32) 212
지혜의 토대 경1(S12:33) 221
지혜의 토대 경2(S12:34) 226
무명을 조건함 경1(S12:35) 227
무명을 조건함 경2(S12:36) 232
그대들 것이 아님 경(S12:37) 235
의도 경1(S12:38) 236
의도 경2(S12:39) 239
의도 경3(S12:40) 241

제5장 장자 품 244
다섯 가지 증오와 두려움 경1(S12:41) 244
다섯 가지 증오와 두려움 경2(S12:42) 249
괴로움 경(S12:43) 250

세상 경(S12:44) 252
냐띠까 경(S12:45) 253
어떤 바라문 경(S12:46) 256
자눗소니 경(S12:47) 257
세상의 이치에 능통한 자 경(S12:48) 259
성스러운 제자 경1(S12:49) 261
성스러운 제자 경2(S12:50) 263

제6장 괴로움 품 264
철저한 검증 경(S12:51) 264
취착 경(S12:52) 272
족쇄 경1(S12:53) 275
족쇄 경2(S12:54) 276
큰 나무 경1(S12:55) 277
큰 나무 경2(S12:56) 279
어린 나무 경(S12:57) 281
정신/물질 경(S12:58) 282
알음알이 경(S12:59) 284
인연 경(S12:60) 286

제7장 대품 290
배우지 못한 자 경1(S12:61) 290
배우지 못한 자 경2(S12:62) 295
아들의 고기 경(S12:63) 298
탐욕 있음 경(S12:64) 305
도시 경(S12:65) 310
명상 경(S12:66) 318
갈대 다발 경(S12:67) 326
꼬삼비 경(S12:68) 331
불어남 경(S12:69) 338
수시마 경(S12:70) 339

제8장 사문/바라문 품 355
늙음/죽음 경(S12:71) 355
태어남 경 등(S12:72~81) 356

제9장 뒷부분의 반복 358
스승 경(S12:82) 358
공부지음 경 등(S12:83~93) 359

제13주제 관통 상윳따(S13) 361
손톱 끝 경(S13:1) 363
연못 경(S13:2) 365
합류하는 물 경1(S13:3) 366
합류하는 물 경2(S13:4) 366
땅 경1(S13:5) 367
땅 경2(S13:6) 368
바다 경1(S13:7) 369
바다 경2(S13:8) 369
산의 비유 경1(S13:9) 370
산의 비유 경2(S13:10) 371
산의 비유 경3(S13:11) 371

제14주제 요소 상윳따(S14) 373

제1장 다양함 품 375
요소[界] 경(S14:1) 375
감각접촉 경(S14:2) 378
아님 경(S14:3) 379

느낌 경1(S14:4) 380
느낌 경2(S14:5) 381
요소 경(S14:6) 383
인식 경(S14:7) 383
아님 경(S14:8) 385
감각접촉 경1(S14:9) 387
감각접촉 경2(S14:10) 389

제2장 일곱 요소 품 392
일곱 요소 경(S14:11) 392
근원 있음 경(S14:12) 394
벽돌로 만든 강당 경(S14:13) 399
저열한 의향 경(S14:14) 401
포행 경(S14:15) 402
게송이 있는 경(S14:16) 405
믿음 없는 자 경1(S14:17) 408
믿음 없는 자 경2(S14:18) 410
양심 없는 자 경(S14:19) 413
수치심 없는 자 경(S14:20) 415
적게 배운 자 경(S14:21) 417

게으른 자 경(S14:22) 418

제3장 업의 길 품 420
삼매에 들지 못하는 자 경(S14:23) 420
계행이 나쁜 자 경(S14:24) 421
다섯 가지 학습계목 경(S14:25) 421
일곱 가지 업의 길 경(S14:26) 422
열 가지 업의 길 경(S14:27) 422
여덟 가지 구성 요소 경(S14:28) 423
열 가지 구성 요소 경(S14:29) 424

제4장 네 가지 요소 품 426
네 가지 요소 경(S14:30) 426
깨닫기 전 경(S14:31) 426
유행했음 경(S14:32) 429
만일 없다면 경(S14:33) 430
괴로움 경(S14:34) 432
기뻐함 경(S14:35) 433
일어남 경(S14:36) 434
사문/바라문 경1(S14:37) 435

사문/바라문 경2(S14:38) 436
사문/바라문 경3(S14:39) 436

제15주제 시작을 알지 못함 상윳따(S15) 439

제1장 첫 번째 품 441
풀과 나무 경(S15:1) 441
땅 경(S15:2) 443
눈물 경(S15:3) 444
젖 경(S15:4) 446
산 경(S15:5) 447
겨자씨 경(S15:6) 448
제자 경(S15:7) 449
강가 강 경(S15:8) 450
막대기 경(S15:9) 452
인간 경(S15:10) 452

제2장 두 번째 품 455
불행 경(S15:11) 455

행복 경(S15:12) 455
삼십 명 경(S15:13) 456
어머니 경(S15:14) 459
아버지 경(S15:15) 460
형제 경(S15:16) 460
자매 경(S15:17) 461
아들 경(S15:18) 461
딸 경(S15:19) 462
웨뿔라 산 경(S15:20) 462

제16주제 깟사빠 상윳따(S16) 467
만족 경(S16:1) 469
수치심 없는 자 경(S16:2) 473
달의 비유 경(S16:3) 476
신도 집 방문 경(S16:4) 480
늙음 경(S16:5) 483
교계 경1(S16:6) 486
교계 경2(S16:7) 489
교계 경3(S16:8) 493

선(禪)과 최상의 지혜 경(S16:9) 496
처소 경(S16:10) 503
의복 경(S16:11) 509
사후(死後) 경(S16:12) 519
유사정법(類似正法) 경(S16:13) 521

제17주제 이득과 존경 상윳따(S17) 527

제1장 첫 번째 품 529
무서움 경(S17:1) 529
낚싯바늘 경(S17:2) 530
거북이 경(S17:3) 531
긴 머리 염소 경(S17:4) 532
똥벌레 경(S17:5) 533
벼락 경(S17:6) 534
독화살 경(S17:7) 535
자칼 경(S17:8) 536
거센 바람 경(S17:9) 537
게송이 있는 경(S17:10) 539

제2장 두 번째 품 542
금발우 경(S17:11) 542
은발우 경(S17:12) 542
금화 경 등(S17:13~20) 543

제3장 세 번째 품 545
여인 경(S17:21) 545
미녀 경(S17:22) 545
외동아들 경(S17:23) 546
외동딸 경(S17:24) 547
사문과 바라문 경1(S17:25) 549
사문과 바라문 경2(S17:26) 550
사문과 바라문 경3(S17:27) 551
겉 피부 경(S17:28) 552
밧줄 경(S17:29) 552
비구 경(S17:30) 553

제4장 네 번째 품 555
분열 경(S17:31) 555
선근(善根) 경(S17:32) 556

선법 경(S17:33) 557
밝은 법 경(S17:34) 557
떠나감 경(S17:35) 558
수레 경(S17:36) 559
어머니 경(S17:37) 561
아버지 경 등(S17:38~43) 561

제18주제 라훌라 상윳따(S18) 563

제1장 첫 번째 품 565
눈[眼] 경(S18:1) 565
형색 경(S18:2) 568
알음알이 경(S18:3) 569
감각접촉 경(S18:4) 570
느낌 경(S18:5) 571
인식 경(S18:6) 572
의도 경(S18:7) 573
갈애 경(S18:8) 574
요소[界] 경(S18:9) 575

무더기[蘊] 경(S18:10) 576

제2장 두 번째 품 578
눈 경(S18:11) 578
형색 경 등(S18:12~20) 579
잠재성향 경(S18:21) 580
빠짐 경(S18:22) 582

제19주제 락카나 상윳따(S19) 585

제1장 첫 번째 품 587
뼈 경(S19:1) 587
고기 조각 경(S19:2) 590
고깃덩이 경(S19:3) 591
가죽이 벗겨진 자 경(S19:4) 591
칼로 된 털 경(S19:5) 592
창으로 된 털 경(S19:6) 592
화살로 된 털 경(S19:7) 592
바늘로 된 털 경1(S19:8) 593

바늘로 된 털 경2(S19:9) 594
항아리만한 불알 경(S19:10) 594

제2장 두 번째 품 596
머리 째 푹 빠진 자 경(S19:11) 596
똥 먹는 자 경(S19:12) 596
가죽이 벗겨진 여인 경(S19:13) 597
추녀 경(S19:14) 597
땀투성이 여인 경(S19:15) 598
머리 잘린 자 경(S19:16) 598
사악한 비구 경(S19:17) 599
사악한 비구니 경(S19:18) 600
사악한 식카마나 경(S19:19) 600
사악한 사미 경(S19:20) 601
사악한 사미니 경(S19:21) 602

제20주제 비유 상윳따(S20) 603
뾰족지붕 경(S20:1) 605
손톱 경(S20:2) 606

가문 경(S20:3) 607
가마솥 경(S20:4) 608
창(槍) 경(S20:5) 609
궁수 경(S20:6) 610
쐐기 경(S20:7) 611
목침 경(S20:8) 613
큰 코끼리 경(S20:9) 615
고양이 경(S20:10) 617
자칼 경1(S20:11) 619
자칼 경2(S20:12) 620

제21주제 비구 상윳따(S21) 623
꼴리따 경(S21:1) 625
우빠띳사 경(S21:2) 627
통(단지) 경(S21:3) 629
신참 경(S21:4) 632
수자따 경(S21:5) 634
라꾼따까 밧디야 경(S21:6) 635
위사카 경(S21:7) 636

난다 경(S21:8) 638
띳사 경(S21:9) 640
장로라 불리는 자 경(S21:10) 641
마하깝삐나 경(S21:11) 643
도반 경(S21:12) 645

약어

A.	Aṅguttara Nikāya(앙굿따라 니까야, 증지부)
AA.	Aṅguttara Nikāya Aṭṭhakathā = Manorathapūraṇī(증지부 주석서)
AAṬ.	Aṅguttara Nikāya Aṭṭhakathā Ṭīkā(증지부 복주서)
ApA.	Apadāna Aṭṭhakathā(아빠다나(譬喩經) 주석서)
Be	Burmese-scrip ed. of S.(미얀마 육차결집본)
BG.	Bhagavadgīta(바가왓 기따)
BHD	Buddhist Hybrid Sanskrit Dictionary
BHS	Buddhist Hybrid Sanskrit
BL	Buddhist Legends(Burlingame)
BPS	Buddhist Publication Society
BvA.	Buddhavaṁsa Aṭṭhakathā
CBETA	CBETA Chinese Electronic Tripitaka Collection: CD-ROM
CMA	A Comprehensive Manual of Abhidhamma(아비담맛타 상가하)
CPD	Critical Pāli Dictionary
C.Rh.D	C.A.F. Rhys Davids
D.	Dīgha Nikāya(디가 니까야, 장부)
DA.	Dīgha Nikāya Aṭṭhakathā = Sumaṅgalavilāsinī(장부 주석서)
DAṬ.	Dīgha Nikāya Aṭṭhakathā Ṭīkā(장부 복주서)

Dhp.	Dhammapada(법구경)
DhpA.	Dhammapada Aṭṭhakathā(법구경 주석서)
Dhs.	Dhammasaṅgaṇi(담마상가니, 法集論)
DhsA.	Dhammasaṅgaṇi Aṭṭhakathā = Aṭṭhasālinī(법집론 주석서)
DPL	A Dictionary of the Pali Language(Childers)
DPPN.	G. P. Malalasekera's *Dictionary of Pali Proper Names*
Dv.	Dīpavaṁsa(島史), edited by Oldenberg
DVR	A Dictionary of the Vedic Rituals, Sen, C. Delhi, 1978.
Ee	Roman-script ed. of S. (PTS본. 제1권의 Ee1: 1884년, Ee2: 1998년.)
EV1	Elders' Verses I(장로게 영역, Norman)
EV2	Elders' Verses II(장로니게 영역, Norman)
GD	Group of Discourse(숫따니빠따 영역, Norman)
It.	Itivuttaka(如是語)
ItA.	Itivuttaka Aṭṭhakathā(여시어 경 주석서)
Jā.	Jātaka(本生譚)
JāA.	Jātaka Aṭṭhakathā(본생담 주석서)
KhpA.	Khuddakapātha Aṭṭhakathā(쿳다까빠타 주석서)
KS	Kindred Sayings(상윳따 니까야 영역, Rhys Davids, Woodward)
Kv.	Kathāvatthu(까타왓투, 論事)
KvA.	Kathāvatthu Aṭṭhakathā(까타왓투 주석서)
LBD	Long Discouurse of the Buddha(디가 니까야 영역, Walshe)
M.	Majjhima Nikāya(맛지마 니까야, 중부)

MA.	Majjhima Nikāya Aṭṭhakathā(맛지마 니까야 주석서)
Mil.	Milindapañha(밀린다왕문경)
MLBD	Middle Length Discouurse of the Buddha(중부 영역, Ñāṇamoli)
Mvu.	Mahāvastu(북전 大事, Edited by Senart)
Mhv.	Mahāvaṁsa(大史), edited by Geiger
MW	Monier-Williams′ Sanskrit-English Dictionary
Nd1.	Mahā Niddesa(大義釋)
Nd1A.	Mahā Niddesa Aṭṭhakathā (대의석 주석서)
Nd2.	Cūla Niddesa(소의석)
Netti.	Nettippakaraṇa(指道論)
NMD	Ven. Ñāṇamoli′s *Pali-English Glossary of Buddhist Terms*
Pe.	Peṭakopadesa(藏釋論)
PED	*Pāli-English Dictionary* (PTS)
Pm.	Paramatthamañjūsā = Visuddhimagga Mahāṭīkā(청정도론 복주서)
Ps.	Paṭisambhidāmagga(무애해도)
Ptn.	Paṭṭhāna(發趣論)
PTS	Pāli Text Society
Pug.	Puggalapaññatti(人施設論)
PugA.	Puggalapaññatti Aṭṭhakathā (인시설론 주석서)
Pv.	Petavatthu (아귀사)
Rv.	Ṛgveda(리그베다)
S.	Saṁyutta Nikāya(상윳따 니까야, 상응부)
SA.	Saṁyutta Nikāya Aṭṭhakathā = Sāratthappakāsinī(상응부 주석서)
SAṬ.	Saṁyutta Nikāya Aṭṭhakathā Ṭīkā(상응부 복주서)
Se	Sinhala-scrip ed. of S.(스리랑카본)
Sk.	Sanskrit

Sn.	Suttanipāta(숫따니빠따, 경집)
SnA.	Suttanipāta Aṭṭhakathā(숫따니빠따 주석서)
SS	Ee에 언급된 S.의 싱할리어 필사본
Thag.	Theragāthā(테라가타, 장로게)
ThagA.	Theragāthā Aṭṭhakathā(장로게 주석서)
Thig.	Therīgāthā(테리가타, 장로니게)
ThigA.	Therīgāthā Aṭṭhakathā(장로니게 주석서)
Ud.	Udāna(감흥어)
UdA.	Udāna Aṭṭhakathā(감흥어 주석서)
Uv	Udānavarga(북전 출요경, 出曜經)
VĀT	Vanarata, Āananda Thera
Vbh.	Vibhaṅga(위방가, 分別論)
VbhA.	Vibhaṅga Aṭṭhakathā = Sammohavinodanī(분별론 주석서)
Vin.	Vinaya Piṭaka(율장)
VinA.	Vinaya Piṭaka Aṭṭhakathā = Samantapāsādikā(율장 주석서)
Vis.	Visuddhimagga(청정도론)
v.l.	variant reading(이문, 異文)
VRI	Vipassanā Research Institute
VṬ	Abhidhammaṭṭha Vibhavinī Ṭīkā(위바위니 띠까)
Vv.	Vimānavatthu(천궁사)
VvA.	Vimānavatthu Aṭṭhakathā(천궁사 주석서)
Yam.	Yamaka(쌍론)
YamA.	Yamaka Aṭṭhakathā = Pañcappakaraṇa(야마까 주석서)
Ybhūś	Yogācārabhūmi Śarirārthagāthā(범본 유가사지론)

보디 스님　*The Connected Discourses of the Buddha*(상윳따 니까야 영역본)
냐나몰리　*The Middle Length Discourses of the Buddha*(맛지마 니까야 영역본)
아비담마 길라잡이　대림스님/각묵스님 옮김, 초기불전연구원, 7쇄 2009년.
우드워드　*The Book of the Kindred Sayings*(상윳따 니까야 영역본)
육차결집본　Vipassana Research Institute(인도) 간행 육차결집 본
청정도론　대림 스님 옮김, 초기불전연구원, 2004, 3쇄 2009.

일러두기

(1) 삼장(Tipitaka)과 주석서(Aṭṭhakathā)들은 별다른 언급이 없는 한 모두 PTS본(Ee)임.
「디가 니까야 복주서」(DAṬ)를 제외한 모든 복주서(Ṭīkā)들은
미얀마 육차결집본(Be, 인도 Vipassana Research Institute 간행)이고,
「디가 니까야 복주서」(DAṬ)는 PTS본이며,「청정도론」은 HOS본임.
S12:15는「상윳따 니까야」제12 상윳따(S12)의 15번째 경을 뜻하고
S.ii.234는 PTS본(Ee)「상윳따 니까야」제2권 234쪽을 뜻함.
S12:15/ii.17은「상윳따 니까야」제12 상윳따(S12)의 15번째 경으로
「상윳따 니까야」제2권 17쪽에 나타남을 뜻함.

(2) 본문에 나타나는 문단번호는 PTS(Ee)본의 문단번호를 존중하여 역자가 임의로 붙인 것임.

(3) 「청정도론 복주서」(Pm)의 숫자는 미얀마 6차결집본(VRI)의 문단번호임.

(4) [ ] 안의 숫자는 제1권은 Ee1, 나머지는 모두 Ee의 페이지 번호임.

(5) { } 안의 숫자는 제1권은 Ee2, 나머지는 모두 Ee의 게송번호임.

(6) 빠알리어는 정체로 표기하였고 영어는 이탤릭체로 표기하였음.

상윳따 니까야 제2권 해제

1. 들어가는 말

『상윳따 니까야』는 부처님이 남기신 가르침을 주제별로 모아서(saṁyutta) 결집한 것이다.『상윳따 니까야』는 이러한 주제를 모두 56개 상윳따로 분류하여 결집하고 있다.[1)]

이들 56개 상윳따 가운데 「숲 상윳따」(S9)와 「비유 상윳따」(S20) 등 2개의 기타 상윳따를 제외하면, 「인연 상윳따」(S12)를 비롯한 26개 상윳따는 교학적인 주제를 중심으로 모은 것이고, 「꼬살라 상윳따」(S3) 등의 15개 상윳따는 특정한 인물과 관계된 가르침을 모은 것이며, 「천신 상윳따」(S1) 등 8개는 특정한 존재(비인간)에게 설하셨거나 혹은 이러한 특정한 존재와 관계된 가르침을 모은 것이고, 「비구니 상윳따」(S5) 등 5개의 상윳따는 특정한 부류의 인간에게 설하셨거나 이들과 관계된 가르침을 모은 것이다.

한편 특정한 인물과 관계된 상윳따들 가운데 「라훌라 상윳따」(S18) 등의 9개 상윳따는 모두 오온 등의 특정한 주제를 각 상윳따에서 하나씩 다루고 있다. 그러므로 이들 9개 상윳따도 교학적인 주제 중심의 상윳따에 포함시킬 수 있다. 그러면 교학적인 주제 중심의 상윳따는 모두 35개로 늘어난다.

주석서에 의하면『상윳따 니까야』는 일차결집에서 결집(합송)되어서

---

1) 56개 주제는 본서 제1권 역자 서문 §8을 참조할 것.

마하깟사빠(대가섭) 존자의 제자들에게 부촉되어 그들이 함께 외워서 전승하여 왔다고 한다.(DA.i.15)

붓다고사 스님은 『청정도론』에서 통찰지의 토양이라는 이름으로 불교교학의 주제를 다음과 같이 여섯 가지로 들고 있다. "여기서 무더기[蘊, khandha], 감각장소[處, āyatana], 요소[界, dhātu], 기능[根, indriya], 진리[諦, sacca], 연기[緣起, paṭiccasamuppāda] 등으로 구분되는 법들이 이 통찰지의 토양(paññā-bhūmi)이다."(Vis.XIV.32)

『청정도론』뿐만 아니라 4부 니까야 주석서들의 서문에서도 모두 온·처·계·근·제·연을 불교교학의 기본으로 들고 있다.

『상윳따 니까야』 제2권은 이러한 불교교학의 여섯 가지 주제 가운데서도 인연(nidāna)을 위주로 한 10개의 주제들(saṁyutta)을 모은 것이다. 이 열 개의 상윳따 가운데서도 제일 처음인 「인연 상윳따」(S12)는 바로 연기(緣起)의 가르침을 담고 있는데, 그 분량도 본 번역의 저본이 되는 Ee를 기준으로 살펴보면 제2권 286쪽 가운데 132쪽에 해당하는 분량으로 제2권의 절반에 가까운 분량이다. 그래서 『상윳따 니까야』 제2권은 전통적으로 니다나 왁가(Nidāna Vagga, 인연 품), 즉 연기를 위주로 한 가르침이라고 전승되어 왔다. 그것은 제2권의 첫 번째 상윳따이면서 연기의 가르침을 담고 있는 「인연 상윳따」(S12)가 제2권의 핵심이기 때문이다.

2. 제2권의 구성

『상윳따 니까야』 제2권에는 「인연 상윳따」(S12)부터 「비구 상윳따」(S21)까지 모두 10개의 상윳따가 포함되어 있는데, 여기에 포함된 상윳따들과 각 상윳따에 포함된 경들의 개수는 다음과 같다.

	명칭	경전 수	품 수
S12	인연	93	9
S13	관통	11	1
S14	요소[界]	39	4
S15	시작 없음	20	2
S16	깟사빠	13	1
S17	이득·존경	43	4
S18	라훌라	22	2
S19	락카나	21	2
S20	비유	12	1
S21	비구	12	1
소계	10개 상응	286	27

표에서 보듯이 이 가운데 인연(S12), 관통(S13), 요소(S14), 시작을 알지 못함(S15), 이득과 존경(S17), 비유(S20)는 주제별로 모은 것이고 깟사빠(S16)와 라훌라(S18)와 락카나(S19)와 비구(S21)는 인물 중심으로 모은 상윳따이다.

20개가 넘는 경들을 포함하고 있는 상윳따는 이 경들을 각각 열 개씩으로 나누어서 품(vagga)이라는 명칭으로 분류하고 있다. 그리고 품이 10개가 넘을 경우에는 다섯 개의 품을 50개 경들의 묶음이라는 명칭으로 묶는데, 제2권에는 100개가 넘는 경들을 포함하고 있는 상윳따가 없기 때문에 50개 경들의 묶음이라는 분류법은 나타나지 않고 있다. 여기에 대해서는 제3권의 「무더기 상윳따」(S22)나 제4권의 「육처 상윳따」(S35)를 참조하기 바란다.

그러면 먼저 『상윳따 니까야』 제2권에 포함되어 있는 10개의 상윳따를 개관해보도록 하자.

제12주제 「인연 상윳따」(Nidāna-saṁyutta, S12)에 포함된 93개의 경

들은 모두 연기(緣起, paṭicca-samuppāda)의 가르침을 담고 있다. 그래서 연기(paṭiccasamuppāda)와 동의어인 인연(nidāna)이라는 술어를 사용하여 「인연 상윳따」라 부르고 있다. 이들 93개 경들은 모두 9개의 품으로 나누어져서 나타나는데, 『상윳따 니까야』 전체에서 가장 어렵고 심오한 가르침을 담고 있다고 할 정도로 어렵고 귀중한 가르침들이다.

제13주제 「관통 상윳따」(Abhisamaya-saṁyutta, S13)에 포함된 11개의 경들은 관통이라는 주제를 담고 있기 때문에 이렇게 부르고 있다. 본 상윳따에 포함된 경들은 모두 사성제를 철견하는 것을 담고 있으며, 이것을 '관통[現觀, abhisamaya]'이라는 술어를 사용하여 표현하고 있어서 「관통 상윳따」라 부른다.

제14주제 「요소 상윳따」(Dhātu-saṁyutta, S14)에는 모두 39개의 경들이 모두 네 개의 품으로 나누어져서 나타나고 있는데, 여기에 포함된 경들은 다양하게 분류되는 요소[界, dhātu]들을 포함하고 있다.

제15주제 「시작을 알지 못함 상윳따」(Anamatagga-saṁyutta, S15)에는 20개의 경들이 포함되어 있으며, 모두 "그 시작을 알지 못하는 것이 바로 윤회다."라는 말씀으로부터 가르침을 전개하고 있다.

제16주제 「깟사빠 상윳따」(Kassapa-saṁyutta, S16)에는 부처님 입멸 후에 결집을 주도했으며 두타제일로 불리는 마하깟사빠(대가섭) 존자와 관련된 13개의 경들을 포함하고 있다.

제17주제 「이득과 존경 상윳따」(Lābhasakkāra-saṁyutta, S17)에는 모두 43개의 경들이 네 개의 품으로 분류되어 나타나고 있다. 본 상윳따에 포함된 모든 경에서 세존께서는 "비구들이여, 이득과 존경과 명성은 무섭고 혹독하고 고약한 것이다. 그것은 위없는 유가안은을 얻는 데 방해물이 된다."라고 하시면서 이를 경계할 것을 간곡하게 말씀하고 계신다.

제18주제 「라훌라 상윳따」(Rāhula-saṁyutta, S18)에는 부처님의 외동아들이었으며 어릴 때 출가한 라훌라 존자와 관계된 22개의 경들이 두 개의 품으로 분류되어 나타난다. 본 상윳따의 대부분의 경들은 온·처·계 등의 무상·고·무아를 강조하시는 세존의 가르침을 담고 있다.

제19주제 「락카나 상윳따」(Lakkhaṇa-saṁyutta, S19)에 포함된 21개의 경들은 락카나 존자와 마하목갈라나 존자와 관련된 것인데 이 역시 두 개의 품으로 나누어져서 나타나고 있다. 이 경들은 모두 신통제일인 마하목갈라나 존자가 신통으로 본, 기이한 형태의 몸을 받아서 고통 받는 중생들을 묘사하고 있다.

제20주제 「비유 상윳따」(Opamma-saṁyutta, S20)에는 모두 12개의 경들이 포함되어 나타난다. 말 그대로 비유를 담고 있는 경들을 모은 상윳따이다.

제2권의 마지막 상윳따인 제21주제 「비구 상윳따」(Bhikkhu-saṁyutta, S21)에는 모두 12개의 경들이 포함되어 있다. 이들은 꼴리따라 불렸던 마하목갈라나 존자 등의 여러 비구들의 일화를 담고 있어서 본 상윳따를 「비구 상윳따」라 이름한 것이다.

이제 각각의 상윳따에 대해서 조금 자세하게 살펴보자.

3. 「인연 상윳따」(S12)

(1) 왜 인연(nidāna)인가

열두 번째 주제인 「인연 상윳따」는 Nidāna Saṁyutta를 옮긴 말이다. 본 상윳따에는 93개의 경들이 제1장 「부처님 품」, 제2장 「음식 품」, 제3장 「십력 품」, 제4장 「깔라라캇띠야 품」, 제5장 「장자 품」, 제6장 「괴로움 품」, 제7장 「대품」, 제8장 「사문·바라문 품」, 제9장 「뒷부분의 반복」으로 분류되어 나타나고 있다. 여기서 제1품부터 제7품까지에는 각각 열 개의 경들이, 제8품에는 11개의 경들이, 제9품에는 12개의 경들이 포함되어 있는데, 제7품에는 상대적으로 긴 경들이 포함되어 있다. 그리고 이 경들은 모두 12지 연기를 위주로 한 연기(緣起, paṭiccasamuppāda)를 설한 가르침들로 구성되어 있다. 그러면 연기(paṭiccasamuppāda) 상윳따라 부르지 않고 왜 「인연(nidāna) 상윳따」라고 이름을 붙였을까?

인연으로 옮긴 니다나(nidāna)라는 술어는 본 상윳따에 「인연 경」(Nidāna-sutta, S12:60)으로도 나타나며, 이 경이 확장된 것이 『디가 니까야』의 「대인연경」(Mahānidāna Sutta, D15)이다. 이 「인연 경」은 애-취-유-생-노사의 5지 연기를 설하고 있고, 「대인연 경」은 더 확장되어 식-명색-촉-수-애-취-유-생-노사의 9지 연기를 설하고 있다.

인연(nidāna)이라는 술어는 ni(아래로)+√dā(*to give*)에서 파생된 명사로 '아래에 놓음'이라는 문자적인 뜻에서 '기초, 기본, 원천, 근원' 등의 뜻으로 쓰인다. 「대인연경」(D15 §4) 등에는 이 술어가 "hetu(원인), nidāna(근원), samudaya(기원), paccaya(조건)"으로 나열되어 나타나고 있는데,[2)]『청정도론』과 『디가 니까야 주석서』에서 "조건, 원인, 이유, 근본, 근원, 기원 등은 글자만 다를 뿐 뜻으로는 하나이다."[3)]라고 설명

---

2) 그러나 니다나라는 술어는 본 상윳따의 「음식 경」(12:11) §4와 「깔라라 경」(S12:32) §7 등에도 나타나고 있다. 각 경의 문맥에 따라서 근원으로도 옮기고 원인으로도 옮겼다. 그러나 정작 nidāna가 경의 제목으로 되어 있는 「인연 경」(S12:60)에는 nidāna가 경의 본문에는 나타나지 않고 있다.

3) paccayo, hetu, kāraṇaṁ, nidānaṁ, sambhavo, pabhavo ti ādi atthato ekaṁ, byañjanato nānaṁ.(Vis.XVII.68, DA.ii.498)

하듯이 이 단어들은 모두 동의어다. 이런 배경에서 연기의 가르침은 전통적으로 모두 인연이라는 용어로 제목을 정하고 있으며, 그래서 연기의 가르침을 모은 본 상윳따도 '연기 상윳따'로 부르지 않고 '니다나 상윳따'로 즉 '인연 상윳따'로 이름을 붙인 것이다.

(2) 경들의 분류

「인연 상윳따」에 포함된 모두 93개의 경들 가운데서 12연기의 늙음·죽음[老死]과 그 일어남[集]과 소멸[滅]과 소멸로 인도하는 도닦음[道]을 하나의 주제로 삼고 있는 S12:71부터 의도적 행위[行]와 그 집·멸·도를 하나의 주제로 삼고 있는 S12:81까지를 하나의 가르침으로 취급하고, 같은 이유로 노사부터 무명까지를 각각 하나의 경의 주제로 택하고 있는 S:82~93까지의 경들도 모두 하나의 가르침으로 간주하면, 「인연 상윳따」에 포함된 93개의 경들은 모두 72개의 가르침으로 축약될 수 있다. 이렇게 해서 72개로 축약되는 이들 경에서 설해지고 있는 연기의 가르침을 이들에 포함되어 있는 연기의 구성요소가 몇 개인가를 중심으로 분류해보면 다음과 같다.

① 12지 연기 　34개 경: S12:1, 2, 3, 4, 5, 6, 7, 8, 9, 10, 15, 16, 17, 18, 20, 21, 22, 23, 27, 35, 36, 37, 41, 42, 46, 47, 48, 49, 50, 51, 61, 68, 69, 70[4)]

② 11지 연기1 　9개 경(행의 집(集)을 무명으로 간주하고 있음): S12:13, 14, 28, 29, 30, 33, 34, 71, 82.

11지 연기2 　1개 경: S12:39

③ 10지 연기 　4개 경: S12:12, 59, 65, 67

---

4) 이 가운데 노사 - 생 - … - 행 - 무명의 순서로 설하고 있는 경은 4, 5, 6, 7, 8, 9, 10, 16, 20, 68, 70의 11개의 경들이고 나머지 23개의 경들은 무명 - 행 - … - 생 - 노사의 순으로 설하고 있다.

④ 9지 연기　　2개 경: S12:11, 58
⑤ 8지 연기　　4개 경: S12:24, 43, 44, 45
⑥ 7지 연기　　1개 경: S12:64
⑦ 6지 연기　　1개 경: S12:19
⑧ 5지 연기　　8개 경: S12:32, 52, 53, 54, 55, 56, 57, 60
⑨ 4지 연기　　3개 경: S12:38, 40, 66
⑩ 3지 연기　　1개 경: S12:25
⑪ 2지 연기　　4개 경: S12:26, 31, 62, 63
계 72개 경

위의 분류에서 살펴보았듯이 놀랍게도 12지 연기를 설하고 있는 경들은 전체의 반 정도에 지나지 않는다. 그리고 본 상윳따에는 연기의 가르침으로 2지 연기부터 12지 연기까지의 11가지나 되는 다양한 연기가 설해지고 있다.

그리고 또 살펴보아야 할 측면은 이 연기의 가르침에서 유전문(流轉門, anuloma, 順觀), 즉 발생구조를 설하고 있는 가르침이 몇 군데에 나타나며, 환멸문(還滅門, paṭiloma, 逆觀), 즉 소멸구조를 설하고 있는 가르침이 몇 군데에 나타나고 있는가 하는 것이다. 72개의 가르침 가운데 괴로움의 발생구조만을 설하고 있는 경은 2개(S12:20, 27)이고, 괴로움의 소멸구조만 설하고 있는 경은 4개(S12:16~18, 62)이며, 발생구조와 소멸구조를 다 설하고 있는 경은 52개 경이고, 나머지 14개의 경들은 이런 관점과는 큰 관련 없이 설해졌다고 할 수 있다.

그리고 우리가 연기의 정형구 혹은 공식으로 잘 알고 있는 "이것이 있을 때 저것이 있다. 이것이 일어날 때 저것이 일어난다. 이것이 없을 때 저것이 없다. 이것이 소멸할 때 저것이 소멸한다."[5]는 가르침이 나

5) imasmiṁ sati idaṁ hoti

타나는 경들은 모두 7개(S12:21, 22, 37, 41, 49, 61, 62)이다. 이 가운데서 62번 경을 제외한 나머지 경들은 이 정형구 바로 다음에 "즉, 무명을 조건으로 의도적 행위들[行]이, 의도적 행위들을 조건으로 알음알이가, … 이와 같이 전체 괴로움의 무더기[苦蘊]가 발생한다. 그러나 무명이 남김없이 빛바래어 소멸하기 때문에 의도적 행위들[行]이 소멸하고, 의도적 행위들이 소멸하기 때문에 알음알이가 소멸하고, … 이와 같이 전체 괴로움의 무더기[苦蘊]가 소멸한다."라는 식으로 12연기의 정형구가 나타난다. S12:62에는 이 정형구 다음에 감각접촉을 반연하여 괴로운 느낌, 즐거운 느낌, 괴롭지도 즐겁지도 않은 느낌이 일어나고 소멸한다는 2지 연기가 나타나고 있다.

역자가 이것을 강조하는 이유는 이 "차유고피유(此有故彼有) …"의 정형구도 '괴로움의 발생구조와 소멸구조'를 설하는 데에만 나타나지, 이 정형구는 우리가 별 생각 없이 내뱉는 것처럼 '제법(諸法)의 상호관계'를 설명하는 것으로 설해진 것이 결코 아니라는 것을 밝히고 싶어서이다.

(3) 각각 연기의 개관

이러한 분류를 바탕으로 각 연기의 가르침의 특징을 간단하게 살펴보자.

① 12지 연기

먼저 12지 연기는 우리가 잘 아는 것처럼 다음의 가르침을 기본 정형구로 하고 있다.

"무명을 조건으로 의도적 행위들[行]이, 의도적 행위들을 조건으로 알음알이가, 알음알이를 조건으로 정신·물질이, 정신·물질을 조건으로 여섯 감각장소가, 여섯 감각장소를 조건으로 감각접촉이, 감각접촉을 조

---

imassuppādā idam uppajjati
imasmiṁ asati idaṁ na hoti
imassa nirodhā idaṁ nirujjhati.
중국에서는 "此有故彼有 此生故彼生 此無故彼無 此滅故彼滅"로 옮겼다.

건으로 느낌이, 느낌을 조건으로 갈애가, 갈애를 조건으로 취착이, 취착을 조건으로 존재가, 존재를 조건으로 태어남이, 태어남을 조건으로 늙음·죽음과 근심·탄식·육체적 고통·정신적 고통·절망이 발생한다. 이와 같이 전체 괴로움의 무더기[苦蘊]가 발생한다. 깟짜야나여, 이를 일러 일어남[起]이라 한다.

그러나 무명이 남김없이 빛바래어 소멸하기 때문에 의도적 행위들[行]이 소멸하고, 의도적 행위들이 소멸하기 때문에 알음알이가 소멸하고, 알음알이가 소멸하기 때문에 정신·물질이 소멸하고, 정신·물질이 소멸하기 때문에 여섯 감각장소가 소멸하고, 여섯 감각장소가 소멸하기 때문에 감각접촉이 소멸하고, 감각접촉이 소멸하기 때문에 느낌이 소멸하고, 느낌이 소멸하기 때문에 갈애가 소멸하고, 갈애가 소멸하기 때문에 취착이 소멸하고, 취착이 소멸하기 때문에 존재가 소멸하고, 존재가 소멸하기 때문에 태어남이 소멸하고, 태어남이 소멸하기 때문에 늙음·죽음과 근심·탄식·육체적 고통·정신적 고통·절망이 소멸한다. 이와 같이 전체 괴로움의 무더기[苦蘊]가 소멸한다."

그러나 같은 12지 연기를 담고 있는 경들 가운데 S12:4, 5, 6, 7, 8, 9, 10, 16, 20, 68, 70의 열한 개의 경들은 '태어남을 조건으로 늙음·죽음이 있다.'부터 '무명을 조건으로 의도적 행위들이 있다.'까지로 노사부터 무명까지의 반대방향으로 12지 연기를 언급하고 있다. 그 외의 22개 경들은 모두 '무명을 조건으로 의도적 행위들이 있다.'부터 '태어남을 조건으로 늙음·죽음이 있다.'까지의 순서로 나타나고 있다.

그리고 S12:20, 27은 괴로움의 발생구조 즉 유전문만을, S12:16~18은 괴로움의 소멸구조 즉 환멸문만을 다루고 있다.

② 11지 연기

11지 연기는 모두 8개의 경들이 나타나고 있는데, 모두 무명이 빠진 행부터 노사까지의 11개 구성요소가 나타난다. 그런데 이 가운데 7개 경들 즉 S12:13, 14, 28, 29, 30, 33, 34는 모두 늙음·죽음과 그 일어남(집, 원인)과 소멸(멸)과 소멸로 인도하는 도닦음(도)으로 나타나고 있다. 여기서 무명이 언급되지 않은 것은 의도적 행위들[行]의 일어남(집, 원인)이 무명이기 때문에 중복을 피하기 위해서 언급되지 않은 것이다. 위에서 밝힌 대로 S12:71~81까지의 11개 경들은 늙음·죽음부터 의도적 행위들까지의 구성요소들이 각각 하나의 경에 배대되어 모두 11개의 경들이 된 것이다. 그래서 이들을 모두 하나의 가르침으로 계산하였고, S12:82~93의 12개 경들도 마찬가지여서 하나의 경으로 계산하였다.

그리고 S12:39도 의도적 행위부터 늙음·죽음까지의 11지를 다루고 있지만, 여기서는 의도적 행위들[行]이라는 술어 대신에 "어떤 것을 의도하고 어떤 것을 계속해서 사유하고 어떤 것에 대해서 잠재성향을 가지면 그것은 [업을 짓는] 알음알이가 머무는 조건이 된다."라고 표현되어 나타나고 있다. 그러므로 엄밀하게 말해서 순수한 11지 연기를 설하는 가르침은 이 S12:39 하나뿐이라고 할 수 있다.

③ 10지 연기

10지 연기는 S12:12, 59, 65, 67의 네 곳에 나타나고 있다.

이것은 알음알이 – 정신·물질부터 태어남 – 늙음·죽음까지 즉 식연명색부터 생연노사까지의 10가지 구성요소를 가지고 있다.

이 가운데서 S12:12, 59의 두 개 경들은 알음알이부터 늙음·죽음까지의 순서로 나타나고 있다. 그런데 특이하게도 S12:12에서는 괴로움의 발생구조로는 10지를 들고 있지만 괴로움의 소멸구조로는 여섯 감각접촉의 장소[六觸處] – 감각접촉 – 느낌부터 늙음·죽음까지의 8가지 구성요소를 들고 있다. 여기에 대한 설명은 S12:12 §9의 주해를 참조할 것.

한편 S12:65와 67은 늙음·죽음부터 정신·물질 – 알음알이까지 관찰해 올라와서 다시 알음알이의 조건으로 정신·물질을 들고 이렇게 해서 늙음·죽음까지 내려가면서 관찰하고 있다. 이것은 『디가 니까야』

「대전기경」(D14 §§2.18~2.20)에 나타나는 위빳시 보살의 연기에 대한 천착과 일치한다.

④ 9지 연기

9지 연기는 S12:11, 58의 두 개의 경에 나타나고 있다.

S12:11에는 네 가지 음식 – 갈애 – 느낌 – 감각접촉 – 여섯 감각장소 – 정신·물질 – 알음알이 – 의도적 행위 – 무명의 9가지 구성요소를 통해서 네 가지 음식의 근원(nidāna) 혹은 조건 혹은 인연을 구명해 들어가고 있다. 그리고 이렇게 해서 무명까지 근원을 탐구해 올라간 뒤에 다시 무명부터 늙음·죽음까지의 12연기의 유전문과 환멸문을 통해서 괴로움의 발생구조와 소멸구조를 드러내는 것으로 경은 마무리하고 있다.

그리고 S12:58에서는 정신·물질부터 늙음·죽음까지의 9가지 구성요소를 통해서 괴로움의 발생구조와 소멸구조를 설하고 있다. 물론 한 생에서 정신·물질이 출현하는 조건으로 전생의 달콤함을 보는 것(주석서는 전생의 갈애라고 설명함)을 들고 있다.

⑤ 8지 연기

8지 연기는 S12:24, 43, 44, 45의 네 개 경에서 나타나고 있다.

S12:24는 늙음·죽음으로부터 시작해서 감각접촉 – 여섯 감각장소[六處]까지로 괴로움의 발생 원인을 관찰하고 다시 여섯 감각접촉의 장소[六觸處] – 감각접촉에서부터 늙음·죽음까지로 8가지 구성요소로 괴로움의 소멸구조를 설하고 있다. 소멸구조에서는 여섯 감각장소 대신에 여섯 감각접촉의 장소가 나타나고 있다.[6]

S12:43~45의 세 개의 경은 괴로움의 발생구조로는 여섯 가지 알음알이(안식부터 의식까지) – 감각접촉 – 느낌 – 갈애를 든 뒤에 괴로움의

6) 그 이유에 대해서는 본서 S12:24 §13의 주해를 참조할 것.

소멸구조로는 여섯 가지 알음알이(안식부터 의식까지) – 감각접촉 – 느낌 – 갈애 – 취착 – 존재 – 태어남 – 늙음·죽음의 8가지 구성요소를 들고 있다. 그래서 8지 연기에 포함시켰다. 물론 이 세 개의 경에서 여섯 가지 알음알이는 "눈과 형색을 조건으로 눈의 알음알이가 일어난다."로 나타나기 때문에 육내처와 육외처를 넣어서 10지 연기의 영역에 포함시킬 수도 있으며, 발생구조로 식-촉-수-애의 넷을 들고 있기 때문에 4지 연기에도 포함시킬 수 있다. 역자는 12지 연기에서 나타나는 식-촉-수-애-취-유-생-노사를 중시하여 여기 8지 연기에 포함시켰다.

⑥ 7지 연기

7지 연기는 S12:64 한 개의 경에 나타난다.

S12:64는 특이하게 네 가지 음식에 대한 갈애 – 알음알이 – 정신·물질 – 의도적 행위 – 다시 태어남[再有] – 태어남[生] – 늙음·죽음의 7가지 구성요소를 통해서 괴로움의 발생구조와 소멸구조를 설하고 있다.

⑦ 6지 연기

6지 연기는 S12:19의 한 개의 경에 나타난다.

무명·갈애 – 몸(알음알이와 함께한 몸)을 받음 – 밖의 정신·물질 – 감각접촉(여섯 감각접촉의 장소, 육촉처) – 느낌(즐거움과 괴로움) – 다시 몸을 받음의 6가지 구성요소를 들고 있다. 본경은 감각접촉에 바탕을 둔 느낌이 원인이 되어서 어리석은 자는 몸이 무너져 죽은 뒤에(kāyassa bhedā) 다시 몸을 받아서(kāyūpaga) 태어남과 늙음·죽음이 있다고 결론을 맺고 있으므로 6지 연기로 간주하였다. 물론 무명과 갈애를 제거한 현자는 다시 몸을 받지 않는다. 이렇게 하여 본경은 삼세양중인과를 설하는 튼튼한 경전적인 근거가 된다. 역자는 기본 구조를 중시해서 6지 연기로 분류를 하였다.

⑧ 5지 연기

5지 연기는 S12:32, 52, 53, 54, 55, 56, 57, 60의 여덟 개 경에 나타난다.

S12:52~57과 S12:60의 일곱 개 경은 "갈애를 조건으로 취착이, 취착을 조건으로 존재가, 존재를 조건으로 태어남이, 태어남을 조건으로 늙음·죽음과 근심·탄식·육체적 고통·정신적 고통·절망이 발생한다. 이와 같이 전체 괴로움의 무더기[苦蘊]가 발생한다. … 소멸한다. 이와 같이 전체 괴로움의 무더기[苦蘊]가 소멸한다."는 구조로 5가지 구성요소를 통해서 괴로움의 발생구조와 소멸구조를 설하고 있다. 이것은 삼세양중인과를 설하는 12지 연기 가운데 금생의 원인과 내생의 결과를 설하는 후반부의 애-취-유-생-노·사의 다섯 만을 들고 있는 것이다.

S12:32에서 사리뿟따 존자는 태어남이 다했음의 성형구를 통해서 태어남 – 존재 – 취착 – 갈애 – 느낌의 5지 연기를 통해서 태어남의 괴로움의 발생구조를 세존께 말씀드리고 있다. 물론 이 느낌은 괴로운 느낌[苦受] 등의 셋이며 이들이 무상하고 괴로움인 것을 알기 때문에 느낌에 대해서 기뻐하지 않는다고 밝히고 있다.

⑨ 4지 연기

4지 연기는 S12:38, 40, 66의 세 개의 경에 나타나고 있다.

S12:38은 의도 – 알음알이 – [내생에] 다시 존재함[再有] – 늙음·죽음의 4가지 구성요소로 괴로움의 발생구조와 소멸구조를 설하고 있다.

그리고 S12:66은 늙음·죽음 – 재생의 근거 – 갈애 – 세상에서 어떤 것이 즐겁고 기분 좋은 것이라 불리는 여섯 감각장소의 네 가지 구성요소를 통해서 괴로움의 발생구조와 소멸구조를 각각의 구성요소에서 모두 설하고 있다.

⑩ 3지 연기

3지 연기는 S12:25 한 곳에 나타나고 있다.

S12:25에서 사리뿟따 존자는 부미자 존자에게 괴로움 – 감각접촉의 2가지 구성요소를 설하였고, 이를 아난다 존자로부터 전해들은 세존께서는 이것을 인정하신 뒤에 다시 괴로움 – 몸과 말과 마음의 의도적 행위 – 무명의 3가지 구성요소로 연기를 설하신다. 역자는 세존께서 말씀하신 3가지 구성요소를 중시하여 3지 연기에 포함시켰다.

⑪ 2지 연기

2지 연기는 S12:26, 31, 62, 63의 네 개의 경에 나타나는데 각각 다른 연기를 들고 있다.

먼저 S12:26은 괴로움은 감각접촉에서 발생한다는 2가지로 괴로움의 발생구조를 설하고 있다.

S12:31에서 사리뿟따 존자는 되어있는 것(bhūta, 즉 오온) – 네 가지 음식을 통해서 괴로움의 발생구조와 소멸구조를 보고 되어있는 것에 대해서 염오-이욕-소멸을 성취한다고 세존께 말씀드리고 있다.

S12:62는 감각접촉 – 느낌의 2가지 구성요소를 통해서 괴로운 느낌 등의 세 가지 느낌의 소멸구조를 설하고 있다.

S12:63은 ①덩어리진 [먹는] 음식 – 다섯 가닥의 감각적 욕망, ② 감각접촉[觸]의 음식 – 세 가지 느낌, ③ 마음의 의도의 음식 – 세 가지 갈애, ④ 알음알이의 음식 – 정신·물질의 구조로 네 가지 음식을 철저하게 알 것을 설하였다. 합송자들은 네 가지 음식에 대한 이러한 가르침 각각을 연기의 가르침으로 파악하였을 것이다. 그렇기 때문에 본경이 여기 「인연 상윳따」에 포함된 것이지 그렇지 않으면 본 상윳따에 포함될 이유가 없다.

한편 S12:25에서 사리뿟따 존자는 부미자 존자에게 괴로움 – 감각접촉의 2가지 구성요소를 설하였고, 이를 아난다 존자로부터 전해들은 세존께서는 이것을 인정하신 뒤에 다시 괴로움 – 몸과 말과 마음의 의도적 행위 – 무명의 3가지 구성요소로 연기를 설하신다. 역자는 세존께서 말씀하신 3가지 구성요소를 중시하여 3지 연기에 포함시켰지만, 사리뿟따 존자의 설명은 이곳 2지 연기에 포함시킬 수 있다.

(4) 연기의 가르침의 특징

이상으로 93개의 경에 나타나는 연기의 가르침을 72개의 가르침으로 축약하여서 12지 연기부터 2지 연기까지로 나누어서 살펴보았다. 이를 토대로 「인연 상윳따」에 나타나는 경들을 통해서 초기경에서 세존께서 설하신 연기의 가르침의 특징을 대략 11가지로 살펴보자.

① 괴로움의 발생구조와 소멸구조

먼저 분명히 하고 싶은 것은 연기는 괴로움의 발생구조와 소멸구조를 설하는 것이라는 점이다. 한국불교에서는 연기하면 우주의 구성 원리부터 먼저 생각한다. 아니면 좀 더 불교식으로 고상하게 표현해서 제법의 상호관계로 이야기하기도 한다. 그리고 연기하면 화엄에서 말하는 중중무진연기 혹은 법계연기를 떠올리고 육상원융(六相圓融)을 떠올린다.

그러나 초기불교에서 연기는 위에서 살펴보았듯이 괴로움의 발생구조와 소멸구조일 뿐이다. 그리고 이것은 괴로움과 괴로움의 발생구조와 괴로움의 소멸구조와 괴로움의 소멸로 인도하는 도닦음으로 정리되는 사성제와 그대로 일치하는 것이기도 하다. 이것을 망각해버리고 저 밖으로 우주의 구성원리를 찾고 법계나 제법의 상호관계를 찾고 법계연기나 육상원융을 떠올린다면 연기의 가르침을 호도해도 너무 호도하는 것이 되고 만다.

여러 주석서들에서도 12연기를 주로 한 연기의 가르침의 유전문(순관)은 윤회의 발생구조(vaṭṭa)를 드러내는 것이고 12연기의 환멸문(역관)은 윤회로부터 벗어나는 구조(vivaṭṭa) 혹은 윤회의 소멸구조를 설하신 것이라고 한결같이 설명하고 있다. 이것이 12연기를 비롯한 모든 연기의 가르침의 핵심이다. 이런 기본적인 관점을 무시하고 연기를 더군다나 12연기를 중중무진연기로 이해해서 전우주의 상호관계로 이해하려 드는 것은 부처님의 근본입장을 호도하는 것이 된다. 물론 초기불전의 논장(Abhidhammma Piṭaka)에서는 24가지 조건(paccaya)을 통해서 모든 법의 상호의존[緣, paṭṭhāna] 혹은 상호관계를 밝히고 있고, 설일체유부에서는 6인-4연-5과로써, 유식에서는 10인-4연-5과로써 제법의 상호의존을 밝히고 있다. 화엄의 중중무진연기는 이러한 상호의존이 발달된 것이지 이것을 초기경의 12연기와 연관지어 해석하려드는 것은 아주 위험한 발상이라고 하겠다.

한편 「깟짜나곳따 경」(S12:15)과 「세상 경」(S12:44)과 「성스러운 제자 경」 1(S12:49) 등에서 12연기를 세상의 일어남과 소멸이라고 설한 곳도 나타난다. 그러나 「깟짜나곳따 경」(S12:15)과 「세상 경」(S12:44)에서 세상의 일어남은 12연기를 통한 괴로움의 발생구조로 설명되고 있고 세상의 소멸은 이러한 괴로움의 소멸구조로 설명되고 있다. 그러므로 12연기를 세상이나 우주의 생성원리로 이해하려는 것은 정작 부처님께서 고구정녕히 말씀하신 괴로움의 해결과 해탈·열반의 실현이라는 근본 메시지를 호도할 우려가 많다 하겠다.

② 괴로움이란 윤회의 괴로움이다

이처럼 12지 연기를 비롯한 모든 연기의 가르침은 12지 연기의 정형구에서 "… 태어남을 조건으로 늙음·죽음과 근심·탄식·육체적 고통·정신적 고통·절망이 발생한다. 이와 같이 전체 괴로움의 무더기[苦蘊]가 발생한다. … 태어남이 소멸하기 때문에 늙음·죽음과 근심·탄식·육체적 고통·정신적 고통·절망이 소멸한다. 이와 같이 전체 괴로움의 무더기[苦蘊]가 소멸한다."라고 말씀하셨듯이 태어남과 늙음·죽음으로 대표되는 괴로움의 발생구조와 소멸구조를 설하신 것이다. 태어남과 늙음·죽음은 한자로 생과 노사이며 줄이면 생과 사, 저 생사문제가 된다. 그러므로 괴로움은 생사문제로 대표되는 괴로움을 뜻한다.

여기서 태어남[生]으로 옮긴 jāti는 범어로 보면 한 생에 최초로 태어나는 것 이외의 뜻으로는 쓰이지 않는다. 절대로 생멸(生滅)한다는 의미의 생이 될 수가 없다. 생멸의 생은 일어남의 의미인 samudaya나 udaya이다. jāti는 태어남의 의미 외에는 없다. 그러므로 연기의 가르침에서 존재[有]와 태어남[生] 사이에는 한 생이 개재될 수밖에 없다.

그래서 「우현(愚賢) 경」(S12:19)에서는 "어리석은 자는 몸이 무너져 죽은 뒤에 [다른] 몸을 받게 된다. 그는 [다른] 몸을 받아서는 태어남, 늙음·죽음으로부터 해탈하지 못하고, 근심·탄식·육체적 고통·정신적 고통·절망으로부터 해탈하지 못하고, 괴로움으로부터 해탈하지 못한다고 나는 말한다."라고 말씀하신다. 당연히 주석서는 "'몸을 받음(kāy-ūpaga)'이란 다른 재생연결의 몸(paṭisandhi-kāya)을 받는다는 말이다." (SA.ii.40)라고 설명하고 있다.

③ 알음알이와 정신·물질의 출현

그리고 주목해야 할 곳이 의도적 행위들[行] ─ 알음알이[識] ─ 정신·물질[名色]의 부분이다. 물론 12지 연기에서는 알음알이를 위시한 이들이 구체적으로 설명되고 있지는 않다. 그러나 「우현 경」(S12:19)에서는 무명과 갈애가 원인이 되어서 어리석은 자의 몸이 생겨나고 이를 통해서 감각접촉과 느낌이 생기고 그래서 어리석은 자는 다시 몸이 무너진 뒤에 다른 몸을 받는다고 설하고 있다. 그러므로 주석서의 설명처럼 전자의 몸은 알음알이와 함께한 몸으로 간주할 수밖에 없다. 따라서 12지 연기에서의 알음알이도 한 생의 최초의 알음알이 즉 재생연결식으로 간주해야 한다. 특히 「알음알이 경」(S12:59 §3)에는 "족쇄에 묶이게 될 법들에서 달콤함을 보면서 머무는 자에게 알음알이가 출현한다. 알음알이를 조건으로 정신·물질이, 정신·물질을 조건으로 여섯 감각장소가, … 이와 같이 전체 괴로움의 무더기[苦蘊]가 발생한다."라고 나타난다.

여기서 '알음알이가 출현한다.'는 viññāṇassa avakkanti hoti를 옮긴 것이다. 그런데 『디가 니까야』 「대인연경」(D15 §21)에 "아난다여, 만일 알음알이가 모태에 들지 않았는데도 정신·물질이 모태에서 발전하겠는가?"라고 나타난다. 여기서 '모태에 들지 않았는데도'는 mātukucchiṁ na okkamissatha를 옮긴 것이다. okkamissatha는 okkamati(ava+√kram, *to go*)의 조건법 3인칭 단수형이다. 이것은 본경에서 '출현'으로 옮기고 있는 명사 avakkanti(ava+√kram)와 같은 어원이다. 그러므로 여기서 알음알이의 출현은 바로 한 생의 최초의 알음알이가 모태에서 생기는 것으로 이해해야 한다. 이렇게 볼 때 이것은 전생의 갈애를 조건으로 해서 한 생의 최초의 알음알이가 모태에서 드는 것을 말하는 것으로 해석해야 한다. 물론 주석서는 이렇게 해석하고 있다.

그리고 '모태에 듦(gabbhassa avakkanti)'이라는 표현은 『맛지마 니까야』 「긴 갈애의 소멸 경」(M38/i.265 §28)과 「앗살라야나 경」(M93/ii.156 §18)과 『앙굿따라 니까야』 「외도의 주장 경」(A3:61/i.176 §9) 등에도 나타난다. 이 가운데 특히 「외도의 주장 경」(A3:61 §9)에는 "여섯 가지 요소에 의지하여 모태에 들어감이 있다. 듦이 있을 때 정신·물질[名色]이 있다."라고 나타난다. 이 구절과 「정신·물질 경」(S12:58)과 본경을 함께 놓고 보면 본경에 나타나는 알음알이의 출현은 한 생의 최초의 알음알이(재생연결식)가 어머니 모태에 드는 것 혹은 모태에서 생겨나는 것을 뜻한다고 볼 수밖에 없다. 그러므로 '알음알이가 출현함'은 '알음알이가 [모태에] 듦'으로도 옮길 수 있다.

이처럼 「알음알이 경」(S12:59)을 중심으로 한 여러 경들 특히 위에서 인용한 『디가 니까야』 「대인연경」(D15 §21)을 보면 이 알음알이는 주석서의 한결같은 설명처럼 한 생의 최초의 재생연결식으로 밖에 해석할 수 없다.

그리고 '출현' 혹은 '모태에 듦'으로 옮겨지는 avakanti는 「의도 경」 2(S12:39 §3)와 「정신 · 물질 경」(S12:58 §3)과 「탐욕 있음 경」(S12:64 §4)에서는 '정신 · 물질의 출현(nāmarūpassa avakkanti)'이라고도 나타나고 있다. 알음알이가 언급되지 않는 「정신 · 물질 경」(S12:58)에서는 이것을 한 생의 최초로 모태에 드는 것으로 이해할 수밖에 없고 「의도 경」 2(S12:39)에서는 주석서의 설명처럼 알음알이를 업을 짓는 알음알이로 이해하고 정신 · 물질의 출현을 한 생의 최초로 모태에 드는 것으로 이해해야 한다. 「탐욕 있음 경」(S12:64 §4)에도 "알음알이가 확립되고 증장하는 곳에 정신 · 물질이 출현한다."고 나타나는데, 여기서도 같은 방법으로 이해해야 한다. 이처럼 정신 · 물질의 출현도 한 생의 최초의 징신 · 물질이 모태에 드는 것 혹은 생기는 것으로 이해해야 한다.

이렇게 보면 12지 연기에서 알음알이나 정신 · 물질은 한 생의 최초의 알음알이나 정신 · 물질로 해석해야 한다. 이것이 주석서로 들어가면 주석서는 예외 없이 이 알음알이나 정신 · 물질을 재생연결식이나 모태에 드는 것으로 한결같이 해석하고 있다.

특히 무명과 의도적 행위[行]가 나타나지 않고 알음알이[識]로부터 시작하여 생-노사로 끝나는 10지 연기를 설하는 경들에 나타나는 알음알이는 재생연결식이라고 주석서는 설명하고 있는데, 문맥상으로도 그렇게 해석할 수밖에 없어 보인다. 10지 연기로 나타나는 S12:12, 59, 65, 67의 네 개 경들에 해당하는 주석서는 「몰리야팍구나 경」(S12:12)의 알음알이[識]를 재생연결식으로 설명하고 있고, 「알음알이 경」(S12:59)의 식은 모태에 드는 것으로, 「도시 경」(S12:65)과 「갈대 다발 경」(S12:67)의 식은 재생연결식이거나 위빳사나의 알음알이라고 설명하고 있다. 그러므로 주석서에 의하면 이 네 개의 경들은 모두 재생연결식을 공통적인 요소로 들고 있는 것이 된다.

이처럼 10지 연기로 오면 알음알이는 거의 전적으로 재생연결식이나 모태에 드는 것으로 해석되고 있다.

④ 내생에 다시 태어남을 일으키는 것

그리고 이 문맥에서 살펴봐야 할 술어가 다시 태어남[再有]으로 번역되는 punabbhava이다. 「몰리야팍구나 경」(S12:12 §4)에는 "[재생연결식이라는] 알음알이의 음식은 내생에 다시 태어남[再生, 再有]을 일으키는 [정신·물질]의 조건이 된다."라고 나타난다.

여기서 '내생에 다시 태어남[再生, 再有]을 일으키는 [정신·물질]'은 āyatiṁ punabbhava-abhinibbatti를 옮긴 것이다. āyati는 미래라는 뜻인데 문맥상 내생으로 옮겨야 마땅하다. 그리고 punabbhava는 문자 그대로 다시(punar)+존재함(bhava)을 뜻하며 초기경의 문맥에서는 다시 태어남을 뜻한다. 이 술어와 같은 의미의 술어로 ponobhavikā(다시 태어남[재생]을 가져오는 것)가 있는데, 이것은 갈애(taṇhā)의 동의어로 초기경의 여러 곳에서 나타나고 있다. abhinibbatti는 탄생이나 드러남이나 존재함으로 옮겨지는 술어이다.

그러므로 주석서는 "여기서 '알음알이의 음식'은 재생연결식(paṭi-sandhi-citta)이다. '내생에 다시 태어남[再生, 再有]을 일으키는 것'은 이 알음알이와 함께 일어난 정신·물질이다."(SA.ii.31)라고 설명하고 있다.

이 문맥에서 살펴봐야 할 가르침이 있다. 『앙굿따라 니까야』 「존재 경」(A3:76)에서 세존께서는 "이처럼 업은 들판이고 알음알이는 씨앗이고 갈애는 수분이다. 중생들은 무명의 장애로 덮이고 갈애의 족쇄에 계박되어 저열한 [욕]계에 … 중간의 [색]계에 … 수승한 [무색]계에 알음알이를 확립한다. 이와 같이 내생에 다시 존재[再有]하게 된다."라고 천명하신다. 이것은 씨앗에 비유되는 알음알이가 알음알이의 음식의 역할을 하여 모태에서 금생의 최초의 재생연결식이 되고 이것이 음식이 되어 함께 일어나는 정신·물질[名色]을 생기게 한다는 말이다.

「몰리야팍구나 경」(S12:12)에서 주목할 점은 세존께서는 연기의 정형구에 나타나는 알음알이를 알음알이의 음식으로 말씀하고 계시며 주석서는 이것을 한 생의 최초의 알음알이인 재생연결식이라고 설명하고 있다는 점이다. 그리고 주석서는 내생에 다시 존재[再有]하게 되는 것을 정신·물질로 해석하고 있으며 이것은 재생연결식이라는 음식에 의해서 생긴 것이라고 설명하고 있다. 이처럼 연기의 정형구의 식과 명색을 한 생의 최초의 재생연결식과 그것과 함께 일어나는 명색으로 설명하고 있다.

'내생에 다시 태어남을 일으키는 [정신·물질]'을 중심한, 같은 가르침이 「의도 경」 1(S12:38 §3)과 S12:64 §5에도 나타난다.

그러므로 이러한 출처를 통해서도 알음알이[識]와 정신·물질[名色]을 한 생의 최초에 모태에 드는 것으로 이해할 수밖에 없다.

⑤ 12연기는 삼세를 말한다

여기까지 따라온 독자들은 역자가 강조하고자 하는 바를 쉽게 알 수 있을 것이다. 12지 연기는 과거-현재-미래에 걸친 괴로움의 발생구조와 소멸구조 혹은 윤회의 발생구조와 소멸구조를 설하는 가르침이라는 남북방 아비담마·아비달마의 정설을 인정해야 한다는 것이다. 남북방 아비담마·아비달마에서는 무명·행과 애·취·유를 인(因)으로 이해하고 식·명색·육입·촉·수와 생·노사를 과(果)로 이해해서 삼세에 걸쳐서 이러한 인과 과가 두 번 반복된다고 해서 삼세양중인과(三世兩重因果)라고 말하고 있으며 이것을 12지 연기를 비롯한 연기의 가르침을 이해하는 정설로 삼고 있다.

특히 6지 연기로 분류할 수 있는 「우현(愚賢) 경」(S12:19)은 12연기를 네 개의 집합(catu-saṅkhepa)과 20가지 형태(vīsat-ākāra)를 토대로 하여 삼세양중인과(三世兩重因果)로 해석하는 전통적인 견해(Ps.i.51~52; 『청정도론』 XVII.288~298; 『아비담마 길라잡이』 제8장 §§4~8 등 참조)의 단초가 되는 중요한 경이다.

한편 유식에서는 생과 노사만을 다른 생으로 이해하여 이세일중인과(二世一重因果)를 정설로 받아들이는데, 2세1중이 지속되면 이것이 삼세양중이 되기 때문에 2세1중으로 충분하다고 『성유식론』은 설명하고 있다.[7)]

⑥ 원인과 결과의 반복적 지속

12연기에서 가장 중요한 사실은 12연기는 '원인과 결과의 반복적 지속'을 나타낸다는 것이다. 이것을 간과해버리면 12연기는 그때부터 혼란스러워 진다. 12연기 가운데 ①무명-②행과 ⑧애-⑨취-⑩유는 원인의 고리이고 나머지 ③식-④명색-⑤육입-⑥촉-⑦수와 ⑪생-⑫노사우비고뇌는 결과(과보)의 연결고리이다. 이렇게 12연기는 원인의 연결고리와 결과의 연결고리가 반복적으로 연결되어서 괴로움의 발생구조를 중층적으로 드러내고 있다. 이것을 우리는 삼세양중인과(三世兩重因果)라고 설명한다. 이것은 남북 아비담마·아비달마의 공통된 설명방법이다. 유식에서는 2세1중인과를 설하는데, 『성유식론』에 의하면 2세만 이야기하면 3세는 자연스럽게 인정되기 때문에 2세1중인과로 족하다고 한다. 아무튼 초기불교-아비담마-유식에서 공히 12연기는 윤회의 발생구조와 소멸구조를 설하는 것으로 인정하고 있다.

그러면 무명은 과거의 원인이기만하고 갈애는 현재의 원인이기만한가? 그렇지는 않다. 그래서 『청정도론』 XVII.291은 다음과 같이 읊고 있다.

> "① 과거의 원인이 다섯이고 ② 지금의 결과도 다섯이다.
> ③ 지금의 원인이 다섯이고 ④ 미래의 결과도 다섯이다."

---

7) 『주석 성유식론』 781~782쪽과 『성유식론』 327쪽을 참조할 것.

그리고 §292에서 "① 과거의 원인이 다섯이라고 했다. 여기서 무명과 의도적 행위들[行]의 이 둘은 이미 설했다. 무지한 자가 갈증을 느끼고, 갈증을 느끼는 자가 취착하고, 취착을 조건으로 존재가 있다. 그러므로 갈애, 취착, 존재도 여기에 포함된다. 그래서 말씀하셨다. "이전의 업으로서의 존재에서 어리석음이 무명이요, 노력이 의도적 행위들[行]이며, 집착이 갈애요, 접근이 취착이며, 의도가 존재다. 이와 같이 이전의 업으로서의 존재에서 [있었던] 이 다섯 가지 법들이 금생의 재생연결의 조건이 된다."(Ps.i.52)"라고 설명하고 있다.

다시 §296에서는 "③ 지금의 원인이 다섯이라고 했다. 이것은 갈애 등이다. 갈애, 취착, 존재가 성전에 전승되어온다. 존재가 포함될 때 그 존재에 선행하는 의도적 행위들[行]이나 혹은 그와 관련된 의도적 행위들[行]도 포함된다. 갈애와 취착이 포함될 때 그들과 관련된 무명도 - 이것 때문에 어리석은 자는 업을 쌓는다 - 포함된다. 이와 같이하여 다섯이다."라고 덧붙이고 있다.

이처럼 무명, 행, 애, 취, 유의 다섯은 과거 혹은 전생에 지은 원인도 되고 지금 혹은 금생에 짓는 원인도 된다. 그러나 무명과 행은 전생에 더 두드러진 원인이 되고 애와 취와 유는 금생에 더 두드러진 원인이라고 해석하는 것이다.8)

⑦ 이세인과(二世因果)

물론 「인연 상윳따」(S12)에 나타나는 연기의 가르침이 모두 삼세양중인과만을 설하고 있는 것은 아니다. 위에서 설명한 10지 연기로 나타나는 S12:12, 59, 65, 67의 네 개 경들은 금생의 재생연결식부터 시작해서 내생의 생-노사로 연결되는 금생과 내생의 이세인과(二世因果)를 설하고 있다.

---

8) 본서 제2권 「도시 경」(S12:65) §4의 주해도 참조할 것.

그리고 8지 연기를 설하는 S12:24, 43, 44, 45의 네 개 경도 금생과 내생의 이세인과를 설하고 있다. 특히 S12:43~45는 식-촉-수-애-취-유-생-노사의 8지 연기를 설하는데, 여기서 식은 재생연결식이 아니라 감각장소와 대상을 조건으로 해서 일어나는 6식으로 나타난다. 그러므로 이 8지 연기는 금생에 지금·여기에서 찰나생·찰나멸하는 식-촉-수가 조건이 되어서 애-취-유가 전개되고 이것이 원인이 되어서 내생의 생-노사가 상속된다고 설하고 있다.

특히 5지 연기를 설하고 있는 S12:52~57과 S12:60의 일곱 개 경은 삼세양중인과를 설하는 12지 연기 가운데 금생의 원인과 내생의 결과를 설하는 후반부의 애-취-유-생-노사의 다섯 만을 들고 있다. 그러므로 이것은 이세일중인과(二世一重因果)의 전형이라 할 수 있다. 금생의 원인인 애-취-유를 조건으로 해서 내생의 결과인 생-노사가 생기는 구조로 금생과 내생의 이세에 걸쳐서 인-과가 한번 거듭되는 구조의 연기의 가르침이기 때문이다.

그러면 한 생에서만 전개되는 연기의 가르침은 나타나지 않는가? 일단 12지 연기부터 3지 연기까지는 적어도 두 생이 개입되는 것이 분명하다. 특히 3지 연기를 설하는 S12:25에서 세존께서는 무명을 근본원인으로 말씀하셨고, 이것은 주석서의 설명처럼 윤회의 뿌리이기 때문에 무명이 나타난다는 것은 전생과 금생의 두 생이 개입되는 것으로 이해해야 할 것이다.

그런데 2지 연기를 설하고 있는 S12:26, 31, 62, 63의 네 개의 경은 한 생 내에서의 연기구조로 이해하는 것이 좋다고 생각된다. 감각접촉(촉)-괴로움(S12:26)과 감각접촉-느낌(S12:62)의 2지 연기와, 네 가지 음식과 그 원인을 설하는 S12:63의 2지 연기는 한 생 내에서의 연기구조로 이해하는 것이 합리적이라고 여겨지기 때문이다.

⑧ 연기에 대한 네 가지 해석

한편 경전에 나타나는 2지 연기부터 12지 연기까지의 다양한 형태의 연기의 가르침은 남북방 아비담마·아비달마 논서들에서는 모두 12지 연기로 정착이 된다.

이렇게 12지 연기로 정착이 되어 원인-결과의 중층적 고리로 설명이 되는 12연기는 이미 다양한 부파의 여러 대가들에 의해 다양하게 설명되어 왔다. 북방 아비달마를 총괄하고 있는 『아비달마 구사론』(줄여서 『구사론』이라 부름)에 의하면 아비달마에서는 연기의 가르침을 네 가지로 이해한다고 적고 있다.[9)]

첫째는 한 찰나에 연기의 12지가 동시에 함께 일어난다는 주장인데 이것을 '찰나(刹那)연기'라 한다. 『구사론』은 탐욕으로 말미암아 살생을 행할 때 찰나에 12지가 모두 갖추어져 일어난다고 예를 들고 있다. 그리고 12찰나에 걸쳐서 연속적으로 12지가 연이어서 상속(相續)한다는 것이 '연박(連縛)연기'이고, 여러 생에 걸쳐서 시간을 건너뛰어서 12지가 상속한다는 것이 '원속(遠續)연기'이며, 12지는 모두 5온을 본질로 하여 매순간 오온이 생멸하면서 상속하지만 특정 순간의 두드러진 상태[分位]에 근거하여[從勝立支名] 각각의 명칭을 설정한 것이 '분위(分位)연기'이다.

그리고 중요한 것은 『구사론』은 경(經, sūtra)은 오로지 번뇌를 끊어[斷惑] 해탈·열반을 실현하는 것을 목적으로 하여 설해졌기 때문에 연기의 가르침을 '유정'에만 한정시킨 반면, 논(論, abhidharma)은 법의 참된 모습 즉 법상(法相) 혹은 제법의 상호관계를 밝히는 것을 근본으로 하여 설하였기 때문에 분위로도 설하고 유정·비유정과 통하는 것으로도 설하였다고 밝히고 있다는 점이다.[10)] 이런 이론은 이미 『대비바사론』

---

9) 권오민, 『아비달마 구사론』 제2권 430쪽 이하를 참조할 것.

(『한글대장경』 118, p. 516)에 나타나고 있는데, 분위와 원속은 오로지 유정에 국한되는 연기이고, 찰나와 연박은 비유정 즉 법에도 통하는 연기라고 한다. 이처럼 경에서는 유정 즉 중생의 괴로움의 발생구조와 소멸구조로 연기를 설하고 있지만 아비달마 즉 논의 가르침에서는 이러한 연기가 제법의 상호관계를 밝히는 것으로도 확장되었다는 것이다.

⑨ 통시적인가 공시적인가

연기각지들이 한 순간에 동시적으로 일어나는가 아닌가하는 것도 학자들의 관심꺼리다. 연기각지가 시간의 차이를 두고 일어난다는 것이 통시적 연기[11]이고 연기각지가 한 순간에 함께 일어난다는 것이 공시적 연기[12]이다. 물론 경에서는 특정 연기각지들의 관계가 통시적인가 공시적인가를 정확하게 밝히고 있지 않다.

그러나 상식적으로 보자면 인은 인끼리 과는 과끼리 공시적일 수도 있을 것이다. 예를 들면 무명과 행과 애와 취와 유라는 인은 통시적일 수도 있고 공시적일 수도 있을 것이다. 그리고 식과 명색과 육입과 촉과 수도 아비담마적으로 보자면 공시적일 수도 있고, 특정 순간에 어느 것이 더 강한가하는 측면에서는 통시적이 될 수 있다.

그렇지만 인과 과는 공시적으로 보면 곤란하다. 인과동시(因果同時)가 되기 때문이다. 그리고 적어도 유와 생, 생과 노사는 공시적일 수 없다. 물론 찰나연기의 입장에서는 해석이 달라질 수 있을 것이다. 그리고 위에서 언급한 연박연기와 원속연기와 분위연기의 관점은 통시적이라 할 수 있고 찰나연기는 공시적인 관점이라 할 수 있다. 그리고 남방 『청정

---

10) *위의 책*, 432쪽 참조.

11) 통시적 연기(通時的 緣起, *diachronic conditionality*)란 A와 B가 시간의 차이를 두고 일어나는 선후관계의 연기를 뜻한다.

12) 공시적 연기(共時的 緣起, *synchronic conditionality*)란 A와 B가 동시에 일어나는 동시관계의 연기를 뜻한다.

도론』과 북방 『구사론』은 각각 24연과 6인-4연-5과의 이론으로 12 연기각지(緣起各支)의 통시성과 공시성을 잘 밝히고 있다.13) 한편 『청정도론』에서는 식-명색(XVII.201), 명색-육입(XVII.207 등), 육입-촉(XVII.227), 촉-수(XVII.231), 애-취(XVII.248), 취-유(XVII.268~269)의 여섯 가지 등은 함께 생긴 조건[俱生緣], 즉 공시적 연기가 된다고 설명하고 있다.

⑩ 12연기와 상호의존[緣]은 구분되어야 한다

그리고 꼭 강조하고 싶은 것은 이 연기(緣起, paṭiccasamuppāda)와 상호의존[緣, paccaya, paṭṭhāna]을 혼동하지 말아야 한다는 것이다.

불교는 이미 초기불교부터 상호의존 혹은 조건발생으로 존재일반을 설명해왔다. 이러한 조건은 초기 아비담마에서부터 24가지 조건으로 정리되었고, 『구사론』을 위시한 북방아비달마에서는 6인-4연-5과로 특히 4연(四緣, 네 가지 조건)으로 정리가 되었으며, 이것은 유식에 고스란히 전승되어서 10인-4연-5과로 특히 4연으로 정리되어 설명되고 있다.

그러므로 괴로움 특히 윤회의 괴로움의 발생구조와 소멸구조를 설하는 12연기를 이러한 24연이나 4연과 혼동하지 말라는 것이다. 이 24연이나 4연이 발전하여 화엄에서 법계연기로 승화한 것이지 결코 12연기가 법계연기로 발전한 것이 아니다.

물론 위의 '⑧ 연기에 대한 네 가지 해석'에서 밝혔듯이 북방 아비달마는 제법의 법상을 밝히는 것을 중시하다보니 이미 연기의 가르침을 다양하게 이해하려 시도하였다.

상좌부 『논장』의 마지막인 『빳타나』에서는 상호의존(paṭṭhāna)의 방법으로 (1) 원인의 조건(hetupaccaya, 因緣) (2) 대상의 조건(ārammaṇa-paccaya, 所緣緣) (3) 지배의 조건(adhipatipaccaya, 增上緣) (4) 틈 없이 뒤따르는 조건(anantarapaccaya, 無間緣) (5) 더욱 틈 없이 뒤따르는 조건

13) 여기에 대해서는 『청정도론』 XVII장과 『구사론』 제6권의 2. 「분별근품」 ④-1(권오민, 『아비달마 구사론』 제1권 266쪽 이하) 등을 참조할 것.

(samanantarapaccaya, 等無間緣) (6) 함께 생긴 조건(sahajātapaccaya, 俱生緣) (7) 서로 지탱하는 조건(aññamaññapaccaya, 相互緣) (8) 의지하는 조건(nissayapaccaya, 依止緣) (9) 강하게 의지하는 조건(upanissayapaccaya, 親依止緣) (10) 먼저 생긴 조건(purejātapaccaya, 前生緣) (11) 뒤에 생긴 조건(pacchājātapaccaya, 後生緣) (12) 반복하는 조건(āsevanapaccaya, 數數修習緣) (13) 업의 조건(kammapaccaya, 業緣) (14) 과보의 조건(vipākapaccaya, 異熟緣) (15) 음식의 조건(āhārapaccaya, 食緣) (16) 기능[根]의 조건(indriyapaccaya, 根緣) (17) 禪의 조건(jhānapaccaya, 禪緣) (18) 도의 조건(maggapaccaya, 道緣) (19) 서로 관련된 조건(sampayuttapaccaya, 相應緣) (20) 서로 관련되지 않은 조건(vippayuttapaccaya, 不相應緣) (21) 존재하는 조건(atthipaccaya, 有緣) (22) 존재하지 않은 조건(natthipaccaya, 非有緣) (23) 떠나가 버린 조건(vigatapaccaya, 離去緣) (24) 떠나가 버리지 않은 조건(avigatapaccaya, 不離去緣)의 24가지를 들고 있다.

그리고 북방의 『아비달마 구사론』 에서는 제법의 상호관계를 6인-4연-5과의 관계로 설명하고 있는데 용어만 나열하면 다음과 같다.

(1) 6인: 능작인, 구유인, 상응인, 동류인, 변행인, 이숙인

(2) 4연: 증상연, 등무간연, 소연연, 인연

(3) 5과: 증상과, 사용과, 등류과, 이숙과, 이계과[14)]

이렇게 남방불교의 핵심인 『청정도론』 과 북방불교의 요체라 할 수 있는 『구사론』 은 이러한 상호의존과 상호관계를 통해서 제법의 상호관계를 심도 깊게 설명해내고 있으며 이것은 대승 특히 화엄에서 계승·발전되어 법계연기나 육상원융 등으로 이해되었다.

아무튼 초기불전에서 설하시는 연기(緣起, paṭiccasamuppāda)와 아비담마·아비달마에서 이론화한 상호의존[緣, paccaya]은 엄격해 구분되어

---

14) 6인-4연-5과에 대한 설명은 권오민, 『아비달마 불교』 106~121쪽을 참조할 것.

야 한다. 12연기를 제법의 상호의존 혹은 제법의 상호관계로만 너무 천착하다보면 자칫 생사문제를 해결하여 해탈·열반을 실현하는 데 초점을 맞춘 세존의 고구정녕하신 메시지가 들어 있는 연기의 가르침을 너무 현학적으로 만들 소지가 다분하기 때문이다.

그러나 연기든 상호의존이든, 이러한 연이생(緣而生)의 가르침은 역사적으로 전개되어온 모든 불교를 불교이게 하는 핵심이 되는 것임은 자명하다.

⑪ 연기는 무아를 드러내는 강력한 수단이다

12연기를 비롯한 여러 각지의 연기의 가르침을 접하면서 우리가 명심해야 하는 더욱 중요한 사실은, 연기의 가르침은 자아니 진아니 대아니 주인공이니 하는 존재론적인 실체를 상정하고 그것과 하나 되는 것쯤으로 깨달음을 착각하지 말라고 단언한다는 것이다.

존재론적인 실체는 어느 시대 어느 불교에도 결코 발붙일 틈이 없다. 남북 아비담마·아비달마에서 연기의 가르침을 제법의 상호관계로 승화시켜서 이해하려 한 것은 더욱더 그러하여 제법무아를 이론적으로 분명히 하기 위한 것이다.

그러므로 만일 여래장 계열의 교학에서 주창하는 여래장이나 진여나 불성을 존재론적인 실체로 이해해버린다면 그것은 불교가 아니다. 불교라는 깃발을 내걸고 외도짓거리를 하는 현양매구(懸羊賣狗)[15] 일 뿐이다. 이것이 교학적 측면에서 본 연기의 중요성일 것이다.

---

15) 현양매구(懸羊賣狗)는 중국 춘추시대 고전 『안자춘추(晏子春秋)』 등에서 유래한 것으로 현양두매구육(懸羊頭賣狗肉)의 준말이요, 직역하면 '양의 머리를 매달아 놓고 개고기를 판다.'는 뜻이다. 좋은 물건을 간판으로 내세우고 나쁜 물건을 팔거나, 표면으로는 그럴 듯한 대의명분을 내걸고 이면으로는 좋지 않은 본심이 내포되어 있는 것을 일컫는 말이다.
이 고사성어는 『벽암록』 등의 아주 많은 중국불교 선어록에서 잘못된 견해를 질타하는 것으로 나타나기도 한다.

(5) 연기의 소멸구조는 온·처의 염오-이욕-소멸과 같은 가르침

본 상윳따의 「설법자[法師] 경」(S12:16 §4)과 「되어있는 것 경」(S12:31 §5)과 「배우지 못한 자 경」 1/2(S12:61~62 §3)과 「갈대 다발 경」(S12:67 §8)에 "만일 비구가 늙음·죽음에 대해서 … 태어남에 대해서 … 존재에 대해서 … 취착에 대해서 … 갈애에 대해서 … 느낌에 대해서 … 감각접촉에 대해서 … 여섯 감각장소에 대해서 … 정신·물질에 대해서 … 알음알이에 대해서 … 의도적 행위들에 대해서 … 무명에 대해서 염오하고 탐욕이 빛바래고 소멸하기 위해서 법을 설하면 그를 일러 법을 설하는 비구라 부르기에 적당합니다."(S12:67 §8) 등으로 나타나듯이 연기의 소멸구조는 결국은 염오-이욕-소멸과 같은 말이다.

그리고 이것은 본서 제3권 「무더기 상윳따」(S22)와 제4권 「육처 상윳따」(S35) 등에서 반복해서 강조하고 있는 무상·고·무아를 통찰하여 염오-이욕-소멸이나 염오-이욕-해탈-구경해탈지를 성취하는 가르침과도 같은 맥락이다.

그러면 어떻게 해서 연기각지에 대해서 염오-이욕-소멸을 성취하여 고(苦)를 소멸할 것인가? 본 「인연 상윳따」(S12)에는 그 방법이 구체적으로 언급되어 있지 않은 것으로 보인다. 따라서 「무더기 상윳따」(S22)와 「육처 상윳따」(S35)와 「진리 상윳따」(S56) 등에서 강조하고 있는 무상·고·무아의 통찰이나 사성제의 통찰이 필요할 것이며, 그 구체적인 방법은 본서 제5권에서 강조되고 있는 8정도를 위시한 37보리분법일 것이다. 혹은 12연기각지와 그 집·멸·도를 아는 것이 그 대답이라고 봐야 한다.

그리고 또 하나 중요한 관점이 있다. 그것은 괴로움을 소멸하기 위해서는 연기각지 즉 12지 모두를 다 소멸시켜야 하는가라는 것이다. 여기에 대한 구체적인 언급은 본 상윳따에는 나타나지 않는다. 주석서에도 그런듯하다.

그러나 상식적으로 보자면 12지 가운데 어느 하나를 소멸하면 된다. 특히 인-과의 고리로 본다면 과의 고리, 그 중에서도 현재의 과의 고리인 식-명색-육입-촉-수는 소멸시키지 못한다. 그러므로 인의 고리를 제거, 소멸 혹은 부수어야 하는데, 12지로 보자면 무명과 행은 과거의 인으로 중시하고 있기 때문에 금생의 입장에서 보자면 특히 갈애가 중점이다. 그래서 사성제에서도 괴로움의 원인으로 갈애를 들고 있으며 이 갈애가 남김없이 멸진된 경지를 열반이라 부르고 있다. 물론 "감각적 욕망에 대한 취착, 사견에 대한 취착, 계율과 의례의식에 대한 취착, 자아의 교리에 대한 취착"(「분석 경」(S12:2) §7)으로 정리되는 네 가지 취착을 없애는 것도 중요할 것이다.

그러면 어떻게 없앨 것인가? 사성제의 가르침에서 보듯이 8정도 혹은 8정도로 대표되는 37보리분법을 닦아야 하며 이 37보리분법은 본서 제5권에서 모아져서 전승되어 온다.

4. 「관통 상윳따」(S13)

열세 번째 주제인 「관통 상윳따」(Abhisamaya-saṁyutta, S13)에는 모두 11개의 경들이 포함되어 있으며 여기에 포함된 11개의 경들은 관통이라는 주제를 공통으로 담고 있기 때문에 이렇게 부르고 있다.

'관통'은 abhisamaya를 옮긴 것인데 abhi+saṁ+√i(*to go*)에서 파생된 남성명사이다. 문자적으로 abhisamaya는 '완전하게 감, 철저하게 감' 등의 뜻인데 주석서는 abhisamaya를 paṭivedha(꿰뚫음)와 동의어로 설명하고 있어서(DA.i.20) 관통이라고 옮겼다. 중국에서는 現觀(현관)으로 옮겼다.

본 상윳따에 포함된 경들은 모두 사성제를 철견하는 것을 담고 있으며 이것을 '관통'이라는 술어를 사용하여 표현하고 있어서 「관통 상윳따」라 부른다. 그래서 『청정도론』 XXII.92에서도 관통은 사성제를 통찰하고 관통하는 것으로 나타나며 다른 여러 주석서에서도 마찬가지다. 본 상윳따에 포함된 11개의 경들에는 이 관통이 "법의 관통(dhamma-abhisamaya)"으로도 나타나는데, 복주서들은 "'법의 관통'이란 사성제의 법(catu-sacca-dhamma)에 대한 지혜와 더불어 관통하는 것을 뜻한다."(SAṬ.ii.8; DAṬ.ii.56; MAṬ.ii. 128)라고 설명하고 있다.

본 상윳따에 포함된 11개의 경들은 단순한 구조로 되어 있다. 11개의 경들은 각각 다른 비유를 각 경에서 한 개씩 든 뒤에, 모두 "비구들이여, 그와 같이 견해를 구족하고 관통을 갖춘 성스러운 제자에게는 괴로움이 대부분 멸진하고 해소되어 남아있는 괴로움은 아주 적다. 그에게 남아 있는 괴로움은 멸진하고 해소된 이전의 괴로움의 무더기에 비하면 백분의 일에도 미치지 못하고 천분의 일에도 미치지 못하고 십만 분의 일에도 미치지 못하나니, 이제 최대 일곱 생만이 [더 남아있다.] 비구들이여, 법의 관통은 이처럼 큰 이익이 있고, 이처럼 법의 눈을 얻음은 큰 이익이 있다."로 끝을 맺는 구조로 되어 있다.

단 본 상윳따의 마지막 경인 「산의 비유 경」 3(S13:11)은 위의 맨 마지막 문장인 "비구들이여, 법의 관통은 이처럼 큰 이익이 있고, 이처럼 법의 눈을 얻는 것은 큰 이익이 있다." 대신에 "비구들이여, 견해를 구족한 자에게는 이처럼 큰 성취가 있고, 이처럼 큰 신통의 지혜가 있다."로 끝나는 부분만 다르다.

5. 「요소 상윳따」(S14)

열네 번째 주제인 「요소 상윳따」(Dhātu-saṁyutta, S14)에는 모두 39개의 경들이 나타나고 있는데, 제1장 「다양함 품」(Nānatta-vagga)과 제2장 「일곱 요소 품」(Sattadhātu-vagga)과 제3장 「업의 길 품」(Kamma-patha-vagga)의 세 품으로 나누어져 있다. 각각의 품은 10개와 12개와 17개의 경들을 담고 있다. 여기에 포함된 경들은 다양하게 분류되는 요소[界, dhātu]들을 설하고 있기 때문에 「요소 상윳따」라 부르는 것이다. 본 상윳따에는 다음의 네 가지로 분류되는 요소들이 포함되어 나타난다.

① 18가지 요소 – 눈의 요소, 형색의 요소, 눈의 알음알이의 요소, 귀의 요소, 소리의 요소, 귀의 알음알이의 요소, 코의 요소, 냄새의 요소, 코의 알음알이의 요소, 혀의 요소, 맛의 요소, 혀의 알음알이의 요소, 몸의 요소, 감촉의 요소, 몸의 알음알이의 요소, 마노의 요소, 법의 요소, 마노의 알음알이의 요소.(S14:1)

안·이·비·설·신·의를 요소로 들고 있는 S14:2~5의 네 개의 경과 색·성·향·미·촉·법을 요소로 들고 있는 S14:6~10의 다섯 개의 경들은 앞의 18가지 요소에 포함시켜 이해하면 되겠다.

② 일곱 기지 요소 – 특이하게도 S14:11은 빛, 아름다움, 공(空), 알음알이[識], 무소유처, 비상비비상처, 상수멸의 일곱 가지 요소를 들고 있는데, 삼장의 다른 곳에서는 잘 나타나지 않는다.

③ 세 가지 요소 – S14:12는 감각적 욕망, 악의, 해코지의 세 요소와 출리, 악의 없음, 해코지 않음의 세 요소를 들고 있다.

④ 네 가지 요소 – S14:30~39의 열 개의 경은 지·수·화·풍의 네 가지 요소를 들고 있다.

한편 초기불전에 나타나는 법수들을 일목요연하게 정리하고 있는 『디가 니까야』 「합송경」(D33)에는 여러 종류의 요소들을 들고 있는데 그것은 다음과 같다.

① 세 가지 해로운 요소 – 감각적 욕망에 대한 요소, 악의에 대한 요소, 해코지에 대한 요소(D33.1.10 (11))

② 세 가지 유익한 요소 – 출리에 대한 요소, 악의 없음에 대한 요소, 해코지 않음에 대한 요소(D33.1.10 (12))

③ 다른 세 가지 요소[三界] – 욕계, 색계, 무색계(D33.1.10 (13))

④ 또 다른 세 가지 요소 – 색계, 무색계, 멸계(滅界 = 열반)(D33.1.10 (14))

⑤ 또 다른 세 가지 요소 – 저열한 요소, 중간의 요소, 수승한 요소[16] (D33.1.10 (15))

⑥ 네 가지 요소 – 땅의 요소, 물의 요소, 불의 요소, 바람의 요소 (D33.1.10 (16))

⑦ 여섯 가지 요소 – 땅의 요소, 물의 요소, 불의 요소, 바람의 요소, 허공의 요소, 알음알이의 요소.(D33.2.2. (16)) 이것은 『맛지마 니까야』 M112 §8, M115 §5, M140 §13, M143 §10 등에도 나타나고 있다.

⑧ 여섯 가지 벗어남의 요소(nissaraṇīyā dhātu) – 자애를 통한 마음의 해탈[慈心解脫], 연민을 통한 마음의 해탈[悲心解脫], 더불어 기뻐함을 통한 마음의 해탈[喜心解脫], 평온을 통한 마음의 해탈[捨心解脫], 표상 없음을 통한 마음의 해탈[無相心解脫, animittā cetovimutti], 내가 있다는 자아의식(자만)을 뿌리 뽑음(D33.2.2 (17))

이러한 여덟 가지의 분류가 초기불전에 나타나는 요소에 대한 가장 자세한 분류라고 할 수 있다.

그리고 『논장』의 『위방가』(Vbh)에는 경에 의한 방법(Suttanata-bhāja-nīya)에서 다음의 네 부류의 요소를 들고 있다.

① 여섯 가지 요소 – 땅의 요소, 물의 요소, 불의 요소, 바람의 요소, 허공의 요소, 알음알이의 요소.

② 다른 여섯 가지 요소 – 육체적 고통, 육체적 즐거움, 정신적 고통, 정신적 즐거움, 평온, 무명.

③ 또 다른 여섯 가지 요소 – 감각적 욕망에 대한 요소, 악의에 대한 요소, 해코지에 대한 요소, 출리에 대한 요소, 악의 없음에 대한 요소, 해

---

16) "저열한 요소란 12가지 해로운 마음(akusala-citta)의 일어남이다. 나머지 삼계에 속하는 법들(tebhūmaka-dhammā)이 중간의 요소이다. 아홉 가지 출세간법들(lokuttara-dhammā)이 수승한 요소이다."(DA.iii.987~88)

코지 않음에 대한 요소.

④ 18가지 요소 – 눈의 요소, 형색의 요소, 눈의 알음알이의 요소, 귀의 요소, 소리의 요소, 귀의 알음알이의 요소, 코의 요소, 냄새의 요소, 코의 알음알이의 요소, 혀의 요소, 맛의 요소, 혀의 알음알이의 요소, 몸의 요소, 감촉의 요소, 몸의 알음알이의 요소, 마노의 요소, 법의 요소, 마노의 알음알이의 요소.

그런데 본 상윳따의 「벽돌로 만든 강당 경」(S14:13)부터 「열 가지 구성 요소 경」(S14:29)까지의 17개 경들에 나타나는 요소(dhātu)라는 술어는 주석서에서 성향(ajjhāsaya)을 뜻한다고 밝히고 있듯이(SA.ii.138) 요소[界]라는 전문술어로 쓰인 것이 아니다.

특히 이 가운데 처음인 「벽돌로 만든 강당 경」(S14:13)을 제외한 「저열한 의향 경」(S14:14)부터 「열 가지 구성 요소 경」(S14:29)까지의 16개 경들에는 모두 공통적으로 "비구들이여, 중생들은 요소에 따라 함께 모이고 함께 어울린다."라는 문제제기가 나타나고, 바로 다음에 이어서 "X하는 자들은 X하는 자들과 함께 모이고 함께 어울린다. Y하는 자들은 Y하는 자들과 함께 모이고 함께 어울린다. … X하지 않는 자들은 X하지 않는 자들과 함께 모이고 함께 어울린다. Y하지 않는 자들은 Y하지 않는 자들과 함께 모이고 함께 어울린다."는 구문으로 나타나고 있으며 22번째 경까지는 이것이 과거와 미래까지 확장되어 서술되고 있다. 이렇게 하여 여러 조합의 요소들 즉 인간의 성향들을 나열하고 있다.

그러나 이러한 인간의 성향을 나타내는 요소들은 전문술어가 아니기 때문에 교학적으로는 요소[界]라고 볼 수가 없다. 예를 들면 「다섯 가지 학습계목 경」(S14:25)에 나타나는 다섯 가지 요소는 오계의 항목에 속하고 「여덟 가지 구성 요소 경」(S14:28)에 나타나는 여덟 가지 요소는 바로 팔정도와 그 반대되는 전분술어로 이미 정착된 것이기 때문이다.

그러면 왜 이렇게 많은 종류의 요소들로 존재를 분석해서 보는 것일까? 먼저 요소[界, dhātu]의 의미부터 살펴보자. 주석서는 요소를 이렇게 설명하고 있다.

"'요소[界, dhātu]'란 중생이 없다(nissatta)는 뜻과 공함(suññatā)이라는 뜻으로 불리는 고유성질을 가진 것이라는 의미이다."(SA.ii.131)

즉 중국에서 계(界)로 옮긴 dhātu는 그것이 드러내고자 하는 법들(즉 18계, 4대, 3계 등)이 중생이라는 실체가 없고 공함을 드러내기 위해서 붙여진 이름이라는 뜻이다. 그리고 이런 고유성질을 가진 법들은 하나가 아니라 다양하기 때문에 요소들의 다양함이라 불린다는 말이다. 다시 말해 중생이니 자아니 인간이니 하는 개념적 존재[施設, paññatti]를 요소들로 해체해서 보면 무상·고·무아가 드러나고 그래서 개념적 존재의 공성이 드러나게 된다는 의미이다.

일반적으로 감각장소[處, āyatana, S35의 주제]는 제법을 6가지 감각기능[根, indriya]과 6가지 대상[境, ārammaṇa]의 12가지로 나눈 것이고, 요소[界]는 제법을 6가지 감각기능과 6가지 대상과 6가지 알음알이[識, viññāṇa]의 18가지로 분류한 것을 말한다. 여기에다 5가지 무더기[五蘊, pañca-kkhandha]를 포함해서 5온, 12처, 18계로 분류하는 것이 불교의 존재론이다. 이 온·처·계의 가르침은 초기불교-아비담마-반야-유식 등 불교의 제파에서 공히 인정하는 기본적인 존재론이기도 하다. 이처럼 초기불전에서 강조해서 설하고 있는 온·처·계의 기본 가르침은 모두 개념적 존재를 법으로 해체해서 무상·고·무아를 드러내어 염오-이욕-소멸 혹은 염오-이욕-해탈-구경해탈지를 통해서 아라한과를 증득하고 불사(不死)인 열반을 실현하기 위한 기본 법수가 되는 가르침이다.

물론 18계뿐만 아니라 본 상윳따에 나타나는 지·수·화·풍 4계(4대)나 출리 등의 요소 등도 모두 존재의 실체 없음과 공성을 드러내기 위한 것이라고 해야 할 것이다.

요소의 가르침 가운데 가장 중요하게 취급되는 것은 6내처-6외처-6식으로 구성된 18계의 가르침이다. 그러나 특이하게도 본 상윳따에서 18계는 첫 번째 경 한 곳에만 나타나고 있다. 왜 그럴까? 그것은 이렇게 이해할 수 있을 것이다.

첫째, 본서 제3권의 「들어감 상윳따」(Okkanti-saṁyutta, S25)와 「일어남 상윳따」(Uppāda-saṁyutta, S26)와 「오염원 상윳따」(Kilesa-saṁ-yutta, S27)의 30개 경들은 6내처와 6외처와 6식 즉 18가지 요소[界]를 주제로 한 경들을 담고 있다. 그러므로 18계를 주제로 한 경들은 이처럼 다른 상윳따로 분리해 내고, 여기서는 18계 외의 다른 여러 요소들을 중심으로 경들을 모은 것이라고 이해할 수 있다.

둘째, 18계는 6내처와 6외처 즉 본서 제4권 「육처 상윳따」(S35)에서 모은 248개의 가르침과 연관이 있다. 특히 「육처 상윳따」(S35)에서 6내처-6외처-6식-6촉-6수로 나타나는 「불타오름 경」(S35:28) 등 71개 경들은 12처의 가르침이 그대로 18계(즉 6내처-6외처-6식)의 가르침과 연결되어 있음을 보여주는 좋은 보기이다. 그러므로 18계에 관계된 주제를 따로 모아서 독자적인 상윳따로 결집하지 않는 것으로 이해할 수 있다.

셋째, 이러한 18계의 가르침은 "눈과 형색을 조건으로 눈의 알음알이가 일어난다."(본서 제4권 「철저하게 앎 경」(S35:60) §3)는 등으로 다른 상윳따와 다른 니까야들에 포함된 경들에서도 많이 언급되고 있기 때문에 『상윳따 니까야』에서는 따로 18계라는 주제를 설정하지 않은 것이라고 볼 수 있다.

6. 「시작을 알지 못함 상윳따」(S15)

열다섯 번째인 「시작을 알지 못함 상윳따」(Anamatagga-saṁyutta, S15)에는 모두 20개의 경들이 제1장 「첫 번째 품」과 제2장 「두 번째 품」의 두 품에 각각 10개씩 포함되어 나타나고 있다. 이들 20개의 경들은 모두 "그 시작을 알지 못하는 것이 바로 윤회다(anamataggo 'yaṁ saṁsāro)."라는 말씀으로부터 가르침을 전개하고 있다.

여기서 '시작을 알지 못함'으로 옮긴 anamatagga는 해석하기가 평이한 단어는 아니다. 주석서는 이 단어를 anu+amatagga로 분석한 뒤 이렇게 설명하고 있다. "백년이나 천년을 지혜(ñāṇa)로써 추구한다 하더라도(anugantvā) 그 시작을 생각하지 못하고(amata-agga) 그 시작을 알지 못한다(avidita-agga)는 말이다. 여기로부터 혹은 저기로부터 시작(agga)을 알 수가 없다는 말인데, 시작점과 마지막 점의 한계를 정하지 못한다는 뜻이다."(SA.ii.156) 그래서 이렇게 옮겼다. 한편 anamatagga는 불교 산스끄리뜨(Mvu.i.34 등)에서는 anavara-agra로 나타나는데, '낮고 높은 시작점이 없음'으로 직역할 수 있다. 중국에서는 무시세(無始世)로 옮겼다.

본 상윳따에 포함된 20개의 경들은 모두 세존께서 비구들에게 설하신 가르침이다. 이들 20개의 경들의 시작 부분인 §3에서 세존께서는 "비구들이여, 그 시작을 알 수 없는 것이 바로 윤회다. 무명에 덮이고 갈애에 묶여서 치달리고 윤회하는 중생들에게 [윤회의] 처음 시작점은 결코 드러나지 않는다."라고 설하신다. 그리고 그 다음에 각 경별로 다양한 비유와 사례를 들어서 윤회를 설명한다. 그런 다음에 다시 맨 마지막에 결론으로 세존께서는 "비구들이여, 그러므로 형성된 것들[諸行]은 모두 염오해야 마땅하며 그것에 대한 탐욕이 빛바래도록 해야 마땅하며 해탈해야 마땅하다."라고 강조하고 계신다. 즉 이 20개의 경들도 온·처·계·근·연으로 대표되는 형성된 것들 즉 유위법들에 대한 염오-이욕-해탈로 결론을 짓고 있는데, 이 구문은 『디가 니까야』 「마하수닷사나 경」(D17 §2.16 등)에도 나타나고 있으며 본 니까야의 도처에서 염오-이욕-소멸이나 염오-이욕-해탈-구경해탈지로 강조하고 있는 가르침과 일맥상통한다.

이제 초기불전에 나타나는 윤회의 가르침에 대해서 간단하게 살펴보고 제15 상윳따에 대한 해제를 마무리한다.

(1) 무아와 윤회

불교는 무아(無我, anatta)를 근본으로 하는 가르침이라고 한다. 그래서 초기불교에서부터 무상·고·무아는 삼특상(三特相, ti-lakkhana)이라 불렀으며, 북방불교에서는 무상·무아·열반을 삼법인(三法印)이라 불렀으며, 『앙굿따라 니까야』 「무상 경」 등(A7:16~17)에서는 무상·고·무아·열반을 통찰하여 성자가 되는 것이 언급되어 나타나기도 한다. 초기경의 여러 곳에서 제법무아(諸法無我, sabbe dhammā anattā)가 강조되고 있으며(S22:90; M35 등), 오온에 대해서 20가지로 자아가 있다는 견해를 가지는 삿된 견해를 유신견(有身見, sakkāya-diṭṭhi)[17]이라 하는데(S22:82; M44; A6:14 등), 유신견은 열 가지 족쇄(結, saṁyojana)[18] 가운데 으뜸이기도 하다. 이러한 유신견을 타파하지 못하면 그는 비록 수승한 삼매의 경지를 체득하고 신통이 자재하다 하더라도 깨달음의 처음 단계인 예류자도 될 수 없다.

이렇듯 무아는 불교의 근본 가르침이지만 윤회(輪迴, saṁsāra, vatta)도 초기불교의 도처에서 강조되고 있다. 일견 무아와 윤회는 상호 모순되는 가르침인 듯하기도 하다. 그러다 보니 불교를 잘못 이해하는 자들

---

17) 유신견은 (1)~(5) 오온을 자아라고 수관(隨觀)하는 것(rūpaṁ attato samanupassati), (6)~(10) 오온을 가진 것이 자아라고 [수관하는 것](rūpavantaṁ vā attānaṁ), (11)~(15) 오온이 자아 안에 있다고 [수관하는 것](attani vā rūpaṁ), (16)~(20) 오온 안에 자아가 있다고(rūpasmiṁ vā attānaṁ) [수관하는 것]이다. 유신견에 대해서는 본서 제3권 「나꿀라삐따 경」(S22:1) §10의 주해를 참조할 것.

18) 초기불교에서는 깨달음을 실현한 예류자, 일래자, 불환자, 아라한의 성자(ariya)들을 10가지 족쇄(saṁyojana) 가운데 몇 가지를 풀어내었는가와 연결 지어서 설명한다. 열 가지 족쇄에 대해서는 본서 제1권 「얼마나 끊음 경」(S1:5)의 주해를 참조할 것.

은 무아이면서도 윤회를 한다는 것은 모순이라고 하여 부처님은 윤회를 설하지 않으셨다고 주장하는 학자들도 있는 실정이다.

먼저 힌두교에서 설명하는 윤회와 불교에서 설명하는 윤회를 정확하게 구분지어서 이해해야 한다는 점을 강조하고 싶다. 힌두교에서는 불변하는 아뜨만(자아)이 있어서 금생에서 내생으로 '재육화(再肉化, *reincar-nation*)'하는 것을 윤회라 하지만 불교에서는 금생의 흐름(santati, 相續)이 내생으로 연결되어 다시 태어나는 것, 즉 '재생(再生, *rebirth*)'을 윤회라 부른다.

'다시 태어남'은 puna-bbhava(puna = 다시, bhava = 존재함)라는 단어로 초기경의 도처에서 나타나고 있으며 아라한은 이러한 다시 태어남 즉 재생과 윤회가 없다고 표현되고 있다. 그리고 다시 태어남의 원인을 갈애(taṇhā)로 들고 있으며, 초기불전에서는 갈애를 '재생을 하게 하는 것(ponobhāvikā)'이라고 정의하고 있다.(아래 윤회의 원인 참조)

그래서 주석서에서는 "5온·12처·18계(蘊處界)가 연속하고 끊임없이 전개되는 것을 윤회라 한다."[19]고 정의한다. 그러므로 불교에서 말하는 윤회는 서로서로 조건지워져서 생멸변천하고 천류(遷流)하는 일체법의 연기적, 상호의존적 흐름을 뜻한다고 할 수 있다.

이처럼 불교에서는 윤회의 주체가 없는(무아) 연기적 흐름을 윤회라고 멋지게 정의하고 있다. 윤회의 원어는 삼사라(saṁ+√sṛ, *to move*)인데 문자적으로는 '함께 움직이는 것, 함께 흘러가는 것'이라는 뜻이다. 이것은 자아의 재육화보다는 오히려 연기적 흐름에 가까운 의미를 가지고 있다. 그러므로 무아(연기)와 윤회는 아무런 모순이 없다.

근본적인 입장에서 보자면 매찰나 전개되는 오온의 생멸자체가 윤회

---

19) khandhānañca paṭipāṭi, dhātuāyatanāna ca. abbhocchinnaṁ vatta-mānā, saṁsāro ti pavuccati(DA.ii.496; SA.ii.97)
"윤회란 무더기(온) 등이 끊임없이 전개되어가는 연속이다(khandhādīnaṁ avicchinna-ppavattā paṭipāṭi)."(SA.ii.156)

이다. 생사의 입장에서 보자면 한 생에서의 마지막 마음(죽음의 마음, 死心, cūti-citta)이 일어났다 소멸하고, 이것을 조건으로 하여 다음 생의 재생연결식(再生連結識, paṭisandhi-viññāṇa)이 일어나는 것이 윤회이다. 많은 불자들이 힌두교의 재육화와 불교의 재생을 정확하게 구분짓지 못하고 있는듯하여 안타깝다. 힌두교의 재육화는 자아가 새 몸을 받는 것(금생의 심장안의 허공에 머물던 자아가 내생의 몸의 심장안의 허공에 다시 들어가는 것)이지만 불교의 재생은 갈애를 근본원인으로 한 오온의 흐름이요, 다시 태어남(재생)이다.

윤회는 본 상윳따의 모든 경들에서 "무명에 덮인 중생들은 갈애에 속박되어 치달리고 윤회하므로 그 시작점을 꿰뚫어 알 수 없다."(S15:1 등)는 문맥 등 여러 곳에서 언급되고 있을 뿐만 아니라, 부처님의 오도송이라고 알려진 『법구경』의 다음 게송도 윤회와 윤회의 종식을 명쾌하게 밝히고 있다.

"많은 생을 윤회하면서
나는 헛되이 치달려왔다.
집짓는 자를 찾으면서
거듭되는 태어남은 괴로움이었다.

집 짓는 자여, 마침내 그대는 드러났구나.
그대 다시는 집을 짓지 못하리.
그대의 모든 골재들은 무너졌고
집의 서까래는 해체되었기 때문이다.
이제 마음은 업형성을 멈추었고
갈애의 부서짐을 성취하였다."(Dhp. {153~154})

(2) **육도윤회와 오도윤회**

그리고 지옥·축생·아귀[20]·아수라·인간·천상에 윤회하는 '육도

윤회(六道輪廻)'는 이미 초기경들에서부터 등장하고 있다. 육도(六道, 六度)는 부처님께서 직접 말씀하신 것이고, 이것은 윤회하는 세상을 말씀하신 것이기도 하면서 심리상태를 나타낸 것이기도 한다. 한편 부처님은 『맛지마 니까야』 「대사자후경」(M12) §35 이하에서 다섯 가지 태어날 곳(gati, 가띠)을 말씀하셨는데 지옥・축생・아귀・인간・천신이 그것이다. 가띠(gati)를 중국에서는 취(趣)라고도 옮겼고 도(道)라고도 옮겼다. 『디가 니까야』 「합송경」(D33) §3.2에서는 청정범행을 닦기에 적합하지 않은 경우를 언급하면서 아수라도 아울러 언급하고 있으며 본서 제1권 「삭까 상윳따」(S11) 뿐만 아니라 초기경의 여러 곳에서 아수라가 언급되고 있다. 이처럼 5도에다 아수라를 넣으면 6도가 되는 것이다. 한역 경전들에는 5취, 6취, 5도, 6도가 고루 나타난다. 그런데 『화엄경』(특히 60화엄)에는 이 네 단어가 모두 다 쓰이고 있으며, 후대로 올수록 육도로 정착이 되어 육도윤회로 우리에게 익숙하게 된 것이다.

육도 가운데 지옥(niraya)은 천상과 해탈의 원인이 되는 공덕이 없고 행복이 없는 곳이라고 설명한다. 축생(tiracchana)은 '옆으로'라는 단어에서 파생되었는데, 동물들은 직립보행을 못하기 때문에 붙여진 이름이다. 아귀(peta)는 아버지를 뜻하는 삐따(pitā)에서 파생된 말이며, 베다의 조상신들과 관계가 있다. 후손이 올리는 제사음식을 바라는 존재라는 일차적인 의미에서 '굶주린 귀신(餓鬼)'으로 불교에서 정착되었다. 아수라(asura)는 베다에서 항상 천신들과 싸우는 존재로 묘사가 되고 있어서

---

20) 일반적으로 우리에게 육도는 지옥・아귀・축생의 순으로 알려져 있다. 그러나 니까야에서는 모두 지옥・축생・아귀의 순서로 나타나고 있다.(S25:1 §5, D16 §2.8, M12 §35, A3:75 등등) 한역 『아함경』에서도 대부분 지옥・축생・아귀로 나타나고 있다. 그러나 『화엄경』이나 대승 『대반열반경』 등의 대승경전들에서는 지옥・아귀・축생으로 나타나는 경우가 지옥・축생・아귀로 나타나는 경우보다 훨씬 많다. 이런 영향으로 우리나라에서는 지옥・아귀・축생의 순으로 언급을 하는 듯하다.

투쟁적인 신들을 일컫는 존재로 불교에 받아들여진 것이다. 인간(manussa)은 마누(Manu)의 후손이란 뜻인데, 불교에서는 마음(mano)이 탐·진·치와 불탐·부진·불치로 넘쳐흐르기 때문(ussanna)에 붙은 이름이라고 설명한다. 천신(deva)는 '빛나는 존재'라는 뜻인데 사대왕천 이상의 세상에 거주하는 신들을 말한다.[21]

초기불전에서 육도는 분명히 중생이 사는 세상(loka)을 뜻하고 있다. 그런데 이 중생이 사는 세상은 모두 심리상태의 반영이라고 아비담마 불교는 설명한다.[22] 지옥은 지옥과 어울리는 극도로 나쁜 심리상태를 가진 중생들이 나서 머무는 곳이다. 색계 천상들은 선(禪, jhāna)이라는 고도의 행복과 고요함과 집중이 있는 곳이라 한다. 그러므로 예를 들면 색계의 범중천은 이 천상과 어울리는 초선(初禪)의 심리상태를 가진 중생들이 나서 머무는 곳이다. 공무변처와 식무변처와 무소유처와 비상비비상처로 구성된 무색계 천상들은 무색계 삼매의 경지를 터득한 자들이 태어나서 머무는 곳이다.

이처럼 고통스럽거나 행복하거나, 저열하거나 고상한 다양한 세상은 모두 다양한 심리상태들, 구체적으로 말하면 의도적 행위들의 반영이다. 이러한 의도적 행위를 불교에서는 업(業, kamma)이라고 한다.

그러므로 중요한 것은 우리는 매순간 고귀하고 아름다운 마음을 내도록 노력해야 한다는 것이다. 지금·여기에서 내가 일으키고 있는 심리상태들이 결국은 내가 사는 이 세상을 만들어가는 것이며, 앞으로 태어날 세상을 결정짓기 때문이다.

(3) 윤회의 원인

이처럼 부처님께서는 분명히 윤회를 설하셨고, 초기경의 도처에서 갈

21) 육도의 설명은 『아비담마 길라잡이』 418쪽 이하를 참조할 것.

22) *위의 책*, 411~412쪽 참조.

애(愛, taṇhā)와 무명(無明, avijjā)이 윤회의 원인이라고 밝히셨다. 그래서 부처님께서는 갈애(渴愛)를 '재생을 하게 하는 것(ponobhāvikā)'이라고 정의하셨다.[23] 그리고 생·노사로 표현되는 윤회의 괴로움의 발생구조와 소멸구조를 밝히고 있는 12연기에서는 무명을 윤회의 근본원인으로 들고 있기도 하다.

그래서 본서 제6권 「초전법륜 경」(S56:11 §6) 등은 다음과 같이 집성제(集聖諦, samudaya-sacca, 괴로움의 원인의 진리)를 정의하고 있다.

"비구들이여, 그러면 무엇이 괴로움의 일어남의 성스러운 진리[苦集聖諦]인가? 그것은 갈애이니, 다시 태어남을 가져오고 환희와 탐욕이 함께하며 여기저기서 즐기는 것이다. 즉 감각적 욕망에 대한 갈애[欲愛], 존재에 대한 갈애[有愛], 존재하지 않음에 대한 갈애[無有愛]가 그것이다." (S56:11 §6)[24]

이렇게 갈애와 무명이 있는 한 윤회의 흐름은 계속된다. 이것을 우리는 생사윤회라 한다. 물론 갈애로 대표되는 번뇌들이 다한 아라한에게는 더 이상 윤회는 없다. 그러나 그 외에는 불환과까지도 다시 태어남 즉 윤회는 있다.

윤회는 결코 방편설이 아니다. 갈애와 무명에 휩싸여 치달리고 흘러가는 중생들의 가장 생생한 모습이다. 그러므로 윤회는 힌두교 개념이고 불교는 윤회를 인정하지 않는다는 잘못된 주장에 현혹되면 안된다. 부처님께서는 생·노사 혹은 생사로 대표되는 괴로움[苦]의 흐름인 윤회

---

23) 여기에 대해서는 본 해제 §3-(4)-④를 참조할 것.

24) "감각적 욕망에 대한 갈애(kāma-taṇhā, 欲愛)란 다섯 가닥의 감각적 욕망에 대한 탐욕의 동의어이다.
존재에 대한 갈애(bhava-taṇhā, 有愛)란 존재를 열망함에 의해서 생긴 상견(常見, sassata-diṭṭhi)이 함께하는 색계와 무색계의 존재에 대한 탐욕과 禪을 갈망하는 것의 동의어이다.
존재하지 않음에 대한 갈애(vibhava-taṇhā, 無有愛)라는 것은 단견(斷見, uccheda-diṭṭhi)이 함께하는 탐욕의 동의어이다."(DA.iii.800)

를 설하셨고, 윤회의 원인[集, 갈애]을 설하셨고, 윤회가 다한 경지[滅, 열반]를 설하셨고, 윤회가 다한 경지를 실현하는 방법[道, 팔정도]을 설하셨다. 그러므로 어설프게 '윤회는 없다, 부처님은 윤회를 설하지 않으셨다.'고 주장해서는 곤란하다.

7. 「깟사빠 상윳따」(S16)

열여섯 번째 주제인 「깟사빠 상윳따」(Kassapa-saṁyutta, S16)에는 깟사빠(가섭) 존자에 관련된 13개의 경들이 나타나고 있다. 여기서 깟사빠는 부처님 입멸 후에 결집을 주도했으며 두타제일로 불리는 마하깟사빠(대가섭) 존자(āyasmā Mahākassapa)를 말한다.

마하깟사빠 존자(āyasmā Mahā-Kassapa)는 마가다의 마하띳타(Mahā-tittha)에서 바라문으로 태어났으며 이름은 삡빨리(Pippali)였다. 그는 일찍 결혼하였으나 아내(Bhaddā)와 논의하여 둘 다 출가하였다.(A1:14:5-10의 밧다 까삘라니 주해 참조) 『앙굿따라 니까야』 「하나의 모음」(A1:14:1-4)에서 세존께서는 "두타행을 하는 자(dhuta-vāda)들 가운데서 마하깟사빠(대가섭)가 으뜸"이라고 칭찬하고 계시며, 그는 부처님이 반열반하신 후 교단을 이끌었던 분이기도 하다. 본 「깟사빠 상윳따」(S16)의 여러 경들은 그의 출중한 경지를 잘 드러내어 주고 있다. 그는 교단에서 장수한 인물로 꼽히며 120세까지 살았다고 한다. 주석서는 초기교단에서 장수한 인물로 마하깟사빠 존자, 박꿀라 존자, 아난다 존자를 들고 있는데, 모두 120세까지 사신 분들로 알려져 있다.(AA.iii.243~244)

깟사빠는 지금도 인도에서 유력한 바라문의 족성이다. 그러므로 부처님 제자 가운데도 깟사빠 성을 가진 분들이 많았다. DPPN에 의하면 빠알리 문헌에 나타나는 깟사빠라는 이름을 가진 사람은 30명 가까이가 된다. 그래서 이를 구분하기 위해서 일차합송을 주도한 본 상윳따의 깟사빠 존자를 마하깟사빠(大迦葉)라 칭하고, 1000명의 제자와 함께 귀의한 가섭 삼형제는 우루웰라 깟사빠(優樓頻螺 迦葉)라 부르며, 나체수행자 출신 깟사빠는 아쩰라 깟사빠(나체수행자 출신 깟사빠)라 부른다.

남북방 불교에서 깟사빠 존자는 두타제일로 불리었다. 그의 두타행에 대한 언급이 본 상윳따의 「늙음 경」(S16:5)에 나타난다. 본경에서 부처님께서는 "깟사빠여, 그대는 이제 늙었다. 그리고 그대가 입고 있는 삼베로 만든 다 떨어진 분소의들은 그대에게 너무 무겁다. 그대는 장자들이 보시하는 옷을 수용하고, 공양청에 응하여 공양을 하라. 그러면서 내 곁에 머물도록 하라."고 하신다. 그러자 존자는 "세존이시여, 저는 오랜 세월을 숲에 머무는 자였고 숲에 머무는 삶을 칭송하였습니다. 탁발음식만 수용하는 자였고 탁발음식만 수용하는 삶을 칭송하였습니다. 분소의를 입는 자였고 분소의를 입는 삶을 칭송하였습니다. 삼의(三衣)만 수용하는 자였고 삼의만 수용하는 삶을 칭송하였습니다. 원하는 바가 적었고[少慾] 원하는 것이 적은 삶을 칭송하였습니다. 만족하였고[知足], 만족하는 삶을 칭송하였습니다. 한거하였고 한거하는 삶을 칭송하였습니다. [재가자들과] 교제하지 않았고 [재가자들과] 교제하지 않는 삶을 칭송하였습니다. 열심히 정진하였고 열심히 정진하는 삶을 칭송하였습니다."라고 하면서 두타행을 계속하겠다고 말씀드리고 세존께서도 그를 칭찬하신다.

중국 선종에서는 깟사빠 존자를 부처님의 심인(心印)을 전해 받은 첫 번째 제자로 간주한다. 그는 다자탑전분반좌(多子塔前分半座, 다자탑전에서 부처님이 자리를 가섭존자와 나누어 앉은 것), 영산회상거염화(靈山會上擧拈花, 독수리봉산에서 꽃을 들어 보이신 것), 사라쌍수곽시쌍부(沙羅雙樹槨示雙趺, 쿠시나라에서 반열반하신 뒤 가섭존자가 7일 뒤에 찾아오자 곽 밖으로 두 다리를 내어 보이신 것)의 삼처전심(三處傳心)을 통해서 부처님의 정법을 부촉받았다고 한다.

본 상윳따의 「의복 경」(S16:11)에 의하면 가섭 존자는 라자가하와 날란다 사이에 있는 다자탑(多子塔, 바후뿟따 탑묘)에 앉아계신 부처님을 뵙고 제자가 되었으며 세존이 주신 분소의를 평생 입었다고 한다. 이런 초기불전의 말씀이 다자탑전분반좌로 승화된 듯하다. 그리고 사리쌍수곽시쌍부는 「대반열반경」(D16)에서 세존이 반열반하신 7일 뒤에 가섭존자의 일행이 "꾸시나라의 마꾸따반다나라는 말라들의 탑묘에 있는 세존의 화장용 장작더미로 왔다. 와서는 한쪽 어깨가 드러나게 옷을 입고 합장하고 화장용 장작더미를 오른쪽으로 세 번 돌아 [경의를 표한] 뒤 발쪽을 열고 세존의 발에 머리로 절을 올렸다."(D16 §6.22)는 표현이 승화된 것이라고 여겨진다.

아무튼 마하깟사빠 존자는 평생을 두타행을 하면서 승단의 모범이 되었고 특히 일차결집을 주도한 큰 공로가 있는 교단의 최고 연장자였음에 틀림없다. 본 상윳따에 포함되어 있는 13개의 경들은 이러한 그의 꼿꼿한 성품을 잘 드러내고 있다.

8. 「이득과 존경 상윳따」(S17)

열일곱 번째 주제인 「이득과 존경 상윳따」(Lābhasakkāra-saṁyutta, S17)에는 모두 43개의 경들이 제1장 「첫 번째 품」과 제2장 「두 번째 품」과 제3장 「세 번째 품」과 제4장 「네 번째 품」의 네 품으로 나누어져 있다. 처음의 세 품들은 각각 10개씩의 경들을 담고 있고 네 번째 품에는 13개의 경들이 포함되어 있다.

본 상윳따에 포함된 모든 경에서 세존께서는 "비구들이여, 이득과 존경과 명성은 무섭고 혹독하고 고약한 것이다. 그것은 위없는 유가안은을 얻는 네 방해물이 된다."라고 하시면서 여러 가지 비유를 통해서 이를 경계할 것을 간곡하게 말씀하고 계신다.

예를 들면, 세존께서는 비구가 이득과 존경과 명성에 빠지게 되고 이를 탐하게 되면 그것은 마라의 낚싯바늘에 꿰인 것이며(S17:2) 마라의 작살에 찔린 것이라고 하셨다.(S17:3) 비구가 이득과 존경과 명성에 빠진 것을 긴 머리를 가진 염소가 가시덤불에 들어가 걸리고 찔리고 묶이어 재난에 처하는 것에 비유하고 계시며(S17:4), 똥벌레가 그의 앞에 큰 똥 무더기가 있는 것을 보고 '나는 똥을 먹고 똥으로 가득하고 똥으로 채워졌다. 그런데 다시 내 앞에는 큰 똥 무더기가 있다.'라고 다른 똥벌레들을 무시하는 것과 같다고 비유하신다.(S17:5) 이처럼 본 상윳따의 43개 경을 통해서 이득과 존경과 명성에 빠진 비구를 여러 가지 비유로 경책하신다.

그러면서 모든 경의 마지막 문단에서 "비구들이여, 이와 같이 이득과 존경과 명성은 무섭고 혹독하고 고약한 것이다. 그것은 위없는 유가안은을 얻는 데 방해물이 된다. 비구들이여, 그러므로 이와 같이 공부지어야 한다. '우리는 이미 일어난 이득과 존경과 명성을 제거하리라. 그러면 일어난 이득과 존경과 명성이 우리의 마음을 사로잡아 머물지 못할 것이다.'라고. 비구들이여, 그대들은 이와 같이 공부지어야 한다."라고 결론을 맺으신다.

이처럼 본 상윳따의 경들은 특히 출가자들이 두려워하면서 읽어야 할 부처님의 경책의 말씀을 담고 있다.

9. 「라훌라 상윳따」(S18)

열여덟 번째인 「라훌라 상윳따」(Rāhula-saṁyutta, S18)는 부처님의 외동아들이었으며 어릴 때 출가한 라훌라 존자와 관계된 22개의 경들이 제1장 「첫 번째 품」과 제2장 「두 번째 품」의 두 개 품으로 나누어져 나타난다. 「첫 번째 품」에는 10개의 경들이, 「두 번째 품」에는 12개의 경들이 담겨있다.

라훌라 존자(āyasmā Rāhula)는 세존의 외아들이다. 라훌라 존자는 세존이 출가하시던 날 태어났다. 세존께서는 깨달음을 증득하신 지 2~3년 뒤에 부친 숫도다나(Suddhodana, 淨飯) 왕의 간청으로 고향 까삘라왓투를 방문하셨는데, 그때 부처님의 아내였던 야소다라(Yasodhāra, 뒤에 출가하여서는 밧다 깟짜나(Bhaddā Kaccānā) 비구니로 불림)는 라훌라를 세존께 보내어서 상속물을 달라 하라고 시켰다. 라훌라의 말을 듣고 세존께서는 사리뿟따 존자에게 라훌라를 출가시키게 하셨다. 무소유의 삶을 사시는 부처님이 아들에게 상속물로 줄 것은 출가밖에 없었을 것이다. 라훌라 존자를 출가시키면서 세존께서는 라훌라 존자에게 "다시는 세상에 태어나지 말라.(mā lokaṁ punarāgam – Sn.59 {339})"라는 간곡한 말씀을 하셨다.

부처님께서 라훌라를 가르치신 여러 경들이 초기불전에 전승되어 온다. 그 가운데 라훌라 존자를 가르치신 최초의 경은 『맛지마 니까야』 「암발랏티까 라훌라 교계경」(M61)인데, 여기서 부처님께서는 발 씻는 세숫대야의 비유로 그를 엄하게 가르치신다. 이 가르침은 아소까 대왕에게도 큰 감명을 주어서 그의 명령으로 바위에 새긴 아소까 대왕의 칙령에서도 이 경의 일부를 언급하고 있다. 라훌라 존자는 「짧은 라훌라 교계 경」(M147)을 통해서 아라한이 되었다. 그 외에도 라훌라를 교계하신(Rāhulovāda) 경이 몇 개 더 전해 온다.(M62; S.iii.105; A.iii.152 등) 이런 라훌라 존자였기에 『앙굿따라 니까야』 「하나의 모음」(A1:14:3-1)에서 세존께서는 그를 "배우기를 좋아하는(sikkhā-kāma) 비구 가운데서 으뜸"이라고 하셨다. 북방에서는 밀행(密行)제일이라 부른다.

본 상윳따에 포함되어 있는 경들에서 세존께서는 라훌라 존자에게 차례대로 6근, 6경, 6식, 6촉, 6수, 6상, 6의도, 6갈애(S18:1~8)와 6대(9)와 오온(10)의 무상·고·무아와 염오-이욕-해탈-구경해탈지를 설하고 계신다. 그리고 같은 순서의 가르침이 S18:11~20에도 그대로 나타나고 있다.

세존께서는 「잠재성향 경」(S18:21)에서 오온에 대해서 "'이것은 내 것이 아니요, 이것은 내가 아니며, 이것은 나의 자아가 아니다.'라고 있는 그대로 바른 통찰지로 보아야 한다. 라훌라여, 이렇게 알고 이렇게 보면 알음알이를 가진 이 몸과 밖의 모든 표상들에 대해 '나'라는 생각과 '내 것'이라는 생각과 자만의 잠재성향이 일어나지 않게 된다."라고 가르치신다.

그리고 「빠짐 경」(S18:22)에서는 오온에 대해서 "'이것은 내 것이 아니요, 이것은 내가 아니며, 이것은 나의 자아가 아니다.'라고 있는 그대로 바른 통찰지로 본 뒤에 취착 없이 해탈한다. 라훌라여, 이렇게 알고 이렇게 보면 알음알이를 가진 이 몸과 밖의 모든 표상들에 대해서 [일어나는] '나'라는 생각과 '내 것'이라는 생각과 자만에 빠진 여러 가지 생각을 뛰어넘어 평화롭게 되고 잘 해탈한다."라고 나타난다.

이처럼 세존께서 당신의 외아들인 라훌라 존자에게 안의 감각장소, 밖의 감각장소, 알음알이, 감각접촉, 느낌, 인식, 의도, 갈애와 땅의 요소·물의 요소·불의 요소·바람의 요소·허공의 요소·알음알이의 요소인 육대와 오온으로 대표되는 유위제법의 무상·고·무아와 염오-이욕-해탈-구경해탈지를 강조해서 말씀하시는 것이 본 상윳따의 기본 골격이다.

불자는 부처님의 아들이라는 뜻이다. 세존께서 외아들 라훌라 존자에게 특별히 하신 말씀은 특히 부처님의 아들이라 자처하는 우리 사부대중에게 강조해서 말씀하시고자한 것이라고 받아들여야 할 것이다. 그런 의미에서 결집에 참석한 부처님의 직계제자들이 『상윳따 니까야』 도처에 나타나는 불교 존재론과 인간론의 근본 교리인 온·처·계·연의 무상·고·무아와 염오-이욕-해탈-구경해탈지와 무아에 관계된 가르침만을 모아서 부처님의 아들인 라훌라 존자와 연관된 「라훌라 상윳따」

로 결집하여 전승한 것은 중요한 의미가 있다고 역자는 파악한다. 사정이 이렇기 때문에 역자는 본서의 해제와 주해 도처에서 무상·고·무아와 염오-이욕-해탈-구경해탈지를 강조하고 강조하는 것이다.

10. 「락카나 상윳따」(S19)

열아홉 번째인 「락카나 상윳따」(Lakkhaṇa-saṁyutta, S19)에는 21개의 경들이 제1장 「첫 번째 품」과 제2장 「두 번째 품」의 두 개 품으로 나누어져 나타난다. 「첫 번째 품」에는 10개의 경들이, 「두 번째 품」에는 11개의 경들이 담겨있다. 이 21개의 경들은 락카나 존자와 마하목갈라나 존자와 관련된 것인데, 모두 신통제일인 마하목갈라나 존자가 독수리봉 산에 머물면서 신통으로 본, 기이한 형태의 몸을 받아서 고통 받는 중생들을 락카나 존자에게 묘사해서 설명해 주는 내용으로 구성되어 있다. 목갈라나 존자의 설명이 주를 이루는 경들로 되어 있지만 "오늘 마하목갈라나 존자는 독수리봉 산을 내려오면서 어떤 장소에서 미소를 지었습니다. 도반 목갈라나여, 무슨 원인과 무슨 조건 때문에 그대는 미소를 지었습니까?"라고 질문을 하여 목갈라나 존자의 말문을 열게 하는 자가 락카나 존자이기 때문에 본 상윳따는 「락카나 상윳따」로 불리게 되었다. 그리고 신통제일인 목갈라나 존자의 삼매체험과 관련된 경들은 본서 제4권 「목갈라나 상윳따」(S40)로 결집되어서 나타나고 있기 때문에 본 상윳따는 「락카나 상윳따」로 명명하였을 것이다.

본 상윳따에는 여러 가지 악업의 과보로 고통 받는 21종류의 존재들이 나타나는데, 이들 존재들이 각 경들에 하나씩 나타나서 본 상윳따의 21개의 경들을 구성하고 있다. 이들은 다음과 같다.

허공을 날아가는 해골, 허공을 날아가는 고깃조각, 허공을 날아가는 고깃덩이, 가죽이 벗긴 채 허공을 날아가는 자, 칼로 된 털을 가진 채 허공을 날아가는 자, 창으로 된 털을 가진 채 허공을 날아가는 자, 화살로 된 털을 가진 채 허공을 날아가는 자, 바늘로 된 털을 가진 채 허공을 날아가는 자, 온몸이 바늘로 찔린 채 허공을 날아가는 자, 항아리만한 불알을 가진 채 허공을 날아가는 자, 똥구덩이에 머리채 푹 빠져 허공을 날아가는 자, 똥구덩이에 빠져 양손으로 똥을 먹으면서 허공을 날아가는 자, 가죽이 벗긴 채 허공을 나는 여인, 허공을 날아가는 냄새나고 추한 여자, 숯불에 그을리고 굽히고 땀투성이인 채 허공을 날아가는 여인, 머리가 잘린 채로 허공을 날아가는 자, 시뻘겋게 달구어진채로 허공을 날아가는 비구, 시뻘겋게 달구어진 채 허공을 날아가는 비구니, 시뻘겋게 달구어진 채 허공을 날아가는 식카마나, 시뻘겋게 달구어진 채 허공을 날아가는 사미이다.

그리고 각 경에서 목갈라나 존자는 왜 이들이 이런 과보를 받게 되었는지 그 원인을 밝히고 있다.

11. 「비유 상윳따」(S20)

스무 번째인 「비유 상윳따」(Opamma-saṁyutta, S20)에는 모두 비유를 담고 있는 12개의 경들이 포함되어 나타난다. 그래서 말 그대로 비유를 담고 있는 경들을 모은 상윳따이다. 본 상윳따에 나타나는 비유는 차례대로 ① 뾰족지붕 ② 손톱 ③ 가문 ④ 가마솥 ⑤ 창(槍) ⑥ 궁수 ⑦ 쐐기 ⑧ 목침 ⑨ 큰 코끼리 ⑩ 고양이, 두 가지 ⑪~⑫ 자칼의 비유이다.

「뾰족지붕 경」(S20:1)에 나타나는 뾰족지붕이 있는 집(kūṭ-āgāra)의 비유는 본서 S22:102, S45:11, S46:7, S48:52 등에도 나타나고 있다. 뾰족지붕이 있는 집은 중각(重閣)으로 한역되었다.

「손톱 경」(S20:2)의 비유는 본서 제6권 「진리 상윳따」(S56)의 여러 경들(S56:102~31)에서 상세하게 다루어지고 있다. 주석서에 의하면 여기서 '인간(manussa)'이란 단어에는 신(deva)들도 포함된 것이라고 한다. 그래서 이 말씀은 인간과 천상에 다시 태어나는 중생들은 참으로 적다고 이해해야 한다고 한다.

「가문 경」(S20:3)의 비유는 『율장』(Vin.ii.256)과 『앙굿따라 니까야』 「고따미 경」(A8:51/iv.278 §9)에도 나타나지만 적용되는 경우가 다르다.

본 상윳따의 12개 경들에서 부처님께서는 이러한 비유를 드신 뒤에 "비구들이여, 그러므로 그대들은 참으로 이와 같이 공부지어야 한다. '우리는 방일하지 않고 머무르리라.'라고 그대들은 이와 같이 공부지어야 한다."라고 강조하고 계신다. 물론 "우리는 자애를 통한 마음의 해탈을 닦고 많이 [공부]짓고 수레로 삼고 기초로 삼고 확립하고 굳건히 하고 부지런히 정진하리라."(「가마솥 경」(S20:4)과 「창(槍) 경」(S20:5))라거나, "우리는 목침을 베고 자면서 방일하지 않고 근면하게 머무르리라."(「목침 경」(S20:8))라는 등으로 다르게 나타나는 경들도 있다.

12. 「비구 상윳따」(S21)

스물한 번째이면서 제2권의 마지막 상윳따인 「비구 상윳따」(Bhikkhu-saṁyutta, S21)에는 모두 12개의 경들이 포함되어 있는데, 목갈라나 존자 등 부처님의 직계제자 비구들에 관한 이야기를 담고 있다.

첫 번째인 「꼴리따 경」(S21:1)에는 꼴리따라 불렸던 마하목갈라나 존자가 제2선의 증득에 대해서 설한 법문을 담고 있다. 두 번째인 「우빠띳사 경」(S21:2)은 우빠띳사라 불렸던 사리뿟따 존자의 간단한 설법을 담고 있다. 세 번째인 「통(단지) 경」(S21:3)은 마하목갈라나 존자와 사리뿟따 존자의 대화를 담고 있는데, 마하목갈라나 존자가 신통으로 세존께 가서 세존께 들은 가르침을 사리뿟따 존자에게 들려주는 형식으로 전개되고 있다. 네 번째인 「신참 경」(S21:4)은 네 가지 선(禪)의 증득에 자유로운 어떤 신참 비구의 일화를 담고 있다. 다섯 번째인 「수자따 경」(S21:5)은 세존께서 수자따 존자를 칭찬하시는 내용을 담고 있다.

여섯 번째인 「라꾼따까 밧디야 경」(S21:6)은 난장이(라꾼따까)여서 못생기고 보기 흉하고 기형이고 비구들이 경멸하지만 크나큰 신통력이 있고 크나큰 위력이 있는 라꾼따까 존자를 세존께서 칭찬하시는 내용을 담고 있다. 일곱 번째인 「위사카 경」(S21:7)은 세존께서 위사카 존자를 칭찬하시는 내용을 담고 있다. 여덟 번째인 「난다 경」(S21:8)은 세존의 이모의 아들(이종사촌)인 난다 존자를 세존께서 경책하시는 내용을 담고 있다. 아홉 번째인 「띳사 경」(S21:9)은 세존의 고종사촌 동생인 띳사 존자를 세존께서 격려하시는 내용을 담고 있다. 열 번째인 「장로라 불리는 자 경」(S21:10)은 세존께서 장로라 불리던 어떤 비구에게 혼자 머무는 것에 대한 가르침을 담고 있다. 열한 번째인 「마하깝삐나 경」(S21:11)은 '비구들을 교계하는 자(bhikkhu-ovādaka)들 가운데서 으뜸'이라고 칭송되는 마하깝삐나 존자에 대한 세존의 칭찬을 담고 있다. 마지막으로 「도반 경」(S21:12)은 마하깝삐나 존자의 제자인 두 도반 비구를 칭찬하시는 세존의 말씀을 담고 있다.

이처럼 본 상윳따에 포함된 12개의 경들은 모두 마하목갈라나 존자 등의 여러 비구들에 관한 일화를 담고 있어서 본 상윳따를 「비구 상윳따」라 이름 붙인 것이다.

13. 맺는 말

『상윳따 니까야』 제2권에는 286개의 경들이 10개의 상윳따로 분류되어서 나타나고 있다. 『상윳따 니까야』 제2권은 전통적으로 연기를 위주로 한 책 혹은 가르침이라 불려왔다. 연기의 가르침은 상좌부불교의 부동의 준거가 되는 『청정도론』에서 초기불교의 6개 기본 교학으로 강조하고 있는 온·처·계·근·제·연(蘊·處·界·根·諦·緣)가운데 맨 마지막인 연의 가르침이다.

아비담마·아비달마의 논서들은 연기의 가르침을 모두 12연기로만 정형화하여 설명하고 있지만 부처님 말씀을 담고 있는 경장의 가르침은 그렇지 않다. 본서 「인연 상윳따」(S12)에서 보듯이 본 상윳따에는 모두 93개의 경이 포함되어 있는데, 반복된 경들을 정리하면 모두 72개의 경이 된다. 이 가운데 34개의 경들만 12연기를 설하고 있고 나머지 38개 경들은 2지 연기부터 11지 연기까지의 다양한 연기를 설하고 있다.

연기의 가르침은 세존께서 이미 본서 「인연 경」(S12:60) §4 등에서 "심오한(gambhīra, 혹은 아주 어려운) 가르침"이라고 말씀하셨고, 이 연기의 가르침을 "깨닫지 못하고 꿰뚫지 못하기 때문에 이 사람들은 실에 꿰어진 구슬처럼 얽히게 되고 베 짜는 사람의 실타래처럼 헝클어지고 문자 풀처럼 엉키어서 처참한 곳, 불행한 곳, 파멸처, 윤회를 벗어나지 못한다."고 말씀하셨다. 그래서 붓다고사 스님도 『청정도론』 가운데서 가장 난해하다고 평이 나있는 연기의 해설(XVII장)에서 "전승된 가르침을 통달하거나 수행하여 법을 증득한 자가 아니면 연기의 주석은 불가능하다고 생각한다. 이제 오늘 나는 연기의 구조를 설명하려고 한다. 그러나 마치 깊은 바다 속으로 빠져든 사람처럼 [나는] 그 발판을 찾지 못하는구나."(Vis.XVII.25)라고 읊고 있다.

세존께서는 『앙굿따라 니까야』 「빠하라다 경」(A8:19) §16에서 "큰 바다가 하나의 맛, 짠 맛을 가지고 있는 것처럼, 이 법과 율도 하나의 맛, 해탈의 맛(vimutti-rasa)을 가지고 있다."고 하셨다. 그러므로 연기를 위주로 한 제2권에 포함된 모든 경들도 단 하나의 예외 없이 해탈의 맛으로 가득하다. 그리고 이들 가르침은 우리에게 금생의 행복과 내생의 행복과 해탈·열반이라는 궁극적인 행복을 듬뿍 안겨주시려는 우리 세존 부처님의 자애와 연민으로 가득하다.

본서를 읽는 모든 분들이 본서를 통해서 금생에 해탈·열반의 튼튼한 발판을 만드시기를 기원하면서 제2권의 해제를 마무리한다.

제12주제

인연 상윳따(S12)

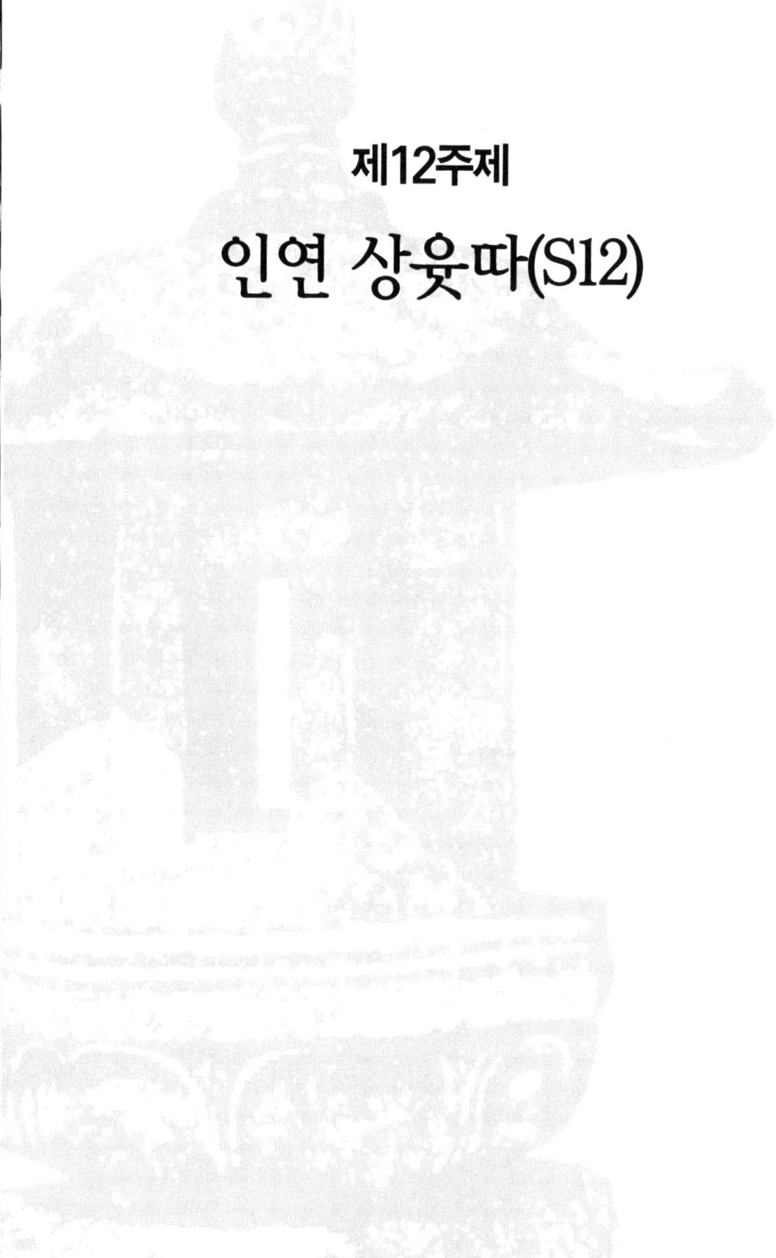

그분 부처님·아라한·정등각자께 귀의합니다.

상윳따 니까야

제2권 연기를 위주로 한 가르침

Nidāna-vagga

제12주제(S12)

인연 상윳따

Nidāna-saṁyutta

제1장 부처님 품

Buddha-vagga

연기(緣起) **경**(S12:1)

Paṭiccasamuppāda-sutta

1. 이와 같이 나는 들었다. 한때 세존께서는 사왓티에서 제따 숲의 아나타삔디까 원림(급고독원)에 머무셨다.

2. 거기서 세존께서는 "비구들이여."라고 비구들을 부르셨다. "세존이시여."라고 비구들은 세존께 응답했다. 세존께서는 이렇게 말씀하셨다.

"비구들이여, 그대들에게 연기[25]를 설하리라. 이제 그것을 들어라.

25) 여기서 '연기(緣起)'는 paṭiccasamuppāda를 옮긴 것이다. 이 술어는 중국

듣고 마음에 잘 새겨라. 나는 설할 것이다."

"그렇게 하겠습니다, 세존이시여."라고 비구들은 세존께 응답했다. 세존께서는 이렇게 말씀하셨다.

3. "비구들이여, 그러면 어떤 것이 연기인가?

비구들이여, 무명을 조건으로 의도적 행위들[行]이,[26] 의도적 행위들을 조건으로 알음알이[識]가, 알음알이를 조건으로 정신·물질[名色]이, 정신·물질을 조건으로 여섯 감각장소[六入]가, 여섯 감각장소를 조건으로 감각접촉[觸]이, 감각접촉을 조건으로 느낌[受]이, 느낌을 조건으로 갈애[愛]가, 갈애를 조건으로 취착[取]이, 취착을 조건으로 존재[有]가, 존재를 조건으로 태어남[生]이, 태어남을 조건으로 늙음·죽음[老死]과 근심·탄식·육체적 고통·정신적 고통·절망[憂悲苦惱]이[27] 발생한다. 이와 같이 전체 괴로움의 무더기[苦蘊]가 발생

에서 연기(緣起)로 번역한 바로 그 단어이다. 본서 전체에서도 대부분 여기서처럼 '연기(緣起)'로 옮겼고 해제와 주해에서는 '조건발생[緣起]'으로 풀어서 옮기거나 설명하기도 하였다. 연기에 대한 설명은 본서 해제 §3 「인연 상윳따」(S12) 편과 『청정도론』 XVII.1 이하를 참조할 것.

26) "'무명을 조건으로 의도적 행위들이(avijjāpaccayā saṅkhārā)'라는 등에 대해서 이렇게 이해해야 한다. 즉 '무명인 그것이 바로 조건이다. 그래서 무명을 조건으로 한 것이다.(avijjā ca sā paccayo cāti avijjā-paccayo) 그 무명을 조건으로 한 것으로부터 의도적 행위들이 발생한다.(tasmā avijjā-paccayā saṅkhārā sambhavanti)'라고 이러한 방법을 통해서 그 뜻을 알아야 한다."(SA.ii.10)
'발생한다(sambhavanti).'라는 동사는 원문에서는 제일 마지막 정형구에만 나타나고 있지만 주석서의 이 설명에서 보듯이 이 동사는 모든 정형구에 다 적용되어서 '무명을 조건으로 의도적 행위들이 발생하고, 의도적 행위들을 조건으로 알음알이가 발생하고 …' 등으로 이해해야 한다.
12연기의 각각의 구성요소에 대한 설명은 바로 다음의 「분석 경」(S12:2)에서 다루어지고 있다.

27) 여기서 '근심·탄식·육체적 고통·정신적 고통·절망'으로 옮긴 원어는 soka-parideva-dukkha-domanass-upāyāsā인데, 이처럼 다섯 가지 술

한다.

비구들이여, 이를 일러 연기[28]라 한다."[29]

4. "그러나 무명이 남김없이 빛바래어 소멸하기 때문에[30] [31]

어들로 되어 있다. 그러나 한역「아함경」등 중국에서 번역된 경들에는 거의 대부분 憂悲苦惱의 넷으로만 정착되어 우리에게 알려져 있다.

28) Ee의 samuppādo(일어남) 대신에 Se, Be의 paṭiccasamuppādo(연기)로 읽었다. Ee는 편집상의 실수인 듯하다.

29) "여기서 이것은 간략하게(saṅkhepena) [설명한] 것이다. 자세하게(vitthārena) 모든 형태를 다 갖춘(sabbākāra-sampannā) 연기의 순관(順觀, 流轉門, anuloma)에 관한 설명은 『청정도론』(XVII)에 설해져 있다. 그러므로 이것은 거기서 설해진 대로 이해해야 한다."(SA.ii.10)

30) "역관(逆觀, 還滅門, paṭiloma)을 설하시면서 '무명이 남김없이 빛바래어 소멸하기 때문에(avijjāya tveva asesa-virāga-nirodhā)'라고 하신 것은 빛바램[離慾, virāga]이라 불리는 도(magga)에 의해서 남김없이 소멸하기 때문에(virāga-saṅkhātena maggena asesa-nirodhā)라는 뜻이다."(SA.ii.10)
"형성된 것들[行, saṅkhārā = 5온, 12처 등의 유위법들]에 대해서 전적으로(accantam eva) 탐욕이 빛바랜다(이욕)고 해서 '빛바램(virāga)'이며 이것은 도(magga)를 말한다. '남김없이 소멸함(asesa-nirodhā)'이란 남겨두지 않고 소멸함 즉 근절함(samucchindanā)을 말한다. 이와 같이 [12연기의] 각 항목들이 소멸함은 모든 형성된 것들의 소멸을 말한다. 이와 같이 무명 등의 소멸이라는 말을 통해서 아라한과(arahatta)를 설한 것이다."(SAṬ.ii.11)
정리하면 빛바램(이욕, virāga)은 도(즉 예류도, 일래도, 불환도, 아라한도)를 뜻하고 소멸(nirodha)은 아라한과를 뜻한다. 주석서와 복주서의 이 설명은 중요하다. 왜냐하면 12연기에서 12연기 각지(各支)의 이욕-소멸(virāga-nirodha)은 본서 제3권「무더기 상윳따」(S22)와 본서 제4권「육처 상윳따」(S35) 등 본서의 도처에 나타나는 온·처·계 등의 무상·고·무아를 통찰하여 염오-이욕-소멸(nibbidā-virāga-nirodha)이 일어나는 과정에서의 이욕-소멸과 같은 것으로 해석하고 있기 때문이다.
더 중요한 것은 이미 본「인연 상윳따」(S12)의「설법자[法師] 경」(S12:16) §4 이하에서 "비구여, 만일 늙음·죽음을 염오하고 빛바래고 소멸하기 위해서 법을 설하면 그를 '법을 설하는 비구'라 부르기에 적당하다."라고 이 염오-이욕-소멸을 12연기의 구성요소들 각각에 적용시키고 있다는 것이다. 그리고 이 염오-이욕-소멸은 본서「되어있는 것 경」(S12:31) §5 이하와

「갈대 다발 경」(S12:67) §8 이하에도 비슷한 문맥에서 나타나고 있다. S12:61~62 §3도 참조할 것.
물론 「무상 경」(S22:12) 등 「무더기 상윳따」(S22)의 많은 경들에는 염오-이욕-해탈-구경해탈지로 나타나고 있지만 여기서 해탈은 과의 실현을 뜻한다고 주석서는 설명하고 있다.(SA.ii.268) 그러므로 해탈과 소멸은 과의 증득이라는 같은 현상을 나타내는 술어이다. 아무튼 온·처·계의 염오-이욕-소멸을 통해서도 [아라한]과를 증득하고 12연기 각지(各支)의 남김없이 빛바래어 소멸함을 통해서도 아라한과를 증득하는 것이다.
그리고 이 소멸(nirodha)은 바로 사성제의 세 번째 진리인 소멸의 진리(멸성제, nirodha-sacca), 즉 열반을 뜻한다.(본서 「분석 경」(S12:2) §16의 주해 참조) 그러므로 온·처·계의 가르침과 사성제와 12연기와 8정도(8정도의 바른 견해는 사성제에 대한 지혜이므로)는 모두 궁극적으로는 소멸(nirodha = 열반)로 귀결된다고 할 수 있다.(염오, 이욕, 해탈, 소멸에 대한 주석서적인 정의는 본서 「기반 경」(S12:23) §4의 주해들과 「설법자[法師] 경」(S12:16) §5의 주해를 참조할 것.)
그리고 이러한 문장구조와 이러한 주석서와 복주서의 설명은 12연기의 가르침이 5온-12처-18계-4성제-8정도 등의 가르침에 대한 정확한 이해를 바탕으로 한다는 것을 분명하게 드러내고 있다는 점이다. 『디가 니까야 주석서』 서문 등의 각 주석서 서문에서 붓다고사 스님이 강조하고 있듯이 온·처·계·근·제와 37보리분법으로 대표되는 초기불교의 인간관, 존재관, 세계관, 진리관, 수행관을 정확하게 이해하지 못하면 12연기의 가르침은 제대로 이해하기가 힘들다고 역자는 강조하고 싶다. 『디가 니까야』 「대인연경」(D15) §1에서 세존께서 강조하셨듯이 연기의 가르침은 심오한(혹은 아주 어려운) 가르침임을 우리는 명심하고 연기의 가르침을 정독해야 할 것이다.

31) 본문에서 '남김없이 빛바래어 소멸하기 때문에'로 옮긴 것은 asesa-virāga-nirodhā를 직역한 것이다. 여기서 '빛바램'으로 옮긴 virāga는 초기불전연구원의 다른 번역에서는 대부분 '탐욕의 빛바램'으로 옮긴 virāga와 같은 단어이다. 문맥에 따라 여기서는 '탐욕의'를 빼고 옮겼다.
asesa-virāga-nirodhā를 어떻게 옮길 것인가는 중요한 문제다. 보디 스님은 '[무명이] 남김없이 빛바래고 소멸함에 의해서(*with the remainderless fading away and cessation (of ignorance)*)'로 옮겼다. 그런데 앞의 주해에서 인용한 주석서의 설명을 토대로 하면 '[무명이] 빛바램을 통해서 남김없이 소멸하기 때문에'로 옮길 수도 있다.
초기불전연구원에서는 이 구문을 '남김없이 빛바래어 소멸하기 때문에'로 통일하여 옮기고 있는데, 이것은 『청정도론』의 설명을 따른 것이다. 『청정도론』 XVI.64는 다음과 같이 설명하고 있나.
"빛바래어 소멸함(virāga-nirodha)이라는 합성어는 빛바램에 의해서 소멸이 있다(virāgena nirodho)는 뜻이다. 잠재성향을 뿌리 뽑았기 때문에 남

의도적 행위들이 소멸하고, [2] 의도적 행위들이 소멸하기 때문에 알음알이가 소멸하고,[32] 알음알이가 소멸하기 때문에 정신·물질이 소

김 없는(asesa) 빛바램을 통한 소멸이 남김없이 빛바래어 소멸함(asesa-virāga-nirodha)이란 합성어의 뜻이다. 혹은 빛바램을 버림(pahāna)이라 한다. 그러므로 '남김 없는 버림(aseso virāgo)', '남김 없는 소멸(aseso nirodho)'이라고도 여기서 문장의 구성을 알아야 한다."(Vis.XVI.64)

다시 말하면, 보디 스님은 virāga-nirodha라는 합성어를 '빛바래고 소멸함'으로 병렬복합어[相違釋, dvandva]로 풀이하였고, 『청정도론』은 '빛바램에 의한 소멸'로 격한정복합어[依主釋, tat-puruṣa]로 해석하고 있다. 역자는 『청정도론』을 따라서 '빛바래어 소멸함'으로 옮기고 있다.

'소멸(nirodha)'에 대한 여러 논의는 본서 제3권 「할릿디까니 경」 2(S22:4) §4의 주해를 참조할 것.

32) 여기서 유념해서 봐야 할 부분은 "무명이 남김없이 빛바래어 소멸하기 때문에 의도적 행위들이 소멸하고"라는 표현과 "의도적 행위들이 소멸하기 때문에 알음알이가 소멸하고"라는 표현이다. 즉 무명과 행의 관계를 설명하는 전자에는 '남김없이 빛바래어 소멸함(asesa-virāga-nirodha)'이라는 합성어로 된 술어가 나타나고 행과 식, 식과 명색 등의 나머지 연기각지(緣起各支)들의 관계를 설명하는 곳에는 모두 '소멸/소멸함(nirodha)'이라는 한 단어로 된 술어가 나타난다는 것이다.

그러면 '남김없이 빛바래어 소멸함(asesa-virāga-nirodha)'과 '소멸/소멸함(nirodha)'은 다른 경지를 말하는 것인가? 결론적으로 말해서 그렇지 않다. 이 둘은 **같은 표현**일 뿐이다. 니까야 전체에서 '남김없이 빛바래어 소멸함(asesa-virāga-nirodha)'은 대략 다음의 몇 가지 문맥에서 나타나고 있다.

첫째, 12지 연기를 설하는 24군데에서 "무명이 남김없이 빛바래어 소멸하기 때문에 의도적 행위들이 소멸하고"로 나타난다. 부연하여 설명하면 다음과 같다.

본 상윳따의 93개 경들 가운데 12지 연기를 설하는 경들은 모두 33개이다. 이 가운데 괴로움의 발생구조만이 나타나는 S12:20, 27과, "무명이 소멸하기 때문에 의도적 행위들이 소멸한다."로 나타나는 S12:68, 70과, "무명을 염오하고 빛바래고 소멸하기 위해서 도를 닦으면"으로 나타나는 S12:16~18과, "무명은 무상하고 형성되었고 …"로 나타나는 S12:20과, "무명이 줄어들면 의도적 행위들이 줄어들고"로 나타나는 S12:69 등 이들 9군데를 제외한 24군데에서 "무명이 남김없이 빛바래어 소멸하기 때문에 의도적 행위들이 소멸하고"로 나타난다.

둘째, 12지 연기가 아닌 8지 연기(혹은 10지 연기)를 설하고 있는 본서 「괴로움 경」 등(S12:43~45) §4와 제4권 「세상 경」(S35:107) §4 등에서 "이러한 갈애가 남김없이 빛바래어 소멸하기 때문에 취착이 소멸하고"로 나타

멸하고, 정신·물질이 소멸하기 때문에 여섯 감각장소가 소멸하고, 여섯 감각장소가 소멸하기 때문에 감각접촉이 소멸하고, 감각접촉이 소멸하기 때문에 느낌이 소멸하고, 느낌이 소멸하기 때문에 갈애가 소멸하고, 갈애가 소멸하기 때문에 취착이 소멸하고, 취착이 소멸하기 때문에 존재가 소멸하고, 존재가 소멸하기 때문에 태어남이 소멸하고, 태어남이 소멸하기 때문에 늙음·죽음과 근심·탄식·육체적 고통·정신적 고통·절망이 소멸한다. 이와 같이 전체[33] 괴로움의

난다.

셋째, 사성제 가운데 멸성제와 이에 관계된 정형구에서 "이러한 갈애가 남김없이 빛바래어 소멸함, 버림, 놓아버림, 벗어남, 집착 없음이다."(본서 제3권 「짐 경」(S22:22) §6; 「구분 경」 등(S22:103~5); 제6권 「초전법륜 경」(S56:11) §7 등; D22 §20; M9 §17 등)로도 나타난다.

넷째, "그러나 여섯 감각접촉의 장소가 남김없이 빛바래어 소멸하기 때문에 감각접촉이 소멸하고"라는 문맥에서도 나타난다. 이것은 10지 연기를 설하는 본서 「몰리야팍구나 경」(S12:12) §9와 8지 연기를 설하는 본서 「외도 경」(S12:24) §13과 『앙굿따라 니까야』 「마하꼿티따 경」(A4:174) §1 등에서 나타나고 있다.

종합해서 말하면 12지 연기나 10지 연기나 8지 연기 등의 연기의 정형구에서 환멸문(paṭiloma)을 설할 때 맨 처음 구문에서 남김없이 빛바래어 소멸함(asesa-virāga-nirodha)이 나타나고 있다.

그렇기 때문에 여기서 '남김없이 빛바래어 소멸함(asesa-virāga-nirodha)'과 '소멸(nirodha)'은 동의어로 봐야 한다. 단지 처음에 나타나는 구절에만 남김없이 빛바래어 소멸함이라는 표현을 사용하여 강조하고 있을 뿐이지 이것은 소멸과 동의어이다. 특히 위의 세 번째의 보기에서 보았듯이 사성제의 멸성제 즉 괴로움의 소멸(nirodha)의 성스러운 진리를 '갈애가 남김없이 빛바래어 소멸함'으로 정의하고 있기 때문에 이 둘은 동의어로 볼 수밖에 없다.

33) 여기서 '전체'는 kevala를 옮긴 것이다. 이 단어는 기본적으로 유일한, 혹은 독존(獨存)의 의미로 쓰인다.(본서 제1권 「바까 범천 경」(S6:4) §2의 주해와 「불에 헌공하는 자 경」(S7:8) {637}의 주해를 참조할 것.) 여기서는 주석서에서 "전체(sakala) 혹은 청정함(suddha)을 말하고, 중생이 없음(satta-virahita)을 뜻한다."(SA.ii.10)라고 설명하고 있어서 이렇게 옮겼다.

복주서는 "전체란 남김 없음(anavasesa)을 말한다. 중생이 없음이란 남들이 상정하는 영혼이 없음(para-parikappita-jīva-rahita)을 말한다."(SAṬ.ii.11)로 설명하고 있다.

무더기[苦蘊]가 소멸한다."[34]

5. 세존께서는 이렇게 말씀하셨다.[35] 비구들은 흡족한 마음으로 세존의 말씀을 크게 기뻐하였다.

즉 여기서 전체라고 한 것은 단지 전체 괴로움의 무더기가 소멸되었음만을 말하는 것이지 중생이니 영혼이니 자아니 하는 개념은 적용되지 않는다는 뜻이다.
그리고 '괴로움의 무더기(dukkha-kkhandha)'는 괴로움의 더미(dukkha-rāsi)라고 주석서는 해석하고 있다.(SA.ii.10)

34) "이와 같이 세존께서는 순관(anuloma)으로 12개의 구절을 윤회를 설하시는 것(vaṭṭa-kathā)으로 말씀하신 뒤에 그 윤회에 대한 말씀을 제쳐두고(vinivaṭṭetvā), 역관(paṭiloma)으로 12개의 구절을 통해서 윤회를 벗어남(vivaṭṭa)을 말씀하시면서 아라한과(arahatta)로써 가르침의 절정(kūṭa)을 취하셨다. 이 가르침이 끝나자 500명의 비구들은 위빳사나를 시작하는 자(āraddha-vipassakā)가 되어 간략한 가르침으로 이해하는 사람들(uggha-ṭitaññū-puggalā)이 되었다. 그들은 마치 햇빛을 받아서 만개한 연꽃들(paripāka-gatāni padumāni)처럼 진리(sacca)들을 깨달은 뒤 아라한과(arahattaphala)에 확립되었다."(SA.ii.10)
'간략한 가르침으로 이해하는 자'에 대해서는 『앙굿따라 니까야』 제2권 「예리한 이해 경」(A4:133)의 주해나 『인시설론』(Pug.41)을 참조할 것.

35) "'세존께서는 이렇게 말씀하셨다(idamavoca bhagavā).'라는 것은 세존께서는 이러한 윤회와 윤회를 벗어남(vaṭṭa-vivaṭṭa)을 통해서 본 경 전체를 설하셨다는 뜻이다."(SA.ii.10)
위에서 인용한 주석서의 설명들에서 보듯이 12연기의 순관은 윤회의 발생구조(vaṭṭa)를 드러내는 것이고 12연기의 역관은 윤회로부터 벗어나는 구조(vivaṭṭa) 혹은 윤회의 소멸구조를 설하신 것이다. 이처럼 12연기는 윤회의 발생구조와 소멸구조를 드러내는 것이다. 이것이 12연기의 핵심이다. 이런 기본적인 관점을 무시하고 연기를, 더군다나 12연기를 중중무진연기로 이해해서 전우주의 상호관계로 이해하려 드는 것은 부처님의 근본입장을 호도하는 것이 된다. 물론 초기불전의 『논장』(Abhidhamma Piṭaka)에서는 24가지 조건[緣, paccaya]을 통해서 모든 법의 상호의존(paṭṭhāna)을 밝히고 있고, 설일체유부에서는 6인-4연-5과로써, 유식에서는 10인-4연-5과로써 제법(諸法)의 상호의존을 밝히고 있다. 화엄의 중중무진연기는 이러한 상호의존이 발달된 것이지 이것을 초기불전의 12연기와 연관지어 해석하려드는 것은 아주 위험한 발상이라고 하겠다. 상호의존과 연기는 엄정하게 구분되어야 한다.

분석 경(S12:2)

Vibhaṅga-sutta

3. "비구들이여, 그대들에게 연기(緣起)를 분석하리라. 이제 그것을 들어라. 듣고 마음에 잘 새겨라. 나는 설할 것이다."

"그렇게 하겠습니다, 세존이시여."라고 비구들은 세존께 응답했다. 세존께서는 이렇게 말씀하셨다.

"비구들이여, 그러면 어떤 것이 연기인가?

비구들이여, 무명을 조건으로 의도적 행위들이, 의도적 행위들을 조건으로 알음알이가, 알음알이를 조건으로 정신·물질이, 정신·물질을 조건으로 여섯 감각장소가, 여섯 감각장소를 조건으로 감각접촉이, 감각접촉을 조건으로 느낌이, 느낌을 조건으로 갈애가, 갈애를 조건으로 취착이, 취착을 조건으로 존재가, 존재를 조건으로 태어남이, 태어남을 조건으로 늙음·죽음과 근심·탄식·육체적 고통·정신적 고통·절망이 발생한다.

이와 같이 전체 괴로움의 무더기[苦蘊]가 발생한다."

4. "비구들이여, 그러면 어떤 것이 늙음[老]인가?

이런저런 중생들의 무리 가운데서 이런저런 중생들의 늙음,[36] 노쇠함, 부서진 [치아], 희어진 [머리털], 주름진 피부, 수명의 감소, 감각기능[根]의 쇠퇴 — 이를 일러 늙음이라 한다.

[비구들이여, 그러면 어떤 것이 죽음[死]인가?][37]

---

36) "'늙음(jarā)'이란 고유성질을 설명한 것이다. '노쇠함(jīraṇatā)'이란 형태의 성질을 설명한 것이다. '부서짐(khaṇḍicca)' 등은 변화를 설명한 것이다. 젊은 시절에 치아는 희다. 그것이 나이가 들면서 점점 색깔도 변하고 여기저기가 빠진다. 이제 빠지고 남아있는 것과 비교해서 부서진 치아를 '부서진 것(pālicca)'이라 한다."(DA.iii.798)

이런저런 [3] 중생들의 무리로부터 이런저런 중생들의 종말, 제거됨, 부서짐, 사라짐, 사망, 죽음, 서거,38) 오온의 부서짐,39) 시체를 안치함, 생명기능[命根]의 끊어짐40) — 이를 일러 죽음이라 한다.

이것이 늙음이고 이것이 죽음이다. 비구들이여, 이를 일러 늙음·죽음이라 한다."

5. "비구들이여, 그러면 어떤 것이 태어남[生]인가?

이런저런 중생들의 무리로부터 이런저런 중생들의 태어남, 출생, 도래함, 생김, 탄생, 오온의 나타남,41) 감각장소[處]를 획득함 — 비

---

37) [ ] 안은 『디가 니까야』 제2권 「대념처경」(D22) §18에는 나타나고 있지만 본경의 Ee, Be에는 나타나지 않는다. 본경의 Se에는 나타난다.

38) "여기서 '종말(cuti)'이라는 것은 고유성질(sabhāva)에 따른 설명이다. '제거됨(cavanatā)'이란 것은 형태의 성질에 따른 설명이다. 죽음에 이른 무더기(蘊)들이 부서지고 사라지고 보이지 않게 되기 때문에 '부서짐(bheda)', '사라짐(antaradhāna)'이라 부른다. '사망, 죽음(maccu-maraṇa)'이란 것은 찰나적인 죽음[刹那死, khaṇika-maraṇa]이 아니다. '서거(kāla-kiriya)'라는 것은 죽어서 없어지는 것이다. 이 모든 것은 인습적 의미(sammuti)로서 설한 것이다."(DA.iii.798)

39) "'오온의 부서짐(khandhānaṁ bhedo)'이란 것은 궁극적 의미에서 설한 것이다. 하나의 구성성분을 가진 것 등에서 하나(색)와 넷(수·상·행·식)과 다섯(색·수·상·행·식)의 구성성분으로 나누어지는 무더기(蘊)들이 부서진 것이지 사람이 [죽은 것이] 아니다. 그러나 이것이 있을 때 '인간이 죽었다.'는 단지 일상생활에서 통용되는 언어가 있는 것이다."(DA.iii.798~799)

40) '생명기능의 끊어짐'은 Ee와 Be에는 나타나지 않는다. Se에는 나타나고 Be의 각주에 의하면 태국과 캄보디아 판에는 나타나는 것으로 되어 있다. 그런데 같은 구절이 『디가 니까야』 「대념처경」(D22)에 해당하는 주석서(DA.iii.799)에는 나타나고 있다. 그래서 역자는 이를 넣어서 옮겼다. 그런데 본경에 해당하는 주석서에서는 이 구절이 나타나지 않는다.
"'생명기능(命根)의 끊어짐(jīvitindriyassa upacchedo)'은 모든 측면에서 궁극적 의미(승의제, paramattha)의 죽음이다. 아울러 이것은 인습적 의미(세속제, sammuti)로서의 죽음이라고도 불린다. 왜냐하면 생명기능의 끊어짐을 두고 세상에서는 '띳사가 죽었다. 풋사가 죽었다.'고 말하기 때문이다." (DA.iii.799)

구들이여, 이를 일러 태어남이라 한다."[42]

6. "비구들이여, 그러면 어떤 것이 존재[有]인가?

비구들이여, 세 가지 존재가 있나니 욕계의 존재,[43] 색계의 존재,

---

41) "'태어남, 출생, 도래함, 생김, 탄생(jāti, sañjāti, okkanti, nibbatti, abhini-bbatti)'은 인습적 의미의 가르침이다. 오온의 나타남과 감각장소를 획득함은 궁극적 의미의 가르침이다."(SA.ii.11)

"'오온의 나타남(khandhānaṁ pātubhāvo)'이란 것은 궁극적 의미로 설한 것이다. 하나의 구성성분을 가진 것 등에서 하나(색)와 넷(수・상・행・식)과 다섯(색・수・상・행・식)의 구성성분으로 나누어지는 무더기(蘊)들이 나타난 것이지 사람이 [태어난 것이] 아니다. 그러나 이것이 있을 때 '인간이 태어났다.'라는 단지 일상생활에서 통용되는 인습적 표현(vohāra)이 있는 것이다."(DA.iii.798)

42) 여기서 보듯이 태어남[生, jāti]은 한 생에 최초로 태어나는 것(*birth, rebirth* PED)을 말한다. 생(生)이라 한역하였다고 해서 이것을 생멸(生滅)의 생으로 이해하는 것은 무지의 극치라고 밖에 할 수 없다. 생멸의 생은 일어남을 뜻하는 udaya 혹은 samudaya이지 jāti가 아니다. jāti가 한 생에 최초로 태어나는 것을 의미하기 때문에 12연기는 존재(유)와 태어남(생) 사이에 현재생과 미래생이 개재되는 것으로 이해해야 한다. 본서 「우현 경」(S12:19) §6은 실제로 이렇게 설하고 있다. 그래서 유식에서는 12연기를 2세1중인과(二世一重因果)로 해석한다. 물론 초기불교와 남북의 모든 아비담마/아비달마 불교에서는 의도적 행위(행)와 알음알이(식) 사이에도 하나의 생이 개재되는 것으로 이해해서 삼세양중인과(三世兩重因果)로 이해한다.

본서 「우현 경」(S12:19)과 「알음알이 경」(S12:59)과 『디가 니까야』 「대인연경」(D15) §21과 『앙굿따라 니까야』 「외도의 주장 경」(A3:61) §9와 「존재 경」(A3:76)과 본서 「몰리야팍구나 경」(S12:12) §4 등에서 연기의 정형구에 나타나는 알음알이는 한 생의 최초에 어머니 모태에 드는 것으로 나타나기 때문에 12연기를 삼세양중인과로 이해하는 것은 이미 초기불전에 튼튼한 근거를 두고 있다고 해야 한다. 물론 주석서도 예외 없이 12연기의 식을 한 생의 최초에 일어나는 알음알이인 재생연결식(paṭisandhi-viññāṇa)으로 설명하고 있다.

43) "'욕계의 존재(kāma-bhava)'란 업으로서의 존재[業有, kamma-bhava]와 재생으로서의 존재[生有, upapatti-bhava]이다. 여기서 업으로서의 존재라는 것은 욕계의 존재에 태어나게 하는 업(kāmabhav-ūpaga-kamma)을 말한다. 왜냐하면 업은 거기에 재생하는 존재의 원인이 되기 때문(kāraṇattā)에 [결과에 해당하는 존재라는 이름을 원인인 업에도 할당하여

무색계의 존재이다. 비구들이여, 이를 일러 존재라 한다."

7. "비구들이여, 그러면 어떤 것이 취착[取]인가?

비구들이여, 네 가지 취착이 있나니 감각적 욕망에 대한 취착, 견해에 대한 취착, 계율과 의례의식에 대한 취착, 자아의 교리에 대한 취착이다. — 비구들이여, 이를 일러 취착이라 한다."44)

붙인 것이다.] '부처님의 출현은 행복이다.'라거나 '사악함의 적집은 괴로움이다.'라는 등에서처럼 결과에 대한 인습적 표현(phala-vohāra)으로 [업의 존재라고] 존재[有, bhava]라는 표현을 썼을 뿐이지 [업으로서의 존재는 업 자체를 말한다.]

재생으로서의 존재란 그 업으로 받은(nibbatta) 오취온(취착의 대상이 되는 다섯 가지 무더기, upādiṇṇa-kkhandha-pañcaka)을 말한다. 왜냐하면 그것은 거기에 존재한다고 해서 존재라고 말하는 것이다. 모든 곳에서 이처럼 업으로서의 존재와 재생으로서의 존재 둘 다를 두고 욕계의 존재라고 한 것이다.

이 방법은 색계와 무색계(rūpa-arūpa-bhava)에도 적용되어야 한다.(물론 무색계의 재생으로서의 존재는 색온을 제외한 4온만이 있다.)"(SA.ii.14)

업으로서의 존재[業有]와 재생으로서의 존재[生有]에 대한 자세한 설명은 『청정도론』 XVII.250~251을 참조할 것.

다시 정리하면 이와 같다. 주석서는 '취착을 조건으로 해서 존재가 발생한다.'는 구절을 해석하면서 존재를 업으로서의 존재와 재생으로서의 존재 둘로 해석한다. 취착이 있기 때문에 업도 생기고 다음 생도 있기 때문이다. 그렇지만 유념해야 할 점은 '존재를 조건으로 태어남이 발생한다.'에서의 존재는 업으로서의 존재만을 뜻한다는 것이다. 재생으로서의 존재 안에 이미 태어남이 포함되기 때문이다. 여기에 대해서는 『청정도론』 XVII.258~260과 XVII.270을 참조할 것.

44) 네 가지 '취착(upādāna)'에 대한 『청정도론』의 설명을 인용한다.

"① 대상(vatthu)이라 불리는 감각적 욕망을 취착하기 때문에 '감각적 욕망에 대한 취착[慾取, kām-upādāna]'이라 한다. 감각적 욕망 그 자체가 취착이기 때문에도 감각적 욕망에 대한 취착이라고 한다. 취착이라는 것은 강하게 거머쥐는 것(daḷha-ggahaṇa)이다.

② 마찬가지로 견해 그 자체가 취착이기 때문에 '견해에 대한 취착[見取, diṭṭh-upādāna]'이다. 혹은 견해를 취착하기 때문에 견해에 대한 취착이라고 한다. "자아와 세상은 영원하다(sassato attā ca loko ca, D1/i.14 §1.31)."라는 데서는 뒤의 견해가 앞의 견해를 취착한다.

③ 마찬가지로 계와 의식을 취착하기 때문에 '계율과 의례의식에 대한 취착

8. "비구들이여, 그러면 어떤 것이 갈애[愛]인가?

비구들이여, 여섯 가지 갈애의 무리[六愛身]가 있나니 형색에 대한 갈애, 소리에 대한 갈애, 냄새에 대한 갈애, 맛에 대한 갈애, 감촉에 대한 갈애, 법에 대한 갈애이다. — 비구들이여, 이를 일러 갈애라 한다."45)

[戒禁取, sīlabbat-upādāna]'이라 한다. 계와 의식 그 자체가 취착이기 때문에 계율과 의례의식에 대한 취착이라고도 한다. 소처럼 행동하고 소처럼 사는 것이 청정이라고 국집하기 때문에 그 자체가 취착이다.
④ 그와 마찬가지로 이것을 통해 주장하기 때문에 교리(vāda)라 한다. 이것을 통해 취착하기 때문에 취착이다. 무엇을 주장하거나 취착하는가? 자아다. 자아의 교리를 취착하는 것이 '자아의 교리에 대한 취착(attavādupādāna)'이다. 혹은 단지 자아의 교리가 자아고 그것을 통해 취착하기 때문에 자아의 교리에 대한 취착이다. 이것이 그들의 뜻에 대한 분석이다."(Vis.XVII. 241) 더 자세한 설명은 『청정도론』 XVII.242 이하를 참조할 것.

45) "눈의 문(dvāra) 등에서 속행과정(javana-vīthi)에 의해서 전개되는 갈애의 이름이 '형색에 대한 갈애(rūpa-taṇhā)' 등이다. 이것은 마치 '장자의 아들, 바라문의 아들'이라고 아버지 쪽을 취해서 이름을 붙이는 것처럼 [형색, 소리, … 법이라는] 대상을 취해서 이름을 붙인 것(ārammaṇato nāmaṁ)이다. 여기서 형색을 대상으로 가진 갈애가 '형색에 대한 갈애'이다.
이러한 [갈애가] 감각적 욕망을 통해서 형색을 맛보면서(assādenti) 전개되는 것(pavattamānā)이 '감각적 욕망에 대한 갈애[欲愛, kāma-taṇhā]'이다. 상견(常見, sassata-diṭṭhi)과 함께하는 탐욕에 의해서 '물질은 항상하고 견고하고 영원하다.'라고 이와 같이 맛보면서 전개되는 것이 '존재에 대한 갈애[有愛, bhava-taṇhā]'이다. 단견(斷見, uccheda-diṭṭhi)과 함께하는 탐욕에 의해서 '물질은 부서지고 파멸하여 죽은 뒤에 존재하지 않는다.'라고 이와 같이 맛보면서 전개되는 갈애가 '존재하지 않음에 대한 갈애[無有愛, vibhava-taṇhā]'이다.
형색에 대한 갈애는 이와 같이 하여 세 가지가 된다. 이렇게 하여 소리에 대한 갈애 등까지 합하면 모두 18가지가 된다. 이것은 안의(ajjhatta) 형색 등에 대해서 18가지가 되고, 밖의(bahiddhā) 형색 등에 대해서 18가지가 되어 모두 36가지가 된다. 이렇게 하여 과거의 것(atītāni) 36가지, 미래의 것(anāgatāni) 36가지, 현재의 것(paccuppannāni) 36가지가 되어 모두 108가지 갈애의 분류(taṇhā-vicaritāni)가 있게 된다."(SA.ii.15~16)
한편 『디가 니까야 주석서』는 세 가지 갈애를 다음과 같이 설명하고 있다.
"감각적 욕망에 대한 갈애란 다섯 가닥의 감각적 욕망에 대한 탐욕의 동의

9. "비구들이여, 그러면 어떤 것이 느낌[受]인가?

비구들이여, 여섯 가지 느낌의 무리가 있나니 눈의 감각접촉에서 생긴 느낌, 귀의 감각접촉에서 생긴 느낌, 코의 감각접촉에서 생긴 느낌, 혀의 감각접촉에서 생긴 느낌, 몸의 감각접촉에서 생긴 느낌, 마노의 감각접촉에서 생긴 느낌이다. — 비구들이여, 이를 일러 느낌이라 한다."46)

10. "비구들이여, 그러면 어떤 것이 감각접촉[觸]인가?

비구들이여, 여섯 가지 감각접촉의 무리가 있나니 형색에 대한 감각접촉, 소리에 대한 감각접촉, 냄새에 대한 감각접촉, 맛에 대한 감각접촉, 감촉에 대한 감각접촉, 법에 대한 감각접촉이다. — 비구들이여, 이를 일러 감각접촉이라 한다."

11. "비구들이여, 그러면 어떤 것이 여섯 감각장소[六入]인가?

눈의 감각장소, 귀의 감각장소, 코의 감각장소, 혀의 감각장소, 몸의 감각장소, 마노의 감각장소이다. — 비구들이여, 이를 일러 여섯

어이다. 존재에 대한 갈애란 존재를 열망함에 의해서 생긴 상견(常見)이 함께하는 색계와 무색계의 존재에 대한 탐욕과 禪을 갈망하는 것의 동의어이다. 존재하지 않음에 대한 갈애란 단견(斷見)이 함께하는 탐욕의 동의어이다."(DA.iii.800)

46) "'눈의 감각접촉에서 생긴 느낌(cakkhu-samphassajā vedanā)' 등으로 마치 '만따니의 아들 사리뿟따'라고 어머니 쪽을 취해서 이름을 붙이는 것(mātito nāmaṁ)처럼 [눈, 귀 … 마노라는] 토대를 취하여 이름을 붙인 것(vatthuto nāmaṁ)이 눈의 감각접촉에서 생긴 느낌이다. 이것은 '눈의 감각접촉에서 생긴 느낌은 유익한 것, 해로운 것, 이 둘로 설명할 수 없는 것(kusala-akusala-abyākata)이 있다.'(Vbh.15)라고 『위방가』에서 설하였듯이, 눈의 문 등에서 전개되는 유익하거나 해롭거나 중립적인 느낌을 말한다."(SA. ii.16)
느낌[受]은 오온(S22)의 두 번째 구성요소이고 본서 제4권 「느낌 상윳따」(S36)의 주제이기도 하다. 이 두 곳의 해당부분과 해제를 참조할 것.

감각장소라 한다."[47]

12. "비구들이여, 그러면 어떤 것이 정신·물질[名色]인가?[48]

느낌, 인식, 의도, 감각접촉, 마음에 잡도리함(주의) — 이를 일러 정신이라 한다.[49] [4] 그리고 네 가지 근본물질[50]과 네 가지 근본물

---

47) "'눈의 감각장소(cakkhāyatana)' 등으로 말씀하신 것은 『청정도론』 제14장 무더기의 해설(khandha-niddesa)과 제15장 감각장소의 해설(āyatana-niddesa)에서 이미 설명하였다."(SA.ii.16) 『청정도론』 XIV.37~57과 XV.1~16을 참조할 것. 여섯 감각장소[六入, 六處]는 본서 제4권 「육처 상윳따」(S35)의 주제이다. 그곳의 해제와 첫 번째 경의 주해들을 참조할 것.

48) "기우는 특징을 가진 것(namana-lakkhaṇa)이 '정신[名, nāma]'이고, 변하는 특징을 가진 것(ruppana-lakkhaṇa)이 '물질[色, rūpa]'이다."(SA.ii.16)
"기우는 특징을 가진 것이란 대상과 대면(ārammaṇa-abhimukha)하여 기우는 고유성질(namana-sabhāva)을 가졌기 때문이다."(SAṬ.ii.16)
정신·물질에 대한 더 자세한 설명은 『청정도론』 XVII.187(『아비담마 길라잡이』 제8장 §3의 해설에 인용되어 있음)을 참조할 것.

49) "이 가운데서 '느낌(vedanā)'은 느낌의 무더기[受蘊]이고 '인식(saññā)'은 인식의 무더기[想蘊]이고 '의도(cetanā)'와 '감각접촉(phassa)'과 '마음에 잡도리함(주의, manasikāra)'은 심리현상들의 무더기[行蘊]라고 알아야 한다. 그런데 심리현상들의 무더기(행온)에 속하는 다른 법들도 많은데 [왜 여기서는 이들 셋만을 언급하였는가?] 이들 셋은 마음이 가장 미약할 때에도(sabba-dubbalesu pi cittesu) 존재하기(santi) 때문이다. 그래서 여기서는 이들 셋을 통해서 심리현상들의 무더기를 보이신 것이다."(SA.ii.16~17)
이 다섯은 유식에서 다섯 가지 반드시들[遍行心所]로 언급되고 있으며(『주석 성유식론』 490쪽 이하 참조) 북방 아비달마의 집대성인 『구사론』에서는 10가지 대지법(大地法) 가운데 처음 다섯으로 나타난다.(권오민, 『아비달마 구사론』 제1권 162쪽 참조) 상좌부에서는 이 다섯에다 집중[心一境, ekaggatā]과 정신적 생명기능[命根, jīvitindriya]을 넣어 일곱 가지 반드시들을 설하고 있다.(『아비담마 길라잡이』 제2장 §2의 해설 참조)
일반적으로 정신[名]에는 알음알이[識]도 포함된다. 그래서 오온 가운데 수·상·행·식은 정신에 속하고 색은 물질이다.(SA.i.50 = 본서 제1권 「엉킴 경」(S1:23) {58}의 주석; AA.ii.278 등) 그러나 연기의 문맥에서 정신·물질[名色]의 정신은 항상 수·상·행 3온만을 뜻한다고 설명된다. 왜냐하면 식은 이미 12연기의 세 번째 구성요소로 독립되어 나타나기 때문이다. 『위방가』(Vbh.147) 등의 『논장』에도 이렇게 정의되고 있다.

질에서 파생된 물질[51] — 이를 일러 물질이라 한다. 이것이 정신이고 이것이 물질이다. 비구들이여, 이를 일러 정신·물질이라 한다."

13. "비구들이여, 그러면 어떤 것이 알음알이[識]인가?

비구들이여, 여섯 가지 알음알이의 무리가 있나니 눈의 알음알이, 귀의 알음알이, 코의 알음알이, 혀의 알음알이, 몸의 알음알이, 마노의 알음알이이다. — 비구들이여, 이를 일러 알음알이라 한다."[52]

---

50) '네 가지 근본물질(사대, 四大, cattāro mahā-bhūtā)'은 땅의 요소[地界, pathavī-dhātu], 물의 요소[水界, āpo-dhātu], 불의 요소[火界, tejo-dhātu], 바람의 요소[風界, vāyo-dhātu]이다. 이 cattāro mahā-bhūtā는 중국에서 四大로 옮겨져 우리에게 익숙하다. 4대에 대한 자세한 설명은 『청정도론』 XI.87~93에 나타난다. 주석서도 『청정도론』을 참조하라고 말하고 있다.(SA.ii.17)

51) '파생된 물질'은 upādāya rūpa(upādā-rūpa)를 옮긴 것이다. 주석서는 이것을 "여기서는 네 가지 근본물질의 적집(samūha)을 취해서(upādāya) 존재하는 물질이라고 그 뜻을 알아야 한다. 아비담마에서는 눈의 감각장소 등으로 구분하여 모두 23가지라고 알아야 한다."(SA.ii.17)라고 설명하고 있다. 아비담마에서는 모두 24가지 파생된 물질을 들고 있는데, 본 주석서는 심장토대(hadaya-vatthu)를 제외한 23가지를 들고 있다. 왜냐하면 아비담마 7론에는 심장토대란 술어가 나타나지 않기 때문이다. 그러나 7론의 마지막인 『빳타나』(Paṭṭhāna, 발취론, 發趣論)에 "그 물질을 의지하여(yaṁ rūpaṁ nissāya)"(Ptn1.7)라고 언급되는 물질을 주석서 문헌에서는 심장토대라고 해석해서(SAṬ.ii.17) 상좌부 아비담마에서는 모두 24가지 파생된 물질을 최종적으로 확립하고 있다.

52) "'눈의 알음알이(cakkhu-viññāṇa)'란 눈에 있는(cakkhumhi) 알음알이, 혹은 눈으로부터 생긴(cakkhuto vā jātaṁ) 알음알이를 말한다. 귀의 알음알이 등도 같은 방법으로 설명된다. 그러나 오직 마노[意]가 알음알이라고 해서(mano yeva viññāṇan ti) 마노[意]의 알음알이(mano-viññāṇa)이다. 이것은 한 쌍의 전오식을 제외한(dvi-pañca-viññāṇa-vajjita) 삼계의 모든 과보로 나타난 마음(tebhūmaka-vipāka-citta)과 동의어이다."(SA.ii.17) 한 쌍의 전오식은 『아비담마 길라잡이』 제1장 §8~9의 해설을 참조할 것.
여기서 중요한 것은 연기구조에 나타나는 알음알이는 과보로 나타난 마음(vipāka-citta)이라고 주석서는 설명하고 있다는 점이다. 아비담마적으로

14. "비구들이여, 그러면 어떤 것이 의도적 행위들[行][53]인가?

보면 전오식(pañca-viññāṇa)은 모두 과보로 나타난 마음이고 의와 의식에 속하는 나머지 79가지 마음들 가운데서 12연기의 식에 해당되는 것은 과보로 나타난 마음들뿐이라는 것이다. 이것은 아비담마가 12연기를 인과의 중복된 반복(양중인과, 兩重因果)으로 12연기를 해석하는 것과 밀접한 관계가 있다. 여기에 대해서는 『아비담마 길라잡이』 제8장 §3 (2)의 해설과 『청정도론』 XVII.120~185를 참조할 것.

한편 알음알이[識]는 오온(S22)의 다섯 번째 구성요소이다. 본서 제3권 「무더기 상윳따」(S22)의 해제와 해당부분의 주해를 참조할 것.

53) "업형성(abhisaṅkharaṇa)을 특징으로 하는 것이 '의도적 행위[行, saṅkhāra]'이다."(SA.ii.17)

한편 『청정도론』 XVII.46에서는 "삼계의 유익하거나 해로운 의도를 '업형성의 의도적 행위'라 부른다(tebhūmika-kusala-akusala-cetanā pana abhisaṅkharaṇaka-saṅkhāro ti vuccati)."라고 업형성의 의도적 행위를 정의하고 있다. 그래서 abhisaṅkharaṇa를 업형성으로 옮겼다.

여기서 '의도적 행위'로 옮긴 원어는 상카라(saṅkhāra)이고 중국에서는 행(行)으로 옮겼다. 초기불교에서 아주 많이 나타나며 가장 중요한 술어 가운데 하나인 이 상카라는 크게 네 가지 문맥에서 나타난다. 초기불전연구원에서는 다음과 같은 기준에 따라서 상카라를 옮기고 있다.

첫째, 제행무상 등의 문맥에 나타나는 모든 형성된 것들(sabbe saṅkhārā, 諸行, 복수로 나타남)이 있다. 이것은 유위법(有爲法)으로 한역되는 상카따담마(saṅkhata-dhamma)와 같은 의미이다. 무위법인 열반을 제외한 모든 법들은 이 형성된 것들의 영역에 속한다. 이 경우에는 대부분 '형성된 것들'로 옮기고 있다.

둘째, 오온 가운데 네 번째인 행온(saṅkhāra-kkhanda)의 상카라는 '심리현상들'로 이해해야 한다. 이 경우도 항상 복수로 나타난다. 오온 가운데서 색온은 아비담마의 색법이고, 수·상·행온은 아비담마의 심소법이며, 식온은 아비담마의 심법이다. 그러므로 오온에서의 상카라들은 아비담마의 52가지 심소법들 가운데서 수온과 상온을 제외한 나머지 심소법들을 뜻한다. 초기불전연구원에서는 이 경우의 상카라를 모두 '심리현상들'로 옮기고 있다.

셋째, 본경에서처럼 12연기의 두 번째 각지인 상카라는 여기서처럼 '의도적 행위'로 옮긴다. 이 경우도 항상 복수로 나타난다. 위 『청정도론』 인용에서 보듯이 이 경우의 상카라는 의도적 행위(cetanā)를 뜻하기 때문이다.

넷째, 몸(身)과 말(口)과 마음(意)으로 짓는 세 가지 행위인 신행(身行, kāya-saṅkhāra) 구행(口行, vacī-saṅkhāra) 의행(意行, mano-saṅkhāra)으로 나타난다.

상카라(saṅkhāra)에 대한 조금 더 자세한 설명은 본서 제3권 「나꿀라삐따 비구들이여, 세 가지 의도적 행위가 있나니 몸의 의도적 행위, 말의 의도적 행위, 마음의 의도적 행위이다.[54] — 비구들이여, 이를 일러 의도적 행위들이라 한다."

15. "비구들이여, 그러면 어떤 것이 무명(無明)인가?

비구들이여, 괴로움에 대한 무지,[55] 괴로움의 일어남에 대한 무지, 괴로움의 소멸에 대한 무지, 괴로움의 소멸로 인도하는 도닦음에 대한 무지이다.[56] — 비구들이여, 이를 일러 무명이라 한다."[57]

경」(S22:1) §13의 주해들과 「삼켜버림 경」(S22:79) §7의 주해를 참조할 것.

54) "'몸의 의도적 행위(kāya-saṅkhāra)'란 몸으로부터 전개되는 의도적 행위(kāyato pavatta-saṅkhāra)이다. 이것은 몸의 문에서 활동함(copana)에 의해서 전개되는(pavatta) 욕계의 유익한 것 8가지와 해로운 것 12가지로 모두 20가지 몸의 의도적 행위(kāya-sañcetana)들과 동의어이다.
'말의 의도적 행위(vacī-saṅkhāra)'란 말로부터 전개되는 의도적 행위이다. 말의 문에서 말의 구분에 의해서 전개되는 20가지 말의 의도적 행위(vacī-sañcetana)들과 동의어이다.
'마음의 의도적 행위(citta-saṅkhāra)'란 마음으로부터 전개되는 의도적 행위이다. 몸의 문과 말의 문에서 활동하지 않고 이를테면 홀로 앉아서 생각하는 자에게(raho nisīditvā cintentassa) 전개되는 세간적인 유익하고 해로운 것(lokiya-kusala-akusala)인 29가지(12+8+5+4) 마노[意]의 의도적 행위(mano-sañcetana)들과 동의어이다."(SA.ii.17)

55) '무지'는 aññāṇa(지혜 없음)를 옮긴 것이다. 주석서는 "이것은 어리석음(moha)과 동의어이다."(SA.ii.17)라고 설명하고 있다.

56) "여기서 '괴로움에 대한 무지(dukkhe aññāṇaṁ)'는 네 가지 방법(kāraṇa)을 통해서 알아야 한다. 그것은 ① 포함됨으로써(antogadhato) ② 토대를 통해서(vatthuto) ③ 대상을 통해서(ārammaṇato) ④ 숨김을 통해서(paṭi-cchādanato)이다.
여기서 괴로움에 대한 무지는 괴로움의 진리에 포함되기 때문에(dukkha-sacca-pariyāpannattā) 괴로움에 포함된다. 괴로움의 진리는 괴로움에 대한 무지가 의지하는 조건[依止緣, nissaya-paccaya]이 되기 때문에 토대이다. 대상의 조건[所緣緣, ārammaṇa-paccaya]을 통해서 대상이 된다. 괴로움의 진리는 있는 그대로의 특징을 꿰뚫는 것을 장애(yāthāva-lakkhaṇa-paṭivedha-nivāraṇa)하여 지혜가(ñāṇa) 일어나는 것을 막는다. 이렇게

16. "비구들이여, 이와 같이 무명을 조건으로 의도적 행위들이, 의도적 행위들을 조건으로 알음알이가, 알음알이를 조건으로 정신·물질이, 정신·물질을 조건으로 여섯 감각장소가, 여섯 감각장소를

하여 괴로움에 대한 무지를 숨긴다(paṭicchādeti).

'괴로움의 일어남에 대한 무지(dukkhasamudaye aññāṇaṁ)'는 세 가지 방법을 통해서, 즉 ① 토대를 통해서(vatthuto) ② 대상을 통해서(āramma-ṇato) ③ 숨김을 통해서(paṭicchādanato) 알아야 한다. 괴로움의 소멸에 대한 무지와 괴로움의 소멸로 인도하는 도닦음에 대한 무지는 있는 그대로의 특징을 꿰뚫는 것을 장애하여 지혜가 일어나는 것을 막는다. 이렇게 덮어버림으로써 이들의 진리를 숨긴다.

여기서 [소멸과 도의] 두 가지는 심오하기 때문에 보기 어렵고(gambhīrattā duddasaṁ) [괴로움과 일어남의] 두 가지 진리는 고유성질의 특징(sabhāva-lakkhaṇa)을 보기 어렵기 때문에 심오하다(duddasattā gambhīraṁ)." (SA.ii.17~18)

의지하는 조건 등의 24가지 조건[緣, paccaya]에 대해서는 『아비담마 길라잡이』 제8장 §11 이하를 참조할 것.

57) 무명에 대한 본경의 이 정의에서 보듯이 삼계윤회의 근본원인이 되는 무명은 사성제에 대한 무지(aññāṇa)로 정의된다. 그리고 이와 반대로 사성제에 대한 지혜(ñāṇa)는 팔정도의 첫 번째인 바른 견해로 정의되고 있다.(본서 제5권 「분석 경」(S45:8) §4 등 참조) 이처럼 사성제와 8정도와 12연기는 서로 연결되어 있다.

혹자는 자아가 있다는 견해(유신견)를 무명으로 설명하기도 하지만 엄밀히 말하면 그것은 잘못이다. 자아가 있다는 견해(유신견)는 갈애에 조건 지워진 네 가지 취착 가운데 하나일 뿐이다. 그리고 『앙굿따라 니까야』 「갈애 경」(A10:62) §1에 의하면 이 갈애는 무명에 조건 지워져 있다. 이처럼 무명은 자아에 취착하는 것보다 훨씬 더 근원적인 것이다.

10가지 족쇄의 측면에서 보더라도 예류과를 증득하면 유신견은 소멸된다. 그러나 무명은 예류과를 증득한다고 해서 모두 다 소멸되지 않는다. 사성제를 관통해서 아라한이 되어야만 무명은 모두 없어진다. 그러므로 진아니 대아니 불성이니 일심이니 주인공이니 여래장이니 하면서 유사 자아관을 가진 자들은 무명이 다하는 것은 고사하고 아직 유신견 혹은 취착의 문제도 해결하지 못하여 예류과도 증득하지 못한 자들이어서 범부라고 할 수밖에 없다.

열 가지 족쇄(saṁyojana)에 대해서는 본서 제1권 「얼마나 끊음 경」(S1:5) {8}의 주해와 본서 제5권 「낮은 단계의 족쇄 경」(S45:179)과 「높은 단계의 족쇄 경」(S45:180)을 참조할 것.

조건으로 감각접촉이, 감각접촉을 조건으로 느낌이, 느낌을 조건으로 갈애가, 갈애를 조건으로 취착이, 취착을 조건으로 존재가, 존재를 조건으로 태어남이, 태어남을 조건으로 늙음·죽음과 근심·탄식·육체적 고통·정신적 고통·절망이 발생한다. 이와 같이 전체 괴로움의 무더기[苦蘊]가 발생한다.

그러나 무명이 남김없이 빛바래어 소멸하기 때문에 의도적 행위들이 소멸하고, 의도적 행위들이 소멸하기 때문에 알음알이가 소멸하고, 알음알이가 소멸하기 때문에 정신·물질이 소멸하고, 정신·물질이 소멸하기 때문에 여섯 감각장소가 소멸하고, 여섯 감각장소가 소멸하기 때문에 감각접촉이 소멸하고, 감각접촉이 소멸하기 때문에 느낌이 소멸하고, 느낌이 소멸하기 때문에 갈애가 소멸하고, 갈애가 소멸하기 때문에 취착이 소멸하고, 취착이 소멸하기 때문에 존재가 소멸하고, 존재가 소멸하기 때문에 태어남이 소멸하고, 태어남이 소멸하기 때문에 늙음·죽음과 근심·탄식·육체적 고통·정신적 고통·절망이 소멸한다. 이와 같이 전체 괴로움의 무더기[苦蘊]가 소멸한다."58)

---

58) "여기서 언급되는 모든 '소멸'이라는 구절(nirodha-pada)을 통해서 세존께서는 열반을 말씀하셨다. 왜냐하면 열반에 도달한 뒤 이 모든 법들은 소멸하기 때문이다. 그래서 열반은 이러한 법들의 소멸이라고 말해진다. 이처럼 세존께서는 본경에서 12가지 구절을 통해서 윤회(vaṭṭa)와 윤회로부터 벗어남(vivaṭṭa)을 말씀하시면서 아라한과를 정점으로 하는(arahatta-nikūṭa) 가르침을 펴셨다. 가르침이 끝나자 500명의 비구들은 아라한과에 확립되었다." (SA.ii.18)
그러므로 윤회의 괴로움의 발생구조를 밝히는 12연기의 순관(유전문)은 사성제의 고성제와 집성제에 해당하고, 윤회의 괴로움으로부터 벗어남을 밝히는 12연기의 역관(환멸문)은 사성제의 멸성제와 도성제(아래 「도닦음 경」(S12:3)에서 12연기의 역관을 바른 도닦음이라 부르고 있음)에 해당한다.

도닦음 경(S12:3)

Paṭipadā-sutta

2. "비구들이여, 그대들에게 그릇된 도닦음과 바른 도닦음을 설하리라. 이제 그것을 들어라. 듣고 마음에 잘 새겨라. 나는 설할 것이다."

"그렇게 하겠습니다, 세존이시여."라고 비구들은 세존께 응답했다.

세존께서는 이렇게 말씀하셨다.

3. "비구들이여, 그러면 어떤 것이 그릇된 도닦음인가?

비구들이여, 이와 같이 무명을 조건으로 의도적 행위들이, 의도적 행위들을 조건으로 알음알이가, … 이와 같이 전체 괴로움의 무더기[苦蘊]가 발생한다.

비구들이여, 이를 일러 그릇된 도닦음이라 한다."

4. "비구들이여, [5] 그러면 어떤 것이 바른 도닦음인가?

무명이 남김없이 빛바래어 소멸하기 때문에 의도적 행위들이 소멸하고, 의도적 행위들이 소멸하기 때문에 알음알이가 소멸하고, … 이와 같이 전체 괴로움의 무더기[苦蘊]가 소멸한다.

비구들이여, 이를 일러 바른 도닦음이라 한다."

위빳시 경(S12:4)

Vipassi-sutta[59)]

---

59) 본경과 다음의 6개 경들은 위빳시 부처님부터 석가모니 부처님까지 일곱 부처님께서 연기(緣起)와 연멸(緣滅)을 발견하신 것을 서술하고 있다. 모든 판본에 의하면 이 가운데 처음의 「위빳시 경」과 마지막의 「사까무니 고따마 경」은 생략이 없이 편집되어 있고 중간의 다섯 개 경들은 부처님 명호만 언급되고 나머지는 모두 생략하여 편집되어 있다.
경문에 대한 주해는 모두 석가모니 부처님의 깨달음을 서술하고 있는 아래 「사꺄무니 고따마 경」(S12:10)에 달았다. 그러므로 이 경을 중심으로 읽

3. "비구들이여, 위빳시 세존[60]·아라한·정등각자[61]가 깨닫기 전, 아직 완전한 깨달음을 성취하지 못한 보살[62]이었을 때 이런 생각이 들었다.

'참으로 이 세상은 고통으로 가득하구나. 태어나고 늙고 죽고 죽어서는 다시 태어난다. 그러나 늙음·죽음[老死]이라는 이 괴로움으로부터 벗어남을 꿰뚫어 알지 못한다. 도대체 어디서 늙음·죽음이라는 이 괴로움으로부터 벗어남을 꿰뚫어 알 것인가?'라고."

4. "비구들이여, 그러자 위빳시 보살에게 이런 생각이 들었다. '무엇이 있을 때 늙음·죽음이 있으며 무엇을 조건으로 하여 늙음·죽음이 있는가?'라고.

을 것을 권한다.

60) 위빳시 부처님을 비롯한 칠불의 일대기에 대해서는 『디가 니까야』 「대전기경」(D14) §§1.4~1.12를 참조할 것. 「대전기경」에 의하면 위빳시 부처님은 91겁 이전에 세상에 출현하였고, 시키 부처님과 웻사부 부처님은 31겁 이전에 출현하였으며, 까꾸산다, 꼬나가마나, 깟사빠, 석가모니 부처님은 행운의 겁(bhadda-kappa)이라 부르는 현겁에 출현하셨다고 한다.

61) "'정등각자(Sammā-sambuddha)'란 바른(sammā) 방법(naya)과 원인(hetu)과 스스로(sāmaṁ) 각각 남자다운 행위(paccatta-purisa-kāra)로 네 가지 진리(cattāri saccāni = 사성제)를 깨달은 자를 뜻한다."(SA.ii.20~21)

62) '보살(bodhisatta, Sk. bodhisattva)'은 bodhi(覺, √budh, *to enlighten*)와 satta(有情, √as, *to be*)의 합성어이다. 그래서 중국에서는 覺有情으로 옮기기도 하였다. 그러나 주로 보리살타(菩提薩埵)로 음역하였고, 보살(菩薩)로 줄여서 옮긴 경우도 많다. 문자적인 의미는 '깨달음(bodhi)을 추구하는 존재(satta)'이다. 「사꺄무니 고따마 경」(S12:10) §3의 주해도 참조할 것. 중요한 것은 본경과 아래 「사꺄무니 고따마 경」(S12:10) 등에서 보듯이 초기불전들에서 보살(bodhisatta)은 항상 깨닫기 전의 부처님들께만 적용되는 술어라는 점이다. 초기불전에서는 부처님이 깨달음을 성취해서 붓다라고 불리기 이전의 상태만을 보살 즉 보디삿따로 부르지 그 외의 다른 존재들을 결코 보살이라 부르지 않는다.

비구들이여, 그러자 위빳시 보살은 지혜롭게 마음에 잡도리함[如理作意]을 통해서 마침내 '태어남이 있을 때 늙음·죽음이 있으며, 태어남을 조건으로 하여 늙음·죽음이 있다.'라고 통찰지로써 관통63)하였다."

5. "비구들이여, 그러자 위빳시 보살에게 이런 생각이 들었다. '무엇이 있을 때 태어남이 있으며 무엇을 조건으로 하여 태어남이 있는가?'라고.

비구들이여, 그러자 위빳시 보살은 지혜롭게 마음에 잡도리함을 통해서 마침내 '존재[有]가 있을 때 태어남이 있으며 존재를 조건으로 하여 태어남이 있다.'라고 통찰지로써 관통하였다."

6. "비구들이여, 그러자 위빳시 보살에게 이런 생각이 들었다. '무엇이 있을 때 존재가 있으며 무엇을 조건으로 하여 존재가 있는가?'라고.

비구들이여, 그러자 위빳시 보살은 지혜롭게 마음에 잡도리함을 통해서 마침내 '취착[取]이 있을 때 존재가 있으며 취착을 조건으로 하여 존재가 있다.'라고 통찰지로써 관통하였다."

7. "비구들이여, 그러자 위빳시 보살에게 이런 생각이 들었다. '무엇이 있을 때 취착이 있으며 무엇을 조건으로 하여 취착이 있는가?'라고.

비구들이여, [6]그러자 위빳시 보살은 지혜롭게 마음에 잡도리함을 통해서 마침내 '갈애[愛]가 있을 때 취착이 있으며 갈애를 조건으로 하여 취착이 있다.'라고 통찰지로써 관통하였다."

---

63) '관통(abhisamaya)'에 대해서는 본서 「사꺄무니 고따마 경」(S12:10) §4의 주해를 참조할 것.

8. "비구들이여, 그러자 위빳시 보살에게 이런 생각이 들었다. '무엇이 있을 때 갈애가 있으며 무엇을 조건으로 하여 갈애가 있는가?'라고.

비구들이여, 그러자 위빳시 보살은 지혜롭게 마음에 잡도리함을 통해서 마침내 '느낌[受]이 있을 때 갈애가 있으며 느낌을 조건으로 하여 갈애가 있다.'라고 통찰지로써 관통하였다."

9. "비구들이여, 그러자 위빳시 보살에게 이런 생각이 들었다. '무엇이 있을 때 느낌이 있으며 무엇을 조건으로 느낌이 있는가?'라고.

비구들이여, 그러자 위빳시 보살은 지혜롭게 마음에 잡도리함을 통해서 마침내 '감각접촉[觸]이 있을 때 느낌이 있으며 감각접촉을 조건으로 느낌이 있다.'라고 통찰지로써 관통하였다."

10. "비구들이여, 그러자 위빳시 보살에게 이런 생각이 들었다. '무엇이 있을 때 감각접촉이 있으며 무엇을 조건으로 하여 감각접촉이 있는가?'라고.

비구들이여, 그러자 위빳시 보살은 지혜롭게 마음에 잡도리함을 통해서 마침내 '여섯 감각장소[六入]가 있을 때 감각접촉이 있으며 여섯 감각장소를 조건으로 하여 감각접촉이 있다.'라고 통찰지로써 관통하였다."

11. "비구들이여, 그러자 위빳시 보살에게 이런 생각이 들었다. '무엇이 있을 때 여섯 감각장소가 있으며 무엇을 조건으로 하여 여섯 감각장소가 있는가?'라고.

비구들이여, 그러자 위빳시 보살은 지혜롭게 마음에 잡도리함을 통해서 마침내 '정신·물질[名色]이 있을 때 여섯 감각장소가 있으며 정신 · 물질을 조건으로 하여 여섯 감각장소가 있다.'라고 통찰지로써 관통하였다."

12. "비구들이여, 그러자 위빳시 보살에게 이런 생각이 들었다. '무엇이 있을 때 정신 · 물질이 있으며 무엇을 조건으로 하여 정신 · 물질이 있는가?'라고.

비구들이여, 그러자 위빳시 보살은 지혜롭게 마음에 잡도리함을 통해서 마침내 '알음알이[識]가 있을 때 정신 · 물질이 있으며 알음알이를 조건으로 하여 정신 · 물질이 있다.'라고 통찰지로써 관통하였다."

13. "비구들이여, 그러자 위빳시 보살에게 이런 생각이 들었다. '무엇이 있을 때 알음알이가 있으며 무엇을 조건으로 하여 알음알이가 있는가?'라고.

비구들이여, 그러자 위빳시 보살은 지혜롭게 마음에 잡도리함을 통해서 마침내 '의도적 행위들[行]이 있을 때 알음알이가 있으며 의도적 행위들을 조건으로 하여 알음알이가 있다.'라고 통찰지로써 관통하였다."

14. "비구들이여, 그러자 위빳시 보살에게 이런 생각이 들었다. [7] '무엇이 있을 때 의도적 행위들이 있으며 무엇을 조건으로 하여 의도적 행위들이 있는가?'라고.

비구들이여, 그러자 위빳시 보살은 지혜롭게 마음에 잡도리함을 통해서 마침내 '무명(無明)이 있을 때 의도적 행위들이 있으며 무명을 조건으로 하여 의도적 행위들이 있다.'라고 통찰지로써 관통하였다."

15. "이와 같이 참으로 무명을 조건으로 의도적 행위들이, 의도적 행위들을 조건으로 알음알이가, … 이와 같이 전체 괴로움의 무더

기[苦蘊]가 발생한다."

16. "비구들이여, 위빳시 보살에게는 '일어남, 일어남'이라는, 전에 들어 보지 못한 법들에 대한 눈[眼]이 생겼다. 지혜[智]가 생겼다. 통찰지[慧]가 생겼다. 명지[明][64]가 생겼다. 광명[光]이 생겼다."[65]

17. "비구들이여, 그때 위빳시 보살에게 이러한 생각이 들었다. '무엇이 없을 때 늙음·죽음[老死]이 없으며 무엇이 소멸하기 때문에 늙음·죽음이 소멸하는가?'라고.

비구들이여, 그러자 위빳시 보살은 지혜롭게 마음에 잡도리함을 통해서 마침내 '태어남[生]이 없을 때 늙음·죽음이 없으며 태어남이 소멸하기 때문에 늙음·죽음이 소멸한다.'라고 통찰지로써 관통하였다."

18. "비구들이여, 그러자 위빳시 보살에게 이런 생각이 들었다. '무엇이 없을 때 태어남이 없으며 무엇이 소멸하기 때문에 태어남이 소멸하는가?'라고.

비구들이여, 그러자 위빳시 보살은 지혜롭게 마음에 잡도리함을 통해서 마침내 '존재[有]가 없을 때 태어남이 없으며 존재가 소멸하기 때문에 태어남이 소멸한다.'라고 통찰지로써 관통하였다."

19. "비구들이여, 그러자 위빳시 보살에게 이런 생각이 들었다. '무엇이 없을 때 존재가 없으며 무엇이 소멸하기 때문에 존재가 소멸

---

64) 여기서 '명지[明]'는 vijjā를 옮긴 것이다. 초기불전연구원의 기존 번역에서는 이것을 영지(靈知)로 옮겼는데, 본 『상윳따 니까야』 전체에서는 모두 명(明)의 의미를 살려서 명지로 통일해서 옮기고 있음을 밝힌다.

65) 여기에 대해서는 본서 「사꺄무니 고따마 경」(S12:10) §16의 주해를 참조할 것.

하는가?'라고.

비구들이여, 그러자 위빳시 보살은 지혜롭게 마음에 잡도리함을 통해서 마침내 '취착[取]이 없을 때 존재가 없으며 취착이 소멸하기 때문에 존재가 소멸한다.'라고 통찰지로써 관통하였다."

20. "비구들이여, 그러자 위빳시 보살에게 이런 생각이 들었다. '무엇이 없을 때 취착이 없으며 무엇이 소멸하기 때문에 취착이 소멸하는가?'라고.

비구들이여, 그러자 위빳시 보살은 지혜롭게 마음에 잡도리함을 통해서 마침내 '갈애[愛]가 없을 때 취착이 없으며 갈애가 소멸하기 때문에 취착이 소멸한다.'라고 통찰지로써 관통하였다."

21. "비구들이여, [8] 그러자 위빳시 보살에게 이런 생각이 들었다. '무엇이 없을 때 갈애가 없으며 무엇이 소멸하기 때문에 갈애가 소멸하는가?'라고.

비구들이여, 그러자 위빳시 보살은 지혜롭게 마음에 잡도리함을 통해서 마침내 '느낌[受]이 없을 때 갈애가 없으며 느낌이 소멸하기 때문에 갈애가 소멸한다.'라고 통찰지로써 관통하였다."

22. "비구들이여, 그러자 위빳시 보살에게 이런 생각이 들었다. '무엇이 없을 때 느낌이 없으며 무엇이 소멸하기 때문에 느낌이 소멸하는가?'라고.

비구들이여, 그러자 위빳시 보살은 지혜롭게 마음에 잡도리함을 통해서 마침내 '감각접촉[觸]이 없을 때 느낌이 없으며 감각접촉이 소멸하기 때문에 느낌이 소멸한다.'라고 통찰지로써 관통하였다."

23. "비구들이여, 그러자 위빳시 보살에게 이런 생각이 들었다.

'무엇이 없을 때 감각접촉이 없으며 무엇이 소멸하기 때문에 감각접촉이 소멸하는가?'라고.

비구들이여, 그러자 위빳시 보살은 지혜롭게 마음에 잡도리함을 통해서 마침내 '여섯 감각장소[六入]가 없을 때 감각접촉이 없으며 여섯 감각장소가 소멸하기 때문에 감각접촉이 소멸한다.'라고 통찰지로써 관통하였다."

24. "비구들이여, 그러자 위빳시 보살에게 이런 생각이 들었다. '무엇이 없을 때 여섯 감각장소가 없으며 무엇이 소멸하기 때문에 여섯 감각장소가 소멸하는가?'라고.

비구들이여, 그러자 위빳시 보살은 지혜롭게 마음에 잡도리함을 통해서 마침내 '정신·물질[名色]이 없을 때 여섯 감각장소가 없으며 정신·물질이 소멸하기 때문에 여섯 감각장소가 소멸한다.'라고 통찰지로써 관통하였다."

25. "비구들이여, 그러자 위빳시 보살에게 이런 생각이 들었다. '무엇이 없을 때 정신·물질이 없으며 무엇이 소멸하기 때문에 정신·물질이 소멸하는가?'라고.

비구들이여, 그러자 위빳시 보살은 지혜롭게 마음에 잡도리함을 통해서 마침내 '알음알이[識]가 없을 때 정신·물질이 없으며 알음알이가 소멸하기 때문에 정신·물질이 소멸한다.'라고 통찰지로써 관통하였다."

26. "비구들이여, 그러자 위빳시 보살에게 이런 생각이 들었다. '무엇이 없을 때 알음알이가 없으며 무엇이 소멸하기 때문에 알음알이가 소멸하는가?'라고.

비구들이여, 그러자 위빳시 보살은 지혜롭게 마음에 잡도리함을 통해서 마침내 '의도적 행위들[行]이 없을 때 알음알이가 없으며 의도적 행위들이 소멸하기 때문에 알음알이가 소멸한다.'라고 통찰지로써 관통하였다."

27. "비구들이여, [9] 그러자 위빳시 보살에게 이런 생각이 들었다. '무엇이 없을 때 의도적 행위들이 없으며 무엇이 소멸하기 때문에 의도적 행위들이 소멸하는가?'라고.

비구들이여, 그러자 위빳시 보살은 지혜롭게 마음에 잡도리함을 통해서 마침내 '무명(無明)이 없을 때 의도적 행위들이 없으며 무명이 소멸하기 때문에 의도적 행위들이 소멸한다.'라고 통찰지로써 관통하였다."

28. "이와 같이 참으로 무명이 남김없이 빛바래어 소멸하기 때문에 의도적 행위들이 소멸하고, 의도적 행위들이 소멸하기 때문에 알음알이가 소멸하고, … 이와 같이 전체 괴로움의 무더기[苦蘊]가 소멸한다."

29. "비구들이여, 위빳시 보살에게는 '소멸, 소멸'이라는, 전에 들어 보지 못한 법들에 대한 눈[眼]이 생겼다. 지혜[智]가 생겼다. 통찰지[慧]가 생겼다. 명지[明]가 생겼다. 광명[光]이 생겼다."

시키 경(S12:5)

Sikhi-sutta

… "비구들이여, 시키 세존 · 아라한 · 정등각자가 …"

웻사부 경(S12:6)

Vessabhu-sutta

… "비구들이여, 웻사부 세존·아라한·정등각자가 …"

까꾸산다 경(S12:7)

Kakusandha-sutta

… "비구들이여, 까꾸산다 세존·아라한·정등각자가 …"

꼬나가마나 경(S12:8)

Koṇāgamana-sutta

… "비구들이여, 꼬나가마나 세존·아라한·정등각자가 …"

깟사빠 경(S12:9)

Kassapa-sutta

… "비구들이여, 깟사빠 세존·아라한·정등각자가 …" [10]

사꺄무니 고따마 경(S12:10)

Sakyamunigotama-sutta

3. "비구들이여, 내가 깨닫기 전[66], 아직 완전한 깨달음을 성취하지 못한 보살[67]이었을 때 나에게 이런 생각이 들었다. '참으로 이

---

66) "'깨닫기 전(pubbeva sambodhā)'이라 했다. '깨달음(sambodha)'이란 네 가지 도에 대한 지혜(catūsu maggesu ñāṇaṁ, 즉 예류도부터 아라한도까지)를 말한다."(SA.ii.21)

67) 아래 주석서의 인용에서 보듯이 빠알리 주석가들은 보살(보디삿따, bodhi-satta)을 두 가지 어원으로 해석하고 있다. 산스끄리뜨로 적어보면, 첫째는 bodhi-sattva(깨달음의 중생)이요 둘째는 bodhi-sakta(깨달음에 몰두함, Sk. sakta는 √sañj(*to hang*)의 과거분사임)이다.
"여기서 '깨달음(bodhi)'이란 지혜(ñāṇa)이다. ① 깨달음을 가진 중생(bodhimā satta)이 '보살(bodhi-satta)'이다. 지혜를 가지고(ñāṇavā) 통찰지를 가진(paññavā) 현자(paṇḍita)라는 뜻이다. 이전의 부처님들의 발아래서 마음을 기울였을(abhinīhārata) 때부터 시작해서 그는 현명한 중생이

세상은 고통으로 가득하구나. 태어나고 늙고 죽고 죽어서는 다시 태어난다.[68] 그러나 늙음·죽음[老死]이라는 이 괴로움으로부터 벗어남을 꿰뚫어 알지 못한다. 도대체 어디서 늙음·죽음이라는 이 괴로움으로부터 벗어남을 꿰뚫어 알 것인가?'"[69]

4. "비구들이여, 그러자 나에게 이런 생각이 들었다. '무엇이 있을 때 늙음·죽음이 있으며 무엇을 조건으로 하여 늙음·죽음이 있는가?'라고.

비구들이여, 그러자 나는 지혜롭게 마음에 잡도리함[如理作意]을 통해서 마침내 '태어남이 있을 때 늙음·죽음이 있으며, 태어남을 조건으로 하여 늙음·죽음이 있다.'[70]라고 통찰지로써 관통하였다."[71]

었다. 암둔(闇鈍, andha-bāla)하지 않다고 해서 보살이라 한다. 예를 들면 다 자란 연꽃(paduma)이 물위로 솟아올라서 햇빛을 받으면 필연적으로(avassaṁ) 활짝 피게 되나니 이것을 만개한 연꽃(bujjhanaka-paduma, 문자적으로는 깨달은 연꽃)이라 하는 것과 같다. 그와 같이 이전의 부처님들의 곁에서 수기(授記, vyākaraṇa)를 받았기 때문에 필연적으로(avassaṁ) 끊임없이(anantarāyena) 바라밀(pāramī)을 완성하여 깨달을 것이다(bujjhissati)라고 해서 깨달을 중생(bujjhanaka-satta)이라 한다. 그래서 보살이다.

② 그리고 네 가지 도에 대한 지혜라 불리는 깨달음(bodhi)을 지속적으로 원하면서(patthayamāna) [삶을] 영위한다(pavattati)고 해서, 깨달음에 몰두(satta)하고 전념(āsatta)한다고 해서 보살이라 한다."(SA.ii.21)

68) "'죽어서는 다시 태어난다(cavati ca upapajjati ca).'는 것은 계속 이어지는(aparāparaṁ) 죽음의 [마음](cuti)과 재생연결[식](paṭisandhi)을 통해서 설하셨다."(SA.ii.21) 죽음의 마음과 재생연결식에 대해서는 『아비담마 길라잡이』 3장 §8의 해설을 참조할 것.

69) 이하 연기의 구성요소[緣起各支]를 늙음·죽음으로부터 올라가면서 관찰하고 있다.

70) 본경에서 연기구조는 모두 이처럼 'A가 있을 때 B가 있으며, A를 조건으로 하여 B가 있다.'는 구조로 설명되고 있음을 유념해서 봐야 한다. 'A가 있을 때 B가 있다'는 'A sati B hoti'의 구문이고 'A를 조건으로 하여 B가 있다'는 'A-paccayā B'의 구문이다. 이것은 "이것이 있을 때 저것이 있다. 이것

이 일어날 때 저것이 일어난다. 이것이 없을 때 저것이 없다. 이것이 소멸할 때 저것이 소멸한다.(imasmiṁ sati idaṁ hoti imassuppādā idam uppajjati imasmiṁ asati idaṁ na hoti imassa nirodhā idaṁ nirujjhati)"라는 연기의 공식에 적용시켜서 생각해볼 수 있다.(이 연기의 공식은 본서 S12:21; 22; 49; 50; 61; 62에 나타나고 조금 다른 형태는 S12:41에도 나타나고 있다.)

즉 'A sati B hoti'는 imasmiṁ sati idaṁ hoti(이것이 있을 때 저것이 있다.)와 동일하고, 'A-paccayā B'는 imassuppādā idam uppajjati(이것이 일어날 때 저것이 일어난다.)에 배대시킬 수 있다. 학자들은 전자인 imasm-iṁ sati idaṁ hoti(이것이 있을 때 저것이 있다)를 공시적(共時的) 연기(*synchronic conditionality*, A와 B가 동시에 일어나는 동시관계의 연기)라고 부르고, 후자인 imassuppādā idam uppajjati(이것이 일어날 때 저것이 일어난다.)는 통시적(通時的) 연기(*diachronic conditionality*, A와 B가 시간의 차이를 두고 일어나는 선후관계의 연기)를 설한 것이라고 말하기도 한다.

그러나 본경에서 이 둘은 모든 연기각지에 동시에 다 적용되고 있기 때문에 이런 견해는 인정할 수가 없다. 오히려 이 두 구문은 가능한 모든 연기의 양태를 다 포함하려는 의도에서 이렇게도 표현하고 저렇게도 표현한 것으로 받아들여야 할 것이다. 예를 들면 상식적으로 생과 노·사는 함께 일어날 수 없기 때문에 태어남(생)과 늙음·죽음(노·사)은 공시적이 될 수가 없다.

한편 『청정도론』에서는 식-명색(XVII.201), 명색-육입(XVII.207 등), 육입-촉(XVII.227), 촉-수(XVII.231), 애-취(XVII.248), 취-유(XVII.268~269)의 여섯 가지 등은 함께 생긴 조건[俱生緣], 즉 공시적 연기가 된다고 설명하고 있다.

71) '관통'은 abhisamaya를 옮긴 것이다. 『디가 니까야』 「대전기경」(D14 §2.18 등)에서는 이 단어를 '분명하게 꿰뚫어 보았다.'로 풀어서 옮겼다. 주석서에서 abisamaya는 paṭivedha(꿰뚫음)와 동의어로 나타나고 있기 때문이다.(DA.i.20) 『청정도론』 XXII.92와 『아비담마 길라잡이』 2장 §8의 해설이 좋은 보기이다. 중국에서는 現觀(현관)으로 옮겼다.

경들에서 abhisamaya는 법을 관통하여 법의 눈[法眼, dhamma-cakkhu]을 얻는 문맥 등에 나타나며(본서 「손톱 끝 경」(S13:1) §4 등) 주석서에서는 사성제의 관통(sacca-abhisamaya)이라는 문맥에서 주로 나타난다.(D2 §97; A3:58 등과 주해 참조) 초기불전연구원에서는 abhisamaya를 '관통'으로 옮겼다. 그래서 본경에서도 abhisamaya를 관통으로 통일해서 옮기고 있다.

본경에서는 지혜롭게 마음에 잡도리함을 통해서 통찰지가 생기고 통찰지를 통해서 법을 관통하는 것이 깨달음을 실현하는 중요한 순서로 언급되고 있다.

5. "비구들이여, 그러자 나에게 이런 생각이 들었다. '무엇이 있을 때 태어남이 있으며 무엇을 조건으로 하여 태어남이 있는가?'라고.

비구들이여, 그러자 나는 지혜롭게 마음에 잡도리함을 통해서 마침내 '존재[有]가 있을 때 태어남이 있으며 존재를 조건으로 하여 태어남이 있다.'라고 통찰지로써 관통하였다."

6. "비구들이여, 그러자 나에게 이런 생각이 들었다. '무엇이 있을 때 존재가 있으며 무엇을 조건으로 하여 존재가 있는가?'라고.

비구들이여, 그러자 나는 지혜롭게 마음에 잡도리함을 통해서 마침내 '취착[取]이 있을 때 존재가 있으며 취착을 조건으로 하여 존재가 있다.'라고 통찰지로써 관통하였다."

7. "비구들이여, 그러자 나에게 이런 생각이 들었다. '무엇이 있을 때 취착이 있으며 무엇을 조건으로 하여 취착이 있는가?'라고.

비구들이여, 그러자 나는 지혜롭게 마음에 잡도리함을 통해서 마침내 '갈애[愛]가 있을 때 취착이 있으며 갈애를 조건으로 하여 취착이 있다.'라고 통찰지로써 관통하였다."

8. "비구들이여, 그러자 나에게 이런 생각이 들었다. '무엇이 있을 때 갈애가 있으며 무엇을 조건으로 하여 갈애가 있는가?'라고.

비구들이여, 그러자 나는 지혜롭게 마음에 잡도리함을 통해서 마침내 '느낌[受]이 있을 때 갈애가 있으며 느낌을 조건으로 하여 갈애가 있다.'라고 통찰지로써 관통하였다."

관통(abhisamaya)은 경에 크게 세 가지 문맥에서 나타난다. 첫째는 법의 관통(dhamma-abhisamaya, 본서 「손톱 끝 경」(S13:1) §4 등)이고, 둘째는 바르게 지만을 관통함(samma māna-abhisamaya, 본서 제1권 「아난다 경」(S8:4) {725} 등)이고 세 번째는 본경과 「조건 경」(S12:20) §4에서처럼 부처님이 법을 발견하시는 문맥에서이다.

9. “비구들이여, 그러자 나에게 이런 생각이 들었다. ‘무엇이 있을 때 느낌이 있으며 무엇을 조건으로 하여 느낌이 있는가?’라고.

비구들이여, 그러자 나는 지혜롭게 마음에 잡도리함을 통해서 마침내 ‘감각접촉[觸]이 있을 때 느낌이 있으며 감각접촉을 조건으로 하여 느낌이 있다.’라고 통찰지로써 관통하였다.”

10. “비구들이여, 그러자 나에게 이런 생각이 들었다. ‘무엇이 있을 때 감각접촉이 있으며 무엇을 조건으로 하여 감각접촉이 있는가?’ 라고.

비구들이여, 그러자 나는 지혜롭게 마음에 잡도리함을 통해서 마침내 ‘여섯 감각장소[六入]가 있을 때 감각접촉이 있으며 여섯 감각장소를 조건으로 하여 감각접촉이 있다.’라고 통찰지로써 관통하였다.”

11. “비구들이여, 그러자 나에게 이런 생각이 들었다. ‘무엇이 있을 때 여섯 감각장소가 있으며 무엇을 조건으로 하여 여섯 감각장소가 있는가?’라고.

비구들이여, 그러자 나는 지혜롭게 마음에 잡도리함을 통해서 마침내 ‘정신·물질[名色]이 있을 때 여섯 감각장소가 있으며 정신·물질을 조건으로 하여 여섯 감각장소가 있다.’라고 통찰지로써 관통하였다.”

12. “비구들이여, 그러자 나에게 이런 생각이 들었다. ‘무엇이 있을 때 정신·물질이 있으며 무엇을 조건으로 하여 정신·물질이 있는가?’라고.

비구들이여, 그러자 나는 지혜롭게 마음에 잡도리함을 통해서 마침내 ‘알음알이[識]가 있을 때 정신·물질이 있으며 알음알이를 조건으로 하여 정신 · 물질이 있다.'라고 통찰지로써 관통하였다."[72]

13. "비구들이여, 그러자 나에게 이런 생각이 들었다. '무엇이 있을 때 알음알이가 있으며 무엇을 조건으로 하여 알음알이가 있는가?'라고.

비구들이여, 그러자 나는 지혜롭게 마음에 잡도리함을 통해서 마침내 '의도적 행위들[行]이 있을 때 알음알이가 있으며 의도적 행위들을 조건으로 하여 알음알이가 있다.'라고 통찰지로써 관통하였다."

14. "비구들이여, 그러자 나에게 이런 생각이 들었다. '무엇이 있을 때 의도적 행위들이 있으며 무엇을 조건으로 하여 의도적 행위들이 있는가?'라고.

비구들이여, 그러자 나는 지혜롭게 마음에 잡도리함을 통해서 마침내 '무명이 있을 때 의도적 행위들이 있으며 무명을 조건으로 하여 의도적 행위들이 있다.'라고 통찰지로써 관통하였다."

15. "이와 같이 참으로 무명을 조건으로 의도적 행위들이, 의도적 행위들을 조건으로 알음알이가, … 이와 같이 전체 괴로움의 무더기[苦蘊]가 발생한다."

16. "비구들이여, 나에게는 '일어남, 일어남'이라는, 전에 들어보지 못한 법들에 대한 눈[眼]이 생겼다. 지혜[智]가 생겼다. 통찰지[慧]가 생겼다. 명지[明]가 생겼다. 광명[光]이 생겼다."[73]

---

72) 한편 부처님의 깨달음을 담고 있는 본서 「도시 경」(S12:65) §5에서는 '이 알음알이는 정신 · 물질에 다시 되돌아오고 더 이상 넘어가지 않는다.'라고 하면서 무명과 행이 언급되지 않고 알음알이 ↔ 정신 · 물질의 상호관계로, 즉 식연명색(識緣名色)과 명색연식(名色緣識)의 순환구조로 연기의 순관(順觀)과 역관(逆觀)이 나타나고 있다. 그리고 부처님들의 전기를 담고 있는 『디가 니까야』「대전기경」(D14 §2.18)에서도 마찬가지이다.

17. "비구들이여, 그때 나에게 이러한 생각이 들었다. '무엇이 없을 때 늙음・죽음[老死]이 없으며 무엇이 소멸하기 때문에 늙음・죽음이 소멸하는가?'라고.

비구들이여, 그러자 나는 지혜롭게 마음에 잡도리함을 통해서 마침내 '태어남[生]이 없을 때 늙음・죽음이 없으며 태어남이 소멸하기 때문에 늙음・죽음이 소멸한다.'라고 통찰지로써 관통하였다."

18. "비구들이여, 그러자 나에게 이런 생각이 들었다. [11] '무엇이 없을 때 태어남이 없으며 무엇이 소멸하기 때문에 태어남이 소멸하는가?'라고.

비구들이여, 그러자 나는 지혜롭게 마음에 잡도리함을 통해서 마침내 '존재[有]가 없을 때 태어남이 없으며 존재가 소멸하기 때문에 태어남이 소멸한다.'라고 통찰지로써 관통하였다."

19. "비구들이여, 그러자 나에게 이런 생각이 들었다. '무엇이 없

---

73) "'전에 들어 보지 못한 법들에 대한(pubbe ananussutesu dhammesu)'이란 네 가지 성스러운 진리의 법들에 대한(catūsu ariya-sacca-dhammesu)이란 뜻이다. 여기서 눈 등은 모두 지혜의 동의어(ñāṇa-vevacana)이다. 이것은 네 가지 진리들에 대한 세간적이거나 출세간적이거나 혼합된(lokiya-lokuttara-missaka) 설명이라고 알아야 한다."(SA.ii.21)
눈[眼], 지혜[智], 통찰지[慧], 명지[明], 광명[光]은 각각 cakkhu, ñāṇa, paññā, vijjā, āloka를 옮긴 것이다. 명지(明知)로 옮긴 vijjā는 vindati(알다, √vij, *to know*)에서 파생된 명사인데 주석서는 이것을 꿰뚫음(paṭivedha)의 뜻이라고 설명하고 있다.(*Ibid*) 초기불전연구원의 기존 번역에서는 영지(靈知)로 옮겼는데, 본서에서는 모두 명(明)의 의미를 살려서 명지로 통일해서 옮기고 있음을 밝힌다.
이 정형구는 본서 「도시 경」(S12:65) §6과 §9(12연기에 대해)와, 제4권 「지혜 경」(S36:25) §4 등(느낌에 대해)과, 제5권 「전에 들어보지 못함 경」(S47:31) §3 등(사념처에 대해)과, 「지혜 경」(S51:9) §3 등(4정근에 대해)과, 「초전법륜 경」(S56:11) §9 등(사성제에 대해)과, 「여래 경」(S56:12) §3 등(사성제에 대해)에도 나타난다.

을 때 존재가 없으며 무엇이 소멸하기 때문에 존재가 소멸하는가?' 라고.

비구들이여, 그러자 나는 지혜롭게 마음에 잡도리함을 통해서 마침내 '취착[取]이 없을 때 존재가 없으며 취착이 소멸하기 때문에 존재가 소멸한다.'라고 통찰지로써 관통하였다."

20. "비구들이여, 그러자 나에게 이런 생각이 들었다. '무엇이 없을 때 취착이 없으며 무엇이 소멸하기 때문에 취착이 소멸하는가?' 라고.

비구들이여, 그러자 나는 지혜롭게 마음에 잡도리함을 통해서 마침내 '갈애[愛]가 없을 때 취착이 없으며 갈애가 소멸하기 때문에 취착이 소멸한다.'라고 통찰지로써 관통하였다."

21. "비구들이여, 그러자 나에게 이런 생각이 들었다. '무엇이 없을 때 갈애가 없으며 무엇이 소멸하기 때문에 갈애가 소멸하는가?' 라고.

비구들이여, 그러자 나는 지혜롭게 마음에 잡도리함을 통해서 마침내 '느낌[受]이 없을 때 갈애가 없으며 느낌이 소멸하기 때문에 갈애가 소멸한다.'라고 통찰지로써 관통하였다."

22. "비구들이여, 그러자 나에게 이런 생각이 들었다. '무엇이 없을 때 느낌이 없으며 무엇이 소멸하기 때문에 느낌이 소멸하는가?' 라고.

비구들이여, 그러자 나는 지혜롭게 마음에 잡도리함을 통해서 마침내 '감각접촉[觸]이 없을 때 느낌이 없으며 감각접촉이 소멸하기 때문에 느낌이 소멸한다.'라고 통찰지로써 관통하였다."

23. "비구들이여, 그러자 나에게 이런 생각이 들었다. '무엇이 없을 때 감각접촉이 없으며 무엇이 소멸하기 때문에 감각접촉이 소멸하는가?'라고.

비구들이여, 그러자 나는 지혜롭게 마음에 잡도리함을 통해서 마침내 '여섯 감각장소[六入]가 없을 때 감각접촉이 없으며 여섯 감각장소가 소멸하기 때문에 감각접촉이 소멸한다.'라고 통찰지로써 관통하였다."

24. "비구들이여, 그러자 나에게 이런 생각이 들었다. '무엇이 없을 때 여섯 감각장소가 없으며 무엇이 소멸하기 때문에 여섯 감각장소가 소멸하는가?'라고.

비구들이여, 그러자 나는 지혜롭게 마음에 잡도리함을 통해서 마침내 '정신·물질[名色]이 없을 때 여섯 감각장소가 없으며 정신·물질이 소멸하기 때문에 여섯 감각장소가 소멸한다.'라고 통찰지로써 관통하였다."

25. "비구들이여, 그러자 나에게 이런 생각이 들었다. '무엇이 없을 때 정신·물질이 없으며 무엇이 소멸하기 때문에 정신·물질이 소멸하는가?'라고.

비구들이여, 그러자 나는 지혜롭게 마음에 잡도리함을 통해서 마침내 '알음알이[識]가 없을 때 정신·물질이 없으며 알음알이가 소멸하기 때문에 정신·물질이 소멸한다.'라고 통찰지로써 관통하였다."

26. "비구들이여, 그러자 나에게 이런 생각이 들었다. '무엇이 없을 때 알음알이가 없으며 무엇이 소멸하기 때문에 알음알이가 소멸하는가?'라고.

비구들이여, 그러자 나는 지혜롭게 마음에 잡도리함을 통해서 마침내 '의도적 행위들[行]이 없을 때 알음알이가 없으며 의도적 행위들이 소멸하기 때문에 알음알이가 소멸한다.'라고 통찰지로써 관통하였다."

27. "비구들이여, 그러자 나에게 이런 생각이 들었다. '무엇이 없을 때 의도적 행위들이 없으며 무엇이 소멸하기 때문에 의도적 행위들이 소멸하는가?'라고.

비구들이여, 그러자 나는 지혜롭게 마음에 잡도리함을 통해서 마침내 '무명이 없을 때 의도적 행위들이 없으며 무명이 소멸하기 때문에 의도적 행위들이 소멸한다.'라고 통찰지로써 관통하였다."

28. "이와 같이 참으로 무명이 남김없이 빛바래어 소멸하기 때문에 의도적 행위들이 소멸하고, 의도적 행위들이 소멸하기 때문에 알음알이가 소멸하고, … 이와 같이 전체 괴로움의 무더기[苦蘊]가 소멸한다."

29. "비구들이여, 나에게는 '소멸, 소멸'이라는, 전에 들어 보지 못한 법들에 대한 눈[眼]이 생겼다. 지혜[智]가 생겼다. 통찰지[慧]가 생겼다. 명지[明]가 생겼다. 광명[光]이 생겼다."

제1장 부처님 품이 끝났다.

첫 번째 품에 포함된 경들의 목록은 다음과 같다.

① 연기 ② 분석 ③ 도닦음 ④ 위빳시 ⑤ 시키
⑥ 웻사부 ⑦ 까꾸산다 ⑧ 꼬나가마나
⑨ 깟사빠 ⑩ 사꺄무니 고따마이다.

제2장 음식 품

Āhāravagga

음식 경(S12:11)

Āhāra-sutta

3. "비구들이여, 이미 존재하는 중생들을 유지하게 하고 생겨나려는[74] 중생들을 도와주는[75] 네 가지 음식[76]이 있다. 무엇이 넷인가?

거칠거나 미세한 덩어리진 [먹는] 음식이 [첫 번째요], 감각접촉

---

74) '생겨나려는'은 sambhavesin을 옮긴 것이다. 이것은 보디 스님의 지적처럼 빠알리어에서는 드물게 나타나는 미래 능동 분사이다.(Geiger, §193A, EV1, 527에 대한 주 참조) 그러나 주석서는 이 단어를 sambhava+esin으로 이해하여 "생겨남, 출생, 태어남을 구하고 찾는 자(ye sambhavaṁ jātiṁ nibbattiṁ esanti gavesanti)."(SA.ii.22)로 풀이하고 있다. PED와 BDD도 이를 따라서 각각 '*seeking birth*'와 '*one who is seeking birth*'로 설명하고 있다.

75) '이미 존재하는 중생들을 유지하게 하고 생겨나려는 중생들을 도와주는'은 bhūtānam vā sattānaṁ ṭhitiyā sambhavesīnam vā anuggahāya를 직역하여 옮긴 것이다. 주석서는 여기서 bhūtānaṁ(이미 존재한 자들)을 번뇌 다한 [아라한]으로 설명하고, sambhavesīnaṁ을 미래(āyati)의 태어남을 찾는 자들(sambhava+esin)로 이해해서 유학과 범부들(sekkha-puthujjanānaṁ)이라고 설명하고 있다.(SA.ii.23)
그런데 주석서의 이러한 입장은 너무 무리한 해석이 아닌가 생각된다. 왜냐하면 원문에는 이미 존재한 중생(sattānaṁ)이라고 나타나기 때문에 이를 아라한이라고 설명할 수 없기 때문이다. 상식적인 측면에서 보자면 음식의 역할을 설명한 평범한 문장으로 해석하는 것이 좋을 듯하다. 그리고 '유지하게 하고(ṭhitiyā)'와 '도와주는(anuggahāya)'은 단어는 다르지만 같은 뜻이라고 주석서는 설명하고 있다.(*Ibid*)

76) "여기서 '음식(āhāra)'이란 조건(paccaya)들이다. 조건들은 자신의 결실(phala)을 가져오기(āharati) 때문이다. 그래서 조건들을 음식이라고 하는 것이다."(SA.ii.22)

[觸]이 두 번째요, 마음의 의도가 세 번째요, 알음알이가 네 번째이다.[77]

비구들이여, 이미 존재하는 중생들을 유지하게 하고 생겨나려는 중생들을 도와주는 이러한 네 가지 음식이 있다."[78]

4. "비구들이여, 그러면 이러한 네 가지 음식은 무엇이 그 근원[79]이며, [12] 무엇으로부터 일어나고, 무엇으로부터 생기며, 무엇

---

77) 이 네 가지 음식은 빠알리어로는 각각 kabaḷīkāra-āhāra, phassa-āhāra, manosañcetanā-āhāra, viññāṇa-āhāra,이다. 중국에서 각각 단식(段食) 촉식(觸食), 의사식(意思識), 식식(識食)으로 옮겼다.

78) "그런데 만일 조건이라는 뜻(paccay-aṭṭha)에서 음식이라고 한다면, 왜 중생들에게는 다른 조건들도 많은데 유독 이들 넷만을 음식이라고 적용시키고 있는가? 이들은 중생들의 내적인 존재지속[相續](ajjhattika-santati)을 [유지하는데] 특별한 조건이 되기 때문(visesa-paccayattā)이다.
즉 '덩어리진 [먹는] 음식(kabaḷīkāra āhāra)'은 덩어리진 음식을 먹는 중생들의 육체적인 몸(rūpa-kāya)에 대해서 특별한 조건이 되기 때문이다. 정신적인 몸(nāma-kāya)에 대해서 '감각접촉(phassa)'은 느낌(vedanā)의 [특별한 조건이요], '마음의 의도(mano-sañcetanā)'는 알음알이에게 [특별한 조건이요], '알음알이(viññāṇa)'는 정신·물질(nāma-rūpa)에게 [특별한 조건이기] 때문이다."(SA.ii.25)
계속해서 주석서는 이러한 네 가지 음식이 어떻게 조건이 되는가를 설명하고 있는데 요약하면 다음과 같다.
덩어리진 음식은 입에 들어가는 순간부터 영양소를 여덟 번째로 하는 물질들(ojaṭṭhamaka-rūpāni)을 생기게 한다. 감각접촉의 음식은 즐겁거나 괴롭거나 즐겁지도 괴롭지도 않은 세 가지 느낌들을 생기게 한다. 마음의 의도라는 음식은 업(kamma)을 통해서 욕계·색계·무색계의 삼계의 존재(tayo bhavā)를 생기게 한다. 알음알이의 음식은 재생연결에 관계된 정신·물질(paṭisandhi-nāma-rūpa)을 생기게 한다.(SA.ii.25~26)
영양소를 여덟 번째로 하는 물질들은 분리할 수 없는 물질(avinibbhoga)들의 최소단위를 말한다. 여기에 대해서는 『아비담마 길라잡이』 제6장 §7 (10)의 해설 등을 참조할 것.
한편 네 가지 음식은 본 「인연 상윳따」(S12)의 S12:12; 31; 63; 64에 계속 나타나고 있다. 네 가지 음식을 구체적으로 언급하고 있지는 않지만 본서 제5권 S46:51과 제6권 S55:31에서도 음식은 특별한 조건으로 언급되어 있다. 네 가지 음식에 대한 더 자세한 설명은 『청정도론』 XI.1~3을 참조할 것.

으로부터 발생하는가?

네 가지 음식은 갈애가 그 근원이며 갈애로부터 일어나고 갈애로부터 생기며 갈애로부터 발생한다."[80]

5. "비구들이여, 그러면 갈애는 무엇이 그 근원이며, 무엇으로부터 일어나고, 무엇으로부터 생기며, 무엇으로부터 발생하는가?

갈애는 느낌이 그 근원이며 느낌으로부터 일어나고 느낌으로부터 생기며 느낌으로부터 발생한다."

6. "비구들이여, 그러면 느낌은 무엇이 그 근원이며, 무엇으로부터 일어나고, 무엇으로부터 생기며, 무엇으로부터 발생하는가?

느낌은 감각접촉이 그 근원이며 감각접촉으로부터 일어나고 감각

---

79) 여기서 '근원'은 nidāna의 역어이고, '일어남'은 samudaya의, '생김'은 jāti-ka의, '발생'은 pabhava의 역어인데, 주석서는 이 넷이 모두 이유(kāraṇa)를 나타내는 동의어라고 밝히고 있다.(SA.ii.27)

80) "여기서 '네 가지 음식은 갈애가 그 근원이다(cattāro āhārā taṇhānidānā).'라고 하신 것은, 재생연결(paṭisandhi)이 일어날 때부터 시작해서 자기 존재(atta-bhāva = 몸)라 불리는 음식들은 이전의 갈애(purima-taṇhā, 즉 재생을 있게 한 이전 생의 갈애)가 그 근원이라고 말씀하신 것이라고 알아야 한다. 어떻게? 재생연결의 순간에(paṭisandhi-kkhaṇe) 중생들에게는 중생이라는 존재지속[相續, 흐름, santati]을 통해서 생겨난 [몸이라는] 물질들 안(uppanna-rūpabbhantara)에 영양소(ojā)가 생겨난다. 이것이 갈애를 근원으로 한(taṇhā-nidāna) 업에서 생긴 덩어리진 [먹는] 음식(upādiṇṇaka-kabaḷīkārāhāra)이다. 그러면 이러한 재생연결식(paṭisandhi-citta)과 함께하여 일어난 감각접촉과 마음의 의도와 그리고 그 마음 자체를 뜻하는 알음알이가 각각 갈애를 근원으로 하여 일어난 업에서 생긴 '감각접촉'과 '마음의 의도'와 '알음알이'라는 음식이 되는 것이다.

이와 같이 재생연결의 순간에 음식은 전생의 갈애를 근원으로 하여(purima-taṇhā-nidānā) 생긴다. 이러한 재생연결의 순간에서와 같이 그다음의 최초의 바왕가의 마음의 순간(paṭhama-bhavaṅga-citta-kkhaṇa) 등의 경우에 대해서도 이와 같이 알아야 한다."(SA.ii.28)

네 가지 음식의 조건 짓는 역할에 대해서는 『아비담마 길라잡이』 제8장 §23 음식의 조건[食緣, āhāra-paccaya]을 참조할 것.

접촉으로부터 생기며 감각접촉으로부터 발생한다."

7. "비구들이여, 그러면 감각접촉은 무엇이 그 근원이며, 무엇으로부터 일어나고, 무엇으로부터 생기며, 무엇으로부터 발생하는가?

여섯 감각접촉은 여섯 감각장소가 그 근원이며 여섯 감각장소로부터 일어나고 여섯 감각장소로부터 생기며 여섯 감각장소로부터 발생한다."

8. "비구들이여, 그러면 여섯 감각장소는 무엇이 그 근원이며, 무엇으로부터 일어나고, 무엇으로부터 생기며, 무엇으로부터 발생하는가?

여섯 감각장소는 정신·물질이 그 근원이며 정신·물질로부터 일어나고 정신·물질로부터 생기며 정신·물질로부터 발생한다."

9. "비구들이여, 그러면 정신·물질은 무엇이 그 근원이며, 무엇으로부터 일어나고, 무엇으로부터 생기며, 무엇으로부터 발생하는가?

정신·물질은 알음알이가 그 근원이며 알음알이로부터 일어나고 알음알이로부터 생기며 알음알이로부터 발생한다."

10. "비구들이여, 그러면 알음알이는 무엇이 그 근원이며, 무엇으로부터 일어나고, 무엇으로부터 생기며, 무엇으로부터 발생하는가? 알음알이는 의도적 행위들이 그 근원이며 의도적 행위들로부터 일어나고 의도적 행위들로부터 생기며 의도적 행위들로부터 발생한다."

11. "비구들이여, 그러면 의도적 행위들은 무엇이 그 근원이며, 무엇으로부터 일어나고, 무엇으로부터 생기며, 무엇으로부터 발생하는가?

의도적 행위들은 무명이 그 근원이며 무명으로부터 일어나고 무명으로부터 생기며 무명으로부터 발생한다."[81]

12. "비구들이여, 이와 같이 무명을 조건으로 의도적 행위들이, 의도적 행위들을 조건으로 알음알이가, 알음알이를 조건으로 정신·물질이,[82] 정신·물질을 조건으로 여섯 감각장소가, 여섯 감각장소를 조건으로 감각접촉이, 감각접촉을 조건으로 느낌이, 느낌을 조건으로 갈애가, 갈애를 조건으로 취착이, 취착을 조건으로 존재가, 존재를 조건으로 태어남이, 태어남을 조건으로 늙음·죽음과 근심·탄식·육체적 고통·정신적 고통·절망이 발생한다. 이와 같이 전체 괴로움의 무더기[苦蘊]가 발생한다."

13. "무명이 남김없이 빛바래어 소멸하기 때문에 의도적 행위들이 소멸하고, 의도적 행위들이 소멸하기 때문에 알음알이가 소멸하고, 알음알이가 소멸하기 때문에 정신·물질이 소멸하고, 정신·물질이 소멸하기 때문에 여섯 감각장소가 소멸하고, 여섯 감각장소가 소멸하기 때문에 감각접촉이 소멸하고, 감각접촉이 소멸하기 때문에 느낌이 소멸하고, 느낌이 소멸하기 때문에 갈애가 소멸하고, 갈애가

---

81) "여기서 음식과 갈애 사이에(antare) 하나의 연결(sandhi)이 있고, 갈애와 느낌 사이에 하나의 연결이 있으며, 알음알이와 의도적 행위 사이에도 하나의 연결이 있다. 이와 같이 세 개의 연결과 네 개의 집합(ti-sandhi-catu-saṅkhepa)을 가진 윤회(vaṭṭa)를 가르치셨다."(SA.ii.29)
"처음에는 과(果)와 인(因)의 연결(hetu-phala-sandhi), 가운데는 인과 과의 연결, 마지막에는 과와 인의 연결이 되어서 세 개의 연결과 네 개의 집합(saṅkhepa)이 되는 것이다."(SAṬ.ii.28)

82) Ee와 Be에는 "알음알이를 조건으로 정신·물질이"부터 "정신적 고통·절망이 발생한다."까지와 §13의 환멸문의 해당 부분이 '… pe …'로 생략되어 나타나지만 Se에는 이처럼 생략되지 않고 나타난다. 이 부분이 생략되어 버리면 위의 §11까지에서 나타난 무명-행-…애-음식의 연기구조인지 아니면 12지 연기의 정형구인지가 분명하지 않게 되어서 역자는 Se를 참조하여 이 부분을 다 살려서 옮겼다.

소멸하기 때문에 취착이 소멸하고, 취착이 소멸하기 때문에 존재가 소멸하고, 존재가 소멸하기 때문에 태어남이 소멸하고, 태어남이 소멸하기 때문에 늙음·죽음과 근심·탄식·육체적 고통·정신적 고통·절망이 소멸한다. 이와 같이 전체 괴로움의 무더기[苦蘊]가 소멸한다."83)

몰리야팍구나 경(S12:12)
Moḷiyaphagguna-sutta

3. "비구들이여, [13] 이미 존재하는 중생들을 유지하게 하고 생겨나려는 중생들을 도와주는 네 가지 음식이 있다. 무엇이 넷인가?

거칠거나 미세한 덩어리진 [먹는] 음식이 [첫 번째요], 감각접촉[觸]이 두 번째요, 마음의 의도가 세 번째요, 알음알이가 네 번째이다.

비구들이여, 이미 존재하는 중생들을 유지하게 하고 생겨나려는 중생들을 도와주는 이러한 네 가지 음식이 있다."84)

4. 이렇게 말씀하시자 몰리야팍구나 존자85)가 세존께 이렇게

83) 본경은 특이하게도 음식에서부터 출발해서 역으로 갈애-느낌-…으로 그 조건발생(연기)을 구명(究明)해 들어가서 마지막으로 무명에 도달한다. 그런 뒤에 다시 무명에서부터 생-노사까지의 12지 연기로 괴로움의 발생구조와 소멸구조를 설하여 경을 마무리 짓고 있다.

84) "세존께서는 이쯤에서 가르침을 멈추셨다. 왜? 몰리야팍구나 비구라는 삿된 견해에 빠진 자(diṭṭhi-gatika)가 앉아있었기 때문이다. 스승께서는 그에게 질문할 기회를 주시기 위해서 가르침을 멈추신 것이다."(SA.ii.29)

85) "몰리야팍구나 존자(āyasmā Moliyaphagguna)는 재가자였을 때(gihi-kāle) 큰 상투(moḷi)를 틀고 있었다. 그래서 몰리야팍구나라는 이름을 갖게 되었다. 출가하고서도 이 이름으로 불리게 되었다."(SA.ii.30)
『맛지마 니까야』「톱의 비유 경」(M21/i.122~123)에서 세존께서는 그가 비구니들과 너무 친하게 지낸다고 교계를 하셨다. 본서「깔라라 경」(S12:32) §3에 의하면 그는 환속하여 재가자가 되었다.

여쭈었다.

"세존이시여, 그러면 누가 알음알이의 음식을 먹습니까?"[86]

"그것은 타당한 질문이 아니다."라고 세존께서는 말씀하셨다. "나는 '[중생이나 사람이] 음식을 먹는다.'고 말하지 않는다.[87] 만일 내가 '[중생이나 사람이] 음식을 먹는다.'고 한다면, '세존이시여, 그러면 누가 알음알이의 음식을 먹습니까?'라는 그대의 이 질문은 타당하다.

그러나 나는 이와 같이 말하지 않는다. 내가 이렇게 말하지 않기 때문에 나에게 '세존이시여, 그러면 알음알이의 음식은 어떤 [법의 조건이][88] 됩니까?'라고 물어야 그것이 타당한 질문이다.

[만일 그대가 이렇게 묻는다면] 여기에 대해서 나는 이렇게 타당한 설명을 할 것이다. '알음알이의 음식은 내생에 다시 태어남[再生]의 발생이라 [불리는 정신·물질]의 조건이 된다.[89] 그러한 [정신·

86) 팍구나 존자는 음식이 있다면 그 음식을 먹는 자도 있어야 한다고 가정하고 이렇게 질문을 드린 것이다. 만일 알음알이도 음식이라 부른다면 이러한 음식을 먹는 어떤 상주불변하는 자아가 알음알이의 배후에 있어야 하지 않느냐는 질문인 것이다. 이것은 불교의 근본인 무아의 가르침에 정면으로 위배되는 가정이다. 그래서 주석서는 그의 잘못된 질문에 대해서 그의 이름조차도 언급하지 않고 삿된 견해에 빠진 자(diṭṭhi-gatika)라는 용어로 그를 지칭하면서 다음과 같이 그에 대해서 호된 평을 하고 있다.
"이 삿된 견해에 빠진 자는 미친 사람과 같다(ummattaka-sadisa). 예를 들면 미친 사람이 바구니(pacchi)를 가지고 길에 나가서 쇠똥이든 돌이든 사람 똥이든 음식 부스러기든 마음에 드는 것이든 마음에 들지 않는 것이든 아무거나 집어서 바구니에 담는 것과 같다. 그와 같이 이 이론가도 타당한 것(yutta)이든 타당하지 않은 것(ayutta)이든 아무렇게나 질문을 한 것이다."(SA.ii.30)

87) "'나는 '음식을 먹는다.'고 말하지 않는다(āhāretīti ahaṁ na vadāmi).'라는 것은, 나는 어떤 중생(satta)이나 사람(puggala)이 음식을 먹는다고 말하지 않는다는 뜻이다."(SA.ii.31)

88) [ ] 안은 주석서에서 부연 설명하고 있는 "어떤 법의 조건이 됩니까(katama-ssa dhammassa paccayo)?"(SA.ii.31)를 번역하여 넣은 것이다.

물질이라는] 존재가 있을 때 여섯 감각장소가 있고,90) 여섯 감각장소를 조건으로 하여 감각접촉이 있다.'라고."

5. "세존이시여, 그러면 누가 감각접촉을 합니까?"

"그것은 타당한 질문이 아니다."라고 세존께서는 말씀하셨다. "나는 '[중생이나 사람이] 감각접촉을 한다.'고 말하지 않는다. 만일 내가 '[중생이나 사람이] 감각접촉을 한다.'고 한다면, '세존이시여, 그러면 누가 감각접촉을 합니까?'라는 그대의 이 질문은 타당하다.

그러나 나는 이와 같이 말하지 않는다. 내가 이렇게 말하지 않기

---

89) "여기서 '알음알이의 음식(viññāṇ-āhāra)'은 재생연결식(paṭisandhicitta)이다. '내생에 다시 태어남[再生, 再有]의 발생(āyatiṁ punabbhava-abhi-nibbatti)'은 이 알음알이와 함께 일어난 정신·물질(sahuppanna-nāma-rūpa)이다."(SA.ii.31)
본서 「의도 경」 1(S12:38)의 주해도 참조할 것.
『앙굿따라 니까야』 「존재 경」(A3:76)에서 세존께서는 "이처럼 업은 들판이고 알음알이는 씨앗이고 갈애는 수분이다. 중생들은 무명의 장애로 덮이고 갈애의 족쇄에 계박되어 저열한 [욕]계에 … 중간의 [색]계에 … 수승한 [무색]계에 알음알이를 확립한다. 이와 같이 하여 내생에 다시 태어남의 발생(punabbhava-abhinibbatti)이 있게 된다."라고 천명하신다. 이것은 전생에서부터 찰라생·찰나멸하면서 상속하는 알음알이가 알음알이의 음식의 역할을 하여 모태에서 금생의 최초의 재생연결식이 되고, 이것이 음식이 되어서 함께 일어나는 정신·물질을 생기게 한다는 말이다.
여기서 주목할 점은 세존께서는 연기의 정형구에 나타나는 알음알이를 알음알이의 음식으로 말씀하고 계시며, 주석서는 이것을 한 생의 최초의 알음알이인 재생연결식이라고 설명하고 있다는 점이다. 그리고 주석서는 내생에 다시 태어남의 발생을 정신·물질로 해석하고 있으며, 이것은 재생연결식이라는 음식에 의해서 생긴 것이라고 설명하고 있다. 이처럼 연기의 정형구의 식과 명색을 한 생의 최초의 재생연결식과 그것과 함께 일어나는 명색으로 설명하고 있다.

90) "'그러한 존재가 있을 때 여섯 감각장소가 있고(tasmiṁ bhūte sati saḷ-āyatanaṁ)'란 내생에 다시 태어남의 발생(āyatiṁ punabbhava-abhini-bbatti)이라 불리는 정신·물질이 있을 때 여섯 감각장소가 있다는 뜻이다."(SA.ii.31)

때문에 나에게 '세존이시여, 그러면 무엇을 조건으로 하여 감각접촉이 있습니까?'라고 물어야 그것이 타당한 질문이다.

[만일 그대가 이렇게 묻는다면] 여기에 대해서 나는 이렇게 타당한 설명을 할 것이다. '여섯 감각장소를 조건으로 하여 감각접촉이 있고, 감각접촉을 조건으로 느낌이 있다.'라고."

6. "세존이시여, 그러면 누가 느낍니까?"

"그것은 타당한 질문이 아니다."라고 세존께서는 말씀하셨다. "나는 '[중생이나 사람이] 느낀다.'고 말하지 않는다. 만일 내가 '[중생이나 사람이] 느낀다.'고 한다면, '세존이시여, 그러면 누가 느낍니까?'라는 그대의 이 질문은 타당하다.

그러나 나는 이와 같이 말하지 않는다. 내가 이렇게 말하지 않기 때문에 나에게 '세존이시여, 그러면 무엇을 조건으로 느낌이 있습니까?'라고 물어야 그것이 타당한 질문이다.

[만일 그대가 이렇게 묻는다면] 여기에 대해서 나는 이렇게 타당한 설명을 할 것이다. '감각접촉을 조건으로 느낌이 있고, 느낌을 조건으로 하여 갈애가 있다.'라고."

7. "세존이시여, 그러면 누가 갈애합니까?"

"그것은 타당한 질문이 아니다."라고 세존께서는 말씀하셨다. "나는 '[중생이나 사람이] 갈애한다.'고 말하지 않는다. [14] 만일 내가 '[중생이나 사람이] 갈애한다.'고 한다면, '세존이시여, 그러면 누가 갈애합니까?'라는 그대의 이 질문은 타당하다.

그러나 나는 이와 같이 말하지 않는다. 내가 이렇게 말하지 않기 때문에 나에게 '세존이시여, 그러면 무엇을 조건으로 하여 갈애가 있습니까?'라고 물어야 그것이 타당한 질문이다.

[만일 그대가 이렇게 묻는다면] 여기에 대해서 나는 이렇게 타당한 설명을 할 것이다. '느낌을 조건으로 하여 갈애가 있고, 갈애를 조건으로 하여 취착이 있다.'라고."

8. "세존이시여, 그러면 누가 취착합니까?"

"그것은 타당한 질문이 아니다."라고 세존께서는 말씀하셨다. "나는 '[중생이나 사람이] 취착한다.'고 말하지 않는다. 만일 내가 '[중생이나 사람이] 취착한다.'고 한다면, '세존이시여, 그러면 누가 취착합니까?'라는 그대의 이 질문은 타당하다.

그러나 나는 이와 같이 말하지 않는다. 내가 이렇게 말하지 않기 때문에 나에게 '세존이시여, 그러면 무엇을 조건으로 하여 취착이 있습니까?'라고 물어야 그것이 타당한 질문이다.

[만일 그대가 이렇게 묻는다면] 여기에 대해서 나는 이렇게 타당한 설명을 할 것이다. '갈애를 조건으로 하여 취착이 있고, 취착을 조건으로 하여 존재가 있다.[91] … 태어남이 있다. … 늙음·죽음과 근심·탄식·육체적 고통·정신적 고통·절망이 발생한다. 이와 같이 전체 괴로움의 무더기[苦蘊]가 발생한다.'라고."

9. "팍구나여, 그러나 여섯 가지 감각접촉의 장소가[92] 남김없

91) "그런데 왜 그는 여기서 '세존이시여, 그러면 누가 존재합니까?'라고 질문을 드리지 않는가? 이 삿된 견해에 빠진 자는 중생(satta)이 바로 존재(bhūta)라고 믿고 있었기 때문이다. 그래서 자신의 믿음에 위배(laddhi-viruddha)되기 때문에 질문 드리지 않은 것이다. 그리고 그는 세존으로부터 계속해서 이것은 이것에 조건된다(idappaccayā idaṁ)라고 듣고 있기 때문에 [연기의 가르침에 대한] 인식(saññatti)이 생겨서 질문을 드리지 않았다. 스승께서도 그가 쓸데없는 질문(tuccha-puccha)을 계속하자 더 이상 못하게 하기 위해서 여기서부터는 연달아서(ekābaddhaṁ) 설법을 하신 것이다."(SA.ii.31)

92) 여기서 두 가지 문제를 제기할 수 있다.

첫째, 왜 순관과 역관이 다른가? 연기의 가르침에 관한 다른 경들과는 달리 본경에서는 연기법의 역관이 순관과 같은 방법으로 설명되지 않고 있다. 즉 순관에서는 식-명색-육입-촉-수-애…의 10지 연기로 전개되었지만 여기 역관의 시작점에서는 식-명색-육입이 나타나지 않고 여섯 감각접촉의 장소[六觸處]로부터 시작해서 육촉처-촉-수-애…의 8지 연기로 전개가 되고 있다.(여섯 감각접촉의 장소에 대한 논의는 본서 「외도 경」(S12:24) §13의 주해를 참조할 것.) 주석서와 복주서는 순관과 역관이 다른 이유에 대해서 아무런 설명을 하지 않는다.

그러면 왜 이렇게 순관과 역관이 다르게 나타날까? 역자의 견해를 적어 본다. 본경과 주석서에서 보듯이 식은 재생연결식이기 때문에 어떻게 할 수가 없다. 이러한 식과 함께 일어나는 명색과 육입도 그러하다. 그러므로 역관의 시작은 감각접촉의 장소(육촉처)가 될 수밖에 없을 것이다. 이렇게 본다면, 주석서의 설명이 아니더라도 식과 명색은 각각 재생연결식과 이 재생연결식과 함께하는 정신·물질로 볼 수밖에 없을 것이다.

둘째, 본경의 역관에서는 왜 여섯 가지 감각장소[六入, saḷāyatana] 대신에 '여섯 가지 감각접촉의 장소[六觸處, cha phassāyatana]라는 표현을 쓰고 있을까 하는 문제이다. 이것도 감각장소 자체의 남김 없는 소멸은 있을 수 없기 때문이라고 봐야 할 것이다. 즉 감각접촉이 일어나는 곳의 역할을 하는 장소가 남김없이 소멸하는 것이지 감각장소 자체가 남김없이 소멸하지 못하기 때문으로 이해해야 한다는 말이다.

물론 다른 문맥에서도 육촉처(여섯 가지 감각접촉의 장소)는 적지 않게 나타나지만 연기의 정형구에서 육촉처가 나타나는 곳은 한정되어 있다. 역자가 컴퓨터로 검색한 바에 의하면 육촉처가 연기의 정형구에서 나타나는 경은 본경과 「외도경」(S12:24) §8과 『디가 니까야』 「범망경」(D1) §3.71의 세 곳뿐이다.

결론적으로 말해서 12지 연기가 아닌 연기, 즉 10지 연기를 설하는 본경이나 8지 연기를 설하는 「외도경」(S12:24) §8에서 역관의 출발점은 육입이 아니라 육촉처이다. 왜 그럴까? 육입이나 식-명색은 소멸할 수 없는 것이라고 봐야 하기 때문일 것이다. 그리고 「범망경」(D1) §3.71에서도 감각장소-감각접촉-느낌-갈애-취착-존재-생-노사의 8지 연기로 62견이 일어남을 밝히신 뒤에 감각접촉의 장소의 일어남과 사라짐과 달콤함과 위험함과 벗어남을 있는 그대로 꿰뚫어 알아서 62견을 극복하는 것을 설하고 계신다. 이 경우도 62견의 소멸은 육촉처를 바르게 앎으로 해서 가능하다는 말씀이 된다.

그러면 왜 12지 연기에서는 무명멸즉행멸, 행멸즉식멸, 식멸즉명색멸, 명색멸즉육입멸, 육입멸즉촉멸이 나타나는 것일까? 12지 연기에서는 그 출발점이 전생의 무명-행이기 때문에 전생의 무명과 행이 소멸하면 금생의 최초의 재생연결식도 소멸하고 아울러 명색과 육입 등도 소멸하게 되기 때문이다. 그러나 무명과 행이 나타나지 않는 경우의 식과 명색은 소멸할 수 없다. 실이 빛바래어 소멸하기 때문에 감각접촉이 소멸하고, 감각접촉이 소멸하기 때문에 느낌이 소멸하고, 느낌이 소멸하기 때문에 갈애가 소멸하고, 갈애가 소멸하기 때문에 취착이 소멸하고, 취착이 소멸하기 때문에 존재가 소멸하고, 존재가 소멸하기 때문에 태어남이 소멸하고, 태어남이 소멸하기 때문에 늙음·죽음과 근심·탄식·육체적 고통·정신적 고통·절망이 소멸한다. 이와 같이 전체 괴로움의 무더기[苦蘊]가 소멸한다."93) 94)

제로 무명과 행이 나타나지 않는 연기의 정형구에서 'A가 소멸하기 때문에 B가 소멸하고'라는 역관의 공식은 육촉처가 나타나는 경우를 제외한 다른 정형구에는 보이지 않는다. 이것은 10지 연기를 설하는 『디가 니까야』 「대전기경」(D14)과 9지 연기를 설하는 「대인연경」(D15)에서도 마찬가지이다.

이렇게 본다면 8지 연기나 10지 연기에서 역관이 육촉처로부터 출발하는 이유는 명백하다고 생각된다. 식과 명색과 육입은 결코 소멸할 수 없기 때문일 것이다.

93) "본경에서는 알음알이와 정신·물질 사이에 하나의 [인-과의] 연결(sandhi)이 있고, 느낌과 갈애 사이에 하나의 [과-인]의 연결이 있으며, 존재와 태어남 사이에 하나의 [인-과의] 연결이 있다."(SA.ii.31)

"'알음알이의 음식은 내생에 다시 태어남의 발생의 조건이 된다.'고 하셨다. 이와 같이 이전의 존재(purima-bhava)로부터 다음 생의 존재(āyatibhava)의 조건이 되는 근본원인(mūla-kāraṇa)에 의해서 알음알이와 정신·물질 사이에 하나의 연결(sandhi)이 있다고 해석한 것이다. 그리고 여기서 알음알이란 업형성의 알음알이(abhisaṅkhāra-viññāṇa)를 취한 것이라고 보아야 한다."(SAṬ.ii.30)

한편 『맛지마니까야 복주서』는 "업형성의 알음알이란 재생연결식(paṭisan-dhi-viññāṇa)을 말한다."(MAṬ.ii.118)라고 설명하고 있다.

12지 연기에서 식과 명색은 둘 다 과이다.(『아비담마 길라잡이』 제8장 §3의 해설 참조.) 그런데 본경처럼 무명과 행이 나타나지 않는 연기구조에서 식과 명색이 하나의 연결이 되려면 인-과나 과-인의 관계가 되어야 한다. 그래서 복주서는 이처럼 본경에서 식은 인이고 명색은 과라고 설명하고 있는 것이다. 본서 「의도 경」1(S12:38)의 주해도 참조할 것.

94) 이처럼 주석서는 본경의 가르침을 식-명색-육입-촉…의 10지 연기로 해석하고 여기서 식을 재생연결식으로 설명한다. 이것은 『디가 니까야』 「대인연경」(D15)이 식으로부터 연기를 설명하면서 그 경문에 식을 한 생에 최초

사문·바라문 경1(S12:13)

Samaṇabrāhmaṇa-sutta

3. "비구들이여, 어떤 사문이든 바라문이든 늙음·죽음을 꿰뚫어 알지 못하고 늙음·죽음의 일어남을 꿰뚫어 알지 못하고 늙음·죽음의 소멸을 꿰뚫어 알지 못하고 늙음·죽음의 소멸로 인도하는 도닦음을 꿰뚫어 알지 못하며,95) … 태어남을 … 존재를 … 취착을 … 갈애를 … 느낌을 … 감각접촉을 … 여섯 감각장소를 … 정신·물질을 … 알음알이를 … 의도적 행위들을 꿰뚫어 알지 못하고 의도적 행위들의 일어남을 꿰뚫어 알지 못하고 의도적 행위들의 소멸을 꿰뚫어 알지 못하고 의도적 행위들의 소멸로 인도하는 도닦음을 꿰뚫어 알지 못하는96) 자들은 그 누구든지, [15] 사문들 가운데서는 사문

로 모태에 드는 식으로 설명하고 있는 것(§21)과 궤를 같이 한다. 이처럼 초기불전과 주석서들은 연기각지(緣起各支)에 나타나는 식을 재생연결식으로 해석하며 특히 식으로부터 출발하는 10지 연기나 9지 연기의 경우는 더욱 그러하다.

95) "여기서 '사문이나 바라문들(samaṇā vā brāhmaṇā vā)'은 진리들을 꿰뚫을 수 없는 외도(bāhiraka) 사문·바라문들을 말한다. 그들은 괴로움의 진리[苦諦, dukkha-sacca]를 통해서 늙음·죽음을 알지 못하고, '갈애(saha taṇhāya)와 태어남[生]으로부터 늙음·죽음은 일어난다.'라고 일어남의 진리[集諦, samudaya-sacca]를 통해서 늙음·죽음의 일어남을 알지 못하고, 소멸의 진리[滅諦, nirodha-sacca]를 통해서 늙음·죽음의 소멸을 알지 못하고, 도의 진리[道諦, magga-sacca]를 통해서 도닦음을 알지 못한다. 그들은 태어남(생), 존재(유) 등의 모든 [연기]각지(sabba-pada)에 대해서도 이처럼 네 가지 진리[四諦, catu-sacca]를 통해서 알지 못한다."(SA.ii.31~32)
주석서는 연기각지의 모든 일어남의 진리에는 모두 갈애와 그 각지를 일어나게 하는 원인이 되는 바로 앞의 각지를 넣어서 이해해야 한다고 설명하고 있다. 즉 태어남(생)의 일어남은 갈애와 존재이고, 존재(유)의 일어남은 갈애와 취착이라는 등으로 이해해야 한다는 것이다.

96) 여기서는 12연기의 무명(avijjā)이 언급되지 않고 있다. 왜? 의도적 행위들

이라 불릴 수 없고 바라문들 가운데서는 바라문이라 불릴 수 없다. 그 존자들은 사문 생활의 결실이나 바라문 생활의 결실97)을 지금·여기에서 스스로 최상의 지혜로 알고 실현하여 드러내지 못한다."

4. "비구들이여, 그러나 어떤 사문이든 바라문이든 늙음·죽음을 꿰뚫어 알고 늙음·죽음의 일어남을 꿰뚫어 알고 늙음·죽음의 소멸을 꿰뚫어 알고 늙음·죽음의 소멸로 인도하는 도닦음을 꿰뚫어 알며, … 태어남을 … 존재를 … 취착을 … 갈애를 … 느낌을 … 감각접촉을 … 여섯 감각장소를 … 정신·물질을 … 알음알이를 … 의도적 행위들을 꿰뚫어 알고 의도적 행위들의 일어남을 꿰뚫어 알고 의도적 행위들의 소멸을 꿰뚫어 알고 의도적 행위들의 소멸로 인도하는 도닦음을 꿰뚫어 아는 자들은 그 누구든지, 사문들 가운데서는 사문이라 불릴 만하고 바라문들 가운데서는 바라문이라 불릴 만하다. 그 존자들은 사문 생활의 결실이나 바라문 생활의 결실을 지금·여기에서 스스로 최상의 지혜로 알고 실현하여 드러낸다."

사문·바라문 경2(S12:14)

3. "비구들이여, 어떤 사문이나 바라문은 이러한 법들을 꿰뚫어

의 일어남이 바로 의도적 행위들의 원인을 말하는 것이고 그 원인은 바로 무명이기 때문에 의도적 행위들의 일어남이라는 구절로 이미 무명이 언급이 되었기 때문이다. 그리고 본서 S12:14, 28, 29, 30, 33, 34, 71~81, 82~93도 본경과 같은 구조로 된 연기의 가르침을 담고 있다.

97) "'사문 생활의 결실이나 바라문 생활의 결실(sāmaññatthaṁ vā brahmaññatthaṁ vā)'이라고 했다. 여기서 성스러운 도(ariya-magga)가 바로 사문 생활(sāmañña)이고 바라문 생활(brahmañña)'이다. 그리고 성스러운 과(ariya-phala)가 바로 사문 생활의 결실과 바라문 생활의 결실로 설해진 결실(attha)이다. 이처럼 세존께서는 본경에서 11가지 경우로 사성제를 말씀하셨다."(SA.ii.32)

알지 못하고 이러한 법들의 일어남을 꿰뚫어 알지 못하고 이러한 법들의 소멸을 꿰뚫어 알지 못하고 이러한 법들의 소멸로 인도하는 도닦음을 꿰뚫어 알지 못한다.

비구들이여, 그러면 그들은 어떠한 법들을 꿰뚫어 알지 못하고 어떠한 법들의 일어남을 꿰뚫어 알지 못하고 어떠한 법들의 소멸을 꿰뚫어 알지 못하고 어떠한 법들의 소멸로 인도하는 도닦음을 꿰뚫어 알지 못하는가?"

4. "그들은 늙음·죽음을 꿰뚫어 알지 못하고 늙음·죽음의 일어남을 꿰뚫어 알지 못하고 늙음·죽음의 소멸을 꿰뚫어 알지 못하고 늙음·죽음의 소멸로 인도하는 도닦음을 꿰뚫어 알지 못하며, … 태어남을 … 존재를 … 취착을 … 갈애를 … 느낌을 … 감각접촉을 … 여섯 감각장소를 … 정신·물질을 … 알음알이를 … 의도적 행위들을 꿰뚫어 알지 못한다.

그들은 이러한 법들을 꿰뚫어 알지 못하고 이러한 법들의 일어남을 꿰뚫어 알지 못하고 이러한 법들의 소멸을 [16] 꿰뚫어 알지 못하고 이러한 법들의 소멸로 인도하는 도닦음을 꿰뚫어 알지 못한다.

비구들이여, 이러한 그들은 사문들 가운데서 사문이라 불릴 수 없고 바라문들 가운데서 바라문이라 불릴 수 없다. 그 존자들은 사문 생활의 결실이나 바라문 생활의 결실을 지금·여기에서 스스로 최상의 지혜로 알고 실현하여 드러내지 못한다."

5. "비구들이여, 어떤 사문이나 바라문은 이러한 법들을 꿰뚫어 알고 이러한 법들의 일어남을 꿰뚫어 알고 이러한 법들의 소멸을 꿰뚫어 알고 이러한 법들의 소멸로 인도하는 도닦음을 꿰뚫어 안다.

비구들이여, 그러면 그들은 어떠한 법들을 꿰뚫어 알고 어떠한 법들의 일어남을 꿰뚫어 알고 어떠한 법들의 소멸을 꿰뚫어 알고 어떠한 법들의 소멸로 인도하는 도닦음을 꿰뚫어 아는가?"

6. "그들은 늙음·죽음을 꿰뚫어 알고 늙음·죽음의 일어남을 꿰뚫어 알고 늙음·죽음의 소멸을 꿰뚫어 알고 늙음·죽음의 소멸로 인도하는 도닦음을 꿰뚫어 알며, … 태어남을 … 존재를 … 취착을 … 갈애를 … 느낌을 … 감각접촉을 … 여섯 감각장소를 … 정신·물질을 … 알음알이를 … 의도적 행위들을 꿰뚫어 안다.

그들은 이러한 법들을 꿰뚫어 알고 이러한 법들의 일어남을 꿰뚫어 알고 이러한 법들의 소멸을 꿰뚫어 알고 이러한 법들의 소멸로 인도하는 도닦음을 꿰뚫어 안다.

비구들이여, 이러한 그들은 사문들 가운데서 사문이라 불릴 만하고 바라문들 가운데서 바라문이라 불릴 만하다. 그 존자들은 사문 생활의 결실이나 바라문 생활의 결실을 지금·여기에서 스스로 최상의 지혜로 알고 실현하여 드러낸다."

깟짜나곳따 경(S12:15)

Kaccānagotta-sutta

2. 그때 [17] 깟짜나곳따 존자[98]가 세존께 다가갔다. 가서는 세

---

98) 깟짜나곳따는 Ee: 깟짜야나곳따(Kaccāyanagotta) 대신에 Be, Se: 깟짜나곳따(Kaccānagotta)로 읽은 것이다. Ee: 「찬나 경」(S22:90)에도 깟짜나곳따(Kaccānagotta)로 인용되고 있다.
이 깟짜나곳따 존자(āyasmā Kaccānagotta)는 우리에게 가전연 존자로 잘 알려진 마하깟짜나(Mahā-Kaccāna) 혹은 마하깟짜야나(Mahā-Kacā-yana, 니까야에는 두 가지 표현이 다 나타난다. 마하깟짜나 존자에 대해서는 본서 제3권 「할릿디까니 경」1(S22:3) §1의 주해를 참조할 것.) 존자와는 다른 사람이다. 깟짜나곳따는 깟짜나 족성을 가진 자라는 뜻인데 깟짜나는 그 당시 유명했던 바라문 가문의 족성이다. 깟짜나곳따라고 이름한 이유

존께 절을 올린 뒤 한 곁에 앉았다. 한 곁에 앉은 깟짜나곳따 존자는 세존께 이렇게 여쭈었다.

3. "세존이시여, '바른 견해[正見], 바른 견해'라고들 합니다. 세존이시여, 바른 견해는 어떻게 해서 있게 됩니까?"

4. "깟짜야나여, 이 세상은 대부분 두 가지를 의지하고 있나니 그것은 있다는 관념과 없다는 관념이다.99)

는 마하깟짜나 존자와 구분하기 위해서였을 것이다. 같은 방법으로 본서 제1권 「깟사빠곳따 경」(S9:3)에는 깟사빠곳따 존자(āyasmā Kassapagotta)가 등장하는데, 이것은 깟사빠 족성을 가진 자란 의미이다. 깟사빠도 그 당시는 물론 지금도 인도에서 잘 알려진 바라문 가문의 족성인데 마하깟사빠 존자와 구분하기 위해서 깟사빠곳따라 불렀을 것이다.

아무튼 깟짜나곳따 존자는 본경에만 나타나고 있다. 그리고 본서 제3권 「찬나 경」(S22:90) §9에서는 아난다 존자가 본경의 §4~6을 찬나 존자에게 인용하여 설하는 것이 나타난다. 본경은 이처럼 연기의 가르침에 관한 한 초기부터 잘 알려진 경이다. 성철스님의 『백일법문』에도 중도를 표방하는 근거로 인용되고 있어서 한국 불자들에게는 잘 알려진 경이라 할 수 있다.

본경의 주제는 바른 견해[正見, sammā-diṭṭhi]이며, 세존께서는 12연기가 바로 바른 견해임을 명쾌하게 표방하신다.

99) "'대부분(yebhuyyena)'이란 성자들을 제외한 나머지 많은 사람들을 말씀하시는 것이다. '두 가지를 의지한(dvaya-nissita)'이란 양 극단(koṭṭhāsa)을 의지한 것을 말한다. '있다는 관념(atthitā)'이란 영원하다는 [견해][常見, sassata]이다. '없다는 관념(natthitā)'이란 단멸한다는 [견해][斷見, uccheda]이다."(SA.ii.32)

"'이 모든 세상은 있고 항상 존재한다.'는 삿된 견해에 빠진 자(diṭṭhi-gatika)가 국집하는(gaṇhāti) 견해(diṭṭhi)가 '있다는 관념'이다. '이 모든 세상은 없고 단멸한다.'라는 삿된 견해에 빠진 자가 국집하는 견해가 '없다는 관념'이다. 여기서 세상이란 형성된 세상(유위의 세상, saṅkhāra-loka)을 뜻한다."(SAṬ.ii.32)

역자가 '있다는 관념'과 '없다는 관념'으로 풀어서 옮긴 원어는 각각 atthitā와 natthitā이다. 이것은 있다와 없다를 뜻하는 동사 atthi와 natthi에다 추상명사 어미 '-tā'를 붙여서 만든 추상명사이다. 단순하게 취급하여 이 두 단어를 그냥 '있음'과 '없음'으로 옮기면 본서 제3권 「꽃 경」(S22:94)에서 세존이 인정하시는 '세상의 현자들이 있다(atthi)고 동의하는 것과 없다

깟짜야나여, 세상의 일어남을 있는 그대로 바른 통찰지로 보는 자에게는 세상에 대해 없다는 관념이 존재하지 않는다. 깟짜야나여, 세상의 소멸을 있는 그대로 바른 통찰지로 보는 자에게는 세상에 대해 있다는 관념이 존재하지 않는다."[100]

(natthi)고 동의하는 것'과 구분이 되지 않는다.(본서 제3권 「꽃 경」(S22:94)과 그곳 §3의 주해 참조)
역자는 복주서의 해석을 주의 깊게 살펴보았다. 복주서는 "sā diṭṭhi atthitā"와 "sā diṭṭhi natthitā"(SAṬ.ii.32)로 표현하여 atthitā와 natthitā가 단순한 '있음'과 '없음'이 아니라 '있다는 견해(diṭṭhi)'와 '없다는 견해'로 분명하게 이해하고 있다. 그래서 보디 스님의 제안도 받아들이면서 역자는 이 둘을 각각 '있다는 관념'과 '없다는 관념'으로 풀어서 옮겼다.

100) "'세상의 일어남(lokasamudaya)'이란 형성된 세상(saṅkhāra-loka)의 생겨남(nibbatti)을 뜻한다. '바른 통찰지(sammappaññā)'란 위빳사나와 함께하는 도의 통찰지(savipassanā maggapaññā)를 뜻한다.
'세상에 대해 없다는 관념이 존재하지 않는다(yā loke natthitā sā na hoti).'는 것은, 형성된 세상(saṅkhāra-loka)에 대해서 법들이 생겨나는 것(nibbatta)을 통찰지로 보게 되면, 없다는 단견(natthīti uccheda-diṭṭhi)이 일어나는 그런 것이 존재하지 않는다는 뜻이다.
'세상의 소멸(loka-nirodha)'은 형성된 것들의 부서짐(bhaṅga)이다. '세상에 대해 있다는 관념이 존재하지 않는다(yā loke atthitā sā na hoti).'는 것은, 형성된 세상에 대해서 법들이 부서지는 것(bhijjamāna)을 통찰지로 보게 되면, 있다는 상견(atthīti sassata-diṭṭhi)이 일어나는 그런 것이 존재하지 않는다는 뜻이다.
나아가서 '세상의 일어남'은 순관(유전문)을 통한 조건의 형태(anuloma-paccay-ākāra)이다. '세상의 소멸'은 역관(환멸문)을 통한 조건의 형태(paṭiloma-paccay-ākāra)이다. 왜냐하면 [조건이라는] 세상의 의지처(loka-nissaya)를 보는 자는 조건들이란 단멸하는 것이 아니기 때문에 조건 따라 일어난 것(paccay-uppanna)은 단멸하지 않음(anuccheda)을 본다. 그래서 그에게는 없다는 단견(natthīti uccheda-diṭṭhi)이 일어나지 않는다. 그리고 조건들의 소멸(paccaya-nirodha)을 보는 자도 조건들이란 소멸하는 것이기 때문에 조건 따라 일어난 것의 소멸(paccay-uppanna-nirodha)을 본다. 그래서 그에게는 있다는 상견(atthīti sassata-diṭṭhi)이 일어나지 않는다. 이것이 여기서 말하고자 하는 뜻이다."(SA.ii.32~33)
여기서 단멸(uccheda)과 소멸(nirodha)을 구분해서 음미해야 한다. 단멸은 없어지면 다시는 일어나지 않는 멸절과 단절을 말하고(단멸론), 소멸은 일어난 것이 사라지고 소멸하는 것을 말한다.

5. "깟짜야나여, 세상은 대부분 [갈애와 사견으로 인해] 집착과 취착과 천착에 묶여 있다.101) 그러나 [바른 견해를 가진 성스러운 제자는], 마음이 머무는 곳이요 천착하는 곳이요 잠재하는 곳인 그러한 집착과 취착을 '나의 자아'102)라고 가까이하지 않고 취착하지 않고 고수하지 않는다.103) 그는 '단지 괴로움이 일어날 뿐이고, 단지 괴로

---

101) '집착과 취착과 천착에 묶여 있다.'는 긴 합성어 upay-upādāna-abhinivesa-vinibaddho를 옮긴 것인데, upaya는 '집착'으로(문맥상 Se, Ee의 upāy- 대신 Be의 upay-로 읽었음), upādāna는 '취착'으로, abhinivesa는 '천착'으로, vinibaddha(Be, Ee의 vinibandho 대신 Se의 vinibaddho로 읽었음)는 '묶여 있음'으로 옮긴 것이다. 이렇게 옮긴 것은 주석서가 제시한 대로 합성어를 풀었기 때문이다. 그리고 주석서는 여기서 집착과 취착과 천착은 모두 갈애(taṇhā)와 사견(diṭṭhi)에 의한 집착과 취착과 천착이라고 설명하고 있는데, 중생들은 갈애와 사견 때문에 삼계의 법(tebhūmaka-dhamma)들을 '나'라거나 '내 것'이라는 등의 형태(ākāra)들로 집착하고 취착하고 천착하기 때문이라고 적고 있다.(SA.ii.33)
물론 여기서 갈애에 의한 집착과 취착과 천착은 대상을 좋아해서 생기는 것이요, 사견에 의한 집착과 취착과 천착은 대상을 상·락·아·정(常樂我淨) 등으로 잘못 알아서 생기는 것이다.

102) Ee에는 'attā na me(나의 자아가 아니다.)'로 나타나지만 Be, Se에는 'attā me(나의 자아다)'로 나타난다. 문맥상 Be, Se의 '나의 자아다.'가 적당하다. 보디 스님도 이렇게 옮겼다.

103) '그러나 [바른 견해를 가진 성스러운 제자는], 마음이 머무는 곳이요 천착하는 곳이요 잠재하는 곳인 그러한 집착과 취착을 '나의 자아'라고 가까이하지 않고 취착하지 않고 고수하지 않는다.'는 tañcāyaṁ upayupādānaṁ cetaso adhiṭṭhānaṁ abhinivesānusayaṁ na upeti na upādiyati nādhiṭṭhā-ti 'attā me'ti라는 해석하기에 쉽지 않은 문장을 주석서에 입각하여 옮긴 것이다. 주석서는 다음과 같이 설명하고 있다.
"여기서 'tañcāyaṁ(= taṁ ca ayaṁ)'은 '그러나 이(ayaṁ) 성스러운 제자(ariya-sāvako)는 이러한(taṁ) 집착과 취착을 …'로 읽어야 한다. 'cetaso adhiṭṭhānaṁ'이란 '마음이 머무는 곳이 됨(cittassa patiṭṭhāna-bhūtaṁ)'을 말한다. 갈애와 사견에(taṇhā-diṭṭhīsu) 해로운 마음[不善心, akusala-citta]을 확립하면(patiṭṭhāti) 거기에 대해서 천착하게 되고 잠재성향을 가지게 된다. 그러므로 이 둘을 마음이 머무는 곳(adhiṭṭhāna)이라 부르고 천착과 잠재성향(abhinivesa-anusaya)이라 부르는 것이다. 그렇기 때문에

움이 소멸할 뿐이다.'라는 데 대해서 의문을 가지지 않고 의심하지 않는다.104) 여기에 대한 그의 지혜는 다른 사람을 의지하지 않는다.105) 깟짜야나여, 이렇게 해서 바른 견해가 있게 된다."106)

6. "깟짜야나여, '모든 것은 있다.'는 이것이 하나의 극단이고 '모든 것은 없다.'는 이것이 두 번째 극단이다.107) 깟짜야나여, 이러

그는 '나의 자아'라고 가까이하지 않고 '나의 자아'라고 취착하지 않고 '나의 자아'라고 고수하지 않는다."(SA.ii.33)

104) "'단지 괴로움(dukkham eva)'이란 것은 단지 취착의 대상이 되는 다섯 가지 무더기(오취온)일 뿐(pañc-upādāna-kkhandha-matta)이란 뜻이다. '의문을 가지지 않고 의심하지 않는다(na kaṅkhati na vicikicchati).'란 단지 괴로움이 일어날 뿐이고, 단지 괴로움이 소멸할 뿐이어서 여기에 다른 어떤 중생(satta)이란 것이 존재하지 않는다는 것에 어떤 의문도 품지 않고 의심하지 않는다는 말이다."(SA.ii.33)
이 문맥에 가장 적당한 것이 와지라 비구니의 게송(본서 제1권 「와지라 경」(S5:10) {553}~{555})이다. 이렇게 하여 중생이라는 고정관념[衆生相, satta-saññā]이 극복되는 것이다.

105) "'그의 지혜는 다른 사람을 의지하지 않는다(aparapaccayā ñāṇaṁ).'는 것은 남을 의지하지 않고(aññassa apattiyāyetvā) 자기 자신이 직접 경험한 지혜(atta-paccakkha-ñāṇa)를 말한다."(SA.ii.33)
여기서 paccakkha는 눈앞에 드러난(prati+akṣa)에서 파생된 단어로 인명학(因明學)에서 말하는 직접지[現量, Sk. pratakṣa]와 같은 말이다. 추론지[比量, anumāna]나 비유지[譬喩量 upamāna]나 성인의 가르침[聖言量, āpta-vaca]을 통해서 알게 된 지혜가 아니고 직접 체득한 지혜라는 뜻이며, 온·처·계·근·제·연으로 대표되는 법에 대한 지혜가 생긴 것을 말한다. 그리고 이것은 예류과 이상의 성자의 경지이기도 하다.(SA.ii.282)

106) "'이렇게 해서 바른 견해가 있게 된다.'는 것은 이와 같이 중생이라는 고정관념(satta-saññā, 衆生相)을 제거하였기 때문에 이렇게 해서 바르게 봄(sammā-dassana)이 있게 된다고 혼합된 바른 견해(missaka-sammā-diṭṭhi)를 말씀하셨다."(SA.ii.34)
여기서 혼합된 것(missaka)이란 세간적인 것(lokiya)과 출세간적인 것(lok-uttara)에 다 통용되는 것을 말한다.

107) "'하나의 극단(eko anto)'이라는 것은 이것이 하나의 정점이 되는 극단(nikūṭanta)이요 저속함의 극단(lāmak-anta)인 첫 번째 것으로 상견

한 양 극단을 의지하지 않고 중간[中]에 의해서108) 여래는 법을 설한다.

(sassata)을 말한다. '두 번째 극단(dutiyo anto)'이라는 것은 두 번째 [견해로써] '모든 것은 없다.'라고 하면서 생겨난 견해(uppajjanaka-diṭṭhi)인데 이것도 정점이 되는 극단이고 저속함의 극단이다. 이것이 두 번째인데 단견(uccheda)을 말한다."(SA.ii.34)

108) '중간[中]에 의해서'는 majjhena를 옮긴 것이다. 주석서와 복주서는 여기에 대해서 별다른 설명을 하지 않는다. 그러나 아래 「나체수행자 깟사빠 경」(S12:17)에서는 이 majjhena를 "'중간에 의해서 여래는 법을 설한다(majjhena tathāgato dhammaṁ deseti).'는 것은 상견과 단견이라 불리는 양 극단(ubha anta)을 의지하지 않고(anupagamma) 제거하고(pahāya) 집착하지 않고(anallīyitvā), 중도(中道, majjhimā paṭipadā)에 서서 설하신다는 뜻이다. 어떤 법을 설하셨는가라고 한다면, 바로 이 '무명을 조건으로 의도적 행위들이 있다.'는 것 등이다."(SA.ii.36)라고 설명하고 있다.

주석서에서는 이처럼 양극단을 여읜 중간[中, majjha]을 중도(中道, majjhimā paṭipadā)로 설명하고 있기는 하지만 초기불전 자체를 두고 보자면 중도는 팔정도를 말한다. 예를 들면 4부 니까야(Nikāya)에는 본서 제6권 「초전법륜경」(S56:11)을 위시하여 대략 6군데에서 중도(majjhimā paṭipadā)가 나타나는데 4념처와 37조도품을 중도라고 설하고 계신 『앙굿따라 니까야』 「나체수행자 경」 1/2(A3:151~152/i.295)를 제외한 초기불전에서 중도는 반드시 팔정도로 설명이 되고 있다.(본서 제4권 「라시야 경」(S42:12) §4 참조) 물론 37조도품도 팔정도가 핵심이요 4념처는 팔정도의 바른 마음챙김의 내용이다. 그리고 『무애해도』(Ps.ii.147)에도 팔정도가 중도로 표방되고 있다.

그러므로 주석서 문헌을 제외한 모든 초기불전에서 중도는 팔정도를 뜻한다고 이해해도 아무 문제가 없다. 그러므로 역자는 중간과 중도를 엄격히 구분해야 한다고 생각한다. 중간은 본경에서처럼 유무의 양극단의 중간이며 고락(苦樂)과 단상(斷常)의 양극단의 중간(본서 「나체수행자 깟사빠 경」(S12:17) §7 이하 참조)으로 바른 견해(정견)의 내용이지만, 중도는 팔정도 전체를 뜻하는 것으로 이해해야 한다.

대승불교에 익숙한 우리는 중도하면 팔불중도(八不中道, 팔불중도는 중국 길장(吉藏) 스님의 『중관론소』(中觀論疏)에 여러 번 나타나는 대승불교에는 잘 알려진 술어임.)나 공・가・중도(空・假・中道)로 정리되는 『중론』(中論, 中論頌, Mula-madhyamakakarika) 「관사제품」의 삼제게(三諦偈, 24:18)를 먼저 떠올리지만 초기불전에서의 중도는 이처럼 명명백백하게 팔정도이다. 특히 삼제게는 연기(緣起)적 현상을 공・가・중도로 통찰하는 것을 설파하고 있기 때문에 『중론』의 중도는 연기에 대한 통찰지이며, 이것은 본경에서 보듯이 팔정도의 첫 번째인 정견의 내용이고, 이것은 유무의 중간[中, majjha]이다. 그러므로 용수 스님을 위시한 중관학파에서 주창하

무명을 조건으로 의도적 행위들이, 의도적 행위들을 조건으로 알음알이가, 알음알이를 조건으로 정신·물질이, 정신·물질을 조건으로 여섯 감각장소가, 여섯 감각장소를 조건으로 감각접촉이, 감각접촉을 조건으로 느낌이, 느낌을 조건으로 갈애가, 갈애를 조건으로 취착이, 취착을 조건으로 존재가, 존재를 조건으로 태어남이, 태어남을 조건으로 늙음·죽음과 근심·탄식·육체적 고통·정신적 고통·절망이 발생한다. 이와 같이 전체 괴로움의 무더기[苦蘊]가 발생한다.

그러나 무명이 남김없이 빛바래어 소멸하기 때문에 의도적 행위들이 소멸하고, 의도적 행위들이 소멸하기 때문에 알음알이가 소멸하고, 알음알이가 소멸하기 때문에 정신·물질이 소멸하고, 정신·물질이 소멸하기 때문에 여섯 감각장소가 소멸하고, 여섯 감각장소가 소멸하기 때문에 감각접촉이 소멸하고, 감각접촉이 소멸하기 때문에 느낌이 소멸하고, 느낌이 소멸하기 때문에 갈애가 소멸하고, 갈애가 소멸하기 때문에 취착이 소멸하고, 취착이 소멸하기 때문에 존재가 소멸하고, 존재가 소멸하기 때문에 태어남이 소멸하고, 태어남이 소멸하기 때문에 늙음·죽음과 근심·탄식·육체적 고통·정신적 고통·절망이 소멸한다. 이와 같이 전체 괴로움의 무더기[苦蘊]가 소멸한다."

는 중도는 팔정도의 첫 번째인 정견을 말하는 것이지, 팔정도 전체로 정의되는 실천도로서의 중도는 아니라고 해야 한다.

역자가 중도를 자꾸 팔정도로 강조하는 데는 이유가 있다. 중도를 일·이·거·래·유·무·단·상(一異去來有無斷常)의 팔불(八不)이나 공·가·중(空假中) 등으로만 이해하게 되면, 실천체계로서의 중도를 오히려 관념적으로 만들어버릴 위험이 아주 크기 때문이며, 실제 한국불교에 이런 모습이 많이 나타나기 때문이다. 중도가 팔정도인 이상 중도는 부처님께서 팔정도의 정형구로써 정의하신 내용 그 자체를 실천하는 것, 말 그대로 도닦음(paṭi-padā)을 말한다. 이것은 중도의 도(道)에 해당하는 빠알리어 빠띠빠다(pati-padā)가 실제로 길 위를(pati) 밟으면서 걸어가는 것(padā), 즉 도닦음을 의미하는 데서도 알 수 있다.

설법자[法師] 경(S12:16)

Dhammakathika-sutta

2. 그때 [18] 어떤 비구가 세존께 다가갔다. 가서는 세존께 절을 올린 뒤 한 곁에 앉았다. 한 곁에 앉은 그 비구는 세존께 이렇게 여쭈었다.

3. "세존이시여, '법을 설하는 [비구], 법을 설하는 [비구]'라고들 합니다. 세존이시여, 어떻게 해서 법을 설하는 [비구]가 됩니까?"

4. "비구여, 만일 늙음·죽음을 염오하고[109] 탐욕이 빛바래고 소멸하기 위해서[110] 법을 설하면 그를 '법을 설하는 비구'라 부르기에 적당하다."

5. "비구여, 만일 늙음·죽음을 염오하고 탐욕이 빛바래고 소멸하기 위해서 도를 닦으면[111] 그를 '[출세간]법에 이르게 하는 법을

---

109) "'염오하기 위해서(nibbindan-atthāya)'라는 것은 염오의 관찰을 얻기 위해서(nibbida-anupassanā-paṭilābhāya)라는 말이다. 이것은 늙음·죽음을 처음으로 하여 말씀하신 유위법(saṅkhata-dhamma)들에 대해서 염오하는 형태로 전개된다. '빛바래기 위해서(virajjanatthāya)'라는 것도 빛바램의 관찰을 얻기 위해서라는 뜻이다."(SAṬ.ii.34)

110) 여기에 나타나는 '염오하고 탐욕이 빛바래고 소멸함(nibbidā, virāga, nirodha)'은 본서 제3권 「무더기 상윳따」(S22)와 제4권 「육처 상윳따」(S35)의 많은 경들에서 나타나는 염오-이욕-소멸의 정형구와 같으며, 이것은 염오-이욕-해탈-구경해탈지의 정형구와도 일맥상통한다. 여기에 대해서는 본서 제3권 해제 §3-(4)-②와 본서 제3권 「과거·현재·미래 경」1(S22:9)과 「무상 경」(S22:12)의 주해들을 참조할 것.

111) "'도를 닦는다(paṭipanno hoti).'라는 것은 계(sīla)로부터 시작해서 아라한도(arahatta-magga)까지를 도닦음(paṭipanna)이라 한다고 알아야 한다."(SA.ii.34)
같은 문장에 대해서 『맛지마 니까야 주석서』는 이렇게 설명한다.
"'소멸하기 위해서 도를 닦는다(nirodhāya paṭipanno).'는 것은 아라한도

닦는[112] 비구'라 부르기에 적당하다."

6. "비구여, 만일 늙음·죽음을 염오하고 탐욕이 빛바래고 소멸하여 취착 없이 해탈하면[113] 그를 '지금·여기[現法]에서 열반을 실현하는[114] 비구'라 부르기에 적당하다."

를 통해서 소멸하기 위해서(arahatta-maggā nirodhāya) 도를 닦는다는 뜻이다. 그러나 [아라한]과를 증득했을 때는(phala-patte) 참으로 소멸되었다(nirodhita)고 한다."(MA.iii.270)
앞에서도 살펴보았지만 여기서 염오는 위빳사나를 뜻하고 탐욕의 빛바램은 도를 뜻하고 소멸은 열반을 뜻한다.(nibbidāyāti vipassanā, virāgāyāti maggo, nirodhāya upasamāyāti nibbānaṁ – DA.ii.670)

112) "'[출세간]법에 이르게 하는 법을 닦는(dhamma-anudhamma-ppaṭipanna)'이라는 것은 '출세간인 열반의 법을 따르는 법이 되는 도닦음을 닦는(lokuttarassa nibbāna-dhammassa anudhamma-bhūtaṁ paṭipadaṁ paṭi-panno)'이라는 말이다."(SA.ii.34) 즉 '열반이라는 출세간법을 얻도록 하는 도닦음을 닦는'이라는 뜻으로 설명하고 있다.
복주서는 "열반의 법(nibbāna-dhamma)이란 열반을 가져오는(nibbānāvaha) 성스러운 도(ariya magga)를 말한다. 따르는 법이 됨이란 열반을 증득함(nibbāna-adhigama)에 적합한 고유성질을 가진 것(anucchavika-sabhāva-bhūta)을 말한다."(SAṬ.ii.34)라고 덧붙이고 있다.
이러한 설명을 통해서 볼 때 '[출세간]법에 이르게 하는 법을 닦는 비구'는 다름 아닌 유학(sekha, 예류자, 일래자, 불환자)인 비구를 말한다.

113) "'취착 없이 해탈함(anupādā vimutta)'이란 네 가지 취착(upādāna)을 통해서 어떤 법도 취착하지 않고 해탈하는 것을 말한다."(SA.ii.34) 네 가지 취착에 대해서는 본서 「분석 경」(S12:2) §7을 참조할 것.

114) "'지금·여기[現法]에서 열반을 실현하는(diṭṭhadhammanibbānappatta)'이란 것은 지금·여기에서 열반을 얻음(nibbāna-ppatta)을 말한다."(SA.ii.34) 이것은 아라한 혹은 무학(asekha)의 경지를 드러내고 있다.
한편 다른 주석서는 '지금·여기'를 이렇게 설명한다.
"지금·여기[現法, diṭṭha-dhamma]란 눈앞에 [직접 보이는](paccakkha) 법(dhamma, 현상)을 말한다."(DA.i.121)
다시 복주서에서는 "지금·여기(diṭṭha-dhamma)란 봄(dassana)이라는 지혜를 통해서 얻어진 법(dhamma)이다. 여기서 감각기능[根]의 대상[境]이 아닌 [禪의 경지 등]도 분명하게 드러나기 때문에 감각기능의 대상처럼 간주될 수가 있다. 그래서 지금·여기를 두고 '눈앞에 [직접 보이는] 법'이라

7. "비구여, 만일 태어남을 … 만일 존재를 … 만일 취착을 … 만일 갈애를 … 만일 느낌을 …만일 감각접촉을 … 만일 여섯 감각장소를 … 만일 정신·물질을 … 만일 알음알이를 … 만일 의도적 행위들을 … 만일 무명을 염오하고 탐욕이 빛바래고 소멸하기 위해서 법을 설하면 그를 '법을 설하는 비구'라 부르기에 적당하다."

8. "비구여, 만일 무명을 염오하고 탐욕이 빛바래고 소멸하기 위해서 도를 닦으면 그를 '[출세간]법에 이르게 하는 법을 닦는 비구'라 부르기에 적당하다."

9. "비구여, 만일 무명을 염오하고 탐욕이 빛바래고 소멸하여 취착 없이 해탈하면 그를 '지금·여기[現法]에서 열반을 실현하는 비구'라 부르기에 적당하다."115)

나체수행자 깟사빠 경(S12:17)

Acelakassapa-sutta

1. 이와 같이 나는 들었다. 한때 세존께서는 라자가하에서 대나무 숲의 다람쥐 보호구역에 머무셨다.

2. 그때 [19] 세존께서는 오전에 옷매무새를 가다듬고 발우와 가사를 수하시고 걸식을 위해서 라자가하로 들어가셨다. 나체수행자

고 했다."(DAṬ.i.230)고 덧붙이고 있다.
'지금·여기'로 옮긴 diṭṭha(現)-dhamma(法)를 중국에서는 現法으로 직역하기도 하고 現今으로도 옮겼다. 그리고 서양에서는 *here and now*로 정착이 되고 있고 우리나라에서는 '지금·여기'로 정착이 되어간다.

115) "이와 같이 본경은 '설법자[法師, dhamma-kathika]'라는 하나의 질문에 대해서 유학과 무학의 경지(sekkha-asekkha-bhūmi)라는 두 가지를 보여주셨다."(SA.ii.34)

깟사빠[116]는 세존께서 멀리서 오시는 것을 보고 세존께 다가갔다. 가서는 세존과 함께 환담을 나누었다. 유쾌하고 기억할 만한 이야기로 서로 담소를 한 뒤 한 곁에 섰다. 한 곁에 서서 나체수행자 깟사빠는 세존께 이렇게 말씀드렸다.

3. "만일 고따마 존자께서 저의 질문에 대한 설명을 해 주실 기회를 내어주신다면 저는 고따마 존자께 어떤 문제를 질문 드리고자 합니다."

"깟사빠여, 지금은 질문할 적당한 때가 아니다. 우리는 이미 마을 안으로 들어섰다."

4. 두 번째로 나체수행자 깟사빠는 세존께 이렇게 말씀드렸다.

"만일 고따마 존자께서 저의 질문에 대한 설명을 해 주실 기회를 내어주신다면 저는 고따마 존자께 어떤 문제를 질문 드리고자 합니다."

"깟사빠여, 지금은 질문할 적당한 때가 아니다. 우리는 이미 마을 안으로 들어섰다."

5. 세 번째로 나체수행자 깟사빠는 세존께 이렇게 말씀드렸다.

"만일 고따마 존자께서 저의 질문에 대한 설명을 해 주실 기회를 내어주신다면 저는 고따마 존자께 어떤 문제를 질문 드리고자 합니다."

"깟사빠여, 지금은 질문할 적당한 때가 아니다. 우리는 이미 마을 안으로 들어섰다."[117]

---

116) 초기불전에 나타나는 세 명의 나체수행자 깟사빠(acela Kassapa)에 대해서는 본서 제4권 「나체수행자 깟사빠 경」(S41:9) §2의 주해를 참조할 것.

117) "왜 세존께서는 세 번이나 거절을 하셨는가? 존중하는 [마음]을 생기게 하기 위해서(gārava-jananattha)이다. 삿된 견해에 빠진 자(diṭṭhi-gatika)들은 즉시에 대답을 해 주면 존중하지 않는다. 그러나 두세 번 거절하면 존중하게 된다. 그러면 그들은 듣고자 하고(sussūsanti) 믿음을 가지게 된다

6. 이렇게 말씀하시자 나체수행자 깟사빠는 세존께 이렇게 말씀드렸다.

"저는 고따마 존자께 많은 것을 여쭙지 않을 것입니다."

"깟사빠여, 그대가 원한다면 질문을 하라."

7. "고따마 존자시여, 괴로움은 스스로가 만드는 것입니까?"118)

"깟사빠여, 그렇지 않다."

"고따마 존자시여, 그러면 괴로움은 남이 만드는 것입니까?"119)

"깟사빠여, 그렇지 않다."

"고따마 존자시여, 그러면 괴로움은 스스로가 만들기도 하고 남이 만들기도 하는 것입니까?"120)

"깟사빠여, 그렇지 않다."

"고따마 존자시여, [20] 그러면 괴로움은 스스로가 만드는 것도 아

(saddahanti). 그리고 세존께서는 중생들의 지혜가 익게(ñāṇa-paripāka)하기 위해서 세 번을 요청하도록 하신다."(SA.ii.35)

118) "'괴로움은 스스로가 만드는 것입니까(sayaṁkataṁ dukkhaṁ)?'라는 질문은 옳지 않다. 스승께서는 여기에 대해서 괴로움을 만드는, 자아라고 부를 만한 어떤 자가 있는 것이 아니라고 설명하고 계신다. 이 방법은 '남이 만드는 것(parato)'에도 적용된다."(SA.ii.35)
"이 삿된 견해에 빠진 자는, 자아는 오온을 벗어났고(pañcakkhandha-vinimutta) 항상하고(nicca) 행위자이고 경험하는 특징을 갖고 있다고(kāraka-vedaka-lakkhaṇa) 상상하면서 질문했기 때문에 이 질문 자체가 옳지 않다고 하신 것이다."(SAṬ.ii.35)
아래 §9에서 이것은 영속론자들 혹은 상견론자들(sassata-vādā)의 견해일 뿐이라고 논파되었다.

119) 아래 §9에서 이것은 단멸론자들(uccheda-vādā)의 견해일 뿐이라고 논파되었다.

120) 이것은 일부영속론자들(ekacca-sassatikā)의 견해라 할 수 있다. 이것은 아래 §10에서 양 극단을 여읜 중간의 천명으로 논파되었다. 일부영속론자들에 대해서는 『디가 니까야』 제1권 「범망경」(D1) §2.1 이하를 참조할 것.

니고 남이 만드는 것도 아니고 우연히 생기는 것입니까?"[121]

"깟사빠여, 그렇지 않다."

"고따마 존자시여, 그러면 괴로움이란 없습니까?"

"깟사빠여, 괴로움은 없는 것이 아니다. 깟사빠여, 괴로움은 있다."

"그렇다면 고따마 존자는 괴로움을 알지 못하고 보지 못합니까?"

"깟사빠여, 나는 괴로움을 알지 못하고 보지 못하는 것이 아니다. 깟사빠여, 나는 참으로 괴로움을 안다. 깟사빠여, 참으로 나는 괴로움을 본다."

8. "그런데 제가 '고따마 존자시여, 괴로움은 스스로가 만드는 것입니까?'라고 여쭈면 '깟사빠여, 그렇지 않다.'라고 대답하시고, 제가 '고따마 존자시여, 그러면 괴로움은 남이 만드는 것입니까?'라고 여쭈면 '깟사빠여, 그렇지 않다.'라고 대답하시고, 제가 '고따마 존자시여, 그러면 괴로움은 스스로가 만들기도 하고 남이 만들기도 하는 것입니까?'라고 여쭈면 '깟사빠여, 그렇지 않다.'라고 대답하시고, 제가 '고따마 존자시여, 그러면 괴로움은 스스로가 만드는 것도 아니고 남이 만드는 것도 아니고 우연히 생기는 것입니까?'라고 여쭈면 '깟사빠여, 그렇지 않다.'라고 대답하시고, 제가 '고따마 존자시여, 그러면 괴로움이란 없습니까?'라고 여쭈면 '깟사빠여, 괴로움은 없는 것이 아니다. 깟사빠여, 괴로움은 있다.'라고 대답하시고, 제가 '그렇다면 고따마 존자는 괴로움을 알지 못하고 보지 못합니까?'라고 여쭈면 '깟사빠여, 나는 괴로움을 알지 못하고 보지 못하는 것이 아니다. 깟사빠여, 나는 참으로 괴로움을 안다. 깟사빠여, 나는 참으로 괴로

121) 이것은 우연발생론자들(adhicca-samuppannikā)의 견해라 할 수 있다. 이것은 아래 §10에서 연기를 통해서 논파되었다. 우연발생론자들에 대해서는 『디가 니까야』 「범망경」(D1) §2.30 이하를 참조할 것.

움을 본다.'라고 대답하십니다.

세존이시여, 세존께서는122) 부디 제게 괴로움에 대해서 설명해 주십시오. 세존이시여, 세존께서는 부디 제게 괴로움에 대해서 가르쳐 주십시오."

9. "깟사빠여, '그가 짓고 그가 [그 과보를] 경험한다.'고 한다면 처음부터 존재했던 [괴로움을 상정하여] '괴로움은 스스로가 짓는다.' 라고 주장하는 것이 되어 이것은 상[견]에 떨어지고 만다.123)

---

122) "여기서부터 그는 스승에 대한 존중심이 생겨서(sañjāta-gārava) 그대는(bhavaṁ)이라고 말하지 않고 세존께서는(bhagavā)이라고 말하고 있다." (SA.ii.35)
주석서의 이런 지적처럼 이때까지 그는 세존을 부를 때 'bhavaṁ Gotama (고따마 존자시여)'라고 하였는데 여기서부터는 호격도 세존이시여나 주인이시여를 뜻하는 bhante로 바뀌고 세존을 bhagavā(세존)라 부르고 있다. 존중하는(gārava) 마음이 생겼기 때문이다.

123) "'그가 짓고 그가 [그 과보를] 경험한다.'고 한다면 처음부터 존재했던 [괴로움을 상정하여] '괴로움은 스스로가 짓는다.'라고 주장하는 것이 되어 …"로 옮긴 원어는 so karoti so paṭisaṁvediyatīti kho kassapa ādito sato sayaṁkataṁ dukkhanti iti vadaṁ이다.
이 문장을 주석서의 설명을 참조해서 옮기면 "처음부터 '그가 짓고 그가 [그 과보를] 경험한다.'고 한다면 '괴로움은 스스로가 짓는다.'라고 주장하는 것이 되어 …"로 해석해야 한다. 'ādito sato(처음부터 존재하는 것)'를 어떻게 보느냐에 따라서 번역이 달라지는 것이다. 역자는 보디 스님의 설명을 참조하여 본문처럼 옮기는 것이 문맥에 더 잘 어울린다고 판단하여 이렇게 옮겼다. 미얀마어 번역본에도 이렇게 번역되어 나타나고 있다고 한다. 여기서 'ādito sato(처음부터 존재하는 것)'는 소유격인데 주석서는 이것을 처소격을 뜻하는 소유격이라고 설명하고 있다.(SA.ii.35)
주석서를 직역하면 다음과 같다.
"만일 처음부터 '그가 짓고 그가 [그 과보를] 경험한다.'라고 [생각한다면] 그 후에 그에게는 '괴로움은 스스로가 짓는다.'라는 믿음이 생긴다. 여기서 '괴로움'이란 윤회의 괴로움(vaṭṭa-dukkha)을 뜻한다. 이 주장은(iti vadaṁ)에서 먼저 나타난 '처음에'라는 단어(ādi-sadda)는 나중에 나타나는 '상[견]'이라는 단어(sassata-sadda)와 연결해서 [해석해야] 한다. … 그래서 이와 같이 주장하면 처음부터(ādito va) 상견을 밝히고 상견을 취하는 것이라고 깟사빠여, '다른 사람이 짓고 다른 사람이 [그 과보를] 경험한다.'고 한다면 느낌에 압도된 자가 '괴로움은 남이 짓는다.'라고 주장하는 것이 되어 이것은 단[견]에 떨어지고 만다."124)

10. "깟사빠여, 이러한 양 극단을 의지하지 않고 중간[中]에 의해서 여래는 법을 설한다.125)

무명을 조건으로 의도적 행위들이, 의도적 행위들을 조건으로 알

말하는 것이 된다. 왜? 그의 이러한 견해는 '짓는 자(kāraka)'와 '경험하는 자(vedaka)'는 오직 하나라고(ekam eva) 취하는 상견에 떨어진 것이기 때문이다."(SA.ii.35~36)

124) 이 부분도 바로 앞의 주해와 같은 이유로 역자는 주석서와는 다르게 옮겼다. 주석서를 직역하면 다음과 같다.
"만일 처음에 '다른 사람이(añño) 짓고 다른 사람이(añño) [그 과보를] 경험한다.'라고 [생각한다면] 그 후에 그에게는 '괴로움은 남이 짓는다.'라는 믿음이 생긴다. 그는 '짓는 자는 여기서 단멸한다. 그러면 그가 지은 것을 다른 자가 경험하게 된다(tena kataṁ añño paṭisaṁvediyati).'라는 이러한 단견과 함께하는 느낌에 의해서 두들겨 맞고(abhitunna) 찔렸기(viddha) 때문이다. 이와 같이 주장하면 처음부터 단견을 밝히고 단견을 취하는 것이라고 말하는 것이 된다. 왜? 그의 이러한 견해는 단견에 떨어진 것이기 때문이다."(SA.ii.36)

125) "'중간[中]에 의해서 여래는 법을 설한다(majjhena tathāgato dhammaṁ deseti).'는 것은 상견과 단견이라 불리는 양 극단(ubha anta)을 의지하지 않고(anupagamma) 제거하고(pahāya) 집착하지 않고(anallīyitvā), 중도(中道, majjhimā paṭipadā)에 서서 설하신다는 뜻이다. 어떤 법을 설하셨는가라고 한다면, 바로 이 '무명을 조건으로 의도적 행위들이 있다.'는 것이다.
여기서 이 [연기의 가르침을 통해서] 원인으로부터 결과가 일어남을(kāraṇa-to phalaṁ), 그리고 원인의 소멸에 의해서(kāraṇa-nirodhena) 그 [결과]가 소멸함을 밝히신 것이지 어떤 짓는 자(kāraka)도 경험하는 자(vedaka)도 상정하시지(niddiṭṭha) 않았다."(SA.ii.36)
아무튼 여기서 연기는 고락(苦樂)을 여의고 단상(斷常)을 여읜 것으로 설명되며 특히 고락의 자작자수(自作自收)와 자작타수(自作他收)의 문제를 짚어보고 있다. 중간[中]과 중도(中道)에 대해서는 위「깟짜나곳따 경」(S12:15) §6의 주해를 참조할 것.

음알이가, … 이와 같이 전체 괴로움의 무더기[苦蘊]가 발생한다.

그러나 무명이 [21] 남김없이 빛바래어 소멸하기 때문에 의도적 행위들이 소멸하고, 의도적 행위들이 소멸하기 때문에 알음알이가 소멸하고, … 이와 같이 전체 괴로움의 무더기[苦蘊]가 소멸한다."126)

11. 이렇게 말씀하시자 나체수행자 깟사빠는 세존께 이렇게 말씀드렸다.

"경이롭습니다, 세존이시여. 경이롭습니다, 세존이시여. 마치 넘어진 자를 일으켜 세우시듯, 덮여 있는 것을 걷어내 보이시듯, [방향을] 잃어버린 자에게 길을 가리켜 주시듯, 눈 있는 자 형색을 보라고 어둠 속에서 등불을 비춰 주시듯, 세존께서는 여러 가지 방편으로 법을 설해 주셨습니다. 저는 이제 세존께 귀의하옵고 법과 비구 승가에 귀의합니다. 세존이시여, 저는 세존의 곁에 출가하여 구족계를 받고자 합니다."

12. "깟사빠여, 전에 외도였던 자가 이 법과 율에 출가하여 구족계 받기를 원하면 그는 넉 달의 견습기간을 거쳐야 한다. 넉 달이 지나고 비구들이 동의하면 출가하게 하여 비구가 되는 구족계를 받게 한다. 물론 여기에 개인마다 차이가 있음을 나는 인정한다."127)

---

126) "이렇게 해서 나머지 [두] 질문이 논파되었다(paṭisedhitā). 왜냐하면 여기서 '양 극단을 의지하지 않고(ubho ante anupagamma)'라는 말씀으로 세 번째 질문을 물리쳤으며(paṭikkhitta), '무명을 조건으로 의도적 행위들이 있다.'는 것을 통해서 [네 번째 질문인] 우연발생론(adhicca-samuppanna-tā)을 물리쳤다고 알아야 하기 때문이다."(SA.ii.36)

127) 이것은 『율장』의 『대품』(Vin.i.69~71)에서도 언급되고 있는 항목이다. 『율장 주석서』는 이를 '외도의 따로 머묾[外道別住, titthiya-parivāsa]'이라 부르고 있다.(VinA.v.990)
주석서에 의하면 전에 외도였던 사람은 먼저 사미가 되게 하고(sāmaṇera-bhūmiyaṁ ṭhita) 4개월이 지나서 대중의 동의를 얻어 구족계(upasam-

13. "세존이시여, 만일 전에 외도였던 자가 이 법과 율에 출가하여 구족계 받기를 원하면 그는 넉 달의 견습기간을 거쳐야 하고 넉 달이 지나고 비구들이 동의하면 출가하게 하여 비구가 되는 구족계를 받게 하신다면 저는 4년의 견습기간을 거치겠습니다. 4년이 지나고 비구들이 동의하면 출가하게 하시어 비구가 되는 구족계를 받게 해 주소서."

나체수행자 깟사빠는 세존의 곁으로 출가하여 구족계를 받았다.

14. 구족계를 받은 지 얼마 되지 않아서 깟사빠 존자는 혼자 은둔하여 방일하지 않고 열심히, 스스로 독려하며 지냈다. 그는 오래지 않아 [22] 좋은 가문의 아들들이 집에서 나와 출가하는 목적인 그 위없는 청정범행의 완성을 지금・여기에서 스스로 최상의 지혜로 알고 실현하고 구족하여 머물렀다. '태어남은 다했다. 청정범행은 성취되었다. 할 일을 다 해 마쳤다. 다시는 어떤 존재로도 돌아오지 않을 것이다.'라고 최상의 지혜로 알았다.128)

15. 깟사빠 존자는 아라한들 중의 한 분이 되었다.

띰바루까 경(S12:18)

Timbaruka-sutta

1. <사왓티의 아나타삔디까 원림(급고독원)에서>

---

padā)를 준다고 설명하고 있다. 그런데 만일 부처님께서 그가 별주를 거치지 않아도 된다고 인정하시면 별주의 과정이 면제된다고 한다. 깟사빠 존자의 경우에는 출가하여 [사미계를 받은] 직후에 세존께서 대중의 동의를 받아 바로 비구계를 주셨다(upasampādesi)고 한다.(SA.ii.36~37)

128) 이 정형구에 대한 설명은 본서 제1권 「브라흐마데와 경」(S6:3) §2의 주해를 참조할 것.

2. 그때 띰바루까 유행승[129]이 세존께 다가갔다. 가서는 세존과 함께 환담을 나누었다. 유쾌하고 기억할 만한 이야기로 서로 담소를 한 뒤 한 곁에 앉았다. 한 곁에 앉은 띰바루까 유행승은 세존께 이렇게 여쭈었다.

3. "고따마 존자시여, 즐거움과 괴로움은 스스로가 만드는 것입니까?"[130]

"띰바루까여, 그렇지 않다."

"고따마 존자시여, 그러면 즐거움과 괴로움은 남이 만드는 것입니까?"

"띰바루까여, 그렇지 않다."

"고따마 존자시여, 그러면 즐거움과 괴로움은 스스로가 만들기도 하고 남이 만들기도 하는 것입니까?"

"띰바루까여, 그렇지 않다."

"고따마 존자시여, 그러면 즐거움과 괴로움은 스스로가 만드는 것도 아니고 남이 만드는 것도 아니고 우연히 생기는 것입니까?"

"띰바루까여, 그렇지 않다."

"고따마 존자시여, 그러면 즐거움과 괴로움이란 없습니까?"

"띰바루까여, 즐거움과 괴로움은 없는 것이 아니다. 띰바루까여, 즐거움과 괴로움은 있다."

"그렇다면 고따마 존자는 괴로움을 알지 못하고 보지 못합니까?"

---

129) 주석서와 복주서는 띰바루까 유행승(Timbaruka paribbājaka)에 대해서 아무 설명을 하지 않는다.

130) "본경에서는 즐겁고 괴로운 느낌(vedanā-sukha-dukkha)이 설해졌다. 이것은 과보로 나타난 즐거움과 괴로움(vipāka-sukha-dukkha)이다." (SA.ii.38)

"띰바루까여, 나는 괴로움을 알지 못하고 보지 못하는 것이 아니다. 띰바루까여, 나는 참으로 괴로움을 안다. 띰바루까여, 참으로 나는 괴로움을 본다."

4. "그런데 제가 '고따마 존자시여, 즐거움과 괴로움은 스스로가 만드는 것입니까?'라고 여쭈면 '띰바루까여, 그렇지 않다.'라고 대답하시고, [23] 제가 '고따마 존자시여, 그러면 즐거움과 괴로움은 남이 만드는 것입니까?'라고 여쭈면 '띰바루까여, 그렇지 않다.'라고 대답하시고, 제가 '고따마 존자시여, 그러면 즐거움과 괴로움은 스스로가 만들기도 하고 남이 만들기도 하는 것입니까?'라고 여쭈면 '띰바루까여, 그렇지 않다.'라고 대답하시고, 제가 '고따마 존자시여, 그러면 즐거움과 괴로움은 스스로가 만드는 것도 아니고 남이 만드는 것도 아니고 우연히 생기는 것입니까?'라고 여쭈면 '띰바루까여, 그렇지 않다.'라고 대답하시고, 제가 '고따마 존자시여, 그러면 즐거움과 괴로움이란 없습니까?'라고 여쭈면 '띰바루까여, 즐거움과 괴로움은 없는 것이 아니다. 띰바루까여, 즐거움과 괴로움은 있다.'라고 대답하시고, 제가 '그렇다면 고따마 존자는 즐거움과 괴로움을 알지 못하고 보지 못합니까?'라고 여쭈면 '띰바루까여, 나는 즐거움과 괴로움을 알지 못하고 보지 못하는 것이 아니다. 띰바루까여, 나는 참으로 즐거움과 괴로움을 안다. 띰바루까여, 참으로 나는 즐거움과 괴로움을 본다.'라고 대답하십니다.

세존이시여, 세존께서는 부디 제게 즐거움과 괴로움에 대해서 설명해 주십시오. 세존이시여, 세존께서는 부디 제게 즐거움과 괴로움에 대해서 가르쳐주십시오."

5. "띰바루까여, '느낌과 느끼는 자가 같다.'고 한다면 처음부터

존재하는 것을 [상정하여] '즐거움과 괴로움은 스스로가 짓는다.'라고 [주장하는 것이 되어 이것은 상견에 떨어지고 만다.] 그러므로 나는 이렇게 말하지 않는다.131)

띰바루까여, '느낌과 느끼는 자가 다르다.'고 한다면 느낌에 압도된 자가 '즐거움과 괴로움은 남이 짓는다.'라고 [주장하는 것이 되어 이것은 단견에 떨어지고 만다.] 그러므로 나는 이렇게 말하지 않는다."132)

6. "띰바루까여, 이러한 양 극단을 의지하지 않고 중간[中]에 의해서 여래는 법을 설한다.

무명을 조건으로 의도적 행위들이, 의도적 행위들을 조건으로 알음알이가, … 이와 같이 전체 괴로움의 무더기[苦蘊]가 발생한다.

그러나 무명이 남김없이 빛바래어 소멸하기 때문에 의도적 행위들

---

131) "'느낌과 느끼는 자가 같다고 한다면(sā vedanā so vediyati)'이라고 시작하신 것은 '즐거움과 괴로움은 스스로가 짓는다(sayaṁkataṁ sukha-dukkhaṁ).'라는 [잘못된] 믿음을 물리치기 위해서(laddhiyā nisedhan-attha) 설하셨다.
만일 처음에 '느낌과 느끼는 자는 같다.'라고 [생각한다면] 그 후에 그에게는 '즐거움과 괴로움은 스스로가 짓는다.'라는 믿음이 생긴다. 이렇게 되면 느낌은 느낌에 의해서 만들어지는 것(vedanāya eva vedanā katā)이 되기 때문에, 이와 같이 주장하면 처음부터 느낌이 있었음을 인정하게 되어 상견(sassāta-diṭṭhi)을 설하고 상견을 취하는 것이라고 말하는 것이 된다." (SA.ii.37~38)

132) "'느낌과 느끼는 자가 다르다고 한다면(aññā vedanā añño vediyati)'이라고 시작하신 것은 '즐거움과 괴로움은 남이 짓는다(paraṁ kataṁ sukha-dukkhaṁ).'라는 [잘못된] 믿음을 물리치기 위해서 설하셨다.
만일 처음에 '느낌과 느끼는 자는 다르다.'라고 [생각한다면] 그 후에 그에게는 '즐거움과 괴로움은 남이 짓는다.'라는 믿음이 생긴다. 이렇게 되면 처음에 있었던 짓는 자로서의 느낌은 나중에 단멸하고 다른 자가 그의 행위의 결과를 경험하는 것이 된다. 그는 '즐거움과 괴로움은 남이 짓는다.'라는 이러한 단견(uccheda-diṭṭhi)과 함께하는 느낌에 의해서 두들겨 맞고 찔렸기 때문이다. 이와 같이 주장하면 처음부터 단견을 설하고 단견을 취하는 것이라고 말하는 것이 된다."(SA.ii.38)

이 소멸하고, 의도적 행위들이 소멸하기 때문에 알음알이가 소멸하고, … 이와 같이 전체 괴로움의 무더기[苦蘊]가 소멸한다."

7. 이렇게 말씀하시자 띰바루까 유행승은 세존께 이렇게 말씀드렸다.

"경이롭습니다, 고따마 존자시여. 경이롭습니다, 고따마 존자시여. 마치 넘어진 자를 일으켜 세우시듯, 덮여 있는 것을 걷어내 보이시듯, [방향을] 잃어버린 자에게 길을 가리켜 주시듯, 눈 있는 자 형색을 보라고 어둠 속에서 등불을 비춰 주시듯, 고따마 존자께서는 여러 가지 방편으로 법을 설해 주셨습니다. 저는 이제 고따마 존자께 귀의하옵고 법과 비구 승가에 귀의합니다. 고따마 존자께서는 저를 청신사로 받아주소서. 오늘부터 목숨이 붙어 있는 그날까지 귀의합니다."

우현(愚賢) **경**(S12:19)

Bālapandita-sutta133)

3. "비구들이여, 무명에 덮이고 갈애에 묶여서 어리석은 자의 [24] 이 몸134)은 이와 같이 생겨난다. 이처럼 이 몸과 밖의 정신·물질135)이 생겨난다. 이렇게 해서 한 쌍이 존재하게 된다. 한 쌍을 조

---

133) 본경은 12연기를 네 개의 집합(catu-saṅkhepa)과 20가지 형태(vīsat-ākāra)를 토대로 하여 삼세양중인과(三世兩重因果)로 해석하는 전통적인 견해(Ps.i.51~52; 『청정도론』 XVII.288~298; 『아비담마 길라잡이』 제8장 §§4~8 등 참조)의 단초가 되는 중요한 경이다. 아래 §6의 주해도 참조할 것.

134) "여기서 '이 몸(ayaṁ kāyo)'이란 자신의(attano) 알음알이와 함께한(sa-viññāṇaka) 몸을 말한다."(SA.ii.38)

135) "'밖의 정신·물질(bahiddhā nāma-rūpaṁ)'이란 남들의(paresaṁ) 알음알이와 함께한 몸을 말한다. 이렇게 하여 여기서는 [이 몸이라는 표현으로는] 자신의 다섯 무더기[五蘊, pañca khandhā]와 여섯 감각장소[六處, cha āyatanā]를, 그리고 [밖의 정신·물질이라는 표현으로는] 남의 오온

건으로 하여 감각접촉이 있고,[136] 여섯 [감각접촉의] 장소에 닿거나 이들 가운데 하나에 닿아서 어리석은 자는 즐거움과 괴로움을 경험한다."[137]

4. "비구들이여, 무명에 덮이고 갈애에 묶여서 현명한 자의 몸도 이와 같이 생겨난다. 이처럼 이 몸과 밖의 정신·물질이 생겨난다. 이렇게 해서 한 쌍이 존재하게 된다. 한 쌍을 조건으로 하여 감각접촉이 있고, 여섯 [감각접촉의] 장소에 닿거나 이들 가운데 하나에 닿

과 육처를 드러내고 있다."(SA.ii.38)

밖의 정신·물질을 이렇게 남의 오온과 육처로 한정짓는 것은 조금 의아스러운 설명이 아닌가 생각된다. 오히려 알음알이의 대상이 되는 모든 정신·물질을 뜻하는 것으로 해석하는 것이 더 타당할 수도 있을 것 같다.

다른 경들에서는 "알음알이를 가진 이 몸과 밖의 모든 표상들에 대해(imasmiṁ saviññāṇake kāye bahiddā ca sabbanimittesu)"라는 표현이 나타난다.(본서 S18:21; 22; 본서 제3권 S22:71; 72 등, 본서 「잠재성향 경」(S18:21) §3의 주해 참조)

136) "'한 쌍을 조건으로 하여 감각접촉이 있고(dvayaṁ paṭicca phasso)'라고 하였다. 다른 곳에서는 눈과 형색 등의 한 쌍을 조건으로 눈의 감각접촉 등이 설해졌다. 그러나 여기서는 안의 감각장소들[內處]과 밖의 감각장소들[外處](ajjhattika-bāhirāni āyatanāni)을 말한다. 이러한 경우를 큰 한 쌍(mahā-dvaya)이라 한다. 그리고 여섯 감각장소들(saḷ'ev'āyatanāni)이란 여섯 감각접촉의 장소[六觸處, phass-āyatanāni]이니, 감각접촉의 원인이 되는 것(phassa-kāraṇa)이다."(SA.ii.38~39)

137) 본경의 연기구조는 다른 경들에서 찾아볼 수 없는 형태로 되어 있다. 식-명색-촉-육입-수의 구조로 나타나기 때문이다. 『디가 니까야』 「대인연경」(D15)에는 육입이 나타나지 않고 식-명색-촉-수-애…의 구조로 나타나기도 하지만 이처럼 육입이 촉과 수 사이에 나타나는 경우는 다른 연기의 가르침에서는 찾아볼 수 없다.

물론 주석서는 이 육입이 촉의 원인이 된다고 설명은 하고 있다. 즉 육입이 명색과 촉 사이에 들어가야 한다는 말이다. 아무튼 본경은 특이한 구조의 연기를 드러내고 있기 때문에 주석서는 본경의 연기구조를 알음알이를 가진 자신의 몸과 남의 정신·물질(명색)사이에만 국한해서 연기를 설하는 것으로 해석하는 듯하다.

아서 현명한 자는 즐거움과 괴로움을 경험한다."

5. "비구들이여, 그러면 어리석은 자와 현명한 자의 차이점은 무엇이고, 특별한 점은 무엇이고, 다른 점은 무엇인가?"

"세존이시여, 저희들의 법은 세존을 근원으로 하며, 세존을 길잡이로 하며, 세존을 귀의처로 합니다. 세존이시여, 세존께서 방금 말씀하신 이 뜻을 [친히] 밝혀주신다면 참으로 감사하겠습니다. 세존으로부터 듣고 비구들은 그것을 잘 호지할 것입니다."

"비구들이여, 그렇다면 이제 그것을 들어라. 듣고 마음에 잘 새겨라. 나는 설할 것이다."

"그렇게 하겠습니다, 세존이시여."라고 비구들은 세존께 응답했다.

6. 세존께서는 이렇게 말씀하셨다.

"비구들이여, 무명에 덮이고 갈애에 묶여서 어리석은 자의 몸은 이와 같이 생겨난다. 그러나 어리석은 자에게는 그 무명이 제거되지 않고 갈애가 다하지 않는다. 그것은 무슨 이유 때문인가?

비구들이여, 어리석은 자는 바르게 괴로움을 멸진하기 위해서 청정범행을 닦지 않기 때문이다.138) 그래서 어리석은 자는 몸이 무너져 [죽은 뒤에 다른] 몸을 받게139) 된다. 그는 [다른] 몸을 받아서는 태어남과 늙음·죽음으로부터 해탈하지 못하고, 근심·탄식·육체적 고통·정신적 고통·절망으로부터 해탈하지 못하고, 괴로움으로부터 해탈하지 못한다고 나는 말한다."140)

---

138) "여기서 '청정범행(brahmacariya)'은 도의 청정범행(magga-brahmacari-ya)을 말한다. '괴로움을 멸진하기 위해서(dukkha-kkhayāya)'란 윤회의 괴로움(vaṭṭa-dukkha)을 끝내기 위해서이다."(SA.ii.40)

139) "'몸을 받음(kāy-ūpaga)'이란 다른(añña) 재생연결의 몸(paṭisandhikāya)을 받는다는 말이다."(SA.ii.40)

7. "비구들이여, 무명에 덮이고 갈애에 묶여서 현명한 자의 몸도 이와 같이 생겨난다. 그러나 현명한 자에게는 그 무명이 제거되고 갈애가 다하게 된다. 그것은 무슨 이유 때문인가?

비구들이여, 현명한 자는 [25] 바르게 괴로움을 멸진하기 위해서 청정범행을 닦기 때문이다. 그래서 현명한 자는 몸이 무너져 [죽은 뒤에 다른] 몸을 받지 않게 된다. 그는 몸을 받지 않아서 태어남과 늙음·죽음으로부터 해탈하고, 근심·탄식·육체적 고통·정신적 고통·절망으로부터 해탈하고, 괴로움으로부터 해탈한다고 나는 말한다."

8. "비구들이여, 이것이 어리석은 자와 현명한 자의 차이점이고, 이것이 특별한 점이고, 이것이 다른 점이다."141)

---

140) 이상에서 보았듯이 본경은 분명히 전생의 무명과 갈애 때문에 금생의 알음알이가 생겨났고, 금생의 무명과 갈애가 다 제거 되지 않기 때문에 다시 내생의 다른 몸을 받아 생-노사우비고뇌가 계속 된다는 삼세에 걸친 윤회를 드러내고 있다. 그러므로 금생에서 무명과 갈애로 대표되는 모든 번뇌와 업지음을 끊어야 다시는 다른 몸을 받아 태어나지 않게 되고 괴로움으로부터 완전하게 해탈하는 것이다.
주석서 문헌들은 전생의 원인으로는 무명과 갈애 가운데 무명이 더 두드러진 것으로 설명하고, 내생의 태어남의 원인이 되는 금생의 원인으로는 무명과 갈애 가운데 갈애가 더 두드러진 것으로 설명하고 있다. 그래서 『청정도론』은 "무명과 상카라들을 언급함으로써 갈애와 취착과 존재도 포함되었다."(『청정도론』 VII.21)라고도 적고 있고, "과거로부터 왔기 때문에 무명이 그 뿌리이고 느낌이 마지막이며, 미래로 상속하기 때문에 갈애가 그 뿌리이고 늙음과 죽음이 마지막이 되어 이 윤회의 바퀴는 두 가지이다."(『청정도론』 XVII.285)라고 설하고 있다.

141) 본경은 무명·갈애 – 몸(알음알이와 함께한 몸)을 받음 – 밖의 정신·물질 – 감각접촉(여섯 감각접촉의 장소) – 느낌(즐거움과 괴로움) – 다시 몸을 받음의 6가지 구성요소를 들고 있으므로 6지 연기로 분류된다. 이렇게 하여 본경은 삼세양중인과의 튼튼한 경전적인 근거가 된다.

조건 경(S12:20)

Paccaya-sutta

2. "비구들이여, 그대들에게 연기(緣起)와 연기된[緣而生][142] 법들에 대해서 설하리라. … <S12:1 §3> …

3. "비구들이여, 그러면 어떤 것이 연기인가?[143]

비구들이여, 태어남을 조건으로 늙음·죽음이 있다. 이것은 여래들께서 출현하신 후거나 출현하시기 이전에도 존재하는 요소[界][144]이며, 법으로 확립된 것이고, 법으로 결정된 것이며,[145] 이것에게 조

---

142) '연기된'은 paṭicca-samuppanna를 옮긴 것인데 '조건에 의해서 생겨난'으로 풀어서 옮길 수 있다.(실제로 본서 제3권 「아난다 경」(S22:21) §4와 제4권 「간병실 경」 1(S36:7) §6 등에서는 이렇게 풀어서 옮겼다.) 그러나 본 「인연 상윳따」(S12)에서는 문장을 부드럽게 하기 위해서 '연기된'으로 통일해서 옮기고 있음을 밝힌다.
한편 CBETA로 검색을 해보면 이 단어는 연이생(緣而生)으로 한역된 경우가 가장 많고, 緣已生으로도 많이 한역되었으며, 緣以生으로 나타나는 경우도 있다.

143) 이하 본경의 §§3~4는 『청정도론』 XVII.5에 연기를 설명하는 경전적 근거로 길게 인용되어 나타난다.

144) "'존재하는 요소[界](ṭhitāva sā dhātu)'란 이 연기의 고유성질(paccaya-sabhāva)은 확립되어 있다(ṭhito va)는 뜻으로, 태어남이 늙음·죽음의 조건이 되지 않는 경우란 결코 없다는 말이다."(SA.ii.40)
"여기서 요소[界, dhātu]란 '태어남을 조건으로 늙음·죽음이 있다.'라고 하는 늙음·죽음의 조건(paccaya)을 뜻한다. 이 연기는 여래께서 세상에 출현하시기 이전에도 이후에도 존재해 있었지만 여래께서 세상에 출현하시기 전에는 알려지지가 않았다. 여래는 통찰지로 그 사실을 보고 깨달으셨을 뿐 없는 것을 만들어 내신 것이 아니기 때문에 '그 요소는 존재해있었다.'라고 했다."(Pm.571 = 『청정도론』 XVII.5에 대한 주석)

145) "'태어남을 조건으로 늙음·죽음이 있다.'라는 요소가 바로 '법으로 결정된 것(dhamma-niyāmatā)'이다. 왜냐하면 '태어남을 조건으로 늙음·죽음이 있다.'라는 조건 혹은 고유성질이 그렇지 않은 것이 아니기 때문에 결정됨(niyāmatā)이 있고 정의함이 있기 때문이다."(Pm.571)

건되는 성질[此緣性]146)이다. 여래는 이것을 완전하게 깨달았고 관통하였다. 완전하게 깨닫고 관통한 뒤 '보라! 태어남을 조건으로 늙음·죽음이 있다.'라고 알게 하고 가르치고 천명하고 확립하고 드러내고 분석하고 명확하게 한다.147)

비구들이여, 존재를 조건으로 태어남이 있다. …

비구들이여, 취착을 조건으로 존재가 있다. …

비구들이여, 갈애를 조건으로 취착이 있다. …

비구들이여, 느낌을 조건으로 갈애가 있다. …

비구들이여, 감각접촉을 조건으로 느낌이 있다. …

비구들이여, 여섯 감각장소를 조건으로 감각접촉이 있다. …

비구들이여, 정신·물질을 조건으로 여섯 감각장소가 있다. …

비구들이여, 알음알이를 조건으로 정신·물질이 있다. …

비구들이여, 의도적 행위들을 조건으로 알음알이가 있다. …

---

146) '이것에게 조건되는 성질[此緣性]'은 idappaccayatā를 옮긴 것이다. 이 단어는 ida(이)+paccayatā(조건의 성질)로 분석된다. 이것은 무명연행(무명을 조건으로 의도적 행위들이 있고)부터 생연노사(태어남을 조건으로 늙음·죽음이 있다.)까지의 연기의 정형구 전체를 지칭하는 술어이다. 여기서 ida(이것)는 12가지 연기각지들 각각을 지칭한다.

147) 본 문단은 『청정도론』(Vis.XVII.5)에 연기구조를 설명하는 핵심 문장으로 그대로 인용되어 나타난다. 이 문장을 설명하는 것을 시작으로 해서 『청정도론』에서 가장 길고 가장 난해하다고 일컬어지는 제17장의 연기의 해설이 전개된다. 그리고 『앙굿따라 니까야』 「출현 경」(A3:134)에서 이 문장은 "비구들이여, '모든 형성된 것은 무상하다.'라는 것은 여래들께서 출현하신 후거나 출현하시기 이전에도 존재하는 요소[界]이며, …" 등으로 모든 형성된 것들[諸行]의 무상·고·무아에도 그대로 적용되어 나타나고 있다.
본 가르침이 중요한 이유는, 부처님은 없는 법을 새로 만드신 분이 아니라 연기나 제법의 무상·고·무아와 같은 세상의 진리를 드러내어 가르치시는 분이라고 세존 스스로가 이렇게 말씀하고 계시기 때문이다. 부처님은 없는 진리(법)를 만들어 내신 분이 아니라 진리를 드러내신 분이요 그분의 제자들은 이러한 부처님의 가르침을 의지해서 깨달음을 성취하기 위해서 도닦는 자들이다.

비구들이여, 무명을 조건으로 의도적 행위들이 있다. 이것은 여래들께서 출현하신 후거나 출현하시기 이전에도 존재하는 요소[界]이며, 법으로 확립된 것이고, 법으로 결정된 것이며, 이것의 조건짓는 성질[此緣性]이다. 여래는 이것을 완전하게 깨달았고 [26] 관통하였다. 완전하게 깨닫고 관통한 뒤 '보라! 무명을 조건으로 의도적 행위들이 있다.'라고 알게 하고 가르치고 천명하고 확립하고 드러내고 분석하고 명확하게 한다."

4. "비구들이여, 이와 같이 여기서 진실함, 거짓이 아님, 다른 것으로부터 생겨나는 것이 아님, 이것의 조건짓는 성질,148) 이것을 일러 연기라 한다."

5. "비구들이여, 그러면 어떤 것이 연기된[緣而生] 법들인가?

비구들이여, 늙음·죽음은 무상하고 형성되었고[有爲] 조건에 의해서 생겨난 것이고 부서지기 마련인 법이며 사라지기 마련인 법이며

---

148) 여기서 '진실함', '거짓이 아님', '다른 것으로부터 생겨나는 것이 아님', '이것의 조건짓는 성질'은 각각 tathatā, avitathatā, anaññathatā, idap-paccayatā를 옮긴 것이다. 주석서는 이 네 가지를 다음과 같이 설명한다.
"진실함 등은 조건의 모습(paccay-ākāra)에 대한 동의어(vevacana)이다. 모자라지도 넘치지도 않은 각각의 조건들에 따라 각각의 법들이 생기기 때문에 이것을 '진실함[如如, tathatā]'이라 했다. 조건들이 모일 때 단 한 순간이라도 그 [조건]으로부터 법들이 생기지 않는 것이 아니기 때문에 '거짓이 아님(avitathatā)'이라 했다. 다른 조건으로부터 이 법이 생기지 않기 때문에(예를 들면, 행은 무명을 조건으로 해서 생기지 다른 법으로부터 생기지 않는다는 뜻이다.) '다른 것으로부터 생겨나는 것이 아님(anaññathatā)'이라 했다. 앞서 말한 이 늙음·죽음의 조건이기 때문에 혹은 조건의 모임(samūha)이기 때문에 '이것의 조건짓는 성질(idappaccayatā)'이라 했다." (SA.ii.41; 『청정도론』 XVII.6)
본경의 §§3~4는 전문이 『청정도론』 XVII.5에 인용될 정도로 연기를 설명하는 중요한 경으로 자리매김하였다. 그리고 본서 제6권 「진실함 경」(S56:20)과 「진실함 경」(S56:27)에서는 사성제에도 이 '진실함, 거짓이 아님, 그렇지 않은 것이 아님'의 셋이 적용되어 나타나고 있다.

탐욕이 빛바래기 마련인 법이며 소멸하기 마련인 법이다.

비구들이여, 태어남은 무상하고 형성되었고 조건에 의해서 생겨난 것이고 부서지기 마련인 법이며 사라지기 마련인 법이며 탐욕이 빛바래기 마련인 법이며 소멸하기 마련인 법이다.

비구들이여, 존재는 무상하고 형성되었고 조건에 의해서 생겨난 것이고 부서지기 마련인 법이며 사라지기 마련인 법이며 탐욕이 빛바래기 마련인 법이며 소멸하기 마련인 법이다.

비구들이여, 취착은 … 갈애는 … 느낌은 … 감각접촉은 … 여섯 감각장소는 … 정신·물질은 … 알음알이는 … 의도적 행위들은 … 무명은 무상하고 형성되었고 조건에 의해서 생겨난 것이고 부서지기 마련인 법이며 사라지기 마련인 법이며 탐욕이 빛바래기 마련인 법이며 소멸하기 마련인 법이다."

6. "비구들이여, 성스러운 제자는 이러한 연기와 연기된[緣而生] 법들을 있는 그대로 바른 통찰지로149) 분명하게 보기 때문에 '나는 정말 과거에 존재했는가? 아니면 과거에 존재하지 않았는가? 나는 과거에 무엇이었을까? 나는 과거에 어떠했을까? 나는 과거에 무엇이 되었다가 무엇이 되었을까?'라고 하면서 과거로 치달려 가는 그런 경우는 있지 않다.

그는 '나는 정말 미래에도 존재할까? 아니면 미래에는 존재하지 않을까? [27] 나는 미래에 무엇이 되어 있을까? 나는 미래에 어떠할까? 나는 미래에 무엇이 되었다가 무엇이 될까?'라고 하면서 미래로 치달려 가는 그런 경우는 있지 않다.

그는 지금 현재의 상태에 대해서도 안으로 의심이 없다. '나는 존

---

149) "'바른 통찰지로(sammappaññāya)'란 위빳사나와 더불어 도의 통찰지(magga-paññā)로라는 뜻이다."(SA.ii.40)

재하는가? 아니면 존재하지 않는가? 나는 무엇인가? 나는 어떠한 가? 이 중생은 어디서 왔는가? 그리고 어디로 가게 될 것인가?'라고 하면서 현재로 치달려 가는 경우는 있지 않다."150)

7. "그것은 무슨 이유 때문인가? 비구들이여, 성스러운 제자는 이러한 연기와 연기된[緣而生] 법들을 있는 그대로 바른 통찰지로 분명하게 보기 때문이다."

제2장 음식 품이 끝났다.

두 번째 품에 포함된 경들의 목록은 다음과 같다.

① 음식 ② 몰리야팍구나
두 가지 ③~④ 사문·바라문
⑤ 깟짜나곳따 ⑥ 설법자 ⑦ 나체수행자 깟사빠
⑧ 띰바루까 ⑨ 우현, 열 번째로 ⑩ 조건이다.

---

150) 과거와 현재와 미래에 대한 이러한 의심(kathaṁ-kathī)은 『맛지마 니까야』 「제번뇌단속 경」(M2) §7과 「긴 갈애를 부숨 경」(M38)에도 나타나고 있다. 『청정도론』 XIX.5~6은 이를 과거에 대한 5가지와 미래에 대한 5가지와 현재에 대한 6가지로 설명하여 모두 16가지 의심이라고 설명하고 있다. 한편 이것의 극복은 『청정도론』 XIX.21~27에서 언급되고 있다. 이렇게 해서 이러한 16가지 의심이 말끔히 해소되는 것을 위빳사나의 7청정 가운데 4번째인 의심을 극복함에 의한 청정(kaṅkhā-vitaraṇa-visuddhi, 『아비담마 길라잡이』 제9장 §31과 『청정도론』 XIX.1 이하 참조)이라 부른다.
본경과 『청정도론』의 설명에서 보듯이 연기 혹은 조건발생을 정확하게 알아야 삼세의 모든 의심이 극복되며 이것은 도와 과의 증득에도 필수적인 항목이다.

제3장 십력 품

Dasabala-vagga

십력 경1(S12:21)

Dasabala-sutta

3. "비구들이여, 열 가지 힘[十力][151]을 구족하고 네 가지 담대함[四無畏][152]을 구족하여 여래는 대웅의 위치[153]를 얻었고 회중에서 [다음과 같은] 사자후를 토하고 신성한 바퀴[梵輪][154]를 굴린다."[155]

---

151) 부처님이 갖추신 '열 가지 힘[十力, dasa-bala]' 혹은 열 가지 여래의 힘[如來十力, tathāgata-balāni]은 『맛지마 니까야』 「긴 사자후경」(M12/i.69~71) §9 이하와 『앙굿따라 니까야』 「사자 경」(A10:21)과 『청정도론』 XII.76의 주해를 참조할 것.

152) '네 가지 담대함[四無畏, vesārajjāni]'에 대해서는 『앙굿따라 니까야』 제2권 「무외 경」(A4:8)을 참조할 것.

153) '대웅의 위치'는 āsabha ṭhāna를 옮긴 것이다. 여기서 āsabha는 황소를 뜻하는 asabha(usabha, Sk. ṛṣabha)의 2차 곡용으로 '황소 같은, 황소에 속하는'이라는 뜻을 나타낸다. 초기불전에서 황소는 항상 남자다운 남자, 대장부에 비유되고 있다. 그래서 '대장부다운, 영웅다운'이라고 옮길 수 있다. 그래서 전체를 '대웅의 위치'로 옮겼다.
주석서는 "수승한(seṭṭha) 자리, 최상(uttama)의 자리로 옮겼으며 영웅다운 분들이란 이전의 부처님들(pubba-buddhā)이며 그분들의 자리라는 뜻이다."(AA.ii.7)라고 설명하고 있다.

154) '신성한 바퀴[梵輪]'는 brahma-cakka를 옮긴 것이다. 주석서는 다음과 같이 설명하고 있다.
"'신성한'이란 뛰어나고(seṭṭha) 수승한 것(uttama)을 말한다. 이것은 청정한 법의 바퀴(visuddha dhamma-cakka)와 동의어이다. 이 법의 바퀴[法輪]는 두 가지가 있는데 꿰뚫음의 지혜(paṭivedha-ñāṇa)와 가르침의 지혜(desanā-ñāṇa)이다. 이 가운데서 통찰지의 증장(paññā-pabhāvita)으로 자신의 성스러운 과를 가져오는 것(ariya-phalāvaha)이 꿰뚫음의 지혜이고, 연민의 증장(karuṇā-pabhāvita)으로 제자들로 하여금 성스러운 과를

4. "이것이 [28] 물질[色]이다. 이것이 물질의 일어남이다. 이것이 물질의 사라짐이다. 이것이 느낌[受]이다. 이것이 느낌의 일어남이다. 이것이 느낌의 사라짐이다. 이것이 인식[想]이다. 이것이 인식의 일어남이다. 이것이 인식의 사라짐이다. 이것이 심리현상들[行]이다. 이것이 심리현상들의 일어남이다. 이것이 심리현상들의 사라짐이다. 이것이 알음알이[識]다. 이것이 알음알이의 일어남이다. 이것이 알음알이의 사라짐이다."156)

5. "이것이 있을 때 저것이 있다. 이것이 일어날 때 저것이 일어난다. 이것이 없을 때 저것이 없다. 이것이 소멸할 때 저것이 소멸한다.157)

가져오게 하는 것이 가르침의 지혜이다."(SA.ii.46)
여기서 뿐만 아니라 초기불전에서 브라흐마[梵, brahma]는 이처럼 합성어로 쓰일 때는 항상 '수승한, 뛰어난' 등을 뜻한다.

155) "[여래는] 이러한 두 가지 지혜를 구족하여 사자후(sīha-nāda)를 토하신다. 그것을 보여주시기 위해서 다음의 '이것이 물질이다.' 등을 말씀하셨다."(SA.ii.47)

156) 오온에 대한 이 정형구는 『상윳따 니까야』에서는 본서 「의지처 경」(S12:23)과 본서 제3권 S22:78; 89; 101에도 나타나고, 두 개의 「염처경」 들 즉 『디가 니까야』 「대념처경」(D22)과 『맛지마 니까야』 「염처경」(M10)에도 나타나고 있다. 그리고 오온의 일어남(samudaya)과 사라짐(atthaṅgama)은 본서 제3권 「삼매 경」(S22:5) §3에서는 통시적(通時的)인 관점에서 설명되고 있으며, 「취착의 양상 경」(S22:56)과 「일곱 가지 경우 경」(S22:57) 등에서는 공시(共時)적인 관점에서 설명되고 있다.
한편 본서 「괴로움 경」(S12:43)에 대한 주석서(SA.ii.74)에서는 일어남은 순간적인 일어남(khaṇika-samudaya)과 조건 따라 일어남(paccaya-samudaya)의 두 가지가 있다고 설명하고 있다. 여기에 대해서는 「괴로움 경」(S12:43) §2의 주해를 참조할 것.

157) 빠알리 문장은 다음과 같다.
imasmiṁ sati idaṁ hoti(이것이 있을 때 저것이 있다.)
imassuppādā idam uppajjati(이것이 일어날 때 저것이 일어난다.)

즉, 무명을 조건으로 의도적 행위들이, 의도적 행위들을 조건으로 알음알이가, … 이와 같이 전체 괴로움의 무더기[苦蘊]가 발생한다.

그러나 무명이 남김없이 빛바래어 소멸하기 때문에 의도적 행위들이 소멸하고, 의도적 행위들이 소멸하기 때문에 알음알이가 소멸하고, … 이와 같이 전체 괴로움의 무더기[苦蘊]가 소멸한다."

십력 경2(S12:22)

3. "비구들이여, 열 가지 힘[十力]을 구족하고 네 가지 담대함[四無畏]을 구족하여 여래는 대웅의 위치를 얻었고 회중에서 사자후를

---

imasmiṁ asati idaṁ na hoti(이것이 없을 때 저것이 없다.)
imassa nirodhā idaṁ nirujjhati(이것이 소멸할 때 저것이 소멸한다.)

이것은 12연기를 추상화한 정형구로 우리에게 잘 알려져 있다. 복주서는 '이것이 있을 때 저것이 있다.'라고 '있다'는 표현을 하였다고 해서 실재하는 어떤 것을 두고 말한 것이 아니라, "도에 의해서 소멸에 이르지 못한 상태(magg-ena anirujjhana-sabhāva)"(SAṬ.ii.51)를 뜻하는 것이라고 설명하고 있다. 같은 방법으로 '이것이 없을 때 저것이 없다.'라는 표현을 하였다고 해서 아무 것도 없는 것을 말하는 것이 아니라 도에 의해서 소멸에 이른 상태를 뜻하는 것으로 이해해야 한다고 적고 있다.(*Ibid*)
연기의 추상화된 정형구에 대한 긴 주석은 『자설경 주석서』(UdA.38~42)에 나타난다. 관심 있는 분은 Masefield가 번역한 *The Udāna Commentary* 1:66~72를 일독할 것을 권한다.
여기서 오온의 일어남과 사라짐 바로 다음에 이 연기의 정형구를 설하시는 것은 오온의 일어남과 사라짐을 연기의 가르침과 연결하기 위해서이다. 그러므로 오온의 일어남과 사라짐은 12연기를 통해서 이해되어야 한다.
본서 「연기 경」(S12:1) §4의 주해에서도 봤듯이 존재, 특히 나라는 존재를 오온으로 해체해서 보면 염오-이욕-소멸(nibbidā-virāga-nirodha) 혹은 염오-이욕-해탈-구경해탈지가 일어난다. 주석서는 여기서 염오는 강한 위빳사나이고, 이욕은 도요, 소멸은 [아라한]과라고 설명한다. 나라는 존재를 12연기로 해체해서 보면 역시 남김 없는 이욕-소멸(asesa-virāga-nirodhā)이 일어난다. 여기서도 이욕은 도요, 소멸은 아라한과라고 주석서는 설명한다. 이처럼 존재를 해체해서 봐서 염오-이욕-소멸이나 남김 없는 이욕-소멸에 도달하여 궁극적인 행복을 실현하고자 하는 것이 바로 초기불교의 핵심이다. 본경에서는 이러한 오온과 12연기가 함께 설해지고 있는 것이 특징이다.

토하고 신성한 바퀴[梵輪]를 굴린다."

4. "이것이 물질이다. 이것이 물질의 일어남이다. 이것이 물질의 사라짐이다. 이것이 느낌이다. 이것이 느낌의 일어남이다. 이것이 느낌의 사라짐이다. 이것이 인식이다. 이것이 인식의 일어남이다. 이것이 인식의 사라짐이다. 이것이 심리현상들이다. 이것이 심리현상들의 일어남이다. 이것이 심리현상들의 사라짐이다. 이것이 알음알이다. 이것이 알음알이의 일어남이다. 이것이 알음알이의 사라짐이다."

5. "이것이 있을 때 저것이 있다. 이것이 일어날 때 저것이 일어난다. 이것이 없을 때 저것이 없다. 이것이 소멸할 때 저것이 소멸한다.

즉, 무명을 조건으로 의도적 행위들이, 의도적 행위들을 조건으로 알음알이가, … 이와 같이 전체 괴로움의 무더기[苦蘊]가 발생한다.

그러나 무명이 남김없이 빛바래어 소멸하기 때문에 의도적 행위들이 소멸하고, 의도적 행위들이 소멸하기 때문에 알음알이가 소멸하고, … 이와 같이 전체 괴로움의 무더기[苦蘊]가 소멸한다."

6. "비구들이여, 이와 같이 나는 법을 분명하게 설했고 드러내었고 밝혔고 천명했고 군더더기를 잘라내었다.158)

---

158) "여기서 '법(dhamma)'이란 오온을 조건[緣]의 형태로 분류한 법(pañca-kkhandha-paccay-ākāra-dhamma)이다.[즉, 법이란 업에서 생긴 오온을 12지의 조건(12연기)의 형태로 분류한 법을 말한다. 그 법을 잘 설했고 천명했다는 말씀이다. — SAṬ.ii.60] … '군더더기(pilotika)'란 헤어지고 낡은 옷을 이리저리 꿰매고 덧댄 것을 말한다. 이러한 옷을 입지 않고 온전한 천으로 만든 옷을 입는 자가 '군더더기를 잘라낸(chinna-pilotika)' 옷을 입는 자이다. 법(dhamma)도 이러하나니 속임수 등과 함께 꿰매거나 덧대지 않았기 때문이다."(SA.ii.48)
한편 여기서 '분명하게 설했음',' 드러내었음', '밝혔음', '천명했음', '군더더기를 잘라내었음'은 각각 uttāna, vivaṭa, pakāsita, chinna-pilotika를 옮긴

비구들이여, 나는 이와 같이 법을 분명하게 설했고 드러내었고 밝혔고 천명했고 군더더기를 잘라내었으므로 신심으로 출가한 선남자가 정진을 시작하기에 적당하다. '피부와 힘줄과 뼈가 쇠약해지고 몸에 살점과 피가 마르더라도 남자다운 근력과 남자다운 노력과 남자다운 분발로써 얻어야 하는 것을 얻을 때까지 정진을 계속하리라.'[159]라고."

7. "비구들이여, [29] 나쁘고 해로운 법들과 섞여 지내는 게으른 자는 괴롭게 머물고 위대한 자신의 이상[160]을 버려버린다. 그러나 열심히 정진하고 나쁘고 해로운 법들을 멀리 여읜 자는 행복하게 머물고 위대한 자신의 이상을 성취한다."

8. "비구들이여, 저열한 것으로는 으뜸가는 것을 얻지 못한다. 으뜸가는 것으로 으뜸가는 것을 얻는다.[161] 비구들이여, 청정범행은

것이다.

159) 주석서는 이러한 '정진(vīriya)'을 네 가지 요소를 갖춘 정진(catur-aṅga-samannāgata vīriya)이라 부르고 있다. 여기서 네 가지는 본문에 나타나는 '피부(taca)', '힘줄(nahārū)', '뼈(aṭṭhi)', '살점과 피(maṁsa lohita)'이다.(SA.ii.49)
이 정진의 정형구는 본서 「통 경」(S21:3) §5와 『맛지마 니까야』 「끼따기리 경」(M70/1.481) §27에도 나타나고 있다.

160) '자신의 이상'은 sad-attha를 옮긴 것이다. 주석서는 "아름다운(sobhanaṁ) 이상, 혹은 자신의(sakaṁ) 이상을 말한다. 이 둘은 모두 아라한과(arahatta)를 뜻한다."(SA.ii.49)라고 설명하고 있다. 역자는 후자를 취해서 옮겼다. 'sad-'를 sant(√as, *to be*의 현재분사)로 간주하여 참된 이상으로도 옮길 수도 있지만 주석서의 뒷받침을 받지 못한다.

161) "'저열한 것으로 으뜸가는 것을 얻지 못한다(na hīnena aggassa patti hoti).'는 것은 저열한 믿음과 저열한 정진과 저열한 마음챙김과 저열한 삼매와 저열한 통찰지(즉 저열한 오근)로 으뜸가는 것이라 불리는 아라한과(arahatta)를 얻지 못한다는 말이다. 으뜸가는 믿음 등으로 으뜸가는 아라한과를 얻는다."(SA.ii.50)

최상의 음료162)이고 또한 스승이 그대들의 면전에 있다.163) 비구들이여, 그러므로 그대들은 아직 얻지 못한 것을 얻고 증득하지 못한 것을 증득하고 실현하지 못한 것을 실현하기 위해서 정진을 시작하라."

9. "[그러므로 그대들은 이와 같이 공부지어야 한다.]
'우리의 출가는 헛되지 않고 결실이 있고 이익이 있을 것이고, 우리가 의복과 탁발음식과 거처와 병구완을 위한 약품을 수용하도록 해준 그들의 행위는 그들에게 많은 결실과 많은 이익을 가져올 것이다.'164)라고.

비구들이여, 그대들은 이와 같이 공부지어야 한다.

10. "비구들이여, 자신에게 이로운 것을 보는 자는 이와 같이 방일하지 말고 [해야 할 바를] 성취해야 한다. 비구들이여, 남에게 이로운 것을 보는 자는 이와 같이 방일하지 말고 [해야 할 바를] 성취해야 한다. 비구들이여, 둘 모두에게 이로운 것을 보는 자는 이와 같이

162) '최상의 음료'는 maṇḍa-peyya를 옮긴 것이다. 주석서는 maṇḍa를 깨끗함(pasanna)으로, peyya를 마실 것(pātabba)로 설명하고 있어서(SA.ii.50) 이렇게 풀어서 옮겼다. 일반적으로 maṇḍa는 우유의 크림 혹은 진수(眞髓)를 뜻한다. 주석서에 의하면 진수(maṇḍa)에는 가르침의 진수(desanā-maṇḍa)와 섭수(攝受)의 진수(paṭiggaha-maṇḍa)와 청정범행의 진수(bra-hmacariya-maṇḍa)의 세 가지가 있다고 한다. 사성제와 37보리분법(조도품)을 가르치고 설명하고 알게 하고 분명하게 하고 밝히고 분석하고 드러내는 것이 가르침의 진수이며, 교법을 이해할 수 있는 비구들, 비구니들, 청신사들, 청신녀들, 신들, 인간들과 나아가서 알음알이가 있는 모든 존재들이 섭수의 진수이며, 팔정도가 청정범행의 진수라고 주석서는 설명하고 있다. (SA.ii.51)

163) "'스승이 그대들의 면전에 있다(satthā sammukhībhūto).'는 것은 그 이유를 보여주시는 것이다. 즉 스승이 면전에 있으니 그대들은 부지런히 정진하여 이 최상의 음료를 마셔라는 말씀이다."(*Ibid*)

164) 보디 스님의 제안대로 Ee: tesam vo kārā amhesu mahapphalā bhavissanti mahānisaṁsā 대신에 Be, Se: tesam te kārā …로 읽어야 한다.

방일하지 말고 [해야 할 바를] 성취해야 한다."[165]

기반 경(S12:23)

Upanisā-sutta

3. "비구들이여, 알고 보는 자는[166] 번뇌들이 멸진한다[167]고

---

165) "'자신에게 이로운 것(attattha)'이란 아라한과(arahatta)를 말한다. '남에게 이로운 것(parattha)'이란 필수품을 보시하는 자(paccaya-dāyaka)들에게 생기는 큰 결실의 이익(maha-pphal-ānisaṁsa)을 말한다."(*Ibid*)
'방일하지 말고 [해야 할 바를] 성취하라.'는 말씀은 본서 제1권 「반열반경」(S6:15) §2와 『디가 니까야』 「대반열반경」(D22) §6.7에서 세존께서 하신 마지막 유훈이기도 하다.

166) "'알고 보는 자(jānato passato)'에서 아는 자와 보는 자는 단어(byañjana)는 다르지만 뜻은 하나이다(ekatthāni). 지혜의 특징(ñāṇa-lakkhaṇa)을 취해서 사람을 지칭한 것이 아는 자이니 지혜는 아는 특징(jānana-lakkhaṇa)을 가졌기 때문이다. 지혜에서 생긴 것이(ñāṇa-ppabhāva) 보는 것이다. 지혜는 보는 것에서 생기기(passana-ppabhāva) 때문이다. 지혜를 구족한 인간(ñāṇa-samaṅgī-puggala)은 마치 눈을 가진 사람이 눈으로 형색들을 보는 것처럼 지혜를 통해서 드러난 법들(vivaṭā dhammā)을 보기 때문이다."(SA.ii.52)
여기서 '알고 보는 자'로 옮긴 jānato passato는 각각 동사 jānāti(알다)와 passati(보다)의 현재분사 소유격 단수이다. 이 jānati(알다) - passati(보다) 구문은 니까야에 아주 많이 등장하는 어법이며 본서에도 아주 많이 나타나고 있다. 그리고 이 구문의 명사인 ñāṇa-dassana도 많이 등장하는데 이는 중국에서 知見(앎과 봄)으로 정착이 되었고 선종에서도 중시하는 것이다. 바라문교에서는 vedeti라는 동사와 veda라는 명사를 사용하여(예를 들면 『제의서』와 『우빠니샤드』 문헌에서 yo evaṁ vedaḥ라는 어법이 아주 많이 나타난다.) 그들이 터득한 이치나 지혜나 경지를 표현하지만 사문 전통에서는 이 jānāti - passati 구문을 사용하여 그들의 경지를 표현하였다. 이 구문은 자이나교 경들에서도 많이 나타나며 아지와까[邪命外道]들도 이 구문을 사용한 것으로 자이나교의 경에 언급되고 있다. 이런 용어가 불교에 받아들여져서 직접 알고 직접 본 것을 표현하는 술어로 정착이 된 것이다. 여기에 대해서는 『청정도론』 해제 §16의 (3)을 참조할 것.

167) "'번뇌들의 멸진(āsavānaṁ khaya)'이란 아라한과(arahatta)를 말한다."(SA.ii.53)

나는 말하고, 알지 못하고 보지 못하는 자는 번뇌들이 멸진하지 않는다고 나는 말한다.

비구들이여, 그러면 무엇을 알고 무엇을 보는 자에게 번뇌들이 멸진하는가?

'이것이 물질이다. 이것이 물질의 일어남이다. 이것이 물질의 사라짐이다. 이것이 느낌이다. 이것이 느낌의 일어남이다. 이것이 느낌의 사라짐이다. 이것이 인식이다. 이것이 인식의 일어남이다. 이것이 인식의 사라짐이다. 이것이 심리현상들이다. 이것이 심리현상들의 일어남이다. 이것이 심리현상들의 사라짐이다. 이것이 알음알이다. 이것이 알음알이의 일어남이다. 이것이 알음알이의 사라짐이다.'라고 이와 같이 알고 이와 같이 보는 자에게 번뇌들은 멸진[168] 한다."

---

168) 본서 전체에서 '멸진(滅盡)'은 khaya를 옮긴 것이다. khaya는 니까야 전체에서 아주 많이 나타나는 술어인데 주로 다음의 문맥에서 나타나고 있다.
첫째, 여기서처럼 āsavanaṁ khaya(번뇌들의 멸진)의 문맥에서 나타난다. (본경의 본 문단 등) 이것이 합성어로 쓰이면 과거분사 khīṇa가 되어 khīṇ-āsava로 초기불전의 도처에서 아라한이나 부처님의 동의어로 나타난다. 합성어로 나타나는 이 경우에는 '번뇌 다한'으로 통일해서 옮기고 있다.
둘째, sammā dukkha-kkhayāya(바르게 괴로움을 멸진하기 위해서)의 문맥에서 많이 나타난다.(본서 「우현(愚賢) 경」(S12:19) §6 등)
셋째, rāga-kkhaya, dosa-kkhaya, moha-kkhaya(탐욕의 멸진, 성냄의 멸진, 어리석음의 멸진)의 문맥에서 많이 나타나고 있다.(본서 제3권 「통달한 지혜 경」(S22:23) §4 등)
넷째, taṇha-kkhaya(갈애의 멸진)으로도 나타나고 있다.(본서 제5권 「갈애의 멸진 경」(S46:26) §3 등)
그 외에도 접두어 'pari-'가 붙어서 parikkhaya나 과거분사 parikhīna로 나타나기도 하는데 이때는 문맥에 따라 '철저하게 멸진함'(본서 제5권 「추구 경」(S45:161)§6 등)으로도, '철저하게 소진됨'(본서 「합류하는 물 경」 2(S13:4) §3등)으로도, '멸진'(*Ibid*) 등으로도 옮겼다. 그리고 접두어 'saṁ-'이 붙어서 saṅkaya로도 나타나는데 이 경우는 '부숨'(본서 제3권 「할릿디까니 경」 2(S22:4) §3 등)으로 옮겼다.
이러한 용례에서 보듯이 대부분의 경우에 khaya(멸진)는 nirodha(소멸)와 같은 의미로 쓰이고 있다.

4. "비구들이여, [30] [번뇌들의] 멸진에 대한 멸진의 지혜169)는 기반이 있는 것이지170) 기반이 없는 것이 아니라고 나는 말한다. 비구들이여, 그러면 무엇이 멸진의 지혜의 기반인가? 해탈171)이라고 말해야 한다.

비구들이여, 해탈도 기반이 있는 것이지 기반이 없는 것이 아니라고 나는 말한다. 비구들이여, 그러면 무엇이 해탈의 기반인가? 탐욕의 빛바램172)이라고 말해야 한다.

비구들이여, 탐욕의 빛바램도 기반이 있는 것이지 기반이 없는 것이 아니라고 나는 말한다. 비구들이여, 그러면 무엇이 탐욕의 빛바램의 기반인가? 염오173)라고 말해야 한다.

---

169) "'멸진에 대한 멸진의 지혜(khayasmiṁ khaye-ñāṇa)'란 번뇌의 멸진이라 불리는(āsava-kkhaya-saṅkhāta) 아라한과(arahatta-phala)를 증득하였을 때 [생기는] 반조의 지혜(paccavekkhaṇa-ñāṇa)이다. 이것은 아라한과라 불리는 멸진이 첫 번째로(paṭhama-vāraṁ) 생긴 뒤에 그 다음에 일어나기 때문에(pacchā uppannattā) 멸진의 지혜라 불리는 것이다."(SA.ii.53)

170) "'기반이 있다(saupanisaṁ).'란 원인이 있고(sakāraṇaṁ), 조건이 있다(sa-ppaccayaṁ)는 뜻이다."(*Ibid*)
"결실이 여기에 의지하기 때문에 원인(kāraṇa)이 바로 기반이다(upanisīdati phalaṁ etthā ti kāraṇaṁ upanisā)."(SAṬ.ii.55)

171) "여기서 '해탈(vimutti)이란 아라한과의 해탈(arahatta-phala-vimutti)을 말한다. 이것은 그 [소멸의 지혜]의 강하게 의지하는 조건[親依止緣, upanissaya-paccaya]으로 조건이 된다. 아래에 나타나는 것들도 모두 이 [강하게 의지하는] 조건이 된다고 알아야 한다."(SA.ii.53)
'해탈(vimuti, vimokkha)'에 대한 종합적인 설명은 본서 제6권 「병 경」(S55:54) §13의 마지막 주해를 참조할 것.

172) "'탐욕의 빛바램[離慾, virāga]'이란 도(magga)를 말한다. 이것은 오염원(kilesa)들에 대한 탐욕이 빛바래고(virājenta) 던져버릴(khepenta) 때 생기기 때문에 탐욕의 빛바램이라 불린다."(*Ibid*)

173) "'염오(nibbidā)'란 염오의 지혜(nibbidā-ñāṇa)를 말하는데 이것으로 강한

비구들이여, 염오도 기반이 있는 것이지 기반이 없는 것이 아니라고 나는 말한다. 비구들이여, 그러면 무엇이 염오의 기반인가? 있는 그대로 알고 봄[如實知見]174)이라고 말해야 한다.

비구들이여, 있는 그대로 알고 봄도 기반이 있는 것이지 기반이 없는 것이 아니라고 나는 말한다. 비구들이여, 그러면 무엇이 있는 그대로 알고 봄의 기반인가? 삼매175)라고 말해야 한다.

위빳사나(balava-vipassanā)를 드러내고 있다. 여기서 강한 위빳사나란 [10가지 위빳사나의 지혜 가운데] ④ 공포의 지혜(bhayat-ūpaṭṭhāne ñāṇa) ⑤ 위험을 관찰하는 지혜(ādīnava-anupassane ñāṇa) ⑦ 해탈하기를 원하는 지혜(muñcitukamyatā-ñāṇa) ⑨ 상카라[行]에 대한 평온의 지혜(saṅkhār-upekkhā-ñāṇa)의 네 가지 지혜와 동의어이다."(*Ibid*)
열 가지 위빳사나의 지혜에 대해서는 『아비담마 길라잡이』 제9장 §25와 §§32~33과 『청정도론』 XXI와 XXII를 참조할 것.

174) "'있는 그대로 알고 봄[如實知見, yathā-bhūta-ñāṇa-dassana]'이란 고유성질(sabhāva)대로 아는 것이라 불리는 봄(dassana)을 말한다. 이것으로 얕은 위빳사나(taruṇa-vipassanā)를 드러내고 있다. 얕은 위빳사나는 강한 위빳사나의 조건(paccaya)이 되기 때문이다. 여기서 얕은 위빳사나란 형성된 것들을 한정하는 지혜(saṅkhāra-paricchede ñāṇa), 의심을 제거함에 의한 지혜(kaṅkhā-vitaraṇe ñāṇa), 명상의 지혜(sammasane ñāṇa), 도와 도아님에 대한 지혜(maggāmagge ñāṇa)의 네 가지 지혜와 동의어이다."(SA.ii.53)
한편 복주서는 형성된 것들을 한정하는 지혜는 정신과 물질을 파악하는 지혜(nāmarūpa-pariggaha-ñāṇa)라고 설명하고 있다. 그리고 『앙굿따라 니까야』 「계행이 나쁨 경」(A5:24)에 대한 주석서(AA.iii.228)에는 정신과 물질을 한정하는 지혜(nāmarūpa-pariccheda-ñāṇa)로 나타나고 있다. 이것은 『청정도론』 XVIII.37에 의하면 『청정도론』 XVIII에서 설해지는 견청정의 내용이다. 특히 XVIII.2에서는 위빳사나의 출발이라 할 수 있는 견청정을 정신·물질을 있는 그대로 보는 것이라고 정의하고 있다.
그리고 형성된 것들을 한정하는 지혜와 의심을 제거함에 의한 지혜와 도와 도아님에 대한 지혜는 각각 7청정 가운데 (3) 견 청정 (4) 의심을 제거함에 의한 청정 (5) 도와 도 아님에 대한 지(知)와 견(見)에 의한 청정에 배대되고, 명상의 지혜는 『청정도론』 XX.1 이하에서 나타나는데, 열 가지 위빳사나의 지혜 가운데 첫 번째 지혜이며, 도와 도아님에 대한 지혜를 얻기 위한 조건이 되는 지혜이다. 칠청정에 대해서는 『아비담마 길라잡이』 제9장 §22와 §§28~34를, 10가지 위빳사나의 지혜의 출처는 위의 주해를 참조할 것.

비구들이여, 삼매도 기반이 있는 것이지 기반이 없는 것이 아니라고 나는 말한다. 비구들이여, 그러면 무엇이 삼매의 기반인가? 행복[176]이라고 말해야 한다.

비구들이여, 행복도 기반이 있는 것이지 기반이 없는 것이 아니라고 나는 말한다. 비구들이여, 그러면 무엇이 행복의 기반인가? 고요함[輕安][177]이라고 말해야 한다.

비구들이여, 고요함도 기반이 있는 것이지 기반이 없는 것이 아니라고 나는 말한다. 비구들이여, 그러면 무엇이 고요함의 기반인가? 희열[178]이라고 말해야 한다.

비구들이여, 희열도 기반이 있는 것이지 기반이 없는 것이 아니라고 나는 말한다. 비구들이여, 그러면 무엇이 희열의 기반인가? 환

---

175) "여기서 '삼매(samādhi)'란 [위빳사나의] 기초가 되는 禪의 삼매(pādaka-jjhāna-samādhi)이다. 이것은 얕은 위빳사나의 조건이 되기 때문이다."(SA.ii.54)
이것은 칠청정 가운데 두 번째인 마음 청정(citta-visuddhi)에 해당된다.

176) "여기서 '행복(sukha)'이란 본삼매(appanā) 이전(pubba-bhāga)에 나타나는 행복을 말한다. 이것은 [위빳사나의] 기초가 되는 禪의 조건이 되기 때문이다."(SA.ii.54)
"본삼매 이전에 나타나는 행복이란 근접삼매와 함께하는 행복(upacāra-jjhāna-sahita-sukha)이다."(SAṬ.ii.56)

177) "여기서 '고요함[輕安, 경안, passaddhi]'이란 둔감함을 가라앉힘(daratha-paṭippassaddhi)이다. 이것은 본삼매 이전에 나타나는 행복의 조건이 되기 때문이다."(SA.ii.54)
"여기서 둔감함(daratha)이란 감각적 욕망 등의 [다섯 가지 장애인] 오염원이라는 둔감함(kāmacchandādi-kilesa-daratha)을 말한다."(SAṬ.ii.56)
고요함[輕安]은 일곱 가지 깨달음의 구성요소[七覺支, satta bojjhaṅga]의 다섯 번째 구성요소인 고요함의 깨달음의 구성요소[輕安覺支, passaddhi-saṁbojjhaṅga]로도 나타나고 있다. 여기에 대한 설명은 본서 제5권 「몸 경」(S46:2) §15와 주해들과 본서 제4권 「한적한 곳에 감 경」(S36:11) §7을 참조할 것.

178) "'희열(pīti)'이란 강한 희열(balava-pīti)을 말한다."(SA.ii.54)

희[179]라고 말해야 한다.

비구들이여, 환희도 기반이 있는 것이지 기반이 없는 것이 아니라고 나는 말한다. 비구들이여, 그러면 무엇이 환희의 기반인가? 믿음[180]이라고 말해야 한다.

비구들이여, [31] 믿음도 기반이 있는 것이지 기반이 없는 것이 아니라고 나는 말한다. 비구들이여, 그러면 무엇이 믿음의 기반인가? 괴로움[181]이라고 말해야 한다.

비구들이여, 괴로움도 기반이 있는 것이지 기반이 없는 것이 아니라고 나는 말한다. 비구들이여, 그러면 무엇이 괴로움의 기반인가? 태어남[182]이라고 말해야 한다.

비구들이여, 태어남도 기반이 있는 것이지 기반이 없는 것이 아니라고 나는 말한다. 비구들이여, 그러면 무엇이 태어남의 기반인가? 존재[183]라고 말해야 한다.

비구들이여, 존재도 기반이 있는 것이지 기반이 없는 것이 아니라고 나는 말한다. 비구들이여, 그러면 무엇이 존재의 기반인가? 취착이라고 말해야 한다.

---

179) "'환희(pāmojja)'란 약한 희열(dubbala-pīti)을 말한다."(SA.ii.54)

180) "'믿음(saddhā)'이란 계속적으로(aparāparaṁ) 생겨나는 믿음을 말한다." (SA.ii.54)
"믿음은 삼보의 덕(ratanattaya-guṇa)과 업의 과보(kamma-phala)를 믿어서(saddahana-vasena) 생기는 확신(adhimokkha)이다. 이것은 자기 자신에게서 한번만이 아니라 계속해서(punappunaṁ) 일어나기 때문에 '계속적으로 생겨나는 믿음'이라고 설명하고 있다."(SAṬ.ii.56)

181) "'괴로움(dukkha)'이란 윤회의 괴로움(vaṭṭa-dukkha)이다."(SA.ii.54)

182) "'태어남(jāti)'이란 변화를 수반하는(sa-vikārā) 오온의 생겨남(khandha-jā)이다."(*Ibid*)

183) "'존재(bhava)'란 업으로서의 존재[業有, kamma-bhava]이다."(*Ibid*)

비구들이여, 취착도 기반이 있는 것이지 기반이 없는 것이 아니라고 나는 말한다. 비구들이여, 그러면 무엇이 취착의 기반인가? 갈애라고 말해야 한다.

비구들이여, 갈애도 기반이 있는 것이지 기반이 없는 것이 아니라고 나는 말한다. 비구들이여, 그러면 무엇이 갈애의 기반인가? 느낌이라고 말해야 한다. … 감각접촉이라고 말해야 한다. … 여섯 감각장소라고 말해야 한다. … 정신·물질이라고 말해야 한다. … 알음알이라고 말해야 한다. … 의도적 행위들이라고 말해야 한다. 비구들이여, 의도적 행위들도 기반이 있는 것이지 기반이 없는 것이 아니라고 나는 말한다. 비구들이여, 그러면 무엇이 의도적 행위들의 기반인가? 무명이라고 말해야 한다."

5. "비구들이여, 이와 같이 무명을 기반으로 의도적 행위들이, 의도적 행위들을 기반으로 알음알이가, 알음알이를 기반으로 정신·물질이, 정신·물질을 기반으로 여섯 감각장소가, 여섯 감각장소를 기반으로 감각접촉이, 감각접촉을 기반으로 느낌이, 느낌을 기반으로 갈애가, 갈애를 기반으로 취착이, 취착을 기반으로 존재가, 존재를 기반으로 태어남이, 태어남을 기반으로 괴로움이, 괴로움을 기반으로 믿음이, 믿음을 기반으로 환희가, 환희를 기반으로 희열이, 희열을 기반으로 고요함이, 고요함을 기반으로 행복이, 행복을 기반으로 삼매가, 삼매를 기반으로 있는 그대로 알고 봄이, 있는 그대로 알고 봄을 기반으로 염오가, [32] 염오를 기반으로 탐욕의 빛바램이, 탐욕의 빛바램을 기반으로 해탈이, 해탈을 기반으로 멸진의 지혜가 있다."

6. "비구들이여, 예를 들면 이러하다. 산꼭대기에 억수같이 비가 내리면 경사진 곳을 따라 빗물이 흘러내려서 산의 협곡과 계곡과

지류를 가득 채운다. 협곡과 계곡과 지류를 가득 채우고는 다시 작은 못을 가득 채운다. 작은 못을 가득 채우고는 다시 큰 못을 가득 채운다. 큰 못을 가득 채우고는 다시 작은 강을 가득 채운다. 작은 강을 가득 채우고는 다시 큰 강을 가득 채운다. 큰 강을 가득 채우고는 다시 바다와 대해를 가득 채운다.[184]

비구들이여, 그와 같이 무명을 기반으로 의도적 행위들이, 의도적 행위들을 기반으로 알음알이가, … 탐욕의 빛바램을 기반으로 해탈이, 해탈을 기반으로 멸진의 지혜가 있다."

외도 경(S12:24)

Aññatitthiya-sutta

1. 라자가하의 대나무 숲에서 …

2. 그때 사리뿟따 존자는 오전에 옷매무새를 가다듬고 발우와 가사를 수하고 걸식을 위해서 라자가하로 들어갔다. 그때 사리뿟따 존자에게 이런 생각이 들었다. '지금 걸식을 위해서 사왓티로 들어가는 것은 너무 이르다. 나는 이제 외도 유행승들의 원림으로 가는 것이 좋겠다.'

그러자 사리뿟따 존자는 [33] 외도 유행승들의 원림으로 갔다. 가서는 외도 유행승들과 함께 환담을 나누었다. 유쾌하고 기억할 만한 이야기로 서로 담소를 하고서 한 곁에 앉았다. 한 곁에 앉은 사리뿟따 존자에게 외도 유행승들은 이렇게 말했다.

---

184) 이 비유는 본서 제6권 「비 경」(S55:38) §3과 『앙굿따라 니까야』 「으뜸가는 회중 경」(A3:93/i.243) §5와 「무명 경」(A10:61/v.114) §3에도 나타나고 있다.

3. "도반 사리뿟따여, 어떤 사문·바라문들은 업을 설하는데 괴로움은 자기 스스로가 짓는 것이라고 천명합니다. 도반 사리뿟따여, 어떤 사문·바라문들은 업을 설하는데 괴로움은 남이 짓는 것이라고 천명합니다. 도반 사리뿟따여, 어떤 사문·바라문들은 업을 설하는데 괴로움은 자기 스스로도 짓고 남도 짓는 것이라고 천명합니다. 도반 사리뿟따여, 어떤 사문·바라문들은 업을 설하는데 괴로움은 자기 스스로 짓지도 않고 남이 짓지도 않는 우연히 발생하는 것이라고 천명합니다.185)

도반 사리뿟따여, 그러면 사문 고따마께서는 여기에 대해서 어떻게 설하며 어떻게 가르칩니까? 우리가 어떻게 설명하면 사문 고따마께서 설하신 것과 일치하게 되며, 사문 고따마를 거짓으로 헐뜯지 않고 사문 고따마께서 설하신 것을 반복하여 설한 것이 됩니까?186) [사문 고따마께서 설했다고 전해진 이것을 반복하더라도] 어떤 동료 수행자도 나쁜 견해에 빠져 비난의 조건을 만나지 않겠습니까?"187)

---

185) 이 네 가지 견해에 대해서는 본서 「나체수행자 깟사빠 경」(S12:17)의 주해들을 참조할 것.

186) 여기서 '설한 것'으로 옮긴 원어는 dhamma이고 '반복하여'는 anudhammaṁ을 옮긴 것이다. dhamma는 일반적으로는 법이란 뜻이지만 여기서는 설한 것이란 뜻이고 anudhamma란 일반적으로 법을 따름의 뜻이지만 여기서는 세존이 설하신 것을 반복한다는 뜻이라고 주석서는 설명하고 있어서(SA.ii.56, AA.ii.257) 초기불전연구원에서는 이렇게 통일하여 옮긴다.

187) '우리가 어떻게 설명하면'부터 본 문단의 마지막까지는 하나의 정형구인데 본서에서만 해도 S12:25, S12:26, 제3권 S22:2, S22:86, 제4권 S35:81, S42:13, S44:2, 제5권 S45:5 등의 여러 곳에서 문맥에 따라 조금씩 다르게 나타난다. 이 가운데 특히 '나쁜 견해에 빠져'로 옮긴 vāda-anupāto는 같은 책 안에서 vāda-anuvādo로 나타나는 곳도 많은데 어떤 것이 더 원형에 가까운지는 판단하기가 쉽지 않다. 그리고 sahadhammiko는 '같은 가르침을 따르는 자'라는 명사로도 옮길 수 있고(특히 『맛지마 니까야』 「짧은 사자후 경」(M11/i.64) §3 이하) '합법적으로, 합리적으로, 정당하게'라는 형용

4. "도반들이여, 괴로움은 연기된 것[緣而生]이라고 세존께서는 말씀하셨습니다. 그러면 무엇을 반연하여 [괴로움이] 있습니까? 감각접촉을 반연합니다. 이렇게 설하면 세존께서 설하신 것과 일치하게 되며, 세존을 거짓으로 헐뜯지 않고 세존께서 설하신 것을 반복하여 설한 것이며, 어떤 동료수행자도 나쁜 견해에 빠져 비난의 조건을 만나지 않게 됩니다.

도반들이여, 여기서 어떤 사문・바라문들이 업을 설하여 괴로움은 자기 스스로가 짓는 것이라고 천명하는 것도 감각접촉을 조건으로 합니다.[188] 어떤 사문・바라문들이 업을 설하여 괴로움은 남이 짓는 것이라고 천명하는 것도 감각접촉을 조건으로 합니다. 어떤 사문・바라문들이 업을 설하여 괴로움은 자기 스스로도 짓고 남도 짓는 것이라고 천명하는 것도 감각접촉을 조건으로 합니다. [34] 어떤 사문・바라문들이 업을 설하여 괴로움은 자기 스스로도 짓지 않고 남이 짓지도 않는 우연히 발생하는 것이라고 천명하는 것도 감각접촉을 조건으로 합니다.

도반들이여, 여기서 어떤 사문・바라문들이 업을 설하여 괴로움은

사로도 옮길 수 있다(특히 본서 제4권 「니간타 나따뿟따 경」(S41:8). 본서 전체에서는 동료수행자로 통일해서 옮겼다.

188) 괴로움도 '감각접촉(phassa)'을 반연하여 일어나고 '괴로움을 천명하는 것(dukkham paññāpeti)'도 감각접촉을 반연하여 일어난다는 말씀이다. 이처럼 괴로움은 느낌[受]이요 느낌은 결국 감각접촉[觸]에 조건 지워진 것이다. 한편 『디가 니까야』 「범망경」(D1) §§3.45~3.71에서는 62가지 견해가 모두 감각접촉을 반연하여 일어난다고 말씀하고 계신다. 그러므로 느낌뿐만 아니라 견해까지도 결국은 지금・여기에서 여섯 가지 안의 감각장소[六內處]와 여섯 가지 밖의 감각장소[六外處]와 이들의 감각접촉[觸]에 기인한 것이라는 결론에 도달한다. 이렇게 하여 「범망경」에서는 이러한 감각접촉들을 일어남 등의 다섯 가지 방법으로 있는 그대로 파악하는 것이 62견을 극복하는 방법이라고 제시하신다.

자기 스스로가 짓는 것이라고 천명하는데 감각접촉이 없이 [그 괴로움을] 경험할 것이라는 것은 있을 수 없습니다. 어떤 사문·바라문들이 업을 설하여 괴로움은 남이 짓는 것이라고 천명하는데 감각접촉이 없이 [그 괴로움을] 경험할 것이라는 것은 있을 수 없습니다. 어떤 사문·바라문들이 업을 설하여 괴로움은 자기 스스로도 짓고 남도 짓는 것이라고 천명하는데 감각접촉이 없이 [그 괴로움을] 경험할 것이라는 것은 있을 수 없습니다. 어떤 사문·바라문들이 업을 설하여 괴로움은 자기 스스로도 짓지 않고 남이 짓지도 않는 우연히 발생하는 것이라고 천명하는데 감각접촉이 없이 [그 괴로움을] 경험할 것이라는 것은 있을 수 없습니다."

5. 아난다 존자는 사리뿟따 존자가 외도 유행승들과 나눈 대화에 대해서 들었다. 그때 아난다 존자는 라자가하에서 걸식하여 공양을 마치고 걸식에서 돌아와서 세존께 다가갔다. 가서는 세존께 절을 올리고 한 곁에 앉았다. 한 곁에 앉은 아난다 존자는 사리뿟따 존자가 외도 유행승들과 나눈 대화를 모두 세존께 아뢰었다.

6. "장하고도 장하구나, 아난다여. 사리뿟따는 바르게 설명하였다. 아난다여, 괴로움은 연기된 것[緣而生]이라고 나는 말했다. 그러면 무엇을 반연하여 [괴로움이] 있는가? 감각접촉을 반연한다. 이렇게 설하면 내가 설한 것과 일치하게 되며, 나를 거짓으로 헐뜯지 않고 내가 설한 것을 반복하여 설한 것이며, 어떤 동료수행자도 나쁜 견해에 빠져 비난의 조건을 만나지 않게 된다.

아난다여, 여기서 어떤 사문·바라문들이 업을 설하여 괴로움은 자기 스스로가 짓는 것이라고 천명하는 것도 감각접촉을 조건으로 한다. [35] … 어떤 사문·바라문들이 업을 설하여 괴로움은 자기 스스로도 짓지 않고 남이 짓지도 않는 우연히 발생하는 것이라고 천명하는 것도 감각접촉을 조건으로 한다.

아난다여, 여기서 어떤 사문·바라문들이 업을 설하여 괴로움은 자기 스스로가 짓는 것이라고 천명하는데 감각접촉이 없이 [그 괴로움을] 경험할 것이라는 것은 있을 수 없다. … 어떤 사문·바라문들이 업을 설하여 괴로움은 자기 스스로도 짓지 않고 남이 짓지도 않는 우연히 발생하는 것이라고 천명하는데 감각접촉이 없이 [그 괴로움을] 경험할 것이라는 것은 있을 수 없다."

7. "아난다여, 한번은 내가 여기 라자가하에서 대나무 숲의 다람쥐 보호구역에 머물렀다. 아난다여, 그때 나는 오전에 옷매무새를 가다듬고 발우와 가사를 수하고 걸식을 위해서 라자가하로 들어갔다.

아난다여, 그런 나에게 이런 생각이 들었다. '지금 걸식을 위해서 라자가하로 들어가는 것은 너무 이르다. 나는 이제 외도 유행승들의 원림으로 가는 것이 좋겠다.'라고. 아난다여, 그러자 나는 외도 유행승들의 원림으로 갔다. 가서는 외도 유행승들과 함께 환담을 나누었다. 유쾌하고 기억할 만한 이야기로 서로 담소를 하고서 한 곁에 앉았다. 한 곁에 앉은 나에게 외도 유행승들은 이렇게 말했다."

8. "'도반 고따마여, 어떤 사문·바라문들은 업을 설하는데 괴로움은 자기 스스로가 짓는 것이라고 천명합니다. 도반 고따마여, 어떤 사문·바라문들은 업을 설하는데 괴로움은 남이 짓는 것이라고 천명합니다. 도반 고따마여, 어떤 사문·바라문들은 업을 설하는데 괴로움은 자기 스스로도 짓고 남도 짓는 것이라고 천명합니다. 도반 고따마여, 어떤 사문·바라문들은 업을 설하는데 괴로움은 자기 스스로도 짓지 않고 남이 짓지도 않는 우연히 발생하는 것이라고 천명

합니다.

도반 고따마여, 그러면 고따마 존자께서는 여기에 대해서 어떻게 설하며 어떻게 가르칩니까? 우리가 어떻게 설명하면 고따마 존자께서 설하신 것과 일치하며, 고따마 존자를 거짓으로 헐뜯지 않고 [36] 고따마 존자께서 설하신 것을 반복하여 설한 것입니까? [고따마 존자께서 설했다고 전해진 이것을 반복하더라도] 어떤 동료수행자도 나쁜 견해에 빠져 비난의 조건을 만나지 않겠습니까?'"

9. "아난다여, 이렇게 말하였을 때 나는 외도 유행승들에게 이렇게 말했다.

'도반들이여, 괴로움은 연기된 것[緣而生]이라고 나는 말한다. 그러면 무엇을 반연하여 [괴로움이] 있는가? 감각접촉을 반연한다. 이렇게 설하면 내가 설한 것과 일치하게 되며, 나를 거짓으로 헐뜯지 않고 내가 설한 것을 반복하여 설한 것이며, 어떤 동료수행자도 나쁜 견해에 빠져 비난의 조건을 만나지 않게 된다.

도반들이여, 여기서 어떤 사문·바라문들이 업을 설하여 괴로움은 자기 스스로가 짓는 것이라고 천명하는 것도 감각접촉을 조건으로 한다. … 어떤 사문·바라문들이 업을 설하여 괴로움은 자기 스스로도 짓지 않고 남이 짓지도 않는 우연히 발생하는 것이라고 천명하는 것도 감각접촉을 조건으로 한다.

도반들이여, 여기서 어떤 사문·바라문들이 업을 설하여 괴로움은 자기 스스로가 짓는 것이라고 천명하는데 감각접촉이 없이 [그 괴로움을] 경험할 것이라는 것은 있을 수 없다. … 어떤 사문·바라문들이 업을 설하여 괴로움은 자기 스스로도 짓지 않고 남이 짓지도 않는 우연히 발생하는 것이라고 천명하는데 감각접촉이 없이 [그 괴로움을] 경험할 것이라는 것은 있을 수 없다.'라고."

10. “경이롭습니다, 세존이시여. 놀랍습니다, 세존이시여. 이렇게 하나의 문장으로 모든 뜻을 설하여 말씀하시다니요. 세존이시여, 그런데 이렇게 말씀하신 뜻을 상세하게 설하시어, [그 뜻을] 심오하게 하고 또한 심오하게 드러내실 수 있습니까?”[189]

“아난다여, 그렇다면 그대가 그것을 드러내 보아라.”

11. “세존이시여, 만일 저에게 묻기를 ‘도반 아난다여, 늙음·죽음은 무엇이 그 근원이며, 무엇으로부터 일어나고, 무엇으로부터 생기며, 무엇으로부터 발생합니까?’라고 한다면, 이렇게 질문을 받은 저는 ‘도반들이여, 늙음·죽음은 태어남이 그 근원이며, 태어남으로부터 일어나고, 태어남으로부터 생기며, 태어남으로부터 발생합니다.’라고 설명할 것입니다.”

12. “세존이시여, [37] 만일 저에게 묻기를 ‘도반 아난다여, 태어남은 무엇이 그 근원이며, 무엇으로부터 일어나고, 무엇으로부터 생기며, 무엇으로부터 발생합니까?’라고 한다면, 이렇게 질문을 받은 저는 ‘도반들이여, 태어남은 존재가 그 근원이며, 존재로부터 일어나고, 존재로부터 생기며, 존재로부터 발생합니다.’라고 설명할 것입니다.”

13. “세존이시여, 만일 저에게 묻기를 ‘도반 아난다여, 존재는 … 취착은 … 갈애는 … 느낌은 … 감각접촉은 무엇이 그 근원이며, 무엇으로부터 일어나고, 무엇으로부터 생기며, 무엇으로부터 발생합니

---

189) ‘심오함’과 ‘심오하게 드러남’으로 옮긴 단어는 각각 gambhīra와 gambhīr-avabhāsa이다. 이 두 단어는 본서 「인연경」(S12:60) §3과 『디가 니까야』 「대인연경」(D15) §1에서 연기(緣起, paṭiccasamuppāda)의 가르침을 지칭하여 아난다 존자가, “이 연기(緣起)는 참으로 심오합니다. 그리고 참으로 심오하게 드러납니다(gambhīro cāyaṁ paṭiccasamuppādo gam-bhīrāvabhāso ca).”로 말하는 것으로도 나타나고 있다.

까?'라고 한다면 이렇게 질문을 받은 저는 이렇게 설명할 것입니다.

'도반들이여, 감각접촉은 여섯 감각장소가 그 근원이며, 여섯 감각장소로부터 일어나고, 여섯 감각장소로부터 생기며, 여섯 감각장소로부터 발생합니다. 그러나 여섯 감각접촉의 장소가 남김없이 빛바래어 소멸하기 때문에 감각접촉이 소멸하고, 감각접촉이 소멸하기 때문에 느낌이 소멸하고, 느낌이 소멸하기 때문에 갈애가 소멸하고, 갈애가 소멸하기 때문에 취착이 소멸하고, 취착이 소멸하기 때문에 존재가 소멸하고, 존재가 소멸하기 때문에 태어남이 소멸하고, 태어남이 소멸하기 때문에 늙음·죽음과 근심·탄식·육체적 고통·정신적 고통·절망이 소멸합니다. 이와 같이 전체 괴로움의 무더기[苦蘊]가 소멸합니다.'라고 [저는 이렇게 설명할 것입니다.]"[190]

---

190) 여기서 보듯이 본경은 처-촉-수-애-취-유-생-노사의 8지 연기가 설해지고 있다. 그런데 역관은 처에서부터 출발하는 것이 아니라 "여섯 감각접촉의 장소[六觸處]가 남김없이 빛바래어 소멸하기 때문에 감각접촉이 소멸하고 …"로 '여섯 감각접촉의 장소(육촉처, cha phassāyatanā)'로부터 시작하고 있다. 이미 본서 「몰리야팍구나 경」(S12:12) §9의 주해에서도 밝혔지만 역자가 컴퓨터로 검색한 바에 의하면, 육촉처가 연기의 정형구에서 나타나는 경은 본경과 본서 「몰리야팍구나 경」(S12:12)과 「범망경」(D1) §3.71의 세 곳뿐이다. 그리고 12지 연기가 아닌 연기, 즉 10지 연기를 설하는 「몰리야팍구나 경」(S12:12)과 8지 연기를 설하는 본경에서 역관의 출발점은 육입(여섯 감각장소)이 아니라 육촉처(여섯 감각접촉의 장소)이다. 여기에 대한 더 자세한 논의는 「몰리야팍구나 경」(S12:12) §9의 주해를 참조할 것.
한편 "'감각접촉의 장소'란 생기는 곳이고 만나는 장소라는 뜻(sañjāti-samosaraṇ-aṭṭha)에서 여섯 가지 문으로 된(chadvārika) 감각접촉의 장소를 말한다."(SA.i.178 – 본서 제1권 「여섯 감각접촉의 장소 경」(S4:17)에 해당하는 주석서)로 설명하고 있다. 그리고 본서 제4권 「여섯 감각접촉의 장소 경」 1(S35:71)에 해당하는 주석서에는 "'감각접촉의 장소'란 감각접촉의 광산(phass-ākara)이란 말이다."(SA.ii.369)라고 나타나고, 복주서는 "감각접촉의 광산이란 여섯 가지 감각접촉이 일어나는 장소들(uppatti-ṭṭhānā)이니 눈 등을 말한다."(SAṬ.ii.12)라고 설명하고 있다.
그러므로 감각접촉의 장소가 소멸한다는 것은 철이나 구리 등을 캐내는 광산으로서의 기능을 하지 못한다는 것이지 광산의 토대가 되는 그 장소가 소

부미자 경(S12:25)

Bhūmija-sutta

2. 그때 부미자 존자191)가 해거름에 홀로 앉음을 풀고 일어나 사리뿟따 존자에게 다가갔다. [38] 가서는 사리뿟따 존자와 함께 환담을 나누었다. 유쾌하고 기억할 만한 이야기로 서로 담소를 하고서 한 곁에 앉았다. 한 곁에 앉은 부미자 존자는 사리뿟따 존자에게 이렇게 말했다.

3. "도반 사리뿟따여, 어떤 사문·바라문들은 업을 설하는데 즐거움과 괴로움은 자기 스스로가 짓는 것이라고 천명합니다. 도반 사리뿟따여, 어떤 사문·바라문들은 업을 설하는데 즐거움과 괴로움은 남이 짓는 것이라고 천명합니다. 도반 사리뿟따여, 어떤 사문·바라문들은 업을 설하는데 즐거움과 괴로움은 자기 스스로도 짓고 남도 짓는 것이라고 천명합니다. 도반 사리뿟따여, 어떤 사문·바라문들은 업을 설하는데 즐거움과 괴로움은 자기 스스로도 짓지 않고 남이 짓지도 않는 우연히 발생하는 것이라고 천명합니다.

도반 사리뿟따여, 그러면 세존께서는 여기에 대해서 어떻게 설하며 어떻게 가르칩니까? 우리가 어떻게 설명하면 세존께서 설하신 것

멸하고 없어진다는 뜻은 아니다. 그래서 감각장소는 감각접촉의 근원이나 발생하는 곳은 되지만 소멸하지는 못한다. 대신에 감각접촉의 역할 즉 광산의 역할을 하는 감각접촉의 장소는 그 기능이 멈출 수 있다. 그래서 역관에서는 감각접촉의 장소가 남김없이 빛바래어 소멸하기 때문에 감각접촉이 소멸하고 …로 나타나는 것이다.

191) 『맛지마 니까야』 「부미자 경」(M126)에 해당하는 주석서에 의하면 부미자 존자(āyasmā Bhūmija)는 자야세나 왕자(Jayasena-rājakumāra)의 외삼촌(mātula)이었다.(MA.iv.199) 『맛지마 니까야』 「길들임의 경지 경」(M125)에 해당하는 주석서에 의하면 자야세나 왕자는 라자가하의 빔비사라 왕의 친자식(Bimbisārassa putto orasako)이었다고 한다.(MA.iv.197)

과 일치하게 되며, 세존을 거짓으로 헐뜯지 않고 세존께서 설하신 것을 반복하여 설한 것입니까? [세존께서 설했다고 전해진 이것을 반복하더라도] 어떤 동료수행자도 나쁜 견해에 빠져 비난의 조건을 만나지 않겠습니까?"

4. "도반이여, 즐거움과 괴로움은 연기된 것[緣而生]이라고 세존께서는 말씀하셨습니다. 그러면 무엇을 반연하여 [즐거움과 괴로움이] 있습니까? 감각접촉을 반연합니다. 이렇게 설하면 세존께서 설하신 것과 일치하게 되며, 세존을 거짓으로 헐뜯지 않고 세존께서 설하신 것을 반복하여 설한 것이며, 어떤 동료수행자도 나쁜 견해에 빠져 비난의 조건을 만나지 않게 됩니다.

도반이여, 여기서 어떤 사문·바라문들이 업을 설하여 즐거움과 괴로움은 자기 스스로가 짓는 것이라고 천명하는 것도 감각접촉을 조건으로 합니다. … 어떤 사문·바라문들이 업을 설하여 즐거움과 괴로움은 자기 스스로도 짓지 않고 남이 짓지도 않는 우연히 발생하는 것이라고 천명하는 것도 감각접촉을 조건으로 합니다.

도반이여, 여기서 어떤 사문·바라문들이 업을 설하여 즐거움과 괴로움은 자기 스스로가 짓는 것이라고 천명하는데 감각접촉이 없이 [그 즐거움과 괴로움을] 경험할 것이라는 것은 있을 수 없습니다. … [39] 어떤 사문·바라문들이 업을 설하여 즐거움과 괴로움은 자기 스스로도 짓지 않고 남이 짓지도 않는 우연히 발생하는 것이라고 천명하는데 감각접촉이 없이 [그 즐거움과 괴로움을] 경험할 것이라는 것은 있을 수 없습니다."

5. 아난다 존자는 사리뿟따 존자가 부미자 존자와 나눈 대화에 대해서 들었다. 그때 아난다 존자는 세존께 다가갔다. 가서는 세존께

절을 올리고 한 곁에 앉았다. 한 곁에 앉은 아난다 존자는 사리뿟따 존자가 부미자 존자와 나눈 대화를 모두 세존께 아뢰었다.

6. "장하고도 장하구나, 아난다여. 사리뿟따는 바르게 설명하였다. 아난다여, 즐거움과 괴로움은 연기된 것[緣而生]이라고 나는 말했다. 그러면 무엇을 반연하여 [즐거움과 괴로움이] 있는가? 감각접촉을 반연한다. 이렇게 설하면 내가 설한 것과 일치하게 되며, 나를 거짓으로 헐뜯지 않고 내가 설한 것을 반복하여 설한 것이며, 어떤 동료수행자도 나쁜 견해에 빠져 비난의 조건을 만나지 않게 된다.

아난다여, 여기서 어떤 사문·바라문들이 업을 설하여 즐거움과 괴로움은 자기 스스로가 짓는 것이라고 천명하는 것도 감각접촉을 조건으로 한다. … 어떤 사문·바라문들이 업을 설하여 즐거움과 괴로움은 자기 스스로도 짓지 않고 남이 짓지도 않는 우연히 발생하는 것이라고 천명하는 것도 감각접촉을 조건으로 한다.

아난다여, 여기서 어떤 사문·바라문들이 업을 설하여 즐거움과 괴로움은 자기 스스로가 짓는 것이라고 천명하는데 감각접촉이 없이 [그 즐거움과 괴로움을] 경험할 것이라는 것은 있을 수 없다. … 어떤 사문·바라문들이 업을 설하여 즐거움과 괴로움은 자기 스스로도 짓지 않고 남이 짓지도 않는 우연히 발생하는 것이라고 천명하는데 감각접촉이 없이 [그 즐거움과 괴로움을] 경험할 것이라는 것은 있을 수 없다."

7. "아난다여,[192] 몸이 있을 때[193] 몸을 반연하여 일어난 의도

192) 본 문단부터 본경의 마지막까지는 『앙굿따라 니까야』 제2권 「의도 경」(A4:171) 전체와 같은 내용으로 구성되어 있다.

193) "'몸(kāya)'이란 몸의 문(kāya-dvāra)을 말한다. 그러므로 몸이 있을 때(kāye sati)란 몸의 암시(kāya-viññatti)가 있을 때란 뜻이다."(AA.iii.

를 조건하여 [40] 내적인 즐거움과 괴로움이 일어난다. 아난다여, 말이 있을 때[194] 말을 반연하여 일어난 의도를 조건하여 내적인 즐거움과 괴로움이 일어난다. 아난다여, 마노[意][195]가 있을 때 마노를 반연하여 일어난 의도를 조건하여 내적인 즐거움과 괴로움이 일어난다. 이 의도는 무명을 조건으로 한[196] 것이다."[197]

---

144)
『청정도론』은 몸의 암시를 다음과 같이 설명한다.
"마음에 의해 생긴 바람의 요소[風界]가 앞으로 나아가는 등의 행동을 생기게 한다. 이 바람의 요소의 형태 변화(ākāra-vikāra)를 '몸의 암시[身表, kāya-viññatti]'라 한다. 이것은 동시에 태어난 물질의 몸을 뻣뻣하게 하고 지탱하고 움직이게 하는 조건이다. 이것의 역할은 의도하는 것을 넌지시 알리는 것이다. 몸을 움직이는 원인으로 나타난다. 이것의 가까운 원인은 마음으로부터 생긴 바람의 요소이다. 이것은 몸의 움직임을 통하여 의도한 것을 알리는 원인이고 또 그 자체가 몸을 통하여, 즉 몸의 움직임을 통하여 알아져야 하기 때문에 몸의 암시라 한다. 이 몸의 암시는 마음으로부터 생긴 물질을 움직인다. 또한 온도로부터 생긴(utuja) 물질 등도 이 마음으로부터 생긴 물질과 서로 연관되어 있는데 그들이 움직이기 때문에 앞으로 나아가는 행동 등이 생긴다고 알아야 한다."(Vis.XIV.61)
아비담마에서는 이 몸의 암시를 업을 짓는 매개체라 하며 그래서 몸의 문(kāya-dvāra)이라 한다. 그래서 위 주석서도 몸을 몸의 문으로, 다시 몸의 암시로 설명하고 있으며 본문에서 의도(sañcetanā)로 언급되는 업(kamma)은 이를 통해서 일어나는 것이다.(『아비담마 길라잡이』 5장 §22 해설 참조)

194) 위와 같은 방법으로 말(vacī)은 말의 문(vacī-dvāra)을 뜻하고 말의 문은 바로 말의 암시[語表, vacī-viññatti]이며 이것은 말의 업[口業]을 짓는 문이 된다. 말의 암시에 대해서는 『아비담마 길라잡이』 6장 §4 [해설] 9를 참조할 것.

195) 같은 방법으로 마노[意, mano]는 마노의 업[意業]을 짓는 문이며 이를 마노의 문(mano-dvāra)이라고 한다. 여기서 말하는 마노의 문이란 이런 의도적인 행위 즉 업에 개입된 매순간 일어나는 알음알이를 전체적인 측면에서 일컫는 집합적인 명칭이라고 CMA는 설명하고 있다.(『아비담마 길라잡이』 5장 §22의 해설 참조) 한편 아비담마에서는 구체적으로 잠재의식(바왕가, bhavaṅga-citta)을 일러 마노의 문이라 한다. 여기에 대해서는 『아비담마 길라잡이』 3장 §12의 해설들을 참조할 것.

196) "만일 [사실을] 가려버리는(chādayamānā) 무명이 조건이 되면 세 가지 문

8. "아난다여, 스스로가 몸으로 의도적 행위를 짓더라도[198] 그것을 조건으로 해서 내적인 즐거움과 괴로움이 일어난다. 아난다여, 남들이 그에게 몸으로 의도적 행위를 짓더라도 그것을 조건으로 해서 내적인 즐거움과 괴로움이 일어난다.

알아차리면서[199] 몸으로 의도적 행위를 짓더라도 그것을 조건으로 해서 내적인 즐거움과 괴로움이 일어난다. 알아차리지 못하면서[200] 몸으로 의도적 행위를 짓더라도 그것을 조건으로 해서 내적인

에서 즐거움과 괴로움의 조건이 되는 의도가 일어난다. 이처럼 근본이 되는 무명을 통해서 이 사실을 말한 것이다."(AA.iii.144)
즉 주석서는 무명은 마음의 문에서만 조건이 되는 것이 아니라 몸의 문과 말의 문을 포함한 세 문 모두에서 의도가 일어나게 하는 조건이 된다고 설명하고 있다.

197) 주석서에 의하면 세존께서는 즐거움과 괴로움이 단지 감각접촉 하나만을 조건으로 해서 일어나는 것이 아니라, 몸이나 말이나 마음이나 나나 남 등과 같은 다른 여러 조건들을 반연해서 일어나는 것을 보여주시기 위해서 이 문단을 말씀하셨다고 한다.(SA.ii.57)

198) "'스스로가 몸으로 의도적 행위를 짓는다(sāmaṁ kāya-saṅkhāram abhi-saṅkharoti).'는 것은 남들의 명령이 아니라 스스로가 의도적 행위를 하는 것을 말한다."(AA.iii.144~145)
주석서의 설명에서 보듯이 abhisaṅkharoti나 이것의 명사인 abhisaṅkhāra는 초기불전과 특히 주석서에서는 업형성이나 의도적 행위(cetanā)라는 상카라[行]의 적극적인 측면을 나타내는 술어로 사용되고 있다. 그래서 『청정도론』 XVII.46에서도 '삼계의 유익하거나 해로운 의도를 일러 업형성(abhi-saṅkharaṇaka)의 상카라라 부른다.'라고 설명하고 있다.

199) "유익한 것(kusala)을 유익한 것이라고, 해로운 것(akusala)을 해로운 것이라고, 유익한 과보를 유익한 과보라고, 해로운 과보를 해로운 과보라고 알면서 몸의 문을 통해서 몸으로 의도적 행위를 짓는 것을 말한다."(AA.iii.145)

200) 주석서는 알아차리지 못하면서 짓는 업(asampajāna-kamma)의 예를 다음과 같이 들고 있다.
"남자 아이나 여자 아이가 부모님들이 하는 대로 해야지 하면서 탑에 예배를 하고 꽃을 공양하고 비구 승가를 공경한다. 그들은 이것이 유익한 것이라고 알지 못하지만 그것은 유익한 것이다. 남자 아이나 여자 아이가 손으로 부모

즐거움과 괴로움이 일어난다."

9. "아난다여, 스스로가 말로 의도적 행위를 짓더라도 그것을 조건으로 해서 내적인 즐거움과 괴로움이 일어난다. 아난다여, 남들이 그에게 말로 의도적 행위를 짓더라도 그것을 조건으로 해서 내적인 즐거움과 괴로움이 일어난다.

알아차리면서 말로 의도적 행위를 짓더라도 그것을 조건으로 해서 내적인 즐거움과 괴로움이 일어난다. 알아차리지 못하면서 말로 의도적 행위를 짓더라도 그것을 조건으로 해서 내적인 즐거움과 괴로움이 일어난다."

10. "아난다여, 스스로가 마노로 의도적 행위를 짓더라도[201] 그것을 조건으로 해서 내적인 즐거움과 괴로움이 일어난다. 아난다여, 남들이 그에게 마노로 의도적 행위를 짓더라도 그것을 조건으로 해서 내적인 즐거움과 괴로움이 일어난다.

알아차리면서 마노로 의도적 행위를 짓더라도 그것을 조건으로 해서 내적인 즐거움과 괴로움이 일어난다. 알아차리지 못하면서 마노로 의도적 행위를 짓더라도 그것을 조건으로 해서 내적인 즐거움과 괴로움이 일어난다."

를 때리고 비구들에게 손을 치켜들고 몽둥이를 들고 욕을 하는 것은 알든 모르든 해로운 업이라고 알아야 한다."(AA.iii.145)

201) '마노로 의도적 행위를 짓더라도'는 mano-saṅkhāraṁ abhisaṅkharoti를 옮긴 것이다. 여기서 마노의 의도적 행위(mano-saṅkhāra)는 본서 「분석 경」(S12:2) §14에 나타나는 마음의 의도적 행위(citta-saṅkhāra)와 동의어임이 명백하다.

한편 본서 제4권 「까마부 경」 2(S41:6) §4와 『맛지마 니까야』 「짧은 방등 경」(M44/i.301) §14에서 마음의 [의도적] 행위(citta-saṅkhāra)는 인식(saññā)과 느낌(vedanā)을 뜻하는 것으로 나타나는데 이것이 본경에도 적용되어야 하는지는 분명하지 않다.

11. "아난다여, 이러한 법들[202]은 무명의 영향을 받는다.[203] 그러나 무명이 남김없이 빛바래어 소멸하면 내적인 즐거움과 괴로움을 일어나게 하는 조건인 몸이 없으며[204] 내적인 즐거움과 괴로움을 일어나게 하는 조건인 말이 없으며 내적인 즐거움과 괴로움을 일어나게 하는 조건인 마노가 없다. [41] 내적인 즐거움과 괴로움을 일어나게 하는 조건인 터전이 존재하지 않고 … 기반이 존재하지 않고 … 장소가 존재하지 않고 … 이유가 존재하지 않는다."[205] [206]

---

202) Se에는 '여섯 가지 법들은(chasu dhammesu)'으로 나타나지만 Be, Se와 같은 내용을 담고 있는 『앙굿따라 니까야』 「의도 경」(A4:171)에는 그냥 dhammesu로 나타나고 있어서 이렇게 옮겼다. 보디 스님도 이렇게 옮기고 있다.

203) "'이러한 법들(imesu dhammesu)'이란 이러한 의도라는 법들(cetanā-dhammā)들인데, 이것은 무명을 반연한 것이다. 무명은 의도라는 법들에게 함께 생긴 조건(sahajāta), 의지하는 조건(upanissaya)이다. 이와 같이 무명은 윤회(vaṭṭa)뿐만 아니라 윤회의 뿌리라고 알려주시는 것이다."(AA.iii.146)

204) "번뇌 다한 아라한도 탑전을 청소하고 보리수나무 주위를 청소하고 앞으로 가고 뒤로 가고 하는 등의 몸으로 짓는 행위를 한다. 몸의 문에서는 20가지 과보의 법이 아닌 의도가 일어난다. 그러므로 '내적인 즐거움과 괴로움을 일어나게 하는 조건인 몸이 없다.'고 했다. 몸의 문(kāya-dvāra)을 통해서 생긴 의도(cetanā)가 여기서는 몸과 동의어이다. 이것은 말과 마노에도 적용이 된다."(AA.iii.146)
즉 여기서 '몸이 없다(kāyo na hoti).'는 말은 몸의 문으로 일으키는 의도가 없다는 말이라고 주석서는 분명히 밝히고 있다.

205) "여기서 '터전(khetta)' 등은 모두 유익하거나 해로운 업의 이름이다. 업은 과보(vipāka)를 자라게 하는 장소라는 뜻에서 '터전'이라 하고, 확립되게 한다는 뜻에서 '기반(vatthu)'이라 하고, 원인이라는 뜻에서 '장소(āyatana)'라 하고, 이유라는 뜻에서 '이유(adhikaraṇa)'라 한다."(AA.iii.147)

206) 본경을 통해서 사리뿟따 존자는 부미자 존자에게 괴로움 - 감각접촉의 2지 연기를 설하였고, 이를 아난다 존자로부터 전해들은 세존께서는 이것을 인정하신 뒤에 다시 괴로움 - 의도적 행위 - 무명의 3지 연기를 설하셨다. 이처럼 본 「인연 상윳따」(S12)에는 다양한 관점에서 다양한 숫자의 구성요

우빠와나 경(S12:26)

Upavāṇa-sutta

2. 그때 우빠와나 존자[207]가 세존께 다가갔다. 가서는 세존께 절을 올리고 한 곁에 앉았다. 한 곁에 앉은 우빠와나 존자는 세존께 이렇게 여쭈었다.

3. "세존이시여, 어떤 사문·바라문들은 업을 설하는데 괴로움은 자기 스스로가 짓는 것이라고 천명합니다. 세존이시여, 어떤 사문·바라문들은 업을 설하는데 괴로움은 남이 짓는 것이라고 천명합니다. 세존이시여, 어떤 사문·바라문들은 업을 설하는데 괴로움은 자기 스스로도 짓고 남도 짓는 것이라고 천명합니다. 세존이시여, 어떤 사문·바라문들은 업을 설하는데 괴로움은 자기 스스로도 짓지 않고 남이 짓지도 않는 우연히 발생하는 것이라고 천명합니다.

세존이시여, 그러면 세존께서는 여기에 대해서 어떻게 설하며 어떻게 가르칩니까? 우리가 어떻게 설명하면 세존께서 설하신 것과 일치하게 되며, 세존을 거짓으로 헐뜯지 않고 세존께서 설하신 것을 반복하여 설한 것입니까? [세존께서 설했다고 전해진 이것을 반복하더라도] 어떤 동료수행자도 나쁜 견해에 빠져 비난의 조건을 만나지

소를 포함한 연기가 나타나고 있다. 여기에 대해서는 본서 해제 §3-(2)를 참조할 것.

207) 우빠와나 존자(āyasmā Upavāṇa)는 사왓티의 부유한 바라문 출신이라고 한다. 세존께서 사왓티의 제따 숲에 머무실 때 세존의 위엄(anubhāva)에 감동하여 출가하였다고 한다.(ThagA.i.308) 『디가 니까야』 제2권 「대반열반경」(D16) §5.4에 나타나듯이 그는 아난다 존자 이전에 세존의 시자로 있었다. 본서 제1권 「데와히따 경」(S7:13)에서도 그는 세존의 시자로 나타나고 있다. 그와 관련된 경들이 『상윳따 니까야』와 『앙굿따라 니까야』에 나타난다. 그리고 본경의 내용은 위의 「외도 경」(S12:24)의 첫 부분과 거의 같다.

않겠습니까?"

4. "우빠와나여, 괴로움은 연기된 것[緣而生]이라고 나는 말했다. 그러면 무엇을 반연하여 [괴로움이] 있는가? 감각접촉을 반연한다. 이렇게 설하면 내가 설한 것과 일치하게 되며, 나를 거짓으로 헐뜯지 않고 내가 설한 것을 반복하여 설한 것이며, 어떤 동료수행자도 나쁜 견해에 빠져 비난의 조건을 만나지 않게 된다.

우빠와나여, 여기서 어떤 사문·바라문들이 업을 설하여 괴로움은 자기 스스로가 짓는 것이라고 천명하는 것도 감각접촉을 조건으로 한다. … 어떤 사문·바라문들이 업을 설하여 괴로움은 자기 스스로도 짓지 않고 남이 짓지도 않는 우연히 발생하는 것이라고 천명하는 것도 감각접촉을 조건으로 한다."

우빠와나여, [42] 여기서 어떤 사문·바라문들이 업을 설하여 괴로움은 자기 스스로가 짓는 것이라고 천명하는데 감각접촉이 없이 [그 괴로움을] 경험할 것이라는 것은 있을 수 없다. … 어떤 사문·바라문들이 업을 설하여 괴로움은 자기 스스로도 짓지 않고 남이 짓지도 않는 우연히 발생하는 것이라고 천명하는데 감각접촉이 없이 [그 괴로움을] 경험할 것이라는 것은 있을 수 없다."

조건 경(S12:27)

Paccaya-sutta

3. "비구들이여, 무명을 조건으로 의도적 행위들이, 의도적 행위들을 조건으로 알음알이가, 알음알이를 조건으로 정신·물질이, 정신·물질을 조건으로 여섯 감각장소가, 여섯 감각장소를 조건으로 감각접촉이, 감각접촉을 조건으로 느낌이, 느낌을 조건으로 갈애가,

갈애를 조건으로 취착이, 취착을 조건으로 존재가, 존재를 조건으로 태어남이, 태어남을 조건으로 늙음·죽음과 근심·탄식·육체적 고통·정신적 고통·절망이 발생한다. 이와 같이 전체 괴로움의 무더기[苦蘊]가 발생한다."

4. "비구들이여, 그러면 어떤 것이 늙음인가?

이런저런 중생들의 무리 가운데서 이런저런 중생들의 늙음, 노쇠함, 부서진 [치아], 희어진 [머리털], 주름진 피부, 수명의 감소, 감각기능[根]의 쇠퇴 — 이를 일러 늙음이라 한다.

비구들이여, 그러면 어떤 것이 죽음인가?

이런저런 중생들의 무리로부터 이런저런 중생들의 종말, 제거됨, 부서짐, 사라짐, 사망, 죽음, 서거, 오온의 부서짐, 시체를 안치함, 생명기능[命根]의 끊어짐 — 이를 일러 죽음이라 한다.

이것이 늙음이고 이것이 죽음이다. 비구들이여, 이를 일러 늙음·죽음이라 한다."

5. "태어남이 일어나면 늙음·죽음이 일어나고 태어남이 소멸하면 늙음·죽음이 소멸한다. 여덟 가지 구성요소를 가진 성스러운 도[八支聖道=팔정도]가 늙음·죽음의 소멸로 인도하는 도닦음이니 그것은 바른 견해, 바른 사유, 바른 말, 바른 행위, 바른 생계, 바른 정진, 바른 마음챙김, 바른 삼매이다."

6. "비구들이여, 그러면 어떤 것이 태어남인가? …[208]

7. "비구들이여, 그러면 어떤 것이 존재인가? …

---

208) 이하 본경과 다음 경 §5 이하에서 '…'로 생략하여 표기한 부분은 본서 「분석 경」(S12:2) §5 이하의 해당부분을 참조할 것.

8. "비구들이여, 그러면 어떤 것이 취착인가? …

9. "비구들이여, [43] 그러면 어떤 것이 갈애인가? …

10. "비구들이여, 그러면 어떤 것이 느낌인가? …

11. "비구들이여, 그러면 어떤 것이 감각접촉인가? …

12. "비구들이여, 그러면 어떤 것이 여섯 감각장소인가? …

13. "비구들이여, 그러면 어떤 것이 정신·물질인가? …

14. "비구들이여, 그러면 어떤 것이 알음알이인가? …

15. "비구들이여, 그러면 어떤 것이 의도적 행위들인가?

비구들이여, 세 가지 의도적 행위가 있나니 몸의 의도적 행위, 말의 의도적 행위, 마음의 의도적 행위이다.

비구들이여, 이를 일러 의도적 행위들이라 한다.

무명이 일어나면 의도적 행위들이 일어나고 무명이 소멸하면 의도적 행위들이 소멸한다. 여덟 가지 구성요소를 가진 성스러운 도[八支聖道=팔정도]가 의도적 행위들의 소멸로 인도하는 도닦음이니 그것은 바른 견해, 바른 사유, 바른 말, 바른 행위, 바른 생계, 바른 정진, 바른 마음챙김, 바른 삼매이다."

16. "비구들이여, 성스러운 제자가 이와 같이 조건을 꿰뚫어 알고, 이와 같이 조건의 일어남을 꿰뚫어 알고, 이와 같이 조건의 소멸을 꿰뚫어 알고, 이와 같이 조건의 소멸로 인도하는 도닦음을 꿰뚫어 알면[209] 이를 일러 성스러운 제자는 견해를 구족[210]했다고도 하고, 봄[見][211]을 구족했다고도 하고, 정법에 도달했다고도 하고, 정법을

보았다고도 하고, 유학[212]의 지혜를 구족했다고도 하고, 유학의 명지를 구족했다고도 하고, 법의 흐름을 얻었다고도 하고, 성스러운 꿰뚫는 통찰지를 얻었다고도 하고,[213] 불사(不死)의 문에 도달하여 머문다[214]고도 한다."[215]

비구 경(S12:28)

Bhikkhu-sutta

3. "비구들이여, 여기 비구는 늙음·죽음을 꿰뚫어 알고 늙음·죽음의 일어남을 꿰뚫어 알고 늙음·죽음의 소멸을 꿰뚫어 알고 늙

---

209) "이와 같이 조건[緣, paccaya]을 괴로움의 진리(dukkha-sacca)와 일어남의 진리(samudaya-sacca) 등의 [사성제를] 통해서 알아야 한다는 뜻이다."(SA.ii.59)

210) "'견해(diṭṭhi)를 구족함'이란 도의 견해(magga-diṭṭhi)를 구족한 것이다."(SA.ii.59)

211) 여기서 봄[見]은 dassana[見, 봄]를 옮긴 말인데 주석서는 견해(diṭṭhi)와 동의어라고 설명하고 있다.(SA.ii.59) 아래 「비구 경」(S12:28) §17의 주해를 참조할 것.

212) '유학(有學, sekha)'은 예류도, 예류과, 일래도, 일래과, 불환도, 불환과, 아라한도의 일곱 단계의 성자(ariya)들을 뜻한다. 그래서 주석서(SA.ii.60; AA.ii.98 등)에서는 '일곱 [단계의] 유학'이라는 표현을 쓰기도 한다. 아라한과만이 무학(無學, asekha)이다.

213) "'성스러운(ariya)'이란 범부의 경지(puthujjana-bhūmi)를 넘어선 것(atikkanta)을 말한다. '꿰뚫는 통찰지를 얻음(nibbedhika-pañña)'이란 꿰뚫는 통찰지를 구족한 것(samannāgata)이다."(SA.ii.60)
즉 여기서 nibbedhika-pañña는 '꿰뚫는 통찰지'가 아니라 '꿰뚫는 통찰지를 가진 자'의 뜻으로 소유복합어[有財釋, bahuvrīhi]이다.

214) "'불사(不死)의 문에 도달하여 머문다(amatadvāraṁ āhacca tiṭṭhati).'는 것은 불사라 이름하는 열반(nibbāna)의 문인 성스러운 도(ariya-magga)에 도달하여 머문다는 말이다."(SA.ii.60)

215) 본 문단은 본서 S12:28; 33; 49; 50에도 나타난다.

음·죽음의 소멸로 인도하는 도닦음을 꿰뚫어 알며, … 태어남을 … 존재를 … 취착을 … [44] 갈애를 … 느낌을 … 감각접촉을 … 여섯 감각장소를 … 정신·물질을 … 알음알이를 … 의도적 행위들을 꿰뚫어 알고 의도적 행위들의 일어남을 꿰뚫어 알고 의도적 행위들의 소멸을 꿰뚫어 알고 의도적 행위들의 소멸로 인도하는 도닦음을 꿰뚫어 안다."

4. "비구들이여, 그러면 어떤 것이 늙음인가?

이런저런 중생들의 무리 가운데서 이런저런 중생들의 늙음, 노쇠함, 부서진 [치아], 희어진 [머리털], 주름진 피부, 수명의 감소, 감각기능[根]의 쇠퇴 — 이를 일러 늙음이라 한다.

비구들이여, 그러면 어떤 것이 죽음인가?

이런저런 중생들의 무리로부터 이런저런 중생들의 종말, 제거됨, 부서짐, 사라짐, 사망, 죽음, 서거, 오온의 부서짐, 시체를 안치함, 생명기능[命根]의 끊어짐 — 이를 일러 죽음이라 한다.

이것이 늙음이고 이것이 죽음이다. 비구들이여, 이를 일러 늙음·죽음이라 한다.

태어남이 일어나면 늙음·죽음이 일어나고 태어남이 소멸하면 늙음·죽음이 소멸한다. 여덟 가지 구성요소를 가진 성스러운 도[八支聖道=팔정도]가 늙음·죽음의 소멸로 인도하는 도닦음이니 그것은 바른 견해, 바른 사유, 바른 말, 바른 행위, 바른 생계, 바른 정진, 바른 마음챙김, 바른 삼매이다."

5. "비구들이여, 그러면 어떤 것이 태어남인가? …

6. "비구들이여, 그러면 어떤 것이 존재인가? …

7. "비구들이여, 그러면 어떤 것이 취착인가? …

8. "비구들이여, 그러면 어떤 것이 갈애인가? …

9. "비구들이여, 그러면 어떤 것이 느낌인가? …

10. "비구들이여, 그러면 어떤 것이 감각접촉인가? …

11. "비구들이여, 그러면 어떤 것이 여섯 감각장소인가? …

12. "비구들이여, 그러면 어떤 것이 정신·물질인가? …

13. "비구들이여, 그러면 어떤 것이 알음알이인가? …

14. "비구들이여, 그러면 어떤 것이 의도적 행위들인가?

비구들이여, 세 가지 의도적 행위가 있나니 몸의 의도적 행위, 말의 의도적 행위, 마음의 의도적 행위이다.

비구들이여, 이를 일러 의도적 행위들이라 한다.

무명이 일어나면 의도적 행위들이 일어나고 무명이 소멸하면 의도적 행위들이 소멸한다. 여덟 가지 구성요소를 가진 성스러운 도[八支聖道=팔정도]가 의도적 행위들의 소멸로 인도하는 도닦음이니 그것은 바른 견해, 바른 사유, 바른 말, 바른 행위, 바른 생계, 바른 정진, 바른 마음챙김, 바른 삼매이다."

15. "비구들이여, 성스러운 제자는 이와 같이 늙음·죽음을 꿰뚫어 알고, 이와 같이 늙음·죽음의 일어남을 꿰뚫어 알고, 이와 같이 늙음·죽음의 소멸을 꿰뚫어 알고, 이와 같이 늙음·죽음의 소멸로 인도하는 도닦음을 꿰뚫어 안다.

이와 같이 태어남을 꿰뚫어 알고 … 존재를 … 취착을 … 갈애를

… 느낌을 … 감각접촉을 … 여섯 감각장소를 … 정신·물질을 … [45] 알음알이를 … 의도적 행위들을 꿰뚫어 알고, 이와 같이 의도적 행위들의 일어남을 꿰뚫어 알고, 이와 같이 의도적 행위들의 소멸을 꿰뚫어 알고, 이와 같이 의도적 행위들의 소멸로 인도하는 도닦음을 꿰뚫어 안다.

16. "비구들이여, 이를 일러 성스러운 제자는 견해를 구족했다고도 하고, 봄[見][216]을 구족했다고도 하고, 정법에 도달했다고도 하고, 정법을 보았다고도 하고, 유학의 지혜를 구족했다고도 하고, 유학의 명지를 구족했다고도 하고, 법의 흐름을 얻었다고도 하고, 성스러운 꿰뚫는 통찰지를 [얻었다]고도 하고, 불사(不死)의 문에 도달하여 머문다고도 한다."

사문·바라문 경1(S12:29)

Samaṇabrāhmaṇa-sutta

3. "비구들이여, 여기서 어떤 사문이든 바라문이든 늙음·죽음을 철저하게 알지 못하고,[217] 늙음·죽음의 일어남을 철저하게 알지

---

216) '봄[見]'은 dassana를 옮긴 것이다. 요즘 인도에서는 철학(*philosophy*)이나 사상을 darśana(다르샤나, Pāli. dassana)라는 술어로 표현하고 있다. 인도의 전통적인 육파철학도 darśana로 부른다. 이 단어를 철학이라거나 사상으로 옮기는 것은 너무 의역인 듯하여 봄[見]으로 직역하였다.
diṭṭhi와 dassana는 둘 다 √dṛś(*to see*)에서 파생된 명사인데, 역자는 전자를 견해로 후자를 봄[見]으로 구분해서 옮기고 있다. 주석서는 이 둘을 동의어라고 설명하고 있다.(SA.ii.59) 그리고 이 dassana는 ñāṇa-dassana라는 병렬복합어[相違釋, dvandva]로도 많이 나타나는데 이 경우에는 지견(知見)이나 지(知)와 견(見)으로 옮기고 있다.

217) 본경은 '꿰뚫어 알다(pajānāti)' 대신에 '철저하게 알다(parijānāti)'가 나타나는 것만 다르고, 나머지는 모두 본서 「사문·바라문 경」1(S12:13)과 같다. "[본경은] 경을 암송하는(akkhara-bhāṇaka) 비구들의 성향(ajjhāsaya)

못하고, 늙음·죽음의 소멸을 철저하게 알지 못하고, 늙음·죽음의 소멸로 인도하는 도닦음을 철저하게 알지 못하며, … 태어남을 … 존재를 … 취착을 … 갈애를 … 느낌을 … 감각접촉을 … 여섯 감각장소를 … 정신·물질을 … 알음알이를 … 의도적 행위들을 철저하게 알지 못하고, 의도적 행위들의 일어남을 철저하게 알지 못하고, 의도적 행위들의 소멸을 철저하게 알지 못하고, 의도적 행위들의 소멸로 인도하는 도닦음을 철저하게 알지 못하는 자들은 그 누구든지, 사문들 가운데서는 사문이라 불릴 수 없고 바라문들 가운데서는 바라문이라 불릴 수 없다. 그 존자들은 사문 생활의 결실이나 바라문 생활의 결실을 지금·여기에서 스스로 최상의 지혜로 알고 실현하여 드러내지 못한다."

4. "비구들이여, 여기서 어떤 사문이든 바라문이든 늙음·죽음을 철저하게 알고, 늙음·죽음의 일어남을 철저하게 알고, 늙음·죽음의 소멸을 철저하게 알고, 늙음·죽음의 소멸로 인도하는 도닦음을 철저하게 알며, … 태어남을 … 존재를 … 취착을 … 갈애를 … 느낌을 … 감각접촉을 … 여섯 감각장소를 … 정신·물질을 … 알음알이를 … 의도적 행위들을 철저하게 알고, [46] 의도적 행위들의 일어남을 철저하게 알고, 의도적 행위들의 소멸을 철저하게 알고, 의도적 행위들의 소멸로 인도하는 도닦음을 철저하게 아는 자들은 그 누구

때문에 설하셨다. 그들은 [접두어 pa(Sk. pra)-] 대신에 접두어(upasagga) pari-를 붙여서 독송한 뒤에 [그 의미를] 꿰뚫을 수 있었기 때문이다(paṭivijjhituṁ sakkonti)."(SA.ii.59)

즉 본서 「사문·바라문 경」 1(S12:13)에 나타나는 pa-jānāti로 독송을 하면 잘 이해하지 못하는 비구들을 위해서 pari-jānāti로 독송을 하게 하기 위해서 본경을 설하신 것이라는 뜻이다. 경상도 출신과 전라도 출신의 억양이나 발음이 서로 다르듯이 여기서도 출신지역이 서로 달랐기 때문에 이런 현상이 나타난 것이 아닌가 생각된다.

든지, 사문들 가운데서는 사문이라 불릴 만하고, 바라문들 가운데서는 바라문이라 불릴 만하다. 그 존자들은 사문 생활의 결실이나 바라문 생활의 결실을 지금 · 여기에서 스스로 최상의 지혜로 알고 실현하여 드러낸다."

사문 · 바라문 경2(S12:30)

3. "비구들이여, 어떤 사문이든 바라문이든 늙음 · 죽음을 꿰뚫어 알지 못하고, 늙음 · 죽음의 일어남을 꿰뚫어 알지 못하고, 늙음 · 죽음의 소멸을 꿰뚫어 알지 못하고, 늙음 · 죽음의 소멸로 인도하는 도닦음을 꿰뚫어 알지 못하면서도 늙음 · 죽음을 완전히 건너서 머물 것이라는 것은 있을 수 없다.

비구들이여, 어떤 사문이든 바라문이든 태어남을 … 존재를 … 취착을 … 갈애를 … 느낌을 … 감각접촉을 … 여섯 감각장소를 … 정신 · 물질을 … 알음알이를 … 의도적 행위들을 꿰뚫어 알지 못하고, 의도적 행위들의 일어남을 꿰뚫어 알지 못하고, 의도적 행위들의 소멸을 꿰뚫어 알지 못하고, 의도적 행위들의 소멸로 인도하는 도닦음을 꿰뚫어 알지 못하면서도 의도적 행위들을 완전히 건너서 머물 것이라는 것은 있을 수 없다."

4. "비구들이여, 어떤 사문이든 바라문이든 늙음 · 죽음을 꿰뚫어 알고, 늙음 · 죽음의 일어남을 꿰뚫어 알고, 늙음 · 죽음의 소멸을 꿰뚫어 알고, 늙음 · 죽음의 소멸로 인도하는 도닦음을 꿰뚫어 알면 늙음 · 죽음을 완전히 건너서 머물 것이라는 것은 있을 수 있다.

비구들이여, 어떤 사문이든 바라문이든 태어남을 … 존재를 … 취착을 … 갈애를 … 느낌을 … 감각접촉을 … 여섯 감각장소를 … 정신 · 물질을 … 알음알이를 … 의도적 행위들을 꿰뚫어 알고, 의도적 행위들의 일어남을 꿰뚫어 알고, 의도적 행위들의 소멸을 꿰뚫어 알고, 의도적 행위들의 소멸로 인도하는 도닦음을 꿰뚫어 알면 의도적 행위들을 완전히 건너서 머물 것이라는 것은 있을 수 있다." [47]

제3장 십력 품이 끝났다.

세 번째 품에 포함된 경들의 목록은 다음과 같다.

두 가지 ①~② 십력 ③ 기반
④ 외도 ⑤ 부미자
⑥ 우빠와나 ⑦ 조건 ⑧ 비구
두 가지 ⑨~⑩ 사문 · 바라문이다.

제4장 깔라라캇띠야 품

Kaḷarakhattiya vagga

되어있는 것 경(S12:31)

Bhūta-sutta

2. 거기서 세존께서는 사리뿟따 존자를 불러서 말씀하셨다.

3. "사리뿟따여, 『숫따니빠따』「도피안 품」의「아지따의 질문」[218]에서 이와 같이 설하였다.

'법을 헤아려 아는 자들과
여기 여러 단계의 유학들이 있습니다.
그들의 행위에 대해서 질문 드리옵니다.
존자시여, 슬기로운 분께서는 제게 설명하여주소서.'[219]

사리뿟따여, 이렇게 간략하게 설한 것에 대해서 어떻게 그 뜻을 자세하게 봐야 하는가?"

---

218) 이「아지따의 질문」(Ajita-pañha)은『숫따니빠따』제5장「도피안 품」(Parāyana Vagga, Sn.190 이하)에 나타나는 16개의 질문 가운데서 제일 처음 질문이다.

219) "'법을 헤아려 아는 자들(saṅkhāta-dhammāse)'이란 진리를 꿰뚫은 자들(paṭividdha-saccā)로 번뇌 다한(khīṇāsavā) [아라한들]을 말한다. 여기서 헤아려 앎(saṅkhā)이란 통찰지(반야, paññā)를 말하며 [소유복합어, 有財釋, bahuvrīhi]이다."(SAṬ.ii.62)
"'여기(idha)'란 이 교법에서(imasmiṁ sāsane)라는 뜻이며, '유학(sekhā)'은 일곱 [단계의] 유학들을 말한다. '여러 단계(puthū)'라고 한 것은 이러한 일곱 [단계의] 사람들을 두고 말한 것이다."(SA.ii.60)
여기서 일곱 단계란 예류도부터 아라한도까지의 일곱 단계의 성자들을 말한다. 아라한과는 유학이 아닌 무학(asekkha)이다.

이렇게 말씀하셨지만 사리뿟따 존자는 침묵하고 있었다.

4. 두 번째로 … 세 번째로 세존께서는 사리뿟따 존자를 불러서 말씀하셨다.

"사리뿟따여, 『숫따니빠따』 「도피안 품」의 「아지따의 질문」에서 이와 같이 설하였다.

'법을 헤아려 아는 자들과
여기 여러 단계의 유학들이 있습니다.
그들의 행위에 대해서 질문 드리옵니다.
존자시여, 슬기로운 분께서는 제게 설명하여주소서.'

사리뿟따여, [48] 이렇게 간략하게 설한 것에 대해서 어떻게 그 뜻을 자세하게 봐야 하는가?"

세 번째에도 사리뿟따 존자는 침묵하고 있었다.220)

5. "사리뿟따여, 그대는 '이것은 되어있는 것(오온)'221)이라고 보는가? 사리뿟따여, 그대는 '이것은 되어있는 것'이라고 보는가?"

"세존이시여, [비구는] '이것은 되어있는 것'이라고 있는 그대로

---

220) "사리뿟따 존자는 왜 세 번째까지 침묵하고 있었는가? 그는 질문 때문에 당혹한 것이 아니라 세존의 의향(ajjhāsaya)이 무엇인지 몰랐기 때문이다. 왜냐하면 이 질문에는 무더기[蘊]나 요소[界]나 감각장소[處]나 조건[緣]의 형태(paccay-ākāra)를 통해서 여러 가지 방법으로 말씀드릴 수 있기 때문이다. 그래서 그는 어떻게 스승의 의향을 파악하여 말씀드릴 수 있을까 하고 생각하고 있었던 것이다. 스승께서는 이것을 아시고서 다음 문장에서 '사리뿟따여, 그대는 '이것은 되어있는 것'이라고 보는가?'라고 말씀하신 것이다." (SA.ii.60)

221) "'되어있는 것(bhūta)'이란 생긴 것(jāta), 존재하는 것(nibbatta)인데 이것은 다섯 가지 무더기(오온, khandha-pañcaka)의 이름이다. 이렇게 하여 스승께서는 '사리뿟따여, 오온을 통해서 이 질문에 대답을 하라.'고 장로에게 방법을 일러주신 것이다."(SA.ii.61)

바른 통찰지로 봅니다.[222] '이것은 되어있는 것'이라고 있는 그대로 바른 통찰지로 본 뒤 되어있는 것에 대해서 염오하고 탐욕이 빛바래고 소멸하기 위해서 도를 닦습니다.[223]

그것은 음식에서 생겨난 것[224]이라고 바른 통찰지로 봅니다. 그것은 음식에서 생겨난 것이라고 있는 그대로 바른 통찰지로 본 뒤 음식에서 생겨난 것에 대해서 염오하고 탐욕이 빛바래고 소멸하기 위해서 도를 닦습니다.

그 음식이 소멸할 때 되어있는 것도 소멸하기 마련인 법이라고 있는 그대로 바른 통찰지로 봅니다. 그 음식이 소멸할 때 되어있는 것도 소멸하기 마련인 법이라고 있는 그대로 바른 통찰지로 본 뒤 소멸하기 마련인 법에 대해서 염오하고 탐욕이 빛바래고 소멸하기 위해서 도를 닦습니다.

세존이시여, 이렇게 해서 유학이 됩니다."

6. "세존이시여, 어떻게 해서 법을 헤아려 아는 자가 됩니까?

세존이시여, '이것은 되어있는 것'이라고 있는 그대로 바른 통찰지

---

222) "'바른 통찰지로 본다(sammappaññāya passati).'는 것은 위빳사나에 의해서 도의 통찰지(magga-paññā)로 바르게 본다는 뜻이다."(SA.ii.61)

223) "'도를 닦는다(paṭipanno hoti).'는 것은 계로부터 시작해서 아라한도에 이르기까지 염오 등을 위해서 도를 닦는다는 말이다."(SA.ii.61)

224) [네 가지] 음식(āhāra)에 대해서는 본서 「음식 경」(S12:11)과 「몰리야팍구나 경」(S12:12)과 그곳의 주해들을 참조할 것. 오온은 음식에 조건 지워져서 생겨난 것이고 본경은 이러한 조건을 강조하고 있기 때문에 본서 제3권 「무더기 상윳따」(S22)에 포함되지 않고 여기 「인연 상윳따」(S12)에 포함된 것이다. 주석서는 이렇게 설명하고 있다.
"'그것은 음식에서 생겨난 것(tad-āhāra-sambhava)'이라는 것은 이 오온(khandha-pañcaka)은 음식을 반연하여 유지되기 때문에 이렇게 말했다. 이러한 방법(pariyāya)으로 유학의 도닦음(sekkha-paṭipadā)을 말하고 있다."(SA.ii.61)

로 봅니다. '이것은 되어있는 것'이라고 있는 그대로 바른 통찰지로 본 뒤 되어있는 것에 대해서 염오하고 탐욕이 빛바래고 소멸하여 취착 없이 해탈합니다.

그것은 음식에서 생겨난 것이라고 바른 통찰지로 봅니다. 그것은 음식에서 생겨난 것이라고 있는 그대로 바른 통찰지로 본 뒤 음식에서 생겨난 것에 대해서 염오하고 탐욕이 빛바래고 소멸하여 취착 없이 해탈합니다.[225]

그 음식이 소멸할 때 되어있는 것도 소멸하기 마련인 법이라고 있는 그대로 바른 통찰지로 봅니다. 그 음식이 소멸할 때 되어있는 것도 소멸하기 마련인 법이라고 있는 그대로 바른 통찰지로 본 뒤 소멸하기 마련인 법에 대해서 염오하고 탐욕이 빛바래고 [49] 소멸하여 취착 없이 해탈합니다.

세존이시여, 이렇게 해서 법을 헤아려 아는 자(아라한)가 됩니다."

7. "세존이시여, 『숫따니빠따』 「도피안 품」의 「아지따의 질문」에서 설하기를,

'법을 헤아려 아는 자들과
여기 여러 단계의 유학들이 있습니다.
그들의 행위에 대해서 질문 드립니다.
존자시여, 슬기로운 분께서는 제게 설명하여주소서.'

라고 간략하게 설한 것에 대해서 저는 이렇게 그 뜻을 자세하게 압니다."[226]

---

225) "'취착 없이 해탈한다(anupādā vimutta).'는 것은 네 가지 취착(upādāna)으로 어떤 법도 취하지 않고 해탈한다는 말이다."
이렇게 하여 아라한됨 즉 법을 헤아려 아는 자가 됨을 드러내고 있다. 네 가지 취착에 대해서는 본서 「분석 경」(S12:2) §7을 참조할 것.

8. "장하고도 장하구나, 사리뿟따여. 사리뿟따여, [비구는] '이것은 되어있는 것'이라고 있는 그대로 바른 통찰지로 본다. '이것은 되어있는 것'이라고 있는 그대로 바른 통찰지로 본 뒤 되어있는 것에 대해서 염오하고 탐욕이 빛바래고 소멸하기 위해서 도를 닦는다.

그것은 음식에서 생겨난 것이라고 바른 통찰지로 본다. 그것은 음식에서 생겨난 것이라고 있는 그대로 바른 통찰지로 본 뒤 음식에서 생겨난 것에 대해서 염오하고 탐욕이 빛바래고 소멸하기 위해서 도를 닦는다.

그 음식이 소멸할 때 되어있는 것도 소멸하기 마련인 법이라고 있는 그대로 바른 통찰지로 본다. 그 음식이 소멸할 때 되어있는 것도 소멸하기 마련인 법이라고 있는 그대로 바른 통찰지로 본 뒤 소멸하기 마련인 법에 대해서 염오하고 탐욕이 빛바래고 소멸하기 위해서 도를 닦는다.

사리뿟따여, 이렇게 해서 유학이 된다."

9. "사리뿟따여, 어떻게 해서 법을 헤아려 아는 자가 되는가?

사리뿟따여, '이것은 되어있는 것'이라고 있는 그대로 바른 통찰지로 본다. '이것은 되어있는 것'이라고 있는 그대로 바른 통찰지로 본 뒤 되어있는 것에 대해서 염오하고 탐욕이 빛바래고 소멸하여 취착

---

226) 사리뿟따 존자는 오온과 오온이 음식에서 생긴 것임을 꿰뚫어 보고 오온에 대해서 염오하고 이욕하고 소멸하여 유학이 되고 아라한이 된다고 설명해내고 있다. 이처럼 오온에 대한 염오-이욕-소멸이나 염오-이욕-해탈-구경해탈지는 초기불전의 도처에서 강조하고 있는 깨달음의 방법이다.
거듭 말하지만 염오는 강한 위빳사나요, 이욕은 도요, 소멸은 아라한과라고 주석서들은 밝히고 있다. 여기에 대해서는 본서 「연기 경」(S12:1) §4의 주해와 특히 「기반 경」(S12:23) §4의 주해들, 본서 제3권 「무더기 상윳따」(S22)의 「과거·현재·미래 경」1(S22:9)의 주해들과 「무상 경」(S22:12)의 주해 등을 참조할 것.

없이 해탈한다.

그것은 음식에서 생겨난 것이라고 바른 통찰지로 본다. 그것은 음식에서 생겨난 것이라고 있는 그대로 바른 통찰지로 본 뒤 음식에서 생겨난 것에 대해서 염오하고 탐욕이 빛바래고 소멸하여 취착 없이 해탈한다.

그 음식이 소멸할 때 되어있는 것도 소멸하기 마련인 법이라고 있는 그대로 바른 통찰지로 본다. 그 음식이 소멸할 때 되어있는 것도 소멸하기 마련인 법이라고 있는 그대로 바른 통찰지로 본 뒤 [50] 소멸하기 마련인 법에 대해서 염오하고 탐욕이 빛바래고 소멸하여 해탈한다.

사리뿟따여, 이렇게 해서 법을 헤아려 아는 자(아라한)가 된다."

10. "사리뿟따여, 『숫따니빠따』 「도피안 품」의 「아지따의 질문」에서 설하기를,

> '법을 헤아려 아는 자들과
> 여기 여러 단계의 유학들이 있습니다.
> 그들의 행위에 대해서 질문 드리옵니다.
> 존자시여, 슬기로운 분께서는 제게 설명하여주소서.'

라고 간략하게 설한 것에 대해서 이렇게 그 뜻을 자세하게 봐야 한다."227)

---

227) 본경에서 사리뿟따 존자는 되어감(bhūta, 즉 오온) - 네 가지 음식의 2지 연기를 통해서 괴로움의 발생구조와 소멸구조를 보고 되어감에 대해서 염오-이욕-소멸을 성취한다고 세존께 말씀드렸다. 여기서 되어감 - 음식의 구조를 연기의 가르침으로 인정했기 때문에 본경은 여기 「인연 상윳따」에 포함된 것이다.

깔라라 경(S12:32)

Kaḷāra-sutta

2. 그때 깔라라캇띠야 비구[228]가 사리뿟따 존자에게 다가갔다. 가서는 사리뿟따 존자와 함께 환담을 나누었다. 유쾌하고 기억할 만한 이야기로 서로 담소를 한 뒤 한 곁에 앉았다. 한 곁에 앉은 깔라라캇띠야 비구는 사리뿟따 존자에게 이렇게 말했다.

3. "도반 사리뿟따여, 몰리야팍구나 비구[229]가 공부지음을 버리고 낮은 [재가자의] 삶으로 되돌아갔습니다."

"그 존자는 이 법과 율에서 안식(安息)을 얻지 못했기 때문일 것입니다."[230]

"그렇다면 사리뿟따 존자는 이 법과 율에서 안식을 얻었습니까?"

"도반이여, 나는 여기에 대해서 의문이 없습니다."[231]

"도반이여, 그러면 미래에는 어떠합니까?"

---

228) 깔라라캇띠야 비구(Kaḷārakhattiya bhikkhu)가 누구인지는 분명하지 않다. 주석서는 "그의 이가 뻐드렁니(kaḷāra)여서 곧지 못한 모양을 가졌기(visama-saṇṭhāna) 때문에 깔라라라 부른다."(SA.ii.61)라고만 설명하고 있다. 깔라라는 뻐드렁니를 뜻하고 캇띠야는 끄샤뜨리야의 빠알리어이다.

229) 몰리야팍구나 비구에 대해서는 본서 「몰리야팍구나 경」(S12:12) §4의 주해를 참조할 것.

230) "'안식을 얻지 못했다(assāsam alattha).'는 것은 안식 혹은 의지처(avassaya) 혹은 발판(patiṭṭha)을 얻지 못했다는 뜻으로, 세 가지 도(magga)와 세 가지 과(phala)를 얻지 못한 것을 밝히고 있다. 만일 그가 이러한 것을 얻었더라면 그는 공부지음을 버리고 낮은 [재가자의] 삶으로 되돌아가지 않았을 것이라고 장로는 대답하고 있다."(SA.ii.61~62)

231) "안식을 얻었음에 대해서 의문이 없다는 말이니 장로는 참으로 제자가 완전하게 갖추어야 할 지혜(sāvaka-pāramī-ñāṇa)를 갖추었으며 그것이 그에게 의지처(avassaya)가 되기 때문이다. 그래서 그는 여기에 대해서 아무 의심이 없는 것이다."(SA.ii.62)

"도반이여, 나는 여기에 대해서 의심하지 않습니다."232)

4. 그때 깔라라캇띠야 비구는 자리에서 일어나서 세존께 다가갔다. 가서는 세존께 절을 올리고 한 곁에 앉았다. 한 곁에 앉은 깔라라캇띠야 비구는 [51] 세존께 이렇게 말씀드렸다.

"세존이시여, 사리뿟따 존자가 '태어남은 다했다. 청정범행은 성취되었다. 할 일을 다 해 마쳤다. 다시는 어떤 존재로도 돌아오지 않을 것이다라고 꿰뚫어 안다.'라고 구경의 지혜를 드러내었습니다."233)

5. 그때 세존께서는 어떤 비구를 불러서 말씀하셨다.

"오라, 비구여. 그대는 내 이름으로 '도반 사리뿟따여, 스승께서 그대를 부르십니다.'라고 사리뿟따를 불러오라.

"그렇게 하겠습니다, 세존이시여."라고 비구는 세존께 대답한 뒤 사리뿟따 존자에게 다가갔다. 가서는 사리뿟따 존자에게 이렇게 말했다.

"도반 사리뿟따여, 스승께서 그대를 부르십니다."

"알겠습니다, 도반이여."라고 사리뿟따 존자는 그 비구에게 대답한 뒤 세존께 다가갔다. 가서는 세존께 절을 올리고 한 곁에 앉았다. 한 곁에 앉은 사리뿟따 존자에게 세존께서는 이렇게 말씀하셨다.

---

232) "'미래에는(āyatiṁ) 어떠합니까?'라는 것은 '미래에 다시 태어남(paṭisandhi)이 제거되었는가(ugghāṭitā), 제거되지 않았는가?'라고 질문하는 것으로, 아라한과의 증득(arahatta-ppatti)에 대해서 질문하는 것이다. 장로는 [미래에 다시 태어나지 않음]에 대해서도 아무 의심이 없음(vicikiccha-abhāva)을 밝히고 있다."(SA.ii.62)

233) "사리뿟따 장로는 이와 같은 [구경의 지혜를 드러내는 정형구로는] 드러내지 않았지만 이 장로는 [사리뿟따 존자의 말에] 만족하고(tuṭṭha) 청정한 믿음이 생겨서(pasanna) 이와 같은 단어와 문장(pada-vyañjana)으로 세존께 아뢴 것이다. '구경의 지혜를 드러냄(aññā byākatā)'이란 아라한과(arahatta)를 드러냄이다."(SA.ii.62)

6. "사리뿟따여, 그대가 '태어남은 다했다. 청정범행은 성취되었다. 할 일을 다 해 마쳤다. 다시는 어떤 존재로도 돌아오지 않을 것이다라고 꿰뚫어 안다.'라고 구경의 지혜를 드러낸 것이 사실인가?"234)

"세존이시여, 저는 그러한 단어와 그러한 문장으로 그런 뜻을 말하지 않았습니다."

"사리뿟따여, 어떠한 방법으로든 선남자가 구경의 지혜를 드러내면 드러낸 것은 드러낸 것이라고 봐야 한다."

"세존이시여, 제가 '세존이시여, 그러한 단어와 그러한 문장으로 그런 뜻을 말하지 않았습니다.'라고 이렇게 말씀드리지 않았습니까?"

7. "사리뿟따여, 만일 그대에게 묻기를235) '도반 사리뿟따여, 어떻게 알고 어떻게 보기 때문에 그대는 '태어남은 다했다. 청정범행은 성취되었다. 할 일을 다 해 마쳤다. 다시는 어떤 존재로도 돌아오지 않을 것이라고 꿰뚫어 안다.'라고 구경의 지혜를 드러냅니까?'라고 한다면 그대는 어떻게 설명하겠는가?"

---

234) '구경의 지혜를 드러내다'는 aññaṁ vyākaroti를 옮긴 것이다. '안냐(aññā)'가 초기불전에서 전문술어로 쓰이면 이것은 구경의 지혜를 뜻한다. "'구경의 지혜(aññā)'란 아라한과(arahatta)를 뜻한다."(AA.iv.200)는 주석서의 설명처럼 이것은 아라한과를 얻었을 때 생기는 지혜를 나타낸다. 본경에서 보듯이 아라한과를 성취한 뒤에 "태어남은 다했다. 청정범행은 성취되었다. 할 일을 다 해 마쳤다. 다시는 어떤 존재로도 돌아오지 않을 것이다라고 꿰뚫어 안다.(khīṇā jāti vusitaṁ brahmacariyaṁ kataṁ karaṇīyaṁ nāparaṁ itthattāyāti pajānāmi)"는 이런 구문으로 자신의 깨달음을 드러내는 것을 '구경의 지혜를 드러낸다(aññaṁ vyākaroti).'고 표현하고 있다. 본서에서도 몇몇 경에서 이 표현이 나타나고 있다.

235) "세존께서는 '사리뿟따는 자기 스스로 구경의 지혜를 드러내지 않을 것이다. 그러니 내가 그에게 질문을 하리라. 그러면 그는 그것에 대답하면서 구경의 지혜를 드러낼 것이다.'라고 생각하시면서 사리뿟따 존자가 구경의 지혜를 드러내게 하기 위해서 질문을 하시는 것이다."(SA.ii.62)

"세존이시여, 만일 제게 묻기를 '도반 사리뿟따여, 어떻게 알고 어떻게 보기 때문에 그대는 [52] '태어남은 다했다. 청정범행은 성취되었다. 할 일을 다 해 마쳤다. 다시는 어떤 존재로도 돌아오지 않을 것이다라고 꿰뚫어 안다.'라고 구경의 지혜를 드러냅니까?'라고 한다면 저는 이렇게 설명하겠습니다.

'도반들이여, 어떤 원인 때문에 태어남이 있는데 그 원인이 다하기 때문에 다함에 대해서 다함이라고 압니다. 다함에 대해서 다함이라고 안 뒤에 나는 '태어남은 다했다. 청정범행은 성취되었다. 할 일을 다 해 마쳤다. 다시는 어떤 존재로도 돌아오지 않을 것이다.'라고 꿰뚫어 압니다.'라고 이렇게 설명하겠습니다."236)

8. "사리뿟따여, 만일 그대에게 묻기를 '도반 사리뿟따여, 그러면 태어남은 무엇이 그 근원이며, 무엇으로부터 일어나고, 무엇으로부터 생기며, 무엇으로부터 발생합니까?'라고 한다면 그대는 어떻게 설명하겠는가?"

"세존이시여, 만일 제게 묻기를 '도반 사리뿟따여, 그러면 태어남은 무엇이 그 근원이며, … 무엇으로부터 발생합니까?'라고 한다면 저는 이렇게 설명하겠습니다.

'도반들이여, 태어남은 존재[有]가 그 근원이며, 존재로부터 일어나

---

236) "[앞의 S12:31에서처럼] 여기서도 장로는 질문 때문에 당혹한 것이 아니라 세존의 의향(ajjhāsaya)이 무엇인지 몰라서 당황하였다. 그에게는 이런 생각이 들었다. '구경의 지혜란 갈애(taṇhā)가 다하고 취착(upādāna)이 다하고 존재(bhava)가 다하고 조건(paccaya)이 다하고 오염원(kilesa)이 다하는 등의 많은 방법으로 드러낼 수 있다. 그런데 어떻게 말씀드려야 스승의 의향을 파악할 수 있을까?'라고.
그래서 그는 이처럼 조건[緣]을 통해서 말씀드렸다. 스승께서도 조건을 통해서 드러내기를 원하고 계셨기 때문에 그는 스승의 의향을 파악하였다. 그러자 그는 수백, 수천의 방법(naya)으로 질문에 대한 대답을 하였다."(SA.ii.62)

고, 존재로부터 생기며, 존재로부터 발생합니다.'라고 이렇게 설명하겠습니다."

9. "사리뿟따여, 만일 그대에게 묻기를 '도반 사리뿟따여, 그러면 존재는 무엇이 그 근원이며, 무엇으로부터 일어나고, 무엇으로부터 생기며, 무엇으로부터 발생합니까?'라고 한다면 그대는 어떻게 설명하겠는가?"

"세존이시여, 만일 제게 묻기를 '도반 사리뿟따여, 그러면 존재는 무엇이 그 근원이며, … 무엇으로부터 발생합니까?'라고 한다면 저는 이렇게 설명하겠습니다.

'도반들이여, 존재는 취착이 그 근원이며, 취착으로부터 일어나고, 취착으로부터 생기며, 취착으로부터 발생합니다.'라고 이렇게 설명하겠습니다.

10. "사리뿟따여, 만일 그대에게 묻기를 '도반 사리뿟따여, 그러면 취착은 … 갈애는 무엇이 그 근원이며, 무엇으로부터 일어나고, 무엇으로부터 생기며, 무엇으로부터 발생합니까?'라고 한다면 그대는 어떻게 설명하겠는가?"

"세존이시여, [53] 만일 제게 묻기를 '도반 사리뿟따여, 그러면 갈애는 무엇이 그 근원이며, … 무엇으로부터 발생합니까?'라고 한다면 저는 이렇게 설명하겠습니다. '도반들이여, 갈애는 느낌이 그 근원이며, 느낌으로부터 일어나고, 느낌으로부터 생기며, 느낌으로부터 발생합니다.'라고 이렇게 설명하겠습니다.

11. "사리뿟따여, 만일 그대에게 묻기를 '도반 사리뿟따여, 어떻게 알고 어떻게 보기 때문에 느낌들에 대한 기쁨이 자리 잡지 않습니까?'라고 한다면 그대는 어떻게 설명하겠는가?"

"세존이시여, 만일 제게 묻기를 '도반 사리뿟따여, 어떻게 알고 어떻게 보기 때문에 느낌들에 대한 기쁨이 자리 잡지 않습니까?'라고 한다면 저는 이렇게 설명하겠습니다.[237]

'도반들이여, 세 가지 느낌이 있습니다. 무엇이 셋입니까? 즐거운 느낌, 괴로운 느낌, 괴롭지도 즐겁지도 않은 느낌입니다. 도반들이여, 이러한 세 가지 느낌은 무상합니다. 무상한 것은 괴로움이라고 분명하게 알아질 때 느낌들에 대한 기쁨이 자리 잡지 않습니다.'라고 저는 이렇게 설명하겠습니다."

"장하고도 장하구나, 사리뿟따여. 그대가 말한 이 방법은 간략하게 설명하면 '느껴진 것은 무엇이든지 괴로움에 포함된다.'[238]라는 것이다."

12. "사리뿟따여, 만일 그대에게 묻기를 '도반 사리뿟따여, 어떻게 해탈하였기 때문에 그대는 '태어남은 다했다. 청정범행은 성취되었다. 할 일을 다 해 마쳤다. 다시는 어떤 존재로도 돌아오지 않을 것이라고 꿰뚫어 안다.'라고 구경의 지혜를 드러냅니까?'라고 한다면 그대는 어떻게 설명하겠는가?"

"세존이시여, 만일 제게 묻기를 '도반 사리뿟따여, 어떻게 해탈했

---

237) "세존께서는 사리뿟따 존자가 자신의 영역(savisaya)에서 사자후(sīha-nāda)를 토하게 하시려고 이 질문을 하셨다. 사리뿟따 존자는 세존께서 디가나카 유행승에게 느낌을 완전하게 파악함(vedanā-pariggaha)에 대한 경(『맛지마 니까야』 「디가나카 경」 M74/i.500~501)을 말씀하셨을 때 이미 느낌을 완전하게 파악하여 제자가 완전하게 갖추어야 할 지혜(sāvaka-pāramī-ñāṇa)를 증득하였기(adhigata) 때문이다. 그래서 이 느낌이 자기 자신의 영역(savisaya)인 것이다."(SA.ii.63)

238) '느껴진 것은 무엇이든지 괴로움에 포함된다.'는 yam kiñci vedayitaṁ taṁ dukkhasmiṁ를 옮긴 것이다. 이 문장은 본경 제4권 「한적함 경」(S36:11/iv.216~217) §3에도 나타난다. 거기서도 세존께서는 이것은 형성된 것들[諸行]의 무상함을 두고 한 말이라고 말씀하신다.

기 때문에 그대는 '태어남은 다했다. 청정범행은 성취되었다. 할 일을 다 해 마쳤다. 다시는 어떤 존재로도 돌아오지 않을 것이라고 꿰뚫어 안다.'라고 구경의 지혜를 드러냅니까?'라고 한다면 저는 이렇게 설명하겠습니다.

'도반들이여, [54] 나는 안으로 해탈239)을 하였고 모든 취착이 다 하였기 때문에240) 번뇌들이 더 이상 흐르지 않는241) 그러한 마음챙김으로 머물며, 또한 나 자신을 경멸하지 않습니다.'242)라고 저는 이렇게 설명하겠습니다."

13. "장하고도 장하구나, 사리뿟따여. 그대가 말한 이 방법은 간략하게 설명하면 '사문에 의해서243) 설해진 번뇌들에 대해서 나는 의문을 가지지 않으며 나는 그러한 번뇌들을 제거하였음에 대해서

---

239) "'안으로 해탈함(ajjhattaṁ vimokkhā)'이란 안, [즉 자기 자신의 내면]에 존재하는 형성된 것들(ajjhatta-saṅkhārā)을 완전히 파악한 뒤 아라한과를 얻음에 의해서라는 뜻이다. 여기에는 네 가지가 있다고 알아야 한다. 그것은 ① 안을 천착(abhinivesa)한 뒤 안으로부터 출현함(vuṭṭhāna) ② 안을 천착한 뒤 밖으로부터 출현함 ③ 밖을 천착한 뒤 밖으로부터 출현함 ④ 밖을 천착한 뒤 안으로부터 출현함이다."(SA.ii.63~64)
주석서는 이 넷을 상세하게 설명하고 있는데 이 부분은 『청정도론』 XXI.85에 나타나는 도의 출현(magga-vuṭṭhāna)과 일치하므로 이 부분을 참조할 것.

240) "네 가지 취착(upādāna)이 모두 다하였다는 말이다."(SA.ii.64)

241) "'번뇌들이 더 이상 흐르지 않는(āsavā na anussavanti)'이란 여섯 가지 문(dvāra)을 통해서 여섯 가지 대상(ārammaṇa)들로 흐르는 성질(savana-dhamma)을 가진 감각적 욕망의 번뇌(kāmāsava) 등의 [네 가지] 번뇌들(감각적 욕망의 번뇌, 존재의 번뇌, 견해의 번뇌, 무명의 번뇌)이 흐르지 않는다, 증장하지 않는다(na anuppavaḍḍhanti)는 뜻이다."(SA.ii.64)

242) '경멸하다'는 avajānāmi를 옮긴 것이다.
"이것을 통해서 자신에 대한 모멸감(열등감, omāna)을 제거했음을 말하고 있다."(SA.ii.64)

243) "'사문에 의해서(samaṇena)'란 부처님이라는 사문(buddha-samaṇa)에 의해서라는 뜻이다."(SA.ii.64)

의심하지 않습니다.'라는 것이다."

이렇게 말씀하신 뒤 세존께서는 자리에서 일어나서 거처로 들어가셨다.

14. 거기서 사리뿟따 존자는 세존께서 나가신 지 오래되지 않아서 비구들을 불러서 말했다.

"도반들이여, 세존께서 첫 번째 질문을 하셨을 때 나는 먼저 그분의 [의향을] 알지 못하였기 때문에 느리게 답을 하였습니다. 그러나 세존께서 첫 번째 질문에 대한 나의 답을 기뻐하셨을 때 나에게는 이런 생각이 들었습니다.

'만일 세존께서 낮이 다가도록 여러 가지 단어들과 여러 가지 방법들로 나에게 이러한 뜻에 대해서 질문을 하시면 나는 여러 가지 단어들과 여러 가지 방법들로 낮이 다가도록 세존께 그 뜻을 설명해드리리라.

만일 세존께서 밤새도록 여러 가지 단어들과 여러 가지 방법들로 나에게 이러한 뜻에 대해서 질문을 하시면 나는 여러 가지 단어들과 여러 가지 방법들로 밤새도록 세존께 그 뜻을 설명해드리리라.

만일 세존께서 하루 동안 여러 가지 단어들과 여러 가지 방법들로 나에게 이러한 뜻에 대해서 질문을 하시면 나는 여러 가지 단어들과 여러 가지 방법들로 하루 동안 세존께 그 뜻을 설명해드리리라.

만일 세존께서 [55] 이틀 동안 … 사흘 동안 … 나흘 동안 … 닷새 동안 … 엿새 동안 … 이레 동안 여러 가지 단어들과 여러 가지 방법들로 나에게 이러한 뜻에 대해서 질문을 하시면 나는 여러 가지 단어들과 여러 가지 방법들로 이레 동안 세존께 그 뜻을 설명해드리리라.'라고."

15. 그때 깔라라캇띠야 비구는 자리에서 일어나서 세존께 다가갔다. 가서는 세존께 절을 올리고 한 곁에 앉았다. 한 곁에 앉은 깔라라캇띠야 비구는 세존께 이렇게 말씀드렸다.

"세존이시여, 사리뿟따 존자는 이렇게 사자후를 토했습니다. '도반들이여, 세존께서 첫 번째 질문을 하셨을 때 나는 먼저 그분의 [의향을] 알지 못하였기 때문에 느리게 답을 하였습니다. 그러나 세존께서 첫 번째 질문에 대한 나의 답을 기뻐하셨을 때 나에게는 이런 생각이 들었습니다.

'만일 세존께서 낮이 다가도록 … 밤새도록 … 하루 동안 … 이틀 동안 … 사흘 동안 … 나흘 동안 … 닷새 동안 … 엿새 동안 … 이레 동안 여러 가지 단어들과 여러 가지 방법들로 나에게 이러한 뜻에 대해서 [56] 질문을 하시면 나는 여러 가지 단어들과 여러 가지 방법들로 이레 동안 세존께 그 뜻을 설명해드리리라.'라고.'"

16. "비구여, 사리뿟따는 법의 요소[法界][244]를 잘 꿰뚫었기 때문이다. 그는 법의 요소를 잘 꿰뚫었기 때문에 만일 내가 낮이 다가도록 여러 가지 단어들과 여러 가지 방법들로 사리뿟따에게 이러한 뜻에 대해서 질문을 하면 사리뿟따는 여러 가지 단어들과 여러 가지 방법들로 낮이 다가도록 나에게 그 뜻을 설명할 것이다.

만일 내가 밤새도록 … 하루 동안 … 이틀 동안 … 사흘 동안 …

---

244) "여기서 '법의 요소[法界, dhamma-dhātu]'란 것은 조건의 형태(paccay-ākāra)를 어떠한 애매모호함도 없이 드러내어 보여줄 수 있는(vivaṭabhāva-dassana-samattha) 제자가 완전하게 갖추어야 할 지혜(sāvaka-pāramī-ñāṇa)를 말한다. 마치 부처님들에게는 과거와 미래와 현재의 법들에 대한 일체지지(一切知智, sabbaññuta-ññāṇa)가 분명하듯이, 장로에게도 제자가 완전하게 갖추어야 할 지혜가 있어서 그는 제자가 갖추어야 할 지혜의 영역에 속하는 법들을 모두 안다는 말이다."(SA.ii.66~67)

나흘 동안 … 닷새 동안 … 엿새 동안 … 이레 동안 여러 가지 단어들과 여러 가지 방법들로 사리뿟따에게 이러한 뜻에 대해서 질문을 하면 사리뿟따는 여러 가지 단어들과 여러 가지 방법들로 이레 동안 나에게 그 뜻을 설명할 것이다."245)

지혜의 토대 경1(S12:33)
Ñāṇavatthu-sutta

2. "비구들이여, 그대들에게 44가지 지혜의 토대를 설하리라. … <S12:1 §3> …

3. "비구들이여, 그러면 어떤 것이 44가지 지혜의 토대인가?

늙음·죽음에 대한 [57] 지혜, 늙음·죽음의 일어남에 대한 지혜, 늙음·죽음의 소멸에 대한 지혜, 늙음·죽음의 소멸로 인도하는 도닦음에 대한 지혜이다.

태어남에 대한 지혜 … 존재에 대한 지혜 … 취착에 대한 지혜 … 갈애에 대한 지혜 … 느낌에 대한 지혜 … 감각접촉에 대한 지혜 … 여섯 감각장소에 대한 지혜 … 정신·물질에 대한 지혜 … 알음알이에 대한 지혜 … 의도적 행위들에 대한 지혜, 의도적 행위들의 일어남에 대한 지혜, 의도적 행위들의 소멸에 대한 지혜, 의도적 행위들의 소멸로 인도하는 도닦음에 대한 지혜이다.

비구들이여, 이를 일러 44가지 지혜의 토대라 한다."

---

245) 본경은 사리뿟따 존자가 태어남이 다했음의 정형구에서 출발하여 태어남 - 존재 - 취착 - 갈애 - 느낌으로 고찰해 올라가서 괴로움의 발생구조를 세존께 말씀드리는 구조로 되어 있다. 그러므로 본경은 12지 연기 가운데 수-애-취-유-생의 5지 연기를 뽑아내어 강조하고 있다 하겠다.

4. "비구들이여, 그러면 어떤 것이 늙음인가?

이런저런 중생들의 무리 가운데서 이런저런 중생들의 늙음, 노쇠함, 부서진 [치아], 희어진 [머리털], 주름진 피부, 수명의 감소, 감각기능[根]의 쇠퇴 — 이를 일러 늙음이라 한다.

비구들이여, 그러면 어떤 것이 죽음인가?

이런저런 중생들의 무리로부터 이런저런 중생들의 종말, 제거됨, 부서짐, 사라짐, 사망, 죽음, 서거, 오온의 부서짐, 시체를 안치함, 생명기능[命根]의 끊어짐 — 이를 일러 죽음이라 한다.

이것이 늙음이고 이것이 죽음이다. 비구들이여, 이를 일러 늙음·죽음이라 한다.

태어남이 일어나면 늙음·죽음이 일어나고 태어남이 소멸하면 늙음·죽음이 소멸한다. 여덟 가지 구성요소를 가진 성스러운 도[八支聖道=팔정도]가 늙음·죽음의 소멸로 인도하는 도닦음이니 그것은 바른 견해, 바른 사유, 바른 말, 바른 행위, 바른 생계, 바른 정진, 바른 마음챙김, 바른 삼매이다.

비구들이여, 성스러운 제자는 이와 같이 늙음·죽음을 꿰뚫어 알고 늙음·죽음의 일어남을 꿰뚫어 알고 [58] 늙음·죽음의 소멸을 꿰뚫어 알고 늙음·죽음의 소멸로 인도하는 도닦음을 꿰뚫어 안다."

5. "이것이 법[246]에 대한 그의 지혜이다. 그가 보고 분명하게 알고 시간이 걸리지 않게 얻고 간파한[247] 이러한 법으로 과거와 미

---

246) "여기서 '법(dhamma)'이란 사성제의 법(catu-sacca-dhamma)이나 도의 지혜에 대한 법(magga-ñāṇa-dhamma)을 뜻한다."(SA.ii.67)

247) "'본다(diṭṭha)'는 것은 지혜의 눈(ñāṇa-cakkhu)으로 본다는 것이다. '분명하게 안다(vidita)'는 것은 통찰지(paññā)로 분명하게 안다는 것이다. '시간이 걸리지 않는다(akālika)'는 것은 어떤 시간도 지체함이 없이 꿰뚫는 즉시

래에 대해서도 같은 방법을 적용한다.

과거의 사문들이나 바라문들이 늙음·죽음을 최상의 지혜로 알고, 늙음·죽음의 일어남을 최상의 지혜로 알고, 늙음·죽음의 소멸을 최상의 지혜로 알고, 늙음·죽음의 소멸로 인도하는 도닦음을 최상의 지혜로 알았던 것은 모두 마치 지금의 내가 최상의 지혜로 아는 것과 같다.[248]

미래의 사문들이나 바라문들이 늙음·죽음을 최상의 지혜로 알고, 늙음·죽음의 일어남을 최상의 지혜로 알고, 늙음·죽음의 소멸을 최상의 지혜로 알고, 늙음·죽음의 소멸로 인도하는 도닦음을 최상의 지혜로 알게 될 것은 모두 마치 지금의 내가 최상의 지혜로 아는 것과 같이 알게 될 것이다."

6. "비구들이여, 성스러운 제자에게는 법에 대한 지혜와 수반하는 지혜[249]라는 이러한 지극히 청정하고 지극히 깨끗한 두 가지 지

(paṭivedha-anantara) 과보를 가져다준다는 것이다. '얻는다(patta)'는 것은 증득한다는 말이다. '간파한다(pariyogāḷha)'는 것은 파악한다, 통찰지를 통해서 들어간다는 말이다."(SA.ii.67)

248) "마치 내가 지금 사성제(catu-sacca)를 통해서 아는 것처럼"(SA.ii.67)

249) "'수반하는 지혜(anvaye ñāṇa)'란 법에 대한 지혜에 수반되는(anugamane) 지혜인데 반조의 지혜(paccavekkhaṇa-ñāṇa)의 다른 이름이다. '법에 대한 지혜(dhamme ñāṇa)'란 도의 지혜(magga-ñāṇa)이다. 그리고 본경에서는 번뇌 다한 자(khīṇāsava)의 [이전의 경지인] 유학의 경지(sekkha-bhūmi)를 설하신 것이다."(SA.ii.67)

『청정도론』 XXII.19 이하에 의하면 반조의 지혜는 도와 과를 증득한 뒤에 "① 도를 반조하고 ② 과를 반조하고 ③ 버린 오염원들을 반조하고 ④ 남아 있는 오염원들을 반조하고 ⑤ 열반을 반조하는 것"이다. 본경에서는 수반하는 지혜를 반조의 지혜로 보기보다는 법에 대한 지혜를 과거와 미래에 적용시키는 것으로 보는 것이 더 낫지 않을까 싶다.

반조의 지혜(paccavekkhaṇa-ñāṇa)는 『청정도론』 XXII.19 이하와 『아비담마 길라잡이』 9장 §34의 해설을 참조할 것.

혜가 있다. 이를 일러 성스러운 제자는 견해를 구족했다고도 하고, 봄[見]을 구족했다고도 하고, 정법에 도달했다고도 하고, 정법을 보았다고도 하고, 유학의 지혜를 구족했다고도 하고, 유학의 명지를 구족했다고도 하고, 법의 흐름을 얻었다고도 하고, 성스러운 꿰뚫는 통찰지를 [얻었다]고도 하고, 불사(不死)의 문에 도달하여 머문다고도 한다."

7. "비구들이여, 그러면 어떤 것이 태어남인가? …

8. "비구들이여, 그러면 어떤 것이 존재인가? …

9. "비구들이여, 그러면 어떤 것이 취착인가? …

10. " 비구들이여, 그러면 어떤 것이 갈애인가? …

11. " 비구들이여, 그러면 어떤 것이 느낌인가? …

12. "비구들이여, 그러면 어떤 것이 감각접촉인가? …

13. "비구들이여, 그러면 어떤 것이 여섯 감각장소인가? …

14. "비구들이여, 그러면 어떤 것이 정신·물질인가? …

15. "비구들이여, 그러면 어떤 것이 알음알이인가? …

16. "비구들이여, 그러면 어떤 것이 의도적 행위들인가?

비구들이여, [59] 세 가지 의도적 행위가 있나니 몸의 의도적 행위, 말의 의도적 행위, 마음의 의도적 행위이다.

비구들이여, 이를 일러 의도적 행위들이라 한다.

무명이 일어나면 의도적 행위들이 일어나고 무명이 소멸하면 의도적 행위들이 소멸한다. 여덟 가지 구성요소를 가진 성스러운 도[八支聖道=팔정도]가 의도적 행위들의 소멸로 인도하는 도닦음이니 그것은 바른 견해, 바른 사유, 바른 말, 바른 행위, 바른 생계, 바른 정진, 바른 마음챙김, 바른 삼매이다."

17. "비구들이여, 성스러운 제자는 이와 같이 의도적 행위들을 꿰뚫어 알고 … 의도적 행위들의 소멸로 인도하는 도닦음을 꿰뚫어 안다."

이것이 그의 법에 대한 지혜이다. 그가 보고 분명하게 알고 시간이 걸리지 않게 얻고 간파한 이러한 법으로 과거와 미래에 대해서도 같은 방법을 적용한다.

과거의 사문들이나 바라문들이 … 미래의 사문들이나 바라문들이 의도적 행위들을 최상의 지혜로 알고 … 의도적 행위들의 소멸로 인도하는 도닦음을 최상의 지혜로 알게 되는 것은 모두 마치 지금의 나처럼 이와 같이 최상의 지혜로 알게 되기 때문이다."

18. "비구들이여, 성스러운 제자에게는 법에 대한 지혜와 수반하는 지혜라는 이러한 지극히 청정하고 지극히 깨끗한 두 가지 지혜가 있다. 이를 일러 성스러운 제자는 견해를 구족했다고도 하고, 봄[見]을 구족했다고도 하고, 정법에 도달했다고도 하고, 정법을 보았다고도 하고, 유학의 지혜를 구족했다고도 하고, 유학의 명지를 구족했다고도 하고, 법의 흐름을 얻었다고도 하고, 성스러운 꿰뚫는 통찰지를 [얻었다]고도 하고, 불사(不死)의 문에 도달하여 머문다고도 한다."

지혜의 토대 경2(S12:34)

3. "비구들이여, 그대들에게 77가지 지혜의 토대를 설하리라. … <S12:1 §3> … [60]

"비구들이여, 그러면 어떤 것이 77가지 지혜의 토대인가?"

4. "태어남을 조건으로 늙음·죽음이 있다는 지혜, 태어남이 없으면 늙음·죽음이 없다는 지혜, 과거에도 태어남을 조건으로 늙음·죽음이 있었다는 지혜, [과거에도] 태어남이 없었으면 늙음·죽음이 없었다는 지혜, 미래에도 태어남을 조건으로 늙음·죽음이 있다는 지혜, [미래에도] 태어남이 없으면 늙음·죽음이 없다는 지혜, 법들의 조건에 대한 지혜250)도 역시 괴멸하기 마련인 법이고 사라지기 마련인 법이고 탐욕이 빛바래기 마련인 법이고 소멸하기 마련인 법이라는 지혜251)이다."

---

250) "'법들의 조건에 대한 지혜[法住智, dhammaṭṭhiti-ñāṇa]'란 조건[緣]에 대한 지혜(paccay-ākāre ñāṇa)이다. 조건이 바로 법들이 전개되고 유지되는 원인이 되기 때문에(pavatti-ṭṭhiti-kāraṇattā) 법들의 조건[法住, dhamma-ṭṭhiti]이라 불리고 이것에 대한 지혜가 바로 법들의 조건에 대한 지혜이다. 이것은 본문에 나타나는 여섯 가지 지혜를 말한다."(SA.ii.68)
한편 본서 「조건 경」(S12:20)에서는 dhammaṭṭhitatā가 나타났는데 '법으로 확립된 것'으로 옮겼고, 본경의 dhammaṭṭhiti는 주석서를 참조해서 '법들의 조건'이라고 옮기고 있다. 이 둘은 동의어로 간주해도 무방하다. 후자는 본서 「수시마 경」(S12:70) §15에도 나타난다.
법들의 조건에 대한 지혜[法住智]에 대해서는 『청정도론』 VII.20; 22와 XIX.25~26을 참조할 것.

251) '법들의 조건에 대한 지혜도 역시 괴멸하기 마련인 법이고 사라지기 마련인 법이고 탐욕이 빛바래기 마련인 법이고 소멸하기 마련인 법이라는 지혜'를 주석서는 "위빳사나에 대한 역(逆) 위빳사나(vipassanā-paṭivipassanā)"(SA.ii.68)라고 설명하고 있다. 즉 위빳사나의 지혜 역시 소멸되기 마련이라고 관찰하는 것을 말한다. 이것은 『청정도론』 XXI.10이하(특히 §§11~13)에서 (2) 무너짐을 관찰하는 지혜(bhaṅga-anupassanā-ñāṇa)의 주 내용으로 나타나고 있으므로 참조할 것.

존재를 조건으로 태어남이 있다는 지혜 …
취착을 조건으로 존재가 있다는 지혜 …
갈애를 조건으로 취착이 있다는 지혜 …
느낌을 조건으로 갈애가 있다는 지혜 …
감각접촉을 조건으로 느낌이 있다는 지혜 …
여섯 감각장소를 조건으로 감각접촉이 있다는 지혜 …
정신·물질을 조건으로 여섯 감각장소가 있다는 지혜 …
알음알이를 조건으로 정신·물질이 있다는 지혜 …
의도적 행위들을 조건으로 알음알이가 있다는 지혜 …

무명을 조건으로 의도적 행위들이 있다는 지혜, 무명이 없으면 의도적 행위들이 없다는 지혜, 과거에도 무명을 조건으로 의도적 행위들이 있었다는 지혜, [과거에도] 무명이 없었으면 의도적 행위들이 없었다는 지혜, 미래에도 무명을 조건으로 의도적 행위들이 있다는 지혜, [미래에도] 무명이 없으면 의도적 행위들이 없다는 지혜, 법들의 조건에 대한 지혜도 역시 괴멸하기 마련인 법이고 사라지기 마련인 법이고 탐욕이 빛바래기 마련인 법이고 소멸하기 마련인 법이라는 지혜이다.

비구들이여, 이를 일러 77가지 지혜의 토대라 한다."

무명을 조건함 경1(S12:35)

Avijjāpaccaya-sutta

3. "비구들이여, 무명을 조건으로 의도적 행위들이, 의도적 행위들을 조건으로 알음알이가, … 이와 같이 전체 괴로움의 무더기[苦蘊]가 발생한다."

4. 이렇게 말씀하시자 어떤 비구가 세존께 이렇게 여쭈었다.[252]

"세존이시여, 어떤 것이 늙음·죽음이며 [61] 누구에게 늙음·죽음이 있습니까?"

"그것은 타당한 질문이 아니다."[253]라고 세존께서는 말씀하셨다.

"비구여, '어떤 것이 늙음·죽음이며 누구에게 늙음·죽음이 있습니까?'라고 말하거나 '늙음·죽음과 늙고 죽는 자는 다르다.'라고 말하면 이 둘은 그 뜻은 같고 단지 문장이 다를 뿐이다. 비구여, '생명이 바로 몸이다.'라는 견해가 있으면 청정범행을 닦지 못한다.[254] '생명과 몸은 다르다.'라는 견해가 있으면 청정범행을 닦지 못한다.[255]

---

252) Ee에는 본 문장에 해당하는 원문 evaṁ vutte, aññataro bhikkhu bhaga-vantaṁ etadavoca가 나타나지 않는다. 다른 경들의 편집을 통해서 보면 이 문장은 있어야 한다. Be, Se에는 나타난다. Ee는 특히 『상윳따 니까야』의 경우에 편집이 매끄럽지 못한 부분이 적지 않게 발견된다. 그리고 한 경에 문단 번호가 너무 많이 매겨져서 경의 흐름을 끊어놓는 경우가 허다하다.

253) "'어떤 것이 늙음·죽음입니까?'라고 바르게 질문을 한(su-pucchita) 뒤에 다시 '누구에게 늙음·죽음이 있습니까?'라고 질문하는 것은 [고정 불변하는] 중생을 상정하는 주장(satt-ūpaladdhi-vāda)이기 때문에 잘못된 질문(duppañha)이다. 이것은 마치 황금으로 만든 쟁반에 맛난 음식을 가득 담고 그 위에다 작은 똥 덩어리(gūtha-piṇḍa)를 놓은 것과 같아서 전체 음식을 먹지 못하고 버려야 하는 것과 같다."(SA.ii.68)

254) "'청정범행을 닦음(brahmacariya-vāsa)'이란 성스러운 도를 닦음(ariya-magga-vāsa)이다. 그런데 '생명이 바로 몸이다(taṁ jīvaṁ taṁ sarīraṁ).'라는 견해는 생명이 끝나면 몸도 끝나고, 몸이 끝나면 생명도 끝난다고 집착하는 것이다. 이 견해는 중생은 [죽고 나면] 단멸한다(ucchijjati)고 거머쥐기 때문에 단견(斷見, 단멸론, uccheda-diṭṭhi)이라 부른다. 그런데 형성된 것들[諸行, saṅkhārā]은 생겨나기도 하고 소멸하기도 한다고 간주하는 것이 교법의 영역(sāsana-avacara)에서는 바른 견해(sammā-diṭṭhi)이다. 그리고 성스러운 도는 윤회(vaṭṭa)를 소멸하고 윤회를 끝장내는 것이다. 그런데 이러한 단멸론을 가진 자에게는 도를 닦음(magga-bhāvanā)이 없이도 윤회가 소멸하기 때문에 도를 닦는 것이 아무 소용이 없게 되는(nirattha-kā) [모순에] 빠진다. 그래서 '청정범행을 닦지 못한다(brahmacariya-vāso na hoti).'고 말씀하신 것이다."(SA.ii.68~69)

비구여, 이러한 양 극단을 의지하지 않고 '태어남을 조건으로 늙음·죽음이 있다.'라고 중간[中]에 의해서 여래는 법을 설한다."

5. "세존이시여, 그러면 어떤 것이 태어남이며 누구에게 태어남은 있습니까?"

"그것은 타당한 질문이 아니다."라고 세존께서는 말씀하셨다.

"비구여, '어떤 것이 태어남이며 누구에게 태어남은 있습니까?'라고 말하거나 '태어남과 태어나는 자는 다르다.'라고 말하면 이 둘은 그 뜻은 같고 단지 문장이 다를 뿐이다. 비구여, '생명이 바로 몸이다.'라는 견해가 있으면 청정범행을 닦지 못한다. '생명과 몸은 다르다.'라는 견해가 있으면 청정범행을 닦지 못한다.

비구여, 이러한 양 극단을 의지하지 않고 '존재를 조건으로 태어남이 있다.'라고 중간[中]에 의해서 여래는 법을 설한다."

6. "세존이시여, 그러면 어떤 것이 존재이며 누구에게 존재가 있습니까?

"그것은 타당한 질문이 아니다."라고 세존께서는 말씀하셨다.

"비구여, '어떤 것이 존재이며 누구에게 존재가 있습니까?'라고 말

255) "두 번째로 '생명과 몸은 다르다(aññaṁ jīvaṁ aññaṁ sarīraṁ).'는 견해는 몸이 여기서 끝나더라도 생명은 그렇지 않다. 생명은 새장을 벗어난 새처럼 자유롭게(yathā-sukhaṁ) 간다고 집착하는 것이다. 이 견해는 생명은 이 세상으로부터 저세상으로 간다고 거머쥐기 때문에 상견(常見, 상주론, sassata-diṭṭhi)이라 부른다. 그런데 이 성스러운 도(ariya-magga)는 삼계윤회(tebhūmaka-vaṭṭa)를 벗어나기 위한(vivaṭṭenta) 것이다. 그러므로 이처럼 하나의 형성된 것(eka-saṅkhāra)이 항상하고 견고하고 영원하다고 한다면 이미 생겨난 윤회로부터 벗어남이란 불가능하기 때문에 도를 닦는 것(magga-bhāvanā)이 아무 소용이 없게 되는(niratthakā) [모순에] 빠진다. 그래서 이런 견해를 가진 자도 '청정범행을 닦지 못한다.'고 말씀하신 것이다."(SA.ii.69)

하거나 '존재와 존재하는 자는 다르다.'라고 말하면 이 둘은 그 뜻은 같고 단지 문장이 다를 뿐이다. 비구여, '생명이 바로 몸이다.'라는 견해가 있으면 청정범행을 닦지 못한다. '생명과 몸은 다르다.'라는 견해가 있으면 청정범행을 닦지 못한다.

비구여, 이러한 양 극단을 의지하지 않고 '취착을 조건으로 존재가 있다.'라고 중간[中]에 의해서 여래는 법을 설한다. … '갈애를 조건으로 취착이 있다.' … '느낌을 조건으로 갈애가 있다.' … '감각접촉을 조건으로 느낌이 있다.' … '여섯 감각장소를 조건으로 감각접촉이 있다.' … '정신·물질을 조건으로 여섯 감각장소가 있다.' … [62] '알음알이를 조건으로 정신·물질이 있다.' … '의도적 행위들을 조건으로 알음알이가 있다.'라고 중간[中]에 의해서 여래는 법을 설한다."

7. "세존이시여, 그러면 어떤 것이 의도적 행위들이며 누구에게 의도적 행위들이 있습니까?"

"그것은 타당한 질문이 아니다."라고 세존께서는 말씀하셨다.

"비구여, '어떤 것이 의도적 행위들이며 누구에게 의도적 행위들이 있습니까?'라고 말하거나 '의도적 행위들과 의도적 행위들을 하는 자는 다르다.'라고 말하면 이 둘은 그 뜻은 같고 단지 문장이 다를 뿐이다. 비구여, '생명이 바로 몸이다.'라는 견해가 있으면 청정범행을 닦지 못한다. '생명과 몸은 다르다.'라는 견해가 있으면 청정범행을 닦지 못한다.

비구여, 이러한 양 극단을 의지하지 않고 '무명을 조건으로 의도적 행위들이 있다.'라고 중간[中]에 의해서 여래는 법을 설한다."

8. "비구여, 무명이 남김없이 빛바래어 소멸하면 '어떤 것이 늙음·죽음이며 누구에게 늙음·죽음이 있는가?'라거나, '늙음·죽음과

늙고 죽는 자는 다르다.'라거나, '생명이 바로 몸이다.'라거나, '생명과 몸은 다르다.'라거나 하는 등으로 그에게 있던 안절부절못함, 요동침, 몸부림침256)은 모두 버려지고 그 뿌리가 잘리고 줄기만 남은 야자수처럼 되고257) 존재하지 않게 되고 미래에 다시는 일어나지 않게끔 된다."

9. "비구여, 무명이 남김없이 빛바래어 소멸하면 '어떤 것이 태어남이며 누구에게 태어남이 있는가?'라거나, '태어남과 태어나는 자는 다르다.'라거나, '생명이 바로 몸이다.'라거나, '생명과 몸은 다르다.'라거나 하는 등으로 그에게 있던 안절부절못함, 요동침, 몸부림침은 모두 버려지고 그 뿌리가 잘리고 줄기만 남은 야자수처럼 되고 존재하지 않게 되고 미래에 다시는 일어나지 않게끔 된다.

비구여, 무명이 남김없이 빛바래어 소멸하면 '어떤 것이 존재이며 누구에게 존재가 있는가?'라거나 …

'어떤 것이 취착이며 누구에게 취착이 있는가?'라거나 …

---

256) "'안절부절못함, 요동침, 몸부림침'은 모두 삿된 견해와 동의어이다. 이것은 바른 견해를 찌른다는 뜻(vinivijjhan-aṭṭha)에서는 못(visūka)과 같아서 자신을 방해하기 때문에(āvaraṇato) '안절부절못하는 것(visūkāyika)'이다. 이것은 바른 견해에 확립되지 못하고(ananuvattitvā) 그와 반대로 치달리기 때문에 '요동치는 것(visevita)'이다. 이것은 어떤 때는 단견을, 어떤 때는 상견을 거머쥐며 반대되는 쪽으로 몸부림치기(phandita) 때문에 '몸부림치는 것(vipphandita)'이다."(SA.ii.69)
한편 Ee에 의하면 본 문장이 앞의 단락번호에 포함되어 있다. 그렇게 되면 문맥을 크게 오해할 우려가 있어서 역자는 Be의 편집을 따라서 이 부분을 본 문단에 포함시켰고 아래 문단의 경우도 그렇게 하였다. 보디 스님도 이렇게 번역해내고 있다.

257) "'줄기만 남은 야자수처럼 되었다(tālā-vatthu-kata).'는 것은 윗부분이 잘려나간 야자수(matthaka-cchinna-tāla)처럼 되어서 다시 자라지 못한다(aviruhaṇa)는 뜻이다. 혹은 야자수를 뿌리째 뽑아버린 뒤 그것이 서 있던 장소(patiṭṭhita-ṭṭhāna)처럼 만들었다는 뜻이다."(SA.ii.69)

'어떤 것이 갈애이며 누구에게 갈애가 있는가?'라거나 … [63]
'어떤 것이 느낌이며 누구에게 느낌이 있는가?'라거나 …
'어떤 것이 감각접촉이며 누구에게 감각접촉이 있는가?'라거나 …
'어떤 것이 여섯 감각장소이며 누구에게 여섯 감각장소가 있는가?'라거나 …
'어떤 것이 정신·물질이며 누구에게 정신·물질이 있는가?'라거나 …
'어떤 것이 알음알이이며 누구에게 알음알이가 있는가?'라거나, '알음알이와 알음알이를 가진 자는 다르다.'라거나, '생명이 바로 몸이다.'라거나, '생명과 몸은 다르다.'라거나 하는 등으로 그에게 있던 안절부절못함, 요동침, 몸부림침은 모두 버려지고 그 뿌리가 잘리고 줄기만 남은 야자수처럼 되고 존재하지 않게 되고 미래에 다시는 일어나지 않게끔 된다."

10. "비구여, 무명이 남김없이 빛바래어 소멸하면 '어떤 것이 의도적 행위이며 누구에게 의도적 행위가 있는가?'라거나, '의도적 행위와 의도적 행위를 하는 자는 다르다.'라거나, '생명이 바로 몸이다.'라거나, '생명과 몸은 다르다.'라거나 하는 등으로 그에게 있던 안절부절못함, 요동침, 몸부림침은 모두 버려지고 그 뿌리가 잘리고 줄기만 남은 야자수처럼 되고 존재하지 않게 되고 미래에 다시는 일어나지 않게끔 된다."

무명을 조건함 경2(S12:36)

3. "비구들이여, 무명을 조건으로 의도적 행위들이, 의도적 행위들을 조건으로 알음알이가, … 이와 같이 전체 괴로움의 무더기[苦

蘊]가 발생한다."

4. "비구들이여, '어떤 것이 늙음·죽음이며 누구에게 늙음·죽음은 있습니까?'라고 말하거나 '늙음·죽음과 늙고 죽는 자는 다르다.'라고 말하면 이 둘은 그 뜻은 같고 단지 문장이 다를 뿐이다. 비구들이여, '생명이 바로 몸이다.'라는 견해가 있으면 청정범행을 닦지 못한다. '생명과 몸은 다르다.'라는 견해가 있으면 청정범행을 닦지 못한다.

비구들이여, 이러한 양 극단을 의지하지 않고 '태어남을 조건으로 늙음·죽음이 있다.'라고 중간[中]에 의해서 여래는 법을 설한다.

비구들이여, '어떤 것이 태어남이며 누구에게 태어남이 있습니까?'라고 … '어떤 것이 존재이며 누구에게 존재가 있습니까?'라고 … '어떤 것이 취착이며 누구에게 취착이 있습니까?'라고 … '어떤 것이 갈애이며 누구에게 갈애가 있습니까?'라고 … '어떤 것이 느낌이며 누구에게 느낌이 있습니까?'라고 … '어떤 것이 감각접촉이며 누구에게 감각접촉이 있습니까?'라고 … [64] '어떤 것이 여섯 감각장소이며 누구에게 여섯 감각장소가 있습니까?'라고 … '어떤 것이 정신·물질이며 누구에게 정신·물질이 있습니까?'라고 … '어떤 것이 알음알이이며 누구에게 알음알이가 있습니까?'라고 …

비구들이여, '어떤 것이 의도적 행위들이며 누구에게 의도적 행위들은 있습니까?'라고 말하거나 '의도적 행위들과 의도적 행위들을 하는 자는 다르다.'라고 말하면 이 둘은 그 뜻은 같고 단지 문장이 다를 뿐이다. 비구들이여, '생명이 바로 몸이다.'라는 견해가 있으면 청정범행을 닦지 못한다. '생명과 몸은 다르다.'라는 견해가 있으면 청정범행을 닦지 못한다.

비구들이여, 이러한 양 극단을 의지하지 않고 '무명을 조건으로 의도적 행위들이 있다.'라고 중간에 의해서 여래는 법을 설한다."

5. "비구들이여, 무명이 남김없이 빛바래어 소멸하면 그것에 의지한 것은 그 무엇이든지 모두 안절부절못하고 요동치고 몸부림치게 된다. 비구들이여, 그러므로 '어떤 것이 늙음·죽음이며 누구에게 늙음·죽음은 있습니까?'라거나 '늙음·죽음과 늙고 죽는 자는 다르다.'라거나 '생명이 바로 몸이다.'라거나 '생명과 몸은 다르다.'라거나 하는 등의 그것에 의지한 것은 모두 버려지고 그 뿌리가 잘리고 줄기만 남은 야자수처럼 되고 존재하지 않게 되고 미래에 다시는 일어나지 않게끔 된다.

비구들이여, 무명이 남김없이 빛바래어 소멸하면 그것에 의지한 것은 그 무엇이든지 모두 안절부절못하고 요동치고 몸부림치게 된다. 비구들이여, 그러므로 '어떤 것이 태어남이며 누구에게 태어남이 있습니까?'라거나 … '어떤 것이 존재이며 누구에게 존재가 있습니까?'라거나 … '어떤 것이 취착이며 누구에게 취착이 있습니까?'라거나 … '어떤 것이 갈애이며 누구에게 갈애가 있습니까?'라거나 … '어떤 것이 느낌이며 누구에게 느낌이 있습니까?'라거나 … '어떤 것이 감각접촉이며 누구에게 감각접촉이 있습니까?'라거나 … '어떤 것이 여섯 감각장소이며 누구에게 여섯 감각장소가 있습니까?'라거나 … '어떤 것이 정신·물질이며 누구에게 정신·물질이 있습니까?'라거나 … '어떤 것이 알음알이이며 누구에게 알음알이가 있습니까?'라거나 … '어떤 것이 의도적 행위들이며 누구에게 의도적 행위들이 있습니까?'라거나 '의도적 행위들과 의도적 행위들을 하는 자는 다르다.'라거나 '생명이 바로 몸이다.'라거나 '생명과 몸은 다르다.'라거나 하는 등의 그것에 의지한 것은 모두 버려지고 그 뿌리가 잘리고 줄기만 남은 야자수처럼 되고 존재하지 않게 되고 미래에 다시는 일어나지 않게끔 된다."

그대들 것이 아님 경(S12:37)

Natumha-sutta

3. "비구들이여, 이 몸은 그대들의 것도 아니고 남들의 것도 아니다.258)

비구들이여, [65] 오래된 업[이라는 조건에 의해서 생긴 이 몸은]259) [조건에 의해서] 형성된 것이고 의도의 토대가 되는 것이고 느낌의 토대가 되는 것이라고 보아야 한다.260)

비구들이여, 그러므로 잘 배운 성스러운 제자는 다음과 같이 연기를 지혜롭게 잘 마음에 잡도리하여야 한다.[如理作意]"

---

258) "자아(atta)가 있을 때 자아에 속하는 것(attaniya)이 있다. 그러나 자아가 없기 때문에 '그대들의 것이 아니다(na tumhākaṁ).'라고 하셨다. '남들의 것도 아니다(napi aññesaṁ).'에서 남이란 남들의 자아(paresaṁ attā)이다. 그것이 있을 때 남들이라는 것도 있을 수 있다. 그러나 그런 것이 없기 때문에 '남들의 것도 아니다.'라고 하셨다."(SA.ii.70)

259) 원문은 purāṇam idaṁ kammaṁ(이 오래된 업)인데 주석서는 "오래된 업에 의해서 생긴(purāṇa-kamma-nibbatta) 이 몸(kāya)이니 조건이라는 일상적인 어법(paccaya-vohāra)을 통해서 말씀하셨다."(*Ibid*)라고 설명하고 있어서 이렇게 풀어서 옮겼다.

260) "'형성된 것(abhisaṅkhata)'이란 조건들에 의해서 만들어진 것(paccayehi kata)이라고 보아야 한다."(SA.ii.70)
'의도의 토대가 되는 것'이라고 옮긴 원어는 abhisañcetayita(의도)인데 주석서에서 "의도의 토대가 되고(cetanā-vatthuka) 의도의 뿌리가 되는 것(cetanā-mūlaka)이라고 보아야 한다."(*Ibid*)라고 설명하고 있어서 이렇게 옮겼다.
'느낌의 토대가 되는 것'으로 옮긴 원어는 vedaniya(느껴진 것)인데 주석서에서 "느낌의 토대가 되는 것(vedaniya-vatthu)이라고 보아야 한다. [왜냐하면 이것은 느낌의 토대와 대상(vatth-ārammaṇa)이 되어서 느낌에게 조건이 되기 때문이다. – SAṬ.ii.69]"(SA.ii.70)라고 설명하고 있기 때문이다.

4. "이것이 있을 때 저것이 있다. 이것이 일어날 때 저것이 일어난다. 이것이 없을 때 저것이 없다. 이것이 소멸할 때 저것이 소멸한다.

즉, 무명을 조건으로 의도적 행위들이, 의도적 행위들을 조건으로 알음알이가, … 이와 같이 전체 괴로움의 무더기[苦蘊]가 발생한다.

그러나 무명이 남김없이 빛바래어 소멸하기 때문에 의도적 행위들이 소멸하고, 의도적 행위들이 소멸하기 때문에 알음알이가 소멸하고, … 이와 같이 전체 괴로움의 무더기[苦蘊]가 소멸한다."

의도 경1(S12:38)

Cetanā-sutta

3. "비구들이여, 어떤 것을 의도하고 어떤 것을 계속해서 사유하고 어떤 것에 대해서 잠재성향을 가지면261) 그것은 알음알이가 머무는262) 조건이 된다.263)

---

261) "여기서 '의도한다(ceteti).'는 것은 삼계의 모든 유익하고 해로운 의도(tebhūmaka-kusala-akusala-cetanā)를 포함한다. '계속해서 사유한다(pakappeti).'는 것은 탐욕과 함께하는 8가지 마음(lobha-sahagata-citta)에 존재하는 갈애와 사견이 함께하는 사유(taṇhā-diṭṭhi-kappā)를 포함한다.(사견이 함께하는 견해와 연결된 4가지 마음에서만 일어난다. – SAṬ.ii.70) '잠재성향을 가진다(anuseti).'는 것은 함께 생긴 조건의 항목(sahajāta-koṭi)과 강하게 의지하는 조건의 항목(upanissaya-koṭi)을 통해서 12가지 [해로운] 마음의 의도에 있는 잠재성향(anusaya)을 포함한다."(SA.ii.70) 12가지 마음과 탐욕과 함께하는 8가지 마음은 『아비담마 길라잡이』 제1장 §3의 I.1 해로운 마음 12가지와 §4를 참조할 것.

262) "'알음알이가 머무는(viññāṇassa ṭhitiyā)'이란 업을 짓는 알음알이(kamma-viññāṇa)가 머무는 것이다."(SA.ii.71)

263) 여기서 '조건'으로 옮긴 원어는 ārammaṇa(대상)이다. 그러나 주석서에서 "여기서 대상이란 조건(paccaya)을 말한다."(SA.ii.71)라고 설명하고 있어서 이렇게 옮겼다. 사실 의도나 사유나 잠재성향은 업을 짓는 대상이 아니라

조건[264]이 있을 때 알음알이가 확립된다. 알음알이가 확립되고 증장하면[265] 내생에 다시 태어남의 발생(정신·물질)[266]이 있게 된다. 내생에 다시 태어남의 발생이 있게 되면 내생의 늙음·죽음과 근심·탄식·육체적 고통·정신적 고통·절망이 발생한다.

이와 같이 전체 괴로움의 무더기[苦蘊]가 발생한다."[267]

조건이 된다. 그래서 주석서를 따라서 조건으로 옮겼다.

264) 여기서도 조건으로 옮긴 단어는 ārammaṇa(대상)인데 주석서에서는 조건으로 설명하고 있다.(SA.ii.71)

265) "'증장하면(virūḷha)'이라는 것은 업을 재촉하여(kammaṁ javāpetvā) 재생연결을 촉진하는 능력(paṭisandhi-ākaḍḍhana-samatthatā)을 통해서 태어남의 뿌리(nibbatta-mūla)가 되고 생겨나는 것(jāta)을 말한다."(SA.ii.71)

266) '다시 태어남의 발생(punabbhava-abhinibbatti)'에 대해서는 본서 「몰리야팍구나 경」(S12:12) §4의 해당부분과 주해를 참조할 것.

267) 본경은 특이한 형태로 연기를 설하고 있다. 비슷한 표현이 본서 「탐욕 있음 경」(S12:64) §4 이하에도 나타난다. 본서 제3권 「속박 경」(S22:53)과 「씨앗 경」(S22:54)도 참조할 것. 『앙굿따라 니까야』 「의도 경」(A3:77/i.223~224)에도 재생에 대한 비슷한 과정이 언급되고 있다.
본 문단에서 '의도하다'와 '사유하다'로 옮긴 ceteti와 pakappati는 12연기의 두 번째 각지인 의도적 행위[行, saṅkhāra]에 배대된다. "비구들이여, 의도가 업이라고 나는 말하노니 의도한 뒤 몸과 말과 마음으로 업을 짓는다(cetanā'haṁ bhikkhave kammaṁ vadāmi cetayitvā kammaṁ karoti kāyena vācāya manasā)."(『앙굿따라 니까야』 「꿰뚫음 경」(A6:63) §11/iii.415)는 말씀처럼 동사 ceteti에서 파생된 명사 쩨따나(cetanā)는 의도 혹은 의도적 행위를 뜻하기 때문이다. '잠재성향을 가지다(anuseti)'와 여기서 파생된 명사 잠재성향(anusaya)은 첫 번째와 여덟 번째인 무명과 갈애에 배대되는데, 무명은 무명의 잠재성향(avijānusaya)과 배대되고 갈애는 욕망의 잠재성향(rāga-anusaya)에 배대되기 때문이다.
그런데 보디 스님은 [업을 짓는] 알음알이를 12연기의 세 번째 각지인 알음알이에 배대시키고 있지만(758~759쪽) 역자는 동의하지 않는다. 왜냐하면 바로 다음의 「의도 경」 2(S12:39) §3에 해당하는 주석서(본서 「몰리야팍구나 경」(S12:12) §4의 해당 주해도 참조할 것)에 의하면 그곳의 알음알이와 정신·물질 사이에는 [인-과의] 연결고리(sandhi)가 있기 때문에 거기서 알음알이는 전생의 업을 짓는 알음알이이고 정신·물질은 금생의 출발이 된다

4. "비구들이여, 어떤 것을 의도하지 않고 어떤 것을 계속해서 사유하지 않지만 만일 어떤 것에 대해서 잠재성향을 가지면 그것은 알음알이가 머무는 조건이 된다.

조건이 있을 때 알음알이가 확립된다. 알음알이가 확립되고 증대하면268) 내생에 다시 태어남의 발생(정신·물질)이 있게 된다. 내생에 다시 태어남의 발생이 있게 되면 내생의 늙음·죽음과 근심·탄식·육체적 고통·정신적 고통·절망이 발생한다.

이와 같이 전체 괴로움의 무더기[苦蘊]가 발생한다."269)

고 설명하고 있기 때문이다.(SA.ii.72) 「의도 경」 2(S12:39)는 본경의 '내생에 다시 태어남의 발생' 대신에 12연기의 정신·물질을 배대해서 식-명색-…-생-노사의 10지 연기로 설명하고 있다. 그러므로 본경의 알음알이도 주석서에서 업을 짓는 알음알이라고 설명하고 있기 때문에 이 알음알이와 내생에 다시 태어남의 발생, 즉 정신·물질 사이에는 하나의 [인-과의] 연결고리(sandhi)가 있는 것으로 이해해야 마땅하다.(본서 「몰리야팍구나 경」(S12:12) §4의 해당부분과 주해도 참조할 것.)

그리고 12연기의 세 번째로 나타나는 알음알이는 한 생의 최초의 알음알이 즉 재생연결식이라고 모든 주석서는 설명하고 있으며 아비담마적으로 보면 이 재생연결식은 업을 짓는 알음알이가 아니라 과보로 나타난 알음알이임이 당연하다. 그런데 본경에 해당하는 주석서에서는 본경의 알음알이를 업을 짓는 알음알이라고 밝히고 있기 때문에 이것은 재생연결식이 결코 될 수 없다. 그러므로 내생에 다시 태어남을 일으키기 이전 생에서 업을 짓는 알음알이로 봐야 마땅하다. 그리고 이런 알음알이를 조건으로 하여 다음 생의 존재와 늙음·죽음이 생기는 것으로 이해하는 것이 문맥상 훨씬 자연스럽다.

268) 알음알이의 확립과 증대에 대해서는 본서 「탐욕 있음 경」(S12:64) §4의 주해를 참조할 것.

269) 이 두 번째 경우(§4)는 삼계의 모든 유익하고 해로운 의도와 갈애와 사견이 함께하는 사유는 없지만 오문전향이나 의문전향과 같은 작용만하는 마음에 잠복해 있는 잠재성향은 남아있는 경우라고 주석서는 설명하고 있다. 이러한 잠재성향이 남아있는 한 이것은 업을 짓는 알음알이의 조건이 되는 것이다. (SA.ii.71)

복주서에 의하면 이 두 번째 경우는 유익하거나 해로운 업이 다시 태어남을 가져오는 것은 수행의 예비단계에 축적되어 있음을 보여주는 것이다. 비록

5. "비구들이여, 어떤 것을 의도하지도 않고 어떤 것을 계속해서 사유하지도 않고 어떤 것에 대해서 잠재성향을 가지지도 않으면 그것은 [66] [업을 짓는] 알음알이가 머무는 조건이 되지 않는다.

조건이 없을 때 [업을 짓는] 알음알이가 확립되지 않는다. [업을 짓는] 알음알이가 확립되지 않고 커지지 않으면 내생에 다시 태어남의 발생(정신·물질)이 존재하지 않는다. 내생에 다시 태어남의 발생이 존재하지 않으면 내생의 늙음·죽음과 근심·탄식·육체적 고통·정신적 고통·절망이 소멸한다.

이와 같이 전체 괴로움의 무더기[苦蘊]가 소멸한다."270)

의도 경2(S12:39)

3. "비구들이여, 어떤 것을 의도하고 어떤 것을 계속해서 사유하고 어떤 것에 대해서 잠재성향을 가지면 그것은 알음알이가 머무는 조건이 된다.

갈애와 사견은 없지만 존재에 대한 위험을 절감한 수행자가 위빳사나 수행을 하려는 의도들이 잠재성향이 되어서 다시 태어남을 가져오게 된다는 것이다. 그리고 이것은 유익함과 해로움이 존재하지 않더라도 업을 짓는 알음알이는 확립되어 있으며 이러한 업을 짓는 알음알이가 제거되지 않는 한 삼계의 과보로 나타난 마음에 잠복해 있음을 보여준다고 복주서는 설명하고 있다.(SAṬ.ii.70)

270) 주석서에 의하면 이 세 번째 경우(§5)는 아라한도의 역할(arahatta-magga-ssa kicca)을 설명하고 있다. 그리고 번뇌 다한 아라한이 자신의 역할을 수행하는 것(khiṇāsavassa kiccakaraṇa)으로도 볼 수 있고, 아홉 가지 출세간법(nava-lokuttara-dhammā, 네 가지 도와 네 가지 과와 열반)을 드러내는 것이라고도 간주할 수 있다고 주석서는 덧붙이고 있다.(SA.ii.72)
한편 본경은 연기의 정형구에 나타나는 의도적 행위들[行] 대신에 "어떤 것을 의도하고 어떤 것을 계속해서 사유하고 어떤 것에 대해서 잠재성향을 가지면"으로 나타나고 있는 것이 특징이며, 이렇게 해서 행-식-재생-노사의 4지 연기를 설하고 있다.

조건이 있을 때 알음알이가 확립된다. 알음알이가 확립되고 증대하면 정신·물질이 출현한다.271) 정신·물질을 조건으로 여섯 감각장소가, 여섯 감각장소를 조건으로 감각접촉이, 감각접촉을 조건으로 느낌이, 느낌을 조건으로 갈애가, 갈애를 조건으로 취착이, 취착을 조건으로 존재가, 존재를 조건으로 태어남이, 태어남을 조건으로 늙음·죽음과 근심·탄식·육체적 고통·정신적 고통·절망이 발생한다.

이와 같이 전체 괴로움의 무더기[苦蘊]가 발생한다."

4. "비구들이여, 어떤 것을 의도하지 않고 어떤 것을 계속해서 사유하지 않지만 만일 어떤 것에 대해서 잠재성향을 가지면 그것은 알음알이가 머무는 조건이 된다.

조건이 있을 때 알음알이가 확립된다. 알음알이가 확립되고 증대하면 정신·물질이 출현한다. 정신·물질을 조건으로 여섯 감각장소가, 여섯 감각장소를 조건으로 감각접촉이, …

---

271) '출현'으로 옮긴 원어는 명사 avakkanti이다. 『인시설론 주석서』(PugA.184)에서는 "'출현한다'는 것은 드러남(okkanti), 생김(nibbatti), 나타남(pātu-bhāva)을 뜻한다."로 설명하고 있다. 출현(avakkanti)에 대한 더 자세한 논의는 본서 「알음알이 경」(S12:59) §3의 주해를 참조할 것.(이곳의 설명에 의하면 avakkanti는 더 구체적으로 '[모태에] 듦'으로 옮길 수 있다.)
본서 「몰리야팍구나 경」(S12:12) §4에도 '내생에 다시 태어남의 발생'이 알음알이와 육입 사이에 나타났다. 그러므로 본경의 정신·물질과 「몰리야팍구나 경」의 내생에 다시 태어남의 발생은 같은 것이다.
주석서에 의하면 본경에서 알음알이와 정신·물질 사이에는 [인-과의] 연결고리(sandhi)가 있기 때문에 여기서 알음알이는 전생의 업을 짓는 알음알이이고 정신·물질은 금생의 출발이 된다고 설명하고 있다.(SA.ii.72)
한편 본경은 앞 경의 내생에 다시 태어남의 발생 대신에 12연기의 정신·물질을 배대해서 의도(행)-식-명색-육입…-생-노사의 11지 연기로 설명하고 있다. 그러므로 '내생에 다시 태어남의 발생'과 '정신·물질의 출현'은 같은 것으로 보인다. 그리고 주석서도 이렇게 설명하고 있다.(본서 「몰리야팍구나 경」(S12:12) §4의 해당부분과 주해를 참조할 것.)

이와 같이 전체 괴로움의 무더기[苦蘊]가 발생한다."

5. "비구들이여, 어떤 것을 의도하지도 않고 어떤 것을 계속해서 사유하지도 않고 어떤 것에 대해서 잠재성향을 가지지도 않으면 그것은 [업을 짓는] 알음알이가 머무는 조건이 되지 않는다.

조건이 없을 때 알음알이가 확립되지 않는다. 알음알이가 확립되지 않고 커지지 않으면 정신·물질의 출현이 없다. 정신·물질이 소멸하면 여섯 감각장소가 소멸하고, 여섯 감각장소가 소멸하면 감각접촉이 소멸하고, … 늙음·죽음과 근심·탄식·육체적 고통·정신적 고통·절망이 소멸한다.

이와 같이 전체 괴로움의 무더기[苦蘊]가 소멸한다."272)

의도 경3(S12:40)

3. "비구들이여, [67] 어떤 것을 의도하고 어떤 것을 계속해서 사유하고 어떤 것에 대해서 잠재성향을 가지면 그것은 알음알이가 머무는 조건이 된다.

조건이 있을 때 알음알이가 확립된다. 알음알이가 확립되고 증대하면 [마음의] 경도(傾倒)됨273)이 있고, [마음의 경도됨]이 있으면

---

272) "알음알이와 정신·물질 사이에 하나의 [인-과의] 연결고리(sandhi)가 있고, 느낌과 갈애 사이에 다른 하나가, 존재와 태어남 사이에 또 다른 하나의 [연결고리]가 있다."(SA.ii.72)
본경에서도 연기의 정형구에 나타나는 의도적 행위들[行] 대신에 "어떤 것을 의도하고 어떤 것을 계속해서 사유하고 어떤 것에 대해서 잠재성향을 가지면"으로 나타나고 있다. 그리고 무명이 나타나지 않는 11지 연기를 설하고 있다.

273) "'[마음의] 경도(傾倒)됨(nati)'이란 갈애(taṇhā)를 말한다. 이것은 사랑스런 모습(piya-rūpa)을 한 형색 등(여섯 가지 대상[六境]을 말한다. – SAṬ.ii.72)으로 기울기(namana) 때문에 경도됨이라 불린다."(SA.ii.72)

[업의 표상 등이] 나타남에 의한 [알음알이의] 오고감이 있고,274) [업의 표상 등이] 나타남에 의한 [알음알이의] 오고감이 있으면 죽고 다시 태어남이 있고,275) 죽고 다시 태어남이 있으면 내생의 태어남과 늙음·죽음과 근심·탄식·육체적 고통·정신적 고통·절망이 발생한다.

이와 같이 전체 괴로움의 무더기[苦蘊]가 발생한다."

4. "비구들이여, 어떤 것을 의도하지 않고 어떤 것을 계속해서 사유하지 않지만 만일 어떤 것에 대해서 잠재성향을 가지면 그것은 [업을 짓는] 알음알이가 머무는 조건이 된다.

조건이 있을 때 [업을 짓는] 알음알이가 확립된다. [업을 짓는] 알음알이가 확립되고 증대하면 [마음의] 경도됨이 있고, [마음의] 경도됨이 있으면 [업의 표상 등이] 나타남에 의한 [알음알이의] 오고감이 있고, [업의 표상 등이] 나타남에 의한 [알음알이의] 오고감이 있으면 죽고 다시 태어남이 있고, 죽고 다시 태어남이 있으면 내생의 태어남과 늙음·죽음과 근심·탄식·육체적 고통·정신적 고통·절망이 발생한다.

"이것은 삼계의 존재에 대한 소망(patthanā)과 염원(paṇidhāna) 등을 말한다."(SAṬ.ii.72)

274) "'오고감(āgati-gati)'이란 업(kamma)이나 업의 표상(kamma-nimitta)이나 태어날 곳의 표상(gati-nimitta)에 의해서 재생연결(paṭisandhi)을 통해서 알음알이의 태어남(viññāṇassa gati)이 있다는 뜻이다."(SA.ii.72) 업과 업의 표상과 태어날 곳의 표상에 대해서는 『아비담마 길라잡이』 제3장 §17의 해설을 참조할 것.

275) "'죽고 다시 태어남(cutūpapāta)'이란 이와 같이 알음알이가 와서(āgata) 재생연결을 통해서 감(gati)이 있을 때 여기서부터 떨어져 나감(cavana)이 '죽음(cuti)'이라 불리고, 저기에 다시 태어나는 것이 '태어남(upapāta)'이라 불린다."(SA.ii.72)

이와 같이 전체 괴로움의 무더기[苦蘊]가 발생한다."

5. "비구들이여, 어떤 것을 의도하지도 않고 어떤 것을 계속해서 사유하지도 않고 어떤 것에 대해서 잠재성향을 가지지도 않으면 그것은 [업을 짓는] 알음알이가 머무는 조건이 되지 않는다.

조건이 없을 때 [업을 짓는] 알음알이가 확립되지 않는다. [업을 짓는] 알음알이가 확립되지 않고 커지지 않으면 [마음의] 경도됨이 있지 않고, [마음의] 경도됨이 있지 않으면 [업의 표상 등이] 나타남에 의한 [알음알이의] 오고감이 있지 않고, [업의 표상 등이] 나타남에 의한 [알음알이의] 오고감이 있지 않으면 죽고 다시 태어남이 있지 않고, 죽고 다시 태어남이 있지 않으면 내생의 태어남과 늙음·죽음과 근심·탄식·육체적 고통·정신적 고통·절망이 소멸한다.

이와 같이 전체 괴로움의 무더기[苦蘊]가 소멸한다."[276)]

제4장 깔라라캇띠야 품이 끝났다.

네 번째 품에 포함된 경들의 목록은 다음과 같다.

① 되어있는 것 ② 깔라라
두 가지 ③~④ 지혜의 토대 [68]
두 가지 ⑤~⑥ 무명을 조건함
⑦ 그대들 것이 아님, 세 가지 ⑧~⑩ 의도이다.

276) 부처님의 이 말씀은 본서 제4권 「찬나 경」(S35:87) §12에서 마하쭌다 존자가 세존의 가르침이라고 하면서 찬나 존자에게 말해준 것과 비슷하다. 본경도 「의도 경」 1(S12:38)처럼 행-식-재생-노사의 4지 연기를 설하고 있다.

제5장 장자 품

Gahapati-vagga

다섯 가지 증오와 두려움 경1(S12:41)[277]

Pañcaverabhaya-sutta

2. 그때 급고독 장자[278]가 세존께 다가갔다. 가서는 세존께 절을 올린 뒤 한 곁에 앉았다. 한 곁에 앉은 급고독 장자에게 세존께서는 이렇게 말씀하셨다.

3. "장자여, 성스러운 제자가 다섯 가지 두려움과 증오[279]를 가

277) 본경은 본서 제6권 「두려움과 증오 경」 1(S55:28)과 『앙굿따라 니까야』 제6권 「증오 경」(A10:92)과 동일하다. 본경과 본서 제6권 「두려움과 증오 경」 1(S55:28), 그리고 다음 경과 본서 제6권 「두려움과 증오 경」 2(S55:29)는 각각 꼭 같은 내용을 담고 있지만 Ee와 Be에서는 본경과 다음 경의 제목을 「증오와 두려움 경」 1/2로, S55:28과 S55:29를 「두려움과 증오 경」 1/2로 붙이고 있어서 역자도 이를 따랐다.

278) 급고독 장자(Anāthapiṇḍika gahapati)에 대해서는 본서 제1권 「수닷따 경」(S10:8) §2의 주해를 참조할 것.

279) "여기서 '두려움(bhaya)'과 '증오(vera)'는 두려움과 증오라는 의도(bhaya-vera-cetanā)를 뜻한다."(SA.ii.72)
"두려워해야 한다는 뜻에서 두려움이고 증오를 출산한다는 뜻에서 증오라는 이런 이름을 얻은 의도들을 뜻한다(bhayaveracetanāyo ti bhāyitabbaṭṭhena bhayaṁ, verapasavanaṭṭhena veranti ca laddhanāmā cetanā-yo)."(SAṬ.ii.72)
'두려움과 증오'는 bhaya-vera를 옮긴 것인데 bhaya-vera를 병렬복합어[相違釋, dvandva]로 즉 bhayaṁ ca veraṁ ca(두려움과 증오)로 이해한 것이다. 그런데 보디 스님은 이것을 두려운 증오(*fearful animosities*)로 옮기고 있는데, 격한정복합어[依主釋, tatpuruṣa]로 이해하였다. 그러나 위에서 인용한 복주서에서 이 둘은 분명히 병렬복합어로 이해되고 있다. 그래서 역자는 '두려움과 증오'로 옮겼다. 미얀마어 번역본에도 병렬복합어로 번역되어 나타난다고 한다.

라앉히고, 네 가지 예류[과]를 얻은 자의 구성요소를 구족하고, 성스러운 방법을 통찰지로 잘 보고 잘 꿰뚫을 때 그는 원하기만 하면 스스로가 스스로에 대해서 설명하기를 '나는 지옥을 다하였고 축생의 모태를 다하였고 아귀계를 다하였고 처참한 곳, 불행한 곳, 파멸처를 다하였다. 나는 흐름에 든 자[預流者]이니, [악처에] 떨어지지 않는 법을 가졌고 [해탈이] 확실하며 완전한 깨달음으로 나아간다.'[280]라고 하게 된다."

4. "어떤 것이 다섯 가지 두려움과 증오를 가라앉히는 것인가?

장자여, 생명을 죽이는 것을 조건으로 하여 금생의 두려움과 증오를 쌓게 되고 내생의 두려움과 증오도 쌓게 되며 정신적인 괴로움과 슬픔을 쌓게 된다. 생명을 죽이는 것을 멀리 여의면 이와 같이 두려움과 증오는 가라앉는다.[281]

장자여, 주지 않은 것을 가지는 것을 조건으로 하여 … [69] 삿된

---

280) 여기에 나타나고 있는 스스로가 선언하는 예류자의 정형구는 본서 제6권 「벽돌집 경」 1/2/3(S55:8~10)에도 나타난다. 예류자는 삼악도에 태어나지 않고 일곱 번만을 인간이나 천상에 태어나도록 정해져 있기 때문에 '[해탈이] 확실하다(niyata)'고 하며 더 높은 세 가지 도(uttari-maggattaya, 즉 일래도, 불환도, 아라한도)라 불리는 바른 깨달음을 향하여 가는 자이기 때문에 '완전한 깨달음으로 나아가는 자(sambodhi-parāyana)'라고 한다.(SA.ii.73 등) 일래자(일래도 및 일래과)에 대한 상세한 설명은 『아비담마 길라잡이』 제9장 §39 및 『청정도론』 XXII.3~21을 참조할 것.

281) 『앙굿따라 니까야』 제3권 「증오 경」(A5:174)과 제6권 「증오 경」(A10:92/v.183)에는 "생명을 죽이는 것을 멀리 여의면 금생의 두려움과 증오를 쌓지 않을 뿐 아니라, 내생의 두려움과 증오도 쌓지 않으며, 정신적인 괴로움과 슬픔도 쌓지 않게 된다. 이와 같이 두려움과 증오는 가라앉는다." 등으로 나타난다. 그러나 본경에서는 "생명을 죽이는 것을 멀리 여의면 이와 같이 두려움과 증오는 가라앉는다." 등으로만 나타나고 있다. 문맥상 『앙굿따라 니까야』처럼 나타나는 것이 더 타당하다. 보디 스님의 지적처럼 경을 필사할 때 누락된 듯하다.

음행을 하는 것을 조건으로 하여 … 거짓말을 하는 것을 조건으로 하여 … 방일의 근본이 되는 술과 중독성 물질을 섭취하는 것을 조건으로 하여 금생의 두려움과 증오를 쌓게 되고 내생의 두려움과 증오도 쌓게 되며 정신적인 괴로움과 슬픔을 쌓게 된다. 방일의 근본이 되는 술과 중독성 물질을 섭취하는 것을 멀리 여의면 이와 같이 두려움과 증오는 가라앉는다.

이것이 다섯 가지 두려움과 증오를 가라앉히는 것이다."

5. "그러면 무엇이 네 가지 예류[과]를 얻은 자의 구성요소[282]를 구족하는 것인가?

장자여, 여기 성스러운 제자는 '이런 [이유로] 그분 세존께서는 아라한[應供]이시며, 완전히 깨달은 분[正等覺]이시며, 명지와 실천을 구족한 분[明行足]이시며, 피안으로 잘 가신 분[善逝]이시며, 세간을 잘 알고 계신 분[世間解]이시며, 가장 높은 분[無上士]이시며, 사람을 잘

---

282) 여기서 '예류[과]를 얻은 자의 구성요소'는 sotāpattiyaṅga를 옮긴 것인데 이것은 '예류자의 구성요소'로 직역할 수 있다. 그런데 주석서는 다음과 같이 설명하고 있기 때문에 이렇게 옮겼다.
"'예류자의 구성요소(sotāpattiyaṅga)'에는 두 가지가 있다. 첫째는 예류[도]를 얻기 위한 예비단계의 구성요소(pubba-bhāge sotāpatti-paṭilābhā-ya)이고 둘째는 예류[과]를 얻은 자의 구성요소(paṭiladdha-guṇa)이다.
(1) 예류도를 얻기 위한 예비단계의 구성요소는 바른 사람을 섬김(sappurisa-saṁseva), 정법을 경청함(saddhamma-ssavana), 지혜롭게 마음에 잡도리함(yoniso-manasikāra), [출세간]법에 이르게 하는 법을 닦음(dhamma-anudhamma-ppaṭipatti)의 네 가지이다.(본서 제6권 S55:55를 참조할 것)
(2) 예류과를 얻은 자의 구성요소는 예류[과]를 얻고 나서 머무는 자의 구성요소(sotāpattiṁ patvā ṭhitassa aṅga)인데 [본경에서 언급되는 네 가지이다.] 이 두 번째가 본경에서 말하는 예류자의 구성요소이다."(SA.ii.72~73)
여기에 대해서는 본서 제6권 「사리뿟따 경」 2(S55:5)의 주해도 참조할 것. 그리고 여기 나타나는 불·법·승을 계속해서 생각함[隨念, anusati]은 『청정도론』 VII.1~100에 상세하게 설명되어 있으니 참조할 것.

길들이는 분[調御丈夫]이시며, 하늘과 인간의 스승[天人師]이시며, 깨달은 분[佛]이시며, 세존(世尊)이시다.'라고 부처님께 흔들림 없는 청정한 믿음을 지닌다.

그는 '법은 세존에 의해서 잘 설해졌고, 스스로 보아 알 수 있고, 시간이 걸리지 않고, 와서 보라는 것이고, 향상으로 인도하고, 지자들이 각자 알아야 하는 것이다.'라고 법에 흔들림 없는 청정한 믿음을 지닌다.

그는 '세존의 제자들의 승가는 잘 도를 닦고, 세존의 제자들의 승가는 바르게 도를 닦고, 세존의 제자들의 승가는 참되게 도를 닦고, 세존의 제자들의 승가는 합당하게 도를 닦으니, 곧 네 쌍의 인간들이요[四雙] 여덟 단계에 있는 사람들[八輩]이시다. 이러한 세존의 제자들의 승가는 [70] 공양받아 마땅하고, 선사받아 마땅하고, 보시받아 마땅하고, 합장받아 마땅하며, 세상의 위없는 복밭[福田]이시다.'라고 승가에 흔들림 없는 청정한 믿음을 지닌다.

그는 성자들이 좋아하며[283] 훼손되지 않았고 뚫어지지 않았고 오점이 없고 얼룩이 없고 벗어나게 하고 지자들이 찬탄하고 [성취한 것에] 들러붙지 않고 삼매에 도움이 되는 계를 구족한다.

이것이 네 가지 예류도의 구성요소를 구족하는 것이다."

6. "그러면 어떤 것이 성스러운 방법을 통찰지로 잘 보고 잘 꿰뚫는 것인가?[284]

---

283) "'성자들이 좋아하는 것들(ariya-kanta)'이란 오계(pañca sīlā)를 말한다. 이것은 성자들(ariyā)이 다른 생에 태어나서 조차도(bhavantara-gatā pi) 버리지 않고 좋아하고(kanta) 사랑하는(piya) 것이기 때문에 성자들이 좋아하는 것들이라 부른다."(SA.ii.74)
본문에 나타나는 용어들은 『청정도론』 VII.104에 설명되어 있으니 참조할 것.

284) "'성스러운 방법(ariya ñāya)'이란 연기(paṭicca-samuppanna)와 연기를

장자여, 여기 성스러운 제자는 연기를 지혜롭게 잘 마음에 잡도리한다.

'이것이 있을 때 저것이 있다. 이것이 일어날 때 저것이 일어난다. 이것이 없을 때 저것이 없다. 이것이 소멸할 때 저것이 소멸한다.

무명을 조건으로 의도적 행위들이, 의도적 행위들을 조건으로 알음알이가, 알음알이를 조건으로 정신·물질이, 정신·물질을 조건으로 여섯 감각장소가, 여섯 감각장소를 조건으로 감각접촉이, 감각접촉을 조건으로 느낌이, 느낌을 조건으로 갈애가, 갈애를 조건으로 취착이, 취착을 조건으로 존재가, 존재를 조건으로 태어남이, 태어남을 조건으로 늙음·죽음과 근심·탄식·육체적 고통·정신적 고통·절망이 발생한다. 이와 같이 전체 괴로움의 무더기[苦蘊]가 발생한다.

무명이 남김없이 빛바래어 소멸하기 때문에 의도적 행위들이 소멸하고, 의도적 행위들이 소멸하기 때문에 알음알이가 소멸하고, 알음알이가 소멸하기 때문에 정신·물질이 소멸하고, 정신·물질이 소멸하기 때문에 여섯 감각장소가 소멸하고, 여섯 감각장소가 소멸하기 때문에 감각접촉이 소멸하고, 감각접촉이 소멸하기 때문에 느낌이 소멸하고, 느낌이 소멸하기 때문에 갈애가 소멸하고, 갈애가 소멸하기 때문에 취착이 소멸하고, 취착이 소멸하기 때문에 존재가 소멸하고, 존재가 소멸하기 때문에 태어남이 소멸하고, 태어남이 소멸하기 때문에 늙음·죽음과 근심·탄식·육체적 고통·정신적 고통·절망

안 뒤에 확립된 지혜(ṭhita-ñāṇa)를 말한다. 그래서 '연기도 방법이고, 여덟 가지 구성요소로 된 성스러운 도[八支聖道, 八正道, ariya aṭṭhaṅgika-magga]도 방법이다.'라고 하였다. 여기서 '통찰지(paññā)'란 계속해서 일어나는 위빳사나의 통찰지(vipassanā-paññā)이다."(SA.ii.73)
주석서는 '방법(ñāya, Sk. nyāya)'을 지혜(ñāṇa)와 관계된 것으로 설명하고 있지만 어원적으로 볼 때 방법(ñāya)은 ni+√i(*to go*)에서 파생되었기 때문에 √jñā(*to know*)에서 파생된 지혜(ñāṇa)와는 관련이 없다.

이 소멸한다. 이와 같이 전체 괴로움의 무더기[苦蘊]가 소멸한다.'라고.

이것이 성스러운 방법을 통찰지로 잘 보고 잘 꿰뚫는 것이다."

7. "장자여, 성스러운 제자가 이러한 다섯 가지 두려움과 증오를 가라앉히고, 이러한 네 가지 예류[과]를 얻은 자의 구성요소를 구족하고, 이러한 성스러운 방법을 통찰지로 잘 보고 잘 꿰뚫을 때 그는 원하기만 하면 스스로가 스스로에 대해서 설명하기를 '나는 지옥을 다하였고 축생의 모태를 다하였고 아귀계를 다하였고 처참한 곳, 불행한 곳, 파멸처를 다하였다. 나는 흐름에 든 자[預流者]이니, [악취에] 떨어지지 않는 법을 가졌고 [해탈이] 확실하며 완전한 깨달음으로 나아간다.'라고 하게 된다."

다섯 가지 증오와 두려움 경2(S12:42)

2. 그때 많은 비구들이 세존께 다가갔다. 가서는 세존께 절을 올리고 한 곁에 앉았다. 한 곁에 앉은 비구들에게 세존께서는 이렇게 말씀하셨다. [71]

3. "비구들이여, 성스러운 제자가 다섯 가지 두려움과 증오를 가라앉히고, 네 가지 예류[과]를 얻은 자의 구성요소를 구족하고, 성스러운 방법을 통찰지로 잘 보고 잘 꿰뚫을 때 그는 원하기만 하면 스스로가 스스로에 대해서 설명하기를 '나는 지옥을 다하였고 축생의 모태를 다하였고 아귀계를 다하였고 처참한 곳, 불행한 곳, 파멸처를 다하였다. 나는 흐름에 든 자[預流者]이니, [악취에] 떨어지지 않는 법을 가졌고 [해탈이] 확실하며 완전한 깨달음으로 나아간다.'라고 하게 된다."

<이하 본경의 내용은 앞의 「다섯 가지 증오와 두려움 경」 1(S12:41) §4 이하와 같다.>

괴로움 경(S12:43)

Dukkha-sutta

2. "비구들이여, [72] 괴로움의 일어남과 사라짐285)에 대해서 설하리라. … <S12:1 §3> …

3. "비구들이여, 그러면 무엇이 괴로움의 일어남인가?

눈과 형색을 조건으로 눈의 알음알이가 일어난다. 이 셋의 화합이 감각접촉이다. 감각접촉을 조건으로 느낌이, 느낌을 조건으로 갈애가 있다. 비구들이여, 이것이 괴로움의 일어남이다.

귀와 소리를 조건으로 … 코와 냄새를 조건으로 … 혀와 맛을 조건으로 … 몸과 감촉을 조건으로 … 마노와 법을 조건으로 마노의 알음알이가 일어난다. 이 셋의 화합이 감각접촉이다. 감각접촉을 조건으로 느낌이, 느낌을 조건으로 갈애가 있다. 비구들이여, 이것이 괴로움의 일어남이다."

---

285) "여기서 '괴로움(dukkha)'은 윤회의 괴로움(vaṭṭa-dukkha)을 말한다. '일어남(samudaya)'이란 찰나적인 일어남(khaṇika-samudaya)과 조건 따라 일어남(paccaya-samudaya)이다. 조건 따라 일어남을 보는 비구는 찰나적인 일어남도 보고, 찰나적인 일어남을 보면 조건 따라 일어남도 본다. '사라짐(atthaṅgama)'도 완전히 사라짐(accant-atthaṅgama)과 무너져서 사라짐(bhed-atthaṅgama)의 두 가지이다. 이 경우에도 전자를 보는 자는 후자를 보고 후자를 보는 자는 전자를 본다."(SA.ii.74)
복주서는 완전히 사라짐(accant-atthaṅgama)이란 다시 일어나지 않음(apavatti), 소멸(nirodha), 열반(nibbāna)이고, 무너져서 사라짐(bhed-atthaṅgama)은 형성된 것들의 찰나적인 소멸(khaṇika-nirodha)이라고 설명하고 있다.(SAṬ.ii.74)

4\. "비구들이여, 그러면 무엇이 괴로움의 사라짐인가?

눈과 형색을 조건으로 눈의 알음알이가 일어난다. 이 셋의 화합이 감각접촉이다. 감각접촉을 조건으로 느낌이, 느낌을 조건으로 갈애가 있다. 이러한 갈애가 남김없이 빛바래어 소멸하기 때문에 취착이 소멸하고, 취착이 소멸하기 때문에 존재가 소멸하고, 존재가 소멸하기 때문에 태어남이 소멸하고, 태어남이 소멸하기 때문에 늙음·죽음과 근심·탄식·육체적 고통·정신적 고통·절망이 소멸한다. 이와 같이 전체 괴로움의 무더기[苦蘊]가 소멸한다. 비구들이여, 이것이 괴로움의 사라짐이다.286)

귀와 소리를 조건으로 … 코와 냄새를 조건으로 … 혀와 맛을 조건으로 … 몸과 감촉을 조건으로 … 마노와 법을 조건으로 마노의 알음알이가 일어난다. 이 셋의 화합이 감각접촉이다. 감각접촉을 조건으로 느낌이, 느낌을 조건으로 갈애가 있다. 이러한 갈애가 남김없이 빛바래어 소멸하기 때문에 취착이 소멸하고, 취착이 소멸하기 때문에 존재가 소멸하고, 존재가 소멸하기 때문에 태어남이 소멸하고, 태어남이 소멸하기 때문에 늙음·죽음과 [73] 근심·탄식·육체적 고통·정신적 고통·절망이 소멸한다. 이와 같이 전체 괴로움의 무더기

---

286) "'괴로움의 사라짐(atthaṅgama)'이란 괴로움의 부서짐(bheda)을 뜻한다. 이와 같이 하여 윤회의 괴로움이 부서져서 [내생의] 재생연결이 존재하지 않음(appaṭisandhi)을 말한다."(SA.ii.74)
"갈애 등이 남김없이 빛바래어 소멸하여 부서졌기 때문에 취착 없이 소멸하였다. 그래서 [내생의] 재생연결이 존재하지 않는다고 한 것이다."(SAṬ.ii.75)
본경과 다음의 두 경들에 나타나는 연기의 가르침에는 금생의 재생연결식을 일어나게 하는 전생의 두 원인인 무명과 의도적 행위가 나타나지 않는 것이 큰 특징이다. 대신에 감각장소와 대상을 조건으로 하여 지금·여기에서 일어나는 알음알이를 출발점으로 식-촉-수-애-취-유-생-노사로 전개되는 8지 연기가 나타나고 있다. 이처럼 전생의 두 원인이 나타나지 않고 금생과 내생만이 언급되고 있다.

[苦蘊]가 소멸한다. 비구들이여, 이것이 괴로움의 사라짐이다."

세상 경(S12:44)

Loka-sutta

2. "비구들이여, 세상[287]의 일어남과 사라짐에 대해서 설하리라. … <S12:1 §3> …

3. "비구들이여, 그러면 무엇이 세상의 일어남인가?

눈과 형색을 조건으로 눈의 알음알이가 일어난다. 이 셋의 화합이 감각접촉이다. 감각접촉을 조건으로 느낌이, 느낌을 조건으로 갈애가, 갈애를 조건으로 취착이, 취착을 조건으로 존재가, 존재를 조건으로 태어남이, 태어남을 조건으로 늙음·죽음과 근심·탄식·육체적 고통·정신적 고통·절망이 발생한다. 비구들이여, 이것이 세상의 일어남이다.

귀와 소리를 조건으로 … 코와 냄새를 조건으로 … 혀와 맛을 조건으로 … 몸과 감촉을 조건으로 … 마노와 법을 조건으로 마노의 알음알이가 일어난다. 이 셋의 화합이 감각접촉이다. 감각접촉을 조건으로 느낌이, 느낌을 조건으로 갈애가, 갈애를 조건으로 취착이, 취착을 조건으로 존재가, 존재를 조건으로 태어남이, 태어남을 조건으로 늙음·죽음과 근심·탄식·육체적 고통·정신적 고통·절망이 발생한다. 비구들이여, 이것이 세상의 일어남이다."

---

287) "여기서 '세상(loka)'이란 형성된 것으로서의 세상(saṅkhāra-loka)이다." (SA.ii.74)
초기불전에 나타나는 세 가지 세상에 대해서는 본서 제1권 「로히땃사 경」(S2:26) §2의 주해를 참조할 것.

4. "비구들이여, 그러면 무엇이 세상의 사라짐인가?

눈과 형색을 조건으로 눈의 알음알이가 일어난다. 이 셋의 화합이 감각접촉이다. 감각접촉을 조건으로 느낌이, 느낌을 조건으로 갈애가 있다. 이러한 갈애가 남김없이 빛바래어 소멸하기 때문에 취착이 소멸하고, 취착이 소멸하기 때문에 존재가 소멸하고, 존재가 소멸하기 때문에 태어남이 소멸하고, 태어남이 소멸하기 때문에 늙음·죽음과 근심·탄식·육체적 고통·정신적 고통·절망이 소멸한다. 이와 같이 전체 괴로움의 무더기[苦蘊]가 소멸한다. 비구들이여, 이것이 세상의 사라짐이다.

귀와 소리를 조건으로 … [74] 코와 냄새를 조건으로 … 혀와 맛을 조건으로 … 몸과 감촉을 조건으로 … 마노와 법을 조건으로 마노의 알음알이가 일어난다. 이 셋의 화합이 감각접촉이다. 감각접촉을 조건으로 느낌이, 느낌을 조건으로 갈애가 있다. 이러한 갈애가 남김없이 빛바래어 소멸하기 때문에 취착이 소멸하고, 취착이 소멸하기 때문에 존재가 소멸하고, 존재가 소멸하기 때문에 태어남이 소멸하고, 태어남이 소멸하기 때문에 늙음·죽음과 근심·탄식·육체적 고통·정신적 고통·절망이 소멸한다. 이와 같이 전체 괴로움의 무더기[苦蘊]가 소멸한다. 비구들이여, 이것이 세상의 사라짐이다."

냐띠까 경(S12:45)[288]

Ñātika-sutta

1. 이와 같이 나는 들었다. 한때 세존께서는 냐띠까[289]에서 벽

288) 본경은 본서 제4권 「유심히 들음 경」(S35:113)으로도 나타나고 있다.

289) 냐띠까(Ñātika)에 대해서는 본서 제6권 「벽돌집 경」 1(S55:8) §1의 주해를 참조할 것.

돌집290)에 머무셨다.

2. 그때 세존께서는 한적한 곳에 가서 홀로 앉아 이런 법문291)을 읊으셨다.292)

3. "눈과 형색을 조건으로 눈의 알음알이가 일어난다. 이 셋의

---

290) '벽돌집'은 giñjakāvasatha를 옮긴 것인데 주석서는 "벽돌(iṭṭhakā)로 만든 큰 강당(mahā-pāsāda)"(SA.ii.75)이라고 설명하고 있다.

291) '법문'은 dhamma-pariyāya를 옮긴 것이다. 여기서 '문(門)'으로 옮긴 원어 pariyāya는 pari(둘레에, 원만히)+√i(to go)의 명사로서 기본의미는 '일이 경우에 맞게 잘 되어 가는 것'을 뜻하며 그런 의미에서 '방편, 방법, 순서, 차례, 습관, 문' 등의 의미로 쓰이고 있다. 중국에서는 門, 異門, 言說, 差別 등으로 다양하게 옮겼다.
특히 여기서처럼 dhamma-pariyāya로 많이 나타나는데 중국에서는 이것을 법에 들어가는 문으로 이해하여 법문(法門)으로 옮겼으며, 우리에게도 익숙한 말이라서 역자도 이를 채용하였다. 법문과 방편과 비방편(nippariyāya) 등에 대해서는 『아비담마 길라잡이』 제1권 44~45쪽도 참조할 것.
주석서와 복주서는 dhamma-pariyāya를 다음과 같이 설명하고 있다.
"'법문(法門, dhamma-pariyāya)'이란 법의 원인(dhamma-kāraṇa)이라는 말이다."(SA.ii.75)
여기에 대해서 복주서는 다음과 같이 dhamma-pariyāya를 설명하고 있다.
"전개되는 과정(pavatti)과 결론(nivatti)을 알게 한다(ñāpeti)고 해서 방법[門, pariyāya]이다. 법과 그리고 교학으로서의 법이 되기 때문에 방법이라고 해서(dhammo ca so pariyatti-dhammattā pariyāyo cā ti －병렬복합어로 해석하고 있음) 법문이라 한다. 그리고 이것은 이것을 증득하는 원인(kāraṇa)이 된다.(즉 법문은 법과 교학을 증득하는 원인이 된다는 뜻) 그래서 법의 원인(dhamma-kāraṇa)이라고 한 것이다."(SAṬ.ii.305)
"자신의 결과(phala)를 움켜쥐고 일어나기 때문에 방법(pariyāya)이고, 원인(kāraṇa)이라 한다. 가르침은 특별함을 얻는 원인(visesa-adhigamassa hetu)이라는 뜻이다."(SAṬ.ii.88)
한편 『맛지마 니까야 주석서』는 "법문이란 법을 가르치는 것(dhamma-desanā)이다."(MA.i.152)라고 설명하고 있다.

292) '읊으셨다'로 옮긴 원어는 abhāsi인데 주로 gāthaṁ abhāsi(게송을 읊었다)로 많이 나타난다. 특히 본경은 대중이 있는 것이 아니라 홀로 말씀하신 것이라서 읊으셨다로 옮겼다.

화합이 감각접촉이다. 감각접촉을 조건으로 느낌이, 느낌을 조건으로 갈애가, 갈애를 조건으로 취착이, 취착을 조건으로 존재가, 존재를 조건으로 태어남이, 태어남을 조건으로 늙음·죽음과 근심·탄식·육체적 고통·정신적 고통·절망이 발생한다. 이와 같이 전체 괴로움의 무더기[苦蘊]가 발생한다.

귀와 소리를 조건으로 … 코와 냄새를 조건으로 … 혀와 맛을 조건으로 … 몸과 감촉을 조건으로 … 마노와 법을 조건으로 마노의 알음알이가 일어난다. 이 셋의 화합이 감각접촉이다. 감각접촉을 조건으로 느낌이, 느낌을 조건으로 갈애가, 갈애를 조건으로 취착이, 취착을 조건으로 존재가, 존재를 조건으로 태어남이, 태어남을 조건으로 늙음·죽음과 근심·탄식·육체적 고통·정신적 고통·절망이 발생한다. 이와 같이 전체 괴로움의 무더기[苦蘊]가 발생한다."

4. "눈과 형색을 조건으로 눈의 알음알이가 일어난다. 이 셋의 화합이 감각접촉이다. 감각접촉을 조건으로 느낌이, 느낌을 조건으로 갈애가 있다. 이러한 갈애가 남김없이 빛바래어 소멸하기 때문에 취착이 소멸하고, 취착이 소멸하기 때문에 존재가 소멸하고, 존재가 소멸하기 때문에 태어남이 소멸하고, 태어남이 소멸하기 때문에 늙음·죽음과 근심·탄식·육체적 고통·정신적 고통·절망이 소멸한다. 이와 같이 전체 괴로움의 무더기[苦蘊]가 소멸한다. [75]

귀와 소리를 조건으로 … 코와 냄새를 조건으로 … 혀와 맛을 조건으로 … 몸과 감촉을 조건으로 … 마노와 법을 조건으로 마노의 알음알이가 일어난다. 이 셋의 화합이 감각접촉이다. 감각접촉을 조건으로 느낌이, 느낌을 조건으로 갈애가 있다. 이러한 갈애가 남김없이 빛바래어 소멸하기 때문에 취착이 소멸하고, 취착이 소멸하기 때문에 존재가 소멸하고, 존재가 소멸하기 때문에 태어남이 소멸하고, 태어남이 소멸하기 때문에 늙음·죽음과 근심·탄식·육체적 고통·정신적 고통·절망이 소멸한다. 이와 같이 전체 괴로움의 무더기[苦蘊]가 소멸한다."

5. 그 무렵 어떤 비구가 세존의 [말씀을] 유심히 들으며 서 있었다. 세존께서는 그 비구가 유심히 들으며 서 있는 것을 보셨다. 세존께서는 그 비구에게 이렇게 말씀하셨다.

"비구여, 그대는 이 법문을 들었는가?"

"그러하옵니다, 세존이시여."

"비구여, 그대는 이 법문을 섭수하라. 비구여, 그대는 이 법문을 배우라. 비구여, 이 법문은 이익을 가져다주며 청정범행의 시작이니라."

어떤 바라문 경(S12:46)

Aññatarabrāhmaṇa-sutta

2. 그때 어떤 바라문이 세존께 다가갔다. 가서는 세존과 함께 환담을 나누었다. 유쾌하고 기억할 만한 이야기로 서로 담소를 한 뒤 한 곁에 앉았다. 한 곁에 앉은 바라문은 세존께 이렇게 여쭈었다.

3. "고따마 존자시여, 그가 짓고 그가 [그 과보를] 경험합니까?"293)

"바라문이여, 그가 짓고 그가 [그 과보를] 경험한다는 이것은 하나의 극단이다." [76]

"고따마 존자시여, 그러면 다른 사람이 짓고 다른 사람이 [그 과보를] 경험합니까?"

---

293) 여기에 대해서는 본서 「나체수행자 깟사빠 경」(S12:17) §9 이하와 주해들, 그리고 「띰바루까 경」(S12:18) §5 이하와 주해들을 참조할 것.

"바라문이여, 다른 사람이 짓고 다른 사람이 [그 과보를] 경험한다는 이것은 두 번째 극단이다. 바라문이여, 이러한 양 극단을 의지하지 않고 중간[中]에 의해서 여래는 법을 설한다."

4. "무명을 조건으로 의도적 행위들이, 의도적 행위들을 조건으로 알음알이가, … 이와 같이 전체 괴로움의 무더기[苦蘊]가 발생한다. 그러나 무명이 남김없이 빛바래어 소멸하기 때문에 의도적 행위들이 소멸하고, 의도적 행위들이 소멸하기 때문에 알음알이가 소멸하고, … 이와 같이 전체 괴로움의 무더기[苦蘊]가 소멸한다."

5. 이렇게 말씀하시자 그 바라문은 세존께 이렇게 말씀드렸다. "경이롭습니다, 고따마 존자시여. 경이롭습니다, 고따마 존자시여. 마치 넘어진 자를 일으켜 세우시듯, 덮여 있는 것을 걷어내 보이시듯, [방향을] 잃어버린 자에게 길을 가리켜주시듯, 눈 있는 자 형색을 보라고 어둠 속에서 등불을 비춰주시듯, 고따마 존자께서는 여러 가지 방편으로 법을 설해 주셨습니다. 저는 이제 고따마 존자께 귀의하옵고 법과 비구 승가에 귀의합니다. 고따마 존자께서는 저를 재가신자로 받아주소서. 오늘부터 목숨이 붙어 있는 그날까지 귀의하옵니다."

자눗소니 경(S12:47)

Jānussoṇi-sutta

2. 그때 자눗소니 바라문294)이 세존께 다가갔다. 가서는 세존

294) 자눗소니 바라문(Jānussoṇi brāhmaṇa)은 본서 제5권 「바라문 경」(S45:4)에도 나타나며 다른 니까야의 경들에서도 나타나고 있다. 주석서에 의하면 그는 꼬살라의 유명한 바라문 마을이었던 잇차낭갈라(Icchānaṅkala 혹은 Icchānaṅgala)라는 곳에 살고 있었다고 한다. 그는 빠세나디 꼬살라 왕의 높은 궁중제관(mahā-purohita)이었으며 많은 재산을 가졌다(vibhava)고 한다. 그의 이름은 그의 부모가 지어준 개인 이름이 아니라 그의 직위(ṭhāna)

과 함께 환담을 나누었다. 유쾌하고 기억할 만한 이야기로 서로 담소를 한 뒤 한 곁에 앉았다. 한 곁에 앉은 자눗소니 바라문은 세존께 이렇게 여쭈었다.

3. "고따마 존자시여, 모든 것은 존재합니까?"

"바라문이여, 모든 것은 존재한다는 이것은 하나의 극단이다."

"고따마 존자시여, 그러면 모든 것은 존재하지 않습니까?"

"바라문이여, 모든 것은 존재하지 않는다는 이것은 두 번째 극단이다. 바라문이여, 이러한 양 극단을 의지하지 않고 중간[中]에 의해서 여래는 법을 설한다."

4. "무명을 조건으로 의도적 행위들이, 의도적 행위들을 조건으로 알음알이가, … 이와 같이 전체 괴로움의 무더기[苦蘊]가 발생한다. 그러나 무명이 남김없이 빛바래어 소멸하기 때문에 의도적 행위들이 소멸하고, 의도적 행위들이 소멸하기 때문에 알음알이가 소멸하고, … 이와 같이 전체 괴로움의 무더기[苦蘊]가 소멸한다."

5. 이렇게 말씀하시자 자눗소니 바라문은 세존께 [77] 이렇게 말씀드렸다.

"경이롭습니다, 고따마 존자시여. 경이롭습니다, 고따마 존자시여. 마치 넘어진 자를 일으켜 세우시듯, 덮여 있는 것을 걷어내 보이시듯, [방향을] 잃어버린 자에게 길을 가리켜주시듯, 눈 있는 자 형색을 보라고 어둠 속에서 등불을 비춰주시듯, 고따마 존자께서는 여러 가지 방편으로 법을 설해 주셨습니다. 저는 이제 고따마 존자께 귀의하옵고 법과 비구 승가에 귀의합니다. 고따마 존자께서는 저를 재가신자

때문에 생겼다고 한다.(SA.ii.74; MA.i.90)
본경의 주제에 대해서는 본서 「깟짜나곳따 경」(S12:15)을 참조할 것.

로 받아주소서. 오늘부터 목숨이 붙어 있는 그날까지 귀의하옵니다."

세상의 이치에 능통한 자 경(S12:48)

Lokāyatika-sutta

2. 그때 세상 이치에 능통한[順世論者][295] 바라문이 세존께 다가갔다. 가서는 세존과 함께 환담을 나누었다. 유쾌하고 기억할 만한 이야기로 서로 담소를 한 뒤 한 곁에 앉았다. 세상 이치에 능통한 바라문은 한 곁에 앉아서 세존께 이렇게 여쭈었다.

---

295) "'세상 이치에 능통한 자[順世論者, lokāyatika]'란 토론학이라는 로까야따(세상의 이치)에 능숙한 자(vitaṇḍa-satthe lokāyate kata-paricayo)를 말한다. 그리고 로까야따(세상의 이치)란 세상을 [논의의] 토대(āyatana)로 하는 것이며 어리석은 범부의 세상(bāla-puthujjana-loka)을 [논의의] 토대로 하고 있다. 그래서 [그들은 스스로를] 위대하고(mahanta) 심오하다(gambhīra)고 생각하지만 사실상 보잘 것 없는(paritta) 삿된 견해(diṭṭhi-gata)일 뿐이다"(SA.ii.76)

이런 의미에서 세상(loka)은 세속이라 옮겨도 무방하다. 한편 복주서는 다음과 같이 설명하고 있다.

"로까야따(세상의 이치)라 불리는 것은 [이 이론을 따르면] 세상은 미래의 이로움을 위해서 노력도 하지 않게 되고 향상도 하지 않게 되기 때문이다(āyatiṁ hitaṁ tena loko na yatati na īhatī ti lokāyataṁ). 왜냐하면 이 이론에 대한 믿음(laddhi) 때문에 중생들은 공덕을 지을(puñña-kiriya) 마음조차도 내지 못하기에 노력(payoga)은 까마득히 하지 않기 때문이다."(SAṬ.ii.76)

인도 육파철학에서 로까야따(lokāyata)와 로까야띠까(lokāyatika)는 유물론과 유물론자로 간주되고 있으며, 짜르와까(Cārvāka)를 창시자로 여기고 있다. 복주서의 이러한 설명은 유물론으로 간주되는 로까야따의 입장을 잘 드러낸 것이라 할 수 있다.

다른 곳에서 로까야따(lokāyata)는 처세술(D1 §1.25 등)로도 옮겼고 자연의 이치(A3:58 등)로도 옮겼다. 초기불전에서 로까야따는 짜르와까의 유물론이라기보다는 바라문들이 배우는 학문의 하나로 여겨지고 있다. 초기불전에 나타나는 로까야따에 대한 논의는 Rhys Davids, *Dialogues of the Buddha,* 1:166~172를 참조할 것.

3. “고따마 존자시여, 모든 것은 존재합니까?”

“바라문이여, 모든 것은 존재한다는 이것은 첫 번째 세상의 이치이다.”

“고따마 존자시여, 그러면 모든 것은 존재하지 않습니까?”

“바라문이여, 모든 것은 존재하지 않는다는 이것은 두 번째 세상의 이치이다.

“고따마 존자시여, 그러면 모든 것은 하나의 성질을 가졌습니까?”296)

“바라문이여, 모든 것은 하나의 성질을 가졌다는 이것은 세 번째 세상의 이치이다.”

“고따마 존자시여, 그러면 모든 것은 다양한 성질을 가졌습니까?”297)

“바라문이여, 모든 것은 다양한 성질을 가졌다는 이것은 네 번째 세상의 이치이다. 바라문이여, 이러한 양 극단298)을 의지하지 않고 중간[中]에 의해서 여래는 법을 설한다.”

4. “무명을 조건으로 의도적 행위들이, 의도적 행위들을 조건으로 알음알이가, … 이와 같이 전체 괴로움의 무더기[苦蘊]가 발생한다. 그러나 무명이 남김없이 빛바래어 소멸하기 때문에 의도적 행위

---

296) “‘하나의 성질(ekatta)’이란 동일한 고유성질(eka-sabhāva)을 말한다. ‘영원한 고유성질(nicca-sabhāva)을 가졌습니까?’라고 질문하는 것이다.”(SA.ii.76)

297) “‘다양한 성질(puthutta)’이란 앞의 고유성질과는 다른 고유성질(purima-sabhāvena nānā-sabhāvaṁ)을 말한다. 신들과 인간들 등의 존재는 처음에는 존재하지만 나중에는 존재하지 않는다는 단멸론(uccheda)을 두고 한 말이다.”(SA.ii.76)

298) “여기서 ‘모든 것은 존재한다.’라는 첫 번째와 ‘모든 것은 하나의 성질을 가졌다.’라는 세 번째는 상견(常見, sassata-diṭṭhi)이다. ‘모든 것은 존재하지 않는다.’라는 두 번째와 ‘모든 것은 다양한 성질을 가졌다.’라는 네 번째는 단견(斷見, uccheda-diṭṭhi)이라고 알아야 한다.”(SA.ii.76)

들이 소멸하고, 의도적 행위들이 소멸하기 때문에 알음알이가 소멸하고, … 이와 같이 전체 괴로움의 무더기[苦蘊]가 소멸한다."

5. 이렇게 말씀하시자 세상의 이치에 능통한 바라문은 세존께 이렇게 말씀드렸다.

"경이롭습니다, 고따마 존자시여. 경이롭습니다, 고따마 존자시여. 마치 넘어진 자를 일으켜 세우시듯, 덮여 있는 것을 걷어내 보이시듯, [방향을] 잃어버린 자에게 길을 가리켜주시듯, 눈 있는 자 형색을 보라고 어둠 속에서 등불을 비춰주시듯, 고따마 존자께서는 여러 가지 방편으로 법을 설해 주셨습니다. 저는 이제 고따마 존자께 귀의하옵고 법과 비구 승가에 귀의합니다. 고따마 존자께서는 저를 재가신자로 받아주소서. 오늘부터 목숨이 붙어 있는 그날까지 귀의하옵니다."

성스러운 제자 경1(S12:49)

Ariyasāvaka-sutta

3. "비구들이여, [78] 잘 배운 성스러운 제자는 이런 생각을 하지 않는다.

'무엇이 있을 때 무엇이 있는가? 무엇이 일어날 때 무엇이 일어나는가? [무엇이 있을 때 의도적 행위들이 있는가? 무엇이 있을 때 알음알이가 있는가?][299] 무엇이 있을 때 정신·물질이 있는가? 무엇이 있을 때 여섯 감각장소가 있는가? 무엇이 있을 때 감각접촉이 있는

---

299) [ ]안에 넣어서 옮긴 의도적 행위(saṅkhāra)와 알음알이(viññāṇa)에 관한 이 부분은 Ee, Se, Be에도 모두 ( ) 안에 넣어서 편집되어 있다. 이 부분이 들어가면 아래 「성스러운 제자 경」 2(S12:50)와 꼭 같아지기 때문에 본경에서는 빼는 것이 옳다. S12:50에 대한 주석서에서도 S12:49와 S12:50이 다른 것은 이 부분이 S12:50에서는 더 들어가 있기 때문이라고 밝히고 있으며 (SA.ii.76) 복주서도 이렇게 설명하고 있다.

가? 무엇이 있을 때 느낌이 있는가? 무엇이 있을 때 갈애가 있는가? 무엇이 있을 때 취착이 있는가? 무엇이 있을 때 존재가 있는가? 무엇이 있을 때 태어남이 있는가? 무엇이 있을 때 늙음·죽음이 있는가?'

비구들이여, 오히려 여기에 대해서 잘 배운 성스러운 제자에게는 다른 사람을 의지하지 않는 이러한 지혜가 있다.

'이것이 있을 때 저것이 있다. 이것이 일어날 때 저것이 일어난다. [무명이 있을 때 의도적 행위들이 있다. 의도적 행위들이 있을 때 알음알이가 있다.] 알음알이가 있을 때 정신·물질이 있다. … 태어남이 있을 때 늙음·죽음이 있다.'

그는 '이 세상은 이와 같이 일어난다.'라고 이와 같이 꿰뚫어 안다."

4. "비구들이여, 잘 배운 성스러운 제자는 이런 생각을 하지 않는다.

'무엇이 없을 때 무엇이 없는가? 무엇이 소멸할 때 무엇이 소멸하는가? [무엇이 없을 때 의도적 행위들이 없는가? 무엇이 없을 때 알음알이가 없는가?][300] 무엇이 없을 때 정신·물질이 없는가? 무엇이 없을 때 여섯 감각장소가 없는가? 무엇이 없을 때 감각접촉이 없는가? 무엇이 없을 때 느낌이 없는가? 무엇이 없을 때 갈애가 없는가? 무엇이 없을 때 취착이 없는가? 무엇이 없을 때 존재가 없는가? 무엇이 없을 때 태어남이 없는가? 무엇이 없을 때 늙음·죽음이 없는가?'

비구들이여, 오히려 여기에 대해서 잘 배운 성스러운 제자에게는 다른 사람을 의지하지 않는 이러한 지혜가 있다.

'이것이 없을 때 저것이 없다. 이것이 소멸할 때 저것이 소멸한다. [무명이 없을 때 의도적 행위들이 없다. 의도적 행위들이 없을 때 알

300) 이 두 문장도 바로 앞의 주해처럼 Ee, Se, Be에는 모두 ( ) 안에 넣어서 편집되어 있다.

음알이가 없다.] 알음알이가 없을 때 정신·물질이 없다. … 태어남이 없을 때 늙음·죽음이 없다.'

그는 '이 세상은 이와 같이 소멸한다.'라고 이와 같이 꿰뚫어 안다."

5. "비구들이여, [79] 성스러운 제자가 이와 같이 세상의 일어남과 사라짐을 있는 그대로 꿰뚫어 알 때 이를 일러 성스러운 제자는 견해를 구족했다고도 하고, 봄[見]을 구족했다고도 하고, 정법에 도달했다고도 하고, 정법을 보았다고도 하고, 유학의 지혜를 구족했다고도 하고, 유학의 명지를 구족했다고도 하고, 법의 흐름을 얻었다고도 하고, 성스러운 꿰뚫는 통찰지를 [얻었다]고도 하고, 불사(不死)의 문에 도달하여 머문다고도 한다."

성스러운 제자 경2(S12:50)

<본경은 바로 앞의 「성스러운 제자 경」1(S12:49)의 §3과 §4의 [ ]안에 든 부분이 [ ] 없이 나타나는 것만 다르고 나머지는 같다.>

제5장 장자 품이 끝났다.

다섯 번째 품에 포함된 경들의 목록은 다음과 같다.

두 가지 ①~② 다섯 가지 증오와 두려움
③ 괴로움 ④ 세상 ⑤ 냐띠까 ⑥ 어떤 바라문
⑦ 자눗소니 ⑧ 세상의 이치에 능통한 자
두 가지 ⑨~⑩ 성스러운 제자이다.

제6장 괴로움 품301)

Dukkha-vagga

철저한 검증 경(S12:51)

Parivīmaṁsana-sutta

2. 거기서 세존께서는 "비구들이여."라고 비구들을 부르셨다. "세존이시여."라고 비구들은 세존께 응답했다. 세존께서는 이렇게 말씀하셨다.

3. "비구들이여, 모든 괴로움을 바르게 멸진하기 위해서 비구는 어느 정도까지 철저한 검증을 해야 하는가?"

"세존이시여, 저희들의 법은 세존을 근원으로 하며, 세존을 길잡이로 하며, [81] 세존을 귀의처로 합니다. 세존이시여, 세존께서 방금 말씀하신 이 뜻을 [친히] 밝혀주신다면 참으로 감사하겠습니다. 세존으로부터 듣고 비구들은 그것을 잘 호지할 것입니다."

"비구들이여, 그렇다면 이제 그것을 들어라. 듣고 마음에 잘 새겨라. 나는 설할 것이다."

"그렇게 하겠습니다, 세존이시여."라고 비구들은 세존께 응답했다. 세존께서는 이렇게 말씀하셨다.

4. "비구들이여, 여기 비구는 철저한 검증을 한다. '이 세상에는 하나가 아닌 여러 가지 형태를 가진 늙음·죽음이라는 괴로움이 생겨

---

301) 본품의 명칭은 Be와 Se에는 괴로움 품(Dukkha-vagga)으로 나타나고 Ee에는 나무 품(Rukkha-vagga)으로 나타난다. 역자는 전자를 취해서 옮겼다.

난다. 그러면 이 괴로움은 무엇이 그 근원이며, 무엇으로부터 일어나고, 무엇으로부터 생기며, 무엇으로부터 발생하는가? 무엇이 있을 때 늙음·죽음이 있고 무엇이 없을 때 늙음·죽음이 없는가?'라고."

5. "그는 철저한 검증을 하면서 이와 같이 꿰뚫어 안다. '이 세상에는 하나가 아닌 여러 가지 형태를 가진 늙음·죽음이라는 괴로움이 생겨난다. 이 괴로움은 태어남이 그 근원이며, 태어남으로부터 일어나고, 태어남으로부터 생기며, 태어남으로부터 발생한다. 태어남이 있을 때 늙음·죽음이 있고 태어남이 없을 때 늙음·죽음이 없다.'라고.

그는 늙음·죽음을 꿰뚫어 알고 늙음·죽음의 일어남을 꿰뚫어 알고 늙음·죽음의 소멸을 꿰뚫어 알고 늙음·죽음의 소멸과 일치함으로 인도하는 도닦음[302]을 꿰뚫어 안다. 그는 여기에 준해서 도를 닦고 법에 따라서 실천한다.[303]

비구들이여, 이를 일러 비구는 모든 괴로움을 바르게 멸진하기 위해서, 늙음·죽음을 소멸하기 위해서 도를 닦는다고 한다."

6. "비구들이여, 그는 다시 더 철저한 검증을 한다. '그러면 태어남은 무엇이 그 근원이며,[304] … 존재는 무엇이 그 근원이며, …

302) "'늙음·죽음의 소멸과 일치함으로 인도하는 도닦음(jarā-maraṇa-nirodha-sāruppa-gāminī paṭipadā)'이란 늙음·죽음의 소멸과 일치하는 성질에 의해서 오염원이 없고(nikkilesatā) 청정하고(parisuddhatā) 그러함(sadisā)인 그런 [경지로] 인도하는 도닦음이라는 뜻이다."(SA.ii.77)

303) "'법에 따라서 실천한다(anudhamma-cāri).'는 것은 열반의 법을 따르는(anugata) 도닦음(paṭipatti)의 법을 실천한다(carati), 완성한다(pūreti)는 뜻이다."(SA.ii.77)

304) Ee와 Be에는 이 부분에 해당하는 jāti panāyaṁ kinnidāno가 빠져 있다. Se에는 나타나는데, 이것은 보디 스님의 지적처럼 판본 편집상의 실수라고

취착은 무엇이 그 근원이며, … 갈애는 무엇이 그 근원이며, … 느낌은 무엇이 그 근원이며, … 감각접촉은 무엇이 그 근원이며, … 여섯 감각장소는 무엇이 그 근원이며, … 정신·물질은 무엇이 그 근원이며, … 알음알이는 무엇이 그 근원이며, … 의도적 행위들은 무엇이 그 근원이며, 무엇으로부터 일어나고, 무엇으로부터 생기며, 무엇으로부터 발생하는가? 무엇이 있을 때 의도적 행위들이 있고 무엇이 없을 때 의도적 행위들이 없는가?'라고."

7. "그는 철저한 검증을 하면서 이와 같이 꿰뚫어 안다. '의도적 행위들은 무명이 그 근원이며, 무명으로부터 일어나고, 무명으로부터 생기며, 무명으로부터 발생한다. [82] 무명이 있을 때 의도적 행위들이 있고 무명이 없을 때 의도적 행위들이 없다.'라고.

그는 의도적 행위들을 꿰뚫어 알고 의도적 행위들의 일어남을 꿰뚫어 알고 의도적 행위들의 소멸을 꿰뚫어 알고 의도적 행위들의 소멸과 일치함으로 인도하는 도닦음을 꿰뚫어 안다. 그는 여기에 준해서 도를 닦고 법에 따라서 실천한다.

비구들이여, 이를 일러 비구는 모든 괴로움을 바르게 멸진하기 위해서, 의도적 행위들을 소멸하기 위해서[305] 도를 닦는다고 한다."

8. "비구들이여, 무명에 빠진[306] 사람이[307] 만일 공덕이 되는

할 수 밖에 없다. 역자는 살려서 번역하였다.

305) "'의도적 행위들을 소멸하기 위해서(saṅkhāra-nirodhāya)'란 의도적 행위의 괴로움(saṅkhāra-dukkha)을 멸진하기 위해서라는 뜻이다. 이렇게 하여 아라한과까지의 가르침을 설하셨다."(SA.ii.77)

306) "여기서 아라한과를 반조함(arahatta-phala-paccavekkhaṇa)에 항상 머무는 것(satata-vihāra)을 보이신 뒤에 가르침을 끝내야 하는데 그렇게 하지 않고 '무명에 빠진(avijjā-gata)'이라고 다시 말씀하시는 것은 무슨 이유 때문인가? 번뇌 다한 [아라한]을 넘어서서 윤회의 괴로움(vaṭṭa-dukkha)

의도적 행위를 지으면 공덕이 되는 알음알이가 있게 되고, 만일 공덕이 되지 않는 의도적 행위를 지으면 공덕이 되지 않는 알음알이가 있게 되고, 만일 흔들림 없는 의도적 행위를 지으면 흔들림 없는 알음알이가 있게 된다."308)

을 보여주시기 위해서이다."(SA.ii.77)

307) '사람'은 purisa-puggala를 옮긴 것인데 purisa와 puggala는 둘 다 사람을 뜻한다. 주석서는 이렇게 설명한다. "purisa가 puggala이다. 이 둘로써 인습적인 표현(sammuti-kathā)을 말씀하셨다. 부처님들께서는 인습적인 표현과 궁극적인 표현(paramattha-kathā)의 두 가지로 말씀을 하신다. 이 가운데 '중생, 인간, 사람, 개인, 띳사, 나가' 등은 인습적인 표현이다. '무더기[蘊, khandha], 요소[界, dhātu], 장소[處, āyatana]' 등은 궁극적인 표현이다. 궁극적인 표현으로 말씀을 하시더라도 인습적인 표현을 버리지 않고 말씀하시고, 인습적인 표현으로 말씀하시거나 궁극적인 표현으로 말씀하시더라도 진실(sacca)만을 말씀하신다."(SA.ii.77)

308) 『청정도론』에 의하면 "'공덕이 되는 행위'는 보시, 지계 등으로 생긴 여덟 가지 욕계의 유익한 의도(cetanā)와, 수행으로 생긴 다섯 가지 색계의 유익한 의도 등 13가지 의도이다. '공덕이 되지 않는 행위'는 살생 등으로 생긴 12가지 해로운 의도이고, '흔들림 없는 행위'는 수행으로 생긴 4가지 무색계의 유익한 의도이다. 이처럼 세 가지 의도적 행위들(saṅkhārā)은 29가지 의도들이다."(Vis.XVII.60) 그러므로 본문에서 언급되는 의도적 행위들[行, saṅkhāra]은 구체적으로는 의도(cetanā)를 말한다. 그래서 주석서는 이렇게 설명한다.

"'공덕이 되는 의도적 행위(puñña saṅkhāra)'란 13가지 의도로 구분되는 공덕이 되는 행위(puñña-abhisaṅkhāra)이다. '공덕이 되는 알음알이가 있게 되고(puññūpagaṁ hoti viññāṇaṁ)'란 업을 짓는 알음알이(kamma-viññāṇa)는 업을 짓는 공덕(kamma-puñña)과 함께하고, 과보로 나타난 알음알이(vipāka-viññāṇa)는 과보의 공덕(vipāka-puñña)과 함께하는 것을 말한다.

'공덕이 되지 않는 의도적 행위(apuñña saṅkhāra)'란 12가지 해로운 의도로 구분되는 공덕이 되지 않는 행위(apuñña-abhisaṅkhāra)를 말한다. '흔들림 없는 의도적 행위(āneñja saṅkhāra)'란 4가지 의도로 구분되는 흔들림 없는 의도적 행위(āneñja-abhisaṅkhāra)를 말한다. '흔들림 없는 알음알이(āneñjūpaga viññāṇa)'라는 것은 업을 짓는 흔들림 없는 행위(vipāka-aneñja)는 업을 짓는 알음알이와 함께하고 과보로 나타난 흔들림 없는 행위는 과보의 흔들림 없는 알음알이와 함께하는 것을 말한다.

"비구들이여, 그러나 비구가 무명을 제거하여 명지가 생기면309) 그에게서 무명은 빛바래고 명지가 생기기 때문에 그는 공덕이 되는 의도적 행위도 짓지 않고 공덕이 되지 않는 의도적 행위도 짓지 않고 흔들림 없는 의도적 행위도 짓지 않는다."

9. "의도적 행위를 짓지 않고 의도하지 않기 때문에 그는 세상에 대해서 어떤 것도 취착하지 않는다. 취착하지 않으면 갈증 내지 않는다.310) 갈증 내지 않으면 스스로 완전히 열반에 든다.311) 그는 '태어남은 다했다. 청정범행은 성취되었다. 할 일을 다 해 마쳤다. 다시는 어떤 존재로도 돌아오지 않을 것이다.'라고 꿰뚫어 안다."

10. "만일 그가 즐거운 느낌을 느끼면312) 그는 그것이 무상한

이와 같이 본경에서는 세 가지 업을 짓는 행위(kamma-abhisaṅkhāra)를 통해서 12가지 구성요소를 가진 조건의 형태(paccay-ākāra)를 설하고 계신다. 이렇게 하여 윤회(vaṭṭa)를 보여주시는 것이다."(SA.ii.78)

309) "여기서 본문은 윤회에서 벗어남(vivaṭṭa)을 보여주고 계신다. 여기서 '무명(avijjā)'이란 사성제(catu sacca)에 대한 무지(aññāṇa)이다. '명지(vijjā)'란 아라한도의 지혜(arahatta-magga-ñāṇa)이다. 무명이 제거되면 명지가 생긴다. 마치 아무리 짙은 어두움일지라도 등불을 켜면(padīp-ujjala) 그 어둠이 사라지는 것처럼 명지가 생기면 무명이 제거된다고 알아야 한다." (SA.ii.78)

310) "'갈증 내지 않는다(na paritassati).'는 것은 갈애하지(taṇhāyati) 않고 두려워하지 않는(bhāyati) 것을 뜻한다."(SA.ii.78)

311) '스스로'는 paccattaññeva(paccattaṁ eva, 개별적으로)를 옮긴 것인데 주석서는 "스스로 자신에 의해서(sayam eva attanā va) 완전히 열반에 드는 것이지, 다른 사람이 체득하는 것이 아니라는(na aññassa ānubhāvena) 말이다."(SA.ii.78)라고 설명하고 있다.

312) "이제 이 말씀은 왜 하시는가? 번뇌 다한 [아라한]의 반조의 지혜(paccavekkhaṇa-ñāṇa)를 보이신 뒤에 항상 머묾(satata-vihāra)을 보여주기 위해서 설하시는 것이다."(SA.ii.78)
여기서부터 §12까지는 본서 제3권 「앗사지 경」(S22:88) §§11∼13(§13의

줄 꿰뚫어 안다. 그것이 연연할 것이 못되는 줄 꿰뚫어 안다. 그것이 즐길 만한 것이 아니라는 것을 꿰뚫어 안다. 만일 그가 괴로운 느낌을 느끼면313) 그는 그것이 무상한 줄 꿰뚫어 안다. 그것이 연연할 것이 못되는 줄 꿰뚫어 안다. 그것이 즐길 만한 것이 아니라는 것을 꿰뚫어 안다. 만일 그가 괴롭지도 즐겁지도 않은 느낌을 느끼면 그는 그것이 무상한 줄 꿰뚫어 안다. 그것이 연연할 것이 못되는 줄 꿰뚫어 안다. 그것이 즐길 만한 것이 아니라는 것을 꿰뚫어 안다."

11. "만일 그가 즐거운 느낌을 느끼면 그는 그것에 매이지 않고 그것을 느낀다. 만일 괴로운 느낌을 느끼면 그는 그것에 매이지 않고 그것을 느낀다. 만일 괴롭지도 즐겁지도 않은 느낌을 느끼면 그는 그것에 매이지 않고 그것을 느낀다."

12. "그는 [83] 몸이 무너지는 느낌을 느끼면서는 '나는 지금 몸이 무너지는 느낌을 느낀다.'라고 꿰뚫어 안다. 목숨이 끊어지는 느낌을 느끼면서는 '나는 지금 목숨이 끊어지는 느낌을 느낀다.'라고 꿰뚫어 안다.314) 그리고 그는 '지금 곧 이 몸 무너져 목숨이 끊어지

비유 부분은 본경과 다름)과 제4권 「간병실 경」 1(S36:7) §§9~11(§11의 비유 부분은 본경과 다름)과 제6권 「등불 비유 경」(S54:8) §§9~11(§11의 비유 부분은 본경과 다름)에도 나타나고 있다.

313) "그런데 괴로운 느낌은 왜 말씀하시는가? 괴로운 느낌도 즐길 만한 것(abhinandanta)이 있는가? 물론 있다. 괴로움을 즐긴다(dukkhaṁ abhinandati)는 것은 괴로움을 겪은 뒤에 즐거움을 갈망하는 것(patthana)과 즐거움에 있는 변하는 괴로움(vipariṇāma-dukkha)의 둘을 통해서 말씀하시는 것이다."(SA.ii.78)

314) "'몸이 무너지는 느낌(kāya-pariyantikā vedanā)'이란 몸을 끊는 느낌인데, 다섯 문(눈, 귀, 코, 혀, 몸의 문)을 가진 몸(pañcadvāra-kāya)이 있는 한 유지되는 다섯 문을 통한 느낌(pañca-dvārika-vedanā)을 말한다. '목숨이 끊어지는 느낌(jīvita-pariyantikā vedanā)'이란 목숨을 끊는 느낌인데, 목숨이 지속되는 한 유지되는 마노의 문을 통한 느낌(mano-dvārika-

면, 즐길 것이라고는 하나도 없는 이 모든 느낌들도 바로 여기서 싸늘하게 식고 말 것이고,[315] 육체적인 요소들만 남게 될 것이다.'[316] 라고 꿰뚫어 안다.

비구들이여, 예를 들면 어떤 사람이 도기공의 가마로부터 뜨거운 도기를 끄집어내어서 평평한 땅 위에 내려놓으면 거기서 뜨거운 열

---

vedanā)을 말한다.
이 가운데 다섯 문을 통한 느낌은 나중에 일어났다가 먼저 소멸한다. 마노의 문을 통한 느낌은 먼저 일어났다가 나중에 소멸한다. 이것은 재생연결의 순간(paṭisandhi-kkhaṇa)에 [심장]토대의 물질(vatthu-rūpa)에 확립되기 때문이다.
다섯 문을 통해서 느낌이 일어날 때에는 초년기인 이십 대 때에는 욕망과 성냄과 어리석음 때문에 그 느낌이 아주 강하다가 오십 대가 되면 안정되고, 육십 대부터 점점 늙어 팔십 구십이 되면 느낌이 둔해진다. 그때 중생들은 형상 등 아주 큰 대상을 보고도 보지 못했다고 하고 듣지 못했다고 말한다. 이렇게 해서 다섯 문을 통해서 일어난 그들의 느낌은 부서지고 마음을 통해서 일어난 느낌만 유지된다.
마음을 통해 일어난 느낌도 죽음의 순간에 심장토대의 한 부분을 의지하여 유지된다. 이것이 지속되는 한 살아있다고 말하고 이것이 멈추는 순간 죽었다고 말한다."(SA.ii.78~79)

315) "'바로 여기서(idh'eva)'라는 것은 재생연결(paṭisandhi)을 통해서 다른 생으로(parato) 가지 않고 바로 여기서라는 뜻이다. '싸늘하게 식고 말 것이다(sītī-bhavissanti).'는 것은 다시 생겨나지 않는 성질(appavattana-dhamma)이 될 것이라는 뜻이다."(SA.ii.80)

316) '육체적인 요소들만 남게 될 것이다.'는 sarīrāni avasissanti를 옮긴 것이다. 여기서 sarīra는 몸, 신체를 뜻한다. 한 사람의 몸을 지칭하면서 sarīrāni(몸들)라는 복수의 형태를 사용하고 있는데 유념해야 한다. 주석서는 이것을 요소라는 몸들(dhātu-sarīrāni)이라고 설명하고 있으며(SA.ii. 80) 복주서는 뼈와 해골이라 불리는 요소라는 몸들(aṭṭhi-kaṅkala-saṅkhāta-dhātu-sarīrāni)이라고 설명하고 있어서(SAṬ.ii.81) '몸들'이라고 옮기지 않고 '육체적인 요소들'이라고 풀어서 옮겼다. 여기서는 몸에 있는 뼈와 해골 같은 여러 구성요소들을 몸들이라고 표현한 것이기 때문이다. 죽어서 화장을 해버리면 느낌들은 모두다 사라져버리고 이러한 해골만이 남게 되는 것이다.
그리고 이 '육체적인 요소들만 남게 될 것이다.'는 본서 제3권 S22:88와 제4권 S36:7~8과 제6권 S54:8의 해당부분에는 나타나지 않는다.

기는 식을 것이고 도기의 파편들이 [온기가 없이] 남게 될 것이다.[317]

그와 같이 비구는 몸이 무너지는 느낌을 느끼면서는 '나는 지금 몸이 무너지는 느낌을 느낀다.'라고 꿰뚫어 안다. 목숨이 끊어지는 느낌을 느끼면서는 '나는 지금 목숨이 끊어지는 느낌을 느낀다.'라고 꿰뚫어 안다. 그리고 그는 '지금 곧 이 몸 무너져 목숨이 끊어지면, 즐길 것이라고는 하나도 없는 이 모든 느낌들도 바로 여기서 싸늘하게 식고 말 것이고, 육체적인 요소들만 남게 될 것이다.'라고 꿰뚫어 안다."

13. "비구들이여, 이를 어떻게 생각하는가? 번뇌 다한 비구가 공덕이 되는 의도적 행위를 짓거나 공덕이 되지 않는 의도적 행위를 짓거나 흔들림 없는 의도적 행위를 짓겠는가?"

"그렇지 않습니다, 세존이시여."

"그러면 그 어디에도 의도적 행위들이 없고 의도적 행위들이 소멸해버렸는데도 알음알이를 천명할 수 있겠는가?"[318]

---

317) '도기의 파편들'은 kappāni를 옮긴 것이다. 앞에서 몸을 뜻하는 sarīra가 복수로 쓰여서 뼈나 해골 같은 몸을 구성하는 요소들을 지칭하는 것으로 쓰였듯이, 여기서 도기를 뜻하는 kapalla도 kapallāni로 복수로 쓰여서 도기의 여러 부분 혹은 파편들을 나타내고 있다. 그래서 주석서도 "가장자리가 묶여 있는 도기의 파편들(kumbha-kapallāni)"(SA.ii.80)이라고 설명하고 있다. 주석서에 나타나는 도기의 비유를 정리하면 다음과 같다.
뜨거운 도기공의 가마는 삼계에, 도기공은 수행자에, 도기공의 막대는 아라한도에, 평평한 땅은 열반에 비유된다. 도기공이 뜨거운 가마에서 구운 도기를 막대로 평평한 땅에 내려놓는 것은 수행자가 아라한과를 얻어서 4악도로부터 벗어나 과의 증득을 통해서 자신을 열반의 땅에 놓는 것과 같다. 뜨거운 도기가 [즉시에 깨어지지 않듯이] 수행자도 아라한과를 증득한 바로 그 날에 반열반에 드는 것은 아니다. 그는 부처님의 교법의 대(代, sāsana-ppaveṇi)를 잇도록 50년 내지 60년을 노력하면서 머문다. 그는 최후의 마음이 일어날 즈음에(carimaka-citta-ppattiyā) 오온이 무너져서 무여열반에 들게 된다. 그러면 도기의 파편들처럼 무정물인 육체적인 요소들만 남게 되는 것이다.(SA.ii.80~81)

"그렇지 않습니다, 세존이시여."

"그러면 그 어디에도 알음알이가 없고 알음알이가 소멸해버렸는데도 정신·물질을 천명할 수 있겠는가?"

"그렇지 않습니다, 세존이시여."

"그러면 그 어디에도 정신·물질이 없고 … 여섯 감각장소가 없고 … [84] 감각접촉이 없고 … 느낌이 없고 … 갈애가 없고 … 취착이 없고 … 존재가 없고 … 태어남이 없고 태어남이 소멸해버렸는데도 늙음·죽음을 천명할 수 있겠는가?"

"그렇지 않습니다, 세존이시여."

14. "장하고도 장하구나, 비구들이여. 참으로 그와 같고 조금도 다르지 않다. 비구들이여, 여기에 대해 나를 믿고 확신을 갖고 의문을 제거하고 의심을 없애라. 이것이 바로 괴로움의 끝이다."319)

취착 경(S12:52)

Upādāna-sutta

3. "비구들이여, 취착하기 마련인 법들에서320) 달콤함을 보면

---

318) "'알음알이를 천명할 수 있겠는가(viññāṇaṁ paññāyetha)?'라는 것은 재생연결식(paṭisandhi-viññāṇa)을 천명할 수 있겠는가라는 뜻이다."(SA.ii.81)
즉 다음 생의 최초의 마음인 재생연결식이 생기지 않기 때문에 다시는 태어나지 않는다는 말이다.

319) "'이것이 괴로움의 끝이다(esevanto dukkhassa).'라는 것은 이것이 윤회의 괴로움(vaṭṭa-dukkha)의 끝(anta)이요 종식(pariccheda)이요, 이것이 바로 열반(nibbāna)이라는 말씀이다."(SA.ii.81)

320) "'취착하기 마련인 법들에서(upādāniyesu dhammesu)'란 네 가지 취착(upādāna)의 조건(paccaya)이 되는 삼계의 법(tebhūmaka-dhamma)들에서라는 뜻이다."(SA.ii.81)

서 머무는 자에게 갈애는 증가한다. 갈애를 조건으로 취착이, 취착을 조건으로 존재가, 존재를 조건으로 태어남이, 태어남을 조건으로 늙음·죽음과 근심·탄식·육체적 고통·정신적 고통·절망이 발생한다. 이와 같이 전체 괴로움의 무더기[苦蘊]가 발생한다.

비구들이여, 예를 들면 장작 열 짐이나 [85] 장작 스무 짐이나 장작 서른 짐이나 장작 마흔 짐으로 큰 불무더기가 타오른다 하자. 거기에다 어떤 사람이 시시때때로 마른 풀들을 던져 넣고 마른 쇠똥을 던져 넣고 마른 장작들을 계속해서 던져 넣는다 하자. 비구들이여, 이렇게 하면 이러한 연료와 이러한 땔감을 가진 큰 불무더기는 오랜 시간 타오를 것이다.321)

비구들이여, 그와 같이 취착하기 마련인 법들에서 달콤함을 보면서 머무는 자에게 갈애는 증가한다. 갈애를 조건으로 취착이, 취착을 조건으로 존재가, 존재를 조건으로 태어남이, 태어남을 조건으로 늙음·죽음과 근심·탄식·육체적 고통·정신적 고통·절망이 발생한다. 이와 같이 전체 괴로움의 무더기[苦蘊]가 발생한다."

4. "비구들이여, 취착하기 마련인 법들에서 위험을 보면서 머무는 자에게 갈애는 소멸한다. 갈애가 소멸하면 취착이 소멸하고, 취착

네 가지 취착은 본서 「분석 경」(S12:2) §7을 참조할 것.

321) "여기서 '불무더기(aggi-kkhandha)'는 삼계(tayo bhavā)를 뜻하기도 하고 삼계윤회(tebhūmaka-vaṭṭa)를 뜻하기도 한다. '불을 지피는 사람'은 윤회에 빠진(vaṭṭa-nissita) 어리석은 범부(bāla-puthujjana)이다. '마른 풀과 쇠똥과 장작 등을 던져 넣는 것'은 달콤함을 보는(assāda-anupassi) 범부가 갈애 등을 통해서 여섯 감각의 문으로부터 유익하고 해로운 업을 짓는 것(kusala-akusala-kamma-karaṇa)과 같다. 마른 풀과 쇠똥과 장작들을 던져 넣어서 불무더기가 증장하는 것은 어리석은 범부가 앞에서 말한 업을 쌓아서(kamm-āyūhana) 계속해서 윤회의 괴로움을 겪는 것(vaṭṭa-dukkha-nibbattana)과 같다."(SA.ii.82)

이 소멸하면 존재가 소멸하고, 존재가 소멸하면 태어남이 소멸하고, 태어남이 소멸하면 늙음·죽음과 근심·탄식·육체적 고통·정신적 고통·절망이 소멸한다. 이와 같이 전체 괴로움의 무더기[苦蘊]가 소멸한다.

비구들이여, 예를 들면 장작 열 짐이나 장작 스무 짐이나 장작 서른 짐이나 장작 마흔 짐으로 큰 불무더기가 타오른다 하자. 거기에다 어떤 사람이 시시때때로 마른 풀들을 던져 넣지 않고 마른 쇠똥을 던져 넣지 않고 마른 장작들을 계속해서 던져 넣지 않는다 하자. 비구들이여, 이렇게 하면 그 큰 불무더기는 먼저 번의 연료가 다하고 다른 땔감을 가져다 넣지 않았기 때문에 연료가 없어져서 꺼질 것이다.322)

비구들이여, 그와 같이 취착하기 마련인 법들에서 위험을 보면서 머무는 자에게 갈애는 소멸한다. 갈애가 소멸하면 취착이 소멸하고, 취착이 소멸하면 존재가 소멸하고, 존재가 소멸하면 태어남이 소멸하고, 태어남이 소멸하면 늙음·죽음과 근심·탄식·육체적 고통·정신적 고통·절망이 소멸한다. 이와 같이 전체 괴로움의 무더기[苦蘊]가 소멸한다."323)

---

322) 이 비유에 대한 주석서의 설명을 정리해보면 다음과 같다.
이익을 바라는(atthakāma) 사람이 와서 어떤 사람에게 불을 끄는 방법을 가르친다. 그러면 그 사람은 그의 가르침을 따를 것이다. 여기서 이익을 바라는 분은 부처님이고, 그분은 명상주제를 설하여 괴로움으로부터 벗어나는 것을 간곡하게 가르친다. 어떤 사람이 이익을 바라는 분의 가르침을 따르는 것은 수행자가 삼계의 법들에 대한 위빳사나를 확립하여 빈집에 앉는 것과 같다. 그 사람이 목욕을 하고 장식을 하고 고요하고 행복하게 앉아 있는 것은 수행자가 성스러운 도를 통해서 번뇌로부터 자신을 맑힌 뒤에 열반을 대상으로 해서 마음챙김을 확립하여 과의 증득에 몰두하여 앉아있는 것과 같다. 큰 불무더기가 꺼진 것은 아라한의 오온이 무너져서 무여열반의 요소(anupādisesā nibbāna-dhātu)에 든 것과 같다.(SA.ii.82~83)

323) 본경을 포함한 다음의 S12:52~57과 S12:60의 일곱 개 경은 "갈애를 조건으로 취착이, 취착을 조건으로 존재가, 존재를 조건으로 태어남이, 태어남을

족쇄 경1(S12:53)

Saṁyojā-sutta

3. "비구들이여, [86] 족쇄에 묶이게 될 법들에서[324] 달콤함을 보면서 머무는 자에게 갈애는 증가한다. 갈애를 조건으로 취착이, 취착을 조건으로 존재가, 존재를 조건으로 태어남이, 태어남을 조건으로 늙음·죽음과 근심·탄식·육체적 고통·정신적 고통·절망이 발생한다. 이와 같이 전체 괴로움의 무더기[苦蘊]가 발생한다.

비구들이여, 예를 들면 기름을 반연하고 심지를 반연하여 기름 등불이 탄다 하자. 거기에다 어떤 사람이 시시때때로 기름을 부어넣고 심지를 올려준다 하자. 비구들이여, 이렇게 하면 이러한 연료와 이러한 태울 것을 가진 기름 등불은 오랜 시간 타오를 것이다.

비구들이여, 그와 같이 족쇄에 묶이게 될 법들에서 달콤함을 보면서 머무는 자에게 갈애는 증가한다. 갈애를 조건으로 취착이, 취착을 조건으로 존재가, 존재를 조건으로 태어남이, 태어남을 조건으로 늙음·죽음과 근심·탄식·육체적 고통·정신적 고통·절망이 발생한다. 이와 같이 전체 괴로움의 무더기[苦蘊]가 발생한다."

4. "비구들이여, 족쇄에 묶이게 될 법들에서 위험을 보면서 머

조건으로 늙음·죽음과 근심·탄식·육체적 고통·정신적 고통·절망이 발생한다. 이와 같이 전체 괴로움의 무더기[苦蘊]가 발생한다. … 이와 같이 전체 괴로움의 무더기[苦蘊]가 소멸한다."는 구조로 되어 있다. 이처럼 이들은 애-취-유-생-노사의 5지 연기를 통해서 괴로움의 발생구조와 소멸구조를 설하고 있다.

324) "'족쇄에 묶이게 될 법들(saṁyojaniya dhamma)'이란 열 가지 족쇄의 조건인 삼계에 속하는(tebhūmaka) 법들이다."(AA.ii.95)
열 가지 족쇄에 대해서는 본서 제1권 「얼마나 끊음 경」(S1:5) {8}의 주해를 참조할 것.

무는 자에게 갈애는 소멸한다. 갈애가 소멸하면 취착이 소멸하고, 취착이 소멸하면 존재가 소멸하고, 존재가 소멸하면 태어남이 소멸하고, 태어남이 소멸하면 늙음·죽음과 근심·탄식·육체적 고통·정신적 고통·절망이 소멸한다. 이와 같이 전체 괴로움의 무더기[苦蘊]가 소멸한다.

비구들이여, 예를 들면 기름을 반연하고 심지를 반연하여 기름 등불이 탄다 하자. 거기에다 어떤 사람이 시시때때로 기름을 부어넣지 않고 심지를 올려주지 않는다 하자. 비구들이여, 이렇게 하면 그 기름 등불은 먼저 번의 연료가 다하고 다른 태울 것을 가져다 넣지 않았기 때문에 연료가 없어져서 꺼질 것이다.

비구들이여, 그와 같이 족쇄에 묶이게 될 법들에서 위험을 보면서 머무는 자에게 갈애는 소멸한다. 갈애가 소멸하면 취착이 소멸하고, 취착이 소멸하면 존재가 소멸하고, 존재가 소멸하면 태어남이 소멸하고, 태어남이 소멸하면 늙음·죽음과 근심·탄식·육체적 고통·정신적 고통·절망이 소멸한다. 이와 같이 전체 괴로움의 무더기[苦蘊]가 소멸한다."

족쇄 경2(S12:54)

3. "비구들이여, [87] 예를 들면 기름을 반연하고 심지를 반연하여 기름 등불이 탄다 하자. 거기에다 어떤 사람이 시시때때로 기름을 부어넣고 심지를 올려준다 하자. 비구들이여, 이렇게 하면 이러한 연료와 이러한 태울 것을 가진 기름 등불은 오랜 시간 타오를 것이다.

비구들이여, 그와 같이 족쇄에 묶이게 될 법들에서 달콤함을 보면서 머무는 자에게 갈애는 증가한다. 갈애를 조건으로 취착이, 취착을 조건으로 존재가, 존재를 조건으로 태어남이, 태어남을 조건으로 늙음·죽음과 근심·탄식·육체적 고통·정신적 고통·절망이 발생한다. 이와 같이 전체 괴로움의 무더기[苦蘊]가 발생한다.”

4. “비구들이여, 예를 들면 기름을 반연하고 심지를 반연하여 기름 등불이 탄다 하자. 거기에다 어떤 사람이 시시때때로 기름을 부어넣지 않고 심지를 올려주지 않는다 하자. 비구들이여, 이렇게 하면 그 기름 등불은 먼저 번의 연료가 다하고 다른 태울 것을 가져다 넣지 않았기 때문에 연료가 없어져서 꺼질 것이다.

비구들이여, 그와 같이 족쇄에 묶이게 될 법들에서 위험을 보면서 머무는 자에게 갈애는 소멸한다. 갈애가 소멸하면 취착이 소멸하고, 취착이 소멸하면 존재가 소멸하고, 존재가 소멸하면 태어남이 소멸하고, 태어남이 소멸하면 늙음·죽음과 근심·탄식·육체적 고통·정신적 고통·절망이 소멸한다. 이와 같이 전체 괴로움의 무더기[苦蘊]가 소멸한다.”

큰 나무 경1(S12:55)

Mahārukkha-sutta

3. “비구들이여, 취착하기 마련인 법들에서 달콤함을 보면서 머무는 자에게 갈애는 증가한다. 갈애를 조건으로 취착이, 취착을 조건으로 존재가, 존재를 조건으로 태어남이, 태어남을 조건으로 늙음·죽음과 근심·탄식·육체적 고통·정신적 고통·절망이 발생한다. 이와 같이 전체 괴로움의 무더기[苦蘊]가 발생한다.

비구들이여, 예를 들면 큰 나무가 있는데 그 뿌리들이 아래로도 뻗어 있고 옆으로도 뻗어 있어 그 모든 뿌리들이 위로 영양분을 빨아올린다 하자. 비구들이여, 이렇게 하면 이러한 영양분과 이러한 자양분

을 가진 큰 나무는 오랜 시간 살아있을 것이다.325)

비구들이여, 그와 같이 취착하기 마련인 법들에서 달콤함을 보면서 머무는 자에게 갈애는 증가한다. 갈애를 조건으로 취착이, 취착을 조건으로 존재가, 존재를 조건으로 태어남이, 태어남을 조건으로 늙음·죽음과 근심·탄식·육체적 고통·정신적 고통·절망이 발생한다. 이와 같이 전체 괴로움의 무더기[苦蘊]가 발생한다."

4. "비구들이여, [88] 취착하기 마련인 법들에서 위험을 보면서 머무는 자에게 갈애는 소멸한다. 갈애가 소멸하면 취착이 소멸하고, 취착이 소멸하면 존재가 소멸하고, 존재가 소멸하면 태어남이 소멸하고, 태어남이 소멸하면 늙음·죽음과 근심·탄식·육체적 고통·정신적 고통·절망이 소멸한다. 이와 같이 전체 괴로움의 무더기[苦蘊]가 소멸한다.

비구들이여, 예를 들면 큰 나무가 있는데 어떤 사람이 괭이와 바구니를 가지고 와서 그 나무의 뿌리를 자른다 하자. 뿌리를 자른 뒤에는 [뿌리 주위에] 땅을 파고, 땅을 판 뒤에는 뿌리와 그 안에 있는 잔뿌리까지 모두 뽑아낸다 하자. 그런 후에 다시 그 나무를 토막토막 자르고, 토막토막 자른 뒤에 쪼개고 또 쪼개어 다시 산산조각을 내어서는 바람이나 햇빛에 말리고, 바람이나 햇빛에 말린 뒤에는 불에 태우고, 불에 태운 뒤에는 재로 만들고, 재로 만든 뒤에는 강한 바람에 날려 보내거나 물살이 센 강에 흩어버린다 하자. 비구들이여, 이렇

---

325) 이 비유에 대한 주석서의 설명을 정리하면 다음과 같다.
'큰 나무(mahā-rukkha)'는 삼계윤회에, 그 '뿌리(mūla)'는 여섯 가지 감각장소(āyatana)에, 뿌리로부터 위로 영양분을 나르는 것은 여섯 감각의 문(dvāra)을 통해서 업을 쌓아 올리는 것(kamm-ārohana)에, 나무가 오래 사는 것은 어리석은 범부들이 오랫동안 윤회하는 것에 비유되는데, 이것은 어리석은 범부가 업을 쌓아서(āyūhanta) 윤회를 증가시키면서 머무는 것과 같다.(SA.ii.84)

게 하면 그 큰 나무는 뿌리가 잘린 것이 되고 줄기만 남은 야자수처럼 되고 존재하지 않게 되고 미래에 다시는 일어나지 않게끔 될 것이다.326)

비구들이여, 그와 같이 취착하기 마련인 법들에서 위험을 보면서 머무는 자에게 갈애는 소멸한다. 갈애가 소멸하면 취착이 소멸하고, 취착이 소멸하면 존재가 소멸하고, 존재가 소멸하면 태어남이 소멸하고, 태어남이 소멸하면 늙음·죽음과 근심·탄식·육체적 고통·정신적 고통·절망이 소멸한다. 이와 같이 전체 괴로움의 무더기[苦蘊]가 소멸한다."

큰 나무 경2(S12:56)

3. "비구들이여, 예를 들면 큰 나무가 있는데 그 뿌리들이 아래로도 뻗어 있고 옆으로도 뻗어 있어 그 모든 뿌리들이 위로 영양분을 빨아올린다 하자. 비구들이여, 이렇게 하면 이러한 영양분과 이러한

---

326) 이 비유에 대한 주석서의 설명을 정리하면 다음과 같다.
큰 나무를 파괴하려는 자는 수행자(yoga-avacara)에, '괭이(kuddāla)'는 지혜(ñāṇa)에, '바구니(piṭaka)'는 삼매(samādhi)에 비유된다. 나무의 뿌리를 자르는 것은 수행자가 명상주제(kammaṭṭhāna)에 몰두하여 통찰지(paññā)가 증장하는 것과 같다. 나무를 토막토막 자르는 것은 이 몸을 네 가지 근본물질(mahā-bhūta)로 단순화시켜서 마음에 잡도리하는 것(manasi-kāra)과 같다. 나무를 쪼개는 것은 이 몸을 42가지 측면(『청정도론』 XI.31~38참조)에서 자세하게 마음에 잡도리하는 것(vitthāra-manasi-kāra)과 같다.
나무를 산산조각 내는 것은 파생된 물질(upādā-rūpa)과 알음알이를 통해서 정신·물질을 파악하는 것(nāmarūpa-pariggaha)과 같다. 뿌리를 자르는 것은 정신·물질의 조건들을 찾는 것(paccaya-pariyesana)과 같다. 불에 태우는 것은 점점 위빳사나를 증장시켜서 [아라한과라는] 수승한 결실을 증득하는 것과 같다. 재로 만드는 것은 아라한이 반열반에 들어 목숨이 다하는 것과 같다. 재를 날려 보내는 것은 아라한이 무여열반을 통해서 반열반에 들어 윤회를 가라앉히는 것과 같다.(SA.ii.84)

자양분을 가진 큰 나무는 오랜 시간 살아있을 것이다.

비구들이여, 그와 같이 취착하기 마련인 법들에서 달콤함을 보면서 머무는 자에게 갈애는 증가한다. [89] 갈애를 조건으로 취착이, 취착을 조건으로 존재가, 존재를 조건으로 태어남이, 태어남을 조건으로 늙음·죽음과 근심·탄식·육체적 고통·정신적 고통·절망이 발생한다. 이와 같이 전체 괴로움의 무더기[苦蘊]가 발생한다."

4. "비구들이여, 예를 들면 큰 나무가 있는데 어떤 사람이 괭이와 바구니를 가지고 와서 그 나무의 뿌리를 자른다 하자. 뿌리를 자른 뒤에는 [뿌리 주위에] 땅을 파고, 땅을 판 뒤에는 뿌리와 그 안에 있는 잔뿌리까지 모두 뽑아낸다 하자. 그런 후에 다시 그 나무를 토막토막 자르고, 토막토막 자른 뒤에 쪼개고 또 쪼개어 다시 산산조각을 내어 바람이나 햇빛에 말리고, 바람이나 햇빛에 말린 뒤에는 불에 태우고, 불에 태운 뒤에는 재로 만들고, 재로 만든 뒤에는 강한 바람에 날려 보내거나 물살이 센 강에 흩어버린다 하자. 비구들이여, 이렇게 하면 그 큰 나무는 뿌리가 잘린 것이 되고 줄기만 남은 야자수처럼 되고 존재하지 않게 되고 미래에 다시는 일어나지 않게끔 될 것이다.

비구들이여, 그와 같이 취착하기 마련인 법들에서 위험을 보면서 머무는 자에게 갈애는 소멸한다. 갈애가 소멸하면 취착이 소멸하고, 취착이 소멸하면 존재가 소멸하고, 존재가 소멸하면 태어남이 소멸하고, 태어남이 소멸하면 늙음·죽음과 근심·탄식·육체적 고통·정신적 고통·절망이 소멸한다. 이와 같이 전체 괴로움의 무더기[苦蘊]가 소멸한다."

어린 나무 경(S12:57)

Taruṇarukkha-sutta

3. "비구들이여, 족쇄에 묶이게 될 법들에서 달콤함을 보면서 머무는 자에게 갈애는 증가한다. 갈애를 조건으로 취착이, 취착을 조건으로 존재가, 존재를 조건으로 태어남이, 태어남을 조건으로 늙음·죽음과 근심·탄식·육체적 고통·정신적 고통·절망이 발생한다. 이와 같이 전체 괴로움의 무더기[苦蘊]가 발생한다.

비구들이여, 예를 들면 어린 나무가 있는데 어떤 사람이 때때로 뿌리 주위를 깨끗이 해 주고 때때로 좋은 흙을 넣어주고 때때로 물을 준다 하자. 비구들이여, 이렇게 하면 이러한 영양분과 이러한 자양분을 얻은 어린 나무는 잘 자라고 증장하고 충만하게 될 것이다.

비구들이여, 그와 같이 족쇄에 묶이게 될 법들에서 달콤함을 보면서 머무는 자에게 갈애는 증가한다. 갈애를 조건으로 취착이, 취착을 조건으로 존재가, 존재를 조건으로 태어남이, 태어남을 조건으로 늙음·죽음과 근심·탄식·육체적 고통·정신적 고통·절망이 발생한다. 이와 같이 전체 괴로움의 무더기[苦蘊]가 발생한다."

4. "비구들이여, 족쇄에 묶이게 될 법들에서 위험을 보면서 머무는 자에게 갈애는 소멸한다. 갈애가 소멸하면 취착이 소멸하고, 취착이 소멸하면 존재가 소멸하고, 존재가 소멸하면 태어남이 소멸하고, 태어남이 소멸하면 늙음·죽음과 근심·탄식·육체적 고통·정신적 고통·절망이 소멸한다. 이와 같이 전체 괴로움의 무더기[苦蘊]가 소멸한다."

비구들이여, [90] 예를 들면 어린 나무가 있는데 어떤 사람이 괭이와 바구니를 가지고 와서 그 나무의 뿌리를 자른다 하자. 뿌리를 자른 뒤에는 [뿌리 주위에] 땅을 파고, 땅을 판 뒤에는 뿌리와 그 안에 있는 잔뿌리까지 모두 뽑아낸다 하자. 그런 후에 다시 그 나무를 토막토막 자르고, 토막토막 자른 뒤에 쪼개고 또 쪼개어 다시 산산조각을 내어 바람이나 햇빛에 말리고, 바람이나 햇빛에 말린 뒤에는 불에 태우고, 불에 태운 뒤에는 재로 만들고, 재로 만든 뒤에는 강한 바람에 날려 보내거나 물살이 센 강에 흩어버린다 하자. 비구들이여, 이렇게 하면 그 어린 나무는 뿌리가 잘린 것이 되고 줄기만 남은 야자수처럼 되고 존재하지 않게 되고 미래에 다시는 일어나지 않게끔 될 것이다.

비구들이여, 그와 같이 족쇄에 묶이게 될 법들에서 위험을 보면서 머무는 자에게 갈애는 소멸한다. 갈애가 소멸하면 취착이 소멸하고, 취착이 소멸하면 존재가 소멸하고, 존재가 소멸하면 태어남이 소멸하고, 태어남이 소멸하면 늙음·죽음과 근심·탄식·육체적 고통·정신적 고통·절망이 소멸한다. 이와 같이 전체 괴로움의 무더기[苦蘊]가 소멸한다."

정신·물질 경(S12:58)

Nāmarūpa-sutta

3. "비구들이여, 족쇄에 묶이게 될 법들에서 달콤함을 보면서 머무는 자에게 정신·물질이 출현한다.327) 정신·물질을 조건으로

327) '정신·물질이 출현한다.'는 nāmarūpassa avakkanti hoti를 옮긴 것이다. '출현(avakkanti)'에 대해서는 다음의 「알음알이 경」(S12:59) §3의 주해를 참조할 것.
주석서는 별다른 설명이 없지만 다른 경들을 참조해서 볼 때, 여기서 '족쇄에 묶이게 될 법들에서 달콤함을 보는 것'은 다름 아닌 갈애(taṇhā)를 뜻한다. 이 갈애는 다시 태어남(재생)을 가져오는 것(ponobhavikā)으로 정의되는데(본서 제3권 「짐 경」(S22:22) §5와 주해를 참조할 것) 이 갈애가 다음

여섯 감각장소가, 여섯 감각장소를 조건으로 감각접촉이, 감각접촉을 조건으로 느낌이, 느낌을 조건으로 갈애가, 갈애를 조건으로 취착이, 취착을 조건으로 존재가, 존재를 조건으로 태어남이, 태어남을 조건으로 늙음·죽음과 근심·탄식·육체적 고통·정신적 고통·절망이 발생한다. 이와 같이 전체 괴로움의 무더기[苦蘊]가 발생한다.

비구들이여, 예를 들면 큰 나무가 있는데 그 뿌리들이 아래로도 뻗어 있고 옆으로도 뻗어 있어 그 모든 뿌리들이 위로 영양분을 빨아올린다 하자. 비구들이여, 이렇게 하면 이러한 영양분과 이러한 자양분을 가진 큰 나무는 오랜 시간 살아있을 것이다.

비구들이여, 그와 같이 족쇄에 묶이게 될 법들에서 달콤함을 보면서 머무는 자에게 정신·물질이 출현한다. 정신·물질을 조건으로 여섯 감각장소가, … 이와 같이 전체 괴로움의 무더기[苦蘊]가 발생한다."

4. "비구들이여, 족쇄에 묶이게 될 법들에서 위험을 보면서 머무는 자에게 정신·물질이 소멸한다. 정신·물질이 소멸하면 여섯 감각장소가 소멸하고, [91] 여섯 감각장소가 소멸하면 감각접촉이 소멸하고, 감각접촉이 소멸하면 느낌이 소멸하고, 느낌이 소멸하면 갈애가 소멸하고, 갈애가 소멸하면 취착이 소멸하고, 취착이 소멸하면 존재가 소멸하고, 존재가 소멸하면 태어남이 소멸하고, 태어남이 소멸하면 늙음·죽음과 근심·탄식·육체적 고통·정신적 고통·절망이 소멸한다. 이와 같이 전체 괴로움의 무더기[苦蘊]가 소멸한다.

비구들이여, 예를 들면 큰 나무가 있는데 어떤 사람이 괭이와 바구

생의 정신·물질을 출현하게 하는 것이다. 여기에 대해서는 본서 「의도 경」 2(S12:39) §3과 주해와, 「의도 경」 1(S12:38) §3과 주해와, 「탐욕 있음 경」(S12:64) §4와 주해를 참조할 것.

니를 가지고 와서 그 나무의 뿌리를 자른다 하자. 뿌리를 자른 뒤에는 [뿌리 주위에] 땅을 파고, 땅을 판 뒤에는 뿌리와 그 안에 있는 잔뿌리까지 모두 뽑아낸다 하자. 그런 후에 다시 그 나무를 토막토막 자르고, 토막토막 자른 뒤에 쪼개고 또 쪼개어 다시 산산조각을 내어 바람이나 햇빛에 말리고, 바람이나 햇빛에 말린 뒤에는 불에 태우고, 불에 태운 뒤에는 재로 만들고, 재로 만든 뒤에는 강한 바람에 날려 보내거나 물살이 센 강에 흩어버린다 하자. 비구들이여, 이렇게 하면 그 큰 나무는 뿌리가 잘린 것이 되고 줄기만 남은 야자수처럼 되고 존재하지 않게 되고 미래에 다시는 일어나지 않게끔 될 것이다.

비구들이여, 그와 같이 족쇄에 묶이게 될 법들에서 위험을 보면서 머무는 자에게 정신 · 물질이 소멸한다. 정신 · 물질이 소멸하면 여섯 감각장소가 소멸하고, … 이와 같이 전체 괴로움의 무더기[苦蘊]가 소멸한다."

알음알이 경(S12:59)

Viññāṇa-sutta

3. "비구들이여, 족쇄에 묶이게 될 법들에서 달콤함을 보면서 머무는 자에게 알음알이가 출현한다.328) 알음알이를 조건으로 정

---

328) '알음알이가 출현한다.'는 viññāṇassa avakkanti hoti를 옮긴 것이다. 『디가 니까야』 「대인연경」(D15) §21에 "아난다여, 만일 알음알이가 모태에 들지 않았는데도 정신 · 물질이 모태에서 발전하겠는가?"라고 나타난다. 여기서 '모태에 들지 않았는데도'는 mātukucchiṁ na okkamissatha를 옮긴 것이다. okkamissatha는 okkamati(ava+√kram, *to go*)의 조건법 3인칭 단수형이다. 이것은 본경에서 '출현'으로 옮긴 명사 avakkanti (ava+√kram)와 같은 어원이다. 그러므로 여기서 알음알이의 출현은 바로 한 생의 최초의 알음알이가 모태에서 생기는 것으로 이해해야 한다. 이렇게 볼 때 이것은 전생의 갈애를 조건으로 해서 한 생의 최초의 알음알이가 모태에서 드는 것을 말하는 것으로 여겨진다.

신·물질이, 정신·물질을 조건으로 여섯 감각장소가, … 이와 같이 전체 괴로움의 무더기[苦蘊]가 발생한다.

비구들이여, 예를 들면 큰 나무가 있는데 그 뿌리들이 아래로도 뻗어 있고 옆으로도 뻗어 있어 …

비구들이여, 그와 같이 족쇄에 묶이게 될 법들에서 달콤함을 보면서 머무는 자에게 알음알이가 출현한다. 알음알이를 조건으로 정신·물질이, 정신·물질을 조건으로 여섯 감각장소가, … 이와 같이 전체 괴로움의 무더기[苦蘊]가 발생한다."

4. "비구들이여, 족쇄에 묶이게 될 법들에서 위험을 보면서 머무는 자에게 알음알이가 소멸한다. 알음알이가 소멸하면 정신·물질이 소멸하고, 정신·물질이 소멸하면 여섯 감각장소가 소멸하고, … 이와 같이 전체 괴로움의 무더기[苦蘊]가 소멸한다.

비구들이여, 예를 들면 큰 나무가 있는데 어떤 사람이 괭이와 바구니를 가지고 와서 그 나무의 뿌리를 자른다 하자. …

비구들이여, 그와 같이 족쇄에 묶이게 될 법들에서 위험을 보면서 머무는 자에게 알음알이가 소멸한다. 알음알이가 소멸하면 정신·물질이 소멸하고, 정신·물질이 소멸하면 여섯 감각장소가 소멸하고, … 이와 같이 전체 괴로움의 무더기[苦蘊]가 소멸한다."

그리고 '모태에 듦(gabbhassa avakkanti)'이라는 표현은 『맛지마 니까야』 「긴 갈애를 부숨 경」(M38/i.265) §28과 「앗살라야나 경」(M93/ii.156) §18과 『앙굿따라 니까야』 「외도의 주장 경」(A3:61/i.176) §9 등에도 나타난다. 이 가운데 특히 『앙굿따라 니까야』 「외도의 주장 경」(A3:61) §9에는 "여섯 가지 요소에 의지하여 모태에 들어감이 있다. 듦이 있을 때 정신·물질[名色]이 있다."라고 나타난다. 이 구절과 바로 앞의 「정신·물질 경」(S12:58)과 본경을 함께 놓고 보면 본경에 나타나는 알음알이의 출현은 한 생의 최초의 알음알이(재생연결식)가 어머니 모태에 드는 것 혹은 모태에서 생겨나는 것을 뜻한다고 보는 것이 타당하다.
그러므로 '알음알이가 출현함'은 알음알이가 [모태에] 듦으로도 옮길 수 있다.

인연 경(S12:60)

Nidāna-sutta

1. 이와 같이 나는 들었다. 한때 [92] 세존께서는 꾸루329)에서 깜마사담마330)라는 꾸루들의 성읍에 머무셨다.

2. 그때 아난다 존자가 세존께 다가갔다. 가서는 세존께 절을 올린 뒤 한 곁에 앉았다. 한 곁에 앉은 아난다 존자는 세존께 이렇게

---

329) 꾸루(Kuru)는 인도 16국 가운데 하나였다. 주석서에서는 이 지역에 살던 왕자의 이름을 따서 꾸루라 불렀다고 하며(DA.ii.481) 지금의 델리 근처 지역이다. 지역으로 언급할 때는 거의 꾸루・빤짤라(Kuru-Pañcāla)로 나타나는데 지금 인도의 델리, 하랴나, 펀잡, 히마찰쁘라데쉬 지역이 꾸루・빤짤라에 해당한다. 자따까 등에 의하면 이 지역은 상업과 학문이 번창하던 곳이다.(*Cf.* J.ii.214)
중요한 초기불전들이 꾸루 지방에서 설해지고 있는데 『디가 니까야 주석서』 「대념처경」(D22)의 주석에 의하면 꾸루(Kuru) 지방 주민들은 심오한 가르침을 이해하는 능력을 갖추었기 때문이라고 한다. 꾸루 지방의 비구와 비구니, 청신사와 청신녀들은 아주 좋은 기후 등의 조건을 갖추어 살고 있었으며 적당한 기후 조건 등으로 인해 그곳 사람들은 몸과 마음이 항상 건전했다고 적고 있다.(MA.i.184; AA.ii.820; 『네 가지 마음챙기는 공부』 76쪽 참조)

330) 깜마사담마(Kammāsadhamma)는 꾸루의 한 성읍(nigāma)이다. 『디가 니까야』 「대인연경」(D15)과 「대념처경」(D22)과 『맛지마 니까야』 「아넨자 사빠야 경」(M106) 등 중요한 경들이 여기서 설해지고 있다.
주석서는 깜마사담마라는 이름에 얽힌 설화를 다음과 같이 두 가지로 소개하고 있다. 첫째, Kammāsadhamma는 Kammāsadamma라고도 전승되어 오는데 이것은 깜마사를 길들였다(damita)는 뜻이다. 깜마사란 자따까에서 언급되고 있는 깜마사빠다라는 인육을 먹는 사람을 말하며(Kammāsapādo porisādo vuccati) 그런 인육을 먹는 깜마사빠다가 여기서 길들여졌다고 해서 깜마사담마라고 한다는 것이다.
둘째, 꾸루 지방에는 꾸루족들이 지니는 Kuruvattadhamma(꾸루에 있는 법도)라는 것이 있었는데 바로 이 지역에서 인육을 먹는 깜마사 종족(깜마사빠다)들이 법(dhamma)을 받아들여서 순화되었다고 해서 깜마사담마라 한다고 한다.(DA.ii.483) 아마도 인육을 먹는 습관을 가진 사람들과 인연이 있었던 곳이었을 것이다.

말씀드렸다.

3. "경이롭습니다, 세존이시여. 놀랍습니다, 세존이시여. 세존이시여, 이 연기는 참으로 심오합니다. 그리고 참으로 심오하게 드러납니다. 그러나 이제 제게는 분명하고 또 분명한 것으로 드러납니다."

4. "아난다여, 그와 같이 말하지 말라. 아난다여, 그렇게 말하지 말라. 이 연기는 참으로 심오하다. 그리고 참으로 심오하게 드러난다. 아난다여, 이 법을 깨닫지 못하고 꿰뚫지 못하기 때문에 이 사람들은 실에 꿰어진 구슬처럼 얽히게 되고 베 짜는 사람의 실타래처럼 헝클어지고 문자 풀처럼 엉키어서 처참한 곳, 불행한 곳, 파멸처, 윤회를 벗어나지 못한다."331)

5. "아난다여, 취착하기 마련인 법들에서 달콤함을 보면서 머무는 자에게 갈애는 증가한다. 갈애를 조건으로 취착이, 취착을 조건으로 존재가, 존재를 조건으로 태어남이, 태어남을 조건으로 늙음·죽음과 근심·탄식·육체적 고통·정신적 고통·절망이 발생한다. 이와 같이 전체 괴로움의 무더기[苦蘊]가 발생한다.

아난다여, 예를 들면 큰 나무가 있는데 그 뿌리들이 아래로도 뻗어 있고 옆으로도 뻗어 있어 그 모든 뿌리들이 위로 영양분을 빨아올린다 하자. 아난다여, 이렇게 하면 이러한 영양분과 이러한 자양분을 가진 큰 나무는 오랜 세월을 살아있을 것이다.

---

331) 이상 본경의 서론 부분은 『디가 니까야』 「대인연경」(D15)의 서론 부분인 §1과 동일하다. 이런 이유 때문에 이 서론 부분에다 S12:55가 접목된 본경은 상대적으로 길이가 짧기 때문에 「인연경」이라 불리게 되었고, 길이가 더 긴 D15는 「대인연경」이라 불리게 된 듯하다. 「대인연경」의 본론 부분은 본경의 본론 부분과 내용이 완전히 다르다. 본경의 서론 부분에 대한 긴 주석은 「대인연경」의 긴 주석과 그대로 일치한다. 그 내용에 대해서는 보디 스님의 *The Great Discourse on Causation* pp. 58~73을 참조할 것.

아난다여, 그와 같이 취착하기 마련인 법들에서 달콤함을 보면서 머무는 자에게 갈애는 증가한다. 갈애를 조건으로 취착이, [93] 취착을 조건으로 존재가, 존재를 조건으로 태어남이, 태어남을 조건으로 늙음·죽음과 근심·탄식·육체적 고통·정신적 고통·절망이 발생한다. 이와 같이 전체 괴로움의 무더기[苦蘊]가 발생한다."

6. "아난다여, 취착하기 마련인 법들에서 위험을 보면서 머무는 자에게 갈애는 소멸한다. 갈애가 소멸하면 취착이 소멸하고, 취착이 소멸하면 존재가 소멸하고, 존재가 소멸하면 태어남이 소멸하고, 태어남이 소멸하면 늙음·죽음과 근심·탄식·육체적 고통·정신적 고통·절망이 소멸한다. 이와 같이 전체 괴로움의 무더기[苦蘊]가 소멸한다.

아난다여, 예를 들면 큰 나무가 있는데 어떤 사람이 괭이와 바구니를 가지고 와서 그 나무의 뿌리를 자른다 하자. 뿌리를 자른 뒤에는 [뿌리 주위에] 땅을 파고, 땅을 판 뒤에는 뿌리와 그 안에 있는 잔뿌리까지 모두 뽑아낸다 하자. 그런 후에 다시 그 나무를 토막토막 자르고, 토막토막 자른 뒤에 쪼개고 또 쪼개어 다시 산산조각을 내어 바람이나 햇빛에 말리고, 바람이나 햇빛에 말린 뒤에는 불에 태우고, 불에 태운 뒤에는 재로 만들고, 재로 만든 뒤에는 강한 바람에 날려 보내거나 물살이 센 강에 흩어버린다 하자. 아난다여, 이렇게 하면 그 큰 나무는 뿌리가 잘린 것이 되고 줄기만 남은 야자수처럼 되고 존재하지 않게 되고 미래에 다시는 일어나지 않게끔 될 것이다.

아난다여, 그와 같이 취착하기 마련인 법들에서 위험을 보면서 머무는 자에게 갈애는 소멸한다. 갈애가 소멸하면 취착이 소멸하고, 취착이 소멸하면 존재가 소멸하고, 존재가 소멸하면 태어남이 소멸하고, 태어남이 소멸하면 늙음·죽음과 근심·탄식·육체적 고통·정신적 고통 · 절망이 소멸한다. 이와 같이 전체 괴로움의 무더기[苦蘊]가 소멸한다."

제6장 괴로움 품이 끝났다.

여섯 번째 품에 포함된 경들의 목록은 다음과 같다.

① 철저한 검증 ② 취착, 두 가지 ③~④ 족쇄
두 가지 ⑤~⑥ 큰 나무
⑦ 어린 나무 ⑧ 정신 · 물질
⑨ 알음알이 ⑩ 인연 — 이러한 열 가지이다.

제7장 대품

Mahā-vagga

배우지 못한 자 경1(S12:61)

Assutavā-sutta

1. <사왓티의 아나타삔디까 원림(급고독원)에서> [94]

3. "비구들이여, 배우지 못한 범부332)도 네 가지 근본물질로 이루어진 이 몸에 대해서 염오하고 탐욕이 빛바래고 벗어나려 할 것이다.

그것은 무슨 이유 때문인가? 비구들이여, 그는 네 가지 근본물질로 이루어진 이 몸은 활기찰 때도 있고 의기소침할 때도 있고 받을 때도 있고 내려놓을 때도333) 있는 것을 보기 때문이다. 그러므로 배

---

332) "'배우지 못한(assutava)'이란 무더기(온), 요소(계), 감각장소(처), 조건(연)의 형태, 마음챙김의 확립 등에 대한 파악(uggaha)과 질문(paripucchā)과 판별(vinicchaya)이 없는 것이다.
'범부(puthu-jjana)'라고 하였다. 많고(puthu) 다양한 오염원(kilesa) 등을 산출하는(janana) 등의 형태에 의해서 범부라 불린다. 그리고 성스러운 법을 등지고(parammukha) 저열한 법에 빠진(nīca-dhamma-samācāra), 그 숫자를 헤아릴 수 없을 만큼 많은 사람들 가운데에(puthūnaṁ janānaṁ) 포함되기 때문에(anto-gadhattā pi) 범부라고도 불린다.
혹은 [범(凡)으로 옮긴] puthu란 분리된 것(visuṁ)을 뜻한다. 계행과 배움 등의 공덕을 갖춘(sīla-sutādi-guṇa-yutta) 성자(ariya)들로부터 분리된(visaṁsaṭṭha) 사람(jana)이라고 해서 범부(puthujjana)라고 한다. 이렇게 해서 배우지 못한 범부는 두 가지로 설명이 된다."(SA.ii.97~98)
주석서에서 범부를 이러한 두 가지 어원으로 설명하는 것은 빠알리어 puthu는 두 가지로 해석이 가능하기 때문이다. 하나는 베다에 나타나는 pṛthu(많은, 광대한)로 본 것이고 다른 하나는 pṛthak(분리된, 구분된)으로 해석하는 것이다. 불교 산스끄리뜨에는 pṛthag-jana로 나타나는데 이는 후자로 해석한 것이다. 그러나 빠알리 주석가들은 위의 주석서의 인용에서 보듯이 전자를 더 중시하고 있다.

우지 못한 범부도 여기에 대해서 염오하고 탐욕이 빛바래고 벗어나려 하는 것이다."

4. "비구들이여, 그러나 배우지 못한 범부는 마음[心]이라고도 마노[意]라고도 알음알이[識]라고도334) 부르는 이것에 대해서 염오할

---

333) "'활기참(ācaya)'이란 향상(vuḍḍhi)을, '의기소침함(apacaya)'이란 퇴보(parihāni)를, '받음(ādāna)'이란 태어남(nibbatti)을, '내려놓음(nikkhepa-na)'이란 부서짐(bheda)을 말한다."(SA.ii.98)

334) '마음[心]이라고도 마노[意]라고도 알음알이[識]라고도'는 cittaṁ iti pi mano iti pi viññānaṁ iti pi를 옮긴 것이다. 이것은 마음[心]과 마노[意]와 알음알이[識]가 동의어임을 보여주는 중요한 근거로 인용되기도 한다. (삐야닷시 스님, 『마음 과연 무엇인가』 참조) 그래서 『청정도론』은 "마음과 마노와 알음알이[心·意·識]는 뜻에서는 하나이다."(Vis.XIV.82)라고 설명하고 있다.
『디가 니까야』 「범망경」(D1 §2.13)에는 yañ ca kho idaṁ vuccati cittan ti vā mano ti vā viññāṇan ti vā(마음[心]이라 하고 마노[意]라 하고 알음알이[識]라 부르는)로도 나타난다. 주석서는 이 셋은 "모두 마노의 감각장소[意處, manāyatana]의 이름이다."(SA.ii.98)라고 설명하고 있다.
아비담마에서 설명하는 마음[心, citta]에 대해서는 『아비담마 길라잡이』 서문 §11과 1장 첫 번째 해설과 1장 §3의 해설 1을 참조하고, 마노[意, mano]에 대해서는 『디가 니까야』 제2권 「제석문경」(D21) §2.5의 주해를 참조하고, 알음알이[識, viññāṇa]에 대해서는 『아비담마 길라잡이』 1장 §3의 해설 1을 참조할 것.
이 셋은 같은 의미를 나타내지만 니까야에서는 각각 다른 문맥에서 나타난다. 보디 스님은 다음과 같이 정리하고 있다.(보디 스님, 769~770쪽 154번 주해 참조)
① 먼저 알음알이[識, viññāṇa]는 눈·귀·코·혀·몸·마노의 여섯 감각기능을 통해서 대상을 아는 것으로 쓰이고 있으며, 아울러 한 생과 다음 생을 통해서 개인적인 동일성을 유지하는 의식의 잠재적인 흐름을 뜻하는 것으로도 나타나고 있다.(여기에 대해서는 본서 S12:38~40을 참조할 것)
② 마노[意, mano]는 몸(kāya)과 말(vaci)과 더불어 의도적 행위를 하는 세 번째 문으로 나타나며(의행, 의업), 여섯 가지 안의 감각장소[六內入處, ajjhattika āyatana] 혹은 감각기능[根, indriya] 가운데 마지막으로도 나타나고 있다. 마노의 감각장소는 다른 다섯 감각장소가 받아들인 대상을 조정하고 통합하는 역할도 하지만, 정신적인 현상(dhamma)들을 자신의 대상으로 가지는 특수한 감각장소 혹은 감각기능이다.

수 없고 탐욕이 빛바랠 수 없고 벗어날 수 없다.

그것은 무슨 이유 때문인가? 비구들이여, 배우지 못한 범부는 이것을 두고 '이것은 내 것이다. 이것은 나다. 이것은 나의 자아다.'[335] 라고 움켜쥐고 내 것으로 삼고 집착하기 때문이다.[336] 그러므로 배우지 못한 범부는 여기에 대해서 염오할 수 없고 탐욕이 빛바랠 수 없고 벗어날 수 없다."

5. "비구들이여, 배우지 못한 범부는 차라리 네 가지 근본물질

---

③ 마음[心, citta]은 개인적인 경험의 중심에 있는 것으로 나타나는데 생각이나 의도나 감정의 주관으로 언급되고 있다. 그리고 마음은 이해되어야 하는 것으로도, 훈련되어야 하는 것으로도, 해탈해야 하는 것으로도 언급되고 있다. 마음에 대한 여러 관찰은 특히 『앙굿따라 니까야』 「하나의 모음」 (A1)의 제1장부터 제6장(A1:1~6)까지의 수십 개의 짧은 경들에서 주제로 나타난다. 거기에는 "비구들이여, 이것과 다른 어떤 단 하나의 법도 이렇듯 빨리 변하는 것을 나는 보지 못하나니, 그것은 바로 마음이다."(A1:5:8)라거나 "비구들이여, 이 마음은 빛난다. 그 마음은 객으로 온 오염원들에 의해 오염되어 있다."(A1:5:9)는 등이 포함되어 있다.
심·의·식에 대해서는 본서 제3권 해제 §3-(2)-⑤도 참조할 것.
더 자세한 설명은 Hamilton, *Identity and Experience*, chap.5를 참조할 것.

335) "'이것은 내 것이다(etaṁ mama).'라는 것은 갈애에 의한 거머쥠(taṇhā-gāha)이다. 이렇게 해서 108가지 갈애의 생각(taṇhā-vicarita)이 포함된다.(본서 「분석 경」(S12:2) §8의 주해와 『앙굿따라 니까야』 「갈애 경」 (A4:199/ii.212~213) 참조) '이것은 나다(esohamasmi).'라는 것은 자만에 의한 거머쥠(māna-gāha)이다. 이렇게 해서 9가지 자만(9가지 자만에 대해서는 본서 제1권 「사밋디 경」(S1:20) §11 주해 참조)이 포함된다. '이것은 나의 자아다(eso me attā).'라는 것은 견해에 의한 거머쥠(diṭṭhi-gāha)이다. 이렇게 해서 62가지 견해(『디가 니까야』 「범망경」(D1/i.12~38) 참조)가 포함된다."(SA.ii.98)

336) "'움켜쥔(ajjhosita)'이란 갈애(taṇhā) 때문에 집어삼키어(gilitvā pariniṭṭhapetvā) 받아들인(gahita) 것이다. '내 것으로 삼고(mamāyita)'란 갈애 때문에 이것은 내 것(mama idaṁ)이라고 받아들인 것이다. '집착한(parāmaṭṭha)'이란 견해(diṭṭhi) 때문에 집착하여(parāmasitvā) 받아들인 것이다."(SA.ii.98)

로 이루어진 이 몸을 자아라고 할지언정 마음을 자아라고 해서는 안 된다.

그것은 무슨 이유인가? 비구들이여, 네 가지 근본물질로 이루어진 이 몸은 일 년도 머물고 2년도 머물고 3년도 머물고 4년도 머물고 5년도 머물고 10년도 머물고 20년도 머물고 30년도 머물고 40년도 머물고 50년도 머물고 100년도 머물고 [95] 그 이상도 머문다.[337] 그러나 마음이라고도 마노라고도 알음알이라고도 부르는 이것은 낮이건 밤이건 생길 때 다르고 소멸할 때 다르기 때문이다.[338]

---

337) "[문]: 세존께서는 왜 이것을 말씀하셨는가? 삶의 첫 번째 단계에 생긴 몸은 삶의 중간 단계까지 지속하지 못하고 중간 단계에 생긴 몸은 … 삶의 마지막 단계까지 지속하지 못하지 않는가? 마치 달구어진 철판에 던져진 참깨처럼 형성된 것들은 매 지점이나 매 단계나 매 구간마다 부서지는 것이 아닌가? [답]: 그렇다. 그러나 몸은 연속적인 차례에 있어서(paveṇi-vasena) 긴 시간 동안 지속된다. 그것은 마치 등불이 밤새 연속적으로 연결되어서(paveṇi-sambandha-vasena) 타는 것과 같다. 물론 등불의 불꽃은 연료가 다하면 다음의 심지로 건너가지 않고 거기서 꺼지지만."(SA.ii.99)

338) "'생길 때 다르고 소멸할 때 다르다(aññadeva uppajjati, aññaṁ nirujjha-ti).'는 것은 낮 동안에 생기고 소멸한 [마음]은 밤 동안에 생기고 소멸한 [마음]과 다르다는 뜻이다. 이것은 어떤 것이 일어나고 이것과 전혀 다른 아직 일어나지 않은 것(anuppannam eva aññaṁ)이 소멸한다고 받아들이면 안된다. 여기서 '낮이건 밤이건(rattiyā ca divasassa ca)'은 지속하는 기간(paveṇi)이라는 의미로 설하신 것이다. 즉 앞에서 설한 [몸]보다 더 짧은 기간(parittaka paveṇi) 동안 지속한다는 뜻으로 말씀하신 것이다.(몸은 몇 십 년 동안 지속하지만 마음은 겨우 낮이나 밤 동안만 지속하는 더 변화무상한 것이라는 뜻임) 하나의 마음(eka citta)은 온 낮 동안이나 온 밤 동안도 머물지 못한다. 손가락을 한 번 튀기는 순간(eka accharā-kkhaṇa)에도 수십만 꼬띠(꼬띠는 천만을 뜻함)의 마음들(citta-koṭi-sata-sahassāni)이 생긴다."(SA.ii.99)

"마음이라고도 마노라고도 알음알이라고도 부르는 이것은 낮이건 밤이건 생길 때 다르고 소멸할 때 다르다."는 본경의 이 말씀은 마음의 찰나성을 설하는 경전적인 근거가 된다 하겠다. 경전의 이런 말씀이 『청정도론』을 위시한 많은 주석서 문헌들과 남북방 아비담마/아비달마와 유식 등의 여러 문헌에서 심찰나(心刹那, citta-kkhaṇa)라는 술어로 발전된 것이다. 심찰나 혹은 비구들이여, 예를 들면 원숭이가 숲에서 돌아다니면서 이 나뭇가지를 잡았다가는 놓아버리고 다른 나뭇가지를 잡는 것과 같다.339) 그와 같이 마음이라고도 마노라고도 알음알이라고도 부르는 이것은 낮이건 밤이건 생길 때 다르고 소멸할 때 다르다."

6. "비구들이여, 이 경우에 잘 배운 성스러운 제자는 다음과 같이 연기를 잘 마음에 잡도리한다.340)

마음순간에 대해서는 『아비담마 길라잡이』 4장 §6의 1번 해설을 참조할 것.

339) "원숭이(makkaṭa)의 비유는 다음과 같이 이해해야 한다. 밀림의 숲은 대상이라는 숲(ārammaṇa-vana)이다. 그 숲에서 돌아다니는 원숭이처럼 마음은 대상이라는 숲을 통해서 생겨난다(ārammaṇa-vane uppajjanaka-cittaṁ). 원숭이가 나뭇가지를 잡는 것(sākhā-gahaṇa)처럼 [마음은] 대상을 취한다. 마치 숲에서 돌아다니는 원숭이가 이런저런 가지를 놓아버리고 이런저런 다른 가지를 거머쥐는 것처럼, 이 마음도 대상이라는 숲을 돌아다니면서 어떤 때는 형색이라는 대상을 거머쥐고 일어나고, 어떤 때는 소리 등의 다른 대상을, 어떤 때는 과거의 대상을, 어떤 때는 미래의 대상을, 어떤 때는 현재의 대상을, 어떤 때는 안의 대상을, 어떤 때는 밖의 대상을 거머쥐고 일어난다. 마치 숲에서 돌아다니는 원숭이가 가지를 잡지 않고 맨땅에 내려와서 앉아있을 수가 없으며 어쨌든 잎사귀가 달린 하나의 가지(ekā paṇṇa-sākhā)를 잡고 앉는 것처럼, 그와 같이 대상이라는 숲에서 돌아다니는 마음도 의지할 대상을 하나도 얻지 못하는 경우란 존재하지 않으며 어쨌든 하나의 대상을 거머쥐고 생겨난다고 알아야 한다."(SA.ii.100)

여기서 유념할 점은 이 원숭이의 비유는 본경에서도 주석서에서도 제어되지 않은 마음이 원숭이처럼 쉬지 못하고 촐랑대는 것을 설명하는 것으로 나타나고 있지 않다는 점이다. 오히려 마음은 매 순간 항상 다른 대상과 더불어 일어난다는 점을 강조하고 있다. 이런 의미에서 주석서들은 마음은 대상을 아는 것(ārammaṇaṁ cinteti ti cittaṁ – DhsA.63 등)으로 마음을 정의하고 있다.

340) 주석서에 의하면 본경을 설한 순서는 이러하다.
세존께서는 이 비구들이 물질(rūpa)에 대해서 지나치게 붙들려 있었을 때에는(adhimatta-gāha-kāla) 먼저 이들이 물질을 거머쥐는 것을 버리고 정신(arūpa)에 확고하도록(patiṭṭhāpita) 가르치셨다. 그런 뒤에 다시 정신을 거머쥐는 것을 버리고 물질에 확고하도록 하셨다. 그런 뒤에 여기서 세존께서는 이제 비구들이 물질과 정신에 붙들려 있는 것을 제거하기 위해서

'이것이 있을 때 저것이 있다. 이것이 일어날 때 저것이 일어난다. 이것이 없을 때 저것이 없다. 이것이 소멸할 때 저것이 소멸한다.

즉 무명을 조건으로 의도적 행위들이, 의도적 행위들을 조건으로 알음알이가, … 이와 같이 전체 괴로움의 무더기[苦蘊]가 발생한다.

그러나 무명이 남김없이 빛바래어 소멸하기 때문에 의도적 행위들이 소멸하고, 의도적 행위들이 소멸하기 때문에 알음알이가 소멸하고, … 이와 같이 전체 괴로움의 무더기[苦蘊]가 소멸한다.'라고."

7. "비구들이여, 이와 같이 보는 잘 배운 성스러운 제자는 물질에 대해서도 염오하고, 느낌에 대해서도 염오하고, 인식에 대해서도 염오하고, 의도적 행위들에 대해서도 염오하고, 알음알이에 대해서도 염오한다.

염오하면서 탐욕이 빛바래고, 탐욕이 빛바래므로 해탈한다. 해탈하면 해탈했다는 지혜가 있다. '태어남은 다했다. 청정범행(梵行)은 성취되었다. 할 일을 다 해 마쳤으며, 다시는 어떤 존재로도 돌아오지 않을 것이다.'라고 꿰뚫어 안다."341)

배우지 못한 자 경2(S12:62)

3. "비구들이여, 배우지 못한 범부도 네 가지 근본물질로 이루어진 이 몸에 대해서 염오하고 탐욕이 빛바래고 벗어나려 할 것이다.

(nīharaṇatthāya) 이 [연기의] 가르침을 설하셨다고 주석서는 설명하고 있다.(SA.ii.101)

341) "'염오하면서 탐욕이 빛바랜다(nibbindaṁ virajjati).'는 것은 도(magga)를, '탐욕이 빛바래므로 해탈한다(virāgā vimuccati).'는 것은 과(phala)를, '해탈하면 해탈했다는 지혜가 있다.'는 등은 반조(paccavekkhaṇā)를 설하신 것이다."(SA.ii.101)

그것은 무슨 이유 때문인가? 비구들이여, 그는 네 가지 근본물질로 이루어진 이 몸은 활기찰 때도 있고 의기소침할 때도 있고 받을 때도 있고 [96] 내려놓을 때도 있는 것을 보기 때문이다. 그러므로 배우지 못한 범부도 여기에 대해서 염오하고 탐욕이 빛바래고 벗어나려 하는 것이다."

4. "비구들이여, 그러나 배우지 못한 범부는 마음이라고도 마노라고도 알음알이라고도 부르는 이것에 대해서 염오할 수 없고 탐욕이 빛바랠 수 없고 벗어날 수 없다.

그것은 무슨 이유 때문인가? 비구들이여, 배우지 못한 범부는 이것을 두고 '이것은 내 것이다. 이것은 나다. 이것은 나의 자아다.'라고 움켜쥐고 내 것으로 삼고 집착하기 때문이다. 그러므로 배우지 못한 범부는 여기에 대해서 염오할 수 없고 탐욕이 빛바랠 수 없고 벗어날 수 없다."

5. "비구들이여, 배우지 못한 범부는 차라리 네 가지 근본물질로 이루어진 이 몸을 자아라고 할지언정 마음을 자아라고 해서는 안 된다.

그것은 무슨 이유 때문인가? 비구들이여, 네 가지 근본물질로 이루어진 이 몸은 일 년도 머물고 2년도 머물고 3년도 머물고 4년도 머물고 5년도 머물고 10년도 머물고 20년도 머물고 30년도 머물고 40년도 머물고 50년도 머물고 100년도 머물고 그 이상도 머물지만 마음이라고도 마노라고도 알음알이라고도 부르는 이것은 낮이건 밤이건 생길 때 다르고 소멸할 때 다르기 때문이다."

6. "비구들이여, 이 경우에 잘 배운 성스러운 제자는 다음과 같이 연기를 잘 마음에 잡도리한다. '이것이 있을 때 저것이 있다. 이것

이 일어날 때 저것이 일어난다. 이것이 없을 때 저것이 없다. 이것이 소멸할 때 저것이 소멸한다.'라고.

비구들이여, 즐거움을 일으킬 감각접촉을 반연하여 즐거운 느낌이 일어난다. 그러나 즐거움을 일으킬 감각접촉이 소멸하면 바로 이 즐거움을 일으킬 감각접촉을 반연하여 생긴 즐거운 느낌도 소멸하고 고요해진다.

비구들이여, 괴로움을 일으킬 감각접촉을 반연하여 괴로운 느낌이 일어난다. 그러나 괴로움을 일으킬 감각접촉이 소멸하면 바로 이 괴로움을 일으킬 [97] 감각접촉을 반연하여 생긴 괴로운 느낌도 소멸하고 고요해진다.

비구들이여, 괴로움도 즐거움도 일으키지 않을 감각접촉을 반연하여 괴롭지도 즐겁지도 않은 느낌이 일어난다. 그러나 괴로움도 즐거움도 일으키지 않을 감각접촉이 소멸하면 바로 이 괴로움도 즐거움도 일으키지 않을 감각접촉을 반연하여 생긴 괴롭지도 즐겁지도 않은 느낌도 소멸하고 고요해진다.

비구들이여, 예를 들면 두 개의 나무토막을 맞대어 비비고 마찰하면 열이 생기고 불이 붙지만 이러한 두 개의 나무토막을 따로 떼어서 놓아두면 거기서 생긴 열도 꺼지고 가라앉는 것과 같다.[342]

비구들이여, 그와 같이 즐거움을 일으킬 감각접촉을 반연하여 … 비구들이여, 괴로움을 일으킬 감각접촉을 반연하여 … 비구들이여, 괴로움도 즐거움도 일으키지 않을 감각접촉을 반연하여 괴롭지도 즐

342) 이 비유는 본서 제4권 「감각접촉에 뿌리박음 경」(S36:10) §7과 제5권 「나무토막 비유 경」(S48:39) §9에도 나타나고 있다. 주석서는 이렇게 설명한다. "아래에 있는 나무토막(adho-araṇī)은 감각토대(vatthu, 감각장소)와 같고, 위에 있는 나무토막은 대상(ārammaṇa)과 같고, 맞대어 비비는 것(saṅ-ghaṭṭana)은 감각접촉(phassa)과 같고, 열이 생긴 것(usmā-dhātu)은 느낌(vedanā)과 같다."(SA.ii.101)

겁지도 않은 느낌이 일어난다. 그러나 괴로움도 즐거움도 일으키지 않을 감각접촉이 소멸하면 바로 이 괴로움도 즐거움도 일으키지 않을 감각접촉을 반연하여 생긴 괴롭지도 즐겁지도 않은 느낌도 소멸하고 고요해진다."

7. "비구들이여, 이와 같이 보는 잘 배운 성스러운 제자는 물질에 대해서도 염오하고, 느낌에 대해서도 염오하고, 인식에 대해서도 염오하고, 심리현상들에 대해서도 염오하고, 알음알이에 대해서도 염오한다.

염오하면서 탐욕이 빛바래고, 탐욕이 빛바래므로 해탈한다. 해탈하면 해탈했다는 지혜가 있다. '태어남은 다했다. 청정범행(梵行)은 성취되었다. 할 일을 다 해 마쳤으며, 다시는 어떤 존재로도 돌아오지 않을 것이다.'라고 꿰뚫어 안다."[343)]

아들의 고기 경(S12:63)[344)]

Puttamaṁsa-sutta

3. "비구들이여, [98] 이미 존재하는 중생들을 유지하게 하고 생

343) 본경은 감각접촉(촉) - 느낌(수)의 2가지 구성요소를 통해서 세 가지 느낌의 소멸구조를 설하였다. 감각접촉 - 느낌의 구조를 연기로 봤기 때문에 합송자들은 본경을 여기 「인연 상윳따」에 포함시킨 것이다.

344) 『상윳따 니까야 주석서』에 나타나는 본경에 대한 긴 주석(SA.ii.102~113)은 냐나뽀니까 스님이 *The Four Nutriments of Life*로 번역하였다. 주석서에 의하면 비구 승가가 탁발음식과 다른 필수품들을 너무 풍족하게 보시 받아 사용하고 있었기 때문에 세존께서 본경을 설하셨다고 한다. 세존께서는 비구들이 본경을 법의 거울[法鏡, dhamm-ādāsa]로 삼아서 스스로를 제어하게 하기 위해서, 그리고 미래의 비구들이 바르게 반조한 뒤에(paccavekkhitvā) 네 가지 필수품을 사용하도록 하게 하기 위해서 본경을 설하셨다고 한다.(SA.ii.103)

겨나려는 중생들을 도와주는 네 가지 음식이 있다. 무엇이 넷인가?

거칠거나 미세한, 덩어리진 [먹는] 음식이 [첫 번째요], 감각접촉[觸]이 두 번째요, 마음의 의도가 세 번째요, 알음알이가 네 번째이다.

비구들이여, 이미 존재하는 중생들을 유지하게 하고 생겨나려는 중생들을 도와주는 이러한 네 가지 음식이 있다."

4. "비구들이여, 그러면 덩어리진 [먹는] 음식은 무엇과 같다고 봐야 하는가?

비구들이여, 예를 들면 남편과 아내 두 사람이 적은 양식만을 가지고 사막의 길을 떠났다 하자. 그들에게는 사랑스럽고 소중한 외동아들이 있었다. 비구들이여, 그런데 남편과 아내 두 사람이 사막의 길을 떠나서 그 적은 양식이 다 떨어져버리고 다 소비되어버렸지만 아직 사막은 남아있고 끝에 도달하지 못했다. 비구들이여, 그러자 남편과 아내 두 사람에게 이런 생각이 들었다. '우리들의 적은 양식이 이미 다 떨어져버리고 다 소비되어버렸지만 아직 사막은 남아있고 끝에 도달하지 못했다. 그러니 우리는 이 외동아들이 사랑스럽고 소중하지만 이를 잡아서 육포를 만들고 꼬치에 꿰어 구워서 아들의 고기를 먹으면서 아직 남아 있는 사막을 건너야 하지 않을까? 우리 셋 모두 다 죽어서는 안되니까.'라고.

비구들이여, 그래서 남편과 아내 두 사람은 외동아들이 사랑스럽고 소중하지만 그 아이를 잡아서 육포를 만들고 꼬치에 꿰어 구워서 아들의 고기를 먹으면서 아직 남아 있는 사막을 건널 것이다. 그들은 아들의 고기를 먹으면서 '외아들아, 너는 어디에 있니! 외아들아, 너는 어디에 있니!'라고 하면서 가슴을 치며 울 것이다."

5. "비구들이여, 이를 어떻게 생각하는가? 그들이 오락을 위해서 음식을 먹고, 취하기 위해서 음식을 먹고, [99] 장식을 위해서 음

식을 먹고, 꾸미기 위해서 음식을 먹었겠는가?"[345]

"그렇지 않습니다, 세존이시여."

"비구들이여, 참으로 그들은 사막을 건너기 위해서 음식을 먹지 않았겠는가?"

"참으로 그렇습니다, 세존이시여."

"비구들이여, '덩어리진 [먹는] 음식은 이와 같다고 봐야 한다.'[346] 고 나는 말한다. 비구들이여, 덩어리진 [먹는] 음식을 철저히 알 때[347] 다섯 가닥의 감각적 욕망에 대한 탐욕이 철저히 알아진다.[348]

---

345) "'오락을 위해서(davāya vā)' 등은 『청정도론』(I.89~90)에 상세히 설명되어 있다."(SA.ii.106)

346) "덩어리진 [먹는] 음식은 아홉 가지 혐오스러움(pāṭikulya)을 통해서 사랑하는 외동아들의 고기와 같다고 봐야 한다. 어떤 것이 아홉인가? ① 탁발 가는 것의 혐오스러움(gamana-pāṭikulyatā) ② 구하는 것(pariyesana)의 혐오스러움 ③ 먹는 것(paribhoga)의 혐오스러움 ④ 분비물(nidhāna)의 혐오스러움 ⑤ 저장되는 곳(āsaya)의 혐오스러움 ⑥ 소화되지 않은 것(aparipakka)의 혐오스러움 ⑦ 소화된 것(paripakka)의 혐오스러움 ⑧ 배출하는 것(sammakkhaṇa)의 혐오스러움 ⑨ 묻은 것(nissanda)의 혐오스러움이다. 이러한 혐오스러움을 반조하면서 덩어리진 [먹는] 음식을 수용해야 한다."(SA.ii.106)
한편 『청정도론』 XI.5~26에서는 열 가지 혐오스러움을 들고 있는데 결과(phala)의 혐오스러움이 포함되어 나타난다. 『청정도론』은 제11장에서 음식에 혐오하는 수행(āhāre-paṭikkūla-bhāvanā)을 설명하면서 XI.5~26에서 이 열 가지 혐오스러움을 상세하게 설명하고 있다.

347) "'덩어리진 [먹는] 음식을 철저히 알 때(kabaliṁkāre āhāre pariññāte)'라고 했다. 이것은 세 가지 통달지(pariññā)로 철저히 안다는 말이다. 세 가지 통달지는 ① 안 것의 통달지(ñāta-pariññā) ② 조사의 통달지(tīraṇa-pariññā) ③ 버림의 통달지(pahāna-pariññā)이다.
(1) 이 덩어리진 [먹는] 음식은 영양소를 여덟 번째로 한 물질(ojaṭṭhamaka-rūpa = 여덟 가지 분리할 수 없는 것, 『아비담마 길라잡이』 제6장 §7의 설명 참조)과 같은 토대를 가진다(sa-vatthuka). 그리고 이 음식이라는 물질은 네 가지 근본물질로 이루어진 혀의 감성의 물질(jivhā-pasāda)을 통해서 감각접촉(phassa)이 일어나게 된다. 그리고 음식과 혀의 감성과 네 가지 근본물질은 모두 물질의 무더기(색온)이다. 그리고 나머지 네 무더기에 속하

다섯 가닥의 감각적 욕망에 대한 탐욕이 철저히 알아질 때 성스러운 제자가 그 족쇄에 묶여서 다시 이 세상으로 돌아오는 그런 족쇄가 없

는 감각접촉을 다섯 번째로 한 것(감각접촉, 느낌, 인식, 심리현상들, 알음알이 = 촉·수·상·행·식)이 이렇게 파악하는 자에게 일어난다. 이것은 모두 다섯 가지 무더기(오온)이고 더 간략히 하면 정신·물질(명색)이다. 그는 이러한 법들을 역할과 특징(sa-rasa-lakkhaṇa)으로 조사한 뒤에 그 조건들을 탐구하면서 연기를 순관과 역관(anuloma-paṭiloma)으로 관찰한다. 이렇게 조건과 더불어 정신·물질을 있는 그대로 관찰하는 것이 안 것의 통달지를 통해서 덩어리진 [먹는] 음식을 철저히 아는 것이다.
(2) 그는 조건과 더불어 정신·물질에 대해서 무상·고·무아의 세 가지 특징(삼특상, tīṇi lakkhaṇāni)을 제기하여 일곱 가지 관찰[隨觀, anupassanā]로 명상한다. 이렇게 하여 그는 삼특상을 꿰뚫는 명상의 지혜(ti-lakkhaṇa-paṭivedha-sammasana-ñāṇa)라 불리는 조사의 통달지를 통해서 철저히 안다.(복주서에 의하면 일곱 가지 관찰[隨觀]은 무상의 관찰(anicca-anupassanā), 괴로움의 관찰(dukkha-anupassanā), 무아의 관찰(anatta-anupassanā), 염오의 관찰(nibbida-anupassanā), 이욕의 관찰(virāga-anupassanā), 소멸의 관찰(nirodha-anupassanā), 놓아버림의 관찰(paṭi-nissagga-anupassanā)이다. – AAṬ.i.67)
(3) 이러한 정신·물질에 대한 욕탐을 제거함(chanda-rāga-avakaḍḍha-na)은 불환도(anāgāmi-magga)에 의해서 철저히 알아지기 때문에 그는 버림의 통달지를 통해서 철저히 아는 것이다."(SA.ii.109~110)

348) "'다섯 가닥의 감각적 욕망에 대한 탐욕이 철저히 알아진다(pañca-kāma-guṇiko rāgo pariññāto hoti).'는 것은 ① 하나에 대한 통달지(eka-pariññā) ② 일체에 대한 통달지(sabba-pariññā) ③ 근원에 대한 통달지(mūla-pariññā)라는 세 가지 통달지를 통해서 철저히 알아진다."(SA.ii.110)
계속해서 주석서는 이 세 가지 통달지를 설명하고 있는데 요약하면 다음과 같다.
(1) 하나에 대한 통달지란, 비구가 혀의 문에서 생긴 맛에 대한 하나의 갈애를 철저히 알면 다섯 가닥의 감각적 욕망(pañcakāmaguṇika rāga)을 철저히 알게 된다는 것을 말한다.
(2) 일체에 대한 통달지란, 다섯 가닥의 감각적 욕망은 단 한 조각의 음식에서도 일어남을 철저히 아는 것을 말한다. 음식이 다섯 가닥의 감각적 욕망을 자극하기 때문이다.
(3) 근원에 대한 통달지란, 음식이 모든 다섯 가닥의 감각적 욕망의 근원이 됨을 철저히 아는 것을 말한다. 배불리 먹어야 다른 감각적 욕망들도 왕성하게 되기 때문이다.(SA.ii.110~111)

어진다."[349]

6. "비구들이여, 그러면 감각접촉의 음식은 무엇과 같다고 봐야 하는가?

비구들이여, 예를 들면 소가 가죽이 통째로 벗겨져서 벽에 기대어 서 있다 하자. 그러면 그 벽에 붙어사는 생물들이 그것을 뜯어먹을 것이다. 만일 나무 곁에 서 있으면 나무를 의지해서 살고 있는 생물들이 그것을 뜯어먹을 것이다. 만일 물속에 서 있으면 물을 의지해서 살고 있는 생물들이 그것을 뜯어먹을 것이다. 만일 노지에 서 있으면 노지를 의지해서 살고 있는 생물들이 그것을 뜯어먹을 것이다. 비구들이여, 소가 가죽이 통째로 벗겨져서 의지해서 서 있는 곳마다 각기 거기에 의지해서 살고 있는 생물들이 그것을 뜯어먹을 것이다.

비구들이여, '감각접촉의 음식은 이와 같다고 봐야 한다.'고 나는 말한다.[350] 비구들이여, 감각접촉의 음식을 철저히 알 때 세 가지 느낌을 철저히 알게 되고, 세 가지 느낌을 철저히 알 때 성스러운 제자가 더 이상 해야 할 바가 없게 된다고 나는 말한다."[351]

---

349) "'그런 족쇄가 없어진다(natthi taṁ saṁyojanaṁ).'고 했다. 이 가르침은 불환도(anāgāmi-magga)까지 설하신 것이다. 그러나 이러한 물질 등을 통해서 오온 전체에 대한 위빳사나를 증장시키면(vipassanaṁ vaḍḍhetvā) 아라한과(arahatta)까지도 설할 수 있다."(SA.ii.111)

350) "마치 소가 생물들에게 뜯어 먹히는 것에 대한 두려움(pāṇa-khādana-bhaya)을 보게 되면 더 이상 존경과 존중을 받는 것(sakkāra-sammāna)을 원하지 않게 되고 주물러주고 문질러주고 목욕시켜 주는 것 등도 원하지 않게 되는 것처럼, 비구도 감각접촉의 음식을 뿌리로 하는(phass-āhāra-mūlaka) 오염원이라는 생물에게 먹히는 두려움(kilesa-pāṇaka-khādana-bhaya)을 바르게 관찰하여 삼계의 감각접촉(tebhūmaka-phassa)을 바라지 않게(anatthika) 된다."(SA.ii.111)

351) 주석서는 감각접촉을 철저히 앎도 앞의 덩어리진 [먹는] 음식에 대한 세 가지 통달지(pariññā)와 같은 방법으로 설명하고 있다. 단지 다른 점은 감각

7. "비구들이여, 그러면 마음의 의도의 음식은 무엇과 같다고 봐야 하는가?

비구들이여, 예를 들면 한 길이 넘는 숯불 구덩이가 있는데 연기도 없이 활활 타오르는 숯불로 가득 차 있다 하자. 그때 살기를 바라고 죽기를 바라지 않으며 행복을 바라고 괴로움을 혐오하는 사람이 힘센 두 남자에 의해 각각 양 손이 붙잡힌 채로 숯불 구덩이 가까이로 끌려온다 하자. 비구들이여, 그러면 이것은 그 사람의 의도와는 거리가 멀고 소망과도 거리가 멀고 염원과도 거리가 멀 것이다. [100]

그것은 무슨 이유 때문인가? 비구들이여, 그 사람에게는 '이제 나는 숯불 구덩이에 빠질 것이고 그 때문에 죽게 되거나 죽음에 버금가는 고통에 직면하게 될 것이다.'라는 생각이 들기 때문이다.

비구들이여, '마음의 의도의 음식은 이와 같다고 봐야 한다.'고 나는 말한다.352) 비구들이여, 마음의 의도의 음식을 철저히 알 때 세 가지 갈애를 철저히 알게 되고,353) 세 가지 갈애를 철저히 알 때 성

접촉을 오온을 관찰하는 출발점으로 간주하고 있다는 것이다. 감각접촉이 철저히 알아지면 세 가지 느낌도 철저히 알아지는데, 세 가지 느낌은 감각접촉에 뿌리하고 있고 이것과 연결되어 있기 때문이다. 그리고 이 감각접촉의 음식을 통해서는 아라한과(arahattā)까지 증득할 수 있다.(SA.ii.111～112)

352) 주석서에 의하면 '숯불 구덩이(aṅgāra-kāsu)'는 삼계윤회(tebhūmaka-vaṭṭa)에, '살기를 바라는 사람'은 윤회에 집착하는(vaṭṭanissita) 어리석은 범부(bāla-puthujjana)에, '힘센 두 남자'는 유익한 업(선업)과 해로운 업(불선업)에 비유된다. 힘센 두 남자가 그 사람의 양 손을 붙잡고 숯불 구덩이 가까이로 끌고 가는 것은 범부가 업을 쌓는 것(kamm-āyūhana)과 같으니 쌓인 업이 재생연결(paṭisandhi)을 생기게 하기 때문이다. 숯불 구덩이에 떨어져서 받는 고통은 윤회의 괴로움(vaṭṭa-dukkha)과 같다.(SA.ii.112～113)

353) "'세 가지 갈애를 철저히 알게 된다(tisso taṇhā pariññātā honti).'고 했다. 세 가지 갈애는 감각적 욕망에 대한 갈애[欲愛, kāma-taṇhā], 존재에 대한 갈애[有愛, bhava-taṇhā], 존재하지 않음에 대한 갈애[無有愛, vibhava

스러운 제자가 더 이상 해야 할 바가 없게 된다고 나는 말한다."

8. "비구들이여, 그러면 알음알이의 음식은 무엇과 같다고 봐야 하는가?

비구들이여, 예를 들면 죄를 지은 도둑을 붙잡아 '폐하, 이 자는 죄를 지은 도둑입니다. 폐하께서 원하시는 처벌을 내리십시오.'라고 하면서 대령하는 것과 같다. 그러면 왕은 이렇게 말할 것이다. '여봐라, 그렇다면 너희들은 가서 아침에 백 개의 창으로 찔러라.' 그러면 그들은 아침에 그 사람을 백 자루의 창으로 찌를 것이다.

다시 왕은 한낮에 이렇게 말할 것이다. '여봐라, 그 사람은 어떻게 되었느냐?' '폐하, 아직 살아있습니다.' 그러면 왕은 이렇게 말할 것이다. '그렇다면 너희들은 가서 한낮에 백 개의 창으로 찔러라.' 그러면 그들은 한낮에 그 사람을 백 자루의 창으로 찌를 것이다.

다시 왕은 해거름에 이렇게 말할 것이다. '여봐라, 그 사람은 어떻게 되었느냐?' '폐하, 아직 살아있습니다.' 그러면 왕은 이렇게 말할 것이다. '그렇다면 너희들은 가서 해거름에 백 개의 창으로 찔러라.' 그러면 그들은 해거름에 그 사람을 백 자루의 창으로 찌를 것이다.

비구들이여, 이를 어떻게 생각하는가? 그 사람은 삼백 자루의 창에 찔려서 그 때문에 육체적 고통과 정신적 고통을 겪겠는가?"

"세존이시여, 한 개의 창에 찔려도 그 때문에 육체적 고통과 정신적 고통을 겪을 것인데 삼백 자루의 창에 찔린 것은 다시 말해서 무엇 하겠습니까?"

-taṇhā]이다. 그리고 갈애는 마음의 의도들의 뿌리이기 때문에 이것을 철저히 알게 된다. 이 마음의 의도들이라는 음식을 통해서도 아라한과(arahatta)까지 증득할 수 있다."(SA.ii.113)

세 가지 갈애에 대한 설명은 본서 「분석 경」(S12:2) §8의 주해를 참조할 것.

"비구들이여, '알음알이의 음식은 이와 같다고 봐야 한다.'고 나는 말한다.354) 비구들이여, 알음알이의 음식을 철저히 알 때 정신·물질을 철저히 알게 되고,355) 정신·물질을 철저히 알 때 성스러운 제자가 더 이상 해야 할 바가 없게 된다고 나는 말한다."356)

탐욕 있음 경(S12:64)

Atthirāga-sutta

3. "비구들이여, [101] 이미 존재하는 중생들을 유지하게 하고 생겨나려는 중생들을 도와주는 네 가지 음식이 있다. 무엇이 넷인가?

거칠거나 미세한, 덩어리진 [먹는] 음식이 [첫 번째요], 감각접촉[觸]이 두 번째요, 마음의 의도가 세 번째요, 알음알이가 네 번째이다.

비구들이여, 이미 존재하는 중생들을 유지하게 하고 생겨나려는 중생들을 도와주는 이러한 네 가지 음식이 있다."

---

354) 주석서에 의하면 '왕'은 업에, '죄를 지은 도둑'은 어리석은 범부에, '삼백 자루의 창'은 재생연결식(paṭisandhi-viññāṇa)에 비유된다. 왕이 명령을 내리는 것은 어리석은 범부가 업의 왕에 의해서 재생연결로 내몰리는 것과 같다. 많은 창에 찔리는 고통은 재생연결이 된 후에 삶의 과정에서 일어나는 여러 가지 과보로 나타난 괴로움(vipāka-dukkha)과 같다.(SA.ii.113)

355) "알음알이를 철저히 알게 되면 정신·물질을 철저히 알게 된다. 정신·물질은 알음알이에 뿌리하고 있고(tam-mūlakattā) 알음알이와 함께 일어나기 때문(sah-uppannattā)이다. 이 알음알이라는 음식을 통해서도 아라한과(arahatta)까지 증득할 수 있다."(SA.ii.113)

356) 본경은 ① 덩어리진 [먹는] 음식 – 다섯 가닥의 감각적 욕망, ② 감각접촉[觸]의 음식 – 세 가지 느낌, ③ 마음의 의도의 음식 – 세 가지 갈애, ④ 알음알이의 음식 – 정신·물질의 구조로 네 가지 음식을 철저하게 알 것을 설하였다. 합송자들은 네 가지 음식 각각에 대한 이러한 가르침 각각을 2지 연기로 파악하였을 것이다. 그렇기 때문에 본경은 여기 「인연 상윳따」에 포함된 것이지 그렇지 않으면 본경이 연기와 관계된 본 상윳따에 포함될 이유가 없다.

4. "비구들이여, 만일 덩어리진 [먹는] 음식에 대한 탐욕이 있고 즐김이 있고 갈애가 있으면 거기서 알음알이가 확립되고 증대한다.[357] 알음알이가 확립되고 증대하는 곳에[358] 정신·물질이 출현한다. 정신·물질이 출현하는 곳에 의도적 행위들이 증장한다.[359] 의도적 행위들이 증장하는 곳에 내생에 다시 태어남의 발생(정신·물질)[360]이 있다. 내생에 다시 태어남의 발생이 있는 곳에 내생의 태어남과 늙음·죽음이 있다. 내생의 태어남과 늙음·죽음이 있는 곳에 근심과 고뇌와 절망이 있다고 나는 말한다.

비구들이여, 만일 감각접촉의 음식에 대한 … 만일 마음의 의도의 음식에 대한 … 만일 알음알이의 음식에 대한 탐욕이 있고 기쁨이 있

---

357) 주석서는 여기에 나타나는 탐욕(rāga)과 즐김(nandī)과 갈애(taṇhā)는 탐욕(lobha)과 동의어라고 설명하고 있다.(SA.ii.114)
"'거기서 알음알이가 확립되고 증대한다(patiṭṭhitaṁ tattha viññāṇaṁ virūḷhaṁ).'는 것은 업을 촉진시킨 뒤에(kammaṁ javāpetvā) 재생연결을 이끄는 힘(paṭisandhi-ākaḍḍhana-samatthatā)을 통해서 알음알이는 확립되고 증대한다는 뜻이다."(*Ibid*)

358) "여기서 '곳에(yattha)'라는 것은 삼계윤회(tebhūmaka-vaṭṭa)를 하는 곳(bhumma)을 말한다."(SA.ii.114)

359) "'의도적 행위들이 증장한다(atthi tattha saṅkhārānaṁ vuddhi).'는 것은 이 과보로 나타난 [금생의] 윤회(vipāka-vaṭṭa)에 머물면서 미래의 윤회의 원인이 되는(āyati-vaṭṭa-hetuka) 의도적 행위들을 두고 한 말이다."(SA.ii.114)
여기서 '의도적 행위들의 증장(saṅkhārānaṁ vuddhi)'이 정신·물질(nāma-rūpa)과 내생에 다시 태어남의 발생(āyatiṁ punabbhava-abhinibbatti) 사이에 나타나는 것이 관심을 끈다. 이것을 토대로 유추해보면, 이 의도적 행위들의 증장은 12연기 가운데 갈애-취착-존재(애-취-유)에 해당한다고 할 수 있고, 내생에 다시 태어남의 발생은 새로운 생을 받는 과정을 나타내는 것으로 이해할 수 있다.

360) '다시 태어남의 발생(punabbhava-abhinibbatti)'에 대해서는 본서 「몰리야팍구나 경」(S12:12) §4의 해당부분과 주해를 참조할 것.

고 갈애가 있으면 거기서 알음알이가 확립되고 증대한다. 알음알이가 확립되고 증대하는 곳에 정신·물질이 출현한다. 정신·물질이 출현하는 곳에 의도적 행위들이 증장한다. 의도적 행위들이 증장하는 곳에 내생에 다시 태어남의 발생이 있다. 내생에 다시 태어남의 발생이 있는 곳에 내생의 태어남과 늙음·죽음이 있다. 내생의 태어남과 늙음·죽음이 있는 곳에 근심과 고뇌와 절망이 있다고 나는 말한다."

5. "비구들이여, 예를 들면 염색공이나 화가가 물감이나 붉은 랙361)이나 [102] 노란 심황이나 남색의 쪽이나 심홍색의 꼭두서니로 잘 연마된 판자나 벽이나 흰 천에다 사지를 모두 다 갖춘 여인의 모양이나 남자의 모양을 그리는 것과 같다.362)

비구들이여, 그와 같이 만일 덩어리진 [먹는] 음식에 대한 … 만일 감각접촉의 음식에 대한 … 만일 마음의 의도의 음식에 대한 … 만일 알음알이의 음식에 대한 탐욕이 있고 기쁨이 있고 갈애가 있으면 거기서 알음알이가 확립되고 증대한다. 알음알이가 확립되고 증대하는 곳에 정신·물질이 출현한다. 정신·물질이 출현하는 곳에 의도적 행위들이 증장한다. 의도적 행위들이 증장하는 곳에 내생에 다시 태어

---

361) '랙(*lac*)'은 lākhā(Sk. lākṣā)를 옮긴 것이다. 인도에서도 이것은 붉은 도료 등을 만드는 원료로 쓰이고 있다.

362) 주석서는 이 비유를 다음과 같이 적용시키고 있다.
여기서 '염색공(rajaka)이나 화가(citta-kāra)'는 업과 [무명과 갈애와 시간과 장소와 같은 – SAṬ.ii.100] 업의 부속물들(sambhārā)에, 판자나 벽이나 흰 천은 삼계윤회(tebhūmaka-vaṭṭa)에 비유된다. 마치 화가가 판자 등에 형색(rūpa)을 그리듯이 업은 부속물들과 함께 삼계윤회에 형색을 만들어 낸다. 마치 미숙한(akusala) 화가가 그린 모습은 못생기고 불구가 되고 마음에 들지 않듯이 지혜가 없는(ñāṇa-vippayutta) 마음과 연결된 업은 못생기고 불구고 마음에 들지 않는 형색을 만들어 낸다. 그러나 숙련된(kusala) 화가가 그린 모습은 잘생기고 온전하고 마음에 들듯이 지혜가 있는(ñāṇa-sampayutta) 마음과 연결된 업은 아름답고 온전하고 마음에 드는 형색을 만들어 낸다.(SA.ii.114)

남의 발생이 있다. 내생에 다시 태어남의 발생이 있는 곳에 내생의 태어남과 늙음·죽음이 있다. 내생의 태어남과 늙음·죽음이 있는 곳에 근심과 고뇌와 절망이 있다고 나는 말한다."

6. "비구들이여, 만일 덩어리진 [먹는] 음식에 대한 탐욕이 없고 기쁨이 없고 갈애가 없으면 거기서 알음알이가 확립되지 않고 증장하지 않는다. 알음알이가 확립되지 않고 증장하지 않는 곳에 정신·물질이 출현하지 않는다. 정신·물질이 출현하지 않는 곳에 의도적 행위들이 증장하지 않는다. 의도적 행위들이 증장하지 않는 곳에 내생에 다시 태어남의 발생이 없다. 내생에 다시 태어남의 발생이 없는 곳에 내생의 태어남과 늙음·죽음이 없다. 내생의 태어남과 늙음·죽음이 없는 곳에 근심과 고뇌와 절망이 없다고 나는 말한다.

비구들이여, [103] 만일 감각접촉의 음식에 대한 … 만일 마음의 의도의 음식에 대한 … 만일 알음알이의 음식에 대한 탐욕이 없고 기쁨이 없고 갈애가 없으면 거기서 알음알이가 확립되지 않고 증장하지 않는다. 알음알이가 확립되지 않고 증장하지 않는 곳에 정신·물질이 출현하지 않는다. 정신·물질이 출현하지 않는 곳에 의도적 행위들이 증장하지 않는다. 의도적 행위들이 증장하지 않는 곳에 내생에 다시 태어남의 발생이 없다. 내생에 다시 태어남의 발생이 없는 곳에 내생의 태어남과 늙음·죽음이 없다. 내생의 태어남과 늙음·죽음이 없는 곳에 근심과 고뇌와 절망이 없다고 나는 말한다."

7. "비구들이여, 예를 들면 누각이나 중각강당에 북쪽이나 남쪽이나 동쪽으로 창이 나 있다고 하자. 그러면 태양이 떠오를 때 창을 통해 빛이 들어와서는 어디에 머물겠는가?"

"서쪽 벽입니다, 세존이시여."

"비구들이여, 그런데 만일 서쪽 벽이 없다면 어디에 머물겠는가?"

"땅입니다, 세존이시여."

"비구들이여, 만일 땅이 없다면 어디에 머물겠는가?"

"물입니다, 세존이시여."

"비구들이여, 만일 물이 없다면 어디에 머물겠는가?"

"그렇다면 확립되지 못합니다, 세존이시여."363)

"비구들이여, 그와 같이 만일 덩어리진 [먹는] 음식에 대한 … 만일 감각접촉의 음식에 대한 … 만일 마음의 의도의 음식에 대한 … 만일 알음알이의 음식에 대한 탐욕이 없고 기쁨이 없고 갈애가 없으

---

363) 주석서에 의하면 여기서 번뇌 다한 아라한의 업은 태양의 빛(sūriya-rasmi)에 비유된다. 태양의 빛은 존재하지만 그것이 확립될 곳이 없으면 확립되지 못한다. 그래서 확립되지 못함(appatiṭṭhitā)이라고 한 것이다. 그러나 아라한에게 업이란 것은 존재하지 않기 때문에 확립되지 못하는 것이다. 그는 몸 등을 가지고 있지만 이것들을 통해서 유익하거나 해로운 업을 짓지 않는다. 그의 행위들은 단지 작용만 하는 것이지 과보를 가져오지 않는다(kiriya-matte ṭhatvā avipākaṁ hoti).(SA.ii.114~115) 여기에 대해서는 본서 「부미자 경」(S12:25) §11과 주해들을 참조할 것.
본경은 마치 태양의 빛이 언제나 존재하지만 그 빛을 드러내 보일 곳이 없으면 드러내 보일 수 없는 것처럼, 아라한의 알음알이도 그와 같아서 단지 아라한의 몸 등이 존재할 때 그것을 통해서 아라한의 알음알이를 드러낼 수 있지만, 아라한이 반열반에 들면 더 이상 아라한의 알음알이를 드러내 보일 토대가 없기 때문에 드러내지 못한다고 설하고 있다. 그러나 벽이 없어도 태양의 빛은 존재하는 것처럼 아라한의 몸 등이 존재하지 않더라도 알음알이는 존재한다고 해석할 소지도 충분히 담고 있다고 여겨진다. 그래서 주석서는 위처럼 아라한은 더 이상 업을 짓지 않기 때문에 아라한은 죽은 뒤에 과보를 가져오지 않는 것으로 설명하고 있다.
물론 주석서가 아라한의 알음알이가 존재하지 못하는 것을 아라한의 업이 존재하지 않기 때문이라고 설명하는 것은 너무 자유로운 해석이라고 할 수도 있다. 그렇지만 본문은 어떤 경우에도 아라한이 살아있는 동안의 알음알이만을 말하고 있지, 반열반 한 뒤의 아라한의 알음알이에 대한 언급은 전혀 없다. 그리고 본문은 분명히 "내생에 다시 태어남의 발생이 없다. 내생의 태어남과 늙음·죽음이 없다."고 설하고 있다. 어떤 식으로든 아라한의 사후를 상정하려는 것은 이를 알고 싶어 안달하는 중생들의 고약한 습성에서 비롯된 것일 뿐이다.

면 거기서 알음알이가 확립되지 않고 증장하지 않는다. 알음알이가 확립되지 않고 증장하지 않는 곳에 정신·물질이 출현하지 않는다. 정신·물질이 출현하지 않는 곳에 의도적 행위들이 증장하지 않는다. 의도적 행위들이 증장하지 않는 곳에 내생에 다시 태어남의 발생이 없다. [104] 내생에 다시 태어남의 발생이 없는 곳에 내생의 태어남과 늙음·죽음이 없다. 내생의 태어남과 늙음·죽음이 없는 곳에 근심과 고뇌와 절망이 없다고 나는 말한다."[364]

도시 경(S12:65)

Nagara-sutta

3. "비구들이여, 내가 깨닫기 전, 아직 완전한 깨달음을 성취하지 못한 보살이었을 때 이런 생각이 들었다. '참으로 이 세상은 고통으로 가득하구나. 태어나고 늙고 죽고 죽어서는 다시 태어난다.[365] 그러나 늙음·죽음이라는 이 괴로움으로부터 벗어남을 꿰뚫어 알지 못한다. 도대체 어디서 늙음·죽음이라는 이 괴로움으로부터 벗어남을 꿰뚫어 알 것인가?'라고."[366]

---

364) 이처럼 본경은 특이하게 네 가지 음식에 대한 갈애 – 알음알이 – 정신·물질 – 의도적 행위 – 다시 태어남[再有] – 태어남[生] – 늙음·죽음의 7가지 구성요소를 통해서 괴로움의 발생구조와 소멸구조를 설하고 있다.

365) "'죽어서는 다시 태어난다(cavati ca upapajjati ca).'는 이 둘은 각각 죽음의 [마음](cuti)과 재생연결[식](paṭisandhi)을 두고 한 말이다."(DA.ii.459) 죽음의 마음과 재생연결식에 대해서는 『아비담마 길라잡이』 3장 §8의 해설을 참조할 것.

366) 이상 본경의 서문 부분은 본서 「사꺄무니 고따마 경」(S12:10)의 서문 부분과 같다. 그리고 본경에 나타나는 연기에 대한 천착에 관한 부분은 『디가 니까야』 「대전기경」(D14) §§2.18~2.20에 나타나는 위빳시 보살의 연기에 대한 천착과 일치한다.

4. "비구들이여, 그러자 나에게 이런 생각이 들었다. '무엇이 있을 때 늙음·죽음이 있으며 무엇을 조건으로 하여 늙음·죽음이 있는가?'라고.

비구들이여, 그때 나는 지혜롭게 마음에 잡도리함[如理作意]을 통해서 마침내 '태어남이 있을 때 늙음·죽음이 있으며 태어남을 조건으로 하여 늙음·죽음이 있다.'라고 통찰지로써 관통하였다.

비구들이여, 그러자 나에게 이런 생각이 들었다. '무엇이 있을 때 태어남이 있으며 … 무엇이 있을 때 존재가 있으며 … 무엇이 있을 때 취착이 있으며 … 무엇이 있을 때 갈애가 있으며 … 무엇이 있을 때 느낌이 있으며 … 무엇이 있을 때 감각접촉이 있으며 … 무엇이 있을 때 여섯 감각장소가 있으며 … 무엇이 있을 때 정신·물질이 있으며 무엇을 조건으로 하여 정신·물질이 있는가?'라고.

비구들이여, 그때 나는 지혜롭게 마음에 잡도리함을 통해서 마침내 '알음알이가 있을 때 정신·물질이 있으며 알음알이를 조건으로 하여 정신·물질이 있다.'라고 통찰지로써 관통하였다.

비구들이여, 그러자 나에게 이런 생각이 들었다. '무엇이 있을 때 알음알이가 있으며 무엇을 조건으로 하여 알음알이가 있는가?'라고.

비구들이여, 그때 나는 지혜롭게 마음에 잡도리함을 통해서 마침내 '정신·물질이 있을 때 알음알이가 있으며 정신·물질을 조건으로 하여 알음알이가 있다.'라고 통찰지로써 관통하였다."367)

---

367) "'정신·물질이 있을 때 알음알이가 있다(nāmarūpe kho sati viññāṇaṁ hoti).'고 했다. [12연기에서는] 이 경우에 '의도적 행위들이 있을 때 알음알이가 있다. 무명이 있을 때 의도적 행위들이 있다.'고 말해야 한다. 그러나 여기서는 이 둘이 전혀 언급되고 있지 않다. 무엇 때문인가? 무명과 의도적 행위들(avijjā-saṅkhārā)은 세 번째 존재(tatiya bhava)에 속하기 때문이며 이 위빳사나는 이들과 연결되어 있지 않기 때문이다(tehi saddhiṁ ayaṁ vipassanā na ghaṭīyati). 왜냐하면 대인(大人, mahā-purisa, 즉 보살)은

5. "비구들이여, 그러자 나에게 이런 생각이 들었다. '이 알음알이는 정신·물질에 다시 되돌아오고 더 이상 넘어가지 않는다.368)

현재의 다섯 무더기를 가진 것(paccuppanna-pañca-vokāra, 즉 오온을 구족한 현재의 존재)을 통해서 [위빳사나의] 천착을 하고 있기(abhinivittha) 때문이다.
[문]: 그런데 무명과 의도적 행위들을 보지 못하고서는 부처님이 될 수 없지 않은가?
[답]: 사실이다. 부처님이 될 수 없다. 그러나 이 둘은 존재와 취착과 갈애(유·취·애, bhava-upādāna-taṇhā, 애-취-유를 거꾸로 언급함)를 통해서 보아진다. 이것은 마치 도마뱀(godha)을 쫓는 사람이 도마뱀이 구멍으로 들어간 것을 보고 내려가서 들어간 곳을 파서 도마뱀을 잡아서 떠나지, 도마뱀이 들어가지 않은 다른 곳을 파지 않는 것과 같다. 그와 같이 대인(부처님)도 보리좌(bodhi-pallaṅka)에 앉아서 늙음·죽음에서 시작하여 '이것은 이것의 조건이다.'라고 조건(paccaya)들을 탐구하여(pariyesanta) 마침내 정신·물질이라는 법들의 조건을 본 뒤 이것의 조건을 탐구하면서 알음알이를 보게 된 것이다. 그러자 그는 '여기까지가 다섯 무더기(오온)를 가진 존재(pañca-vokāra-bhava)를 통해서 명상을 행하는 것(sammasana-cāra)이다.'라고 생각하고 위빳사나를 역으로 되돌려서 행하였다(vipassanaṁ paṭinivattesi). 이것을 넘어서서 무명과 의도적 행위들이라는 쌍이 남아있어서 이것은 아직 파지 않은 구멍과도 같다. 그러나 이 둘은 앞에서 행한 위빳사나(heṭṭhā vipassanā, 즉 애·취·유에 대한 위빳사나)에 포함되기 때문에(gahitattā) 따로 명상을 실천(sammasan-ūpaga)하지 않는다. 그래서 여기서 언급하지 않는 것이다."(SA.ii.115)
본경에서 무명과 행이 빠진 이유를 금생의 자기 존재만을 위빳사나의 대상으로 삼았기 때문이라는 주석서의 이러한 견해는 탁월하다.

368) "'다시 되돌아온다(paccudāvattati).'고 했다. 그러면 어떤 알음알이가 다시 되돌아오는가? 재생연결식(paṭisandhi-viññāṇa)과 위빳사나의 알음알이(vipassanā-viññāṇa)이다. 이 가운데 재생연결식은 조건(paccaya)으로부터 되돌아오고 위빳사나의 알음알이는 대상(ārammaṇa)으로부터 되돌아온다. 이 둘(재생연결식과 위빳사나의 알음알이)은 정신·물질을 넘어서지 못한다."(SA.ii.115)
"여기서 '조건(paccaya)'이란 함께 생긴 조건 등을 말하지, 업의 조건과 강하게 의지하는 조건을 말하는 것이 아니다. 여기서는 현재를 통해서만 천착하기 때문이다. '대상(ārammaṇa)'이란 무명과 행이라는 대상이나 과거라 불리는 대상을 말한다. [위빳사나의] 알음알이는 이러한 과거의 대상으로부터 되돌아온다는 말이다."(SAṬ.ii.101)

이렇게 하여 태어나고 늙고 죽고 죽어서는 다시 태어난다.369) 즉 정신·물질을 조건으로 하여 알음알이가, 알음알이를 조건으로 하여 정신·물질이, 정신·물질을 조건으로 하여 여섯 감각장소가, 여섯 감각장소를 조건으로 하여 감각접촉이, 감각접촉을 조건으로 느낌이, 느낌을 조건으로 하여 갈애가, 갈애를 조건으로 하여 취착이, 취착을 조건으로 하여 존재가, 존재를 조건으로 하여 태어남이, 태어남을 조건으로 하여 늙음·죽음과 근심·탄식·육체적 고통·정신적 고통·절망이 발생한다. [105] 이와 같이 전체 괴로움의 무더기[苦蘊]가 일어난다."

여기서 조건으로부터 되돌아온다는 것은 조건과 함께, 즉 조건이 있을 때 재생연결식이 나타난다는 것으로 해석되고, 위빳사나의 알음알이는 대상이 있을 때 그 대상과 더불어 나타난다는 뜻으로 해석된다.

여기서 논의의 초점은 삼세양중인과(三世兩重因果)에서 전생의 두 원인인 무명과 상카라[行]를 배제하고 금생의 시작인 재생연결식으로부터 시작해서 일어나는 알음알이의 조건을 금생에다 초점을 맞추고 있다는 점이다. 연기를 과거 생으로 거슬러 올라가서 이해하지 않고 금생 안에서 이해하고 있는 것이 본경에서 설하는 10지 연기의 핵심이다. 더 자세한 설명은 대해서는 『디가 니까야』「대전기경」(D14) §2.19 등의 주해와 「대인연경」(D15)의 해당 주해도 참조할 것.

369) "'이렇게 하여(etāvatta)'란 알음알이를 조건으로 하여 정신·물질이 있고, 정신·물질을 조건으로 하여 알음알이가 있다는 것을 말한다. 이 둘이 서로 지탱하는 조건[相互緣, aññamañña-paccaya]이 될 때 이렇게 하여 태어나고 [늙고 죽고 죽어서는] 다시 태어난다. 이것 말고 다른 어떤 [존재가] 태어나고 다시 태어나겠는가? 태어나고 다시 태어나는 것은 바로 이것이 아니겠는가?"(SA.ii.115~116)

복주서는 다음과 같이 부연설명을 하고 있다.

"'이렇게 하여(ettakena)'란 알음알이와 정신·물질이 서로서로 지탱함(aññamaññaṁ upatthambha)을 통해서 라는 뜻이다. '태어나고 다시 태어난다.'고 했다. 알음알이와 정신·물질 이외에(vinimutta) 다른 중생이라는 개념적 존재(satta-paññatti)가 있어서 [그것이 태어나고 다시 태어나는] 것이 아니다. 그래서 주석가는 '이것 말고 다른 어떤 태어남과 다시 태어남이 있겠는가? 태어나고 다시 태어나는 것은 바로 이것이 아니겠는가?'라고 한 것이다. '바로 이것(etadeva)'이란 바로 이 알음알이와 정신·물질을 말한다."(SAṬ.ii.102)

6. "비구들이여, 나에게는 '일어남, 일어남'이라는, 전에 들어보지 못한 법들에 대한 눈[眼]이 생겼다. 지혜[智]가 생겼다. 통찰지[慧]가 생겼다. 명지[明]가 생겼다. 광명[光]이 생겼다."370)

7. "비구들이여, 그러자 나에게 이러한 생각이 들었다. '무엇이 없을 때 늙음·죽음[老死]이 없으며 무엇이 소멸하기 때문에 늙음·죽음이 소멸하는가?'라고.

비구들이여, 그때 나는 지혜롭게 마음에 잡도리함을 통해서 마침내 '태어남[生]이 없을 때 늙음·죽음이 없으며 태어남이 소멸하기 때문에 늙음·죽음이 소멸한다.'라고 통찰지로써 관통하였다.

비구들이여, 그러자 나에게 이런 생각이 들었다. '무엇이 없을 때 태어남이 없으며 … 무엇이 없을 때 존재가 없으며 … 무엇이 없을 때 취착이 없으며 … 무엇이 없을 때 갈애가 없으며 … 무엇이 없을 때 느낌이 없으며 … 무엇이 없을 때 감각접촉이 없으며 … 무엇이 없을 때 여섯 감각장소가 없으며 … 무엇이 없을 때 정신·물질이 없으며 무엇이 소멸하기 때문에 정신·물질이 소멸하는가?'라고.

비구들이여, 그때 나는 지혜롭게 마음에 잡도리함을 통해서 마침내 '알음알이가 없을 때 정신·물질이 없으며 알음알이가 소멸하기 때문에 정신·물질이 소멸한다.'라고 통찰지로써 관통하였다."

---

370) 이 정형구는 본서 「위빳시 경」 등(S12:4~10)의 §16과 §29(12연기에 대해)와, 제4권 「지혜 경」(S36:25) §4 등(느낌에 대해)과, 제5권 「전에 들어보지 못함 경」(S47:31) §3 등(사념처에 대해)과, 제6권 「지혜 경」(S51:9) §3 등(4정근에 대해)과, 「초전법륜 경」(S56:11) §9 등(사성제에 대해)과, 「여래 경」(S56:12) §3 등(사성제에 대해)에도 나타난다.
여기서 눈[眼], 지혜[智], 통찰지[慧], 명지[明], 광명[光]은 각각 cakkhu, ñāṇa, vijjā, āloka를 옮긴 것이다. 눈 등은 모두 지혜의 동의어(ñāṇa-vevacana)이고 명지는 꿰뚫음(paṭivedha)의 뜻이라고 한다.(SA.ii.21)

"비구들이여, 그러자 나에게 이런 생각이 들었다. '무엇이 없을 때 알음알이가 없으며 무엇이 소멸하기 때문에 알음알이가 소멸하는가?'라고.

비구들이여, 그때 나는 지혜롭게 마음에 잡도리함을 통해서 마침내 '정신·물질[名色]이 없을 때 알음알이가 없으며 정신·물질이 소멸하기 때문에 알음알이가 소멸한다.'라고 통찰지로써 관통하였다."

8. "비구들이여, 그러자 나에게 이런 생각이 들었다. '나는 참으로 깨달음을 위한 도를 증득하였다.[371] 즉 정신·물질이 소멸하기

---

371) "'나는 참으로 깨달음을 위한 도를 증득하였다.'는 adhigato kho myāyaṁ maggo bodhāya를 옮긴 것이다. 본경에 해당하는 주석서는 이 구절을 설명하지 않고 있다. 이 구절은 『디가 니까야』 「대전기경」(D14) §2.21에도 나타나는데 그곳의 주석을 옮기면 다음과 같다.

"여기서 '도(magga)'란 위빳사나의 도(vipassanā-magga)이다. '깨달음을 위한(bodhāya)'이란 사성제를 깨닫기 위한(catusacca-bujjhanatthāya), 열반을 깨닫기 위한(nibbāna-bujjhanatthāya)이란 뜻이다. 그리고 깨닫는다고 해서 깨달음(bujjhatī ti bodhi)이라 하는데 이것은 성스러운 도(ariya-magga)의 이름이다. 그런데 위빳사나의 도를 뿌리로 한 것(vipassanā-magga-mūlaka)이 성스러운 도이다. 여기서 그 도를 명백하게 하면서 '정신·물질이 소멸하기 때문에 알음알이가 소멸하고'라고 한 것이다." (DA.ii. 461)

여기서 우리는 위빳사나의 도(vipassanā-magga)와 성스러운 도(ariya-magga)를 분명하게 구분해야 한다. 위빳사나의 도는 예비단계의 도닦음(pubbabhāga-paṭipadā)이라고도 불리는데 이것은 깨달음을 완성한 도가 아니다. 성스러운 도는 출세간도(lokuttara-magga)라고도 불리는데 이것이 깨달음과 열반을 실현한 도이다. 본경에서 연기를 천착하는 것은 위빳사나의 도라 불리고 있는데(「대전기경」(D14) §2.21에는 경문 안에 위빳사나의 도라고 나타난다.) 이것은 아직 열반을 실현한 출세간도는 아니다.

그래서 본경에는 나타나지 않지만 본경과 같은 내용을 담고 있는 「대전기경」(D14)에서 위빳시 보살은 10지 연기를 순관·역관한 뒤에 오온의 일어남과 사라짐을 다시 통찰하여서(D14 §2.22) 번뇌가 완전히 다하여 깨달음을 실현한 것으로 나타나고 있다. 앞의 「배우지 못한 자 경」 1/2(S12:61~62 §7) 등에서도 마찬가지이다. 이처럼 니까야에서 이미 위빳사나의 도와 성스러운 도는 구분이 되어 나타나고 있다.

때문에 알음알이가 소멸하고, 알음알이가 소멸하기 때문에 정신 · 물질이 소멸하고, 정신 · 물질이 소멸하기 때문에 여섯 감각장소가 소멸하고, 여섯 감각장소가 소멸하기 때문에 감각접촉이 소멸하고, 감각접촉이 소멸하기 때문에 느낌이 소멸하고, 느낌이 소멸하기 때문에 갈애가 소멸하고, 갈애가 소멸하기 때문에 취착이 소멸하고, 취착이 소멸하기 때문에 존재가 소멸하고, 존재가 소멸하기 때문에 태어남이 소멸하고, 태어남이 소멸하기 때문에 늙음 · 죽음과 근심 · 탄식 · 육체적 고통 · 정신적 고통 · 절망이 소멸한다. 이와 같이 전체 괴로움의 무더기[苦蘊]가 소멸한다.

9. "비구들이여, 나에게는 '소멸, 소멸'이라는, 전에 들어 보지 못한 법들에 대한 눈[眼]이 생겼다. 지혜[智]가 생겼다. 통찰지[慧]가 생겼다. 명지[明]가 생겼다. 광명[光]이 생겼다."

10. "비구들이여, 예를 들면 어떤 사람이 밀림의 깊은 숲속을 방황하다가 옛날 사람들이 다니던 옛 길과 옛 도로를 보고 그 길을 따라가는 것과 같다. 그는 그 길을 따라가다가 [106] 옛날 사람들이 살았던 옛 도시와 옛 수도를 보았는데 그것은 원림을 갖추었고 숲을 갖추었고 연못을 갖추었고 성벽을 가진 멋진 곳이었다.

비구들이여, 그러자 그 사람은 왕이나 왕의 대신에게 그 사실을 고했다. '폐하, 폐하께 아룁니다. 저는 밀림의 깊은 숲속을 방황하다가 옛날 사람들이 다니던 옛 길과 옛 도로를 보았습니다. 저는 그 길을 따라가다가 옛날 사람들이 살았던 옛 도시와 옛 수도를 보았는데 그것은 원림을 갖추었고 숲을 갖추었고 연못을 갖추었고 성벽을 가진 멋진 곳이었습니다. 폐하, 그 도시를 다시 건설하십시오.'라고.

비구들이여, 그러자 왕이나 왕의 대신이 그 도시를 다시 건설하게 해서 그 도시는 나중에 번창하고, 부유해지고, 많은 사람들이 모여들고, 대중들로 가득하고, 성장과 풍족함을 이루게 되었다."

11. "비구들이여, 그와 같이 나는 옛적의 정등각자들이 다니던 옛 길과 옛 도로를 보았다. 비구들이여, 그러면 어떤 것이 옛적의 정등각자들이 다니던 옛길과 옛 거리인가? 그것은 바로 여덟 가지 구성요소를 가진 성스러운 도[八支聖道=팔정도]이니 즉 바른 견해, 바른 사유, 바른 말, 바른 행위, 바른 생계, 바른 정진, 바른 마음챙김, 바른 삼매이다. 비구들이여, 이것이 옛적의 정등각자들이 다니던 옛길과 옛 거리이다.

나는 그 길을 따라갔고 그 길을 따라가면서 늙음·죽음을 최상의 지혜로 알았고 늙음·죽음의 일어남을 최상의 지혜로 알았고 늙음·죽음의 소멸을 최상의 지혜로 알았고 늙음·죽음의 소멸로 인도하는 도닦음을 최상의 지혜로 알았다.

나는 그 길을 따라갔고 그 길을 따라가면서 태어남을 최상의 지혜로 알았고 … 존재를 최상의 지혜로 알았고 … 취착을 최상의 지혜로 알았고 … 갈애를 최상의 지혜로 알았고 … 느낌을 최상의 지혜로 알았고 … 감각접촉을 최상의 지혜로 알았고 … 여섯 감각장소를 최상의 지혜로 알았고 … 정신·물질을 최상의 지혜로 알았고 … 알음알이를 최상의 지혜로 알았고 … 의도적 행위들을 최상의 지혜로 알았고 의도적 행위들의 일어남을 최상의 지혜로 알았고 의도적 행위들의 소멸을 최상의 지혜로 알았고 의도적 행위들의 소멸로 인도하는 도닦음을 최상의 지혜로 알았다."[372]

---

372) 여기서 주목할 점은 본경 전반부의 10지 연기의 순관과 역관에는 나타나지 않았던 의도적 행위들(saṅkhārā)이 이곳에서 나타나고 있으며, 의도적 행위들의 조건이 되는 무명(avijjā)도 의도적 행위들의 일어남이라는 술어를

12. "그것을 [107] 최상의 지혜로 안 뒤에 나는 비구들과 비구니들과 청신사들과 청신녀들에게 설하였다. 비구들이여, 이렇게 하여 청정범행은 잘 유지되고, 번창하고, 널리 퍼지고, 많은 사람들이 따르고, 대중적이어서 신과 인간들 사이에서373) 잘 설명되었다."

명상 경(S12:66)

Sammasa-sutta

1. 이와 같이 나는 들었다. 한때 세존께서는 꾸루의 깜맛사담마라는 꾸루들의 성읍에 머무셨다.

2. 그곳에서 세존께서는 "비구들이여."라고 비구들을 부르셨다. "세존이시여."라고 비구들은 세존께 응답했다. 세존께서는 이렇게 말씀하셨다.

3. "비구들이여, 그대들은 안으로 명상을 하는가?"374)

통해서 언급되고 있다는 것이다.

373) '신과 인간들 사이에서'는 deva-manussehi를 옮긴 것이다. devamanuss-ehi는 도구격(*Instrumental*) 복수인데 그대로 옮기면 신과 인간들에 의해서 법이 잘 설해진 것으로 되고 만다. 그래서 주석서는 이것을 처소격(*Loca-tive*)의 의미로 설명해내고 있다.(SA.ii.119) 보디 스님은 Geiger, *Pāli Grammar*, §80.3을 인용하면서 이것이 동부 방언의 흔적일 것이라고 유추하고 있다. 보디 스님 779쪽 182번 주해 참조.

374) "'안으로 명상을 함(antaraṁ sammasa)'은 안으로 조건[緣]을 명상함(paccaya-sammasana)을 뜻한다."(SA.ii.119)
일반적으로 명상의 지혜(sammasana-ñāṇa)는 삼특상(무상·고·무아)을 통해서 오온을 철저하게 이해하는 것을 뜻하는 전문술어이다.(Ps.i.53~54 참조, 『청정도론』 XX.6~20에 인용되어 나타남) 그런데 본경에 나타나는 명상은 조건을 파악하는 것(paccaya-pariggaha, 『청정도론』 XIX.1~13)에 더 가깝다.

이렇게 말씀하시자 어떤 비구가 세존께 이렇게 말씀드렸다.

"세존이시여, 저는 안으로 명상을 합니다."

"비구여, 그러면 그대는 어떻게 안으로 명상을 하는가?"

그러자 그 비구는 설명을 하였지만 그 설명은 세존의 마음을 흡족하게 하지 못했다.[375] 그때 아난다 존자가 세존께 이렇게 말씀드렸다.

4. "세존이시여, 지금이 바로 적절한 시기입니다. 선서시여, 지금이 세존께서 설해 주실 바로 적절한 시기입니다. 세존으로부터 듣고 비구들은 그것을 잘 호지할 것입니다."

"아난다여, 그렇다면 이제 그것을 들어라. 듣고 마음에 잘 새겨라. 나는 설할 것이다."

"그렇게 하겠습니다, 세존이시여."라고 비구들은 세존께 대답했다.

5. 세존께서는 이렇게 말씀하셨다.

"비구들이여, 여기 비구는 안으로 명상을 한다. '이 세상에는 하나가 아닌 여러 가지 형태를 가진 늙음·죽음이라는 괴로움이 생겨난다. 그러면 이 괴로움은 무엇이 그 근원이며, [108] 무엇으로부터 일어나고, 무엇으로부터 생기며, 무엇으로부터 발생하는가? 무엇이 있을 때 늙음·죽음이 있고 무엇이 없을 때 늙음·죽음이 없는가?'라고.[376]

그는 명상하면서 이와 같이 안다. '이 세상에는 하나가 아닌 여러 가지 형태를 가진 늙음·죽음이라는 괴로움이 생겨난다. 이 괴로움은 재생의 근거가 그 근원이며,[377] 재생의 근거로부터 일어나고, 재

---

375) "세존께서는 조건의 형태(paccay-ākāra)를 통해서 설명하는 것을 원하셨지만 그 비구는 32가지 형태의 몸의 부정함을 통해서 설명하여 세존의 의향(ajjhāsaya)을 파악하지 못했기 때문이다."(SA.ii.119)

376) 본 문단은 본서 「철저한 검증 경」(S12:51) §4와 같다.

생의 근거로부터 생기며, 재생의 근거로부터 발생한다. 재생의 근거가 있을 때 늙음·죽음이 있고 재생의 근거가 없을 때 늙음·죽음이 없다.'라고.

그는 늙음·죽음을 꿰뚫어 알고 늙음·죽음의 일어남을 꿰뚫어 알고 늙음·죽음의 소멸을 꿰뚫어 알고 늙음·죽음의 소멸과 일치함으로 인도하는 도닦음을 꿰뚫어 안다.[378] 그는 여기에 준해서 도를 닦고 법에 따라서 실천한다. 비구들이여, 이를 일러 비구는 모든 괴로움을 바르게 멸진하기 위해서, 늙음·죽음을 소멸하기 위해서 도를 닦는다고 한다."

6. "비구들이여, 그는 다시 안으로 더 명상을 한다. '그러면 재생의 근거는 무엇이 그 근원이며, 무엇으로부터 일어나고, 무엇으로부터 생기며, 무엇으로부터 발생하는가? 무엇이 있을 때 재생의 근

377) "'재생의 근거가 그 근원(upadhi-nidāna)'이라는 것은 무더기(온)라는 재생의 근거가 그 근원(khandh-upadhi-nidāna)이라는 말이다. 여기서는 오온(khandha-pañcaka)을 두고 재생의 근거라고 했기 때문이다."(SA.ii.119) 재생의 근거(upadhi)에 대해서는 본서 제1권 「기뻐함 경」(S1:12) §2의 주해를 참조할 것.
"네 가지 재생의 근거가 있다. 감각적 욕망이라는 재생의 근거(kāma-upadhi), 무더기라는 재생의 근거(khandha-upadhi), 오염원이라는 재생의 근거(kilesa-upadhi), 업형성이라는 재생의 근거(abhisaṅkhāra-upadhi)이다."(AAṬ.ii.3)
아래 문단에서 갈애가 재생의 근거의 조건이 된다고 했기 때문에 이 재생의 근거는 취착(upādāna)과 동의어라고 볼 수도 있다.(12연기에서 갈애는 취착의 조건이기 때문에) 그러나 주석서는 이렇게 설명하지 않는다. 본문에서 재생의 근거는 늙음·죽음과 다른 여러 괴로움의 원인이라고 나타나기 때문에 주석서는 재생의 근거를 오온으로 설명하고 있다. 보디 스님은 오온으로서의 재생의 근거는 늙음·죽음의 직접적인 조건이고 취착으로서의 재생의 근거는 먼 조건이라고 이해하고 있다.(보디 스님, 780쪽 187번 주해 참조.)

378) '늙음·죽음의 소멸과 일치함으로 인도하는 도닦음(jarā-maraṇa-nirodha-sāruppa-gāminī paṭipadā)'에 대해서는 본서 「철저한 검증 경」(S12:51) §5의 주해를 참조할 것.

거가 있고 무엇이 없을 때 재생의 근거가 없는가?'라고.

그는 안으로 명상을 하면서 이와 같이 꿰뚫어 안다. '재생의 근거는 갈애가 그 근원이며, 갈애로부터 일어나고, 갈애로부터 생기며, 갈애로부터 발생한다. 갈애가 있을 때 재생의 근거가 있고 갈애가 없을 때 재생의 근거가 없다.'라고.

그는 재생의 근거를 꿰뚫어 알고 재생의 근거의 일어남을 꿰뚫어 알고 재생의 근거의 소멸을 꿰뚫어 알고 재생의 근거의 소멸과 일치함으로 인도하는 도닦음을 꿰뚫어 안다. 그는 여기에 준해서 도를 닦고 법에 따라서 실천한다. 비구들이여, 이를 일러 비구는 모든 괴로움을 바르게 멸진하기 위해서, 재생의 근거를 소멸하기 위해서 도를 닦는다고 한다."

7. "비구들이여, 그는 다시 더 안으로 명상을 한다. '그러면 갈애는 무엇이 그 근원이며, 무엇으로부터 일어나고, 무엇으로부터 생기며, 무엇으로부터 발생하는가? 무엇이 있을 때 갈애가 있고 무엇이 없을 때 갈애가 없는가?'라고.

그는 안으로 명상을 하면서 이와 같이 꿰뚫어 안다. '세상에서 즐겁고 기분 좋은 것이 있으면 여기서 이 갈애는 일어나서 여기서 자리 잡는다. 그러면 세상에서 어떤 것이 즐겁고 기분 좋은 것인가? 눈은 세상에서 즐겁고 기분 좋은 것이다. 여기서 이 갈애는 일어나서 거기서 자리 잡는다. 귀는… [109] 코는 … 혀는 … 몸은 … 마노는 세상에서 즐겁고 기분 좋은 것이다. 여기서 이 갈애는 일어나서 여기서 자리 잡는다.'379)"

379) 여기에 대한 더 자세한 서술은 『디가 니까야』 「대념처경」(D22/ii.308～309) §19를 참조할 것.

8. "비구들이여, 과거에 사문들이나 바라문들이 세상에서 즐겁고 기분 좋은 것을 항상하다고 보고 즐거움이라 보고 자아라 보고 병 없음이라 보고 안전이라 보았다면 그들은 모두 갈애를 길렀던 것에 지나지 않는다.

갈애를 길렀던 자들은 재생의 근거를 길렀고, 재생의 근거를 길렀던 자들은 괴로움을 길렀으며, 괴로움을 길렀던 자들은 태어남과 늙음·죽음으로부터 해탈하지 못하였고, 근심·탄식·육체적 고통·정신적 고통·절망으로부터 해탈하지 못하였고, 괴로움으로부터 해탈하지 못하였다고 나는 말한다.

비구들이여, 미래에 사문들이나 바라문들이 세상에서 즐겁고 기분 좋은 것을 항상하다고 보고 즐거움이라 보고 자아라 보고 병 없음이라 보고 안전이라 보게 된다면 그들은 모두 갈애를 기르는 것에 지나지 않을 것이다.

갈애를 기를 자들은 재생의 근거를 기를 것이고, 재생의 근거를 기를 자들은 괴로움을 기를 것이며, 괴로움을 기를 자들은 태어남과 늙음·죽음으로부터 해탈하지 못할 것이고, 근심·탄식·육체적 고통·정신적 고통·절망으로부터 해탈하지 못할 것이고, 괴로움으로부터 해탈하지 못할 것이라고 나는 말한다.

비구들이여, 현재에 사문들이나 바라문들이 세상에서 즐겁고 기분 좋은 것을 항상하다고 보고 즐거움이라 보고 자아라 보고 병 없음이라 보고 안전이라 본다면 그들은 모두 갈애를 기르는 것에 지나지 않는다.

갈애를 기르는 자들은 재생의 근거를 기르고, 재생의 근거를 기르는 자들은 괴로움을 기르며, 괴로움을 기르는 자들은 태어남과 늙음·죽음으로부터 해탈하지 못하고, 근심·탄식·육체적 고통·정신적 고통·절망으로부터 해탈하지 못하고, 괴로움으로부터 해탈하지 못한다고 나는 말한다."

9. "비구들이여, [110] 예를 들면 청동으로 만든 잔에 좋은 색깔과 좋은 냄새와 좋은 맛을 가진 마실 것이 있는데 독이 섞여 있다 하자. 그때 더위에 시달리고 더위에 압도되었으며 지쳐있고 심한 갈증을 느끼고 목마른 사람이 그곳으로 온다고 하자. 이 사람에게 다른 사람이 말하기를 '여보게, 청동으로 만든 이 잔에는 좋은 색깔과 좋은 냄새와 좋은 맛을 가진 마실 것이 있는데 독이 섞여 있다네. 원한다면 마시게. 그대가 그것을 마시면 색깔이나 냄새나 맛은 좋을 것이네. 그러나 마시고 나면 죽게 되거나 죽음에 버금가는 고통을 받게 될 것이네.'라고 한다 하자. 그때 그 사람이 숙고하지도 않고 급작스럽게 청동으로 만든 잔에 든 것을 거부하지 않고 마셔버린다 하자. 그러면 그는 그 때문에 죽게 되거나 죽음에 버금가는 고통을 받게 될 것이다.380)

비구들이여, 그와 같이 과거에 … 미래에 … 현재에 사문들이나 바라문들이 세상에서 즐겁고 기분 좋은 것을 항상하다고 보고 즐거움이라 보고 자아라 보고 병 없음이라 보고 안전이라 본다면 그들은 모두 갈애를 기르는 것에 지나지 않는다.

갈애를 기르는 자들은 재생의 근거를 기르고, 재생의 근거를 기르는 자들은 괴로움을 기르며, 괴로움을 기르는 자들은 태어남과 늙음·죽음으로부터 해탈하지 못하고, 근심·탄식·육체적 고통·정신적 고통·절망으로부터 해탈하지 못하고, 괴로움으로부터 해탈하지 못한다고 나는 말한다."381)

---

380) 단어만 조금 다른 같은 비유가 『맛지마 니까야』 「긴 법의 실천 경」(M46/i.316) §19에도 나타나고 있다.

10. "비구들이여, 그러나 과거에 사문들이나 바라문들이 세상에서 즐겁고 기분 좋은 것을 무상하다 보고 괴로움이라 보고 무아라 보고 병이라 보고 두려움이라 보았기 때문에 그들은 모두 갈애를 제거하였다.

갈애를 제거하였던 자들은 재생의 근거를 제거하였고, 재생의 근거를 제거하였던 자들은 괴로움을 제거하였으며, 괴로움을 제거하였던 자들은 태어남과 늙음·죽음으로부터 해탈하였고, 근심·탄식·육체적 고통·정신적 고통·절망으로부터 해탈하였고, 괴로움으로부터 해탈하였다고 나는 말한다.

비구들이여, 미래에 … 현재에 [111] 사문들이나 바라문들이 세상에서 즐겁고 기분 좋은 것을 무상하다 보고 괴로움이라 보고 무아라 보고 병이라 보고 두려움이라 보기 때문에 그들은 모두 갈애를 제거한다.

갈애를 제거하는 자들은 재생의 근거를 제거하고, 재생의 근거를 제거하는 자들은 괴로움을 제거하며, 괴로움을 제거하는 자들은 태어남과 늙음·죽음으로부터 해탈하고, 근심·탄식·육체적 고통·정

381) 주석서는 비유를 다음과 같이 적용시키고 있다.
'청동으로 만든 잔(āpānīya-kaṁsa)'은 세상에서 즐겁고 기분 좋은 대상(ārammaṇa)에, '더위에 시달린 사람(ghamma-abhitatta-purisa)'은 윤회에 집착하고 있는(vaṭṭa-nissita) 범부(puthujjana)에, 청동으로 만든 잔을 마실 것을 권하는 사람은 세상에서 즐겁고 기분 좋은 대상을 가지고 권하는 사람에, 마실 것의 이로움과 위험함을 알려주는 사람은 스승이나 은사(ācariy-upajjhāya) 등과 같은 선우(kalyāṇa-mitta)에 비유된다. 마치 더위에 시달린 사람이 숙고하지도 않고 급작스럽게 잔에 든 것을 마셔서 죽게 되거나 죽음에 버금가는 고통을 받게 되는 것처럼 범부는 다섯 가닥의 감각적 욕망(pañca kāmaguṇa)을 즐길 양으로 은사나 스승의 충고를 듣지 않고 수행을 버리고 저열한 [세속의] 삶으로 되돌아가 버린다. 거기서 그는 죄를 범하고 왕의 처벌을 받게 되고 다음 생에는 4악도(catu apāya, 지옥, 아귀, 축생, 아수라)에 떨어져 큰 괴로움을 겪게 된다.(SA.ii.120~121)

신적 고통·절망으로부터 해탈하고, 괴로움으로부터 해탈한다고 나는 말한다."

11. "비구들이여, 예를 들면 청동으로 만든 잔에 좋은 색깔과 좋은 냄새와 좋은 맛을 가진 마실 것이 있는데 독이 섞여 있다 하자. 그때 더위에 시달리고 더위에 압도되었으며 지쳐있고 심한 갈증을 느끼고 목마른 사람이 그곳으로 온다고 하자. 이 사람에게 다른 사람이 말하기를 '여보게, 청동으로 만든 이 잔에는 좋은 색깔과 좋은 냄새와 좋은 맛을 가진 마실 것이 있는데 독이 섞여 있다네. 원한다면 마시게. 그대가 그것을 마시면 색깔이나 냄새나 맛은 좋을 것이네. 그러나 마시고 나면 죽게 되거나 죽음에 버금가는 고통을 받게 될 것이네.'라고 한다 하자.

비구들이여, 그때 그 사람에게 이런 생각이 든다 하자. '나는 이 갈증을 물로 해소하거나 커드로 해소하거나 미숫가루 물[382]로 해소하거나 죽으로 해소할 수 있다. 그러니 나는 이것을 마시지 않으리라. 내가 이것을 마시면 오랜 세월 손해가 되고 괴로움이 될 것이다.'라고. 그래서 그는 그것을 마시지 않고 거부한다 하자. [112] 그러면 그는 그 때문에 죽지도 않을 것이고 죽음에 버금가는 고통을 받지도 않을 것이다.[383]

---

382) '미숫가루 물'은 Ee에는 mattha-loṇikā로 나타나고 Be에는 bhaṭṭha-loṇikā로 나타난다. 냐나몰리에 의하면 bhaṭṭha는 으깬 곡식(bhaṭṭha-dhañña, Khs.85)을 뜻한다고 한다. 그래서 역자는 '미숫가루 물'로 옮겼다. 보디 스님은 이를 *porridge*(죽)로 옮겼다.

383) 주석서는 비유를 다음과 같이 적용시키고 있다.
여기서 '더위에 시달린 사람(ghamma-abhitatta-purisa)'은 아직도 윤회에 집착하고 있는 수행자(yoga-avacara)에 비유된다. 이 사람이 숙고한 뒤에 잔에 든 것을 마시지 않고 다른 마실 것을 마시는 것은 수행자가 은사나 스승의 충고를 받아들여 여섯 가지 감각의 문(cha-dvāra) 등을 지키고 점

12. "비구들이여, 그와 같이 과거에 … 미래에 … 현재에 사문들이나 바라문들이 세상에서 즐겁고 기분 좋은 것을 무상하다 보고 괴로움이라 보고 무아라 보고 병이라 보고 두려움이라 보기 때문에 그들은 모두 갈애를 제거한다.

갈애를 제거하는 자들은 재생의 근거를 제거하고, 재생의 근거를 제거하는 자들은 괴로움을 제거하며, 괴로움을 제거하는 자들은 태어남과 늙음·죽음으로부터 해탈하고, 근심·탄식·육체적 고통·정신적 고통·절망으로부터 해탈하고, 괴로움으로부터 해탈한다고 나는 말한다."[384]

갈대 다발 경(S12:67)

Naḷakalāpiya-sutta

1. 이와 같이 나는 들었다. 한때 사리뿟따 존자와 마하꼿티따 존자[385]가 바라나시에서 이시빠따나의 녹야원에 머물렀다.

2. 그때 마하꼿티따 존자는 해거름에 [낮 동안의] 홀로 앉음을 풀고 자리에서 일어나 사리뿟따 존자에게 다가갔다. 가서는 사리뿟

차적으로 위빳사나를 증장시켜(vipassanaṁ vaḍḍhenta)서 아라한과를 증득하는 것(arahatta-phala-adhigama)에 비유된다. 물, 커드(응유), 미숫가루 물, 죽이라는 네 가지 다른 마실 것은 네 가지 도(magga)에 비유된다. 마치 그 사람이 이 네 가지 마실 것을 마시고 갈증을 해소하여 원하는 곳으로 행복하게 가듯이 번뇌 다한 [아라한]도 네 가지 도를 마셔서 갈애를 제거하고 열반의 경지(nibbāna-disa)로 간다.(SA.ii.121)

384) 본경은 늙음·죽음 - 재생의 근거 - 갈애 - 여섯 감각장소의 4지 연기를 통해서 괴로움의 발생구조와 소멸구조를 설하였다.

385) 마하꼿티따 존자(āyasmā Mahākoṭṭhita)에 대해서는 본서 제3권 「계 경」(S22:122) §1의 주해를 참조할 것.

따 존자와 함께 환담을 나누었다. 유쾌하고 기억할 만한 이야기로 서로 담소를 한 뒤 한 곁에 앉았다. 한 곁에 앉은 마하꼿티따 존자는 사리뿟따 존자에게 이렇게 말했다.

3. "도반 사리뿟따여, 늙음·죽음은 스스로가 만드는 것입니까? 늙음·죽음은 남이 만드는 것입니까? 늙음·죽음은 스스로가 만들기도 하고 남이 만들기도 하는 것입니까? 그것도 아니면 늙음·죽음은 [113] 스스로가 만들거나 남이 만드는 것도 아닌 우연히 생기는 것입니까?"386)

"도반 꼿티따여, 늙음·죽음은 스스로가 만드는 것이 아닙니다. 늙음·죽음은 남이 만드는 것도 아닙니다. 늙음·죽음은 스스로가 만들기도 하고 남이 만들기도 하는 것도 아닙니다. 그리고 늙음·죽음은 스스로가 만들거나 남이 만드는 것도 아닌 우연히 생기는 그런 것도 아닙니다. 태어남을 조건으로 늙음·죽음이 있습니다."

"도반 사리뿟따여, 태어남은 스스로가 만드는 것입니까? 태어남은 남이 만드는 것입니까? 태어남은 스스로가 만들기도 하고 남이 만들기도 하는 것입니까? 그것도 아니면 태어남은 스스로가 만들거나 남이 만드는 것도 아닌 우연히 생기는 것입니까?"

"도반 꼿티따여, 태어남은 스스로가 만드는 것이 아닙니다. 태어남은 남이 만드는 것도 아닙니다. 태어남은 스스로가 만들기도 하고 남이 만들기도 하는 것도 아닙니다. 그리고 태어남은 스스로가 만들거나 남이 만드는 것도 아닌 우연히 생기는 그런 것도 아닙니다. 존재를 조건으로 태어남이 있습니다."

---

386) 이 네 가지 질문은 각각 상견(영속론), 단견(단멸론), 일면상견(일부영속론), 우연발생론을 나타내고 있다. 여기에 대해서는 본서 「나체수행자 깟사빠 경」(S12:17) §7의 주해들을 참조할 것.

"도반 사리뿟따여, 존재는 … 취착은 … 갈애는 … 느낌은 … 감각접촉은 … 여섯 감각장소는 … 정신·물질은 스스로가 만드는 것입니까? 정신·물질은 남이 만드는 것입니까? 정신·물질은 스스로가 만들기도 하고 남이 만들기도 하는 것입니까? 그것도 아니면 정신·물질은 스스로가 만들거나 남이 만드는 것도 아닌 우연히 생기는 것입니까?"

"도반 꼿티따여, 정신·물질은 스스로가 만드는 것이 아닙니다. 정신·물질은 남이 만드는 것도 아닙니다. 정신·물질은 스스로가 만들기도 하고 남이 만들기도 하는 것도 아닙니다. 그리고 정신·물질은 스스로가 만들거나 남이 만드는 것도 아닌 우연히 생기는 그런 것도 아닙니다. 알음알이를 조건으로 정신·물질이 있습니다."

4. "도반 사리뿟따여, 알음알이는 스스로가 만드는 것입니까? 알음알이는 남이 만드는 것입니까? 알음알이는 스스로가 만들기도 하고 남이 만들기도 하는 것입니까? 그것도 아니면 알음알이는 스스로가 만들거나 남이 만드는 것도 아닌 우연히 생기는 것입니까?"

"도반 꼿티따여, 알음알이는 스스로가 만드는 것이 아닙니다. 알음알이는 남이 만드는 것도 아닙니다. 알음알이는 스스로가 만들기도 하고 남이 만들기도 하는 것도 아닙니다. 그리고 알음알이는 스스로가 만들거나 남이 만드는 것도 아닌 우연히 생기는 그런 것도 아닙니다. 정신·물질을 조건으로 알음알이가 있습니다."[387)]

5. "이제 [114] 나는 사리뿟따 존자가 말한 것을 이렇게 이해합니다. '도반 꼿티따여, 정신·물질은 스스로가 만드는 것이 아닙니다. 정신·물질은 남이 만드는 것도 아닙니다. 정신·물질은 스스로가 만

387) 알음알이와 정신·물질이 서로서로 조건이 되는 것에 대해서는 본서 「도시경」(S12:65) §5와 주해들을 참조할 것.

들기도 하고 남이 만들기도 하는 것도 아닙니다. 그리고 정신·물질은 스스로가 만들거나 남이 만드는 것도 아닌 우연히 생기는 그런 것도 아닙니다. 알음알이를 조건으로 정신·물질이 있습니다.'라고.

도반 사리뿟따여, 다시 이제 나는 사리뿟따 존자가 말한 것을 이렇게 이해합니다. '도반 꼿티따여, 알음알이는 스스로가 만드는 것이 아닙니다. 알음알이는 남이 만드는 것도 아닙니다. 알음알이는 스스로가 만들기도 하고 남이 만들기도 하는 것도 아닙니다. 그리고 알음알이는 스스로가 만들거나 남이 만드는 것도 아닌 우연히 생기는 그런 것도 아닙니다. 정신·물질을 조건으로 알음알이가 있습니다.' 라고."

6. "도반 사리뿟따여, 그런데 도대체 이러한 대답의 뜻을 어떻게 이해해야 합니까?"

"도반이여, 그렇다면 이제 비유를 하나 들겠습니다. 이 비유를 통해서 여기서 어떤 지혜로운 사람들은 [내가 하려는] 말의 뜻을 잘 이해할 것입니다."

7. "도반이여, 예를 들면 두 개의 갈대 다발이 서로 의지하여 서 있는 것과 같습니다. 도반이여, 그와 같이 정신·물질을 조건으로 알음알이가, 알음알이를 조건으로 정신·물질이, 정신·물질을 조건으로 여섯 감각장소가, 여섯 감각장소를 조건으로 감각접촉이, 감각접촉을 조건으로 느낌이, 느낌을 조건으로 갈애가, 갈애를 조건으로 취착이, 취착을 조건으로 존재가, 존재를 조건으로 태어남이, 태어남을 조건으로 늙음·죽음과 근심·탄식·육체적 고통·정신적 고통·절망이 생깁니다. 이와 같이 전체 괴로움의 무더기[苦蘊]가 발생합니다.

도반이여, 그런데 만일 이 두 개의 갈대 다발 가운데 하나를 빼내면 다른 하나도 쓰러질 것입니다. 만일 다른 하나를 빼내면 저 하나도 쓰러질 것입니다. 도반이여, 그와 같이 정신·물질이 소멸하기 때문에 알음알이가 소멸하고, 알음알이가 소멸하기 때문에 정신·물질이 소멸하고, 정신·물질이 소멸하기 때문에 여섯 감각장소가 소멸하고, 여섯 감각장소가 소멸하기 때문에 감각접촉이 소멸하고, 감각접촉이 소멸하기 때문에 느낌이 소멸하고, 느낌이 소멸하기 때문에 갈애가 소멸하고, 갈애가 소멸하기 때문에 취착이 소멸하고, 취착이 소멸하기 때문에 존재가 소멸하고, 존재가 소멸하기 때문에 태어남이 소멸하고, 태어남이 소멸하기 때문에 늙음·죽음과 근심·탄식·육체적 고통·정신적 고통·절망이 소멸합니다. 이와 같이 전체 괴로움의 무더기[苦蘊]가 소멸합니다."

8. "경이롭습니다, 도반 사리뿟따여. 놀랍습니다, 도반 사리뿟따여. 사리뿟따 존자는 참으로 좋은 말씀[金言]을 하셨습니다. 나는 사리뿟따 존자가 한 말에 다음의 36가지 경우[388]로 기쁘게 화답하겠습니다.

도반이여, 만일 비구가 늙음·죽음에 대해서 염오하고 탐욕이 빛바래고 소멸하기 위해서 법을 설하면 그를 법을 설하는 비구라 [115] 부르기에 적당합니다. 도반이여, 만일 비구가 늙음·죽음에 대해서 염오하고 탐욕이 빛바래고 소멸하기 위해서 도를 닦으면 그를 [출세

---

388) "'36가지 경우(chattiṁsa vatthu)'란 아래에 나타나는 12개의 항목에 대해서 각각 셋씩을 취하여 36가지가 되는 것이다. 여기서 첫 번째는 법을 설하는 사람의 공덕(dhamma-kathika-guṇa)이고 두 번째는 도닦음(paṭipatti)이고 세 번째는 도닦음의 결실(paṭipatti-phala)이다. 그리고 첫 번째를 통해서는 가르침의 수승함(desanā-sampatti)을, 두 번째를 통해서는 유학의 경지(sekkha-bhūmi)를, 세 번째를 통해서는 무학의 경지(asekkha-bhūmi)를 설하셨다."(SA.ii.122)
본서 「설법자[法師] 경」(S12:16)도 참조할 것.

간]법에 이르게 하는 법을 닦는 비구라 부르기에 적당합니다. 도반이여, 만일 비구가 늙음·죽음을 염오하고 빛바래고 소멸하여 취착 없이 해탈하면 그를 지금·여기[現法]에서 열반을 실현하는 비구라 부르기에 적당합니다.

도반이여, 만일 비구가 태어남에 대해서 … 존재에 대해서 … 취착에 대해서 … 갈애에 대해서 … 느낌에 대해서 … 감각접촉에 대해서 … 여섯 감각장소에 대해서 … 정신·물질에 대해서 … 알음알이에 대해서 … 의도적 행위들에 대해서 … 무명에 대해서 염오하고 탐욕이 빛바래고 소멸하기 위해서 법을 설하면 그를 법을 설하는 비구라 부르기에 적당합니다. 도반이여, 만일 비구가 무명에 대해서 염오하고 탐욕이 빛바래고 소멸하기 위해서 도를 닦으면 그를 [출세간]법에 이르게 하는 법을 닦는 비구라 부르기에 적당합니다. 도반이여, 만일 비구가 무명을 염오하고 빛바래고 소멸하여 취착 없이 해탈하면 그를 지금·여기[現法]에서 열반을 실현하는 비구라 부르기에 적당합니다."

꼬삼비 경(S12:68)

Kosambi-sutta

1. 이와 같이 나는 들었다. 한때 무실라 존자와 사윗타 존자와 나라다 존자[389]와 아난다 존자는 꼬삼비에서 고시따 원림[390]에 머

---

389) 본경에 해당하는 주석서에는 사윗타 존자(āyasmā Saviṭṭha)와 무실라 존자(āyasmā Musīla)와 나라다 존자(āyasmā Nārada)에 대한 설명이 나타나지 않는다. 사윗타 존자는 『앙굿따라 니까야』 「몸으로 체험한 자 경」(A3:21/i.118~119)에 나타나는데 그 경에 해당하는 주석서에 의하면 그는 믿음(saddhā)을 통해서 아라한이 되었다고 한다. 나라다 존자는 『앙굿따라 니까야』 「나라다 경」(A5:50/iii.57~62)에도 나타난다. 그러나 만일 「나라다 경」(A5:50)의 문다 왕이 아자따삿뚜 왕의 증손자라면 본경에 나타나

물렀다.

(i)

2. 그때 사윗타 존자가 무실라 존자에게 이렇게 말했다.

3. "도반 무실라여, 믿음과 관계없이, 개인적으로 좋아함과 관계없이, 구전과 관계없이, 이론적인 생각과 관계없이, 사색하여 얻은 견해와 관계없이,[391] 그대는 자기 스스로의 지혜로 '태어남을 조건으로 늙음·죽음이 있다.'라고 압니까?"

는 나라다 존자와 「나라다 경」의 나라다 존자는 다른 인물일 것이다.

390) 꼬삼비(Kosambī)와 고시따 원림(Gositārāma)에 대해서는 본서 제3권 「빠릴레야 경」(S22:81) §1의 주해를 참조할 것.

391) "(1) 어떤 자는 남을 믿고 그 '믿음(saddhā)'을 통해서 그가 말한 것을 사실(bhūta)이라고 받아들인다. (2) 어떤 자는 앉아서 생각하면서 그가 좋아하는 이론(kāraṇa)에 대해서 '이것이 옳다.'고 하면서 '좋아함(ruci)'을 통해서 받아들인다. (3) 어떤 자는 '오랫동안 이것이 사실이라고 전해 들었다.'라면서 '구전(anussava)'을 통해서 받아들인다. (4) 어떤 자는 일으킨 생각(vitakka)을 통해서 어떤 이론을 확립한다. 이렇게 하여 '이것이 옳다.'라고 '이론적인 생각(ākāra-parivitakka)'을 받아들인다. (5) 어떤 자는 생각을 하다가 어떤 견해가 떠오르면 그 이론을 사색하기를 좋아한다. 그는 '이것이 옳다.'고 하면서 그 '사색하여 얻은 견해(diṭṭhi-nijjhāna-kkhanti)'를 받아들인다.
장로는 이러한 이론들을 모두 내던지고 자기 스스로의 지혜(paccakkha-ñāṇa)를 통해서 통찰한 것(paṭividdha-bhāva)을 질문하면서 '도반 사윗타여, 믿음과 관계없이 …'라고 말한 것이다."(SA.ii.122)
여기에 나타나는 남의 이론(kāraṇa)을 인정하는 다섯 가지 토대는 본서 제4권 「방법이 있는가 경」(S35:153) §3 이하에도 나타나고 있다. 그리고 『맛지마 니까야』 「다섯과 셋 경」(M102/ii.233~234) §§14~16에서 세존께서는 이 다섯 가지를 토대로 과거에 관한 16가지 견해를 비판적으로 검토하고 계신다. 『맛지마 니까야』 「데와다하 경」(M101/ii.218)도 참조할 것. 이것은 본문에서 언급되고 있는 '자기 스스로의 지혜(paccattam eva ñāṇa)'와는 대조가 된다.
자세한 논의는 Jayatilleke, *Early Buddhist Theory of Knowledge*, pp. 182~188, 274~276을 참조할 것.

"도반 사윗타여, 믿음과 관계없이, 개인적으로 좋아함과 관계없이, 구전과 관계없이, 이론적인 생각과 관계없이, 사색하여 얻은 견해와 관계없이, 나는 '태어남을 조건으로 늙음·죽음이 있다.'라고 이렇게 알고 이렇게 봅니다."

"도반 무실라여, [116] 믿음과 관계없이, 개인적으로 좋아함과 관계없이, 구전과 관계없이, 이론적인 생각과 관계없이, 사색하여 얻은 견해와 관계없이, 그대는 자기 스스로의 지혜로 '존재를 조건으로 태어남이 있다.'라고 … '취착을 조건으로 존재가 있다.'라고 … '갈애를 조건으로 취착이 있다.'라고 … '느낌을 조건으로 갈애가 있다.'라고 … '감각접촉을 조건으로 느낌이 있다.'라고 … '여섯 감각장소를 조건으로 감각접촉이 있다.'라고 … '정신·물질을 조건으로 여섯 감각장소가 있다.'라고 … '알음알이를 조건으로 정신·물질이 있다.'라고 … '의도적 행위들을 조건으로 알음알이가 있다.'라고 … '무명을 조건으로 의도적 행위들이 있다.'라고 압니까?"

"도반 사윗타여, 믿음과 관계없이, 개인적으로 좋아함과 관계없이, 구전과 관계없이, 이론적인 생각과 관계없이, 사색하여 얻은 견해와 관계없이, 나는 '무명을 조건으로 의도적 행위들이 있다.'라고 이렇게 알고 이렇게 봅니다."

4. "도반 무실라여, 믿음과 관계없이, 개인적으로 좋아함과 관계없이, 구전과 관계없이, 이론적인 생각과 관계없이, 사색하여 얻은 견해와 관계없이, 그대는 자기 스스로의 지혜로 '태어남이 소멸하기 때문에 늙음·죽음이 소멸한다.'라고 압니까?"

"도반 사윗타여, 믿음과 관계없이, 개인적으로 좋아함과 관계없이, 구전과 관계없이, 이론적인 생각과 관계없이, 사색하여 얻은 견해와 관계없이, 나는 '태어남이 소멸하기 때문에 늙음·죽음이 소멸한다.'

라고 이렇게 알고 이렇게 봅니다."

"도반 무실라여, 믿음과 관계없이, 개인적으로 좋아함과 관계없이, 구전과 관계없이, 이론적인 생각과 관계없이, 사색하여 얻은 견해와 관계없이, 그대는 자기 스스로의 지혜로 '존재가 소멸하기 때문에 태어남이 소멸한다.'라고 … '취착이 소멸하기 때문에 존재가 소멸한다.'라고 … '갈애가 소멸하기 때문에 취착이 소멸한다.'라고 … '느낌이 소멸하기 때문에 갈애가 소멸한다.'라고 … '감각접촉이 소멸하기 때문에 느낌이 소멸한다.'라고 … '여섯 감각장소가 소멸하기 때문에 감각접촉이 소멸한다.'라고 … '정신·물질이 소멸하기 때문에 여섯 감각장소가 소멸한다.'라고 … '알음알이가 소멸하기 때문에 정신·물질이 소멸한다.'라고 [117] … '의도적 행위들이 소멸하기 때문에 알음알이가 소멸한다.'라고 … '무명이 소멸하기 때문에 의도적 행위들이 소멸한다.'라고 압니까?"

"도반 사윗타여, 믿음과 관계없이, 개인적으로 좋아함과 관계없이, 구전과 관계없이, 이론적인 생각과 관계없이, 사색하여 얻은 견해와 관계없이, 나는 '무명이 소멸하기 때문에 의도적 행위들이 소멸한다.'라고 이렇게 알고 이렇게 봅니다."

5. "도반 무실라여, 믿음과 관계없이, 개인적으로 좋아함과 관계없이, 구전과 관계없이, 이론적인 생각과 관계없이, 사색하여 얻은 견해와 관계없이, 그대는 자기 스스로의 지혜로 '존재의 소멸이 열반이다.'[392]라고 압니까?"

---

392) '존재의 소멸이 열반이다.'는 bhava-nirodho nibbānaṁ을 옮긴 것이다. 주석서는 "오온의 소멸(pañca-kkhandha-nirodha)이 열반이다."(SA.ii.123)라고 설명하고 있다.
"'존재의 소멸이 열반이다.'라는 것은 아홉 가지 존재(bhava)가 여기서 소멸하여 존재의 소멸인 열반이 증득된다는 말이다. 이 존재는 오온이 적집된 것

"도반 사윗타여, 믿음과 관계없이, 개인적으로 좋아함과 관계없이, 구전과 관계없이, 이론적인 생각과 관계없이, 사색하여 얻은 견해와 관계없이, 나는 '존재의 소멸이 열반이다.'라고 이렇게 알고 이렇게 봅니다."

"그렇다면 무실라 존자는 번뇌 다한 아라한입니까?"

이렇게 말하자 무실라 존자는 침묵하였다.393)

(ii)

6. 그때 나라다 존자가 사윗타 존자에게 이렇게 말했다.

"도반 사윗타여, 내가 이런 질문을 받는 것이 좋겠습니다. 그러니 나에게 이 질문을 해 주십시오. 나는 그대에게 설명하겠습니다."394)

"그렇다면 나라다 존자는 질문을 받으십시오. 나는 나라다 존자에게 질문을 하겠습니다. 나라다 존자는 나에게 설명을 해 주십시오."

7. "도반 나라다여, 믿음과 관계없이, … 그대는 자기 스스로의 지혜로 '태어남을 조건으로 늙음·죽음이 있다.'라고 … '무명을 조건

(pañcakkhandha-saṅgaha)이라서 이것으로부터 벗어나서는 존재란 것은 없다. 그래서 오온의 소멸을 열반이라고 하는 것이다."(SAṬ.ii.106)
아홉 가지 존재는 "욕계 존재, 색계 존재, 무색계 존재, 인식을 가진 존재, 인식이 없는 존재, 비상비비상의 존재, 한 가지 무더기를 가진 존재, 네 가지 무더기를 가진 존재, 다섯 가지 무더기를 가진 존재"(Vbh.137; 『청정도론』 XVII. §253)를 뜻함.

393) "장로는 번뇌 다한(khīṇāsava) [아라한]이었다. 그러나 '나는 번뇌 다한 자입니다.'라거나 '아닙니다.'라고 말하지 않고 침묵하였다."(SA.ii.123)

394) "그러면 왜 그는 이렇게 말하였는가? 그는 생각하기를 '존재의 소멸이 열반이라는 것은 유학(sekha)들도 아는 사실이다. 그런데 이 [사윗타] 존자는 저 [무실라] 존자를 무학의 경지(asekha-bhūmi)에 올려놓는다. 그러니 내가 이 경우를 바르게 알도록 해야겠다.'라고 하면서 이렇게 말한 것이다."(SA.ii.123)

으로 의도적 행위들이 있다.'라고 압니까?" …

"도반 사윗타여, 믿음과 관계없이, … 나는 '무명이 소멸하기 때문에 의도적 행위들이 소멸한다.'라고 이렇게 알고 이렇게 봅니다."

"도반 나라다여, 믿음과 관계없이, … 그대는 자기 스스로의 지혜로 '존재의 소멸이 열반이다.'라고 압니까?"

"도반 사윗타여, 믿음과 관계없이, … 나는 '존재의 소멸이 열반이다.'라고 이렇게 알고 이렇게 봅니다."

8. "그렇다면 나라다 존자는 번뇌 다한 아라한입니까?"

"도반이여, [118] 나는 '존재의 소멸이 열반이다.'라고 있는 그대로 바른 통찰지로 잘 보았지만 나는 번뇌 다한 아라한이 아닙니다."[395]

"도반이여, 예를 들면 사막의 길에 [스무 길이나 되는] 깊은 우물이 있는데 밧줄이 달린 물 긷는 두레박이 없습니다. 그때 더위에 시달리고 더위에 압도되었으며 지쳐있고 심한 갈증을 느끼고 목마른 사람이 거기로 온다고 합시다. 그는 그 우물을 들여다보고 '저기에 물이 있구나.'라고 알지만 [두레박으로 길어 올린 뒤 그것을 마셔서][396] 몸으로 직접 체득하지는 못하는 것과 같습니다.

도반이여, 그와 같이 나는 '존재의 소멸이 열반이다.'라고 있는 그대

---

395) "'바른 통찰지로 잘 보았지만(sammappaññāya suditṭhaṁ)'이란 위빳사나와 더불어 도의 통찰지(magga-paññā)로 잘 보았다는 말이다. '나는 아라한은 아니다(na camhi arahaṁ).'는 것은 나는 불환도(anāgāmi-magga)에 머물고 있기 때문에 아라한은 아니라고 밝히는 것이다. 그런데 그가 존재의 소멸이 열반이라고 하는 지혜는 19가지 [정상적인] 반조의 지혜(pacca-vekkhaṇa-ñāṇa)와는 다른 반조의 지혜이다."(SA.ii.123)
19가지 반조의 지혜는 『청정도론』 XXII.19~21을 참조할 것.

396) [ ] 안은, "그는 그 물을 길어 올려서(udakaṁ nīharitvā) 몸으로 직접 마시지 못한다는 말이다."(SA.ii.123)라는 주석서의 설명을 참조하여서 역자가 넣은 것이다.

로 바른 통찰지로 잘 보았지만 나는 번뇌 다한 아라한이 아닙니다."[397]

(iii)

9. 이렇게 말하자 아난다 존자가 사윗타 존자에게 이렇게 말했다.

"도반, 사윗타여, 그대는 이렇게 말하는 나라다 존자에게[398] 무어

---

397) 주석서는 비유를 다음과 같이 적용시키고 있다.
'더위에 시달린 자(ghamma-abhitatta)'는 불환자에, 우물에 물이 있는 것을 보는 것은 불환자가 열반을 보는 것(nibbāna-dassana)에, '물 긷는 두레박(udaka-vāraka)'은 아라한도(arahatta-magga)에 비유된다. 마치 더위에 시달린 자가 우물에 물이 있는 것을 보는 것처럼 불환자는 반조의 지혜(paccavekkhaṇa-ñāṇa)로 '이 위에 아라한과를 관통하는 것(arahatta-phala-samaya)이 있다.'라고 안다. 그러나 마치 두레박이 없는 사람이 물을 길어서 몸으로 그것에 닿을 수 없는 것처럼 불환자도 아라한도가 없기 때문에 열반을 대상으로 하는 아라한과의 증득(arahatta-phala-samāpatti)에 계합하여(appetvā) 앉아있을 수 없다.(SA.ii.123)
여기서 유념할 점은, 이것은 무실라 존자가 침묵으로 자신이 아라한임을 밝힌 것에 대한 나라다 존자의 대꾸가 아니라는 것이다. 여기서 나라다 존자는 단지 연기의 가르침과 열반의 성질을 '이해'하는 것만을 가지고 아라한의 특징을 정의하는 사윗타 존자의 잘못된 추측을 바로 잡기 위해서 이렇게 말한 것이다. 그러나 Gombrich는 *How Buddhism Began*, pp.128~129에서 나라다 존자는 무실라 존자가 침묵으로 아라한임을 드러낸 것을 비판하는 것으로 잘못 받아들이고 있다.
아라한과 유학의 차이점은 연기나 다른 가르침에 대한 통찰(위빳사나)의 차이 때문이 아니다. 차이점은 바로 아라한은 자신의 통찰로 번뇌를 모두 멸진하여서 아라한과의 증득(arahatta-phala-samāpatti)이라는 특별한 삼매의 상태를 체득한 것에 있다. 이런 특별한 상태에서 그는 '불사의 경지를 몸으로 직접 체득'하는 것이다. 본서 제5권 「유학 경」(S48:53) §8에도 유학과 무학의 결정적인 차이는 '몸으로 직접 체득하여 머문다(kāyena phusitvā viharati).'는 표현을 통해서 나타나고 있다.(그곳의 주해도 참조할 것) 같은 방법으로 예류자와 아라한의 차이는 본서 제3권 S22:109~110에서는 오온을 통해서, 제5권 S48:2~5; 26~27; 32~33에서는 다섯 가지 기능(오근)을 통해서 언급되고 있다.

398) Ee, Be, Se에는 모두 evaṁvādī tvaṁ으로 나타난다. 그러므로 '이렇게 말하는 [사윗타 존자] 그대는'으로 해석되어야 한다. 그런데 이렇게 되면 문맥

라 말하겠습니까?"

"도반 아난다여, 이렇게 말하는 나라다 존자에게 좋다는 말과 유익하다는 말 외에는 다른 할 말이 아무것도 없습니다."399)

불어남 경(S12:69)

Upayanti-sutta

1. <사왓티의 아나타삔디까 원림(급고독원)에서>

2. 세존께서는 이렇게 말씀하셨다.

3. "비구들이여, 대양이 불어나면 큰 강들이 불어나고, 큰 강들이 불어나면 작은 강들이 불어나고, 작은 강들이 불어나면 큰 못들이 불어나고, 큰 못들이 불어나면 작은 못들이 불어난다.

비구들이여, 그와 같이 무명이 불어나면 의도적 행위들이 불어나고, 의도적 행위들이 불어나면 알음알이가 불어나고, 알음알이가 불어나면 정신·물질이 불어나고, 정신·물질이 불어나면 여섯 감각장소가 불어나고, 여섯 감각장소가 불어나면 감각접촉이 불어나고, 감각접촉이 불어나면 느낌이 불어나고, 느낌이 불어나면 갈애가 불어나고, 갈애가 불어나면 취착이 불어나고, 취착이 불어나면 [119] 존재가 불어나고, 존재가 불어나면 태어남이 불어나고, 태어남이 불어나

과 맞지 않다. 그래서 역자는 보디 스님의 의견대로 이를 evaṁvādiṁ(목적격) tvaṁ으로 이해해서 evaṁvādiṁ을 나라다 존자를 수식하는 것으로 해석했다. 이렇게 해야 문맥에 맞기 때문이다. 보디 스님도 이렇게 옮기고 주를 달고 있다.(보디 스님, 783쪽 205번 주해 참조) 주석서와 복주서는 여기에 대한 아무런 설명이 없다.

399) 같은 표현이 본서 제6권 「고다 경」(S55:23/v.374) §14에도 나타난다. 이 「고다 경」에서는 Ee: evaṁvādiṁ tvam으로 나타나고 있다.(Be, Se에는 본경처럼 evaṁvādī tvaṁ으로 나타난다.)

면 늙음 · 죽음이 불어난다."

4. "비구들이여, 대양이 줄어들면 큰 강들이 줄어들고, 큰 강들이 줄어들면 작은 강들이 줄어들고, 작은 강들이 줄어들면 큰 못들이 줄어들고, 큰 못들이 줄어들면 작은 못들이 줄어든다.

비구들이여, 그와 같이 무명이 줄어들면 의도적 행위들이 줄어들고, 의도적 행위들이 줄어들면 알음알이가 줄어들고, 알음알이가 줄어들면 정신 · 물질이 줄어들고, 정신 · 물질이 줄어들면 여섯 감각장소가 줄어들고, 여섯 감각장소가 줄어들면 감각접촉이 줄어들고, 감각접촉이 줄어들면 느낌이 줄어들고, 느낌이 줄어들면 갈애가 줄어들고, 갈애가 줄어들면 취착이 줄어들고, 취착이 줄어들면 존재가 줄어들고, 존재가 줄어들면 태어남이 줄어들고, 태어남이 줄어들면 늙음 · 죽음이 줄어든다."

수시마 경(S12:70)

Susīma-sutta

1. 이와 같이 나는 들었다. 한때 세존께서는 라자가하에서 대나무 숲의 다람쥐 보호구역에 머무셨다.

(i)

2. 그 무렵 세존께서는 존경받았고 존중받았고 공경받았고 숭상받으셨으며 의복과 탁발음식과 거처와 병구완을 위한 약품을 얻으셨다. 비구 승가도 역시 존경받았고 존중받았고 공경받았고 숭상받았으며 의복과 탁발음식과 거처와 병구완을 위한 약품을 얻었다. 그러나 외도 유행승들은 존경받지 못했고 존중받지 못했고 공경받지 못했고 숭상받지 못했으며 의복과 탁발음식과 거처와 병구완을 위한

약품을 얻지 못하였다.

(ii)

3. 그 무렵 수시마 유행승[400]이 많은 유행승들의 회중과 함께 라자가하에 살고 있었다. 그때 [120] 수시마 유행승의 회중들이 수시마 유행승에게 이렇게 말했다.

"이리 오시오, 도반 수시마여. 그대는 사문 고따마 아래서 청정범행을 닦으시오. 그래서 그대가 법을 철저히 배운 뒤 우리에게 말해주시오. 우리도 그 법을 철저히 배워서 재가자들에게 설해줄 것이오. 그러면 우리도 존경을 받고 존중받고 공경받고 숭상받게 되고 의복과 탁발음식과 거처와 병구완을 위한 약품을 얻게 될 것이오."

4. "알겠습니다, 도반들이여."라고 수시마 유행승은 자신의 회중에게 대답한 뒤 아난다 존자에게 다가갔다. 가서는 아난다 존자와 함께 환담을 나누었다. 유쾌하고 기억할 만한 이야기로 서로 담소를 한 뒤 한 곁에 앉았다. 한 곁에 앉은 수시마 유행승은 아난다 존자에게 이렇게 말했다.

"도반 아난다여, 나는 이 법과 율에서 청정범행을 닦고자 합니다."

(iii)

5. 그때 아난다 존자는 수시마 유행승을 데리고 세존께 다가갔다. 가서는 세존께 절을 올리고 한 곁에 앉았다. 한 곁에 앉은 아난다 존자는 세존께 이렇게 말씀드렸다.

---

400) 수시마 유행승(Susīma paribbājaka)이 누구인지 주석서와 복주서는 자세한 설명을 하지 않는다. 주석서는 단지 "베당가에 능한 현명한 유행승(vedaṅgesu kusalo paṇḍitaparibbājako)"(SA.ii.124)이라고만 적고 있다. 그는 본경 §§16~17의 오온의 무상·고·무아와 염오-이욕-해탈-구경해탈지에 관한 부처님의 말씀을 듣고 아라한이 되었다고 한다.(SA.ii.127)

"세존이시여, 수시마 유행승이 '도반 아난다여, 나는 이 법과 율에서 청정범행을 닦고자 합니다.'라고 말합니다."

"아난다여, 그렇다면 수시마를 출가하게 하라."

수시마 유행승은 세존의 곁에서 출가하여 구족계를 받았다.401)

6. 그 무렵 많은 비구들이 세존의 곁에서 '태어남은 다했다. 청정범행은 성취되었다. 할 일을 다 해 마쳤다. 다시는 어떤 존재로도 돌아오지 않을 것이라고 꿰뚫어 압니다.'라고 구경의 지혜를 드러내었다.

(iv)

7. 수시마 존자는 [121] 많은 비구들이 세존의 곁에서 '태어남은 다했다. 청정범행은 성취되었다. 할 일을 다 해 마쳤다. 다시는 어떤

---

401) 주석서에 의하면 수시마는 '아난다 존자는 가장 많이 배운 제자이고, 세존은 여러 곳에서 설한 법들을 자주 그에게 말해준다. 그러니 그의 문하에 있으면 내가 법을 빨리 배울 수 있을 것이다.'라고 생각하여서 아난다 존자에게 다가갔다고 적고 있다.

그리고 아난다 존자는 수시마가 유행승들을 가르치던 사람이었고 그래서 그는 출가한 뒤에 교법(sāsana)을 받아들이지 않을 것이라고 알았기 때문에 그를 세존께 데리고 간 것이다.

세존께서는 수시마가 출가하여 법을 훔치려고 한다(dhammaṁ thenessā-mi)고 아셨지만 수시마가 곧 마음을 바꾸어서 아라한과를 얻을 것이라는 것을 아셨기 때문에 아난다 존자에게 그를 출가시키라고 말씀하신 것이다.(SA.ii.125~126)

다른 경들에 의하면 외도였던 자가 출가하려면 넉 달의 견습기간을 거쳐야 하는데(본서 「나체수행자 깟사빠 경」(S12:17) §12와 D8 §24; M57 §14; 『율장』의 『대품』(Vin.i.69) 등) 여기서 세존께서는 그런 언급 없이 그를 출가시키고 계신다.

『율장 주석서』에 의하면 이 규정은 나체 수행자(nagga-paribbājaka, acelaka 등)였던 외도들이 교단으로 출가할 때만 적용되었다고 한다.(Vin A.v.990~991) 수시마는 나체 수행자가 아니었기 때문에 이 규정을 적용시키지 않으셨을 것이다.

존재로도 돌아오지 않을 것이라고 꿰뚫어 압니다.'라고 구경의 지혜를 드러내었다는 것을 들었다. 그때 수시마 존자는 그 비구들에게 다가갔다. 가서는 그 비구들과 함께 환담을 나누었다. 유쾌하고 기억할 만한 이야기로 서로 담소를 한 뒤 한 곁에 앉았다. 한 곁에 앉은 수시마 존자는 그 비구들에게 이렇게 말했다.

"존자들이 세존의 곁에서 '태어남은 다했다. 청정범행은 성취되었다. 할 일을 다 해 마쳤다. 다시는 어떤 존재로도 돌아오지 않을 것이라고 꿰뚫어 압니다.'라고 구경의 지혜를 드러내었다는 것이 사실입니까?"402)

"그렇습니다, 도반이여."

8. "그렇다면 그대 존자들은 이렇게 알고 이렇게 보면서 여러 가지 신통변화를 나툽니까?403) 즉, 하나인 채 여럿이 되기도 하고 여럿이 되었다가 하나가 되기도 합니까? 나타났다 사라졌다 하고 벽이나 담이나 산을 아무런 장애 없이 통과하기를 마치 허공에서처럼 합니까? 땅에서도 떠올랐다 잠겼다 하기를 물속에서처럼 합니까? 물 위에서 빠지지 않고 걸어가기를 땅 위에서처럼 합니까? 가부좌한

---

402) "이 비구들은 세존으로부터 명상주제를 받아 3개월간 우기철의 안거(vassa)에 들어갔다. 안거동안 그들은 열심히 정진하여 아라한과를 증득하였다. 안거가 끝나자 그들은 세존께 다가가서 그들의 증득을 말씀드린 것이다.
'구경의 지혜(aññā)'란 아라한과(arahatta)의 이름(nāma)이다. '드러내었다(vyākatā).'는 것은 말씀드렸다(ārocitā)는 뜻이다.
수시마 존자는 '구경의 지혜란 이 교법(sāsana)에서 '으뜸가는 권위(parama-ppamāṇa)'여서 핵심이 되는(sāra-bhūtā) 스승의 주먹[師拳, ācariya-muṭṭhi]임에 틀림없다. 그러니 나는 그들에게 물어서 사실을 확인해야겠다.' 라고 생각하면서 그들에게 다가간 것이다."(SA.ii.126)
'스승의 주먹'에 대해서는 본서 제5권 「병 경」(S47:9) §7의 주해를 참조할 것.

403) 본경에서 언급되고 있는 다섯 가지 신통지(abhiññā)의 정형구는 『청정도론』 XII장과 XIII장에 상세히 설명되어 있다.

채 허공을 날아가기를 날개 달린 새처럼 합니까? 저 막강하고 위력적인 태양과 달을 손으로 만져 쓰다듬기도 하며 심지어는 저 멀리 범천의 세상404)에까지도 몸의 자유자재함을 발합니까?[神足通]"

"그렇지 않습니다, 도반이여."

9. "그렇다면 그대 존자들은 이렇게 알고 이렇게 보면서 인간의 능력을 넘어선 청정하고 신성한 귀의 요소로 천상이나 인간의 소리 둘 다를 멀든 가깝든 간에 다 듣는 신성한 귀의 요소를 나툽니까?[天耳通]"

"그렇지 않습니다, 도반이여."

10. "그렇다면 그대 존자들은 이렇게 알고 이렇게 보면서 자기의 마음으로 다른 중생들과 다른 인간들의 마음을 꿰뚫어 압니까? 즉, 탐욕이 있는 마음은 탐욕이 있는 마음이라고 꿰뚫어 알고 탐욕을 여읜 마음은 탐욕을 여읜 마음이라고 꿰뚫어 압니까? 성냄이 있는 마음은 성냄이 있는 마음이라고 꿰뚫어 알고 성냄을 여읜 마음은 성냄을 여읜 마음이라고 꿰뚫어 압니까? 어리석음이 있는 마음은 [122] 어리석음이 있는 마음이라고 꿰뚫어 알고 어리석음을 여읜 마음은 어리석음을 여읜 마음이라고 꿰뚫어 압니까? 수축한 마음은 수축한 마음이라고 꿰뚫어 알고 흩어진 마음은 흩어진 마음이라고 꿰뚫어 압니까? 고귀한 마음은 고귀한 마음이라고 꿰뚫어 알고 고귀하지 않은 마음은 고귀하지 않은 마음이라고 꿰뚫어 압니까? 위가 있는 마음은 위가 있는 마음이라고 꿰뚫어 알고 위가 없는 마음은 위가 없는 마음이라고 꿰뚫어 압니까? 삼매에 든 마음은 삼매에 든 마음이라고

404) '범천의 세상(brahma-loka)'에 대해서는 본서 제6권 「병 경」(S55:54) §11의 주해를 참조할 것.

꿰뚫어 알고 삼매에 들지 않은 마음은 삼매에 들지 않은 마음이라고 꿰뚫어 압니까? 해탈한 마음은 해탈한 마음이라고 꿰뚫어 알고 해탈하지 않은 마음은 해탈하지 않은 마음이라고 꿰뚫어 압니까?[他心通]"

"그렇지 않습니다, 도반이여."

11. "그렇다면 그대 존자들은 이렇게 알고 이렇게 보면서 수많은 전생의 갖가지 삶들을 기억합니까? 즉, 한 생, 두 생, 세 생, 네 생, 다섯 생, 열 생, 스무 생, 서른 생, 마흔 생, 쉰 생, 백 생, 천 생, 십만 생, 세계가 수축하는 여러 겁, 세계가 팽창하는 여러 겁, 세계가 수축하고 팽창하는 여러 겁을 기억합니까? '어느 곳에서 이런 이름을 가졌고, 이런 종족이었고, 이런 용모를 가졌고, 이런 음식을 먹었고, 이런 행복과 고통을 경험했고, 이런 수명의 한계를 가졌고, 그곳에서 죽어 다른 어떤 곳에 다시 태어나 그곳에서는 이런 이름을 가졌고, 이런 종족이었고, 이런 용모를 가졌고, 이런 음식을 먹었고, 이런 행복과 고통을 경험했고, 이런 수명의 한계를 가졌고, 그곳에서 죽어 여기 다시 태어났다.'라고. 이처럼 한량없는 전생의 갖가지 모습들을 그 특색과 더불어 상세하게 기억해 냅니까?[宿命通]"

"그렇지 않습니다, 도반이여."

12. "그렇다면 그대 존자들은 이렇게 알고 이렇게 보면서 청정하고 인간을 넘어선 신성한 눈[天眼]으로 중생들이 죽고 태어나고, 천박하고 고상하고, 잘생기고 못생기고, 좋은 곳[善處]에 가고 나쁜 곳[惡處]에 가는 것을 보고, 중생들이 지은 바 그 업에 따라가는 것을 꿰뚫어 압니까? '이들은 몸으로 못된 짓을 골고루 하고 [123] 입으로 못된 짓을 골고루 하고 또 마음으로 못된 짓을 골고루 하고, 성자들

을 비방하고, 삿된 견해를 지니어 사견업(邪見業)을 지었다. 이들은 죽어서 몸이 무너진 다음에는 처참한 곳, 불행한 곳, 파멸처, 지옥에 태어났다. 그러나 이들은 몸으로 좋은 일을 골고루 하고 입으로 좋은 일을 골고루 하고 마음으로 좋은 일을 골고루 하고 성자들을 비방하지 않고 바른 견해를 지니고 정견업(正見業)을 지었다. 이들은 죽어서 몸이 무너진 다음에는 좋은 곳[善處], 천상세계에 태어났다.'라고, 이와 같이 그대 존자들은 청정하고 인간을 넘어선 신성한 눈으로 중생들이 죽고 태어나고, 천박하고 고상하고, 잘생기고 못생기고, 좋은 곳[善處]에 가고 나쁜 곳[惡處]에 가는 것을 보고, 중생들이 지은 바 그 업에 따라가는 것을 꿰뚫어 압니까?[天眼通]"

"그렇지 않습니다, 도반이여."

13. "그렇다면 그대 존자들은 이렇게 알고 이렇게 보면서 물질[色]을 초월하여 물질이 없는[無色] 저 [네 가지] 평화로운 해탈들을 몸으로 체득하여 머뭅니까?"405)

---

405) 먼저 '평화로운 해탈(santa vimokkha)'이 무엇을 뜻하는가부터 살펴보자. 『청정도론 주석서』는 평화로운 해탈을 무색계禪(aruupa-jjhaana)이라고 설명하고 있다.(santavimokkhato ti aruupajjhānato – Pm.394 = Vis. X.5에 대한 주석) 본경에 해당하는 주석서는 다음과 같이 설명한다.
"'평화로운 해탈들(santā vimokkhā)'이란 구성요소들도 평화롭고 대상도 평화롭기 때문에 평화로운데 이것은 무색계의 해탈들(āruppa-vimokkhā)을 말한다. '몸으로 체득하여(kāyena phusitvā)'란 정신적인 몸(nāma-kāya)으로 체득하여, 증득하여(paṭilabhitvā)라는 뜻이다."(SA.ii.126)
복주서는 '정신적인 몸'이란 함께 생긴 정신의 무더기(nāma-kkhandha = 수·상·행·식의 4온)를 뜻한다고 설명하고 있다.(MAṬ.i.265)
『맛지마 니까야 주석서』는 다음과 같이 설명한다.
"'평화로운'이란 것은 구성요소가 평화롭고 대상이 평화롭기 때문에 평화롭다. '해탈'이란 반대되는 법들로부터 해탈했고(vimuttatta) 또 대상에 대해 확신이 있기 때문에(adhimuttatta) 해탈이다. '물질을 초월한다(atikkamma ruupe).'는 것은 색계선(ruupa-avacara-jjhaana)을 초월한다는 것이다." (MA.i.162)

"그렇지 않습니다, 도반이여."

14. "여기서 존자들은 [구경의 지혜를] 드러내었지만 이러한 법들은 증득하지 못하였습니다. 어떻게 해서 이렇게 됩니까?"406)

"도반 수시마여, 우리는 통찰지를 통한 해탈[慧解脫]을 하였습니다."407)

수시마는 여기서 육신통 가운데 마지막인 누진통 대신에 공무변처부터 비상비비상처까지의 네 가지 무색계 삼매를 들고 있다. 이 무색계 삼매는 양면해탈(즉 누진통)을 성취하기 위한 토대가 되기 때문에 이러한 질문을 하는 듯하다. 아래 §14의 주해를 참조할 것. 그리고 양면해탈 등에 대해서는 본서 「선(禪)과 최상의 지혜 경」(S16:9) §17의 주해를 참조할 것.

406) Ee에는 본문단의 끝에 ( ) 안에 넣어서 §§22~23에 나타났던 'api pana tumhe … imesañcadhammānaṁ asamāpatti'를 다시 표기하고 있는데 오히려 이 부분이 없어야 문맥이 통한다. 그래서 역자는 이 부분을 빼고 옮겼다. Be와 Se에는 나타나지 않는다. 보디 스님도 이렇게 번역하였다.

407) "'우리는 통찰지를 통한 해탈[慧解脫]을 하였습니다(paññāvimuttā kho mayaṁ).'라는 것은, 우리는 禪이 없는(nijjhānaka) 마른 위빳사나를 닦은 자(sukkha-vipassaka)들이어서 오직 통찰지(paññā-matta)로써 해탈하였다는 것을 보여준다."(SA.ii.126~127)
"여기서 오직 통찰지로써 해탈하였다[慧解脫]는 것은 양면으로 해탈하지 않은 것(na ubhato-bhāga-vimuttā)이다."(SAṬ.ii.107)
위에서 언급한 다섯 가지 신통은 반드시 삼매, 특히 제4선에 들어야 나툴 수 있다.(『앙굿따라 니까야』 「삼매 경」(A6:70) §1 참조) 그래서 제4선을 신통지(초월지)를 위한 '기초가 되는 선(padaka-jjhāna)'이라 한다.(여기에 대해서는 『청정도론』 XII.57 이하를 참조할 것.) 그리고 양면해탈은 무색계 삼매를 토대로 해야 가능하다. 그래서 본경에 해당하는 주석도 아라한과를 증득했다는 이 비구들에게 5신통과 평화로운 해탈이라 불리는 무색계 삼매가 없는 이유를 그들은 禪이 없는 마른 위빳사나를 닦았기 때문이라고 설명하고 있다.
한편 주석서는 통찰지를 통한 해탈을 성취한 아라한을 다섯 가지로 설명하고 있다. 그것은 초선부터 제4선까지의 네 가지 禪으로부터 출정하여 아라한이 된 네 가지 경우에다 이러한 네 가지 禪의 체험 없이 해탈한 마른 위빳사나를 닦은 자를 더한 것이다.(DA.ii.512; MA.iii.188 등)
마른 위빳사나를 닦은 자는 순수 위빳사나를 닦는 자(suddha-vipassaka, 『청정도론』 XVIII.8)라고도 불린다. 마른 위빳사나를 닦은 자는 『아비담

"나는 존자들이 간략하게 말씀하신 뜻을 자세하게 알지 못합니다. 그러니 존자들이 제게 상세하게 설해 주시면 감사하겠습니다. 그러면 저는 존자들이 간략하게 말씀하신 뜻을 자세하게 알 것입니다."

"도반 수시마여, [124] 그대가 자세하게 알든 자세하게 알지 못하든 간에 우리는 통찰지를 통한 해탈[慧解脫]을 하였습니다."

(v)

15. 그때 수시마 존자는 자리에서 일어나서 세존께 다가갔다. 가서는 세존께 절을 올리고 한 곁에 앉았다. 한 곁에 앉은 수시마 존자는 그 비구들과 함께 주고받은 대화를 모두 세존께 말씀드렸다.

"수시마여, 먼저 법들의 조건에 대한 지혜가 있고 나중에 열반에 대한 지혜가 있다."408)

"세존이시여, 저는 세존께서 간략하게 말씀하신 뜻을 자세하게 알지 못합니다. 그러니 세존께서 제게 상세하게 설해 주시면 감사하겠습니다. 그러면 저는 세존께서 간략하게 말씀하신 뜻을 자세하게 알

마 길라잡이』 9장 §29의 해설과 『청정도론』 XXI.112의 주해 등을 참조할 것.

408) "'법들의 조건에 대한 지혜(dhammaṭṭhiti-ñāṇa)'란 조건의 다양한 형태(paccay-ākāra)에 대한 지혜를 말한다. 조건의 다양한 형태란 법들이 전개되고 머무는 원인이 되기 때문에(pavatti-ṭṭhiti-kāraṇattā) 법들의 머묾(dhamma-ṭṭhiti)이라 부른다."(SA.ii.68 – 본서 「지혜의 토대 경」 2(S12:34)의 주해임.)
"법들의 머묾이란 법들의 [보편적] 성질(sabhāvatā)을 말하나니 그것은 바로 무상함과 괴로움과 무아임(anicca-dukkha-anattatā)을 말한다."(SAṬ.ii.107)
"여기서 '법들의 조건에 대한 지혜'는 위빳사나의 지혜(vipassanā-ñāṇa)이다. 이것이 먼저 일어난다. '열반에 대한 지혜(nibbāne ñāṇa)'는 위빳사나의 [과정이] 끝났을 때 일어나는 도의 지혜(magga-ñāṇa)를 말한다. 이것은 뒤에 일어난다. 그래서 세존께서는 이렇게 말씀하신 것이다."(SA.ii.127)
법들의 조건에 대한 지혜[法住智]에 대해서는 본서 「지혜의 토대 경」 2(S12:34)의 주해와 『청정도론』 VII.20; 22, XIX.25~26을 참조할 것.

것입니다."

"수시마여, 그대가 자세하게 알든 자세하게 알지 못하든 간에 먼저 법들의 조건에 대한 지혜가 있고 나중에 열반에 대한 지혜가 있다."409)

16. "수시마여, 이를 어떻게 생각하는가? 물질은 항상한가, 무상한가?"410)

---

409) "세존께서는 왜 이렇게 말씀하셨는가? 삼매(samādhi)가 없이도 지혜가 일어남을 보여주시기 위해서(ñāṇ-uppatti-dassanattha)이다. 세존께서는 다음과 같이 말씀하신 것이다.
'수시마여, 도(magga)와 과(phala)는 삼매의 소산(samādhi-nissanda)이 아니고 삼매의 이익(samādhi-ānisaṁsa)도 아니고 삼매의 결과물(nipphatti)도 아니다. 이 둘은 위빳사나의 소산이고 위빳사나에서 생긴 이익이고 위빳사나의 결과물이다. 그러므로 그대가 자세하게 알든 자세하게 알지 못하든 간에 먼저 법들의 조건에 대한 지혜가 있고 나중에 열반에 대한 지혜가 있다.'라고."(SA.ii.127)
"여기서 '삼매가 없이도'라는 것은 고요함이라는 특징을 얻는 것(samatha-lakkhaṇa-ppatta)을 먼저 성취(purima-siddha)하는 삼매가 없이도라는 뜻이다. 이것은 위빳사나를 수레로 삼은 자(vipassanā-yānika)를 두고 말씀하신 것이다."(SAṬ.ii.107)
주석서에 나타나는 '마른 위빳사나를 닦은 자(sukkha-vipassaka)'나 복주서에 나타나는 '위빳사나를 수레로 삼은 자(vipassanā-yānika)' 등의 술어는 초기불전들에는 나타나지 않는 술어이다. 그러나 바로 다음에 나타나는 본경의 가르침은 오온의 무상·고·무아를 통찰함에 의해서 염오-이욕-해탈-구경해탈지 성취하여 번뇌 다한 아라한이 되는 것을 분명하게 설하고 있다. 그러므로 이것을 주석서와 복주서는 순수 위빳사나를 닦아서 아라한이 되는 경우로 설명하고 있는 것이다.
그리고 미얀마의 위빳사나 스승들의 주장대로 『디가 니까야』 「대념처경」(D22)이야말로 순수 위빳사나를 드러내는 결정적인 가르침이라 할 수 있다. 「대념처경」은 21가지(혹은 수념처와 심념처를 더 세분하면 44가지가 됨) 수행방법을 드러내고 있는데 이 가운데 몇 가지를 제외한 대부분의 수행방법은 순수 위빳사나의 입장이라고 보는 것이 합리적인 설명이다. 여기에 대해서는 역자가 번역한 『네 가지 마음챙기는 공부』를 참조할 것.

410) "이제 세존께서는 그가 통찰을 할 수 있음(paṭivedha-bhabbata)을 아시고 세 번에 걸쳐서(te-parivaṭṭaṁ) 설법을 하시면서 이렇게 질문하시는 것이다. 이 가르침이 끝나자 장로는 아라한과를 얻었다."(SA.ii.127)
"여기서 '세 번에 걸쳐서'란 오온에 대해서 삼특상(무상·고·무아)을 제기

"무상합니다, 세존이시여."

"그러면 무상한 것은 괴로움인가, 즐거움인가?"

"괴로움입니다, 세존이시여."

"그러면 무상하고 괴로움이고 변하기 마련인 것을 두고 '이것은 내 것이다. 이것은 나다. 이것은 나의 자아다.'라고 관찰하는 것이 타당하겠는가?"

"그렇지 않습니다, 세존이시여."

수시마여, 이를 어떻게 생각하는가? 느낌은 … 인식은 … 심리현상들은 … 알음알이는 항상한가, 무상한가?" [125]

"무상합니다, 세존이시여."

"그러면 무상한 것은 괴로움인가, 즐거움인가?"

"괴로움입니다, 세존이시여."

"그러면 무상하고 괴로움이고 변하기 마련인 것을 두고 '이것은 내 것이다. 이것은 나다. 이것은 나의 자아이다.'라고 관찰하는 것이 타당하겠는가?"

"그렇지 않습니다, 세존이시여."

17. "수시마여, 그러므로 그것이 어떠한 물질이건, 그것이 과거의 것이건 미래의 것이건 현재의 것이건 안의 것이건 밖의 것이건 거칠건 미세하건 저열하건 수승하건 멀리 있건 가까이 있건 '이것은 내 것이 아니요, 이것은 내가 아니며, 이것은 나의 자아가 아니다.'라고 있는 그대로 바른 통찰지로 보아야 한다.

수시마여, 그것이 어떠한 느낌이건 … 그것이 어떠한 인식이건 …

하는 것을 말한다."(SAṬ.ii.108)

삼특상에 대한 교리문답은 본서 제3권 「무더기 상윳따」(S22) 전체를 통해서 나타나는데 특히 S22:49; 59; 79; 80; 82 등을 들 수 있다.

그것이 어떠한 심리현상들이건 … 그것이 어떠한 알음알이건, 그것이 과거의 것이건 미래의 것이건 현재의 것이건 안의 것이건 밖의 것이건 거칠건 미세하건 저열하건 수승하건 멀리 있건 가까이 있건 '이것은 내 것이 아니요, 이것은 내가 아니며, 이것은 나의 자아가 아니다.'라고 있는 그대로 바른 통찰지로 보아야 한다."

18. "수시마여, 이와 같이 보는 잘 배운 성스러운 제자는 물질에 대해서도 염오하고 느낌에 대해서도 염오하고 인식에 대해서도 염오하고 심리현상들에 대해서도 염오하고 알음알이에 대해서도 염오한다.

염오하면서 탐욕이 빛바래고, 탐욕이 빛바래기 때문에 해탈한다. 해탈하면 해탈했다는 지혜가 있다. '태어남은 다했다. 청정범행(梵行)은 성취되었다. 할 일을 다 해 마쳤으며, 다시는 어떤 존재로도 돌아오지 않을 것이다.'라고 꿰뚫어 안다."

19. "수시마여, 그대는 태어남을 조건으로 늙음·죽음이 있다고 보는가?"411)

"그렇습니다, 세존이시여."

"수시마여, 그대는 존재를 조건으로 태어남이 있다고 … 취착을 조건으로 존재가 있다고 … [126] 갈애를 조건으로 취착이 있다고 … 느낌을 조건으로 갈애가 있다고 … 감각접촉을 조건으로 느낌이 있다고 … 여섯 감각장소를 조건으로 감각접촉이 있다고 … 정신·물질을 조건으로 여섯 감각장소가 있다고 … 알음알이를 조건으로 정

---

411) "앞에서 물질 등에 대해서 삼특상을 제기하여 가르침을 설하셨다. 이제 이러한 세 가지 양상(무상·고·무아)에 대한 가르침(te-parivaṭṭa-desanā)을 더 깊이 적용(anuyoga)시키시면서 '수시마여, 아라한과를 증득한 자는 모든 곳에서 조건의 형태(paccay-ākāra)를 꿰뚫은 뒤에 미혹을 제거(vigata-sammoha)한다.'라고 하시면서 [이제 12연기를 설하시는 것이다.]"(SAṬ.ii.108)

신·물질이 있다고 … 의도적 행위들을 조건으로 알음알이가 있다고 … 무명을 조건으로 의도적 행위들이 있다고 보는가?"

"그렇습니다, 세존이시여."

20. "수시마여, 그대는 태어남이 소멸하기 때문에 늙음·죽음이 소멸한다고 보는가?"

"그렇습니다, 세존이시여."

"수시마여, 그대는 존재가 소멸하기 때문에 태어남이 소멸한다고 … 취착이 소멸하기 때문에 존재가 소멸한다고 … 갈애가 소멸하기 때문에 취착이 소멸한다고 … 느낌이 소멸하기 때문에 갈애가 소멸한다고 … 감각접촉이 소멸하기 때문에 느낌이 소멸한다고 … 여섯 감각장소가 소멸하기 때문에 감각접촉이 소멸한다고 … 정신·물질이 소멸하기 때문에 여섯 감각장소가 소멸한다고 … 알음알이가 소멸하기 때문에 정신·물질이 소멸한다고 … 의도적 행위들이 소멸하기 때문에 알음알이가 소멸한다고 … 무명이 소멸하기 때문에 의도적 행위들이 소멸한다고 보는가?"

"그렇습니다, 세존이시여."

21. "수시마여, 그런데 그대는 이렇게 알고 이렇게 보면서 여러 가지 신통변화를 나투는가?412) 즉, 하나인 채 여럿이 되기도 하고 … 심지어는 저 멀리 범천의 세상에까지도 몸의 자유자재함을 발하는가?[神足通]"

"그렇지 않습니다, 세존이시여."

---

412) "그런데 이 말씀은 왜 하셨는가? 禪이 없는(nijjhānaka) 마른 위빳사나를 닦은(sukkha-vipassaka) 비구들이 있음을 분명하게 하시기 위해서(pākaṭa-karaṇattha)이다. 즉, '그대만이 禪이 없는 마른 위빳사나를 닦은 자가 아니라 이 비구들도 마찬가지이다.'라고 말씀하시는 것이다."(SA.ii.127)

"그렇다면 그대는 이렇게 알고 이렇게 보면서 인간의 능력을 넘어선 청정하고 신성한 귀의 요소로 천상이나 인간의 소리 둘 다를 멀든 가깝든 간에 다 듣는 신성한 귀의 요소를 나투는가?[天耳通]" [127]

"그렇지 않습니다, 세존이시여."

"그렇다면 그대는 이렇게 알고 이렇게 보면서 자기의 마음으로 다른 중생들과 다른 인간들의 마음을 꿰뚫어 아는가? 즉, 탐욕이 있는 마음은 탐욕이 있는 마음이라고 꿰뚫어 알고 … 해탈하지 않은 마음은 해탈하지 않은 마음이라고 꿰뚫어 아는가?[他心通]"

"그렇지 않습니다, 세존이시여."

"그렇다면 이렇게 알고 이렇게 보는 그대는 수많은 전생의 갖가지 삶들을 기억하는가? 즉, 한 생, 두 생, … 이처럼 한량없는 전생의 갖가지 모습들을 그 특색과 더불어 상세하게 기억하는가?[宿命通]"

"그렇지 않습니다, 세존이시여."

"그렇다면 이렇게 알고 이렇게 보는 그대는 청정하고 인간을 넘어선 신성한 눈[天眼]으로 중생들이 죽고 태어나고, … 중생들이 지은 바 그 업에 따라가는 것을 꿰뚫어 아는가?[天眼通]"

"그렇지 않습니다, 세존이시여."

"그렇다면 이렇게 알고 이렇게 보는 그대는 물질[色]을 초월하여 물질이 없는[無色] 저 [네 가지] 평화로운 해탈들을 몸으로 체득하여 머무는가?"

"그렇지 않습니다, 세존이시여."

"수시마여, 여기서 그대는 이렇게 [자신의 지혜를] 드러내었지만 이러한 법들은 증득하지 못하였다. 어떻게 해서 이렇게 되었는가?"413)

---

413) 세존께서는 이렇게 마른 위빳사나를 닦은 자나 통찰지로 해탈한 자[慧解脫者]는 오온의 무상·고·무아를 통찰해서 깨달음을 실현하여 아라한이 되었지만 본삼매 특히 제4선의 힘이 없기 때문에 신통을 나투지 못하는 것으로

(vi)

22. 그때 수시마 존자는 세존의 발에 머리 조아려 절을 올린 뒤 세존께 이렇게 말씀드렸다.

"세존이시여, 저는 잘못을 범하였습니다. 세존이시여, 저는 참으로 어리석고 미혹하고 신중하지 못해서 잘못을 범하였습니다. 세존이시여, 저는 법을 훔치려고414) 이처럼 잘 설해진 법과 율에 출가하였습니다. 세존이시여, 세존께서는 이러한 제가 미래에 [다시 이와 같은 잘못을 범하지 않고] 제 자신을 단속할 수 있도록 제 잘못에 대한 참회를 섭수하여 주소서."

"수시마여, 확실히 그대는 잘못을 범하였다. 그대는 법을 훔치려고 이처럼 잘 설해진 법과 율에 출가하였다."

23. "수시마여, [128] 예를 들면 죄를 지은 도둑을 붙잡아 '폐하, 이 자는 죄를 지은 도둑입니다. 폐하께서 원하시는 처벌을 내리십시오.'라고 하면서 대령하는 것과 같다. 그러면 왕은 이렇게 말할 것이다. '여봐라, 그렇다면 이 사람을 단단한 밧줄로 손을 뒤로 한 채 꽁꽁 묶어서 머리를 깎고 요란한 북소리와 함께 이 골목 저 골목 이 거리 저 거리로 끌고 다니다가 남쪽 문으로 데리고 가서는 도시의 남쪽에서 머리를 잘라버려라.'라고.

그러면 왕의 사람들은 그 사람을 단단한 밧줄로 손을 뒤로 한 채 꽁꽁 묶어서 머리를 깎고 요란한 북소리와 함께 이 골목 저 골목 이

멋지게 설명하고 계신다.

414) '법을 훔침'은 dhamma-tthenaka를 옮긴 것이다. 잘못을 범하여 용서를 구하고 이를 용서하는 정형구는 본서 「교계 경」 1(S16:6/ii.205) §§8~9에도 나타나고 있다.

거리 저 거리로 끌고 다니다가 남쪽 문으로 데리고 가서는 도시의 남쪽에서 머리를 자를 것이다."

24. "수시마여, 이를 어떻게 생각하는가? 그러면 그 사람은 그 때문에 육체적 고통과 정신적 고통을 겪겠는가?"

"그렇습니다, 세존이시여."

"수시마여, 그 사람이 그 때문에 육체적 고통과 정신적 고통을 겪든 겪지 않든 간에 법을 훔치려고 이처럼 잘 설해진 법과 율에 출가하는 것은 그보다 더 큰 괴로움의 과보가 있고 더 혹독한 과보가 있고 게다가 파멸처로 떨어지게 된다.

수시마여, 그러나 그대는 잘못을 범한 것을 잘못을 범했다고 인정하고 법답게 참회를 하였다. 그러므로 우리는 그대를 받아들인다. 수시마여, 잘못을 범한 것을 잘못을 범했다고 인정한 다음 법답게 참회하고 미래에 [그러한 잘못을] 단속하는 자는 성자의 율에서 향상하기 때문이다."

제7장 대품이 끝났다.

일곱 번째 품에 포함된 경들의 목록은 다음과 같다.

두 가지 ①~② 배우지 못한 자 ③ 아들의 고기
④ 탐욕 있음 ⑤ 도시
⑥ 명상 ⑦ 갈대 다발 ⑧ 꼬삼비
⑨ 불어남, 열 번째로 ⑩ 수시마이다.

제8장 사문 · 바라문 품415)

Samaṇabrāhmaṇa-vagga

늙음 · 죽음 경(S12:71)

Jarāmaraṇa-sutta

1. <사왓티의 아나타삔디까 원림(급고독원)에서> [129]

2. 세존께서는 이렇게 말씀하셨다.

3. "비구들이여, 어떤 사문이든 바라문이든 늙음 · 죽음을 꿰뚫어 알지 못하고 늙음 · 죽음의 일어남을 꿰뚫어 알지 못하고 늙음 · 죽음의 소멸을 꿰뚫어 알지 못하고 늙음 · 죽음의 소멸로 인도하는 도닦음을 꿰뚫어 알지 못하는 자들은 그 누구든지, 사문들 가운데서는 사문이라 불릴 수 없고 바라문들 가운데서는 바라문이라 불릴 수 없다. 그 존자들은 사문 생활의 결실이나 바라문 생활의 결실을 지금 · 여기에서 스스로 최상의 지혜로 알고 실현하여 드러내지 못한다."

4. "비구들이여, 그러나 어떤 사문이든 바라문이든 늙음 · 죽음을 꿰뚫어 알고 늙음 · 죽음의 일어남을 꿰뚫어 알고 늙음 · 죽음의 소멸을 꿰뚫어 알고 늙음 · 죽음의 소멸로 인도하는 도닦음을 꿰뚫어 아는 자들은 그 누구든지, 사문들 가운데서는 사문이라 불릴 만하고 바라문들 가운데서는 바라문이라 불릴 만하다. 그 존자들은 사문 생활의 결실이나 바라문 생활의 결실을 지금 · 여기에서 스스로 최상의

---

415) Ee에는 본품에 포함되어 있는 경들의 제목이 나타나지 않는다. 역자는 Be의 경제목을 따랐다.

지혜로 알고 실현하여 드러낸다."

태어남 경 등(S12:72~81)

Jāti-suttādi

3. "비구들이여, 어떤 사문이든 바라문이든 태어남을(S12:72) … 존재를(S12:73) … 취착을(S12:74) … 갈애를(S12:75) … 느낌을(S12:76) … 감각접촉을(S12:77) … 여섯 감각장소를(S12:78) … 정신·물질을(S12:79) … 알음알이를(S12:80) … [130] 의도적 행위들을(S12:81) 꿰뚫어 알지 못하고 의도적 행위들의 일어남을 꿰뚫어 알지 못하고 의도적 행위들의 소멸을 꿰뚫어 알지 못하고 의도적 행위들의 소멸로 인도하는 도닦음을 꿰뚫어 알지 못하는 자들은 그 누구든지, 사문들 가운데서는 사문이라 불릴 수 없고 바라문들 가운데서는 바라문이라 불릴 수 없다. 그 존자들은 사문 생활의 결실이나 바라문 생활의 결실을 지금·여기에서 스스로 최상의 지혜로 알고 실현하여 드러내지 못한다."

4. "비구들이여, 그러나 어떤 사문이든 바라문이든 태어남을 … 존재를 … 취착을 … 갈애를 … 느낌을 … 감각접촉을 … 여섯 감각장소를 … 정신·물질을 … 알음알이를 … 의도적 행위들을 꿰뚫어 알고 의도적 행위들의 일어남을 꿰뚫어 알고 의도적 행위들의 소멸을 꿰뚫어 알고 의도적 행위들의 소멸로 인도하는 도닦음을 꿰뚫어 아는 자들은 그 누구든지, 사문들 가운데서는 사문이라 불릴 만하고 바라문들 가운데서는 바라문이라 불릴 만하다. 그 존자들은 사문 생활의 결실이나 바라문 생활의 결실을 지금·여기에서 스스로 최상의 지혜로 알고 실현하여 드러낸다."

제8장 사문·바라문 품이 끝났다.

여덟 번째 품에 포함된 경들의 목록은 다음과 같다.

열한 가지의 조건을 네 가지 진리로 분석하여
인연 상윳따에서 사문·바라문 품을 설하셨도다.

지금까지의 품들의 목록은 다음과 같다.

① 부처님 ② 음식 ③ 십력 ④ 깔라라캇띠야
⑤ 장자 ⑥ 괴로움 ⑦ 대품 ⑧ 사문·바라문이다.

제9장 뒷부분의 반복[416)]

Antara-peyyāla

스승 경(S12:82)

Satthu-sutta

3. "비구들이여, 늙음·죽음을 있는 그대로 알지 못하고 보지 못하는 자는 늙음·죽음을 있는 그대로 알기 위해서 스승[417)]을 찾아야 한다. 늙음·죽음의 일어남을 있는 그대로 알지 못하고 보지 못하는 자는 늙음·죽음의 일어남을 있는 그대로 알기 위해서 스승을 찾아야 한다. 늙음·죽음의 소멸을 있는 그대로 알지 못하고 보지 못하는 자는 늙음·죽음의 소멸을 있는 그대로 알기 위해서 스승을 찾아야 한다. 늙음·죽음의 소멸로 인도하는 도닦음을 있는 그대로 알지 못하고 보지 못하는 자는 늙음·죽음의 소멸로 인도하는 도닦음을

---

416) 앞의 제8장 「사문·바라문 품」에 나타나는 12개의 경들이 본품에서는 하나의 경으로 통합되어서 나타나기 때문에 보디 스님은 *With Incorporated Repitition Series*(통합된 반복 품)이라고 품의 명칭을 붙였다. 그러나 경과 주석서에 나타나는 본품의 명칭은 '뒷부분의 반복(Antara-peyyāla)'이다. 이것은 경의 맨 뒷부분만 "스승을 찾아야 한다."(S12:82), "공부지어야 한다."(S12:83) … "불방일해야 한다."(S12:93)로 바뀌고 나머지는 같은 내용이 반복되기 때문에 붙여진 명칭이다. 그래서 역자는 '뒷부분의 반복'으로 품의 명칭을 직역하였다.
주석서도 "본품의 명칭은 뒷부분의 반복 품(antara-peyyāla-vagga)이다. 본품에 포함된 모든 경들은 깨달음으로 인도 되어야 할 사람(veneyya-puggala)들의 성향(ajjhāsaya)에 따라서 [마지막 부분만 다르게] 설해진 것이다."(SA.ii.128)라고 설명하고 있다.

417) "여기서 '스승(satthā)'이란 부처님(Buddha)이든 부처님의 제자(sāvaka)든 그분을 의지해서 도의 지혜(magga-ñāṇa)를 얻게 되면 그를 일러 스승이라 한다. 그런 분을 찾아야 한다는 뜻이다."(SA.ii.128)

있는 그대로 알기 위해서 스승을 찾아야 한다.

비구들이여, [131] 어떤 사문이든 바라문이든 태어남을 … 존재를 … 취착을 … 갈애를 … 느낌을 … 감각접촉을 … 여섯 감각장소를 … 정신·물질을 … 알음알이를 … 의도적 행위들을 있는 그대로 알지 못하고 보지 못하는 자는 의도적 행위들을 있는 그대로 알기 위해서 스승을 찾아야 한다. 의도적 행위들의 일어남을 있는 그대로 알지 못하고 보지 못하는 자는 의도적 행위들의 일어남을 있는 그대로 알기 위해서 스승을 찾아야 한다. 의도적 행위들의 소멸을 있는 그대로 알지 못하고 보지 못하는 자는 의도적 행위들의 소멸을 있는 그대로 알기 위해서 스승을 찾아야 한다. 의도적 행위들의 소멸로 인도하는 도닦음을 있는 그대로 알지 못하고 보지 못하는 자는 의도적 행위들의 소멸로 인도하는 도닦음을 있는 그대로 알기 위해서 스승을 찾아야 한다."

공부지음 경 등(S12:83~93)

Sikkhā-sutta

3. "비구들이여, 늙음·죽음을 … 태어남을 … 존재를 … 취착을 … 갈애를 … 느낌을 … 감각접촉을 … 여섯 감각장소를 … 정신·물질을 … 알음알이를 … 의도적 행위들을 있는 그대로 알지 못하고 보지 못하는 자는 의도적 행위들을 있는 그대로 알기 위해서 공부지어야 한다.418)(S12:83) … 수행해야 한다.(S12:84) … [132] 열의를 내어야 한다.(S12:85) … 분발해야 한다.(S12:86) … 불퇴전해야 한다.(S12:87) … 노력해야 한다.(S12:88) … 정진해야 한다.(S12:89) …

---

418) "'공부지어야 한다(sikkhā karaṇīyā).'는 것은 [계·정·혜] 삼학(三學, ti-vidhā sikkhā)을 지어야 한다는 말이다."(SA.ii.128)

인욕해야 한다.(S12:90) … 마음챙겨야 한다.(S12:91) … 알아차려야 한다.(S12:92) … 불방일해야 한다.(S12:93) …”

제9장 뒷부분의 반복이 끝났다.

아홉 번째 품에 포함된 경들의 목록은 다음과 같다.

① 스승 ② 공부지음 ③ 수행
④ 열의 ⑤ 분발 ⑥ 불퇴전 [133]
⑦ 노력 ⑧ 정진 ⑨ 인욕
⑩ 마음챙김 ⑪ 알아차림 ⑫ 불방일의 12가지이다.

이들은 [각각 11개의 구성요소를 가져]
경은 모두 132가지가 되는데
네 가지 진리에 의해서
뒷부분이 반복되는 것으로 설하셨다.

인연 상윳따(S12)가 끝났다.

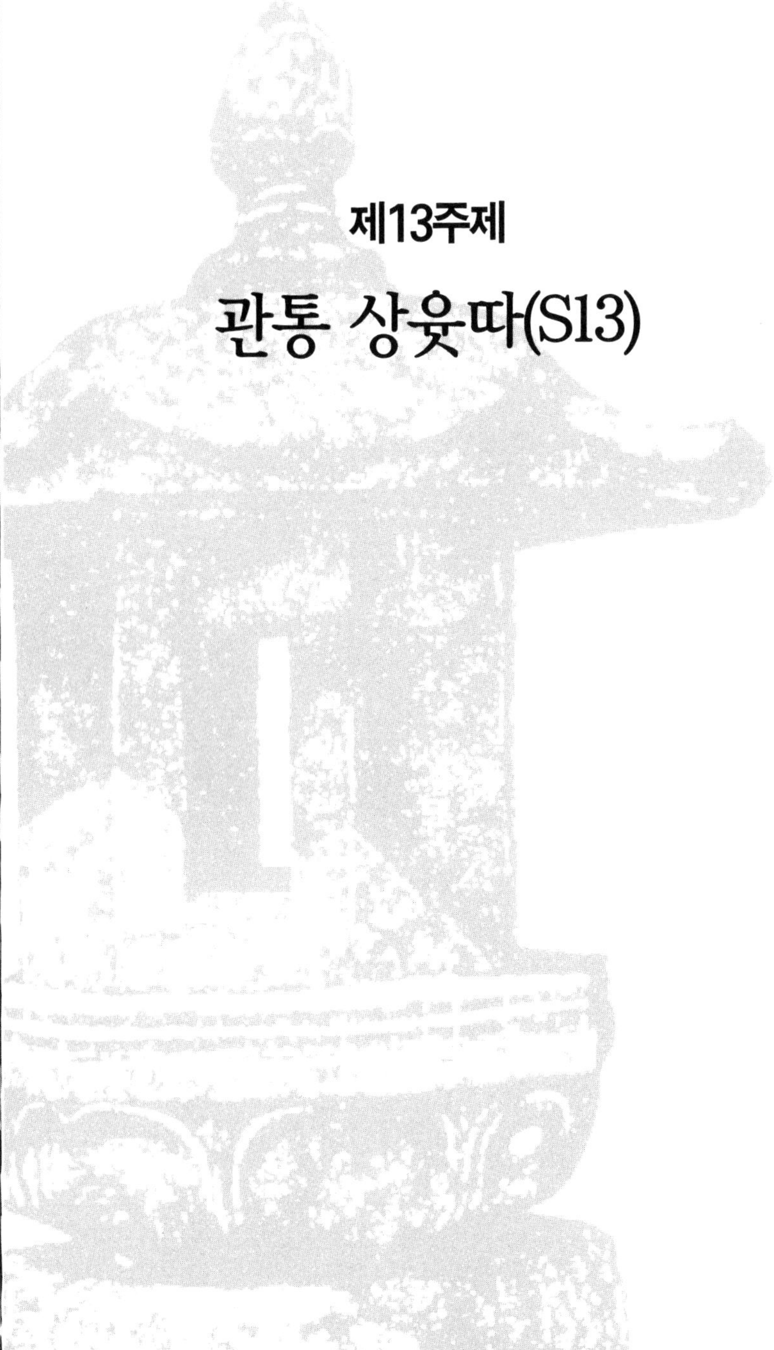

제13주제

관통 상읏따(S13)

제13주제(S13)

관통 상윳따

Abhisamaya-saṁyutta[419]

손톱 끝 경(S13:1)

Nakhasikhā-sutta

1. 이와 같이 나는 들었다. 한때 세존께서는 사왓티에서 제따 숲의 아나타삔디까 원림(급고독원)에 머무셨다.

2. 그때 세존께서는 적은 양의 먼지덩이를 손톱 끝에 올린 뒤 비구들을 불러서 말씀하셨다.

3. "비구들이여, 이를 어떻게 생각하는가? 내가 손톱 끝에 올린 적은 양의 먼지덩이와 저 대지 중에 어떤 것이 더 많은가?"

"세존이시여, 저 대지가 더 많습니다. 세존께서 손톱 끝에 올리신 그 먼지덩이는 아주 적습니다. 세존께서 손톱 끝에 올리신 그 먼지덩이는 대지에 비하면 백분의 일에도 미치지 못하고 천분의 일에도 미치지 못하고 십만 분의 일에도 미치지 못합니다."

4. "비구들이여, 그와 같이 견해를 구족하고 관통을 갖춘[420] 성

419) 주석서들은 사성제를 철견하는 것을 '관통[現觀, abhisamaya]'이라는 술어를 사용하여 표현한다. 『청정도론』 XXII.92가 좋은 보기이다. 관통에 대해서는 본서 「사까무니 고따마 경」(S12:10) §4를 참조하고 본경의 아래 주해들도 참조할 것.

420) '견해를 구족한 자(diṭṭhi-sampanna)'는 예류자 이상의 법을 본 자를 말한다. 여기에 대해서는 본서 「조건 경」(S12:27) §16과 주해를 참조할 것.

스러운 제자에게는 괴로움이 대부분 멸진하고 해소되어 남아있는 괴로움은 아주 적다. 그에게 남아있는 괴로움은 멸진하고 해소된 이전의 괴로움[421]의 무더기에 비하면 백분의 일에도 미치지 못하고 천분의 일에도 [134] 미치지 못하고 십만 분의 일에도 미치지 못하나니, 이제 최대 일곱 생만이[422] [더 남아있다.]

비구들이여, 법의 관통[423]은 이처럼 큰 이익이 있고, 법의 눈을 얻음[424]은 이처럼 큰 이익이 있다."

『맛지마 니까야』「많은 요소 경」(M115/iii.64) §12와 『앙굿따라 니까야』「제거함 경」(A6:90) 등(A.iii.438~440과 「형성된 것은 어떤 것이든 경」(A6:93) 등에는 형성된 것들을 항상함 등으로 관찰할 수 없음 등과 견해를 구족한 자가 갖춘 여러 가지 특질을 열거하고 있다.
주석서는 '관통을 갖춘 자(abhisametāvi)'를 "통찰지로 사성제를 관통한 뒤에 머무는 자(paññāya ariyasaccāni abhisametvā ṭhita)"(SA.ii.129)로 설명하고 있다.

421) "'이전의 괴로움(purima-dukkha)'이란 어떤 것인가? 만일 첫 번째 도(paṭhama-magga)가 닦아지지 않았다면(abhāvitattā) 일어났을 괴로움을 말한다. [그가 첫 번째 도를 성취하지 않았다면] 다음의 일곱 생(satta atta-bhāva) 동안 악도(apāya)에 떨어져서 받게 되었을 괴로움과 여덟 번째 재생연결(aṭṭhama paṭisandhi)을 시작으로 해서 받게 되었을 괴로움은 이제 모두 멸진되었다(parikkhīṇa)고 알아야 한다. [그래서 남아있는 괴로움은 적다고 하신 것이다.]"(SA.ii.129)

422) 즉 "예류과를 얻은 자(sotāpanna)"(SAṬ.ii.110)를 말한다. 본경은 이처럼 예류과를 얻은 사람은 최대 일곱 번 더 이 세상에 태어난다고 하는 경전적 근거가 된다.

423) "'법의 관통(dhamma-abhisamaya)'은 사성제의 법(catusacca-dhamma)에 대한 지혜와 더불어 관통함을 뜻한다."(SAṬ.ii.8; DAṬ.ii.56; MAṬ.ii.128)

424) '법의 눈을 얻음(dhammacakkhu-paṭilābha)'이 구체적으로 무엇을 뜻하는가는 문맥에 따라서 다르다. 『디가 니까야』「뽓타빠다 경」(D3/DA.i.178) 등에서는 예류도(sotāpatti-magga)를 얻은 것이라고 설명되고 있고, 본서 제4권「라훌라 경」(S35:121) §15에 해당하는 주석서(SA.ii.392 = MA.v.99)에서는 네 가지 도와 네 가지 과 즉, 예류도부터 아라한과까지를 얻은 것에 다 적용되기도 한다. 본경을 포함한 본 상윳따(S13)에서는 문맥

연못 경(S13:2)

Pokkharaṇī-sutta

3. "비구들이여, 예를 들면 50요자나[425]의 길이와 50요자나의 너비와 50요자나의 깊이를 가진 연못이 있는데 그 안에 까마귀가 마실 수 있을 만큼 넘실대는 물로 가득 차 있다 하자. 그런데 사람이 꾸사 풀의 끝으로 그 물을 찍어 올린다 하자. 비구들이여, 이를 어떻게 생각하는가? 어느 쪽의 물이 더 많은가? 꾸사 풀의 끝으로 찍어 올린 물인가, 아니면 연못의 물인가?"

"세존이시여, 이 연못의 물이 더 많습니다. 꾸사 풀의 끝으로 찍어 올린 물은 아주 적습니다. 꾸사 풀의 끝으로 찍어 올린 물은 연못의 물에 비하면 백분의 일에도 미치지 못하고 천분의 일에도 미치지 못하고 십만 분의 일에도 미치지 못합니다."

4. "비구들이여, 그와 같이 견해를 구족하고 관통을 갖춘 성스러운 제자에게는 괴로움이 대부분 멸진하고 해소되어 남아있는 괴로움은 아주 적다. 그에게 남아있는 괴로움은 멸진하고 해소된 이전의 괴로움의 무더기에 비하면 백분의 일에도 미치지 못하고 천분의 일에도 미치지 못하고 십만 분의 일에도 미치지 못하나니, 이제 최대 일곱 생만이 [더 남아있다.]

상 예류도에게만 해당이 된다. 보디 스님도 이렇게 보고 있다.(보디 스님, 787쪽 219번 주해 참조) 본경에 해당하는 주석서는 구체적인 언급을 하지 않는다.

425) 중국에서 유순(兪旬, 踰旬)으로 음역을 한 '요자나(yojana)'는 √yuj(*to yoke*)에서 파생된 중성명사이다. 어원이 암시하듯이 이것은 [소에] 멍에를 얹어서(*yoke*) 쉬지 않고 한 번에 갈 수 있는 거리인데 1 요자나는 대략 7마일 즉 11Km 정도의 거리라고 한다.(PED)

비구들이여, 법의 관통은 이처럼 큰 이익이 있고, 법의 눈을 얻음은 이처럼 큰 이익이 있다."

합류하는 물 경1(S13:3)

Sambhejjaudaka-sutta

3. "비구들이여, [135] 예를 들면 강가와 야무나와 아찌라와띠와 사라부와 마히 같은 큰 강들이 만나서 합류하는 곳에서 사람이 두세 방울의 물을 길어 올린다 하자. 비구들이여, 이를 어떻게 생각하는가? 어느 쪽의 물이 더 많은가? 두세 방울의 길어 올린 물인가, 아니면 합류하는 물인가?"

"세존이시여, 합류하는 물이 더 많습니다. 두세 방울의 길어 올린 물은 아주 적습니다. 두세 방울의 길어 올린 물은 합류하는 물에 비하면 백분의 일에도 미치지 못하고 천분의 일에도 미치지 못하고 십만 분의 일에도 미치지 못합니다."

4. "비구들이여, 그와 같이 견해를 구족하고 관통을 갖춘 성스러운 제자에게는 괴로움이 대부분 멸진하고 해소되어 남아있는 괴로움은 아주 적다. …

비구들이여, 법의 관통은 이처럼 큰 이익이 있고, 법의 눈을 얻음은 이처럼 큰 이익이 있다."

합류하는 물 경2(S13:4)

3. "비구들이여, 예를 들면 강가와 야무나와 아찌라와띠와 사라부와 마히 같은 큰 강들이 만나서 합류하는 곳에서 그 물이 철저하게 소진되고 없어져서 두세방울의 물만이 남아 있다 하자. 비구들이여,

이를 어떻게 생각하는가? 어느 쪽의 물이 더 많은가? 합류한 뒤에 철저하게 소진되고 없어진 물인가, 아니면 남아 있는 두세방울의 물인가?"

"세존이시여, 합류한 뒤에 철저하게 소진되고 없어진 물이 더 많습니다. 남아 있는 두세방울의 물은 아주 적습니다. 남아 있는 두세방울의 물은 합류한 뒤에 철저하게 소진되고 없어진 물에 비하면 백분의 일에도 미치지 못하고 천분의 일에도 미치지 못하고 십만 분의 일에도 미치지 못합니다."

4. "비구들이여, 그와 같이 견해를 구족하고 관통을 갖춘 성스러운 제자에게는 괴로움이 대부분 멸진하고 해소되어 남아있는 괴로움은 아주 적다. …

비구들이여, 법의 관통은 이처럼 큰 이익이 있고, 법의 눈을 얻음은 이처럼 큰 이익이 있다."

땅 경1(S13:5)

Pathavī-sutta

3. "비구들이여, [136] 예를 들면 어떤 사람이 대추씨만한 구슬 일곱 개를 대지 위에 놓는다 하자. 비구들이여, 이를 어떻게 생각하는가? 어떤 것이 더 많은가? 거기에 놓인 대추씨만한 일곱 개의 구슬인가, 아니면 대지인가?"

"세존이시여, 대지가 더 많습니다. 거기에 놓인 대추씨만한 일곱 개의 구슬은 아주 적습니다. 거기에 놓인 대추씨만한 일곱 개의 구슬은 대지에 비하면 백분의 일에도 미치지 못하고 천분의 일에도 미치지 못하고 십만 분의 일에도 미치지 못합니다."

4. "비구들이여, 그와 같이 견해를 구족하고 관통을 갖춘 성스러운 제자에게는 괴로움이 대부분 멸진하고 해소되어 남아있는 괴로움은 아주 적다. …

비구들이여, 법의 관통은 이처럼 큰 이익이 있고, 이처럼 법의 눈을 얻음은 큰 이익이 있다."

땅 경2(S13:6)

3. "비구들이여, 예를 들면 대지가 철저하게 소진되고 없어져서 대추씨만한구슬 일곱 개만이 남아있다 하자. 비구들이여, 이를 어떻게 생각하는가? 어떤 것이 더 많은가? 철저하게 소진되어 없어진 대지인가, 아니면 대추씨만한 일곱 개의 구슬인가?"

"세존이시여, 철저하게 소진되고 없어진 대지가 더 많습니다. 대추씨만한일곱 개의 구슬은 아주 적습니다. 대추씨만한일곱 개의 구슬은 철저하게 소진되고 없어진 대지에 비하면 백분의 일에도 미치지 못하고 천분의 일에도 미치지 못하고 십만 분의 일에도 미치지 못합니다."

4. "비구들이여, 그와 같이 견해를 구족하고 관통을 갖춘 성스러운 제자에게는 괴로움이 대부분 멸진하고 해소되어 남아있는 괴로움은 아주 적다. …

비구들이여, 법의 관통은 이처럼 큰 이익이 있고, 법의 눈을 얻음은 이처럼 큰 이익이 있다."

바다 경1(S13:7)

Samudda-sutta

3. "비구들이여, 예를 들면 어떤 사람이 대해로부터 두세 방울의 물을 길어 올린다 하자. 비구들이여, 이를 어떻게 생각하는가? 어느 쪽의 물이 더 많은가? 두세방울의 길어 올린 물인가, 아니면 대해에 있는 물인가?"

"세존이시여, [137] 대해에 있는 물이 더 많습니다. 두세방울의 길어 올린 물은 아주 적습니다. 두세방울의 길어 올린 물은 대해의 물에 비하면 백분의 일에도 미치지 못하고 천분의 일에도 미치지 못하고 십만 분의 일에도 미치지 못합니다."

4. "비구들이여, 그와 같이 견해를 구족하고 관통을 갖춘 성스러운 제자에게는 괴로움이 대부분 멸진하고 해소되어 남아있는 괴로움은 아주 적다. …

비구들이여, 법의 관통은 이처럼 큰 이익이 있고, 법의 눈을 얻음은 이처럼 큰 이익이 있다."

바다 경2(S13:8)

3. "비구들이여, 예를 들면 대해가 철저하게 소진되고 없어져서 두세 방울의 물만이 남아있다 하자. 비구들이여, 이를 어떻게 생각하는가? 어느 쪽의 물이 더 많은가? 철저하게 소진되고 없어진 대해의 물인가, 아니면 남아 있는 두세방울의 물인가?"

"세존이시여, 철저하게 소진되고 없어진 대해의 물이 더 많습니다. 남아 있는 두세방울의 물은 아주 적습니다. 남아 있는 두세방울의 물은 철저하게 소진되고 없어진 대해의 물에 비하면 백분의 일에도 미치지 못하고 천분의 일에도 미치지 못하고 십만 분의 일에도 미치지 못합니다."

4. "비구들이여, 그와 같이 견해를 구족하고 관통을 갖춘 성스러운 제자에게는 괴로움이 대부분 멸진하고 해소되어 남아있는 괴로움은 아주 적다. …

비구들이여, 법의 관통은 이처럼 큰 이익이 있고, 법의 눈을 얻음은 이처럼 큰 이익이 있다."

산의 비유 경1(S13:9)

Pabbatupama-sutta

3. "비구들이여, 예를 들면 산의 왕 히말라야 가까이에 겨자씨만한 자갈 일곱 개를 놓고 [비교한다] 하자. 비구들이여, 이를 어떻게 생각하는가? 어떤 것이 더 많은가? 일곱 개의 겨자씨만한 자갈인가, 아니면 산의 왕 히말라야인가?"

"세존이시여, 산의 왕 히말라야가 더 많습니다. 거기에 놓은 일곱 개의 겨자씨만한 자갈은 아주 적습니다. 거기에 놓은 일곱 개의 겨자씨만한 자갈은 산의 왕 히말라야에 비하면 [138] 백분의 일에도 미치지 못하고 천분의 일에도 미치지 못하고 십만 분의 일에도 미치지 못합니다."

4. "비구들이여, 그와 같이 견해를 구족하고 관통을 갖춘 성스러운 제자에게는 괴로움이 대부분 멸진하고 해소되어 남아있는 괴로움은 아주 적다. …

비구들이여, 법의 관통은 이처럼 큰 이익이 있고, 법의 눈을 얻음은 이처럼 큰 이익이 있다."

산의 비유 경2(S13:10)

3. "비구들이여, 예를 들면 산의 왕 히말라야가 철저하게 소진되고 없어져서 겨자씨만한 자갈 일곱 개만이 남아있다 하자. 비구들이여, 이를 어떻게 생각하는가? 어떤 것이 더 많은가? 산의 왕 히말라야인가, 아니면 남아있는 일곱 개의 겨자씨만한 자갈인가?"

"세존이시여, 철저하게 소진되고 없어진 산의 왕 히말라야가 더 많습니다. 남아있는 일곱 개의 겨자씨만한 자갈은 아주 적습니다. 남아있는 일곱 개의 겨자씨만한 자갈은 철저하게 소진되고 없어진 산의 왕 히말라야에 비하면 백분의 일에도 미치지 못하고 천분의 일에도 미치지 못하고 십만 분의 일에도 미치지 못합니다."

4. "비구들이여, 그와 같이 견해를 구족하고 관통을 갖춘 성스러운 제자에게는 괴로움이 대부분 멸진하고 해소되어 남아있는 괴로움은 아주 적다. …

비구들이여, 법의 관통은 이처럼 큰 이익이 있고, 법의 눈을 얻음은 이처럼 큰 이익이 있다."

산의 비유 경3(S13:11)

3. "비구들이여, [139] 예를 들면 어떤 사람이 산의 왕 수미산(須彌山)426) 위에 강낭콩만한 자갈 일곱 개를 놓는다 하자. 비구들이여,

426) '산의 왕 수미산(Sineru pabbatarāja, Sk. Sumeru)'은 중국에서 『아함경』을 역출할 때 수미산왕(須彌山王)으로 옮겨졌으며 이것은 대승경론에서는 수미산(須彌山)으로 정착되어서 우리에게 잘 알려져 있다. 불교 산스끄리뜨에는 Sumeru로 나타나는데 이것이 중국에서 수미(須彌)로 음역된 듯하다. 불교의 우주관에 의하면 수미산은 우주의 중심에 있는 산이다. 『청정도론』(VII.42)에 의하면 수미산은 대해 속에 8만4천 유순이나 잠겨있고 그만큼 수면위로 솟아 있다고 하며, 수미산 주위를 각각 절반 크기로 줄어드

이를 어떻게 생각하는가? 어떤 것이 더 큰가? 거기에 놓은 일곱 개의 강낭콩만한 자갈인가, 아니면 산의 왕 수미산인가?"

"세존이시여, 산의 왕 수미산이 더 큽니다. 거기에 놓은 일곱 개의 강낭콩만한 자갈은 아주 작습니다. 거기에 놓은 일곱 개의 강낭콩만한 자갈은 산의 왕 수미산에 비하면 백분의 일에도 미치지 못하고 천분의 일에도 미치지 못하고 십만 분의 일에도 미치지 못합니다."

4. "비구들이여, 그와 같이 견해를 구족한 성스러운 제자의 성취에 비하면 외도에 속하는 사문과 바라문과 유행승들의 성취는 백분의 일에도 미치지 못하고 천분의 일에도 미치지 못하고 십만 분의 일에도 미치지 못한다.

비구들이여, 견해를 구족한 자에게는 이처럼 큰 성취가 있고, 이처럼 큰 신통의 지혜가 있다."[427]

관통 상윳따(S13)가 끝났다.

여기에 포함된 경들의 목록은 다음과 같다.

① 손톱 끝 ② 연못, 두 가지 ③~④ 합류하는 물
두 가지 ⑤~⑥ 땅, 두 가지 ⑦~⑧ 바다
세 가지 ⑨~⑪ 산의 비유이다.

는 유간다라, 이사다라, 까라위까, 수닷사나, 네미다라, 위나따까, 앗사깐나라는 일곱의 큰 산들이 에워싸고 있다고 한다.
수미산을 중심으로 하는 불교의 우주관에 대해서는 『청정도론』 VII.40~44와 『앙굿따라 니까야』 「아비부 경」(A3:80) 등을 참조할 것.

427) 본경의 이 마지막 부분은 본 「관통 상윳따」(S13)에 나타나는 앞의 10개 경들의 마지막 부분과 다르다. 앞의 10개 경들에는 모두 "비구들이여, 법의 관통은 이처럼 큰 이익이 있고, 법의 눈을 얻음은 이처럼 큰 이익이 있다."로 나타났다.

제14주제

요소 상윷따(S14)

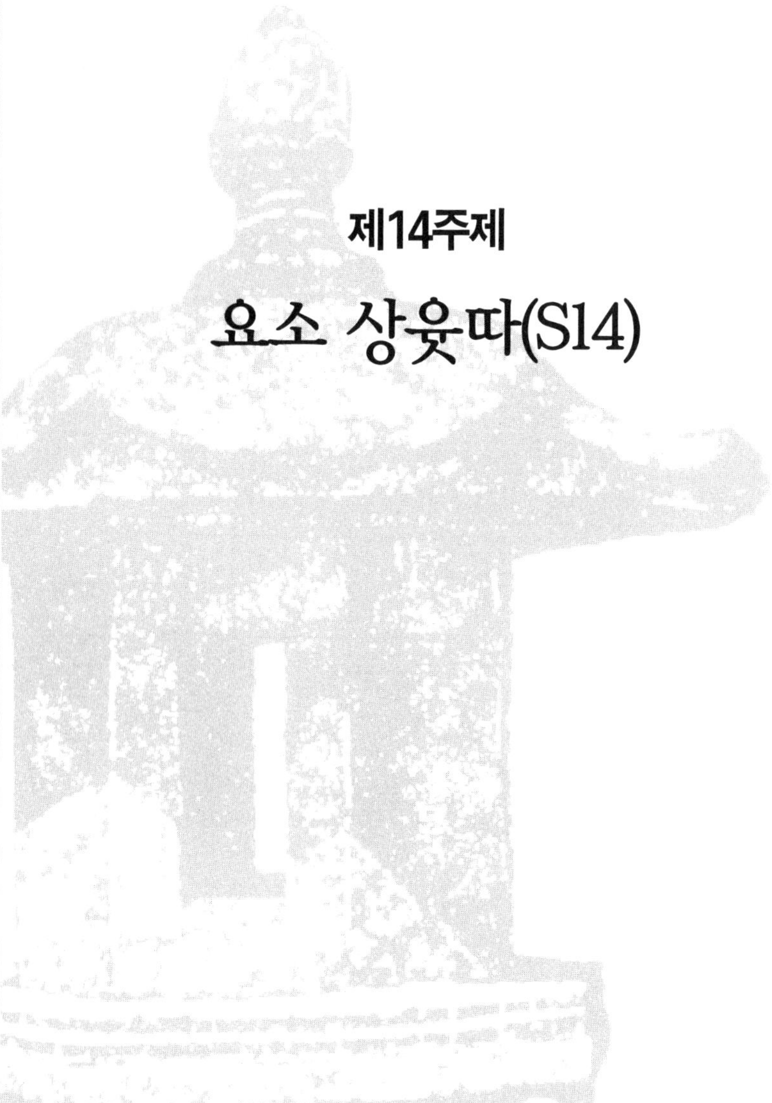

제14주제(S14)

요소 상윳따

Dhātu-saṁyutta[428]

제1장 다양함 품

Nānatta-vagga

안의 다섯 개

Ajjhatta-pañcaka

요소[界] 경(S14:1)

Dhātu-sutta

1. 이와 같이 나는 들었다. 한때 세존께서는 사왓티에서 제따 숲의 아나타삔디까 원림(급고독원)에 머무셨다. [140]

---

428) 본 상윳따에 포함된 39개 경들은 다음의 다섯 부류로 분류되는 요소들에 관한 가르침을 담고 있는데 그것은 다음과 같다.
① 18가지 요소: 눈의 요소부터 마노의 알음알이의 요소까지 18가지.(S14:1) (안·이·비·설·신·의만을 요소로 들고 있는 S14:2~5의 네 개 경들과 색·성·향·미·촉·법만을 요소로 들고 있는 S16:6~10의 다섯 개 경들도 여기에 포함시킬 수 있다.)
② 일곱 가지 요소: 빛, 아름다움, 공무변처, 식무변처, 무소유처, 비상비비상처, 상수멸(S14:11)
③ 세 가지 요소: 감각적 욕망·악의·해코지의 세 요소와 출리·악의 없음·해코지 않음의 세 요소.(S14:12)
④ 네 가지 요소: 지·수·화·풍(S14:30~39)
⑤ 다양한 성향(ajjhāsaya): S14:13~29(전문술어로 쓰인 것이 아님).

3. "비구들이여, 그대들에게 요소들의 다양함[429]에 대해서 설하리라. … <S12:1 §3> …

4. "비구들이여, 그러면 어떤 것이 요소들의 다양함인가?

눈의 요소, 형색의 요소, 눈의 알음알이의 요소, 귀의 요소, 소리의 요소, 귀의 알음알이의 요소, 코의 요소, 냄새의 요소, 코의 알음알이의 요소, 혀의 요소, 맛의 요소, 혀의 알음알이의 요소, 몸의 요소, 감촉의 요소, 몸의 알음알이의 요소, 마노의 요소, 법의 요소, 마노의 알음알이의 요소이다.[430]

---

429) "'요소들의 다양함(dhātu-nānatta)'이란 중생이 없다는 뜻(nissatt-aṭṭha)과 공함이라는 뜻(suññat-aṭṭha)으로 불리는 고유성질을 가진 것이라는 의미(sabhāv-aṭṭha)에 의해서 요소[界, dhātu]라는 이름을 얻은 법들의 다양한 고유성질(sabhāva)을 말한다."(SA.ii.131)
즉 중국에서 계(界)로 옮긴 dhātu는 그것이 드러내고자 하는 법들이 중생이라는 실체가 없고 공함을 드러내기 위해서 붙여진 이름이라는 뜻이다. 그리고 이런 고유성질을 가진 법들은 하나가 아니라 다양하기 때문에 요소들의 다양함이라 불린다는 말이다. 즉 중생이니 자아니 인간이니 하는 개념적 존재[施設, paññatti]를 요소들로 해체해서 보면 무상·고·무아가 드러나고 그래서 개념적 존재의 공성이 드러나게 된다는 의미이다.
일반적으로 감각장소[處, āyatana]는 제법을 6가지 감각기능[根, indriya]과 6가지 대상[境, ārammaṇa]의 12가지로 나눈 것이고 18가지 요소[界]는 제법을 6가지 감각기능과 6가지 대상과 6가지 알음알이[識, viññāṇa]의 18가지로 분류한 것을 말한다. 여기에다 5가지 무더기[蘊, khandha]를 포함해서 5온, 12처, 18계로 분류하는 것이 불교의 존재론이다. 이 온·처·계의 가르침은 초기불교-아비담마-반야-유식 등 불교의 제파에서 공히 인정하는 기본적인 존재론이기도 하다.
이처럼 초기불전에서 강조해서 설하고 있는 온·처·계의 가르침은 모두 개념적 존재를 법으로 해체해서 무상·고·무아를 드러내어 염오-이욕-소멸 혹은 염오-이욕-해탈-구경해탈지를 통해서 아라한과를 증득하고 불사(不死)인 열반을 실현하기 위한 기본 법수가 된다.

430) "눈의 감성(cakkhu-pasāda)이 '눈의 요소(cakkhu-dhātu)'이다. 형색이라는 대상(rūp-ārammaṇa)이 '형색의 요소'이다. 눈의 감성의 토대가 되는 마음(cakkhu-pasāda-vatthuka citta)이 '눈의 알음알이의 요소'이다. …

비구들이여, 이를 일러 요소들의 다양함이라 한다."431)

'마노의 요소(mano-dhātu)'란 세 가지 마노의 요소이다. 느낌, 인식, 심리현상들(수・상・행)의 세 가지 무더기와 미세한 물질들(sukhuma-rūpāni)과 열반은 '법의 요소'이다. 모든 마노의 알음알이[意識]가 '마노의 알음알이의 요소'이다."(SA.ii.131)

"여기서 세 가지 마노의 요소란 두 가지 받아들이는 마음(sampaṭicchana)과 한 가지 작용만 하는 마음(오문전향의 마음)을 말한다."(SAṬ.ii.112)

이 술어들에 대해서는 『아비담마 길라잡이』 제3장과 제4장 §6의 해설 등을 참조할 것.

"여기서 마노의 알음알이[意識]에는 76가지가 있다."(SAṬ.ii.112)

이들 76가지 마노의 알음알이는 『아비담마 길라잡이』 제3장 §21의 해설 등을 참조할 것.

감성(pasāda)의 물질은 감각기관 혹은 감각장소에 깃들어 있는 감각에 민감한 물질을 말하는데 경에는 나타나지 않는다. 여기에 대해서는 『아비담마 길라잡이』 제6장 §3-2의 주해를 참조할 것. 미세한 물질들도 경에는 나타나지 않는데 6가지 대상과 6가지 감성의 물질을 제외한 나머지 16가지 물질을 말한다. 『아비담마 길라잡이』 제6장 §7의 주해를 참조할 것.

삼장에 나타나는 18계에 대한 가장 오래된 정의는 『위방가』(Vbh.87~90)를 들 수 있다. 이것은 아비담마의 방법(Abhidhamma-bhājaniya)에만 나타나고 있다. 그러므로 삼장을 결집한 분들은 이 18계의 가르침을 경보다는 아비담마의 영역에 포함시키려 한 듯하다. 주석서 문헌에서 18계는 『청정도론』 XV.17~48과 『위방가 주석서』(VbhA.76~82)에 상세하게 나타나고 있다. 『아비담마 길라잡이』 제7장 §37도 참조할 것.

431) 요소[界]의 가르침 가운데 가장 중요하게 취급되는 것은 육내처-육외처-육식(六內處-六外處-六識)으로 구성된 본경의 이 18계의 가르침이라 할 수 있다. 그래서 본 상윳따에서도 첫 번째 경으로 편집하였을 것이다. 그러나 특이하게도 본 상윳따에서 18계는 여기 첫 번째 경 한 곳에만 나타나고 있다. 왜 그럴까? 그것은 이렇게 이해할 수 있을 것이다.

첫째, 본서 제3권 「들어감 상윳따」(S25)와 「일어남 상윳따」(S26)와 「오염원 상윳따」(S27)에 각각 10개씩 나타나는 모두 30개의 경들은 육내처와 육외처와 육식을 주제로 한 경들을 담고 있다. 그러므로 18계를 주제로 한 경들은 이러한 다른 상윳따들로 분리해 내고 여기서는 18계 외의 다른 여러 요소들을 중심으로 경들을 모은 것이라고 이해할 수 있다.

둘째, 18계는 육내처와 육외처 즉 본서 제4권 「육처 상윳따」(S35)에서 모은 248개의 가르침과 연관될 수밖에 없기 때문에 본 상윳따에는 중점적으로 언급하지 않는 것으로도 이해할 수 있다.

셋째, 18계의 가르침은 "눈과 형색을 조건으로 눈의 알음알이가 일어난다. …"로 나타나는 본서 제4권 「육처 상윳따」 「통달하여 철저하게 앎 경」

감각접촉 경(S14:2)

Samphassa-sutta

3. "비구들이여, 요소들의 다양함을 반연하여 감각접촉[432]의 다양함이 일어난다.

비구들이여, 그러면 어떤 것이 요소들의 다양함인가?

눈의 요소, 귀의 요소, 코의 요소, 혀의 요소, 몸의 요소, 마노의 요소이다.

비구들이여, 이를 일러 요소들의 다양함이라 한다."

4. "비구들이여, 그러면 어떻게 요소들의 다양함을 반연하여 감각접촉의 다양함이 일어나는가?

비구들이여, 눈의 요소를 반연하여 눈의 감각접촉이 일어난다. 귀의 요소를 반연하여 귀의 감각접촉이 일어난다. [141] 코의 요소를 반연하여 코의 감각접촉이 일어난다. 혀의 요소를 반연하여 혀의 감각접촉이 일어난다. 몸의 요소를 반연하여 몸의 감각접촉이 일어난다.

(S35:60) 등의 7개 경들과, 6내처-6외처-6식-6촉-6수로 나타나는 「육처 상윳따」 「불타오름 경」(S35:28) 등 38개 경들의 다른 상윳따와 다른 니까야에 포함된 경들에서도 많이 언급되고 있기 때문에 『상윳따 니까야』에서는 따로 주제를 설정하지 않은 것이라고도 볼 수 있다.

432) 일반적으로 '감각접촉[觸]'은 빠알리어 phassa를 옮긴 것이다. 그런데 본경을 비롯한 본서 전체에서 '감각접촉[觸]'으로 옮기고 있는 원어는 samphassa와 phassa의 두 단어이다. 전자는 예외 없이 눈의 감각접촉(cakkhu-samphassa)이나 귀의 감각접촉(sota-samphassa) 등의 합성어에서 쓰이고 있으며 후자는 그 외의 경우에 쓰이고 있다. 그러므로 본경에서도 '감각접촉의 다양함'은 phassa-nānatta로 나타난다. 이처럼 용례만 다를 뿐이지 뜻은 같다.
이것은 본서 제5권 「깨달음의 구성요소 상윳따」(S46) 등에서 '깨달음의 구성요소'를 뜻하는 bojjhaṅga와 sambojjhaṅga의 용례와도 같다. 여기에 대해서는 본서 제5권 「히말라야 경」(S46:1) §5의 주해를 참조할 것.

난다. 마노의 요소를 반연하여 마노의 감각접촉이 일어난다.[433)]

비구들이여, 이와 같이 요소들의 다양함을 반연하여 감각접촉의 다양함이 일어난다."

아님 경(S14:3)[434)]

Nocetam-sutta

3. "비구들이여, 요소들의 다양함을 반연하여 감각접촉의 다양함이 일어나지만 감각접촉의 다양함을 반연하여 요소들의 다양함이 일어나지는 않는다.

비구들이여, 그러면 어떤 것이 요소들의 다양함인가?

눈의 요소, 귀의 요소, 코의 요소, 혀의 요소, 몸의 요소, 마노의 요소이다.

비구들이여, 이를 일러 요소들의 다양함이라 한다."

4. "비구들이여, 그러면 어떻게 요소들의 다양함을 반연하여 감각접촉의 다양함이 일어나지만 감각접촉의 다양함을 반연하여 요소들의 다양함이 일어나지는 않는가?

---

433) "'눈의 감각접촉(cakkhu-samphassa)' 등은 눈의 알음알이 등과 연결되어 있다. '마노의 감각접촉(mano-samphassa)'은 마노의 문에서 일어나는 첫 번째 속행과 연결되어(paṭhama-javana-sampayutta) 있다. 그러므로 '마노의 요소를 반연하여 마노의 감각접촉이 일어난다.'는 것은 의문전향(意門轉向)의 마음(manodvār-āvajjana), 즉 단지 작용만하는 마노의 알음알이의 요소(kiriyā-manoviññāṇa-dhātu)를 반연하여(paṭicca) 첫 번째 속행의 감각접촉이 일어난다는 뜻이다."(SA.ii.131)
속행(速行, javana)에 대해서는 『아비담마 길라잡이』 제3장 §9와 제4장 §§12~16을 참조할 것. 의문전향(意門轉向)의 마음에 대해서는 『아비담마 길라잡이』 제1장 §10과 제3장 §9를 참조할 것.

434) Be의 경제목은 '감각접촉의 다양함 때문이 아님(Nophassanānatta-sutta)'이다.

비구들이여, 눈의 요소를 반연하여 눈의 감각접촉이 일어나지만 눈의 감각접촉을 반연하여 눈의 요소가 일어나지는 않는다.

귀의 요소를 반연하여 …

코의 요소를 반연하여 …

혀의 요소를 반연하여 …

몸의 요소를 반연하여 …

마노의 요소를 반연하여 마노의 감각접촉이 일어나지만 마노의 감각접촉을 반연하여 마노의 요소의 다양함이 일어나지는 않는다.435)

비구들이여, 이와 같이 요소들의 다양함을 반연하여 감각접촉의 다양함이 일어나지만 감각접촉의 다양함을 반연하여 요소들의 다양함이 일어나지는 않는다."

느낌 경1(S14:4)

Vedanā-sutta

3. "비구들이여, 요소들의 다양함을 반연하여 감각접촉의 다양함이 일어나고 감각접촉의 다양함을 반연하여 느낌의 다양함이 일어난다.

비구들이여, 그러면 어떤 것이 요소들의 다양함인가? [142]

눈의 요소, 귀의 요소, 코의 요소, 혀의 요소, 몸의 요소, 마노의 요소이다.

---

435) "마노의 문에서 일어나는 첫 번째 속행과 연결되어 있는(paṭhama-javana-sampayutta) 감각접촉(phassa)을 반연하여 의문전향의 마음(manodvār-āvajjana) 즉 단지 작용만하는 마노의 알음알이의 요소(kiriyā-mano-viññāṇa-dhātu)가 일어나는 것이 아니라는 뜻이다."(SA.ii.132)
아비담마의 인식과정에 의하면 의문전향의 마음이 일어난 뒤에 속행이 일어난다.(『아비담마 길라잡이』 제4장 §12의 해설 등을 참조할 것)

비구들이여, 이를 일러 요소들의 다양함이라 한다."

4. "비구들이여, 그러면 어떻게 요소들의 다양함을 반연하여 감각접촉의 다양함이 일어나고 감각접촉의 다양함을 반연하여 느낌의 다양함이 일어나는가?

비구들이여, 눈의 요소를 반연하여 눈의 감각접촉이 일어나고 눈의 감각접촉을 반연하여 눈의 감각접촉에서 생긴 느낌이 일어난다.

귀의 요소를 반연하여 …

코의 요소를 반연하여 …

혀의 요소를 반연하여 …

몸의 요소를 반연하여 …

마노의 요소를 반연하여 마노의 감각접촉이 일어나고 마노의 감각접촉을 반연하여 마노의 감각접촉에서 생긴 느낌이 일어난다.

비구들이여, 이와 같이 요소들의 다양함을 반연하여 감각접촉의 다양함이 일어나고 감각접촉의 다양함을 반연하여 느낌의 다양함이 일어난다."

느낌 경2(S14:5)
Vedanā-sutta

3. "비구들이여, 요소들의 다양함을 반연하여 감각접촉의 다양함이 일어나고 감각접촉의 다양함을 반연하여 느낌의 다양함이 일어나지만 느낌의 다양함을 반연하여 감각접촉의 다양함이 일어나지는 않고 감각접촉의 다양함을 반연하여 요소들의 다양함이 일어나지는 않는다."

4\. "비구들이여, 그러면 어떤 것이 요소들의 다양함인가?

눈의 요소, 귀의 요소, 코의 요소, 혀의 요소, 몸의 요소, 마노의 요소이다.

비구들이여, 이를 일러 요소들의 다양함이라 한다."

5\. "비구들이여, 그러면 어떻게 요소들의 다양함을 반연하여 감각접촉의 다양함이 일어나고 감각접촉의 다양함을 반연하여 느낌의 다양함이 일어나지만 느낌의 다양함을 반연하여 감각접촉의 다양함이 일어나지는 않고 감각접촉의 다양함을 반연하여 요소들의 다양함이 일어나지는 않는가?

비구들이여, 눈의 요소를 반연하여 눈의 감각접촉이 일어나고 눈의 감각접촉을 반연하여 눈의 감각접촉에서 생긴 느낌이 일어나지만 눈의 감각접촉에서 생긴 [143] 느낌을 반연하여 눈의 감각접촉이 일어나지는 않고 눈의 감각접촉을 반연하여 눈의 요소가 일어나지는 않는다.

귀의 요소를 반연하여 …

코의 요소를 반연하여 …

혀의 요소를 반연하여 …

몸의 요소를 반연하여 …

마노의 요소를 반연하여 마노의 감각접촉이 일어나고 마노의 감각접촉을 반연하여 마노의 감각접촉에서 생긴 느낌이 일어나지만 마노의 감각접촉에서 생긴 느낌을 반연하여 마노의 감각접촉이 일어나지는 않고 마노의 감각접촉을 반연하여 마노의 요소가 일어나지는 않는다.

비구들이여, 이와 같이 요소들의 다양함을 반연하여 감각접촉의 다양함이 일어나고 감각접촉의 다양함을 반연하여 느낌의 다양함이 일어나지만 느낌의 다양함을 반연하여 감각접촉의 다양함이 일어나지는 않고 감각접촉의 다양함을 반연하여 요소들의 다양함이 일어나지는 않는다."

밖의 다섯 개

Bāhira-pañcaka

요소 경(S14:6)

Dhātu-sutta

2. "비구들이여, 그대들에게 요소들의 다양함에 대해서 설하리라. … <S14:1 §3> …

3. "비구들이여, 그러면 어떤 것이 요소들의 다양함인가?

형색의 요소, 소리의 요소, 냄새의 요소, 맛의 요소, 감촉의 요소, 법의 요소이다.

비구들이여, 이를 일러 요소들의 다양함이라 한다."

인식 경(S14:7)

Saññā-sutta

3. "비구들이여, 요소들의 다양함을 반연하여 인식의 다양함이 일어나고 인식의 다양함을 반연하여 사유의 다양함이 일어나고 사유의 다양함을 반연하여 열의의 다양함이 일어나고 열의의 다양함을 반연하여 열기의 다양함이 일어나고 열기의 다양함을 반연하여 추구의 다양함이 일어난다."

4. "비구들이여, 그러면 어떤 것이 요소들의 다양함인가?

형색의 요소, 소리의 요소, 냄새의 요소, 맛의 요소, 감촉의 요소, 법의 요소이다.

비구들이여, 이를 일러 요소들의 다양함이라 한다."

5. "비구들이여, [144] 그러면 어떻게 요소들의 다양함을 반연하여 인식의 다양함이 일어나고 인식의 다양함을 반연하여 사유의 다양함이 일어나고 사유의 다양함을 반연하여 열의의 다양함이 일어나고 열의의 다양함을 반연하여 열기의 다양함이 일어나고 열기의 다양함을 반연하여 추구의 다양함이 일어나는가?

비구들이여, 형색의 요소를 반연하여 형색의 인식이 일어나고 형색의 인식을 반연하여 형색의 사유가 일어나고 형색의 사유를 반연하여 형색의 열의가 일어나고 형색의 열의를 반연하여 형색의 열기가 일어나고 형색의 열기를 반연하여 형색의 추구가 일어난다.[436]

---

436) "'형색의 인식(rūpa-saññā)'이란 눈의 알음알이와 연결된 인식이다.
'형색의 사유(rūpa-saṅkappa)'란 받아들이고(sampaṭicchana) 조사하고(santīraṇa) 결정하는(votthapana) 세 가지 마음과 연결된 사유이다.(이 세 마음은 『아비담마 길라잡이』 제3장 §7의 해설을 참조할 것.)
'형색의 열의(rūpa-cchanda)'란 형색에 대한 의욕(chandika)이라는 뜻에서 열의라 한다.
'형색의 열기(rūpa-pariḷāha)'란 형색을 태운다(anuḍahana)는 뜻에서[탐·진·치의 불은 자신의 대상(ārammaṇa)을 태우는 역할을 하기 때문이다. – SAṬ.ii.114] 열기라 한다.
'형색의 추구(rūpa-pariyesanā)'란 열기가 일어난 것을 친구와 동료(sandiṭṭha-sambhatta)로 삼아서 그 형색을 얻기 위해서(paṭilābhatthāya) 추구한다.
여기서 인식과 사유와 열의는 하나의 속행(eka-javana) 안에서도 얻어지고 다른 속행(nānā-javana)에서도 얻어진다. 그러나 열기와 추구는 각각 다른 속행에서만 얻어진다. [그러므로 열기는 추구에게 먼저 생긴 조건(purejāta-paccaya)이 된다. – SAṬ]"(SA.ii.132~133)

소리의 요소를 반연하여 …
냄새의 요소를 반연하여 …
맛의 요소를 반연하여 …
감촉의 요소를 반연하여 …

법의 요소를 반연하여 법의 인식이 일어나고 법의 인식을 반연하여 법의 사유가 일어나고 법의 사유를 반연하여 법의 열의가 일어나고 법의 열의를 반연하여 법의 열기가 일어나고 법의 열기를 반연하여 법의 추구가 일어난다.

비구들이여, 이와 같이 요소들의 다양함을 반연하여 인식의 다양함이 일어나고 인식의 다양함을 반연하여 사유의 다양함이 일어나고 사유의 다양함을 반연하여 열의의 다양함이 일어나고 열의의 다양함을 반연하여 열기의 다양함이 일어나고 열기의 다양함을 반연하여 추구의 다양함이 일어난다."

아님 경(S14:8)
Nocetam-sutta

3. "비구들이여, 요소들의 다양함을 반연하여 인식의 다양함이 일어나고 인식의 다양함을 반연하여 사유의 다양함이 일어나고 사유의 다양함을 반연하여 열의의 다양함이 일어나고 열의의 다양함을 반연하여 열기의 다양함이 일어나고 열기의 다양함을 반연하여 추구의 다양함이 일어나지만 추구의 다양함을 반연하여 열기의 다양함이 일어나지는 않고 [145] 열기의 다양함을 반연하여 열의의 다양함이 일어나지는 않고 열의의 다양함을 반연하여 사유의 다양함이 일어나지는 않고 사유의 다양함을 반연하여 인식의 다양함이 일어나지는 않고 인식의 다양함을 반연하여 요소들의 다양함이 일어나지는 않

는다."[437]

4. "비구들이여, 그러면 어떤 것이 요소들의 다양함인가?

형색의 요소, 소리의 요소, 냄새의 요소, 맛의 요소, 감촉의 요소, 법의 요소이다.

비구들이여, 이를 일러 요소들의 다양함이라 한다."

5. "비구들이여, 그러면 어떻게 요소들의 다양함을 반연하여 인식의 다양함이 일어나고 … 열기의 다양함을 반연하여 추구의 다양함이 일어나지만 추구의 다양함을 반연하여 열기의 다양함이 일어나지는 않고 … 인식의 다양함을 반연하여 요소들의 다양함이 일어나지는 않는가?

비구들이여, 형색의 요소를 반연하여 형색의 인식이 일어나고 … 형색의 열기를 반연하여 형색의 추구가 일어나지만 형색의 추구를 반연하여 형색의 열기가 일어나지는 않고 … 형색의 인식을 반연하여 형색의 요소가 일어나지는 않는다.

소리의 요소를 반연하여 …

냄새의 요소를 반연하여 …

맛의 요소를 반연하여 …

감촉의 요소를 반연하여 …

법의 요소를 반연하여 법의 인식이 일어나고 [146] … 법의 열기를 반연하여 법의 추구가 일어나지만 법의 추구를 반연하여 법의 열

---

437) Ee에는 na saṅkappanānattam paṭicca uppajjati dhātunānattaṁ(사유의 다양함을 반연하여 요소들의 다양함이 일어나는 것이 아니다.)로만 나타나는데, 이것은 'no saṅkappanānattaṁ paṭicca uppajjati saññānānattaṁ, no saññānānattaṁ paṭicca uppajjati dhātunānattaṁ'으로 정정되어야 한다. Be와 Se는 바르게 나타난다. 역자는 이렇게 정정해서 옮겼다.

기가 일어나지는 않고 … 법의 인식을 반연하여 법의 요소가 일어나지는 않는다.

비구들이여, 이와 같이 요소들의 다양함을 반연하여 인식의 다양함이 일어나고 … 열기의 다양함을 반연하여 추구의 다양함이 일어나지, 추구의 다양함을 반연하여 열기의 다양함이 일어나지 않고 … 인식의 다양함을 반연하여 요소들의 다양함이 일어나지 않는다."

감각접촉 경1(S14:9)

Phassa-sutta

3. "비구들이여, 요소들의 다양함을 반연하여 인식의 다양함이 일어나고 인식의 다양함을 반연하여 사유의 다양함이 일어나고 사유의 다양함을 반연하여 감각접촉의 다양함이 일어나고 감각접촉의 다양함을 반연하여 느낌의 다양함이 일어나고 느낌의 다양함을 반연하여 열의의 다양함이 일어나고 열의의 다양함을 반연하여 열기의 다양함이 일어나고 열기의 다양함을 반연하여 추구의 다양함이 일어나고 추구의 다양함을 반연하여 획득의 다양함이 일어난다."438)

---

438) 위의 「인식 경」(S14:7)에서는 요소 - 인식 - 사유 - 열의 - 열기 - 추구의 순서로 6가지 술어들이 나열되었다. 그런데 본경에서는 사유와 열의 사이에 감각접촉 - 느낌이 개입되고, 마지막에 획득이 들어가서, 전체적으로는 요소 - 인식 - 사유 - 감각접촉 - 느낌 - 열의 - 열기 - 추구 - 획득의 순서로 9가지 술어들이 나열되고 있다.

물론 본서 제3권 「보름밤 경」(S22:82) §9와 제4권 「쌍(雙) 경」2(S35:93) 등에서 감각접촉은 수·상·행·식이 드러나는 조건으로 언급되기는 하지만 초기불전 전체로 볼 때 사유(saṅkappa)를 반연하여 감각접촉(phassa)이 생긴다는 구절은 아주 생소하다. 특히 아래 「감각접촉 경」2(S14:10)에서는 '감각접촉의 다양함을 반연하여 사유의 다양함이 일어나는 것이 아니고 …' 등으로 나타나기 때문에 아주 혼란스럽다. 주석서와 복주서는 이러한 모순되는 문제에 대해서는 타당한 이유를 밝히고 있지 않다.

대신에 주석서는 우루웰라야에 머무는 쭐라띳사 장로(Uruvelāya-vāsī

4. "비구들이여, 그러면 어떤 것이 요소들의 다양함인가?

형색의 요소, 소리의 요소, 냄새의 요소, 맛의 요소, 감촉의 요소, 법의 요소이다.

비구들이여, 이를 일러 요소들의 다양함이라 한다."

5. "비구들이여, 그러면 어떻게 요소들의 다양함을 반연하여 [147] 인식의 다양함이 일어나고 인식의 다양함을 반연하여 사유의 다양함이 일어나고 사유의 다양함을 반연하여 감각접촉의 다양함이 일어나고 감각접촉의 다양함을 반연하여 느낌의 다양함이 일어나고 느낌의 다양함을 반연하여 열의의 다양함이 일어나고 열의의 다양함을 반연하여 열기의 다양함이 일어나고 열기의 다양함을 반연하여 추구의 다양함이 일어나고 추구의 다양함을 반연하여 획득의 다양함이 일어나는가?

비구들이여, 형색의 요소를 반연하여 형색의 인식이 일어나고 형색의 인식을 반연하여 형색의 사유가 일어나고 형색의 사유를 반연하여 형색의 감각접촉이 일어나고 형색의 감각접촉을 반연하여 형색의 느낌이 일어나고 형색의 느낌을 반연하여 형색의 열의가 일어나고 형색의 열의를 반연하여 형색의 열기가 일어나고 형색의 열기를

Cūḷatissa thera)의 견해를 소개하고 있다. 부처님께서는 사유와 열의 사이에 감각접촉과 느낌이 개입되는 것으로 말씀하셨지만 여기서 감각접촉과 느낌은 맨 뒤로 가져가야 한다고 장로는 설명하였다고 한다. 즉, 여기서 획득은 갈애와 함께한(saha taṇhāya) 획득을 말하는데, 대상에 대한 인식 – 사유 – 열의 – 열기 – 추구 – 획득을 통해서 일단 대상을 획득하면, 그때서야 비로소 그 획득된 대상에 대해서 [정신적인] 감각접촉이 일어나고 이를 반연하여 대상을 체험하는 느낌이 일어난다는 것이다.(SA.ii.134)

계속해서 주석서는 "여기서 인식, 사유, 감각접촉, 느낌, 열의는 하나의 속행에서도 일어나고 다른 속행에서 일어나기도 하지만 열기, 추구, 획득은 각각 다른 속행에서만 일어난다."(*Ibid*)고 설명하고 있다.

반연하여 형색의 추구가 일어나고 형색의 추구를 반연하여 형색의 획득이 일어난다.

소리의 요소를 반연하여 …

냄새의 요소를 반연하여 …

맛의 요소를 반연하여 …

감촉의 요소를 반연하여 …

법의 요소를 반연하여 법의 인식이 일어나고 법의 인식을 반연하여 법의 사유가 일어나고 법의 사유를 반연하여 법의 감각접촉이 일어나고 법의 감각접촉을 반연하여 법의 느낌이 일어나고 법의 느낌을 반연하여 법의 열의가 일어나고 법의 열의를 반연하여 법의 열기가 일어나고 법의 열기를 반연하여 법의 추구가 일어나고 법의 추구를 반연하여 법의 획득이 일어난다.

비구들이여, 이와 같이 요소들의 다양함을 반연하여 인식의 다양함이 일어나고 인식의 다양함을 반연하여 사유의 다양함이 일어나고 사유의 다양함을 반연하여 감각접촉의 다양함이 일어나고 감각접촉의 다양함을 반연하여 느낌의 다양함이 일어나고 느낌의 다양함을 반연하여 열의의 다양함이 일어나고 열의의 다양함을 반연하여 열기의 다양함이 일어나고 열기의 다양함을 반연하여 추구의 다양함이 일어나고 추구의 다양함을 반연하여 획득의 다양함이 일어난다."

감각접촉 경2(S14:10)

3. "비구들이여, 요소들의 다양함을 반연하여 인식의 다양함이 일어나고 인식의 다양함을 반연하여 [148] 사유의 다양함이 일어나고 사유의 다양함을 반연하여 감각접촉의 다양함이 일어나고 감각접촉의 다양함을 반연하여 느낌의 다양함이 일어나고 느낌의 다양함을

반연하여 열의의 다양함이 일어나고 열의의 다양함을 반연하여 열기의 다양함이 일어나고 열기의 다양함을 반연하여 추구의 다양함이 일어나고 추구의 다양함을 반연하여 획득의 다양함이 일어나지만 획득의 다양함을 반연하여 추구의 다양함이 일어나지는 않고 … 인식의 다양함을 반연하여 요소들의 다양함이 일어나지는 않는다."

4. "비구들이여, 그러면 어떤 것이 요소들의 다양함인가?

형색의 요소, 소리의 요소, 냄새의 요소, 맛의 요소, 감촉의 요소, 법의 요소이다.

비구들이여, 이를 일러 요소들의 다양함이라 한다."

5. "비구들이여, 그러면 어떻게 요소들의 다양함을 반연하여 인식의 다양함이 일어나고 … 추구의 다양함을 반연하여 획득의 다양함이 일어나지만 획득의 다양함을 반연하여 추구의 다양함이 일어나지는 않고 … 인식의 다양함을 반연하여 요소들의 다양함이 일어나지는 않는가?

비구들이여, 형색의 요소를 반연하여 형색의 인식이 일어나고 … 형색의 추구를 반연하여 형색의 획득이 일어나지만 형색의 획득을 반연하여 형색의 추구가 일어나지는 않고 … 형색의 인식을 반연하여 형색의 요소가 일어나지는 않는다.

소리의 요소를 반연하여 …

냄새의 요소를 반연하여 …

맛의 요소를 반연하여 …

감촉의 요소를 반연하여 …

법의 요소를 반연하여 법의 인식이 일어나고 … [149] 법의 추구를 반연하여 법의 획득이 일어나지만 법의 획득을 반연하여 법의 추구가 일어나지는 않고 … 법의 인식을 반연하여 법의 요소가 일어나지는 않는다.

비구들이여, 이와 같이 요소들의 다양함을 반연하여 인식의 다양함이 일어나고 … 추구의 다양함을 반연하여 획득의 다양함이 일어나지만 획득의 다양함을 반연하여 추구의 다양함이 일어나지는 않고 … 인식의 다양함을 반연하여 요소들의 다양함이 일어나지는 않는다."

제1장 다양함 품이 끝났다.

첫 번째 품에 포함된 경들의 목록은 다음과 같다.

① 요소[界] ② 감각접촉 ③ 아님
두 가지 ④~⑤ 느낌 — 이것은 안의 다섯 개다.
⑥ 요소 ⑦ 인식 ⑧ 아님
두 가지 ⑨~⑩ 감각접촉 — 이것은 밖의 다섯 개다.

제2장 일곱 요소 품

Sattadhātu-vagga

일곱 요소 경(S14:11)

Sattadhātu-sutta

3. "비구들이여, [150] 일곱 가지 요소가 있나니 빛의 요소, 아름다움의 요소, 공무변처의 요소, 식무변처의 요소, 무소유처의 요소, 비상비비상처의 요소, 상수멸의 요소이다. 비구들이여, 이러한 일곱 가지 요소가 있다."439)

4. 이렇게 말씀하시자 어떤 비구가 세존께 이렇게 말씀드렸다.

"세존이시여, 빛의 요소, 아름다움의 요소, 공무변처의 요소, 식무변처의 요소, 무소유처의 요소, 비상비비상처의 요소, 상수멸의 요소라는 이러한 일곱 가지 요소는 무엇을 반연하여 알아집니까?"

"비구여, 빛의 요소는 어둠을 반연하여 알아진다. 비구여, 아름다움의 요소는 부정(不淨)함을 반연하여 알아진다. 비구여, 공무변처의 요소는 물질을 반연하여 알아진다. 비구여, 식무변처의 요소는 공무변처를 반연하여 알아진다. 비구여, 무소유처의 요소는 식무변처를 반연하여 알아진다. 비구여, 비상비비상처의 요소는 무소유처를 반연하여 알아진다. 비구여, 상수멸의 요소는 소멸을 반연하여 알아진다."440)

---

439) "'빛의 요소(ābhā-dhātu)'란 광명의 요소(āloka-dhātu)이다. 이것은 대상과 더불어 생긴(saha-arammaṇa) 禪, 즉 광명과 광명의 까시나(āloka-kasiṇa)에 대해서 준비단계(parikamma)의 [수행을] 지은 뒤에 생긴 禪에 대한 이름이다.
'아름다움의 요소(subha-dhātu)'란 대상과 더불어 생긴 禪, 즉 아름다움의 까시나(subha-kasiṇa)에 대해서 생긴 禪을 말한다."(SA.ii.124)

5. "세존이시여, 빛의 요소, 아름다움의 요소, 공무변처의 요소, 식무변처의 요소, 무소유처의 요소, 비상비비상처의 요소, 상수멸의 요소라는 이러한 일곱 가지 요소는 어떠한 증득으로 얻어집니까?"

"비구여, 빛의 요소, 아름다움의 요소, 공무변처의 요소, 식무변처의 요소, [151] 무소유처의 요소라는 이러한 요소들은 인식을 통한 증득441)으로 얻어진다. 비구여, 비상비비상처의 요소라는 이러한 요소는 [미세한] 심리현상들이 남아있는 증득442)으로 얻어진다. 비구여, 상수멸의 요소라는 이러한 요소는 소멸의 증득[滅盡定]443)으로 얻어진다."

---

440) "'어둠을 반연하여(andhakāraṁ paṭicca)'라는 것은, 어둠은 광명을 제한하고(paricchinna, 반대가 되고) 광명은 어둠을 제한함에 의해서이다. '부정(不淨)함을 반연하여(asubhaṁ paṭicca)'라는 것에도 이 방법이 적용된다. '물질을 반연하여(rūpaṁ paṭicca)'라는 것은 색계의 증득(rūpa-avacara-samāpatti)을 반연한다는 뜻이다. 색계의 증득이 있을 때 공무변처의 증득이 있을 수 있고 물질의 초월(rūpa-samatikkama)도 있을 수 있기 때문이다. '소멸을 반연하여(nirodhaṁ paṭicca)'라는 것은 네 가지 무더기(수·상·행·식의 4온)에 대한 숙고함이 일어나지 않음(paṭisaṅkhā-appavatti)을 반연한다는 뜻이다. 무더기(온)의 소멸을 반연하여 멸진정(nirodha-samā-patti = 상수멸)이 있지, 무더기의 전개(khandha-pavatti)를 반연하지 않기 때문이다. 여기서 네 가지 무더기의 소멸이 멸진정이라고 알아야 한다." (SA.ii.135)

441) "인식이 있기(atthi-bhāva) 때문에 '인식을 통한 증득(saññā-samāpatti)'이라 한다."(SA.ii.135)

442) "'[미세한] 심리현상들이 남아있는 증득(saṅkhāra-avasesa-samāpatti)'이란 미세한 심리현상들(sukhuma-saṅkhāra)이 남아있는 것을 말한다." (SA.ii.135)
비상비비상처를 이렇게 부르는 이유는 『청정도론』 X.47~54에 잘 설명되어 있으니 참조할 것. 『청정도론』에 의하면 이 경우의 인식은 분명하게 인식의 역할을 할 능력이 없기 때문에 인식도 아니고, 남은 심리현상들[行]의 미세한 상태가 존재하기 때문에 인식이 아닌 것도 아니다.(『청정도론』 X.50)

443) '소멸의 증득'은 nirodha-samāpatti를 옮긴 것이다. 중국에서는 nirodha-samāpatti를 멸진정(滅盡定)으로 많이 옮겼으며 멸정(滅定)이나 입멸정

근원 있음 경(S14:12)

Sanidāna-sutta

3. "비구들이여, 감각적 욕망에 대한 생각은 근원이 있기 때문에 일어나지 근원이 없이 일어나지 않는다. 악의에 대한 생각은 근원이 있기 때문에 일어나지 근원이 없이 일어나지 않는다. 해코지에 대한 생각은 근원이 있기 때문에 일어나지 근원이 없이 일어나지 않는다.

(入滅定) 등으로 옮기기도 하였다. 초기불전연구원에서는 멸진정(滅盡定)으로 정착시켰다.

그런데 nirodha-samāpatti(멸진정)라는 술어는 주석서 문헌에서부터 나타나고 있는데, 이 술어가 다른 술어와 합성되지 않고 단독으로 니까야에서 나타나는 것은 본경이 유일하다. 니까야에서 이 술어는 saññā-vedayita-nirodha-samāpatti(상수멸에 듦, 상수멸의 증득)이라는 문맥에서만 'saññā-vedayita-'와 항상 합성되어 나타나고 있다.(본서 제4권 「까마부 경」 2(S41:6) §6, 『맛지마 니까야』 「짧은 방등경」(M44) §16 이하, 『앙굿따라 니까야』 「가시 경」(A10:72) §5 등 참조) 그리고 본경에서도 nirodha-samāpatti는 상수멸의 실현을 설하는 문맥에서 나타나고 있다. 여기서는 앞의 '인식을 통한 증득'과 '심리현상들이 남아있는 증득'과 대비하기 위해서 '소멸의 증득'으로 직역하였다.

상수멸(saññā-vedayita-nirodha)이 인식[想]과 느낌[受]으로 대표되는 모든 심리현상들과 알음알이가 소멸된 삼매라고 정의되듯이, 멸진정(nirodha-samāpatti)도 주석서 문헌들에서는 이러한 수·상·행·식의 4온이 그치고 소멸된 경지라고 정의되고 있다. 그래서 본경에 해당되는 주석서는 이렇게 설명한다.

"여기서 네 가지 무더기의 소멸이 '소멸의 증득(혹은 멸진정)'이라고 알아야 한다(ettha ca catunnaṁ khandhānaṁ nirodho va nirodhasamāpattīti veditabbo)."(SA.ii.135)

그러므로 상수멸과 멸진정은 동의어이다. 본경도 이렇게 말하고 있으며, 『청정도론』 제23장(XXIII)을 비롯한 모든 주석서 문헌들도 마찬가지다.

상수멸에 대한 자세한 논의는 본서 제4권 「까마부 경」 2(S41:6) §§6~13까지를 참조할 것. 멸진정에 대해서는 『아비담마 길라잡이』 제9장 §42와 제4장 §22의 해설을 참조할 것. 소멸(nirodha)에 대해서는 본서 제3권 「할릿디까니 경」 2(S22:4) §4의 주해와 본서 「연기 경」(S12:1) §4의 세 번째 주해를 참조할 것.

비구들이여, 그러면 어떻게 감각적 욕망에 대한 생각은 근원이 있기 때문에 일어나고 근원이 없이 일어나지 않는가? 어떻게 악의에 대한 생각은 근원이 있기 때문에 일어나고 근원이 없이 일어나지 않는가? 어떻게 해코지에 대한 생각은 근원이 있기 때문에 일어나고 근원이 없이 일어나지 않는가?"

4. "비구들이여, 감각적 욕망의 요소를 반연하여 감각적 욕망에 대한 인식이 일어나고,[444] 감각적 욕망에 대한 인식을 반연하여 감각적 욕망에 대한 사유가 일어나고, 감각적 욕망에 대한 사유를 반연하여 감각적 욕망에 대한 열의가 일어나고, 감각적 욕망에 대한 열의를 반연하여 감각적 욕망에 대한 열기가 일어나고, 감각적 욕망에 대한 열기를 반연하여 감각적 욕망에 대한 추구가 일어나고, 감각적 욕망을 추구하면서 배우지 못한 범부는 몸과 말과 마음의 세 가지로 그릇된 도를 닦는다."[445]

5. "비구들이여, 악의의 요소를 반연하여 악의에 대한 인식이

---

444) "'감각적 욕망의 요소(kāma-dhātu)'에는 감각적 욕망에 대한 생각(kāma-vitakka)과 욕계의 법들(kāmāvacara-dhammā)과 특히 모든 해로운 법들(sabba-akusala)이 여기에 포함된다. 악의의 요소(byāpāda-dhātu)와 해코지에 대한 요소(vihiṁsā-dhātu)의 두 가지 요소는 따로 언급이 되기 때문에 이 둘을 제외한 나머지 법들이 감각적 욕망의 요소이다.
이러한 감각적 욕망의 요소를 대상(ārammaṇa)으로 하거나 이것과 결합하는 것(sampayoga, 즉 감각적 욕망에 대한 인식이 감각적 욕망의 생각과 같은 마음에서 함께 일어날 때)을 조건으로 하여 '감각적 욕망에 대한 인식(kāma-saññā)'이 일어난다."(SA.ii.135~136)
『위방가 주석서』(VbhA.74)에 의하면 감각적 욕망에 대한 생각(kāma-vitakka)은 오염원에 의한 감각적 욕망(kilesa-kāma)과 관계가 있고, 욕계의 법들은 대상으로서의 감각적 욕망(vatthu-kāma)과 관계가 있다.

445) 본문에서 언급되는 모든 술어는 『위방가』(Vbh.86~87)에서 정의되어 있으며 본경에 해당하는 주석서에도 그 일부가 인용되어 나타난다.

일어나고,[446] … 악의에 대한 열기를 반연하여 악의에 대한 추구가 일어나고, 악의를 추구하면서 배우지 못한 범부는 몸과 말과 마음의 세 가지로 그릇된 도를 닦는다."

6. "비구들이여, 해코지의 요소를 반연하여 해코지에 대한 인식이 일어나고,[447] … 해코지에 대한 열기를 반연하여 해코지에 대한 추구가 일어나고, 해코지를 [152] 추구하면서 배우지 못한 범부는 몸과 말과 마음의 세 가지로 그릇된 도를 닦는다."

7. "비구들이여, 예를 들면 어떤 사람이 마른 풀로 만든 활활 타오르는 횃불을 마른 수풀에 떨어뜨린다 하자. 만일 그가 손과 발로 즉시 그 불을 끄지 않으면 수풀에 의지해서 사는 생명들이 큰 재앙을 입게 될 것이다.

비구들이여, 그와 같이 어떤 사문이든 바라문이든 이미 일어난 올곧지 못한 인식을 즉시 제거하고 끝내고 없애고 존재하지 못하게 하

---

446) "'악의의 요소(byāpāda-dhātu)'에서, 악의에 대한 생각(byāpāda-vitakka)과 악의 그 자체[즉, 성냄[嗔, dosa] – SAṬ.ii.117]가 악의의 요소이다. 이러한 악의의 요소를 반연하고 함께 생긴 조건(sahajāta-paccaya) 등을 통해서 '악의에 대한 인식(byāpāda-saññā)'이 일어난다."(SA.ii.136)
주석서 문헌들은 아비담마의 방법을 빌어서 악의(byāpāda)와 악의에 대한 생각(byāpāda-vitakka)을 구분하고 있다. 전자는 성냄(dosa)이라는 해로운 심소법이고 후자는 일으킨 생각(vitakka)이라는 때때로들(pakiṇṇaka)에 속하는 심소법이다. 같은 방법으로 아래의 해코지와 해코지에 대한 생각도 구분이 된다. 해로운 심소법과 때때로들에 대해서는 각각 『아비담마 길라잡이』 제2장 §4와 §3을 참조할 것.

447) "'해코지의 요소(vihiṁsā-dhātu)'에서, 해코지에 대한 생각(vihiṁsā-vitakka)과 해코지 그 자체가 해코지의 요소이다. 이러한 해코지의 요소를 반연하여 함께 생긴 조건(sahajāta-paccaya) 등을 통해서 '해코지에 대한 인식(vihiṁsā-saññā)'이 일어난다."(SA.ii.136~137)
『위방가』(Vbh.86)에는 여러 가지 방법으로 생명을 해치는 것을 통해서 해코지의 요소를 설명하고 있다.

지 않으면 그는 지금 · 여기에서 속상함과 절망과 열병이 있는 고통스런 삶을 살고, 몸이 무너져 죽은 다음에는 나쁜 곳[惡處]에 [태어날 것이] 예상된다."

8. "비구들이여, 출리에 대한 생각은 근원이 있기 때문에 일어나지 근원이 없이 일어나지 않는다. 악의 없음에 대한 생각은 근원이 있기 때문에 일어나지 근원이 없이 일어나지 않는다. 해코지 않음에 대한 생각은 근원이 있기 때문에 일어나지 근원이 없이 일어나지 않는다.

비구들이여, 그러면 어떻게 출리에 대한 생각은 근원이 있기 때문에 일어나고 근원이 없이 일어나지 않는가? 어떻게 악의 없음에 대한 생각은 근원이 있기 때문에 일어나고 근원이 없이 일어나지 않는가? 어떻게 해코지 않음에 대한 생각은 근원이 있기 때문에 일어나고 근원이 없이 일어나지 않는가?"

9. "비구들이여, 출리의 요소를 반연하여 출리에 대한 인식이 일어나고,[448] 출리에 대한 인식을 반연하여 출리에 대한 사유가 일어나고, 출리에 대한 사유를 반연하여 출리에 대한 열의가 일어나고, 출리에 대한 열의를 반연하여 출리에 대한 열기가 일어나고, 출리에 대한 열기를 반연하여 출리에 대한 추구가 일어나고, 출리를 추구하면서 잘 배운 성스러운 제자는 몸과 말과 마음의 세 가지로 바른 도를 닦는다."

---

448) "'출리의 요소(nekkhamma-dhātu)'에서, 출리에 대한 생각(nekkhamma-vitakka)과, 악의 없음의 요소와 해코지 않음의 요소 둘을 제외한 모든 유익한 법들(sabbe kusalā dhammā)도 출리의 요소이다.
이러한 출리의 요소를 반연하여 함께 생긴 조건(sahajāta-paccaya) 등을 통해서 '출리에 대한 인식(nekkhamma-saññā)'이 일어난다."(SA.ii.137)

10. "비구들이여, 악의 없음의 요소를 반연하여 악의 없음에 대한 인식이 일어나고,449) … 악의 없음에 대한 열기를 반연하여 악의 없음에 대한 추구가 일어나고, 악의 없음을 추구하면서 잘 배운 성스러운 제자는 몸과 말과 마음의 세 가지로 바른 도를 닦는다."

11. "비구들이여, 해코지 않음의 요소를 반연하여 해코지 않음에 대한 인식이 일어나고,450) [153] … 해코지 않음에 대한 열기를 반연하여 해코지 않음에 대한 추구가 일어나고, 해코지 않음을 추구하면서 잘 배운 성스러운 제자는 몸과 말과 마음의 세 가지로 바른 도를 닦는다."

12. "비구들이여, 예를 들면 어떤 사람이 마른 풀로 만든 활활 타오르는 횃불을 마른 수풀에 떨어뜨린다 하자. 만일 그가 손과 발로 즉시 그 불을 끄면 수풀에 의지해서 사는 생명들이 큰 재앙을 입지 않을 것이다.

비구들이여, 그와 같이 어떤 사문이든 바라문이든 이미 일어난 올곧지 못한 인식을 즉시 제거하고 끝내고 없애고 존재하지 못하게 하면 그는 지금・여기에서 속상함이 없고 절망이 없고 열병이 없는 행복한 삶을 살고, 몸이 무너져 죽은 다음에는 좋은 곳[善處]에 [태어날 것이] 예상된다."

---

449) "'악의 없음의 요소(abyāpāda-dhātu)'에서, 악의 없음에 대한 생각(abyāpāda-vitakka)과 악의 없음 그 자체, 즉 중생들에 대한 자애[慈, metti, mettā]가 악의 없음의 요소이다."(SA.ii.137~138)

450) "'해코지 않음의 요소(avihiṁsā-dhātu)'에서, 해코지 않음에 대한 생각(avihiṁsā-vitakka)과 해코지 않음 그 자체, 즉 연민[悲, karuṇā]이 해코지 않음의 요소이다."(SA.ii.138)

벽돌로 만든 강당 경(S14:13)

Giñjakāvasatha-sutta

1. 이와 같이 나는 들었다. 한때 세존께서는 냐띠까에서 벽돌집에 머무셨다.

2. 거기서 세존께서는 "비구들이여."라고 비구들을 부르셨다. "세존이시여."라고 비구들은 세존께 응답했다. 세존께서는 이렇게 말씀하셨다.

3. "비구들이여, 요소를 반연하여 인식이 생기고 견해가 생기고 생각이 생긴다."451)

이렇게 말씀하시자 삿다 깟짜야나 존자452)가 세존께 이렇게 여쭈었다.

"세존이시여, 바르게 깨닫지 못한 자들에 대해서 바르게 깨달은 자들이라는453) 견해가 생기는 것은 무엇을 반연하였기 때문입니까?"454)

---

451) "여기서부터 '요소(dhātu)'는 의향(ajjhāsaya)을 뜻한다고 밝히고 있다. 즉 의향을 반연하여 인식이 일어나고 견해가 일어나고 생각이 일어난다는 말이다."(SA.ii.138)

452) 삿다 깟짜야나 존자(āyasmā Saddha Kaccāyana)가 누구인지는 분명하지 않다. Ee에만 삿다 깟짜야나로 나타나고, Be와 Se에는 단지 깟짜나(Kaccāna)로만 나타나고 있으며, Se에는 이문(異文)으로 Sandha Kaccāyana가 언급되고 있다. 본서 제4권 「사비야 깟짜나 경」(S44:11)에는 냐띠까의 벽돌집과 사비야 깟짜나(Sabhiya Kaccāna)가 나타나고 있는데 본 경의 삿다 깟짜야나와 같은 사람이 아닌가 여겨진다.

453) 문맥상 Ee: sammāsambuddho ti(단수)는 Be와 Se: sammāsambuddhā ti(복수)로 고쳐져야 한다.

454) 주석서는 이 질문을 다음의 두 가지로 해석하고 있다.(SA.ii.138)
(1) 바르게 깨닫지 못한 자들인 육사외도들(cha satthāra)에게 왜 '우리는

4. "깟짜야나여, 위력적인 요소가 있나니 그것은 무명의 요소이다.455) [154] 깟짜야나여, 저열한 요소를 반연하여456) 저열한 인식, 저열한 견해, 저열한 생각, 저열한 의도, 저열한 소망, 저열한 염원, 저열한 사람, 저열한 말이 생긴다. 그는 저열한 것을 설명하고 가르치고 천명하고 확립하고 드러내고 분석하고 명확하게 한다. 그가 태어나는 곳457)은 저열하다고 나는 말한다."

5. "깟짜야나여, 중간 정도의 요소를 반연하여 중간 정도의 인식, 중간 정도의 견해, 중간 정도의 생각, 중간 정도의 의도, 중간 정도의 소망, 중간 정도의 염원, 중간 정도의 사람, 중간 정도의 말이 생긴다. 그는 중간 정도의 것을 설명하고 가르치고 천명하고 확립하

바르게 깨달은 자들이다.'라는 견해가 일어납니까?
(2) 바르게 깨닫지 못한 자들인 [육사]외도들의 제자들(titthiya-sāvakā)에게 왜 '우리의 스승들은 바르게 깨달은 자다.'라는 견해가 일어납니까?

455) "[위에서 말한] 이러한 견해(diṭṭhi)는 '무명의 요소(avijjā-dhātu)'를 반연하여 생기기 때문에 무명의 요소는 참으로 '위력적인 요소(mahatī dhātu)'라고 일컬어진다. 그래서 이렇게 말씀하신 것이다."(SA.ii.138)

456) 여기서도 "'저열한 요소(hīna dhātu)'는 저열한 성향(ajjhāsaya)을 말한다."(SA.ii.138)

457) '태어나는 곳'으로 옮긴 원어는 upapatti이다.
주석서에 의하면 이 단어는 얻음(paṭilābha)과 태어남(nibbatti)의 두 가지 뜻이 있다고 한다. 이 가운데 마음이 일어나는 순간(citt-uppāda-kkhaṇa)에 12가지 해로운 마음(『아비담마 길라잡이』 제1장 §§4~7 참조)이 일어나는 것은 저열한 얻음이고, 삼계에 속하는 법(tebhūmaka-dhamma)들이 일어나는 것은 중간이고, 9가지 출세간법(nava-lokuttara-dhamma, 4가지 도와 4가지 과와 열반)들이 일어나는 것은 수승한 얻음이라고 설명한다. 그리고 다섯 가지 낮은 가문(nīca-kula)에 태어나는 것은 저열한 태어남이고, 와이샤와 수드라 가문에 태어나는 것은 중간이고, 끄샤뜨리야와 바라문 가문에 태어나는 것은 수승한 태어남이라고 설명하고 있다. 그리고 본경에서는 태어남(nibbatti)의 뜻으로 쓰였다고 밝히고 있다.(SA.ii.139)

고 드러내고 분석하고 명확하게 한다. 그가 태어나는 곳은 중간 정도라고 나는 말한다."

6. "깟짜야나여, 수승한 요소를 반연하여 수승한 인식, 수승한 견해, 수승한 생각, 수승한 의도, 수승한 소망, 수승한 염원, 수승한 사람, 수승한 말이 생긴다. 그는 수승한 것을 설명하고 가르치고 천명하고 확립하고 드러내고 분석하고 명확하게 한다. 그가 태어나는 곳은 수승하다고 나는 말한다."

저열한 의향 경(S14:14)

Hīnādhimuttika-sutta

1. <사왓티의 아나타삔디까 원림(급고독원)에서>

3. "비구들이여, 중생들은 요소에 따라 함께 모이고 함께 어울린다. 저열한 의향을 가진 중생들은 저열한 의향을 가진 자들과 함께 모이고 함께 어울리고, 좋은 의향을 가진 중생들은 좋은 의향을 가진 자들과 함께 모이고 함께 어울린다.458)

비구들이여, 과거에도 중생들은 요소에 따라 함께 모이고 함께 어울렸다. 저열한 의향을 가진 중생들은 저열한 의향을 가진 자들과 함께 모이고 함께 어울렸고, 좋은 의향을 가진 중생들은 좋은 의향을

---

458) "'저열한 의향(hīna-adhimuttika)'이란 저열한 의향(성향, ajjhāsaya)을 뜻하고 '좋은 의향(kalyāṇa-adhimuttika)'이란 좋은 의향(성향)을 말한다."(SA.ii.139)
즉 adhimuttika를 본서에서 '의향'으로 옮기고 있는 ajjhāsaya와 동의어로 설명하고 있다. 『디가 니까야 주석서』에서도 adhimuttikatā(의향을 가짐)을 ajjhāsayatā(의향을 가짐)이라고 설명하고 있다.(DA.i.44) 그러므로 본 경에서도 요소[界, dhātu]는 앞의 경에서처럼 의향(ajjhāsaya)을 뜻한다고 이해해야 한다.

가진 자들과 함께 모이고 함께 어울렸다.

비구들이여, 미래에도 중생들은 요소에 따라 함께 모이고 함께 어울릴 것이다. 저열한 의향을 가진 중생들은 저열한 의향을 가진 자들과 함께 모이고 함께 어울릴 것이고, 좋은 의향을 가진 중생들은 좋은 의향을 가진 자들과 함께 모이고 함께 어울릴 것이다.

비구들이여, [155] 현재에도 중생들은 요소에 따라 함께 모이고 함께 어울린다. 저열한 의향을 가진 중생들은 저열한 의향을 가진 자들과 함께 모이고 함께 어울리고, 좋은 의향을 가진 중생들은 좋은 의향을 가진 자들과 함께 모이고 함께 어울린다."

포행 경(S14:15)459)

Caṅkama-sutta

1. 이와 같이 나는 들었다. 한때 세존께서는 라자가하에서 독수리봉 산460)에 머무셨다.

2. 그 무렵 사리뿟따 존자는 많은 비구들과 함께 세존으로부터 멀지 않은 곳에서 포행을 하고 있었다.

마하목갈라나 존자도 … 마하깟사빠 존자도 … 아누룻다 존자도 … 뿐나 만따니뿟따 존자도 … 우빨리 존자461)도 … 아난다 존자도

---

459) Ee에는 경제목이 Kamma(업)로 나타나는데 본경의 본문에는 나타나지 않는다. caṅkama(포행)를 이렇게 표기한 듯하다. 역자는 Be를 따랐으며 보디 스님도 이를 경제목으로 삼고 있다.

460) 독수리봉 산(Gijjhakūṭa pabbata)에 대해서는 본서 제3권 「왁깔리 경」(S22:87) §12의 주해를 참조할 것.

461) 우빨리 존자(āyasmā Upāli)는 까삘라왓투의 이발사 가문(kappaka-geha)에 태어났다. 그는 사꺄의 아누삐야(Anupiya)에서 밧디야(Bhaddiya), 아누룻다(Anuruddha), 아난다(Ānanda), 바구(Bhagu), 낌빌라(Kimbila),

… 데와닷따462)도 많은 비구들과 함께 세존으로부터 멀지 않은 곳에서 포행을 하고 있었다.

3. 그때 세존께서는 비구들을 불러서 말씀하셨다.

"비구들이여, 그대들은 사리뿟따가 많은 비구들과 함께 포행하는 것을 보는가?"

"그렇습니다, 세존이시여."

"비구들이여, 저 비구들은 모두 큰 통찰지를 가졌다."

4. "비구들이여, 그대들은 목갈라나가 많은 비구들과 함께 포행하는 것을 보는가?"

"그렇습니다, 세존이시여."

"비구들이여, 저 비구들은 모두 큰 신통을 가졌다."

5. "비구들이여, 그대들은 깟사빠가 많은 비구들과 함께 포행하는 것을 보는가?" [156]

"그렇습니다, 세존이시여."

"비구들이여, 저 비구들은 모두 두타행을 옹호하는 자들이다."

데와닷따(Devadatta) 같은 사까족의 왕자들과 함께 출가하였으며 세존으로부터 명상주제를 받아 수행하여 아라한이 되었다.

『율장』에 의하면 부처님 생전에도 비구들은 그에게서 율을 배우고 싶어 할 정도로 그는 율에 관한 한 최고의 전문가로 추앙을 받았으며, 개인적인 어려움을 우빨리 존자와 상의하는 비구들도 많았다고 한다. 잘 알려진 대로 그는 『율장』의 결집을 주도한 사람이며 북방에서도 지계제일로 부처님의 10대 제자에 포함된 분이다. 그래서 『앙굿따라 니까야』「하나의 모음」(A1:14:4-10)에서 세존께서는 그를 "율을 호지하는 자(vinaya-dhara)들 가운데 으뜸"이라고 칭찬하고 계신다.

462) 데와닷따(Devadatta)에 대해서는 본서 「분열 경」(S17:31) §3의 주해를 참조할 것.

6. "비구들이여, 그대들은 아누룻다가 많은 비구들과 함께 포행하는 것을 보는가?"

"그렇습니다, 세존이시여."

"비구들이여, 저 비구들은 모두 천안을 가졌다."

7. "비구들이여, 그대들은 뿐나 만따니뿟따가 많은 비구들과 함께 포행하는 것을 보는가?"

"그렇습니다, 세존이시여."

"비구들이여, 저 비구들은 모두 법을 설하는 자들이다."

8. "비구들이여, 그대들은 우빨리가 많은 비구들과 함께 포행하는 것을 보는가?"

"그렇습니다, 세존이시여."

"비구들이여, 저 비구들은 모두 율을 호지하는 자들이다."

9. "비구들이여, 그대들은 아난다가 많은 비구들과 함께 포행하는 것을 보는가?"

"그렇습니다, 세존이시여."

"비구들이여, 저 비구들은 모두 많이 배운 자들이다."

10. "비구들이여, 그대들은 데와닷따가 많은 비구들과 함께 포행하는 것을 보는가?"

"그렇습니다, 세존이시여."

"비구들이여, 저 비구들은 모두 악한 원을 가졌다."

11. "비구들이여, 중생들은 요소에 따라 함께 모이고 함께 어울린다. 저열한 의향을 가진 중생들은 저열한 의향을 가진 자들과 함께

모이고 함께 어울리고, 좋은 의향을 가진 중생들은 좋은 의향을 가진 자들과 함께 모이고 함께 어울린다.

비구들이여, 과거에도 중생들은 요소에 따라 함께 모이고 함께 어울렸다. 저열한 의향을 가진 중생들은 저열한 의향을 가진 자들과 함께 모이고 함께 어울렸고, 좋은 의향을 가진 중생들은 좋은 의향을 가진 자들과 함께 모이고 함께 어울렸다.

비구들이여, 미래에도 중생들은 요소에 따라 함께 모이고 함께 갈 것이다. 저열한 의향을 가진 중생들은 저열한 의향을 가진 자들과 함께 모이고 함께 어울릴 것이고, 좋은 의향을 가진 중생들은 좋은 의향을 가진 자들과 함께 모이고 함께 어울릴 것이다.

비구들이여, [157] 현재에도 중생들은 요소에 따라 함께 모이고 함께 어울린다. 저열한 의향을 가진 중생들은 저열한 의향을 가진 자들과 함께 모이고 함께 어울리고, 좋은 의향을 가진 중생들은 좋은 의향을 가진 자들과 함께 모이고 함께 어울린다."

게송이 있는 경(S14:16)463)

Sagāthā-sutta

1. <사왓티의 아나타삔디까 원림(급고독원)에서>

3. "비구들이여, 중생들은 요소에 따라 함께 모이고 함께 어울린다. 저열한 의향을 가진 중생들은 저열한 의향을 가진 자들과 함께 모이고 함께 어울린다.

비구들이여, 과거에도 중생들은 요소에 따라 함께 모이고 함께 어

---

463) 게송을 포함한 본경은 『쿳다까 니까야』의 『여시어경』(It.70~71)에도 그대로 나타나고 있다. 그리고 첫 번째 두 구절을 제외한 본경의 게송은 『장로게』(Thag) {147~148}로도 나타난다.

울렸다. 저열한 의향을 가진 중생들은 저열한 의향을 가진 자들과 함께 모이고 함께 어울렸다.

비구들이여, 미래에도 중생들은 요소에 따라 함께 모이고 함께 어울릴 것이다. 저열한 의향을 가진 중생들은 저열한 의향을 가진 자들과 함께 모이고 함께 어울릴 것이다.

비구들이여, 현재에도 중생들은 요소에 따라 함께 모이고 함께 어울린다. 저열한 의향을 가진 중생들은 저열한 의향을 가진 자들과 함께 모이고 함께 어울린다."

4. "비구들이여, 예를 들면 똥은 똥과 함께 모이고 함께 어울린다. 오줌은 오줌과 함께 모이고 함께 어울린다. 침은 침과 함께 모이고 함께 어울린다. 고름은 고름과 함께 모이고 함께 어울린다. 피는 피와 함께 모이고 함께 어울린다.

비구들이여, 그와 같이 중생들은 요소에 따라 함께 모이고 함께 어울린다. 저열한 의향을 가진 중생들은 저열한 의향을 가진 자들과 함께 모이고 함께 어울린다.

비구들이여, 과거에도 … 미래에도 … 현재에도 중생들은 요소에 따라 함께 모이고 함께 어울린다. 저열한 의향을 가진 중생들은 저열한 의향을 가진 자들과 함께 모이고 함께 어울린다."

5. "비구들이여, [158] 중생들은 요소에 따라 함께 모이고 함께 어울린다. 좋은 의향을 가진 중생들은 좋은 의향을 가진 자들과 함께 모이고 함께 어울린다.

비구들이여, 과거에도 중생들은 요소에 따라 함께 모이고 함께 어울렸다. 좋은 의향을 가진 중생들은 좋은 의향을 가진 자들과 함께 모이고 함께 어울렸다.

비구들이여, 미래에도 중생들은 요소에 따라 함께 모이고 함께 어울릴 것이다. 좋은 의향을 가진 중생들은 좋은 의향을 가진 자들과 함께 모이고 함께 어울릴 것이다.

비구들이여, 현재에도 중생들은 요소에 따라 함께 모이고 함께 어울린다. 좋은 의향을 가진 중생들은 좋은 의향을 가진 자들과 함께 모이고 함께 어울린다."

6. "비구들이여, 예를 들면 우유는 우유와 함께 모이고 함께 어울린다. 기름은 기름과 함께 모이고 함께 어울린다. 버터는 버터와 함께 모이고 함께 어울린다. 꿀은 꿀과 함께 모이고 함께 어울린다. 당밀은 당밀과 함께 모이고 함께 어울린다.

비구들이여, 그와 같이 중생들은 요소에 따라 함께 모이고 함께 어울린다. 좋은 의향을 가진 중생들은 좋은 의향을 가진 자들과 함께 모이고 함께 어울린다.

비구들이여, 과거에도 … 미래에도 … 현재에도 중생들은 요소에 따라 함께 모이고 함께 어울린다. 좋은 의향을 가진 중생들은 좋은 의향을 가진 자들과 함께 모이고 함께 어울린다."

7. 세존께서는 이렇게 말씀하셨다. 스승이신 선서께서는 이렇게 말씀하신 뒤 다시 [게송으로] 이와 같이 설하셨다.

> "교제하기 때문에 [오염원의] 숲이 생기고
> 교제하지 않으면 잘라지노라.464)

464) "'교제하기 때문에(saṁsaggā)'란 보고 듣는 것(dassana-savana)으로 교제하는 등에 토대한 갈애와 애정(taṇhā-sneha) 때문에 라는 뜻이다. '숲이 생기고(vanatho jāto)'란 오염원의 숲(kilesa-vana)이 생긴다는 뜻이다. '교제하지 않으면 잘라진다(asaṁsaggena chijjati).'란 개인적으로(ekato) [이성과 더불어] 서거나 앉는 등을 하지 않아서 교제하지 않고 만나지 않으

작은 널빤지에 올라 서 있는 자는 큰 바다에 가라앉듯이
게으른 자를 만나면 좋은 사람도 가라앉고 말리라. {1}

그러므로 게으르고 정진하지 않는 자를 멀리하고
한거하고 스스로 독려하고 참선을 하며
항상 열심히 정진하는 현자들과 함께 머물지어다." {2}

믿음 없는 자 경1(S14:17)

Asaddha-sutta

3. "비구들이여, [159] 중생들은 요소에 따라 함께 모이고 함께 어울린다.

믿음 없는 자들은 믿음 없는 자들과 함께 모이고 함께 어울린다. 양심 없는 자들은 양심 없는 자들과 함께 모이고 함께 어울린다. 수치심 없는 자들은 수치심 없는 자들과 함께 모이고 함께 어울린다. 적게 배운 자들은 적게 배운 자들과 함께 모이고 함께 어울린다. 게으른 자들은 게으른 자들과 함께 모이고 함께 어울린다. 마음챙김을 놓아버린 자들은 마음챙김을 놓아버린 자들과 함께 모이고 함께 어울린다. 통찰지가 없는 자들은 통찰지가 없는 자들과 함께 모이고 함께 어울린다."465)

비구들이여, 과거에도 중생들은 요소에 따라 함께 모이고 함께 어

면 그것이 잘라진다는 뜻이다."(SA.ii.142)

465) Ee에는 이 다음에 "믿음을 가진 자들은 믿음을 가진 자들과 함께 모이고 함께 어울린다. 양심을 가진 자들은 … 수치심을 가진 자들은 … 많이 배운 자들은 … 열심히 정진하는 자들은 … 마음챙김을 확립한 자들은 … 통찰지를 가진 자들은 통찰지를 가진 자들과 함께 모이고 함께 어울린다."로 옮겨지는 구절이 나타나고 있지만 문맥상 없는 것이 옳다. Be와 Se에도 나타나지 않고 보디 스님도 없는 것으로 옮겼다. 역자도 이를 따랐다.

울렸다. 믿음 없는 자들은 믿음 없는 자들과 함께 모이고 함께 어울렸다. 양심 없는 자들은 … 수치심 없는 자들은 … 적게 배운 자들은 … 게으른 자들은 … 마음챙김을 놓아버린 자들은 … 통찰지가 없는 자들은 통찰지가 없는 자들과 함께 모이고 함께 어울렸다.

비구들이여, 미래에도 중생들은 요소에 따라 함께 모이고 함께 어울릴 것이다. 믿음 없는 자들은 믿음 없는 자들과 함께 모이고 함께 어울릴 것이다. 양심 없는 자들은 … 수치심 없는 자들은 [160] … 적게 배운 자들은 … 게으른 자들은 … 마음챙김을 놓아버린 자들은 … 통찰지가 없는 자들은 통찰지가 없는 자들과 함께 모이고 함께 어울릴 것이다.

비구들이여, 현재에도 중생들은 요소에 따라 함께 모이고 함께 어울린다. 믿음 없는 자들은 믿음 없는 자들과 함께 모이고 함께 어울린다. 양심 없는 자들은 … 수치심 없는 자들은 … 적게 배운 자들은 … 게으른 자들은 … 마음챙김을 놓아버린 자들은 … 통찰지가 없는 자들은 통찰지가 없는 자들과 함께 모이고 함께 어울린다."

4. "비구들이여, 중생들은 요소에 따라 함께 모이고 함께 어울린다.

믿음을 가진 자들은 믿음을 가진 자들과 함께 모이고 함께 어울린다. 양심을 가진 자들은 양심을 가진 자들과 함께 모이고 함께 어울린다. 수치심을 가진는 자들은 수치심을 가진 자들과 함께 모이고 함께 어울린다. 많이 배운 자들은 많이 배운 자들과 함께 모이고 함께 어울린다. 열심히 정진하는 자들은 열심히 정진하는 자들과 함께 모이고 함께 어울린다. 마음챙김을 확립한 자들은 마음챙김을 확립한 자들과 함께 모이고 함께 어울린다. 통찰지를 가진 자들은 통찰지를 가진 자들과 함께 모이고 함께 어울린다.

비구들이여, 과거에도 … 미래에도 … 현재에도 중생들은 요소에 따라 함께 모이고 함께 어울린다.

믿음을 가진 자들은 믿음을 가진 자들과 함께 모이고 함께 어울린다. 양심을 가진 자들은 … 수치심을 가진 자들은 … 많이 배운 자들은 … 열심히 정진하는 자들은 … 마음챙김을 확립한 자들은 … 통찰지를 가진 자들은 통찰지를 가진 자들과 함께 모이고 함께 어울린다."

믿음 없는 자 경2(S14:18)

Asaddhamūlakapañca-sutta

(i)

3. "비구들이여, 중생들은 요소에 따라 함께 모이고 함께 어울린다. [161]

믿음 없는 자들은 믿음 없는 자들과 함께 모이고 함께 어울린다. 양심 없는 자들은 양심 없는 자들과 함께 모이고 함께 어울린다. 통찰지가 없는 자들은 통찰지가 없는 자들과 함께 모이고 함께 어울린다.

믿음을 가진 자들은 믿음을 가진 자들과 함께 모이고 함께 어울린다. 양심을 가진 자들은 양심을 가진 자들과 함께 모이고 함께 어울린다. 통찰지를 가진 자들은 통찰지를 가진 자들과 함께 모이고 함께 어울린다.

비구들이여, 과거에도 … 미래에도 … 현재에도 중생들은 요소에 따라 함께 모이고 함께 어울린다.

믿음 없는 자들은 … 양심 없는 자들은 … 통찰지가 없는 자들은 통찰지가 없는 자들과 함께 모이고 함께 어울린다.

믿음을 가진 자들은 … 양심을 가진 자들은 … 통찰지를 가진 자들은 통찰지를 가진 자들과 함께 모이고 함께 어울린다."

(ii)

4. "비구들이여, 중생들은 요소에 따라 함께 모이고 함께 어울린다.

믿음 없는 자들은 믿음 없는 자들과 함께 모이고 함께 어울린다. 수치심 없는 자들은 수치심 없는 자들과 함께 모이고 함께 어울린다. 통찰지가 없는 자들은 통찰지가 없는 자들과 함께 모이고 함께 어울린다.

믿음을 가진 자들은 믿음을 가진 자들과 함께 모이고 함께 어울린다. 수치심을 가진 자들은 수치심을 가진 자들과 함께 모이고 함께 어울린다. 통찰지를 가진 자들은 통찰지를 가진 자들과 함께 모이고 함께 어울린다."

비구들이여, 과거에도 … 미래에도 … 현재에도 중생들은 요소에 따라 함께 모이고 함께 어울린다.

믿음 없는 자들은 … 수치심 없는 자들은 … 통찰지가 없는 자들은 통찰지가 없는 자들과 함께 모이고 함께 어울린다.

믿음을 가진 자들은 … 양심을 가진 자들은 … 통찰지를 가진 자들은 … 통찰지를 가진 자들과 함께 모이고 함께 어울린다."

(iii)

5. "비구들이여, 중생들은 요소에 따라 함께 모이고 함께 어울린다.

믿음 없는 자들은 … 적게 배운 자들은 … 통찰지가 없는 자들은 통찰지가 없는 자들과 함께 모이고 함께 어울린다.

믿음을 가진 자들은 … 많이 배운 자들은 … 통찰지를 가진 자들은 통찰지를 가진 자들과 함께 모이고 함께 어울린다.

비구들이여, 과거에도 [162] … 미래에도 … 현재에도 중생들은 요소에 따라 함께 모이고 함께 어울린다.

믿음 없는 자들은 … 적게 배운 자들은 … 통찰지가 없는 자들은 통찰지가 없는 자들과 함께 모이고 함께 어울린다.

믿음을 가진 자들은 … 많이 배운 자들은 … 통찰지를 가진 자들은 통찰지를 가진 자들과 함께 모이고 함께 어울린다."

(iv)

6. "비구들이여, 중생들은 요소에 따라 함께 모이고 함께 어울린다.

믿음 없는 자들은 … 게으른 자들은 … 통찰지가 없는 자들은 통찰지가 없는 자들과 함께 모이고 함께 어울린다.

믿음을 가진 자들은 … 열심히 정진하는 자들은 … 통찰지를 가진 자들은 통찰지를 가진 자들과 함께 모이고 함께 어울린다.

비구들이여, 과거에도 … 미래에도 … 현재에도 중생들은 요소에 따라 함께 모이고 함께 어울린다.

믿음 없는 자들은 … 게으른 자들은 … 통찰지가 없는 자들은 통찰지가 없는 자들과 함께 모이고 함께 어울린다.

믿음을 가진 자들은 … 열심히 정진하는 자들은 … 통찰지를 가진 자들은 통찰지를 가진 자들과 함께 모이고 함께 어울린다."

(v)

7. "비구들이여, 중생들은 요소에 따라 함께 모이고 함께 어울린다.

믿음 없는 자들은 … 마음챙김을 놓아버린 자들은 … 통찰지가 없는 자들은 통찰지가 없는 자들과 함께 모이고 함께 어울린다.

믿음을 가진 자들은 … 마음챙김을 확립한 자들은 … 통찰지를 가진 자들은 통찰지를 가진 자들과 함께 모이고 함께 어울린다.

비구들이여, 과거에도 … 미래에도 … 현재에도 중생들은 요소에 따라 함께 모이고 함께 어울린다.

믿음 없는 자들은 … 마음챙김을 놓아버린 자들은 … 통찰지가 없는 자들은 통찰지가 없는 자들과 함께 모이고 함께 어울린다.

믿음을 가진 자들은 … 마음챙김을 확립한 자들은 … 통찰지를 가진 자들은 통찰지를 가진 자들과 함께 모이고 함께 어울린다."

양심 없는 자 경(S14:19)

Ahirkikamūlaka-sutta

(i)

3. "비구들이여, 중생들은 요소에 따라 함께 모이고 함께 어울린다.

양심 없는 자들은 [163] … 수치심 없는 자들은 … 통찰지가 없는 자들은 통찰지가 없는 자들과 함께 모이고 함께 어울린다.

양심을 가진 자들은 … 수치심을 가진 자들은 … 통찰지를 가진 자들은 통찰지를 가진 자들과 함께 모이고 함께 어울린다.

비구들이여, 과거에도 … 미래에도 … 현재에도 중생들은 요소에 따라 함께 모이고 함께 어울린다.

양심 없는 자들은 … 수치심 없는 자들은 … 통찰지가 없는 자들은 …

양심을 가진 자들은 … 수치심을 가진 자들은 … 통찰지를 가진 자들은 …"

(ii)

4. "비구들이여, 중생들은 요소에 따라 함께 모이고 함께 어울린다.

양심 없는 자들은 … 적게 배운 자들은 … 통찰지가 없는 자들은 통찰지가 없는 자들과 함께 모이고 함께 어울린다.

양심을 가진 자들은 … 많이 배운 자들은 … 통찰지를 가진 자들은 통찰지를 가진 자들과 함께 모이고 함께 어울린다.

비구들이여, 과거에도 … 미래에도 … 현재에도 중생들은 요소에 따라 함께 모이고 함께 어울린다.

양심 없는 자들은 … 적게 배운 자들은 … 통찰지가 없는 자들은 …

양심을 가진 자들은 … 많이 배운 자들은 … 통찰지를 가진 자들은 …"

(iii)

5. "비구들이여, 중생들은 요소에 따라 함께 모이고 함께 어울린다.

양심 없는 자들은 … 게으른 자들은 … 통찰지가 없는 자들은 통찰지가 없는 자들과 함께 모이고 함께 어울린다.

양심을 가진 자들은 … 열심히 정진하는 자들은 … 통찰지를 가진 자들은 통찰지를 가진 자들과 함께 모이고 함께 어울린다.

비구들이여, 과거에도 … 미래에도 … 현재에도 중생들은 요소에 따라 함께 모이고 함께 어울린다.

양심 없는 자들은 … 게으른 자들은 … 통찰지가 없는 자들은 …

양심을 가진 자들은 … 열심히 정진하는 자들은 … 통찰지를 가진 자들은 …"

(iv)

6. "비구들이여, 중생들은 요소에 따라 함께 모이고 함께 어울린다.

양심 없는 자들은 … 마음챙김을 놓아버린 자들은 … 통찰지가 없는 자들은 통찰지가 없는 자들과 함께 모이고 함께 어울린다.

양심을 가진 자들은 … 마음챙김을 확립한 자들은 … 통찰지를 가진 자들은 통찰지를 가진 자들과 함께 모이고 함께 어울린다.

비구들이여, 과거에도 … 미래에도 … 현재에도 중생들은 요소에 따라 함께 모이고 함께 어울린다.

양심 없는 자들은 … 마음챙김을 놓아버린 자들은 … 통찰지가 없는 자들은 …

양심을 가진 자들은 … 마음챙김을 확립한 자들은 … 통찰지를 가진 자들은 …"

수치심 없는 자 경(S14:20)

Anottappamūlaka-sutta

3. "비구들이여, [164] 중생들은 요소에 따라 함께 모이고 함께 어울린다.

수치심 없는 자들은 … 적게 배운 자들은 … 통찰지가 없는 자들은 통찰지가 없는 자들과 함께 모이고 함께 어울린다.

수치심을 가진 자들은 … 많이 배운 자들은 … 통찰지를 가진 자들은 통찰지를 가진 자들과 함께 모이고 함께 어울린다.

비구들이여, 과거에도 … 미래에도 … 현재에도 중생들은 요소에 따라 함께 모이고 함께 어울린다.

수치심 없는 자들은 … 적게 배운 자들은 … 통찰지가 없는 자들은 …

수치심을 가진 자들은 … 많이 배운 자들은 … 통찰지를 가진 자들은 …"

4. "비구들이여, 중생들은 요소에 따라 함께 모이고 함께 어울린다.

수치심 없는 자들은 … 게으른 자들은 … 통찰지가 없는 자들은 통찰지가 없는 자들과 함께 모이고 함께 어울린다.

수치심을 가진 자들은 … 열심히 정진하는 자들은 … 통찰지를 가진 자들은 통찰지를 가진 자들과 함께 모이고 함께 어울린다.

비구들이여, 과거에도 … 미래에도 … 현재에도 중생들은 요소에 따라 함께 모이고 함께 어울린다.

수치심 없는 자들은 … 게으른 자들은 … 통찰지가 없는 자들은 …

수치심을 가진 자들은 … 열심히 정진하는 자들은 … 통찰지를 가진 자들은 …"

5. "비구들이여, 중생들은 요소에 따라 함께 모이고 함께 어울린다.

수치심 없는 자들은 … 마음챙김을 놓아버린 자들은 … 통찰지가 없는 자들은 통찰지가 없는 자들과 함께 모이고 함께 어울린다.

수치심을 가진 자들은 … 마음챙김을 확립한 자들은 … 통찰지를 가진 자들은 통찰지를 가진 자들과 함께 모이고 함께 어울린다.

비구들이여, 과거에도 … 미래에도 … 현재에도 중생들은 요소에 따라 함께 모이고 함께 어울린다.

수치심 없는 자들은 … 마음챙김을 놓아버린 자들은 … 통찰지가 없는 자들은 …

수치심을 가진 자들은 … 마음챙김을 확립한 자들은 … 통찰지를 가진 자들은 …”

적게 배운 자 경(S14:21)

Appassuttamūlaka-sutta

3. “비구들이여, 중생들은 요소에 따라 함께 모이고 함께 어울린다.

적게 배운 자들은 … 게으른 자들은 … 통찰지가 없는 자들은 통찰지가 없는 자들과 함께 모이고 함께 어울린다.

많이 배운 자들은 … 열심히 정진하는 자들은 [165] … 통찰지를 가진 자들은 통찰지를 가진 자들과 함께 모이고 함께 어울린다.

비구들이여, 과거에도 … 미래에도 … 현재에도 중생들은 요소에 따라 함께 모이고 함께 어울린다.

적게 배운 자들은 … 게으른 자들은 … 통찰지가 없는 자들은 …

많이 배운 자들은 … 열심히 정진하는 자들은 … 통찰지를 가진 자들은 …”

4. “비구들이여, 중생들은 요소에 따라 함께 모이고 함께 어울린다.

적게 배운 자들은 … 마음챙김을 놓아버린 자들은 … 통찰지가 없는 자들은 통찰지가 없는 자들과 함께 모이고 함께 어울린다.

많이 배운 자들은 … 마음챙김을 확립한 자들은 … 통찰지를 가진 자들은 통찰지를 가진 자들과 함께 모이고 함께 어울린다.

비구들이여, 과거에도 … 미래에도 … 현재에도 중생들은 요소에 따라 함께 모이고 함께 어울린다.

적게 배운 자들은 … 마음챙김을 놓아버린 자들은 … 통찰지가 없는 자들은 …

많이 배운 자들은 … 마음챙김을 확립한 자들은 … 통찰지를 가진 자들은 …"

게으른 자 경(S14:22)

Kusīta-sutta

3. "비구들이여, 중생들은 요소에 따라 함께 모이고 함께 어울린다.

게으른 자들은 … 마음챙김을 놓아버린 자들은 … 통찰지가 없는 자들은 통찰지가 없는 자들과 함께 모이고 함께 어울린다.

열심히 정진하는 자들은 … 마음챙김을 확립한 자들은 … 통찰지를 가진 자들은 통찰지를 가진 자들과 함께 모이고 함께 어울린다.

비구들이여, 과거에도 … 미래에도 … 현재에도 중생들은 요소에 따라 함께 모이고 함께 어울린다.

게으른 자들은 … 마음챙김을 놓아버린 자들은 … 통찰지가 없는 자들은 …

열심히 정진하는 자들은 … 마음챙김을 확립한 자들은 … 통찰지를 가진 자들은 …"

제2장 일곱 요소 품이 끝났다.

두 번째 품에 포함된 경들의 목록은 다음과 같다.

① 일곱 요소 ② 근원 있음 ③ 벽돌로 만든 강당
④ 저열한 의향 ⑤ 포행 ⑥ 게송 있음
두 가지 ⑦~⑧ 믿음 없는 자
⑨ 양심 없는 자 ⑩ 수치심 없는 자
⑪ 적게 배운 자 ⑫ 게으른 자이다.

제3장 업의 길 품

Kammapatha-vagga

삼매에 들지 못하는 자 경(S14:23)

Asamāhita-sutta

3. "비구들이여, [166] 중생들은 요소에 따라 함께 모이고 함께 어울린다.

믿음 없는 자들은 믿음 없는 자들과 함께 모이고 함께 어울린다. 양심 없는 자들은 양심 없는 자들과 함께 모이고 함께 어울린다. 수치심 없는 자들은 수치심 없는 자들과 함께 모이고 함께 어울린다. 삼매에 들지 못하는 자들466)은 삼매에 들지 못하는 자들과 함께 모이고 함께 어울린다. 통찰지가 없는 자들은 통찰지가 없는 자들과 함께 모이고 함께 어울린다."

4. "믿음을 가진 자들은 믿음을 가진 자들과 함께 모이고 함께 어울린다. 양심을 가진 자들은 양심을 가진 자들과 함께 모이고 함께 어울린다. 수치심을 가진 자들은 수치심을 가진 자들과 함께 모이고 함께 어울린다. 삼매에 드는 자들은 삼매에 드는 자들과 함께 모이고 함께 어울린다. 통찰지를 가진 자들은 통찰지를 가진 자들과 함께 모이고 함께 어울린다."

---

466) "'삼매에 들지 못하는 자들(asamāhitā)'이란 근접삼매와 본삼매가 없는 자들(upacār-appanā-samādhi-rahitā)이다."(SA.ii.143)

계행이 나쁜 자 경(S14:24)

Dussīla-sutta

3. "비구들이여, 중생들은 요소에 따라 함께 모이고 함께 어울린다.

믿음 없는 자들은 … 양심 없는 자들은 … 수치심 없는 자들은 … 계행이 나쁜 자들은 … 통찰지가 없는 자들은 통찰지가 없는 자들과 함께 모이고 함께 어울린다.

믿음을 가진 자들은 … 양심을 가진 자들은 … 수치심을 가진 자들은 [167] … 계행을 구족한 자들은 … 통찰지를 가진 자들은 통찰지를 가진 자들과 함께 모이고 함께 어울린다."

다섯 가지 학습계목 경(S14:25)

Pañcasikkhāpadāni-sutta

3. "비구들이여, 중생들은 요소에 따라 함께 모이고 함께 어울린다.

생명을 죽이는 자들은 생명을 죽이는 자들과 함께 모이고 함께 어울린다. 주지 않은 것을 가지는 자들은 … 삿된 음행을 하는 자들은 … 거짓말하는 자들은 … 방일의 근본이 되는 술과 중독성 물질을 섭취하는 자들은 방일의 근본이 되는 술과 중독성 물질을 섭취하는 자들과 함께 모이고 함께 어울린다.

생명을 죽이는 것을 멀리 여의는 자들은 생명을 죽이는 것을 멀리 여의는 자들과 함께 모이고 함께 어울린다. 주지 않은 것을 가지는 것을 멀리 여의는 자들은 … 삿된 음행을 멀리 여의는 자들은 … 거짓말을 멀리 여의는 자들은 … 방일의 근본이 되는 술과 중독성 물질을 멀리 여의는 자들은 방일의 근본이 되는 술과 중독성 물질을 멀리 여의는 자들과 함께 모이고 함께 어울린다."

일곱 가지 업의 길 경(S14:26)

Sattakammapatha-sutta

3. "비구들이여, 중생들은 요소에 따라 함께 모이고 함께 어울린다.

생명을 죽이는 자들은 생명을 죽이는 자들과 함께 모이고 함께 어울린다. 주지 않은 것을 가지는 자들은 … 삿된 음행을 하는 자들은 … 거짓말하는 자들은 … 중상모략하는 자들은 … 욕설하는 자들은 … 잡담하는 자들은 잡담하는 자들과 함께 모이고 함께 어울린다.

생명을 죽이는 것을 멀리 여의는 자들은 생명을 죽이는 것을 멀리 여의는 자들과 함께 모이고 함께 어울린다. 주지 않은 것을 가지는 것을 멀리 여의는 자들은 … 삿된 음행을 멀리 여의는 자들은 … 거짓말을 멀리 여의는 자들은 … 중상모략을 멀리 여의는 자들은 … 욕설을 멀리 여의는 자들은 … 잡담을 멀리 여의는 자들은 잡담을 멀리 여의는 자들과 함께 모이고 함께 어울린다."

열 가지 업의 길 경(S14:27)

Dasakammapatha-sutta

3. "비구들이여, [168] 중생들은 요소에 따라 함께 모이고 함께 어울린다.

생명을 죽이는 자들은 생명을 죽이는 자들과 함께 모이고 함께 어울린다. 주지 않은 것을 가지는 자들은 … 삿된 음행을 하는 자들은 … 거짓말하는 자들은 … 중상모략하는 자들은 … 욕설하는 자들은 … 잡담하는 자들은 … 간탐하는 자들은 … 악의에 찬 마음을 가진 자들은 … 삿된 견해를 가진 자들은 삿된 견해를 가진 자들과 함께 모이고 함께 어울린다.

생명을 죽이는 것을 멀리 여의는 자들은 생명을 죽이는 것을 멀리 여의는 자들과 함께 모이고 함께 어울린다. 주지 않은 것을 가지는 것을 멀리 여의는 자들은 … 삿된 음행을 멀리 여의는 자들은 … 거짓말을 멀리 여의는 자들은 … 중상모략을 멀리 여의는 자들은 … 욕설을 멀리 여의는 자들은 … 잡담을 멀리 여의는 자들은 … 간탐하지 않는 자들은 … 악의 없는 마음을 가진 자들은 … 바른 견해를 가진 자들은 바른 견해를 가진 자들과 함께 모이고 함께 어울린다."

여덟 가지 구성 요소 경(S14:28)

Aṭṭhaṅgika-sutta

3. "비구들이여, 중생들은 요소에 따라 함께 모이고 함께 어울린다.

삿된 견해를 가진 자들은 삿된 견해를 가진 자들과 함께 모이고 함께 어울린다. 삿된 사유를 가진 자들은 … 삿된 말을 가진 자들은 … 삿된 행위를 가진 자들은 … 삿된 생계를 가진 자들은 … 삿된 정진을 가진 자들은 … 삿된 마음챙김을 가진 자들은 … 삿된 삼매를 가진 자들은 삿된 삼매를 가진 자들과 함께 모이고 함께 어울린다."

바른 견해를 가진 자들은 바른 견해를 가진 자들과 함께 모이고 함께 어울린다. 바른 사유를 가진 자들은 … 바른 말을 가진 자들은 … 바른 행위를 가진 자들은 … 바른 생계를 가진 자들은 … 바른 정진을 가진 자들은 … 바른 마음챙김을 가진 자들은 … 바른 삼매를 가진 자들은 바른 삼매를 가진 자들과 함께 모이고 함께 어울린다."

열 가지 구성 요소 경(S14:29)

Dasaṅga-sutta

3. "비구들이여, 중생들은 요소에 따라 함께 모이고 함께 어울린다.

삿된 견해를 가진 자들은 삿된 견해를 가진 자들과 함께 모이고 함께 어울린다. 삿된 사유를 가진 자들은 … 삿된 말을 가진 자들은 … 삿된 행위를 가진 자들은 … 삿된 생계를 가진 자들은 … 삿된 정진을 가진 자들은 … 삿된 마음챙김을 가진 자들은 … 삿된 삼매를 가진 자들은 [169] … 삿된 지혜를 가진 자들은 … 삿된 해탈을 한 자들은 삿된 해탈을 한 자들과 함께 모이고 함께 어울린다.

바른 견해를 가진 자들은 바른 견해를 가진 자들과 함께 모이고 함께 어울린다. 바른 사유를 가진 자들은 … 바른 말을 가진 자들은 … 바른 행위를 가진 자들은 … 바른 생계를 가진 자들은 … 바른 정진을 가진 자들은 … 바른 마음챙김을 가진 자들은 … 바른 삼매를 가진 자들은 … 바른 지혜를 가진 자들은 … 바른 해탈을 한 자들은 바른 해탈을 한 자들과 함께 모이고 함께 어울린다."[467)]

---

467) "'삿된 지혜를 가진 자들(micchā-ñāṇino)'이란 삿된 반조(micchā-paccavekkhaṇa)와 함께하는 자들이라는 뜻이다. '삿된 해탈을 가진 자들(micchā-vimuttino)'이란 출리로 인도하지 못하는 해탈(aniyyānika-vimutti)을 유익한 해탈(kusala-vimutti)이라고 거머쥐고 서 있는 자들이다. '바른 지혜를 가진 자들(sammā-ñāṇino)'이란 바른 반조를 하는 자들이다. '바른 해탈을 가진 자들'이란 출리로 인도하는 과(果)의 해탈(phala-vimutti)을 구족한 자들이다."(SA.ii.151~152)
여기서 바른 지혜와 바른 해탈은 팔정도에 추가된 것이다. 『맛지마 니까야』 「위대한 사십 가지 경」(M117/iii.76) §34는 "유학들은 여덟 가지 구성요소를 구족하여 도를 닦고 아라한은 열 가지 구성요소를 구족한다."라고 하여 이 10가지는 아라한들이 구족하고 있는 것으로 언급되고 있다. 그러나 본서 제6권 「아나타삔디까 경」 1(S55:26/v.384) §10에서는 예류자인 급고독(Anāthapiṇḍika) 장자의 특질로도 언급되고 있다. 그런데 이 경에서는

제3장 업의 길 품이 끝났다.

세 번째 품에 포함된 경들의 목록은 다음과 같다.

① 삼매에 들지 못하는 자 ② 계행이 나쁜 자
③ 다섯 가지 학습계목 ④ 일곱 가지 업의 길
⑤ 열 가지 업의 길 ⑥ 여덟 가지 구성요소
일곱 번째로 ⑦ 열 가지 구성요소이다.

"삿된 지혜와 삿된 해탈이 없다."로 나타나고 있기는 하다. 본서 제5권 「참되지 못한 사람 경」 2(S45:26) §3의 주해와 §4도 참조할 것.

제4장 네 가지 요소 품

Catudhātu-vagga

네 가지 요소 경(S14:30)

Catudhātu-sutta

3. "비구들이여, 네 가지 요소가 있다. 무엇이 넷인가?
땅의 요소, 물의 요소, 불의 요소, 바람의 요소이다.
비구들이여, 이러한 네 가지 요소가 있다."468)

깨닫기 전 경(S14:31)

Pubbesambodha-sutta

3. "비구들이여, [170] 내가 깨닫기 전, 아직 완전한 깨달음을 성취하지 못한 보살이었을 때 이런 생각이 들었다.

'무엇이 땅의 요소의 달콤함이며 무엇이 위험함이며 무엇이 벗어남인가? 무엇이 물의 요소의 달콤함이며 무엇이 위험함이며 무엇이 벗어남인가? 무엇이 불의 요소의 달콤함이며 무엇이 위험함이며 무엇이 벗어남인가? 무엇이 바람의 요소의 달콤함이며 무엇이 위험함이며 무엇이 벗어남인가?'라고."

---

468) 주석서는 이들의 물질적인 특징을 통해서 이들을 설명하고 있다. 즉 '땅의 요소[地界, 地大, pathavī-dhātu]'는 견고한 성질(patiṭṭhā-dhātu)로, '물의 요소[水界, 水大, āpo-dhātu]'는 점착하는 성질(ābandhana-dhātu)로, '불의 요소[火界, 火大, tejo-dhātu]'는 익히는 성질(paripācana-dhātu)로, '바람의 요소[風界, 風大, vāyo-dhātu]'는 팽창하는 성질(vitthambhana-dhātu)로 설명한다.(SA.ii.152) 자세한 것은 『청정도론』 XI.41; 85~117과 『아비담마 길라잡이』 제6장 §3의 해설을 참조할 것.

4. "비구들이여, 그러자 나에게 이런 생각이 일어났다.

'땅의 요소를 반연하여 일어나는 육체적 즐거움과 정신적 즐거움이 땅의 요소의 달콤함이다. 땅의 요소가 무상하고 괴로움이고 변하기 마련인 것이 땅의 요소의 위험함이다. 땅의 요소에 대한 욕탐을 길들이고 욕탐을 제거하는 것이 땅의 요소로부터 벗어남이다.[469]

물의 요소를 … 불의 요소를 … 바람의 요소를 반연하여 일어나는 육체적 즐거움과 정신적 즐거움이 바람의 요소의 달콤함이다. 바람의 요소가 무상하고 괴로움이고 변하기 마련인 것이 바람의 요소의 위험함이다. 바람의 요소에 대한 욕탐을 길들이고 욕탐을 제거하는 것이 바람의 요소로부터 벗어남이다.'라고."[470]

5. "비구들이여, 만일 내가 이와 같이 네 가지 요소의 달콤함을

---

469) "'욕탐을 길들임(chandarāga-vinaya)'과 '욕탐을 제거함(chandarāga-ppahāna)'은 열반(nibbāna)을 실현하기 위해서이다. 그러므로 '땅의 요소로부터 벗어남(pathavī-dhātuyā nissaraṇa)'이란 바로 열반을 뜻한다." (SA.ii.152)

470) "본경에서는 사성제가 설해졌다. 어떻게? 네 가지 요소에 대한 '달콤함(assāda)'은 일어남의 진리[集諦, samudaya-sacca]이다. '위험함(ādīnava)'은 괴로움의 진리[苦諦, dukkha-sacca]이다. '벗어남(nissaraṇa)'은 소멸의 진리[滅諦, nirodha-sacca]이다. 소멸을 꿰뚫어 아는(nirodha-ppajānana) 도는 도의 진리[道諦, magga-sacca]이다.
상세하게 설명하면 다음과 같다. 땅의 요소를 반연하여 생기는 육체적 즐거움(sukha)과 정신적 즐거움(somanassa)은 땅의 요소의 달콤함이니, 이것의 버림을 꿰뚫는 것(pahāna-paṭivedha)이 일어남의 진리이다. 땅의 요소는 무상하고 괴롭고 변하기 마련인 법이라는 것이 땅의 요소의 위험함이니, 이것을 철저히 앎을 꿰뚫는 것(pariññā-paṭivedha)이 괴로움의 진리이다. 땅의 요소에 대한 욕탐을 길들이고 제거하는 것이 땅의 요소로부터 벗어남이니 이것의 실현을 꿰뚫는 것(sacchikiriyā-paṭivedha)이 소멸의 진리이다. 이들 세 가지 경우에 대한 [바른] 견해, 사유, 말, 행위, 생계, 노력, 마음챙김, 삼매 — 이것의 닦음을 꿰뚫는 것(bhāvanā-paṭivedha)이 도의 진리이다."(SA.ii.154)

달콤함이라고 위험함을 위험함이라고 벗어남을 벗어남이라고 있는 그대로 최상의 지혜로 알지 못하였다면, 나는 신과 마라와 범천을 포함한 세상에서, 사문·바라문과 신과 사람을 포함한 무리 가운데에서 내 스스로 위없는 바른 깨달음을 실현하였다고 결코 천명하지 않았을 것이다.

6. "비구들이여, 그러나 내가 이와 같이 네 가지 요소의 달콤함을 달콤함이라고 위험함을 위험함이라고 벗어남을 벗어남이라고 있는 그대로 최상의 지혜로 알았기 때문에, 나는 신과 마라와 범천을 포함한 세상에서, 사문·바라문과 신과 사람을 포함한 무리 가운데에서 내 스스로 위없는 바른 깨달음을 실현하였다고 천명하였다."

7. "그리고 [171] 나에게는 '나의 해탈은 확고부동하다.471) 이것

471) '나의 해탈은 확고부동하다.'로 옮긴 원어는 akuppā me vimutti이다. 그런데 Ee와 Be에는 이 문장의 해탈(vimutti) 대신에 마음의 해탈[心解脫, ceto-vimutti]로 나타나고 있다. 이 정형구는 니까야 전체를 놓고 볼 때 Ee와 Se에는 대부분 마음의 해탈(cito-vimutti)로 나타나고 있고 Be에는 해탈(vimutti)로 나타나고 있다. 그런데 마음의 해탈(ceto-vimutti)은 주로 본삼매를 증득한 것으로 쓰이고 있기 때문에 아라한과의 증득을 나타내는 이 정형구에서는 마음의 해탈(ceto-vimutti)이 타당하지 않아 보인다. 그래서 초기불전연구원에서는 이 문맥에서는 vimutti가 타당한 것으로 간주해서 Be를 따라서 '나의 해탈은 확고부동하다.'로 통일해서 옮기고 있다. 보디 스님도 이렇게 옮기고 있다.
그러나 본서 제4권 「고닷따 경」(S41:7) §11이하에서는 그곳의 문맥에 따라서 확고부동한 마음의 해탈로 옮겼다.
"'나의 해탈은 확고부동하다.'라는 것은 나의 아라한과를 통한 해탈(arahatta-phala-vimutti)은 확고부동하다는 이러한 지혜(ñāṇa)가 생긴 것을 말한다. 여기서 두 가지를 통해서 확고부동함(akuppatā)을 알아야 하나니 그것은 원인(kāraṇa)과 대상(ārammaṇa)을 통해서이다. ① 이것은 네 가지 도(catu magga)를 통해서 오염원들을 잘랐으므로(samucchinna-kilesa) 다시 되돌리지 못하기(anivattanatā) 때문에 원인에 의해서 확고부동하다. ② 확고부동한 법(akuppa-dhamma)인 열반을 대상으로 삼아서 생긴 것이기 때문에 대상에 의해서 확고부동하다."(SA.ii.154)

이 나의 마지막 태어남이며, 이제 더 이상의 다시 태어남[再生]은 없다.'라는 지와 견이 일어났다."472)

유행했음 경(S14:32)

Acariṁ-sutta

3. "비구들이여, 나는 땅의 요소의 달콤함을 찾기 위해 유행하였다. 나는 땅의 요소의 달콤함을 알았고 땅의 요소의 달콤함이라고 알려진 것을 통찰지로 분명하게 보았다.

비구들이여, 나는 땅의 요소의 위험함을 찾기 위해 유행하였다. 나는 땅의 요소의 위험함을 알았고 땅의 요소의 위험함이라고 알려진

---

472) "'나의 해탈은 확고부동하다. … 지와 견이 일어났다.'는 것은 반조의 지혜(pacca-vekkha-ṇañāṇa)이다."(AA.ii.348; DA.i.220)
"'나의 해탈은 확고부동하다. … 지와 견이 일어났다."를 역자는 부동해탈지견(不動解脫知見, akuppa-vimutti-ñāṇa-dassana)이라는 술어로 정착시킨다.
본서를 위시한 초기불전에는 해탈에 대한 반조의 지혜에 대한 표현이 세 가지로 나타난다. 첫째는 '구경해탈지(究竟解脫知)'로 정착시키는 vimuttamiti ñāṇa이고(본서 제4권 해제 §3-(4)-①의 주해 참조), 둘째는 5법온 가운데 맨 마지막인 '해탈지견(解脫知見, vimutti-ñāṇa-dassana)'이고(역시 본서 제4권 해제 §3-(4)-①의 주해 참조), 셋째는 바로 여기에 나타나는 '부동해탈지견(不動解脫知見, akuppa-vimutti-ñāṇa-dassana)'이다.
이 가운데 구경해탈지와 여기에 나타나는 부동해탈지견은 둘 다 아라한과에 대한 반조의 지혜를 뜻하며 그래서 동의어라 해야 한다. 이 두 정형구가 강조하는 것도 구경해탈지의 핵심이 '태어남은 다했다. 청정범행(梵行)은 성취되었다. 할 일을 다 해 마쳤다. 다시는 어떤 존재로도 돌아오지 않을 것이다.'라는 선언이고, 부동해탈지견이 '나의 해탈은 확고부동하다. 이것이 나의 마지막 태어남이며, 이제 더 이상의 다시 태어남[再生]은 없다.'라는 단언이기 때문이다.
그러나 해탈지견은 아라한과에 대한 반조일 뿐만 아니라 예류과와 일래과와 불환과에 대한 반조의 지혜도 되는 가장 넓은 의미로 쓰인다. 그래서 『청정도론』 등의 주석서 문헌은 해탈지견에는 모두 19가지가 있다고 설명하는 것이다. 여기에 대해서도 본서 제4권 해제 §3-(4)-①의 주해를 참조할 것.

것을 통찰지로 분명하게 보았다.

비구들이여, 나는 땅의 요소로부터 벗어남을 찾기 위해 유행하였다. 나는 땅의 요소로부터 벗어남을 알았고 땅의 요소로부터 벗어남이라고 알려진 것을 통찰지로 분명하게 보았다.

비구들이여, 나는 물의 요소의 … 불의 요소의 … 바람의 요소의 달콤함을 … 위험함을 … 벗어남을 … 통찰지로 분명하게 보았다."

4. "비구들이여, 만일 내가 네 가지 요소의 달콤함을 달콤함이라고 위험함을 위험함이라고 벗어남을 벗어남이라고 있는 그대로 최상의 지혜로 알지 못하였다면, [172] 나는 신과 마라와 범천을 포함한 세상에서, 사문·바라문과 신과 사람을 포함한 무리 가운데에서 내 스스로 위없는 바른 깨달음을 실현하였다고 결코 천명하지 않았을 것이다."

5. "비구들이여, 그러나 내가 이와 같이 네 가지 요소의 달콤함을 달콤함이라고 위험함을 위험함이라고 벗어남을 벗어남이라고 있는 그대로 최상의 지혜로 알았기 때문에, 나는 신과 마라와 범천을 포함한 세상에서, 사문·바라문과 신과 사람을 포함한 무리 가운데에서 내 스스로 위없는 바른 깨달음을 실현하였다고 천명하였다."

6. "그리고 나에게는 '나의 해탈은 확고부동하다. 이것이 나의 마지막 태어남이며, 이제 더 이상의 다시 태어남[再生]은 없다.'라는 지와 견이 일어났다."

만일 없다면 경(S14:33)

Nocedaṁ-sutta

3. "비구들이여, 만일 땅의 요소에 달콤함이 없다면 중생들은

땅의 요소에 집착하지 않을 것이다. 비구들이여, 땅의 요소에는 달콤함이 있다. 그래서 중생들은 땅의 요소에 집착한다.

비구들이여, 만일 땅의 요소에 위험함이 없다면 중생들은 땅의 요소에 염오하지 않을 것이다. 비구들이여, 땅의 요소에는 위험함이 있다. 그래서 중생들은 땅의 요소에 염오한다.

비구들이여, 만일 땅의 요소에 벗어남이 없다면 중생들은 땅의 요소로부터 벗어나지 못할 것이다. 비구들이여, 땅의 요소에는 벗어남이 있다. 그래서 중생들은 땅의 요소에서 벗어난다."

4. "비구들이여, 만일 물의 요소에 달콤함이 없다면 … 위험함이 없다면 … 벗어남이 없다면 …"

5. "비구들이여, 만일 불의 요소에 달콤함이 없다면 … 위험함이 없다면 … 벗어남이 없다면 …"

6. "비구들이여, [173] 만일 바람의 요소에 달콤함이 없다면 … 위험함이 없다면 … 벗어남이 없다면 …"

7. "비구들이여, 만일 중생들이 네 가지 요소의 달콤함을 달콤함이라고 위험함을 위험함이라고 벗어남을 벗어남이라고 있는 그대로 최상의 지혜로 알지 못하면, 중생들은 신과 마라와 범천을 포함한 세상으로부터, 사문·바라문과 신과 사람을 포함한 무리로부터 벗어나지 못하고 풀려나지 못하고 해탈하지 못하며 한계가 없는 마음으로 결코 머물지 못할 것이다."

8. "비구들이여, 그러나 중생들이 이와 같이 네 가지 요소의 달콤함을 달콤함이라고 위험함을 위험함이라고 벗어남을 벗어남이라고 있는 그대로 최상의 지혜로 알 때, 중생들은 신과 마라와 범천을

포함한 세상으로부터, 사문·바라문과 신과 사람을 포함한 무리로부터 벗어나고 풀려나고 해탈하며 한계가 없는 마음473)으로 머물게 될 것이다."

괴로움 경(S14:34)

Dukkha-sutta

3. "비구들이여, 만일 땅의 요소에 전적으로 괴로움만이 있고 땅의 요소가 괴로움에만 떨어지고 괴로움에만 빠져들고 즐거움에는 빠져들지 않는다면 중생들은 땅의 요소에 집착하지 않을 것이다. 비구들이여, 그러나 땅의 요소에는 즐거움474)이 있고 땅의 요소는 즐거움에 떨어지고 즐거움에 빠져들고 괴로움에만 빠져들지는 않는다. 그래서 중생들은 땅의 요소에 집착한다.

비구들이여, [174] 만일 물의 요소에 … 불의 요소에 … 바람의 요소에 전적으로 괴로움만이 있고 바람의 요소가 괴로움에만 떨어지고 괴로움에만 빠져들고 즐거움에는 빠져들지 않는다면 중생들은 바람의 요소에 집착하지 않을 것이다. 비구들이여, 그러나 바람의 요소에는 즐거움이 있고 바람의 요소는 즐거움에 떨어지고 즐거움에 빠져들고 괴로움에만 빠져들지는 않는다. 그래서 중생들은 바람의 요소에 집착한다."

---

473) "'한계가 없는 마음(vimariyādikata citta)'이라 하였다. 두 가지 한계가 있나니 오염원의 한계(kilesa-mariyādā)와 윤회의 한계(vaṭṭa-mariyādā)이다. 여기서는 이 둘 다를 제거하였기 때문에 한계가 없는 마음이라 하였다. 이상 세 개의 경에서는 사성제(catu-sacca)를 설하셨다."(SA.ii.155)

474) "여기서 '즐거움(sukha)'이란 즐거운 느낌(sukha-vedanā)의 조건이 되기 때문에(paccaya-bhūtā) 이렇게 말씀하신 것이다.
본경에서는 괴로움의 특상(dukkha-lakkhaṇa)을 설하셨다."(SA.ii.155)

4. "비구들이여, 만일 땅의 요소에 전적으로 즐거움만이 있고 땅의 요소가 즐거움에만 떨어지고 즐거움에만 빠져들고 괴로움에는 빠져들지 않는다면 중생들은 땅의 요소에 염오하지 않을 것이다. 비구들이여, 그러나 땅의 요소에는 괴로움이 있고 땅의 요소는 괴로움에 떨어지고 괴로움에 빠져들고 즐거움에만 빠져들지는 않는다. 그래서 중생들은 땅의 요소에 염오한다.

비구들이여, 만일 물의 요소에 … 불의 요소에 … 바람의 요소에 전적으로 즐거움만이 있고 바람의 요소가 즐거움에만 떨어지고 즐거움에만 빠져들고 괴로움에는 빠져들지 않는다면 중생들은 바람의 요소에 염오하지 않을 것이다. 비구들이여, 그러나 바람의 요소에는 괴로움이 있고 바람의 요소는 괴로움에 떨어지고 괴로움에 빠져들고 즐거움에만 빠져들지는 않는다. 그래서 중생들은 바람의 요소에 염오한다."

기뻐함 경(S14:35)
Abhinanda-sutta

3. "비구들이여, 땅의 요소를 기뻐하는 자는 괴로움을 기뻐하는 자이다. 괴로움을 기뻐하는 자는 괴로움으로부터 해탈하지 못한다고 나는 말한다.[475]

비구들이여, 물의 요소를 … 불의 요소를 … 바람의 요소를 기뻐하는 자는 괴로움을 기뻐하는 자이다. 괴로움을 기뻐하는 자는 괴로움으로부터 해탈하지 못한다고 나는 말한다."

---

475) "본경(S14:35)과 다음 경(S14:36)은 윤회로부터 벗어남(vivaṭṭa)을, 그 다음 세 개의 경(S14:37~39)은 사성제(catu-sacca)를 설하신 것이다."(SA.ii.155)

4. "비구들이여, [175] 땅의 요소를 기뻐하지 않는 자는 괴로움을 기뻐하지 않는 자이다. 괴로움을 기뻐하지 않는 자는 괴로움으로부터 해탈한다고 나는 말한다.

비구들이여, 물의 요소를 … 불의 요소를 … 바람의 요소를 기뻐하지 않는 자는 괴로움을 기뻐하지 않는 자이다. 괴로움을 기뻐하지 않는 자는 괴로움으로부터 해탈한다고 나는 말한다."

일어남 경(S14:36)

Uppāda-sutta

3. "비구들이여, 땅의 요소로부터 일어나고 지속하고 생기고 나타나는 것476)은 다름 아닌 괴로움이 일어나고 병들이 지속하고 늙음·죽음이 드러나는 것이다.

비구들이여, 물의 요소로부터 … 불의 요소로부터 … 바람의 요소로부터 일어나고 지속하고 생기고 나타나는 것은 다름 아닌 괴로움이 일어나고 병들이 지속하고 늙음·죽음이 드러나는 것이다."

4. "비구들이여, 땅의 요소로부터 소멸하고 가라앉고 사라지는 것은 다름 아닌 괴로움이 소멸하고 병들이 가라앉고 늙음·죽음이 사라지는 것이다.

비구들이여, 물의 요소로부터 … 불의 요소로부터 … 바람의 요소

---

476) '일어나고 지속하고 생기고 나타나는 것'은 각각 uppāda, ṭhiti, abhinibbatti, pātubhāva를 옮긴 것이고, 아래의 '소멸하고 가라앉고 사라지는 것'은 각각 nirodha, vūpasama, atthagama를 옮긴 것이다. 이처럼 첫 번째 구문에는 4개의 단어가 나타나고 이것과 상대되는 두 번째에는 3개의 단어가 나타나서 이 두 구문은 서로 대칭이 되지 않는다. 그런데 이 정형구가 나타나는 본서 제3권 「일어남 경」(S22:30)과 제4권 S35:21~22 등에도 항상 이렇게 나타나고 있다.

로부터 소멸하고 가라앉고 사라지는 것은 다름 아닌 괴로움이 소멸하고 병들이 가라앉고 늙음·죽음이 사라지는 것이다."

사문·바라문 경1(S14:37)

Samaṇabrāhmaṇa-sutta

3. "비구들이여, 네 가지 요소가 있다. 무엇이 넷인가?
땅의 요소, 물의 요소, 불의 요소, 바람의 요소이다.
비구들이여, 이러한 네 가지 요소가 있다."

4. "비구들이여, 어떤 사문이든 바라문이든 네 가지 요소의 달콤함을 달콤함이라고 위험함을 위험함이라고 벗어남을 벗어남이라고 [176] 있는 그대로 최상의 지혜로 알지 못하는 자들은 그 누구든지, 사문들 가운데서는 사문이라 불릴 수 없고 바라문들 가운데서는 바라문이라 불릴 수 없다. 그 존자들은 사문 생활의 결실이나 바라문 생활의 결실을 지금·여기에서 스스로 최상의 지혜로 알고 실현하여 드러내지 못한다."

5. "비구들이여, 어떤 사문이든 바라문이든 네 가지 요소의 달콤함을 달콤함이라고 위험함을 위험함이라고 벗어남을 벗어남이라고 있는 그대로 최상의 지혜로 아는 자들은 그 누구든지, 사문들 가운데서는 사문이라 불릴 만하고 바라문들 가운데서는 바라문이라 불릴 만하다. 그 존자들은 사문 생활의 결실이나 바라문 생활의 결실을 지금·여기에서 스스로 최상의 지혜로 알고 실현하여 드러낸다."

사문 · 바라문 경2(S14:38)

3. "비구들이여, 네 가지 요소가 있다. 무엇이 넷인가? 땅의 요소, 물의 요소, 불의 요소, 바람의 요소이다. 비구들이여, 이러한 네 가지 요소가 있다."

4. "비구들이여, 어떤 사문이든 바라문이든 네 가지 요소의 일어남과 사라짐과 달콤함과 위험함과 벗어남을 있는 그대로 최상의 지혜로 알지 못하는 자들은 … 지금 · 여기에서 스스로 최상의 지혜로 알고 실현하여 드러내지 못한다."

5. "비구들이여, 어떤 사문이든 바라문이든 네 가지 요소의 일어남과 사라짐과 달콤함과 위험함과 벗어남을 있는 그대로 최상의 지혜로 아는 자들은 … 지금 · 여기에서 스스로 최상의 지혜로 알고 실현하여 드러낸다."

사문 · 바라문 경3(S14:39)

3. "비구들이여, 어떤 사문이든 바라문이든 땅의 요소를 꿰뚫어 알지 못하고 땅의 요소의 일어남을 꿰뚫어 알지 못하고 땅의 요소의 소멸을 꿰뚫어 알지 못하고 땅의 요소의 소멸로 인도하는 도닦음을 꿰뚫어 알지 못하는 자들은 그 누구든지, 사문들 가운데서는 사문이라 불릴 수 없고 바라문들 가운데서는 바라문이라 불릴 수 없다. 그 존자들은 사문 생활의 결실이나 바라문 생활의 결실을 지금 · 여기에서 스스로 최상의 지혜로 알고 실현하여 드러내지 못한다.

비구들이여, [177] 어떤 사문이든 바라문이든 물의 요소를 … 불의 요소를 … 바람의 요소를 꿰뚫어 알지 못하고 바람의 요소의 일어남을 꿰뚫어 알지 못하고 바람의 요소의 소멸을 꿰뚫어 알지 못하고 바람의 요소의 소멸로 인도하는 도닦음을 꿰뚫어 알지 못하는 자들은 그 누구든지, 사문들 가운데서는 사문이라 불릴 수 없고 바라문들 가운데서는 바라문이라 불릴 수 없다. 그 존자들은 사문 생활의 결실이나 바라문 생활의 결실을 지금·여기에서 스스로 최상의 지혜로 알고 실현하여 드러내지 못한다."

4. "비구들이여, 어떤 사문이든 바라문이든 땅의 요소를 꿰뚫어 알고 땅의 요소의 일어남을 꿰뚫어 알고 땅의 요소의 소멸을 꿰뚫어 알고 땅의 요소의 소멸로 인도하는 도닦음을 꿰뚫어 아는 자들은 그 누구든지, 사문들 가운데서는 사문이라 불릴 만하고 바라문들 가운데서는 바라문이라 불릴 만하다. 그 존자들은 사문 생활의 결실이나 바라문 생활의 결실을 지금·여기에서 스스로 최상의 지혜로 알고 실현하여 드러낸다.

비구들이여, 어떤 사문이든 바라문이든 물의 요소를 … 불의 요소를 … 바람의 요소를 꿰뚫어 알고 바람의 요소의 일어남을 꿰뚫어 알고 바람의 요소의 소멸을 꿰뚫어 알고 바람의 요소의 소멸로 인도하는 도닦음을 꿰뚫어 아는 자들은 그 누구든지, 사문들 가운데서는 사문이라 불릴 만하고 바라문들 가운데서는 바라문이라 불릴 만하다. 그 존자들은 사문 생활의 결실이나 바라문 생활의 결실을 지금·여기에서 스스로 최상의 지혜로 알고 실현하여 드러낸다."

제4장 네 가지 요소 품이 끝났다.

네 번째 품에 포함된 경들의 목록은 다음과 같다.

① 네 가지 요소 ② 깨닫기 전 ③ 유행했음
④ 만일 없다면 ⑤ 괴로움
⑥ 기뻐함 ⑦ 일어남
세 가지 ⑧~⑩ 사문·바라문이다.

요소[界] 상윳따(S14)가 끝났다.

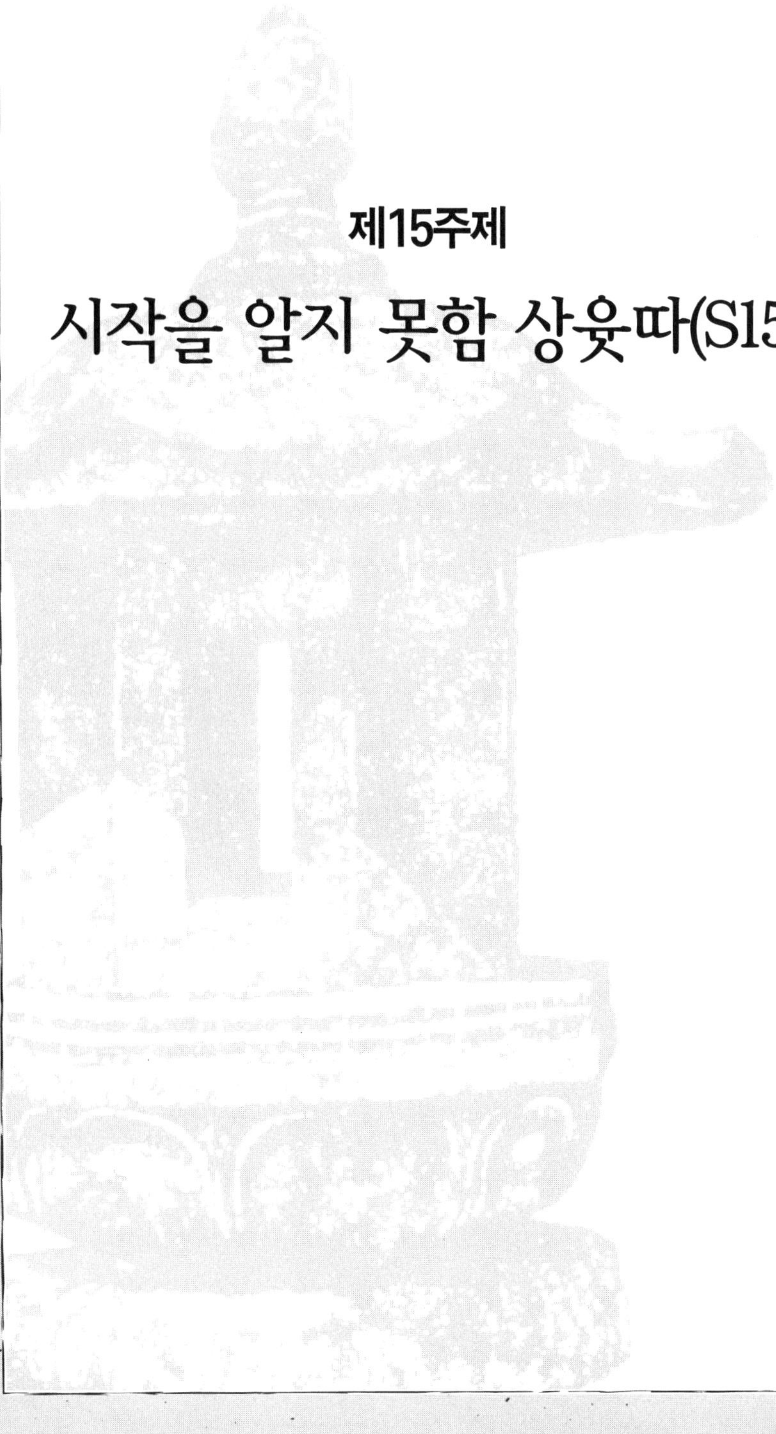

제15주제

시작을 알지 못함 상윳따(S15)

제15주제(S15)

시작을 알지 못함 상윳따

Anamatagga-saṁyutta

제1장 첫 번째 품

Paṭhama-vagga

풀과 나무 경(S15:1)

Tiṇakaṭṭha-sutta

1. 이와 같이 [178] 나는 들었다. 한때 세존께서는 사왓티에서 제따 숲의 아나타삔디까 원림(급고독원)에 머무셨다.

2. 거기서 세존께서는 "비구들이여."라고 비구들을 부르셨다. "세존이시여."라고 비구들은 세존께 응답했다. 세존께서는 이렇게 말씀하셨다.

3. "비구들이여, 그 시작을 알 수 없는 것이 바로 윤회다.477) 무

477) '그 시작을 알 수 없는 것이 바로 윤회다.'는 anamataggo 'yaṁ saṁsāro를 옮긴 것이다. 주석서는 여기서 '시작을 알 수 없는 것'으로 옮겨지는 anamatagga를 anu+amatagga로 분석한 뒤 이렇게 설명하고 있다.
"백년이나 천년을 지혜(ñāṇa)로써 추구한다 하더라도(anugantvā) 그 시작을 생각하지 못하고(amata-agga) 그 시작을 알지 못한다(avidita-agga)는 말이다. 여기로부터 혹은 저기로부터 시작(agga)을 알 수가 없다는 말인데, 시작점과 마지막 점의 한계를 정하지 못한다(aparicchinna-pubba-apara-koṭika)는 뜻이다.
'윤회(saṁsāra)'란 무더기[蘊] 등이 끊임없이 전개되어가는 연속이다(khan-dhādīnaṁ avicchinna-ppavattā paṭipāṭi)."(SA.ii.156)

명에 덮이고 갈애에 묶여서 치달리고 윤회하는 중생들에게 [윤회의] 처음 시작점은 결코 드러나지 않는다."[478]

4. "비구들이여, 예를 들면 어떤 사람이 이 잠부디빠에서 풀과 나무와 가지와 잎을 잘라서 하나의 더미로 모아놓고 '이것은 나의 어머니, 이것은 나의 어머니의 어머니 …'라고 헤아리면서 [그들 하나하나를 따로따로] 내려놓는다고 하자. 그러면 그 사람의 어머니의 어머니들이 다 끝나기도 전에 이 잠부디빠에 있는 풀과 나무와 가지와 잎은 다 없어지고 다 끝나버릴 것이다.

그것은 무슨 이유 때문인가? 비구들이여, 그 시작을 알 수 없는 것이 바로 윤회기 때문이다. 무명에 덮이고 갈애에 묶여서 치달리고 윤회하는 중생들에게 [윤회의] 처음 시작점은 결코 드러나지 않는다.

비구들이여, 이와 같이 오랜 세월 그대들은 괴로움을 겪었고 혹독함을 겪었고 재앙을 겪었고 무덤을 증가시켰다. 비구들이여, 그러므로 형성된 것들[諸行]은 모두 염오해야 마땅하며 그것에 대한 탐욕이 빛바래도록 해야 마땅하며 해탈해야 마땅하다."[479]

---

anamatagga는 불교 산스끄리뜨에서(Mvu.i.34 등) anavara-agra로 나타나는데 '낮고 높은 시작점이 없음'으로 직역할 수 있다. 중국에서는 무시세(無始世)로 옮겼다.

478) "'처음 시작점은 결코 드러나지 않는다(pubbā koṭi na paññāyati).'는 것은 앞의 한계점(purima-mariyādā)이 봐지지 않는다(na dissati)는 말이다. 시작하는 점(agga)에 의해서 그것의 처음 시작점(purimā koṭi)이 식별되지 않듯이 뒤로도(pacchimā pi) 그 [끝나는] 점(agga)이 식별되지 않는다. 중생들은 이 사이에서(vemajjhe yeva) 윤회한다(saṁsaranti)는 말이다."(SA.ii.156)

479) 여기서 '염오'로 옮긴 원어는 nibbidā이다. 동사 nibbindati도 자주 나타나는데 염오하다로 옮기고 있다. 초기불전연구원의 기존의 번역에서는 nibbidā를 '염오'로도 옮기고 '역겨워함'으로도 옮겼다. 그러나 본서에서는 모두 '염오'로 통일해서 옮기고 있음을 밝힌다.

땅 경(S15:2)

Pathavī-sutta

3. "비구들이여, [179] 그 시작을 알 수 없는 것이 바로 윤회다. 무명에 덮이고 갈애에 묶여서 치달리고 윤회하는 중생들에게 [윤회의] 처음 시작점은 결코 드러나지 않는다."

4. "비구들이여, 예를 들면 어떤 사람이 이 대지를 가지고 대추씨만한 크기의 흙덩이들로 만들어놓고 '이것은 나의 아버지, 이것은 나의 아버지의 아버지 …'라고 헤아리면서 [그들 하나하나를 따로따로] 내려놓는다고 하자. 그러면 그 사람의 아버지의 아버지들이 다 끝나기도 전에 이 대지는 다 없어지고 다 끝나버릴 것이다.

그것은 무슨 이유 때문인가? 비구들이여, 그 시작을 알 수 없는 것이 바로 윤회기 때문이다. 무명에 덮이고 갈애에 묶여서 치달리고 윤회하는 중생들에게 [윤회의] 처음 시작점은 결코 드러나지 않는다.

비구들이여, 이와 같이 오랜 세월 그대들은 괴로움을 겪었고 혹독함을 겪었고 재앙을 겪었고 무덤을 증가시켰다. 비구들이여, 그러므로 형성된 것들[諸行]은 모두 염오해야 마땅하며 그것에 대한 탐욕이 빛바래도록 해야 마땅하며 해탈해야 마땅하다."

한편 virāga도 '욕망의 빛바램'으로 옮긴 곳도 있고 '탐욕의 빛바램'으로 옮긴 곳도 있는데 rāga를 문맥에 따라 '탐욕'으로도 '욕망'으로도 옮긴 것과 같은 맥락이다. 그러나 본서에서는 모두 '탐욕의 빛바램'으로 통일해서 옮기고 있다.

염오와 탐욕의 빛바램 등에 대한 더 자세한 설명은 본서 제3권 「과거·현재·미래 경」1(S22:9) §3의 주해를 참조할 것.

눈물 경(S15:3)

Assu-sutta

3. "비구들이여, 그 시작을 알 수 없는 것이 바로 윤회다. 무명에 덮이고 갈애에 묶여서 치달리고 윤회하는 중생들에게 [윤회의] 처음 시작점은 결코 드러나지 않는다.

비구들이여, 이를 어떻게 생각하는가? 그대들이 오랜 세월 치달리고 윤회하는 동안 마음에 들지 않는 사람과 만나고 마음에 드는 사람과 헤어지면서 비탄에 빠지고 울부짖으며 흘린 눈물과 사대양(四大洋)480)에 있는 물 가운데 어느 쪽이 더 많겠는가?"

"세존이시여, 저희들이 세존께서 설하신 법을 바르게 이해하기로는 저희들이 [180] 오랜 세월 치달리고 윤회하는 동안 마음에 들지 않는 사람과 만나고 마음에 드는 사람과 헤어지면서 비탄에 빠지고 울부짖으며 흘린 눈물이 더 많습니다. 사대양에 있는 물이 많은 것이 아닙니다."

4. "장하고 장하구나, 비구들이여. 그대들이 내가 설한 법을 이와 같이 바르게 이해하니 참으로 장하구나.

비구들이여, 이처럼 그대들이 오랜 세월 치달리고 윤회하는 동안 마음에 들지 않는 사람과 만나고 마음에 드는 사람과 헤어지면서 비

---

480) "여기서 '사대양(四大洋, catu mahā-samudda)'은 수미산의 빛(sineru-rasmi)들에 의해서 구분이 되는(paricchinna) 네 개의 큰 바다를 말한다. 수미산의 동쪽 기슭(pācīna-passa)은 은(rajata)으로, 남쪽 기슭은 주옥(珠玉, maṇi)으로, 서쪽 기슭은 수정(phalika)으로, 북쪽 기슭은 금(suvaṇṇa)으로 되어 있다. 그래서 동쪽과 남쪽 기슭에서 나온 은과 주옥 빛(rasmi)은 큰 바다의 표면(mahā-samudda-piṭṭha)에 닿은 뒤에 윤위산(輪圍山, cakkavāḷa-pabbata, 윤위산은 하나의 우주를 구성하는 단위를 뜻함)에 도달하여 머문다. 같은 방법으로 서쪽과 북쪽 기슭에서 나온 수정과 금 빛도 그러하다. 사대양은 이러한 빛들의 가운데 있다."(SA.ii.157)

탄에 빠지고 울부짖으며 흘린 눈물이 더 많다. 사대양에 있는 물이 많은 것이 아니다."

5~13. "비구들이여, 그대들은 오랜 세월 치달리고 윤회하는 동안 어머니의 죽음을 겪었다. 그대들이 오랜 세월 치달리고 윤회하는 동안 어머니의 죽음을 겪으면서 마음에 들지 않는 사람과 만나고 마음에 드는 사람과 헤어지면서 비탄에 빠지고 울부짖으며 흘린 눈물이 더 많다. 사대양에 있는 물이 많은 것이 아니다.

비구들이여, 그대들은 오랜 세월 치달리고 윤회하는 동안 아버지의 죽음을 겪었다. … 형제의 죽음을 겪었다. … 누이의 죽음을 겪었다. … 아들의 죽음을 겪었다.[481] … 딸의 죽음을 겪었다. … 친척을 잃는 것을 겪었다. … 재산을 잃는 것을 겪었다. … 병을 앓는 것을 겪었다. 그대들이 오랜 세월 치달리고 윤회하는 동안 병을 앓는 것을 겪으면서 마음에 들지 않는 사람과 만나고 마음에 드는 사람과 헤어지면서 비탄에 빠지고 울부짖으며 흘린 눈물이 더 많다. 사대양에 있는 물이 많은 것이 아니다."

14. "그것은 무슨 이유 때문인가? 비구들이여, 그 시작을 알 수 없는 것이 바로 윤회기 때문이다. 무명에 덮이고 갈애에 묶여서 치달리고 윤회하는 중생들에게 [윤회의] 처음 시작점은 결코 드러나지 않는다.

비구들이여, 이와 같이 오랜 세월 그대들은 괴로움을 겪었고 혹독함을 겪었고 재앙을 겪었고 무덤을 증가시켰다. 비구들이여, 그러므로 형성된 것들[諸行]은 모두 염오해야 마땅하며 그것에 대한 탐욕이

---

481) Ee에는 형제의 죽음과 누이의 죽음과 아들의 죽음이 빠져서 편집되어 있고, Be에는 다 나타나고 있다.

빛바래도록 해야 마땅하며 해탈해야 마땅하다."

젖 경(S15:4)
Khīra-sutta

3. "비구들이여, 그 시작을 알 수 없는 것이 바로 윤회다. 무명에 덮이고 갈애에 묶여서 치달리고 윤회하는 중생들에게 [윤회의] 처음 시작점은 결코 드러나지 않는다."

4. "비구들이여, 이를 어떻게 생각하는가? 그대들이 오랜 세월 치달리고 [181] 윤회하는 동안 마신 어머니의 젖과 사대양(四大洋)에 있는 물 가운데 어느 쪽이 더 많겠는가?"

"세존이시여, 저희들이 세존께서 설하신 법을 바르게 이해하기로는 저희들이 오랜 세월 치달리고 윤회하는 동안 마신 어머니의 젖이 더 많습니다. 사대양에 있는 물이 많은 것이 아닙니다."

"장하고 장하구나, 비구들이여. 그대들이 내가 설한 법을 이와 같이 바르게 이해하니 참으로 장하구나.

비구들이여, 이처럼 그대들이 오랜 세월 치달리고 윤회하는 동안 마신 어머니의 젖이 더 많다. 사대양에 있는 물이 많은 것이 아니다."

5. "그것은 무슨 이유 때문인가? 비구들이여, 그 시작을 알 수 없는 것이 바로 윤회기 때문이다. … 비구들이여, 그러므로 형성된 것들[諸行]은 모두 염오해야 마땅하며 그것에 대한 탐욕이 빛바래도록 해야 마땅하며 해탈해야 마땅하다."

산 경(S15:5)

Pabbata-sutta

2. 그때 어떤 비구가 세존께 다가갔다. … 한 곁에 앉은 그 비구는 세존께 이렇게 여쭈었다.

3. "세존이시여, 겁(劫)은 얼마나 깁니까?"482)

"비구여, 겁은 참으로 길다. 그래서 그것을 가지고 수년이라거나 수백 년이라거나 수천 년이라거나 수십만 년이라고 계산하기가 쉽지 않다."

4. "세존이시여, 그러면 비유를 드실 수 있습니까?"

"비구여, 그럴 수 있다."라고 세존께서는 말씀하셨다.

"비구여, 예를 들면 일 요자나483)의 길이와 일 요자나의 너비와

---

482) 여기서 '겁(劫, kappa)'은 겁의 시간 단위 중에서 가장 긴 대겁(大劫, mahā-kappa)을 뜻하는 것이 분명하다. 인간의 수명이 열 살에서 8만 4천 년으로 증가하였다가 다시 열 살로 감소하는데 걸리는 시간을 중간겁(antara-kappa)이라 한다. 이 중간겁의 20배에 해당하는 기간이 아승기겁(asaṅkheyya-kappa, 헤아릴 수 없는 겁)이며 아승기겁이 넷이 모이면 대겁이다. (PṬ)

『앙굿따라 니까야』「겁 경」(A4:156/ii.142)에 의하면 네 가지 아승기겁이 있는데 수축하는 겁[壞劫], 수축하여 머무는 겁[壞住劫], 팽창하는 겁[成劫], 팽창하여 머무는 겁[成住劫]이다. 이러한 네 겁이 모인 것을 대겁이라고 주석서들은 부른다.

한편 가장 짧은 단위의 겁으로는 수명겁(āyu-kappa)이 있다. 인간으로 태어나서 살 수 있는 기간을 말하는데 주석서(SA.iii.251; AA.iv.149, 본서 제6권「탑묘 경」(S51:10)에 대한 주석)에 의하면 인간이 살 수 있는 100년 정도가 이 수명겁의 기간이라고 한다. 본서 제6권「탑묘 경」(S51:10) §5나『디가 니까야』「대반열반경」(D16 §3.3)과『앙굿따라 니까야』「대지의 진동 경」(A8:70) §4에서 부처님께서는 원하기만 하면 1겁을 머물 수 있다고 하신 것은 바로 이 수명겁 즉 100년 정도를 머물 수 있다고 하신 것이라고 설명하고 있다.

483) 1요자나는 대략 7마일 즉 11Km 정도의 거리임. 본서「연못 경」(S13:2) §3

일 요자나의 깊이를 가졌으며 틈이 없고 균열이 없고 단단하게 뭉쳐진 큰 바위산이 있다 하자. 그리고 어떤 사람이 매 백년마다 한번씩 이 산에 와서 까시의 [비단] 옷으로 스친다 하자. 비구여, 이런 방법으로 그 큰 바위산이 다 멸진되어 없어진다 하더라도 겁은 [다하지] 않는다.484)

비구여, 그와 같이 겁은 참으로 길다. 그래서 그것을 가지고 [182] 수년이라거나 수백 년이라거나 수천 년이라거나 수십만 년이라고 계산하기가 쉽지 않다.

그것은 무슨 이유 때문인가? 비구여, 그 시작을 알 수 없는 것이 바로 윤회기 때문이다. … 비구여, 그러므로 형성된 것들[諸行]은 모두 염오해야 마땅하며 그것에 대한 탐욕이 빛바래도록 해야 마땅하며 해탈해야 마땅하다."

겨자씨 경(S15:6)

Sāsapa-sutta

2. 그때 어떤 비구가 세존께 다가갔다. … 한 곁에 앉은 그 비구는 세존께 이렇게 여쭈었다.

3. "세존이시여, 겁(劫)은 얼마나 깁니까?"

의 주해 참조.

484) 이 비유는 겁의 길이를 설명하는 비유로 잘 알려져 있다.
'까시의 [비단] 옷(kāsika vattha)'은 인도의 바라나시(까시)에서 나는 비단으로 만든 옷인데 초기불전의 여러 곳에 나타나고 있다. 지금도 바라나시의 비단은 유명하다. 그런데 주석서는 이렇게 설명한다.
"세 가닥의 케이폭(*kapok, silk-cotton*, kappāsa)의 섬유를 자아서 생긴 실(kantita-sutta)로 만든 아주 부드러운 옷(atisukhuma-vattha)이다." (SA.ii.158)

"비구여, 겁은 참으로 길다. 그래서 그것을 가지고 수년이라거나 수백 년이라거나 수천 년이라거나 수십만 년이라고 계산하기가 쉽지 않다."

4. "세존이시여, 그러면 비유를 드실 수 있습니까?"

"비구여, 그럴 수 있다."라고 세존께서는 말씀하셨다.

"비구여, 예를 들면 일 요자나의 길이와 일 요자나의 너비와 일 요자나의 깊이를 가진 철로 된 도시가 겨자씨로 가득 차 있다 하자. 그리고 어떤 사람이 매 백년마다 한번씩 이 도시에 와서 백년에 한 알씩 겨자씨를 들어낸다 하자. 비구여, 이런 방법으로 그 큰 더미의 겨자씨가 다 멸진되어 없어진다 하더라도 겁은 [다하지] 않는다.

비구여, 그와 같이 겁은 참으로 길다. 그래서 그것을 가지고 수년이라거나 수백 년이라거나 수천 년이라거나 수십만 년이라고 계산하기가 쉽지 않다.

그것은 무슨 이유 때문인가? 비구여, 그 시작을 알 수 없는 것이 바로 윤회기 때문이다. … 비구들이여, 그러므로 형성된 것들[諸行]은 모두 염오해야 마땅하며 그것에 대한 탐욕이 빛바래도록 해야 마땅하며 해탈해야 마땅하다."

제자 경(S15:7)

Sāvaka-sutta

2. 그때 [183] 많은 비구들이 세존께 다가갔다. … 한 곁에 앉은 비구들은 세존께 이렇게 여쭈었다.

3. "세존이시여, 얼마나 많은 겁(劫)이 흘러갔고 지나갔습니까?"

"비구들이여, 참으로 많은 겁이 흘러갔고 지나갔다. 그래서 그것을 가지고 수년이라거나 수백 년이라거나 수천 년이라거나 수십만 년이라고 계산하기가 쉽지 않다."

4. "세존이시여, 그러면 비유를 드실 수 있습니까?"

"비구들이여, 그럴 수 있다."라고 세존께서는 말씀하셨다.

"비구들이여, 예를 들면 여기 백 살의 수명을 가져 백년을 사는 네 명의 제자가 있어서 그들이 매일매일 십만 겁을 기억한다 하자. 그런데 백 살의 수명을 가져 백년을 사는 그들이 백년이 다 지나서 죽더라도 그들이 다 기억하지 못한485) 겁들은 남아있을 것이다.

비구들이여, 그와 같이 참으로 많은 겁이 흘러갔고 지나갔다. 그래서 그것을 가지고 수년이라거나 수백 년이라거나 수천 년이라거나 수십만 년이라고 계산하기가 쉽지 않다.

그것은 무슨 이유 때문인가? 비구들이여, 그 시작을 알 수 없는 것이 바로 윤회기 때문이다. … 비구들이여, 그러므로 형성된 것들[諸行]은 모두 염오해야 마땅하며 그것에 대한 탐욕이 빛바래도록 해야 마땅하며 해탈해야 마땅하다."

강가 강 경(S15:8)

Gaṅgā-sutta

1. 이와 같이 나는 들었다. 한때 세존께서는 라자가하에서 대나무 숲에 머무셨다. …

2. 그때 어떤 바라문이 세존께 다가갔다. … 한 곁에 앉은 그 바라문은 세존께 이렇게 여쭈었다.

---

485) '다 기억하지 못한'은 Be, Se의 ananussaritā va를 옮긴 것이다. Ee의 anussaritā va(기억한)는 ananussaritā va로 고쳐져야 한다.

3. "고따마 존자시여, 얼마나 많은 겁(劫)이 흘러갔고 지나갔습니까?"

"바라문이여, 참으로 많은 겁이 흘러갔고 지나갔다. 그래서 그것을 가지고 수년이라거나 수백 년이라거나 수천 년이라거나 수십만 년이라고 계산하기가 쉽지 않다."

4. "고따마 존자시여, [184] 그러면 비유를 드실 수 있습니까?"

"바라문이여, 그럴 수 있다."라고 세존께서는 말씀하셨다. "바라문이여, 예를 들면 이 강가 강은 흘러서 대양에 도달한다. 그런데 그 중간에 있는 모래들을 가지고 몇 개의 모래라거나 수백 개의 모래라거나 수천 개의 모래라거나 수십만 개의 모래라고 계산하기가 쉽지 않다.

바라문이여, 참으로 겁은 이보다 더 많이 흘러갔고 지나갔다. 그래서 그것을 가지고 수년이라거나 수백 년이라거나 수천 년이라거나 수십만 년이라고 계산하기가 쉽지 않다.

그것은 무슨 이유 때문인가? 비구들이여, 그 시작을 알 수 없는 것이 바로 윤회기 때문이다. … 바라문이여, 그러므로 형성된 것들[諸行]은 모두 염오해야 마땅하며 그것에 대한 탐욕이 빛바래도록 해야 마땅하며 해탈해야 마땅하다."

5. 이렇게 말씀하시자 그 바라문은 세존께 이렇게 말씀드렸다.

"경이롭습니다, 고따마 존자시여. 경이롭습니다, 고따마 존자시여. 마치 넘어진 자를 일으켜 세우시듯, 덮여 있는 것을 걷어내 보이시듯, [방향을] 잃어버린 자에게 길을 가리켜 주시듯, 눈 있는 자 형색을 보라고 어둠 속에서 등불을 비춰 주시듯, 고따마 존자께서는 여러 가지 방편으로 법을 설해 주셨습니다. 저는 이제 고따마 존자께 귀의하옵고 법과 비구 승가에 귀의합니다. 고따마 존자께서는 저를 청신사로 받아주소서. 오늘부터 목숨이 붙어 있는 그날까지 귀의하옵니다."

막대기 경(S15:9)

Daṇḍa-sutta

3. "비구들이여, 그 시작을 알 수 없는 것이 바로 윤회다. 무명에 덮이고 갈애에 묶여서 치달리고 윤회하는 중생들에게 [윤회의] 처음 시작점은 결코 드러나지 않는다."

4. "비구들이여, 예를 들면 막대기를 허공 위로 던지면 어떤 때는 아랫부분부터 떨어지고 어떤 때는 중간부터 떨어지고 어떤 때는 윗부분부터 떨어지는 것과 같다.486) 비구들이여, 그와 같이 무명에 덮이고 [185] 갈애에 묶여서 치달리고 윤회하면서 어떤 때는 이 세상에서 저 세상으로 가기도 하고 어떤 때는 저 세상에서 이 세상으로 오기도 한다.

그것은 무슨 이유 때문인가? 비구들이여, 그 시작을 알 수 없는 것이 바로 윤회기 때문이다. … 비구들이여, 그러므로 형성된 것들[諸行]은 모두 염오해야 마땅하며 그것에 대한 탐욕이 빛바래도록 해야 마땅하며 해탈해야 마땅하다."

인간 경(S15:10)487)

Puggala-sutta

1. 이와 같이 나는 들었다. 한때 세존께서는 라자가하에서 독수리봉 산에 머무셨다. …

---

486) 이 비유는 본서 제6권 「막대기 경」(S56:33) §3에도 나타나고 있다.

487) 게송을 포함한 본경은 『여시어경』(It.17~18)에도 나타나고 있다.

3. "비구들이여, 그 시작을 알 수 없는 것이 바로 윤회다. 무명에 덮이고 갈애에 묶여서 치달리고 윤회하는 중생들에게 [윤회의] 처음 시작점은 결코 드러나지 않는다."

4. "비구들이여, 한 사람이 일 겁 동안 치달리고 윤회하면서 남긴 해골 더미와 해골 무더기와 해골 덩어리를 한군데에 모아서 잘 보존하여 사라지지 않게 한다면 그것은 웨뿔라 산의 높이와 같을 것이다.488)

그것은 무슨 이유 때문인가? 비구들이여, 그 시작을 알 수 없는 것이 바로 윤회기 때문이다. … 비구들이여, 그러므로 형성된 것들[諸行]은 모두 염오해야 마땅하며 그것에 대한 탐욕이 빛바래도록 해야 마땅하며 해탈해야 마땅하다."

5. 세존께서는 이렇게 말씀하셨다. 스승이신 선서께서는 이렇게 말씀하신 뒤 다시 [게송으로] 이와 같이 설하셨다.

"한 사람이 한 겁 동안
남기고 남긴 뼈 무더기
모두 모아 차곡차곡 쌓아 올린다 하면
산과도 같을 것이라고
대선인은 말씀하셨네.
그것은 마가다의 산맥들 가운데

488) "중생들은 [윤회하면서] 뼈가 있는 존재로 태어난 때(sāṭṭhi-kāla)보다 뼈가 없는 존재로 태어난 때(anaṭṭhi-kāla)가 더 많다. 벌레 등의 생명체로 태어났을 때는 뼈가 없었고 물고기나 거북이 등으로 태어났을 때는 뼈가 더 많았다. 그러므로 뼈가 없거나 뼈가 많았던 경우는 제외하고 보통으로 뼈가 있었을 때(samaṭṭhi-kāla)만을 취해서 이와 같다는 것이다."(SA.ii.158)

독수리봉 산의 북쪽에 있는
크나큰 웨뿔라 산과 같을 것이네.

그러나 괴로움과 괴로움의 일어남
괴로움의 소멸 그리고
괴로움의 사라짐으로 인도하는
여덟 가지로 된 성스러운 도 —
이 [네 가지] 성스러운 진리를
바른 통찰지로 보는 사람은
최대로 일곱 번만 더
치달리고 [윤회한] 뒤에 [186]
모든 족쇄를 풀어서
괴로움을 끝낼 것이네."

제1장 첫 번째 품이 끝났다.

첫 번째 품에 포함된 경들의 목록은 다음과 같다.

① 풀과 나무 ② 땅
③ 눈물 ④ 젖 ⑤ 산
⑥ 겨자씨 ⑦ 제자 ⑧ 강가 강
⑨ 막대기 ⑩ 인간이다.

제2장 두 번째 품

Dudiya vagga

불행 경(S15:11)

Duggata-sutta

1. <사왓티의 아나타삔디까 원림(급고독원)에서>

3. "비구들이여, 그 시작을 알 수 없는 것이 바로 윤회다. 무명에 덮이고 갈애에 묶여서 치달리고 윤회하는 중생들에게 [윤회의] 처음 시작점은 결코 드러나지 않는다."

4. "비구들이여, 그대들이 불행하고 불운이 닥친 사람을 보면 '이 긴 [윤회의] 여정에서 우리도 저런 것을 겪게 될 것이다.'라는 이러한 결론에 도달해야 한다.

그것은 무슨 이유 때문인가? 비구들이여, 그 시작을 알 수 없는 것이 바로 윤회기 때문이다. … 비구들이여, 그러므로 형성된 것들[諸行]은 모두 염오해야 마땅하며 그것에 대한 탐욕이 빛바래도록 해야 마땅하며 해탈해야 마땅하다."

행복 경(S15:12)

Sukhita-sutta

3. "비구들이여, 그 시작을 알 수 없는 것이 바로 윤회다. 무명에 덮이고 갈애에 묶여서 치달리고 윤회하는 중생들에게 [윤회의] 처음 시작점은 결코 드러나지 않는다."

4. "비구들이여, 그대들이 행복하고 행운이 닥친 사람을 보면 [187] '이 긴 [윤회의] 여정에서 우리도 저런 것을 겪게 될 것이다.'라는 이러한 결론에 도달해야 한다.

그것은 무슨 이유 때문인가? 비구들이여, 그 시작을 알 수 없는 것이 바로 윤회기 때문이다. … 비구들이여, 그러므로 형성된 것들[諸行]은 모두 염오해야 마땅하며 그것에 대한 탐욕이 빛바래도록 해야 마땅하며 해탈해야 마땅하다."

삼십 명 경(S15:13)

Tiṁsamatta-sutta

1. 이와 같이 나는 들었다. 한때 세존께서는 라자가하에서 대나무 숲에 머무셨다.

2. 그때 빠와489)에 사는 30명의 비구들490)이 세존께 다가갔다. 그들은 모두 숲에 머무는 자들이었고, 탁발음식만 수용하는 자들이었고, 분소의를 입는 자들이었고, 삼의(三衣)만 수용하는 자들이었는데 아직 족쇄를 없애지 못한 자들이었다.491) 그들은 세존께 다가가

489) 빠와(Pāva)는 말라(Malla)들의 도시이다. 말라(Malla)는 인도 중원의 16개 국 가운데 하나였다. 부처님 시대에는 빠와(Pāvā)와 꾸시나라(Kusināra)의 두 부분으로 나누어져 있었는데 각각 빠와의 말라족은 빠웨이야까 말라(Pāveyyaka-Malla)라 불리었고 꾸시나라의 말라들은 꼬시나라까(Kosināraka)라 불리었다. 이미 「대반열반경」(D16)에서 빠와의 말라들이 꾸시나라로 전령을 보내어서 부처님의 사리를 나누어 줄 것을 청한 데서도 이 둘은 다른 나라였음을 알 수 있다. 부처님께서 쭌다의 마지막 공양을 드신 곳도 바로 이 빠와였으며, 『디가 니까야』 「정신경」(D29) §1에 의하면 니간타 나따뿟따는 이곳에서 임종하였다.

490) 『율장』의 『대품』(Vin.i.253~254)에 의하면 이 비구 무리들 때문에 안거가 끝날 때 안거에 참석한 비구들에게 가사를 공양하는 까티나(kaṭhina)에 관한 계율이 제정되었다고 한다.

서 세존께 절을 올리고 한 곁에 앉았다.

3. 그때 세존께서는 '이들 빠와에 사는 30명의 비구들은 모두 숲에 머무는 자들이고, 탁발음식만 수용하는 자들이고, 분소의를 입는 자들이고, 삼의(三衣)만 수용하는 자들인데 아직 족쇄를 없애지 못한 자들이다. 그러니 나는 이들이 바로 이 자리에서 취착이 없어져서 번뇌들로부터 마음이 해탈하도록 법을 설해야겠다.'라고 생각하셨다.

4. 그때 세존께서는 "비구들이여."라고 비구들을 부르셨다. "세존이시여."라고 비구들은 세존께 응답했다. 세존께서는 이렇게 말씀하셨다.

"비구들이여, 그 시작을 알 수 없는 것이 바로 윤회다. 무명에 덮이고 갈애에 묶여서 치달리고 윤회하는 중생들에게 [윤회의] 처음 시작점은 결코 드러나지 않는다.

비구들이여, 이를 어떻게 생각하는가? 그대들이 오랜 세월 치달리고 윤회하는 동안 머리가 잘려 흘리고 내뿜은 피와 사대양(四大洋)에 있는 물 가운데 어느 쪽이 더 많겠는가?"

"세존이시여, 저희들이 세존께서 설하신 법을 바르게 이해하기로는 저희들이 오랜 세월 치달리고 윤회하는 동안 머리가 잘려 [188] 흘리고 내뿜은 피가 더 많습니다. 사대양에 있는 물이 많은 것이 아닙니다."

5. "장하고 장하구나, 비구들이여. 그대들이 내가 설한 법을 이와 같이 바르게 이해하니 참으로 장하구나.

---

491) "이들 가운데 어떤 자들은 예류자(sotāpanna)였고 어떤 자들은 일래자(sakadāgāmi)였으며 어떤 자들은 불환자(anāgāmi)였다. 이들 가운데는 범부(puthujjana)나 번뇌 다한(khīṇāsava) [아라한]은 없었다."(SA.ii.159)

비구들이여, 이처럼 그대들이 오랜 세월 치달리고 윤회하는 동안 머리가 잘려 흘리고 내뿜은 피가 더 많다. 사대양에 있는 물이 많은 것이 아니다."

6~12. "비구들이여, 이를 어떻게 생각하는가? 그대들은 오랜 세월 치달리고 윤회하는 동안 소가 되어 소로 태어나서 머리가 잘려 흘리고 내뿜은 피와 …

물소가 되어 물소로 태어나서 머리가 잘려 흘리고 내뿜은 피와 …
양이 되어 양으로 태어나서 머리가 잘려 흘리고 내뿜은 피와 …
염소가 되어 염소로 태어나서 머리가 잘려 흘리고 내뿜은 피와 …
사슴이 되어 사슴으로 태어나서 머리가 잘려 흘리고 내뿜은 피와 …
닭이 되어 닭으로 태어나서 머리가 잘려 흘리고 내뿜은 피와 …
돼지가 되어 돼지로 태어나서 머리가 잘려 흘리고 내뿜은 피와 …"

13~15.

"오랜 세월 치달리고 윤회하는 동안 도둑이 되어 마을을 약탈하다가 잡혀서 머리가 잘려 흘리고 내뿜은 피와 …

오랜 세월 치달리고 윤회하는 동안 도둑이 되어 노상강도짓을 하다가 잡혀서 머리가 잘려 흘리고 내뿜은 피와 …

오랜 세월 치달리고 윤회하는 동안 도둑이 되어 부녀자를 강탈하다가 잡혀서 머리가 잘려 흘리고 내뿜은 피와 사대양에 있는 물 가운데 어느 쪽이 더 많겠는가?"

"세존이시여, 저희들이 세존께서 설하신 법을 바르게 이해하기로는 저희들이 오랜 세월 치달리고 윤회하는 동안 머리가 잘려 흘리고 내뿜은 피가 더 많습니다. 사대양에 있는 물이 많은 것이 아닙니다."

16. "장하고 장하구나, 비구들이여. 그대들이 내가 설한 법을 이와 같이 바르게 이해하니 참으로 장하구나.

비구들이여, 이처럼 그대들이 오랜 세월 치달리고 윤회하는 동안 머리가 잘려 흘리고 내뿜은 피가 더 많다. 사대양에 있는 물이 많은 것이 아니다.

그것은 무슨 이유 때문인가? 비구들이여, 그 시작을 알 수 없는 것이 바로 윤회기 때문이다. … 비구들이여, 그러므로 형성된 것들[諸行]은 모두 염오해야 마땅하며 그것에 대한 탐욕이 빛바래도록 해야 마땅하며 해탈해야 마땅하다."

17. 세존께서는 이렇게 말씀하셨다. 비구들은 흡족한 마음으로 세존의 말씀을 크게 기뻐하였다. [189] 이 상세한 설명[授記]492)이 설해졌을 때 빠와에 사는 30명의 비구들은 취착이 없어져서 번뇌들로부터 마음이 해탈하였다.

어머니 경(S15:14)

Mātu-sutta

1. <사왓티의 아나타삔디까 원림(급고독원)에서>

3. "비구들이여, 그 시작을 알 수 없는 것이 바로 윤회다. 무명에 덮이고 갈애에 묶여서 치달리고 윤회하는 중생들에게 [윤회의] 처음 시작점은 결코 드러나지 않는다."

4. "비구들이여, 이 긴 [윤회의] 여정에서 전에 어머니가 되지 않았던 중생을 만나기란 쉬운 것이 아니다. 그것은 무슨 이유 때문인

---

492) '상세한 설명[授記]'으로 옮긴 veyyākaraṇa(웨야까라나)에 대해서는 본서 제3권 「무아의 특징 경」(S22:59) §7의 주해를 참조할 것.

가? 비구들이여, 그 시작을 알 수 없는 것이 바로 윤회기 때문이다. … 비구들이여, 그러므로 형성된 것들[諸行]은 모두 염오해야 마땅하며 그것에 대한 탐욕이 빛바래도록 해야 마땅하며 해탈해야 마땅하다."

아버지 경(S15:15)
Pitu-sutta

3. "비구들이여, 그 시작을 알 수 없는 것이 바로 윤회다. 무명에 덮이고 갈애에 묶여서 치달리고 윤회하는 중생들에게 [윤회의] 처음 시작점은 결코 드러나지 않는다."

4. "비구들이여, 이 긴 [윤회의] 여정에서 전에 아버지가 되지 않았던 중생을 만나기란 쉬운 것이 아니다. 그것은 무슨 이유 때문인가? 비구들이여, 그 시작을 알 수 없는 것이 바로 윤회기 때문이다. … 비구들이여, 그러므로 형성된 것들[諸行]은 모두 염오해야 마땅하며 그것에 대한 탐욕이 빛바래도록 해야 마땅하며 해탈해야 마땅하다."

형제 경(S15:16)
Bhātu-sutta

3. "비구들이여, 그 시작을 알 수 없는 것이 바로 윤회다. 무명에 덮이고 갈애에 묶여서 치달리고 윤회하는 중생들에게 [윤회의] 처음 시작점은 결코 드러나지 않는다."

4. "비구들이여, 이 긴 [윤회의] 여정에서 전에 형제가 되지 않았던 중생을 만나기란 쉬운 것이 아니다. 그것은 무슨 이유 때문인

가? 비구들이여, 그 시작을 알 수 없는 것이 바로 윤회기 때문이다. … 비구들이여, 그러므로 형성된 것들[諸行]은 모두 염오해야 마땅하며 그것에 대한 탐욕이 빛바래도록 해야 마땅하며 해탈해야 마땅하다."

자매 경(S15:17)
Bhagini-sutta

3. "비구들이여, 그 시작을 알 수 없는 것이 바로 윤회다. 무명에 덮이고 갈애에 묶여서 치달리고 윤회하는 중생들에게 [윤회의] 처음 시작점은 결코 드러나지 않는다."

4. "비구들이여, 이 긴 [윤회의] 여정에서 전에 자매가 되지 않았던 중생을 만나기란 쉬운 것이 아니다. 그것은 무슨 이유 때문인가? 비구들이여, 그 시작을 알 수 없는 것이 바로 윤회기 때문이다. … 비구들이여, 그러므로 형성된 것들[諸行]은 모두 염오해야 마땅하며 그것에 대한 탐욕이 빛바래도록 해야 마땅하며 해탈해야 마땅하다."

아들 경(S15:18)
Putta-sutta

3. "비구들이여, [190] 그 시작을 알 수 없는 것이 바로 윤회다. 무명에 덮이고 갈애에 묶여서 치달리고 윤회하는 중생들에게 [윤회의] 처음 시작점은 결코 드러나지 않는다."

4. "비구들이여, 이 긴 [윤회의] 여정에서 전에 아들이 되지 않았던 중생을 만나기란 쉬운 것이 아니다. 그것은 무슨 이유 때문인

가? 비구들이여, 그 시작을 알 수 없는 것이 바로 윤회기 때문이다. … 비구들이여, 그러므로 형성된 것들[諸行]은 모두 염오해야 마땅하며 그것에 대한 탐욕이 빛바래도록 해야 마땅하며 해탈해야 마땅하다."

딸 경(S15:19)
Dhītu-sutta

3. "비구들이여, 그 시작을 알 수 없는 것이 바로 윤회다. 무명에 덮이고 갈애에 묶여서 치달리고 윤회하는 중생들에게 [윤회의] 처음 시작점은 결코 드러나지 않는다."

4. "비구들이여, 이 긴 [윤회의] 여정에서 전에 딸이 되지 않았던 중생을 만나기란 쉬운 것이 아니다. 그것은 무슨 이유 때문인가? 비구들이여, 그 시작을 알 수 없는 것이 바로 윤회기 때문이다. 무명에 덮이고 갈애에 묶여서 치달리고 윤회하는 중생들에게 [윤회의] 처음 시작점은 결코 드러나지 않는다."

5. "비구들이여, 이와 같이 오랜 세월 그대들은 괴로움을 겪었고 혹독함을 겪었고 재앙을 겪었고 무덤을 증가시켰다. 비구들이여, 그러므로 형성된 것들[諸行]은 모두 염오해야 마땅하며 그것에 대한 탐욕이 빛바래도록 해야 마땅하며 해탈해야 마땅하다."

웨뿔라 산 경(S15:20)
Vepullapabbata-sutta

1. 이와 같이 나는 들었다. 한때 세존께서는 라자가하에서 독수리봉 산에 머무셨다.

2. 거기서 세존께서는 "비구들이여."라고 비구들을 부르셨다. "세존이시여."라고 비구들은 세존께 응답했다. 세존께서는 이렇게 말씀하셨다.

3. "비구들이여, 그 시작을 알 수 없는 것이 바로 윤회다. 무명에 덮이고 갈애에 묶여서 치달리고 윤회하는 중생들에게 [윤회의] 처음 시작점은 결코 드러나지 않는다."

4. "비구들이여, 옛날에 이 웨뿔라 산은 빠찌나왐사라 불리었다. [191] 그 무렵 사람들은 띠와라라 불리었는데 띠와라라 불리었던 인간들의 수명의 한계는 4만년이었다.[493] 비구들이여, 띠와라 인간들은 빠찌나왐사 산을 4일이 걸려서 올라갔고 4일이 걸려서 내려왔다.

비구들이여, 그 무렵 까꾸산다 세존·아라한·정등각자가 세상에 출현하셨다. 까꾸산다 세존·아라한·정등각자께는 위두라와 산지와라는 고결한 두 상수제자가 있었다.

보라, 비구들이여. 그러했던 이 산의 이름도 사라졌고, 그때의 사람들도 죽었으며, 그분 세존께서도 반열반하셨다."

5. "비구들이여, 이와 같이 형성된 것들은 무상하다. 비구들이여, 이와 같이 형성된 것들은 견고하지 않다. 비구들이여, 이와 같이 형성된 것들은 안식(安息)을 주지 못한다. 비구들이여, 그러므로 형성된 것들[諸行]은 모두 염오해야 마땅하며 그것에 대한 탐욕이 빛바래

---

493) 부처님들의 시대에 따라 달랐던 인간의 수명에 대해서는 『디가 니까야』 제2권 「대전기경」(D14/ii.3~4) §1.7을 참조할 것. 『디가 니까야』 제3권 「전륜성왕 사자후 경」(D26/iii.68~76) §14 이하에서는 도덕적 타락과 성숙에 따라서 인간의 수명이 8만 4천 살에서 10살로 줄었다가 다시 팔만 살로 늘어나는 과정과, §25에서는 그때 미륵불(Metteyya Buddha)이 출현하는 것이 묘사되고 있다.

도록 해야 마땅하며 해탈해야 마땅하다."

6. "비구들이여, 옛날에 이 웨뿔라 산은 왕까까라 불리었다. 그 무렵 사람들은 로히땃사라 불리었는데 로히땃사라 불리었던 인간들의 수명의 한계는 3만년이었다.494) 비구들이여, 로히땃사 인간들은 왕까까 산을 3일이 걸려서 올라갔고 3일이 걸려서 내려왔다.

비구들이여, 그 무렵 꼬나가마나 세존·아라한·정등각자가 세상에 출현하셨다. 꼬나가마나 세존·아라한·정등각자께는 비요사와 웃따라라는 고결한 두 상수제자가 있었다.

보라, 비구들이여. 그러했던 이 산의 이름도 사라졌고, 그때의 사람들도 죽었으며, 그분 세존께서도 반열반하셨다."

7. "비구들이여, [192] 이와 같이 형성된 것들은 무상하다. 비구들이여, 이와 같이 형성된 것들은 견고하지 않다. 비구들이여, 이와 같이 형성된 것들은 안식(安息)을 주지 못한다. 비구들이여, 그러므로 형성된 것들[諸行]은 모두 염오해야 마땅하며 그것에 대한 탐욕이 빛바래도록 해야 마땅하며 해탈해야 마땅하다."

8. "비구들이여, 옛날에 이 웨뿔라 산은 수빳사라 불리었다. 그

---

494) 주석서에 의하면 여기 꼬나가마나(Konāgamana) 부처님 시대의 수명은 까꾸산다(Kakusandha) 부처님 때의 4만 살로부터 점점 줄어서(parihāyamāna) 3만 살이 된 것이 아니라 까꾸산다 부처님의 반열반 후에 4만 살로부터 점점 줄어서 10살까지 되었다가 다시 아승기(asaṅkheyya, 헤아릴 수 없음)의 기간으로 점점 늘었다가(vaḍḍhamāna) 다시 줄어들어서 3만 살이 된 것이라고 한다. 아래에 나타나는 2만 살 등의 경우에도 마찬가지 방법이 적용되어야 한다고 적고 있다.(SA.ii.160)
본경에 나타나는 까꾸산다 부처님과 꼬나가마나 부처님과 깟사빠(Kassapa) 부처님은 각각 칠불 가운데 네 번째와 다섯 번째와 여섯 번째 부처님이다. 여기에 대해서는 『디가 니까야』 제2권 「대전기경」(D14) §1.4를 참조할 것.

무렵 사람들은 숩삐야라 불리었는데 숩삐야라 불리었던 인간들의 수명의 한계는 2만년이었다. 비구들이여, 숩삐야 인간들은 수빳사 산을 2일이 걸려서 올라갔고 2일이 걸려서 내려왔다.

비구들이여, 그 무렵 깟사빠 세존·아라한·정등각자가 세상에 출현하셨다. 깟사빠 세존·아라한·정등각자께는 띳사와 바라드와자라는 고결한 두 상수제자가 있었다.

보라, 비구들이여. 그러했던 이 산의 이름도 사라졌고, 그때의 사람들도 죽었으며, 그분 세존께서도 반열반하셨다."

9. "비구들이여, 이와 같이 형성된 것들은 무상하다. 비구들이여, 이와 같이 형성된 것들은 견고하지 않다. 비구들이여, 이와 같이 형성된 것들은 안식(安息)을 주지 못한다. 비구들이여, 그러므로 형성된 것들[諸行]은 모두 염오해야 마땅하며 그것에 대한 탐욕이 빛바래도록 해야 마땅하며 해탈해야 마땅하다."

10. "비구들이여, 지금 이 웨뿔라 산은 웨뿔라라 불린다. 지금의 사람들은 마가다 사람들이라 불리는데 마가다 사람들이라 불리는 인간들의 수명의 한계는 짧고 제한적이고 빨리 지나가 버려, 오래 살아도 백 년의 이쪽저쪽이다. 비구들이여, 마가다 사람들은 웨뿔라 산을 한 시간이면 올라가고 한 시간이면 내려온다.

비구들이여, 지금에는 내가 아라한·정등각자로 세상에 출현하였다. 나에게는 사리뿟따와 목갈라나라는 고결한 두 상수제자가 있다.

비구들이여, 이러한 [193] 이 산의 이름도 사라지게 될 것이고, 이 사람들도 죽을 것이며, 나도 반열반할 그런 시간이 있을 것이다."

11. "비구들이여, 이와 같이 형성된 것들은 무상하다. 비구들이여, 이와 같이 형성된 것들은 견고하지 않다. 비구들이여, 이와 같이

형성된 것들은 안식(安息)을 주지 못한다. 비구들이여, 그러므로 형성된 것들[諸行]은 모두 염오해야 마땅하며 그것에 대한 탐욕이 빛바래도록 해야 마땅하며 해탈해야 마땅하다."

12. 세존께서는 이렇게 말씀하셨다. 스승이신 선서께서는 이렇게 말씀하신 뒤 다시 [게송으로] 이와 같이 설하셨다.

"띠와라들에게는 빠찌나왐사였고
로히땃사들에게는 왕까까였으며
숩삐야들에게는 수빳사이었고
마가다들에게는 웨뿔라였다네.

형성된 것들[諸行]은 참으로 무상하여
일어났다가는 사라지는 법이라네.
일어났다가는 다시 소멸하나니
이들의 가라앉음 진정한 행복일세."495)

제2장 두 번째 품이 끝났다.

두 번째 품에 포함된 경들의 목록은 다음과 같다.

① 불행 ② 행복 ③ 삼십 명 ④ 어머니 ⑤ 아버지
⑥ 형제 ⑦ 자매 ⑧ 아들 ⑨ 딸 ⑩ 웨뿔라 산이다.

시작을 알지 못함 상윳따(S15)가 끝났다.

---

495) 이 게송은 본서 제1권 「반열반 경」(S6:15) {809}와 「난다나 경」(S1:11) {21}로도 나타나고 있다. 게송의 설명은 「난다나 경」(S1:11) {21}의 주해를 참조할 것.

제16주제

깟사빠 상윳따(S16)

제16주제(S16)

깟사빠 상윳따

Kassapa-saṁyutta

만족 경(S16:1)

Santuṭṭha-sutta

1. <사왓티의 아나타삔디까 원림(급고독원)에서> [194]

3. "비구들이여, 깟사빠496)는 어떤 옷으로도 만족497)하고, 어

496) 본경과 본 상윳따(S16)에서 언급되고 있는 깟사빠 존자는 마하깟사빠 존자이다.
마하깟사빠 존자(āyasmā Mahā-Kassapa)는 마가다의 마하띳타(Mahātittha)에서 바라문으로 태어났으며 이름은 삡빨리(Pippali)였다. 그는 일찍 결혼하였으나 아내(Bhaddā)와 논의하여 둘 다 출가하였다.(A1:14:5-10의 밧다 까삘라니 주해 참조) 『앙굿따라 니까야』 「하나의 모음」(A1:14:1-4)에서 세존께서는 "두타행을 하는 자(dhuta-vāda)들 가운데서 마하깟사빠(대가섭)가 으뜸"이라고 칭찬하고 계시며, 그는 부처님이 반열반하신 후 교단을 이끌었던 분이기도 하다. 북방에서도 마하깟사빠 존자는 두타제일로 꼽힌다. 본 「깟사빠 상윳따」(S16)의 여러 경들은 그의 출중한 경지를 잘 드러내어 주고 있다. 그는 교단에서 장수한 인물로 꼽히며 120살까지 살았다고 한다. 주석서는 초기교단에서 장수한 인물로 마하깟사빠 존자, 박꿀라 존자, 아난다 존자를 들고 있는데 모두 120세까지 사신 분들로 알려져 있다.(AA.iii.243~244)
깟사빠는 지금도 인도에서 유력한 바라문의 족성이다. 그러므로 부처님 제자 가운데도 깟사빠 성을 가진 분들이 많았다. 그래서 이를 구분하기 위해서 일차합송을 주도한 깟사빠 존자를 마하깟사빠(대가섭, 大迦葉)라 칭하고, 1000명의 제자와 함께 귀의한 가섭 삼형제는 우루웰라 깟사빠(우루빈라 가섭, 優樓頻螺 迦葉)라 부르며, 나체수행자 출신 깟사빠는 아쩰라 깟사빠(무의가섭, 無衣迦葉)라 부른다.

497) 주석서에 의하면 세 가지 '만족(santosa)'이 있다. 그것은 ① 얻은 것에 따른 만족(yathā-lābha-santosa)이니 좋은 것이든 나쁜 것이든 그가 얻은

떤 옷으로도 만족하는 것을 칭찬한다. 그는 옷을 원인으로 하여 삿된 방법과 부적당함에 의존하지 않는다. 옷을 얻지 못하더라도 안달복달하지 않고 옷을 얻더라도 묶이지 않고 홀리지 않고 집착하지 않으며 위험함을 보고 벗어남을 통찰하면서 사용한다."498)

4. "비구들이여, 깟사빠는 어떤 탁발음식으로도 만족하고, 어떤 탁발음식으로도 만족하는 것을 칭찬한다. 그는 탁발음식을 원인으로 하여 삿된 방법과 부적당함에 의존하지 않는다. 탁발음식을 얻지 못하더라도 안달복달하지 않고 탁발음식을 얻더라도 묶이지 않고 홀리지 않고 집착하지 않으며 위험함을 보고 벗어남을 통찰하면서 사용한다."

네 가지 필수품(옷, 탁발음식, 거처, 약품)만으로 만족하는 것이고, ② 능력에 따른 만족(yathā-bala-santosa)이니 네 가지 필수품을 사용하여 자신의 건강을 유지하는 것으로 만족하는 것이고, ③ 적당한 것에 따른 만족(yathā-sāruppa-santosa)이니 사치스런 것은 멀리하고 가장 단출한 네 가지 필수품으로 만족하는 것이다.(SA.ii.161~163)

세 가지 만족에 대한 주석서 전문은 보디 스님이 번역한 *Discourse on the Fruits of Recluseship*(『디가 니까야』 「사문과경」(D2)과 그에 해당하는 주석서), pp.134~137을 참조할 것. 『청정도론』 I.60~84에서는 네 가지 필수품에 대한 잘못된 추구(esanā)를 상세하게 다루고 있다.

498) "'옷을 얻지 못하더라도 안달복달하지 않고'라는 것은 어떤 사람은 옷을 얻지 못하면 '어떻게 해서 옷을 얻어야 하나?'라고 하면서 공덕이 많은 비구들을 의지하여 안달복달하는데, 그는 이렇게 하지 않는다는 뜻이다.

'위험함을 보고(ādīnava-dassāvi)'란 바르지 못한 방법으로 [옷을 구함에 대한] 범계(犯戒, anesan-āpatti)와 [옷에] 묶여서 사용하는 것(gadhita-paribhoga)에 대한 위험함을 본다는 말이다."(SA.ii.163)

한편 『청정도론』 I.85~97에는 『맛지마 니까야』 「제번뇌단속 경」(M2/i.10) §§13~17에 "그는 지혜롭게 숙고하면서 옷을 수용하나니 오직 추위를 물리치고, …" 등으로 나타나는 네 가지 필수품에 관한 정형구를 상세히 설명하고 있으므로 참조할 것.

본경에 나타나는 네 가지 필수품에 관한 구절은 『앙굿따라 니까야』 제2권 「계보 경」(A4:28) §1에도 나타나고 있다.

5. “비구들이여, 깟사빠는 어떤 거처로도 만족하고, 어떤 거처로도 만족하는 것을 칭찬한다. 그는 거처를 원인으로 하여 삿된 방법과 부적당함에 의존하지 않는다. 거처를 얻지 못하더라도 안달복달하지 않고 거처를 얻더라도 묶이지 않고 홀리지 않고 집착하지 않으며 위험함을 보고 벗어남을 통찰하면서 사용한다.”

6. “비구들이여, 깟사빠는 어떤 병구완을 위한 약품으로도 만족하고, 어떤 병구완을 위한 약품으로도 만족하는 것을 칭찬한다. 그는 병구완을 위한 약품을 원인으로 하여 삿된 방법과 부적당함에 의존하지 않는다. 병구완을 위한 약품을 얻지 못하더라도 안달복달하지 않고 병구완을 위한 약품을 얻더라도 묶이지 않고 홀리지 않고 집착하지 않으며 위험함을 보고 벗어남을 통찰하면서 사용한다.”

7. “비구들이여, 그러므로 여기서 이와 같이 공부지어야 한다.

‘나는 어떤 옷으로도 만족하고, 어떤 옷으로도 만족하는 것을 [195] 칭찬할 것이다. 나는 옷을 원인으로 하여 삿된 방법과 부적당함에 의존하지 않을 것이다. 옷을 얻지 못하더라도 안달복달하지 않고 옷을 얻더라도 묶이지 않고 홀리지 않고 집착하지 않으며 위험함을 보고 벗어남을 통찰하면서 사용할 것이다.

나는 어떤 탁발음식으로도 만족하고, 어떤 탁발음식으로도 만족하는 것을 칭찬할 것이다. 나는 탁발음식을 원인으로 하여 삿된 방법과 부적당함에 의존하지 않을 것이다. 탁발음식을 얻지 못하더라도 안달복달하지 않고 탁발음식을 얻더라도 묶이지 않고 홀리지 않고 집착하지 않으며 위험함을 보고 벗어남을 통찰하면서 사용할 것이다.

나는 어떤 거처로도 만족하고, 어떤 거처로도 만족하는 것을 칭찬할 것이다. 나는 거처를 원인으로 하여 삿된 방법과 부적당함에 의존하지 않을 것이다. 거처를 얻지 못하더라도 안달복달하지 않고 거처를 얻더라도 묶이지 않고 홀리지 않고 집착하지 않으며 위험함을 보고 벗어남을 통찰하면서 사용할 것이다.

나는 어떤 병구완을 위한 약품으로도 만족하고, 어떤 병구완을 위한 약품으로도 만족하는 것을 칭찬할 것이다. 나는 병구완을 위한 약품을 원인으로 하여 삿된 방법과 부적당함에 의존하지 않을 것이다. 병구완을 위한 약품을 얻지 못하더라도 안달복달하지 않고 병구완을 위한 약품을 얻더라도 묶이지 않고 홀리지 않고 집착하지 않으며 위험함을 보고 벗어남을 통찰하면서 사용할 것이다.'라고. 비구들이여, 그대들은 참으로 이와 같이 공부지어야 한다."

8. "비구들이여, 나는 깟사빠를 [본보기로] 하거나 깟사빠와 같은 자를 [본보기로] 하여[499] 그대들에게 교계를 할 것이다. 그대들은 교계를 받아서 이와 같이 되기 위해서 도를 닦아야 한다."[500]

---

499) [ ] 안은 주석서(SA.ii.163~164)를 참조하여 넣은 것이다. 주석서를 요약하면, '마하깟사빠 장로나 마하깟사빠 장로와 같은(sādisa) 사람이 네 가지 필수품(paccaya)에 대해서 세 가지 만족(santosa)으로 만족하는(santuṭṭha) 것처럼 그대들도 그와 같은 사람들(tathā-rūpā)이 되라고 교계하시는 것이다.'이다.

500) "'이와 같이 되기 위해서 도를 닦아야 한다(tathattāya paṭipajjitabbaṁ).'고 하셨다. [이 뜻은 이러하다.] '만족을 설하는 본경(santuṭṭhi-sutta)에서 정등각자의 의무(짐, bhāra)는 [번뇌]의 말살을 실천하는 도닦음(sallekh-ācāra-paṭipatti)을 설하는 것이다. 우리의 의무도 이 도닦음을 완성하여 가득 채우는 것(pūraṇa)이다. 그러니 우리에게 주어진 의무를 다해야 한다.'라고 이와 같이 그대들은 내가 설한 것을 잘 생각한 뒤에 그렇게 됨을 위해서(tathattāya) 즉 이와 같이 되기 위해서(tathā-bhāvāya) 도를 닦아야 한다."(SA.ii.164)
'이와 같이 되기 위함'으로 옮긴 원어는 tathatta인데 중국에서 如如로 옮긴 술어이다. 주석서의 설명에서 보듯이 여기서의 의미는 여여함을 [증득하기] 위해서라기보다는 깟사빠 존자나 깟사빠 존자를 닮은 사람과 같이 되기 위해서로 보는 것이 더 자연스럽다.

수치심 없는 자 경(S16:2)

Anottappī-sutta

1. 이와 같이 나는 들었다. 한때 마하깟사빠 존자와 사리뿟따 존자는 바라나시에서 이시빠따나의 녹야원에 머물렀다.

2. 그때 사리뿟따 존자는 해거름에 [낮 동안의] 홀로 앉음을 풀고 자리에서 일어나 마하깟사빠 존자에게 다가갔다. 가서는 마하깟사빠 존자와 함께 환담을 나누었다. 유쾌하고 기억할 만한 이야기로 서로 담소를 하고서 한 곁에 앉았다. 한 곁에 앉은 사리뿟따 존자는 마하깟사빠 존자에게 이렇게 말했다.

3. "도반 깟사빠여, 근면하지 않고 수치심이 없는 자는 바른 깨달음을 증득할 수 없고 열반을 실현할 수 없고 위없는 유가안은(瑜伽安隱)을 얻을 수 없다고 합니다.[501] 그러나 근면하고 수치심이 있는 자는 [196] 바른 깨달음을 증득할 수 있고 열반을 실현할 수 있고 위없는 유가안은을 얻을 수 있다고 합니다."

---

501) "'근면하지 않는 자(anātāpi)'란 오염원을 태워버리는(kilese ātapati) 정진(vīriya)이 없는 자를 말한다. '수치심이 없는 자(anottappi)'란 오염원이 생긴 것(kiles-uppatti)과 유익한 [법]이 생기지 않은 것(kusala-anuppatti)에 대해서 두려움이 없는 자(bhaya-rahita)를 말한다.
'위없는 유가안은(anuttara yogakkhema)'이란 아라한됨(arahatta)을 말하며, 이것은 위가 없고 네 가지 속박(yoga)으로부터 안은하기(khema) 때문에 이렇게 부르는 것이다."(SA.ii.164)
『앙굿따라 니까야』「속박 경」(A4:10)에 의하면 네 가지 속박(yoga)은 감각적 욕망(kāma)의 속박, 존재(bhava)의 속박, 견해(diṭṭhi)의 속박, 무명(avijjā)의 속박인데 이것은 네 가지 폭류(ogha)와 같다.(네 가지 폭류에 대해서는 본서 제1권「폭류 경」(S1:1) §3의 주해를 참조할 것.) 유가안은(瑜伽安隱, yoga-kkhema)에 대해서는 본서 제4권「유가안은을 설하는 자 경」(S35:104) §2의 주해와 본서 제1권「까시 바라드와자 경」(S7:11) {665}의 주해를 참조할 것.

4. "도반이여, 그러면 어떻게 해서 근면하지 않고 수치심이 없는 자는 바른 깨달음을 증득할 수 없고 열반을 실현할 수 없고 위없는 유가안은을 얻을 수 없습니까? 그리고 어떻게 해서 근면하고 수치심이 있는 자는 바른 깨달음을 증득할 수 있고 열반을 실현할 수 있고 위없는 유가안은을 얻을 수 있다고 합니까?"

5. "도반이여, 그러면 어떻게 해서 근면하지 않은 자가 됩니까?

도반이여, 여기 비구는 '아직 나에게 일어나지 않은 나쁘고 해로운 법들이 일어나게 되면 그것은 손해가 될 것이다.'라고 하면서도 근면함을 행하지 않습니다. '이미 나에게 일어난 나쁘고 해로운 법들을 제거하지 못하면 그것은 손해가 될 것이다.'라고 하면서 근면함을 행하지 않습니다. '아직 나에게 일어나지 않은 유익한 법들이 일어나지 않게 되면 그것은 손해가 될 것이다.'라고 하면서도 근면함을 행하지 않습니다. '이미 나에게 일어난 유익한 법들이 소멸하게 되면 그것은 손해가 될 것이다.'라고 하면서도 근면함을 행하지 않습니다. 도반이여, 이렇게 하여 그는 근면하지 않은 자가 됩니다."[502)]

6. "도반이여, 그러면 어떻게 해서 수치심이 없는 자가 됩니까?

도반이여, 여기 비구는 '아직 나에게 일어나지 않은 나쁘고 해로운 법들이 일어나게 되면 그것은 손해가 될 것이다.'라고 하는 수치심이 없어져 버립니다. '이미 나에게 일어난 나쁘고 해로운 법들을 제거하지 못하면 그것은 손해가 될 것이다.'라고 하는 수치심이 없어져 버립니다. '아직 나에게 일어나지 않은 유익한 법들이 일어나지 않게

---

502) 본문에 나타나는 네 가지 숙고는 네 가지 바른 정진[正精進, sammā-vāyāma, 본서 제5권 S45:8 참조]과 네 가지 바른 노력[四正勤, samma-ppadhāna, S49:1~12 참조]과 상응한다.

되면 그것은 손해가 될 것이다.'라고 하는 수치심이 없어져 버립니다. '이미 나에게 일어난 유익한 법들이 소멸하게 되면 그것은 손해가 될 것이다.'라고 하는 수치심이 없어져 버립니다. [197] 도반이여, 이렇게 하여 그는 수치심이 없는 자가 됩니다."

7. "도반이여, 이처럼 근면하지 않고 수치심이 없는 자는 바른 깨달음을 증득할 수 없고 열반을 실현할 수 없고 위없는 유가안은을 얻을 수 없습니다."

8. "도반이여, 그러면 어떻게 해서 근면한 자가 됩니까?

도반이여, 여기 비구는 '아직 나에게 일어나지 않은 나쁘고 해로운 법들이 일어나게 되면 그것은 손해가 될 것이다.'라고 하여 근면함을 행합니다. '이미 나에게 일어난 나쁘고 해로운 법들을 제거하지 못하면 그것은 손해가 될 것이다.'라고 하여 근면함을 행합니다. '아직 나에게 일어나지 않은 유익한 법들이 일어나지 않게 되면 그것은 손해가 될 것이다.'라고 하여 근면함을 행합니다. '이미 나에게 일어난 유익한 법들이 소멸하게 되면 그것은 손해가 될 것이다.'라고 하여 근면함을 행합니다. 도반이여, 이렇게 하여 그는 근면한 자가 됩니다."

9. "도반이여, 그러면 어떻게 해서 수치심이 있는 자가 됩니까?

도반이여, 여기 비구는 '아직 나에게 일어나지 않은 나쁘고 해로운 법들이 일어나게 되면 그것은 손해가 될 것이다.'라고 하여 수치심을 가집니다. '이미 나에게 일어난 나쁘고 해로운 법들을 제거하지 못하면 그것은 손해가 될 것이다.'라고 하여 수치심을 가집니다. '아직 나에게 일어나지 않은 유익한 법들이 일어나지 않게 되면 그것은 손해가 될 것이다.'라고 하여 수치심을 가집니다. '이미 나에게 일어난 유익한 법들이 소멸하게 되면 그것은 손해가 될 것이다.'라고 하여 수치심을 가집니다. 도반이여, 이렇게 하여 그는 수치심이 있는 자가 됩니다."

10. "도반이여, 이처럼 근면하고 수치심이 있는 자는 바른 깨달음을 증득할 수 있고 열반을 실현할 수 있고 위없는 유가안은을 얻을 수 있습니다."

달의 비유 경(S16:3)

Candūpama-sutta

1. <사왓티의 아나타삔디까 원림(급고독원)에서>

3. "비구들이여, 그대들이 [걸식하기 위해서] 신도 집을 방문할 때는 [198] 몸을 거두어들이고 마음을 거두어들여서,503) 항상 처음 방문하는 자처럼 처신하고, 신도 집들에 대해서 염치있는 자가 되어, 달의 비유처럼 방문해야 한다."504)

---

503) '신도 집'은 kulāni를 옮긴 것인데 '신도들, 가문들'이라 직역된다. 아래 「신도 집 방문 경」(S16:4)에 해당하는 주석서에서 kulāni를 kula-gharā(신도 집들)로 설명하고 있어서 이렇게 옮겼다.
'거두어들이고'는 apakassa를 옮긴 것이다. 주석서는 이 단어를 절대분사 apakassitvā(apa+√kṛṣ, *to draw, to shrink*)로 설명하고 있다.(SA.ii.165) 그래서 거두어들이고로 옮겼다. 대상으로부터 몸과 마음을 거두어들이고 조심하는 것을 말한다.

504) "달(canda)은 하늘(gagana-tala)을 가로질러 가면서(pakkhandamāna) 그 누구와도 친교를 맺지 않고, 애정이나 애착을 가지지 않고, 좋아함이나 바람을 가지지도 않고, 그 누구도 사로잡지 않지만, 그래도 많은 사람들이 달을 좋아하고(piya) 마음에 들어(manāpa) 한다. 그러므로 그대들도 그 누구와도 친교를 맺지 않고 … 그 누구도 사로잡지 않아야 한다. 그렇지만 마치 많은 사람들이 달을 좋아하고 마음에 들어 하듯이 그대들도 이와 같이 신도 집을 방문해야 한다. 나아가서 마치 달이 어둠(andhakāra)을 몰아내고 광명(āloka)을 발하듯이 그대들도 오염원의 어둠을 몰아내고(kilesandhakāra-vidhamana) 지혜의 광명을 발해야(ñāṇ-āloka-pharaṇa) 한다.

4. "비구들이여, 예를 들면 어떤 사람이 오래된 우물이나 산의 절벽이나 홍수가 난 강을 내려다볼 때는 몸을 거두어들이고 마음을 거두어들여서 내려다보는 것과 같다. 비구들이여, 그와 같이 [걸식하기 위해서] 신도 집을 방문할 때는 몸을 거두어들이고 마음을 거두어들여서 항상 처음 방문하는 자처럼 처신하고 신도 집들에 대해서 염치있는 자가 되어 달의 비유처럼 방문해야 한다.

비구들이여, 깟사빠는 [걸식하기 위해서] 신도 집을 방문할 때 몸을 거두어들이고 마음을 거두어들여서 항상 처음 방문하는 자처럼 처신하고 신도 집들에 대해서 염치있는 자가 되어 달의 비유처럼 방문한다."

5. "비구들이여, 이를 어떻게 생각하는가? 어떤 비구가 [걸식하기 위해서] 신도 집을 방문하기에 적합한가?"

"세존이시여, 저희들의 법은 세존을 근원으로 하며, 세존을 길잡이로 하며, 세존을 귀의처로 합니다. 세존이시여, 세존께서 방금 말씀하신 이 뜻을 [친히] 밝혀주신다면 참으로 감사하겠습니다. 세존으로부터 잘 듣고 비구들은 마음에 새겨 지닐 것입니다."

6. 그때 세존께서는 허공에 손을 흔드셨다.505)

"비구들이여, 예를 들면 이 손은 허공에 걸리지 않고 붙잡히지 않고 묶이지 않는 것과 같다. 비구들이여, 그와 같이 어떤 비구든지 신

이러한 방법으로 그 뜻을 봐야 한다."(SA.ii.165)

505) "이 표현은 삼장의 부처님 말씀 가운데서(tepiṭake buddhavacane) 오직 여기에만 나타나는 구문(asambhinna-pada)이다."(SA.ii.169)
다른 어디에도 '세존께서는 허공에 손을 흔드셨다(bhagavā ākāse pāṇiṁ cālesi).'라는 구문이 나타나지 않기 때문이라고 복주서는 그 이유를 설명하고 있다.(SAṬ.ii.139)

도 집을 방문할 때는 '이득을 바라는 자는 이득을 얻게 되기를! 공덕을 바라는 자는 공덕을 짓게 되기를!'이라고 생각할 뿐, 마음이 신도 집에 걸리지 않고 붙잡히지 않고 묶이지 않아야 한다."

7. "비구들이여, 남들의 이득에 대해서 그것이 마치 자신의 이득인 양 마음이 흡족해하고 기뻐하는 이런 비구가 [걸식하기 위해서] 신도 집을 방문하기에 적합하다.

비구들이여, 깟사빠는 [걸식하기 위해서] 신도 집을 방문할 때 '이득을 바라는 자는 이득을 얻게 되기를! 공덕을 바라는 자는 공덕을 짓게 되기를!'이라고 생각할 뿐, 마음이 신도 집에 걸리지 않고 붙잡히지 않고 묶이지 않는다. 그는 남들의 이득에 대해서 그것이 마치 자신의 이득인 양 마음이 흡족해하고 기뻐한다. 비구들이여, 이러한 비구가 신도 집을 방문하기에 적합하다."

8. "비구들이여, [199] 이를 어떻게 생각하는가? 어떤 비구의 설법이 청정하지 못하며, 어떤 비구의 설법이 청정한가?"

"세존이시여, 저희들의 법은 세존을 근원으로 하며, 세존을 길잡이로 하며, 세존을 귀의처로 합니다. 세존이시여, 세존께서 방금 말씀하신 이 뜻을 [친히] 밝혀주신다면 참으로 감사하겠습니다. 세존으로부터 듣고 비구들은 그것을 잘 호지할 것입니다."

"비구들이여, 그렇다면 이제 그것을 들어라. 듣고 마음에 잘 새겨라. 나는 설할 것이다."

"그렇게 하겠습니다, 세존이시여."라고 비구들은 세존께 응답했다.

세존께서는 이렇게 말씀하셨다.

9. "비구들이여, 어떤 비구든지 '오, 참으로 저들이 내가 설하는 법을 듣기를. 듣고는 법에 대해서 청정한 믿음을 내기를. 청정한 믿

음을 가지면 나에게 청정한 믿음의 표시를 드러내기를.'506) 이라는 마음으로 남에게 법을 설하면 그러한 비구의 설법은 청정하지 못하다."

10. "비구들이여, 그러나 비구가 '법은 세존에 의해서 잘 설해졌고, 스스로 보아 알 수 있고, 시간이 걸리지 않고, 와서 보라는 것이고, 향상으로 인도하고, 지자들이 각자 알아야 하는 것이다.507) 오, 참으로 저들이 내가 설하는 법을 듣기를. 듣고는 법을 완전하게 알게 되기를. 완전하게 안 뒤에는 이와 같이 되기 위해서 도를 닦기를.'이라는 마음으로 남에게 법을 설한다 하자. 이처럼 비구가 법이 본래부터 수승함을 반연하여 남들에게 법을 설하고, 연민하는 마음을 내고 동정하는 마음을 내고 애민하는 마음을 내어508) 남들에게 법을 설하면 이러한 비구의 설법은 청정하다."

11. "비구들이여, 깟사빠는 '법은 세존에 의해서 잘 설해졌고, 스스로 보아 알 수 있고, 시간이 걸리지 않고, 와서 보라는 것이고, 향상으로 인도하고, 지자들이 각자 알아야 하는 것이다. [200] 오, 참으로 저들이 내가 설하는 법을 듣기를. 듣고는 법을 완전하게 알게 되

506) "'청정한 믿음의 표시를 드러내기를(pasann-ākāraṁ kareyyuṁ)'이라는 것은 옷 등의 필수품(paccaya)을 나에게 보시하기를 이라는 뜻이다."(SA.ii.169)
이 구문은 본서 「큰 코끼리 경」(S20:9) §5와 『디가 니까야』 「깟사빠 사자후 경」(D8) §22와 『맛지마 니까야』 「부미자 경」(M126) §19에도 나타난다.

507) 이 구절은 법에 대한 정형구로 정착이 되어 여러 경들에 나타나고 있다. 이 정형구에 대한 자세한 설명은 『청정도론』 VII.68 이하를 참조할 것.

508) '연민하는 마음을 내고 동정하는 마음을 내고 애민하는 마음을 내어'는 kāruññaṁ paṭicca, anudayam paticca, anukampam upādāya를 옮긴 것이다. 주석서는 '동정하는 마음'으로 옮긴 anudaya를 rakkhaṇa-bhava(보호하는 상태)로, '애민하는 마음'으로 옮긴 anukampa를 mudu-cittatā(부드러운 마음을 가짐)로 해석한 뒤 이 둘은 처음의 '연민하는 마음(kāruñña)'의 동의어라고 설명하고 있다.(SA.ii.169)

기를. 완전하게 안 뒤에는 이와 같이 되기 위해서 도를 닦기를.'이라는 마음으로 남에게 법을 설한다. 그는 법이 본래부터 수승함을 반연하여 남들에게 법을 설하고, 연민하는 마음을 내고 동정하는 마음을 내고 애민하는 마음을 내어 남들에게 법을 설한다."

12. "비구들이여, 나는 깟사빠를 [본보기로] 하거나 깟사빠와 같은 [자를 본보기로] 하여 그대들에게 교계를 할 것이다. 그대들은 교계를 받아서 이와 같이 되기 위해서 도를 닦아야 한다."

신도 집 방문 경(S16:4)

Kulūpaka-sutta

3. "비구들이여, 이를 어떻게 생각하는가? 어떤 비구가 [걸식하기 위해서] 신도 집을 방문하기에[509] 적합하며, 어떤 비구가 [걸식하기 위해서] 신도 집을 방문하기에 적합하지 않은가?"

"세존이시여, 저희들의 법은 세존을 근원으로 하며, 세존을 길잡이로 하며, 세존을 귀의처로 합니다. 세존이시여, 세존께서 방금 말씀하신 이 뜻을 [친히] 밝혀주신다면 참으로 감사하겠습니다. 세존으로부터 듣고 비구들은 그것을 잘 호지할 것입니다."

"비구들이여, 그렇다면 이제 그것을 들어라. 듣고 마음에 잘 새겨라. 나는 설할 것이다."

"그렇게 하겠습니다, 세존이시여."라고 비구들은 세존께 응답했다.

세존께서는 이렇게 말씀하셨다.

---

509) '신도 집을 방문하기'는 kulūpaka를 옮긴 것인데 주석서는 "신도 집들을 방문하는 자(kula-gharānaṁ upagantā)"(SA.ii.170)라고 설명하고 있다. 바로 앞의 「달의 비유 경」(S16:3) §3 등에 나타난 '신도 집을 방문하다.'는 kulāni upasaṅkamati를 옮긴 것인데 신도들에게 다가가다로 직역할 수 있다.

4. "비구들이여, 어떤 비구가 '[신도들은] 나에게 보시를 하지 다시 가져가 버리지 않기를. 나에게 많이 보시를 하지 적게 보시하지 않기를. 나에게 좋은 것을 보시하지 조잡한 것을 보시하지 않기를. 나에게 즉시 보시를 하지 머뭇거리며 보시하지 않기를. 나에게 성심으로 보시를 하지 마지못해서 보시하지 않기를.'이라는 마음으로 신도 집을 방문한다 하자.

그런데 이런 마음으로 신도 집을 방문한 비구에게 만일 그들이 보시를 하지 않으면 그 비구는 낙담하게 된다. 그는 이 때문에 괴로움과 슬픔을 경험하게 된다. … 만일 그들이 적게 보시하고 많이 보시하지 않으면 … 만일 그들이 조잡한 것을 보시하고 좋은 것을 보시하지 않으면 … 만일 그들이 머뭇거리고 즉시 보시하지 않으면 그 비구는 낙담하게 된다. [201] 그는 이 때문에 괴로움과 슬픔을 경험하게 된다.

비구들이여, 이러한 비구는 [걸식하기 위해서] 신도 집을 방문하기에 적합하지 않다."

5. "비구들이여, 그러나 [어떤] 비구는 '내가 어떻게 남의 집에 가서 '[신도들은] 나에게 보시를 하지 다시 가져가 버리지 않기를. 나에게 많이 보시를 하지 적게 보시하지 않기를. 나에게 좋은 것을 보시하지 조잡한 것을 보시하지 않기를. 나에게 즉시 보시를 하지 머뭇거리며 보시하지 않기를. 나에게 성심으로 보시를 하지 마지못해서 보시하지 않기를.'이라고 하면서 보시를 받는단 말인가?'라는 마음으로 신도 집을 방문한다.

이런 마음으로 신도 집을 방문한 비구에게 만일 그들이 보시를 하지 않더라도 그 비구는 낙담하지 않는다. 그는 이 때문에 괴로움과 슬픔을 경험하지 않는다. … 만일 그들이 적게 보시하고 많이 보시하지 않더라도 … 만일 그들이 조잡한 것을 보시하고 좋은 것을 보시하지 않더라도 … 만일 그들이 머뭇거리고 즉시 보시하지 않더라도 그 비구는 낙담하지 않는다. 그는 이 때문에 괴로움과 슬픔을 경험하지 않는다.

비구들이여, 이러한 비구가 [걸식하기 위해서] 신도 집을 방문하기에 적합하다."

6. "비구들이여, 깟사빠는 '내가 어떻게 남의 집에 가서 '[신도들은] 나에게 보시를 하지 다시 가져가 버리지 않기를. 나에게 많이 보시를 하지 적게 보시하지 않기를. 나에게 좋은 것을 보시하지 조잡한 것을 보시하지 않기를. 나에게 즉시 보시를 하지 머뭇거리며 보시하지 않기를. 나에게 성심으로 보시를 하지 마지못해서 보시하지 않기를.'이라고 하면서 보시를 받는단 말인가?'라는 마음으로 신도 집을 방문한다.

이런 마음으로 신도 집을 방문한 깟사빠에게 만일 그들이 보시를 하지 않더라도 깟사빠는 낙담하지 않는다. 그는 이 때문에 괴로움과 슬픔을 경험하지 않는다. … 만일 그들이 적게 보시하고 많이 보시하지 않더라도 … 만일 그들이 조잡한 것을 보시하고 좋은 것을 보시하지 않더라도 … 만일 그들이 머뭇거리고 즉시 보시하지 않더라도 깟사빠는 낙담하지 않는다. [202] 그는 이 때문에 괴로움과 슬픔을 경험하지 않는다."

7. "비구들이여, 나는 깟사빠를 [본보기로] 하거나 깟사빠와 같은 [자를 본보기로] 하여 그대들에게 교계를 할 것이다. 그대들은 교계를 받아서 이와 같이 되기 위해서 도를 닦아야 한다."

늙음 경(S16:5)

Jiṇṇa-sutta

1. 이와 같이 나는 들었다. 한때 세존께서는 라자가하에서 대나무 숲에 머무셨다.

2. 그때 마하깟사빠 존자가 세존께 다가갔다. 가서는 세존께 절을 올리고 한 곁에 앉았다. 한 곁에 앉은 마하깟사빠 존자에게 세존께서는 이렇게 말씀하셨다.

3. "깟사빠여, 그대는 이제 늙었다. 그리고 그대가 입고 있는 삼베로 만든 다 떨어진 분소의들은 그대에게 너무 무겁다.510) 깟사빠여, 그러므로 그대는 장자들이 보시하는 옷을 수용하고, 공양청에 응하여 공양을 하라. 그러면서 내 곁에 머물도록 하라."511)

4. "세존이시여, 저는 오랜 세월 동안 숲에 머무는 자였고 숲에 머무는 삶을 칭송하였습니다. 탁발음식만 수용하는 자였고 탁발음식

---

510) "'너무 무겁다(nibbasanāni).'라고 말씀하신 것은 전에 세존께서 입고 버리신 것(nivāsetvā apanītatā)이기 때문에 이런 이름을 얻게 된 것이다."(SA.ii.170)
즉 분소의 자체가 무거운 것이 아니라 세존께서 수행의 상징으로 주신 것이기에 아주 귀중한 것이라고 주석서는 해석한다. 여기에 대해서는 본서 「의복 경」(S16:11/ii.221) §13과 주해를 참조할 것.

511) 본문을 통해서 부처님께서는 마하깟사빠 존자에게 ① 분소의를 입는 수행 ② 탁발음식만 수용하는 수행 ③ 숲에 머무는 수행의 세 가지 두타행(頭陀行, dhutaṅga)을 버릴 것을 말씀하고 계신다. 『청정도론』 제2장에는 두타행이 모두 13가지로 정리되어 상세하게 설명되고 있다.
주석서에 의하면 세존께서는 마하깟사빠 존자로 하여금 정말로 두타행을 버리게 하려고 이런 말씀을 하신 것이 아니라 그가 사자후(sīha-nāda)를 토하게 하려고 이렇게 말씀하신 것이라고 한다. 이것은 마치 북과 같은 타악기를 두드리지 않으면(aghaṭṭitā) 소리를 내지 못하는 것처럼 존자와 같은 사람들도 '두드리지 않으면' 사자후를 토하지 않기 때문이다.(SA.ii.170~171)

만 수용하는 삶을 칭송하였습니다. 분소의를 입는 자였고 분소의를 입는 삶을 칭송하였습니다. 삼의(三衣)만 수용하는 자였고 삼의만 수용하는 삶을 칭송하였습니다. 원하는 것이 적었고[少慾] 원하는 것이 적은 삶을 칭송하였습니다. 만족하였고[知足] 만족하는 삶을 칭송하였습니다. 한거하였고 한거하는 삶을 칭송하였습니다. [재가자들과] 교제하지 않았고 [재가자들과] 교제하지 않는 삶을 칭송하였습니다. 열심히 정진하였고 열심히 정진하는 삶을 칭송하였습니다."512)

5. "깟사빠여, 그러면 그대는 어떤 이로움을 보았기 때문에 오랜 세월 동안 숲에 머무는 자였고 숲에 머무는 삶을 칭송하였으며, … 열심히 정진하였고 열심히 정진하는 삶을 칭송하였는가?"

"세존이시여, 저는 두 가지 이로움을 보았기 때문에 오랜 세월 동안 숲에 머무는 자였고 숲에 머무는 삶을 칭송하였으며, [203] … 열심히 정진하였고 열심히 정진하는 삶을 칭송하였습니다.

[첫째는] 제가 금생에 행복하게 머무는 것을 보기 때문이고 [둘째는] 후대 사람들을 연민하여서입니다. 후대 사람들은 [저를] 본보기로 하여 따라 할 것입니다.513) 그들은 '부처님을 따라서 깨달은514)

---

512) 이것이 마하깟사빠 존자의 사자후이다. 첫 번째 네 가지는 그가 실천하는 두타행을 서술하고 있고, 뒤의 다섯 가지는 두타행을 실천하여 생긴 덕목을 들고 있다. 『맛지마 니까야』 「긴 고싱가살라 경」(M32/i.214) §7에서도 마하깟사빠 존자는 비슷한 내용을 자기 스스로가 말하고 있다.
그리고 『앙굿따라 니까야』 제1권 「하나의 모음」(A1) 「으뜸 품」(A1:14:1-4)에서 세존께서는 "두타행을 하는 자들 가운데서 마하깟사빠가 으뜸이다."라고 밝히고 계신다.

513) '본보기로 하여 따라 함'은 diṭṭhānugatiṁ을 옮긴 것인데, 보디 스님의 제안을 받아들인 것이다. 이것은 diṭṭha+anugatiṁ으로 이해한 것인데 설명은 보디 스님, 800쪽 280번 주해를 참조할 것. 『앙굿따라 니까야』 「넌더리 쳐야 함 경」(A3:27) §2와 「장로 경」(A5:88) §2 등에서는 '견해를 본받음'으로 옮겼다.

제자들은 오랜 세월 동안 숲에 머무는 자들이었고 숲에 머무는 삶을 칭송하였다. 탁발음식만 수용하는 자들이었고 탁발음식만 수용하는 삶을 칭송하였다. 분소의를 입는 자들이었고 분소의를 입는 삶을 칭송하였다. 삼의(三衣)만 수용하는 자들이었고 삼의만 수용하는 삶을 칭송하였다. 원하는 것이 적었고[少慾] 원하는 것이 적은 삶을 칭송하였다. 만족하였고[知足] 만족하는 삶을 칭송하였다. 한거하였고 한거하는 삶을 칭송하였다. [재가자들과] 교제하지 않았고 [재가자들과] 교제하지 않는 삶을 칭송하였다. 열심히 정진하였고 열심히 정진하는 삶을 칭송하였다.'라고 생각하면서 이와 같이 되기 위해서 도를 닦을 것입니다. 그러면 그들에게는 오랜 세월 이익과 행복이 있을 것입니다.

세존이시여, 저는 이러한 두 가지 이로움을 보았기 때문에 오랜 세월 동안 숲에 머무는 자였고 숲에 머무는 삶을 칭송하였으며, … 열심히 정진하였고 열심히 정진하는 삶을 칭송하였습니다."

6. "장하고 장하구나, 깟사빠여. 깟사빠여, 그대는 많은 사람에게 이익이 되고, 많은 사람에게 행복이 되고, 세상을 연민하고 많은 신과 인간에게 이로움이 되고 이익이 되고 행복이 되기 위해 도를 닦는구나.

깟사빠여, 그러므로 그대는 [계속해서] 삼베로 만든 다 떨어진 분소의를 입어라. 걸식행을 하라. 숲에서 머물러라."

---

514) 본서 제1권 「꼰단냐 경」(S8:9) {746}의 주석에 의하면 "'부처님을 따라서 깨달은(buddha-anubuddha)'이란 처음에(paṭhamaṁ) 스승(satthā)께서 사성제(cattāri saccāni)를 깨달으셨고 나중에(pacchā) 장로가 깨달았다고 해서 이렇게 말한 것이다."(SA.i.283)라고 설명하고 있다.

교계 경1(S16:6)

Ovāda-sutta

1. 이와 같이 나는 들었다. 한때 세존께서는 라자가하에서 대나무 숲에 머무셨다.

2. 그때 마하깟사빠 존자가 세존께 다가갔다. 다가가서는 세존께 절을 올리고 한 곁에 앉았다. 한 곁에 앉은 마하깟사빠 존자에게 세존께서는 이렇게 말씀하셨다.

3. "깟사빠여, 비구들에게 교계를 하라. 비구들에게 법을 설하라. 깟사빠여, 나 혹은 [204] 그대가 비구들을 교계해야 한다. 나 혹은 그대가 비구들에게 법을 설해야 한다."515)

4. "세존이시여, 지금의 비구들은 훈계하기 어려운 성품들을 지니고 있고 인욕하지 못하고 교계를 받아들임에 능숙하지 않습니다.516) 세존이시여, 저는 아난다의 상좌인 반다 비구와 아누룻다의

---

515) "세존께서는 왜 이런 말씀을 하셨는가? 장로를 당신의 위치(ṭhāna)에 놓기 위해서이다. 그런데 사리뿟따와 목갈라나가 있지 않은가? 세존께서는 '이 둘은 오래 살지 못할 것이다. 그러나 깟사빠는 120살을 살 것이고 내가 반열반한 뒤에는 칠엽굴(Sattapaṇṇiguhā)에 앉아서 법과 율을 결집(dhamma-vinaya-saṅgaha)하여 나의 교법을 5000년 동안 지속되게(pavattanaka) 할 것이다. 그러므로 그를 나의 위치에 놓을 것이다. 그러면 비구들은 깟사빠에게 주의를 기울이려(sussūsitabba) 할 것이다.'라고 생각하셨다. 그래서 이렇게 말씀하신 것이다."(SA.ii.173)
주석서는 이렇게 설명하고 있지만 실제 세존께서는 아무도 후계자로 지명하지 않으셨다. 『디가 니까야』 「대반열반경」(D16) §2.24에서 아난다 존자는 '세존께서는 비구 승가를 두고 아무런 분부도 없으신 채로 반열반에 들지는 않으실 것이다.'라고 생각하였지만, §6.1에서 세존께서는 첫 번째 유훈으로 "법과 율이 그대들의 스승이 될 것이다."(D16/ii.154)라는 유명한 말씀을 하셨다.

516) 이런 성품들은 『맛지마 니까야』 「추론경」(M15/i.95~96) §3에 16가지로

상좌인 아빈지까 비구가 서로서로 경쟁하여 말하기를 '오시오, 비구여. 우리 중에 누가 더 많이 이야기할 수 있는지, 누가 더 멋지게 말할 수 있는지, 누가 더 오래 이야기할 수 있는지 [내기를] 할까요?'라고 하는 것을 보았습니다."

5. 그때 세존께서는 어떤 비구를 불러서 말씀하셨다.

"오라, 비구여. 그대는 나의 이름으로 아난다의 상좌인 반다 비구와 아누룻다의 상좌인 아빈지까 비구를 불러오라. '존자들이여, 스승께서 그대들을 부르십니다.'라고"

"그렇게 하겠습니다, 세존이시여."라고 그 비구는 세존께 대답한 뒤 아난다의 상좌인 반다 비구와 아누룻다의 상좌인 아빈지까 비구에게 다가갔다. 가서는 그 비구들에게 이렇게 말했다.

"존자들이여, 스승께서 그대들을 부르십니다."

"알겠습니다, 도반이여."라고 그들은 그 비구에게 대답한 뒤 세존께 다가갔다. 가서는 세존께 절을 올리고 한 곁에 앉았다. 한 곁에 앉은 비구들에게 세존께서는 이렇게 말씀하셨다.

6. "비구들이여, 그대들이 서로서로 경쟁하여 말하기를 '오시오, 비구여. 우리 중에 누가 더 많이 이야기할 수 있는지, 누가 더 멋지게 말할 수 있는지, 누가 더 오래 이야기할 수 있는지 [내기를] 할까요?' 라고 한 것이 사실인가?"

"그렇습니다, 세존이시여."

"비구들이여, 그대들은 내가 '비구들이여, 그대들은 서로서로 경쟁하여 '오시오, 비구여. 우리 중에 누가 더 많이 이야기할 수 있는지, 누가 더 멋지게 말할 수 있는지, 누가 더 오래 이야기할 수 있는지

자세하게 열거되어 있으므로 참조할 것.

[내기를] 할까요?'라고 말하라.'고 법을 설하였다고 알고 있는가?"
"그렇지 않습니다, 세존이시여." [205]

7. "비구들이여, 그대들은 내가 그러한 법을 설하지 않았다는 것을 알고 있다. 그런데도 그대 쓸모없는 인간들은 도대체 무엇을 알고 무엇을 보기 때문에 이처럼 잘 설해진 법과 율에 출가하였으면서도 서로서로 경쟁하여 '오시오, 비구여. 우리 중에 누가 더 많이 이야기할 수 있는지, 누가 더 멋지게 말할 수 있는지, 누가 더 오래 이야기할 수 있는지 [내기를] 할까요?'라고 말하는가?"

8. 그때 그 비구들은 세존의 발에 머리를 대고 엎드려서 세존께 이렇게 말씀드렸다.
"세존이시여, 저희는 잘못을 범하였습니다. 세존이시여, 저희가 어리석고 미혹하고 신중하지 못해서 잘못을 범하였습니다. 저희는 이처럼 잘 설해진 법과 율에 출가하였으면서도 서로서로 경쟁하여 '오시오, 비구여. 우리 중에 누가 더 많이 이야기할 수 있는지, 누가 더 멋지게 말할 수 있는지, 누가 더 오래 이야기할 수 있는지 [내기를] 할까요?'라고 말하였습니다. 세존이시여, 세존께서는 저희가 미래에 [다시 이와 같은 잘못을 범하지 않고] 저희들 자신을 단속할 수 있도록 저희의 잘못에 대한 참회를 섭수하여 주소서."

9. "비구들이여, 참으로 그대들은 잘못을 범하였다. 그대들은 어리석고 미혹하고 신중하지 못해서 이처럼 잘 설해진 법과 율에 출가하였으면서도 서로서로 경쟁하여 '오시오, 비구여. 우리 중에 누가 더 많이 이야기 할 수 있는지, 누가 더 멋지게 말할 수 있는지, 누가 더 오래 이야기 할 수 있는지 [내기를] 할까요?'라고 말했다. 비구들이여, 그러나 그대들은 잘못을 범한 것을 잘못을 범했다고 인정하고

법답게 참회를 했다. 그러므로 우리는 그대를 받아들인다.

비구들이여, 잘못을 범한 것을 잘못을 범했다고 인정한 다음 법답게 참회하고 미래에 [그러한 잘못을] 단속하는 자는 성자의 율에서 향상하기 때문이다."

교계 경2(S16:7)

1. 이와 같이 나는 들었다. 한때 세존께서는 라자가하에서 대나무 숲에 머무셨다.

2. 그때 마하깟사빠 존자가 세존께 다가갔다. 다가가서는 세존께 절을 올리고 한 곁에 앉았다. 한 곁에 앉은 마하깟사빠 존자에게 세존께서는 이렇게 말씀하셨다.

3. "깟사빠여, 비구들에게 교계를 하라. 비구들에게 법을 설하라. 깟사빠여, 나 혹은 [206] 그대가 비구들을 교계해야 한다. 나 혹은 그대가 비구들에게 법을 설해야 한다."

4. "세존이시여, 지금의 비구들은 훈계하기 어려운 성품들을 지니고 있고 인욕하지 못하고 교계를 받아들임에 능숙하지 않습니다.

세존이시여, 유익한 법들에 대한 믿음이 없고,517) 유익한 법들에 대한 양심이 없고, 유익한 법들에 대한 수치심이 없고, 유익한 법들에 대한 정진이 없고, 유익한 법들에 대한 통찰지가 없는 자는 누구든지 밤과 낮이 갈수록 유익한 법들에 있어서 퇴보가 기대되고 향상

---

517) 달의 비유를 포함한 본경 §§4~5의 내용은 『앙굿따라 니까야』 「날라까빠나 경」 1(A10:67/v.123~124) §§3~4에서 사리뿟따 존자가 설하는 것으로 나타나고 있다. 본경 §6에서처럼 거기 §5에서도 세존께서는 사리뿟따 존자가 말한 내용을 모두 반복하여 다시 설하시면서 그의 말을 인정하고 계신다.

이 기대되지 않습니다.

세존이시여, 예를 들면 하현이 되면 달은 밤이 오건 낮이 오건 색깔이 쇠퇴하고 원둘레가 쇠퇴하고 광명이 쇠퇴하고 높이와 범위가 쇠퇴하는 것과 같습니다. 그와 같이 유익한 법들에 대한 믿음이 없고, 유익한 법들에 대한 양심이 없고, 유익한 법들에 대한 수치심이 없고, 유익한 법들에 대한 정진이 없고, 유익한 법들에 대한 통찰지가 없는 자는 누구든지 밤과 낮이 갈수록 유익한 법들에 있어서 퇴보가 기대되고 향상이 기대되지 않습니다.

세존이시여, 믿음 없는 사람이라 [불리는] 것이 바로 퇴보입니다. 양심 없는 사람이라 [불리는] 것이 바로 퇴보입니다. 수치심 없는 사람이라 [불리는] 것이 바로 퇴보입니다. 게으른 사람이라 [불리는] 것이 바로 퇴보입니다. 통찰지가 없는 사람이라 [불리는] 것이 바로 퇴보입니다. 분노하는 사람이라 [불리는] 것이 바로 퇴보입니다. 원한을 품은 사람이라 [불리는] 것이 바로 퇴보입니다. 교계해 주는 비구들이 없다는 것이 바로 퇴보입니다."

5. "세존이시여, 유익한 법들에 대한 믿음이 있고, 유익한 법들에 대한 양심이 있고, 유익한 법들에 대한 수치심이 있고, 유익한 법들에 대한 정진이 있고, 유익한 법들에 대한 통찰지가 있는 자는 누구든지 밤과 낮이 갈수록 유익한 법들에 있어서 향상이 기대되고 퇴보가 기대되지 않습니다.

세존이시여, 예를 들면 상현이 되면 달은 밤이 오건 낮이 오건 색깔이 증장하고 [207] 원둘레가 증장하고 광명이 증장하고 높이와 범위가 증장하는 것과 같습니다. 그와 같이 유익한 법들에 대한 믿음이 있고, 유익한 법들에 대한 양심이 있고, 유익한 법들에 대한 수치심이 있고, 유익한 법들에 대한 정진이 있고, 유익한 법들에 대한 통찰지가 있는 자는 누구든지 밤과 낮이 갈수록 유익한 법들에 있어서 향상이 기대되고 퇴보가 기대되지 않습니다.

세존이시여, 믿음을 가진 사람이라 [불리는] 것이 바로 향상입니다. 양심 있는 사람이라 [불리는] 것이 바로 향상입니다. 수치심 있는 사람이라 [불리는] 것이 바로 향상입니다. 열심히 정진하는 사람이라 [불리는] 것이 바로 향상입니다. 통찰지가 있는 사람이라 [불리는] 것이 바로 향상입니다. 분노하지 않는 사람이라 [불리는] 것이 바로 향상입니다. 원한을 품지 않은 사람이라 [불리는] 것이 바로 향상입니다. 교계해 주는 비구들이 있다는 것이 바로 향상입니다."

6. "장하고 장하구나, 깟사빠여. 깟사빠여, 유익한 법들에 대한 믿음이 없고, 유익한 법들에 대한 양심이 없고, 유익한 법들에 대한 수치심이 없고, 유익한 법들에 대한 정진이 없고, 유익한 법들에 대한 통찰지가 없는 자는 누구든지 밤과 낮이 갈수록 유익한 법들에 있어서 퇴보가 기대되고 향상이 기대되지 않는다.

깟사빠여, 예를 들면 하현이 되면 달은 밤이 오건 낮이 오건 색깔이 쇠퇴하고 원둘레가 쇠퇴하고 광명이 쇠퇴하고 높이와 범위가 쇠퇴하는 것과 같다. 그와 같이 유익한 법들에 대한 믿음이 없고, 유익한 법들에 대한 양심이 없고, 유익한 법들에 대한 수치심이 없고, 유익한 법들에 대한 정진이 없고, 유익한 법들에 대한 통찰지가 없는 자는 누구든지 밤과 낮이 갈수록 유익한 법들에 있어서 퇴보가 기대되고 향상이 기대되지 않는다.

깟사빠여, 믿음 없는 사람이라 [불리는] 것이 바로 퇴보다. 양심 없는 사람이라 [불리는] 것이 바로 퇴보다. 수치심 없는 사람이라 [불리는] 것이 바로 퇴보다. 게으른 사람이라 [불리는] 것이 바로 퇴보다. 통찰지가 없는 사람이라 [불리는] 것이 바로 퇴보다. 분노하는 사람이라 [불리는] 것이 바로 퇴보다. 원한을 품은 사람이라 [불리는] 것이 바로 퇴보다. 교계해 주는 비구들이 없다는 것이 바로 퇴보다."

7. "깟사빠여, 유익한 법들에 대한 믿음이 있고, 유익한 법들에 대한 양심이 있고, 유익한 법들에 대한 수치심이 있고, 유익한 법들에 대한 정진이 있고, 유익한 법들에 대한 통찰지가 있는 자는 누구든지 밤과 낮이 갈수록 유익한 법들에 있어서 향상이 기대되고 퇴보가 기대되지 않는다.

깟사빠여, 예를 들면 상현이 되면 달은 밤이 오건 [208] 낮이 오건 색깔이 증장하고 원둘레가 증장하고 광명이 증장하고 높이와 범위가 증장하는 것과 같다. 그와 같이 유익한 법들에 대한 믿음이 있고, 유익한 법들에 대한 양심이 있고, 유익한 법들에 대한 수치심이 있고, 유익한 법들에 대한 정진이 있고, 유익한 법들에 대한 통찰지가 있는 자는 누구든지 밤과 낮이 갈수록 유익한 법들에 있어서 향상이 기대되고 퇴보가 기대되지 않는다.

깟사빠여, 믿음을 가진 사람이라 [불리는] 것이 바로 향상이다. 양심 있는 사람이라 [불리는] 것이 바로 향상이다. 수치심 있는 사람이라 [불리는] 것이 바로 향상이다. 열심히 정진하는 사람이라 [불리는] 것이 바로 향상이다. 통찰지가 있는 사람이라 [불리는] 것이 바로 향상이다. 분노하지 않는 사람이라 [불리는] 것이 바로 향상이다. 원한을 품지 않은 사람이라 [불리는] 것이 바로 향상이다. 교계해 주는 비구들이 있다는 것이 바로 향상이다."

교계 경3(S16:8)

1. 이와 같이 나는 들었다. 한때 세존께서는 라자가하에서 대나무 숲에 머무셨다.

2. 그때 마하깟사빠 존자가 세존께 다가갔다. 다가가서는 세존께 절을 올리고 한 곁에 앉았다. 한 곁에 앉은 마하깟사빠 존자에게 세존께서는 이렇게 말씀하셨다.

3. "깟사빠여, 비구들에게 교계를 하라. 비구들에게 법을 설하라. 깟사빠여, 나 혹은 그대가 비구들을 교계해야 한다. 나 혹은 그대가 비구들에게 법을 설해야 한다."

"세존이시여, 지금의 비구들은 훈계하기 어려운 성품들을 지니고 있고 인욕하지 못하고 교계를 받아들임에 능숙하지 않습니다."

"그러하다, 깟사빠여. 예전에 장로 비구들은 숲에 머무는 자였고 숲에 머무는 삶을 칭송하였다. 탁발음식만 수용하는 자였고 탁발음식만 수용하는 삶을 칭송하였다. 분소의를 입는 자였고 분소의를 입는 삶을 칭송하였다. 삼의(三衣)만 수용하는 자였고 삼의만 수용하는 삶을 칭송하였다. 원하는 것이 적었고[少慾] 원하는 것이 적은 삶을 칭송하였다. 만족하였고[知足] 만족하는 삶을 칭송하였다. 한거하였고 한거하는 삶을 칭송하였다. [재가자들과] 교제하지 [209] 않았고 [재가자들과] 교제하지 않는 삶을 칭송하였다. 열심히 정진하였고 열심히 정진하는 삶을 칭송하였다."

4. "그때 거기에 어떤 비구가 있었는데 그는 숲에 머무는 자였고 숲에 머무는 삶을 칭송하였으며, … 열심히 정진하고 열심히 정진하는 삶을 칭송하였다. 그러면 장로 비구들은 그에게 '이리 오시오,

비구여. 이 비구의 이름은 무엇입니까? 이 비구는 참으로 훌륭하시군요. 이 비구는 공부를 하고자 하시는군요. 이리 오시오, 비구여. 이 자리에 앉으시오.'라고 하면서 자리를 내어 초대를 하였다.

깟사빠여, 그러면 거기서 신참 비구들에게 이런 생각이 들었을 것이다. '여기 비구가 있는데 그는 숲에 머무는 자이고 숲에 머무는 삶을 칭송하며, … 열심히 정진하고 열심히 정진하는 삶을 칭송한다. 그런 비구에게 장로 비구들은 '이리 오시오, 비구여. 이 비구의 이름은 무엇입니까? 이 비구는 참으로 훌륭하시군요. 이 비구는 공부를 하고자 하시는군요. 이리 오시오, 비구여. 이 자리에 앉으시오.'라고 하면서 자리를 내어 초대를 하는구나. 이분들은 참으로 이와 같이 되기 위해서 도를 닦는구나. 그러므로 이분들에게는 오랜 세월 이익과 행복이 있을 것이다.'라고."

5. "깟사빠여, 그러나 지금의 장로 비구들은 숲에 머무는 자가 아니고 숲에 머무는 삶을 칭송하지 않는다. 탁발음식만 수용하는 자가 아니고 탁발음식만 수용하는 삶을 칭송하지 않는다. 분소의를 입는 자가 아니고 분소의를 입는 삶을 칭송하지 않는다. 삼의(三衣)만 수용하는 자가 아니고 삼의만 수용하는 삶을 칭송하지 않는다. 원하는 것이 적지 않고 원하는 것이 적은 삶을 칭송하지 않는다. 만족하지 않고, 만족하는 삶을 칭송하지 않는다. 한거하지 않고 한거하는 삶을 칭송하지 않는다. [재가자들과] 교제하고 [재가자들과] 교제하지 않는 삶을 칭송하지 않는다. [210] 열심히 정진하지 않고 열심히 정진하는 삶을 칭송하지 않는다."

6. "거기에 어떤 비구가 있는데 그는 잘 알려진 자고 명성이 있고 의복과 탁발음식과 거처와 병구완을 위한 약품을 잘 얻는다. 그러

면 장로 비구들은 그에게 '이리 오시오, 비구여. 이 비구의 이름은 무엇입니까? 이 비구는 참으로 훌륭하시군요. 이 비구는 공부를 하고자 하시는군요. 이리 오시오, 비구여. 이 자리에 앉으시오.'라고 하면서 자리를 내어 초대를 한다.

깟사빠여, 그러면 거기서 신참 비구들에게 이런 생각이 들 것이다. '여기 비구가 있는데 그는 잘 알려진 자고 명성이 있고 의복과 탁발음식과 거처와 병구완을 위한 약품을 잘 얻는다. 이런 비구에게 장로 비구들은 '이리 오시오, 비구여. 이 비구의 이름은 무엇입니까? 이 비구는 참으로 훌륭하시군요. 이 비구는 공부를 하고자 하시는군요. 이리 오시오, 비구여. 이 자리에 앉으시오.'라고 하면서 자리를 내어 초대를 하는구나. 이분들은 참으로 이와 같이 되기 위해서[518] 도를 닦는구나. 그러니 이분들에게는 오랜 세월 불이익과 괴로움이 있을 것이다.'라고."

7. "깟사빠여, 참으로 바르게 말하는 자가 말하기를 '청정범행을 닦는 자가 청정범행을 망가뜨려서 망가졌다. 청정범행을 닦는 자가 청정범행에 패배해서 패퇴하였다.'[519]라고 하는 것은 바로 이것

---

518) "여기서 '이와 같이 되기 위해서(tathattāya)'라는 것은 이득과 공경을 증장시키기 위해서(lābha-sakkāra-nibbattana-tthāya)라는 뜻이다."(SA.ii.174)

519) "'청정범행을 망가뜨려서(brahmacār-ūpaddavena)'라는 것은 네 가지 필수품(paccaya)에 대한 지나친 욕심과 탐욕(adhimatta-cchanda-rāga) 때문에 망가졌다(upaddava)는 말이다. '청정범행에 패배해서(brahmacār-abhibhavanena)'라는 것은 청정범행을 닦는 자(brahma-cāri)들이 네 가지 필수품을 지나치게 바라기 때문에라는 뜻이다. '패퇴(abhibhavanā)'란 지나치게 바라는 것(adhimatta-patthanā)이다."(SA.ii.174)
감각적 욕망에 빠져 이득과 공경을 추구하는 것이 청정범행을 닦는 자를 어떻게 망가지게 하는가는 『맛지마 니까야』 「긴 공함 경」(M122/iii.116~117) §24에 잘 나타나 있다.

을 두고 말하는 것이다."

선(禪)과 최상의 지혜 경(S16:9)
Jhānābhiññā-sutta

1. <사왓티의 아나타삔디까 원림(급고독원)에서>

3. "비구들이여, 나는 원하는 만큼 감각적 욕망들을 완전히 떨쳐버리고 해로운 법[不善法]들을 떨쳐버린 뒤, 일으킨 생각[尋]과 지속적인 고찰[伺]이 있고, 떨쳐버렸음에서 생긴 희열[喜]과 행복[樂]이 있는 초선(初禪)에 들어 머문다. [211]

비구들이여, 깟사빠도 원하는 만큼 감각적 욕망들을 완전히 떨쳐버리고 해로운 법[不善法]들을 떨쳐버린 뒤, 일으킨 생각[尋]과 지속적인 고찰[伺]이 있고, 떨쳐버렸음에서 생긴 희열[喜]과 행복[樂]이 있는 초선(初禪)에 들어 머문다."

4. "비구들이여, 나는 원하는 만큼 일으킨 생각과 지속적인 고찰을 가라앉혔기 때문에 [더 이상 존재하지 않으며], 자기 내면의 것이고, 확신이 있으며, 마음의 단일한 상태이고, 일으킨 생각과 지속적인 고찰은 없고, 삼매에서 생긴 희열과 행복이 있는 제2선(二禪)에 들어 머문다.

비구들이여, 깟사빠도 원하는 만큼 일으킨 생각과 지속적인 고찰을 가라앉혔기 때문에 자기 내면의 것이고, 확신이 있으며, 마음의 단일한 상태이고, 일으킨 생각과 지속적인 고찰은 없고, 삼매에서 생긴 희열과 행복이 있는 제2선(二禪)에 들어 머문다."

5. "비구들이여, 나는 원하는 만큼 희열이 빛바랬기 때문에 평온하게 머물고, 마음챙기고 알아차리며 몸으로 행복을 경험한다. 이

[禪 때문에] '평온하고 마음챙기며 행복하게 머문다.'고 성자들이 묘사하는 제3선(三禪)에 들어 머문다.

비구들이여, 깟사빠도 원하는 만큼 희열이 빛바랬기 때문에 평온하게 머물고, 마음챙기고 알아차리며 몸으로 행복을 경험한다. 이 [禪 때문에] '평온하고 마음챙기며 행복하게 머문다.'고 성자들이 묘사하는 제3선(三禪)에 들어 머문다."

6. "비구들이여, 나는 원하는 만큼 행복도 버리고 괴로움도 버리고, 아울러 그 이전에 이미 기쁨과 슬픔이 소멸되었으므로 괴롭지도 즐겁지도 않으며, 평온으로 인해 마음챙김이 청정한[捨念淸淨][520] 제4선(四禪)에 들어 머문다.

비구들이여, 깟사빠도 원하는 만큼 행복도 버리고 괴로움도 버리고, 아울러 그 이전에 이미 기쁨과 슬픔이 소멸되었으므로 괴롭지도 즐겁지도 않으며, 평온으로 인해 마음챙김이 청정한[捨念淸淨] 제4선

---

520) '평온으로 인해 마음챙김이 청정한'은 upekkhā-sati-pārisuddhi를 옮긴 것이다. 이것은 중국에서 사념청정(捨念淸淨)으로 직역되었다. 주석서들은 "평온에서 생긴 마음챙김의 청정함(upekkhāya janita-sati-pārisuddhi)" (DhsA.178 등)으로 설명하고 있어서 이렇게 옮겼다. 『청정도론』의 설명을 인용한다.
"평온으로 인해 마음챙김이 청정한: 평온에서 생긴 마음챙김의 청정함. 이 [제4]禪에서 마음챙김은 지극히 청정하다. 이 마음챙김의 청정함은 평온 때문에 이루어진 것이고 다른 이유 때문이 아니다. 그러므로 '평온으로 인해 마음챙김이 청정한'이라고 했다. 『위방가』에서도 설하셨다. "이 마음챙김은 평온 때문에 맑고 청정하고 깨끗해졌기 때문에 '평온으로 인해 마음챙김이 청정하다'고 한다."(Vbh.261) 여기서 마음챙김을 청정하게 하는 그 평온은 뜻으로는 중립(tatra-majjhattatā)의 [마음부수]라고 알아야 한다. 그것은 오직 마음챙김만 청정하게 하는 것이 아니라 함께하는 모든 법들을 청정하게 한다. 그러나 마음챙김을 상수(上首)로 하여 가르침을 설했다."(『청정도론』 IV.194)
중립의 마음부수에 대해서는 『아비담마 길라잡이』 제2장 §5의 [해설] 7을 참조할 것.

(四禪)에 들어 머문다."521)

7. "비구들이여, 나는 원하는 만큼 물질에 대한 인식(산냐)을 완전히 초월하고, 부딪힘의 인식을 소멸하고, 갖가지 인식을 마음에 잡도리하지 않기 때문에 '무한한 허공'이라고 하면서 공무변처(空無邊處)를 구족하여 머문다.

비구들이여, 깟사빠도 원하는 만큼 물질에 대한 인식(산냐)을 완전히 초월하고, 부딪힘의 인식을 소멸하고, 갖가지 인식을 마음에 잡도리하지 않기 때문에 '무한한 허공'이라고 하면서 공무변처를 구족하여 머문다."

8. "비구들이여, 나는 원하는 만큼 공무변처를 완전히 초월하여 '무한한 알음알이[識]'라고 하면서 식무변처(識無邊處)를 구족하여 머문다. [212]

비구들이여, 깟사빠도 원하는 만큼 공무변처를 완전히 초월하여 '무한한 알음알이[識]'라고 하면서 식무변처를 구족하여 머문다."

9. "비구들이여, 나는 원하는 만큼 식무변처를 완전히 초월하여 '아무 것도 없다.'라고 하면서 무소유처(無所有處)를 구족하여 머문다.

비구들이여, 깟사빠도 원하는 만큼 식무변처를 완전히 초월하여 '아무 것도 없다.'라고 하면서 무소유처를 구족하여 머문다."

10. "비구들이여, 나는 원하는 만큼 무소유처를 완전히 초월하여 비상비비상처(非想非非想處)를 구족하여 머문다.

비구들이여, 깟사빠도 원하는 만큼 무소유처를 완전히 초월하여

---

521) 이상 §§3~6까지에 나타나고 있으며 심·사·희·락·정(尋·伺·喜·樂·定)으로 요약되는 네 가지 禪의 구성요소에 대한 간략한 설명은 본서 제6권 「동쪽으로 흐름 경」(S53:1~12) §8의 주해를 참조할 것.

비상비비상처를 구족하여 머문다."

11. "비구들이여, 나는 원하는 만큼 일체 비상비비상처를 완전히 초월하여 상수멸(想受滅, 인식과 느낌의 그침)에 들어 머문다.

비구들이여, 깟사빠도 원하는 만큼 일체 비상비비상처를 완전히 초월하여 상수멸에 들어 머문다."

12. "비구들이여, 나는 원하는 만큼 신통변화를 나툰다. 하나인 채 여럿이 되기도 하고 여럿이 되었다가 하나가 되기도 한다. 나타났다 사라졌다 하고 벽이나 담이나 산을 아무런 장애 없이 통과하기를 마치 허공에서처럼 한다. 땅에서도 떠올랐다 잠겼다 하기를 물속에서처럼 한다. 물 위에서 빠지지 않고 걸어가기를 땅 위에서처럼 한다. 가부좌한 채 허공을 날아가기를 날개 달린 새처럼 한다. 저 막강하고 위력적인 태양과 달을 손으로 만져 쓰다듬기도 하며 심지어는 저 멀리 범천의 세상에까지도 몸의 자유자재함을 발한다.[神足通]

비구들이여, 깟사빠도 원하는 만큼 신통변화를 나툰다. … 심지어는 저 멀리 범천의 세상에까지도 몸의 자유자재함을 발한다.[神足通]"

13. "비구들이여, 나는 인간의 능력을 넘어선 청정하고 신성한 귀의 요소[天耳界]로 천상이나 인간의 소리 둘 다를 멀든 가깝든 간에 원하는 만큼 다 듣는다.[天耳通]

비구들이여, 깟사빠도 인간의 능력을 넘어선 청정하고 신성한 귀의 요소[天耳界]로 천상이나 인간의 소리 둘 다를 멀든 가깝든 간에 원하는 만큼 다 듣는다.[天耳通]"

14. "비구들이여, [213] 나는 원하는 만큼 자기의 마음으로 다른 중생들과 다른 인간들의 마음을 꿰뚫어 안다. 탐욕이 있는 마음은 탐

욕이 있는 마음이라고 꿰뚫어 알고 탐욕을 여읜 마음은 탐욕을 여읜 마음이라고 꿰뚫어 안다. 성냄이 있는 마음은 성냄이 있는 마음이라고 꿰뚫어 알고 성냄을 여읜 마음은 성냄을 여읜 마음이라고 꿰뚫어 안다. 어리석음이 있는 마음은 어리석음이 있는 마음이라고 꿰뚫어 알고 어리석음을 여읜 마음은 어리석음을 여읜 마음이라고 꿰뚫어 안다. 수축한 마음은 수축한 마음이라고 꿰뚫어 알고 흩어진 마음은 흩어진 마음이라고 꿰뚫어 안다. 고귀한 마음은 고귀한 마음이라고 꿰뚫어 알고 고귀하지 않은 마음은 고귀하지 않은 마음이라고 꿰뚫어 안다. 위가 있는 마음은 위가 있는 마음이라고 꿰뚫어 알고 위가 없는 마음은 위가 없는 마음이라고 꿰뚫어 안다. 삼매에 든 마음은 삼매에 든 마음이라고 꿰뚫어 알고 삼매에 들지 않은 마음은 삼매에 들지 않은 마음이라고 꿰뚫어 안다. 해탈한 마음은 해탈한 마음이라고 꿰뚫어 알고 해탈하지 않은 마음은 해탈하지 않은 마음이라고 꿰뚫어 안다.[他心通]

비구들이여, 깟사빠도 원하는 만큼 자기의 마음으로 다른 중생들과 다른 인간들의 마음을 꿰뚫어 안다. 탐욕이 있는 마음은 탐욕이 있는 마음이라고 꿰뚫어 알고 … 해탈하지 않은 마음은 해탈하지 않은 마음이라고 꿰뚫어 안다.[他心通]"

15. "비구들이여, 나는 원하는 만큼 수많은 전생의 갖가지 삶들을 기억한다. 즉 한 생, 두 생, 세 생, 네 생, 다섯 생, 열 생, 스무 생, 서른 생, 마흔 생, 쉰 생, 백 생, 천 생, 십만 생, 세계가 수축하는 여러 겁, 세계가 팽창하는 여러 겁, 세계가 수축하고 팽창하는 여러 겁을 기억한다. '어느 곳에서 이런 이름을 가졌고, 이런 종족이었고, 이런 용모를 가졌고, 이런 음식을 먹었고, 이런 행복과 고통을 경험했고, 이런 수명의 한계를 가졌고, 그곳에서 죽어 다른 어떤 곳에 다시 태

어나 그곳에서는 이런 이름을 가졌고, 이런 종족이었고, 이런 용모를 가졌고, 이런 음식을 먹었고, 이런 행복과 고통을 경험했고, 이런 수명의 한계를 가졌고, 그곳에서 죽어 여기 다시 태어났다.'라고. 이처럼 한량없는 전생의 갖가지 모습들을 그 특색과 더불어 상세하게 기억해낸다.[宿命通]

비구들이여, 깟사빠도 원하는 만큼 수많은 전생의 갖가지 삶들을 기억한다. 즉 한 생, 두 생, … 이처럼 한량없는 전생의 갖가지 모습들을 그 특색과 더불어 상세하게 기억해낸다.[宿命通]"

16. "비구들이여, 나는 원하는 만큼 청정하고 인간을 넘어선 신성한 눈[天眼]으로 중생들이 [214] 죽고 태어나고, 천박하고 고상하고, 잘생기고 못생기고, 좋은 곳[善處]에 가고 나쁜 곳[惡處]에 가는 것을 보고, 중생들이 지은 바 그 업에 따라가는 것을 꿰뚫어 안다. '이들은 몸으로 못된 짓을 골고루 하고 입으로 못된 짓을 골고루 하고 또 마음으로 못된 짓을 골고루 하고, 성자들을 비방하고, 삿된 견해를 지니어 사견업(邪見業)을 지었다. 이들은 죽어서 몸이 무너진 다음에는 처참한 곳, 불행한 곳, 파멸처, 지옥에 태어났다. 그러나 이들은 몸으로 좋은 일을 골고루 하고 입으로 좋은 일을 골고루 하고 마음으로 좋은 일을 골고루 하고 성자들을 비방하지 않고 바른 견해를 지니고 정견업(正見業)을 지었다. 이들은 죽어서 몸이 무너진 다음에는 좋은 곳[善處], 천상세계에 태어났다.'라고. 이와 같이 나는 청정하고 인간을 넘어선 신성한 눈으로 중생들이 죽고 태어나고, 천박하고 고상하고, 잘생기고 못생기고, 좋은 곳[善處]에 가고 나쁜 곳[惡處]에 가는 것을 보고, 중생들이 지은 바 그 업에 따라가는 것을 꿰뚫어 안다.[天眼通]

비구들이여, 깟사빠도 원하는 만큼 청정하고 인간을 넘어선 신성한 눈[天眼]으로 중생들이 죽고 태어나고, … 좋은 곳[善處]에 가고 나쁜 곳[惡處]에 가는 것을 보고, 중생들이 지은 바 그 업에 따라가는 것을 꿰뚫어 안다.[天眼通]"

17. "비구들이여, 나는 원하는 만큼 모든 번뇌가 다하여 아무 번뇌가 없는 마음의 해탈[心解脫]과 통찰지를 통한 해탈[慧解脫][522]을 바로 지금·여기에서 스스로 최상의 지혜로 실현하고 구족하여 머문다.[漏盡通][523]

---

522) '마음의 해탈[心解脫]'은 ceto(마음의)-vimutti(해탈)의 역어이고 '통찰지를 통한 해탈[慧解脫]'은 paññā(통찰지의)-vimutti(해탈)의 역어이다. 본경에 해당하는 주석서는 다음과 같이 설명하고 있다.
"여기서 '마음의 해탈[心解脫, ceto-vimutti]'이란 아라한과의 삼매(arahatta-phala-samādhi)이고 '통찰지를 통한 해탈[慧解脫, paññā-vimutti]'이란 아라한과의 통찰지(arahatta-phala-paññā)이다."(SA.ii.175)
『맛지마 니까야 주석서』에는 다음과 같은 더 자세한 설명이 나타난다.
"여기서 마음이라는 단어로 아라한과와 함께하는 삼매가, 통찰지라는 단어로 아라한과와 함께하는 통찰지가 설해졌다. 여기서 삼매(samādhi)는 감각적 욕망으로부터 해탈하였기 때문에 마음의 해탈이고, 통찰지는 무명으로부터 해탈하였기 때문에 통찰지의 해탈이라고 알아야 한다. … 감각적 욕망이 빛바랬기 때문에 마음의 해탈이라 하고, 무명이 빛바랬기 때문에 통찰지의 해탈이라 한다. 그리고 사마타[止]의 결실(samatha-phala)이 마음의 해탈이며, 위빳사나의 결실이 통찰지의 해탈이라고 알아야 한다."(MA.i.165)
여기서 보듯이 마음은 삼매의 동의어로 마음의 해탈은 삼매를 통한 해탈이고, 통찰지의 해탈은 통찰지(반야)를 통한 해탈이다. 『디가 니까야 주석서』에서 통찰지를 통한 해탈에는 마른 위빳사나를 닦은 자(sukkha-vipassa-ka)와 네 가지 禪으로부터 출정하여 아라한과를 얻은 자들로 모두 다섯 가지 경우가 있다고 설명하고 있다.(DA.iii.879)
그리고 마음의 해탈이 단독으로 나타나는 경우는 거의 없으며 대부분 이렇게 통찰지의 해탈과 함께 나타난다. 그러나 통찰지의 해탈은 단독으로 나타나는 곳이 있다. 이와 관련해서 양면해탈(ubhatobhāga-vimutti)도 언급해야 하는데, 요약하면 양면으로 해탈한 자(ubhato bhāgavimutta)는 무색계 삼매(공무변처부터 비상비비상처까지)와 더불어 아라한과를 증득한 자를 뜻하고, 통찰지로 해탈한 자(paññāvimutta)는 무색계 삼매 없이 아라한과를 증득한 자를 말한다.
양면해탈과 통찰지를 통한 해탈에 대해서 관심이 있는 분은 『디가 니까야』 제2권 「대인연경」(D15) §36의 주해를 참조할 것.

비구들이여, 깟사빠도 원하는 만큼 모든 번뇌가 다하여 아무 번뇌가 없는 마음의 해탈[心解脫]과 통찰지를 통한 해탈[慧解脫]을 바로 지금 · 여기에서 스스로 최상의 지혜로 실현하고 구족하여 머문다.[漏盡通]"

처소 경(S16:10)

Upassaya-sutta

1. 이와 같이 나는 들었다. 한때 마하깟사빠 존자는 사왓티에서 제따 숲의 아나타삔디까 원림에 머물렀다.

2. 그때 아난다 존자는 오전에 옷매무새를 가다듬고 [215] 발우와 가사를 수하고 마하깟사빠 존자에게 다가갔다. 가서는 마하깟사

---

523) 본『상윳따 니까야』전체에서는 이 정형구만이 육신통의 마지막인 번뇌를 소멸하는 지혜[漏盡通]의 정형구로 나타나고 있다. 그러나『디가 니까야』등의 다른 니까야에서는, "나는 '이것이 괴로움이다.'라고 있는 그대로 꿰뚫어 안다. … '이것이 괴로움의 소멸로 인도하는 도닦음이다.'라고 있는 그대로 꿰뚫어 안다. '이것이 번뇌다.'라고 있는 그대로 꿰뚫어 안다. … '이것이 번뇌의 소멸로 인도하는 도닦음이다.'라고 있는 그대로 꿰뚫어 안다. 이와 같이 알고 이와 같이 보는 나는 감각적 욕망의 번뇌[慾漏]로부터 마음이 해탈한다. 존재의 번뇌[有漏]로부터 마음이 해탈한다. 무명의 번뇌[無明漏]로부터 마음이 해탈한다. 해탈했을 때 해탈했다는 지혜가 있다. '태어남은 다했다. 청정범행은 성취되었다. 할 일을 다 해 마쳤다. 다시는 어떤 존재로도 돌아오지 않을 것이다.'라고 꿰뚫어 안다."(『디가 니까야』「사문과경」(D2) §97;『앙굿따라 니까야』「웨란자 경」(A8:11) §14 등)라는 정형구가 누진통의 정형구로 더 많이 나타나고 있다.

물론『앙굿따라 니까야』「공양받아 마땅함 경」2(A6:2) §7 등에서는 본경의 이 정형구가 본경에서처럼 육신통의 누진통의 정형구로 나타나고 있으며,『맛지마 니까야』「유학경」(M53) §24 등에서는 육신통 가운데 뒤의 세 가지 신통인 삼명 가운데 누진통의 정형구로 본경의 이 정형구가 나타나기도 한다.

그리고 본경에 나타나는 이 정형구는 본서 제6권「벽돌집 경」1(S55:8) §4 등과 다른 니까야에서 아라한의 정형구로도 나타나고 있다.(『디가 니까야』「확신경」(D28) §13 등)

빠 존자에게 이렇게 말했다.

"오십시오, 깟사빠 존자님이시여.524) 같이 비구니 처소로 갑시다."525)

"도반 아난다여, 그대가 가십시오. 그대는 업무가 많고 해야 할 일이 많습니다."526)

두 번째로 아난다 존자는 마하깟사빠 존자에게 이렇게 말했다.

"오십시오, 깟사빠 존자님이시여. 같이 비구니 처소로 갑시다."

"도반 아난다여, 그대가 가십시오. 그대는 업무가 많고 해야 할 일

---

524) '깟사빠 존자님이시여'는 āyāsma bhante Kassapa를 옮긴 것이다. 여기서 아난다 존자가 마하깟사빠 존자를 bhante라는 호칭으로 부르고 있음을 주목해야 한다. 부처님 재세시에 부처님의 제자들은 서로를 āvuso(도반이여)라는 칭호로 불렀다. 실제로 본서 「수치심 없는 자 경」(S16:2)에서 사리뿟따 존자가 마하깟사빠 존자에게, 그리고 『맛지마 니까야』 「마하고싱가살라 경」(M32)에서는 마하목갈라나 존자가 마하깟사빠 존자에게 '도반 깟사빠여(āvuso Kassapa)'라 부르고 있다.

『디가 니까야』 「대반열반경」(D16) §6.2에서 세존께서는 세존이 반열반하시고 난 뒤에는 신참 비구는 구참 비구를 존자님(bhante)이라거나 존자(āyasmā)라 불러야 한다고 유훈을 하셨다. 그래서 여기서 아난다 존자도 마하깟사빠 존자에게 bhante라는 호칭을 써서 부르는 것이다. 이런 호칭을 볼 때 본경은 세존께서 입멸하신 뒤에 있었던 일화를 담고 있음이 분명하다.

525) "아난다 존자는 왜 이렇게 요청하는가? 이득과 명성을 위해서(lābha-sakkāra-hetu)가 아니고 명상주제를 받기를 원하는(kammaṭṭhānatthikā) 비구니들이 있었기 때문에 그들을 격려한 뒤(ussukkāpetvā) 명상주제를 설하게 하기 위해서이다. 그런데 삼장을 호지하는 자(tepiṭaka)요 많이 배운(bahussuta) 그가 스스로 설할 수는 없는가? 불가능한 것은 아니다. 그러나 부처님의 대행자(Buddha-paṭibhāga)인 제자(마하깟사빠 존자)가 설하면 믿음을 일으킬 것(saddhātabba)이라고 생각하여 요청한 것이다."(SA.ii.175)

526) 주석서는 아난다 존자는 벽돌을 쌓는 등의 많은 일이 있는 것이 아니라 스승께서 반열반하셨기 때문에(satthari parinibbute) 사부대중(catasso parisā)이 아난다 장로에게 찾아와서 슬픔을 하소연하면 그들을 위로해야 하기 때문에 이것이 그가 해야 할 많은 일(bahu-kicca)이고 그래서 마하깟사빠 존자는 이것을 두고 말한 것이라고 설명하고 있다.(SA.ii.175)

이 많습니다."

세 번째로 아난다 존자는 마하깟사빠 존자에게 이렇게 말했다.

"오십시오, 깟사빠 존자님이시여. 같이 비구니 처소로 갑시다."

그때 마하깟사빠 존자는 오전에 옷매무새를 가다듬고 발우와 가사를 수하고 아난다 존자를 뒤따르는 사문으로 삼아서 비구니 처소로 갔다. 가서는 마련된 자리에 앉았다.

3. 그때 많은 비구니들이 마하깟사빠 존자에게 다가갔다. 가서는 마하깟사빠 존자에게 절을 올리고 한 곁에 앉았다. 한 곁에 앉은 비구니들에게 마하깟사빠 존자는 법다운 이야기로 가르치고 격려하고 분발하게 하고 기쁘게 하였다. 그때 마하깟사빠 존자는 비구니들에게 법다운 이야기로 가르치고 격려하고 분발하게 하고 기쁘게 한 뒤 자리에서 일어나서 나갔다.

4. 그때 툴라띳사 비구니527)가 마음이 언짢아서 언짢은 말을 내뱉었다.

"마하깟사빠 존자는 어떻게 위데하의 성자528)인 아난다 존자의

---

527) "툴라띳사(Thullatissā)는 몸이 뚱보(sarīrena thūlā)인 띳사라는 뜻이다."(SA.ii.175) 사전에 의하면 thulla와 thūla는 동의어이다.

528) '위데하의 성자'는 웨데하무니(vedeha-muni)를 옮긴 것이다. 그런데 본경에 해당하는 주석서는 이 단어를 이렇게 설명하고 있다.
"'웨데하무니(vedeha-muni)'란 현명한 성자(paṇḍita-muni)라는 말이다. 현자(paṇḍita)는 지혜(ñāṇa)라 불리는 배움으로 노력한다(vedena īhati) 즉, 모든 해야 할 바를 행한다(sabba-kiccāni karoti)고 해서 웨데하(vedeha)라 부르기 때문이다. 그리고 웨데하이고 성자이기 때문에 웨데하무니(vedeha-muni)라 한다."(SA.ii.175)
주석서의 이 설명에 따르면 vedeha-muni는 '현명한 성자'라고 옮기는 것이 좋다. 그런데 『아빠다나 주석서』(ApA)에 의하면 아난다 존자의 어머니는 위데하(혹은 웨데하) 지방(Vedeha-raṭṭha)에서 태어났기 때문에 웨데히라 불리었으며 그의 아들이고 성자이기 때문에 아난다 존자는 웨데하무니(위데

면전에서 법을 설할 생각을 다 하실까? 예를 들면 바늘 장수가 [216] 바늘 만드는 사람에게 바늘을 팔려고 생각하는 것과 같다. 그와 같이 마하깟사빠 존자는 위데하의 성자인 아난다 존자의 면전에서 법을 설할 생각을 다 하시는구나."

5. 마하깟사빠 존자는 툴라띳사 비구니가 하는 말을 들었다. 그때 마하깟사빠 존자는 아난다 존자에게 이렇게 말했다.

"도반 아난다여, 내가 바늘 장수이고 그대가 바늘 만드는 사람이오, 아니면 내가 바늘을 만드는 사람이고 그대가 바늘 장수요?"

"깟사빠 존자시여, 고정하십시오. 어리석은 것이 여인입니다."[529]

6. "도반 아난다여, 그대는 잠깐 기다리시오. 승가가 그대를 더 검증하게 하지 마시오.[530] 도반 아난다여, 이를 어떻게 생각하시오?[531] 세존께서 직접 비구 승가에게 그대에 대해서 이렇게 드러내

하의 성자)라 불린다고 설명하고 있다.(ApA.128) 역자는 이런 것을 참조하여 '위데하의 성자'로 옮겼다.

529) '어리석은 것이 여인입니다.'는 bālo mātugāmo를 있는 그대로 직역한 것이다. 보디 스님은 그의 조언자로부터 '이런 번역 때문에 당신은 독자의 반을 잃어버렸다. 그러니 '그 여인은 어리석습니다.'로 옮기면 좋겠다.'고 진지한 제안을 받았다고 고백하고 있다. 혹시 역자도 이 번역 때문에 본서를 읽는 독자들의 반이 넘을지도 모르는 여성 불자님들로부터 큰 항의를 받을지도 모르지만, 보디 스님처럼 역자도 이 문장을 '그 여인은 어리석습니다.'라기보다는 '어리석은 것이 여인입니다.'로 해석할 수밖에 없다. 구차하게 문법적인 설명은 하지 않겠다.
보디 스님의 제언처럼 아난다 존자가 정말로 이렇게 말씀하셨는지 아니면 경의 편찬자가 아난다 존자의 입에다 이런 말을 넣어서 편집했는지는 독자 여러분들의 판단에 맡기는 수밖에 없을 듯하다.

530) "이 뜻은 다음과 같다. 승가가 생각하기를, '아난다 존자는 부처님의 대행자(Buddha-paṭibhāga)인 제자는 제지하면서도(vārita) 비구니는 제지하지 않았다. 이 둘 사이에는 무슨 친분(santhava)이나 애정(sineha)이 있는 것이 아닌가?'라고 할 것이다."(SA.ii.176)

셨소?

'비구들이여, 나는 원하는 만큼 감각적 욕망들을 완전히 떨쳐버리고 해로운 법[不善法]들을 떨쳐버린 뒤, 일으킨 생각[尋]과 지속적인 고찰[伺]이 있고, 떨쳐버렸음에서 생긴 희열[喜]과 행복[樂]이 있는 초선(初禪)에 들어 머문다.

비구들이여, 아난다도 원하는 만큼 감각적 욕망들을 완전히 떨쳐버리고 해로운 법[不善法]들을 떨쳐버린 뒤, 일으킨 생각[尋]과 지속적인 고찰[伺]이 있고, 떨쳐버렸음에서 생긴 희열[喜]과 행복[樂]이 있는 초선(初禪)에 들어 머문다.'라고."

"그렇지 않습니다, 존자시여."

"도반이여, 그러나 세존께서는 직접 비구 승가에게 나에 대해서 이렇게 드러내셨소.

'비구들이여, 나는 원하는 만큼 감각적 욕망들을 완전히 떨쳐버리고 해로운 법[不善法]들을 떨쳐버린 뒤, 일으킨 생각[尋]과 지속적인 고찰[伺]이 있고, 떨쳐버렸음에서 생긴 희열[喜]과 행복[樂]이 있는 초선(初禪)에 들어 머문다.

비구들이여, 깟사빠도 원하는 만큼 감각적 욕망들을 완전히 떨쳐버리고 해로운 법[不善法]들을 떨쳐버린 뒤, 일으킨 생각[尋]과 지속적인 고찰[伺]이 있고, 떨쳐버렸음에서 생긴 희열[喜]과 행복[樂]이 있는 초선(初禪)에 들어 머문다.'라고."

7~20. <이하 구차제증득과 오신통은 앞의 「선(禪)과 최상의 지혜 경」(S16:9) §§3~16을 참조할 것.> [217]

---

531) 마하깟사빠 존자가 여기서부터 구차제멸(九次第滅, nava anupubba-nirodha)의 증득과 육신통의 구족을 설하는 이유는 그가 부처님의 대행자임(Buddha-paṭibhāga-bhāva)을 드러내(dīpenta) 보이기 위해서라고 주석서는 설명하고 있다.(SA.ii.176)

21. "도반 아난다여, 이를 어떻게 생각하오? 세존께서 직접 비구 승가에게 그대에 대해서 이렇게 드러내셨소?

'비구들이여, 나는 원하는 만큼 모든 번뇌가 다하여 아무 번뇌가 없는 마음의 해탈[心解脫]과 통찰지를 통한 해탈[慧解脫]을 바로 지금·여기에서 스스로 최상의 지혜로 실현하고 구족하여 머문다.

비구들이여, 아난다도 원하는 만큼 모든 번뇌가 다하여 아무 번뇌가 없는 마음의 해탈[心解脫]과 통찰지를 통한 해탈[慧解脫]을 바로 지금·여기에서 스스로 최상의 지혜로 실현하고 구족하여 머문다.'라고."

"그렇지 않습니다, 존자시여."

"도반이여, 그러나 세존께서는 직접 비구 승가에게 나에 대해서 이렇게 드러내셨소.

'비구들이여, 나는 원하는 만큼 모든 번뇌가 다하여 아무 번뇌가 없는 마음의 해탈[心解脫]과 통찰지를 통한 해탈[慧解脫]을 바로 지금·여기에서 스스로 최상의 지혜로 실현하고 구족하여 머문다.

비구들이여, 깟사빠도 원하는 만큼 모든 번뇌가 다하여 아무 번뇌가 없는 마음의 해탈[心解脫]과 통찰지를 통한 해탈[慧解脫]을 바로 지금·여기에서 스스로 최상의 지혜로 실현하고 구족하여 머문다.'라고."

22. "도반이여, 이러한 나의 육신통[532]을 가릴 수 있다고 생각하는 사람은 차라리 7큐빗[533]이나 7.5큐빗 정도나 되는 [큰] 코끼리

---

532) '육신통'은 cha abhiññā를 옮긴 것이다. 『청정도론』을 위시한 주석서 문헌에서는 본경에 나타나는 여섯 가지 신통지(abhiññā)를 육신통이라 부르지만, 니까야에서 이러한 여섯 가지가 육신통이라는 술어로 나타나는 경우는 아주 드물다. 주석서 문헌에서는 주로 chaḷ-abhiññā로 나타난다.

533) 큐빗으로 옮긴 원어는 라따나(ratana, 문자적으로는 보석이라는 뜻임)이다. 주석서에 의하면 라따나(ratana)는 핫타(hattha, 문자적으로 손을 뜻함)와 같은 길이의 도량단위라고 한다. 핫타는 팔꿈치부터 손가락 끝까지의 길이

왕을 [작은] 야자수 잎으로 가릴 수 있다고 생각하는 것이 더 나을 것이오."

23. 그러나 툴라띳사 비구니는 청정범행으로부터 떨어져 [환속하여 버렸다.][534]

의복 경(S16:11)[535]

Cīvara-sutta

1. 이와 같이 나는 들었다. 한때 마하깟사빠 존자는 라자가하에서 대나무 숲의 다람쥐 보호구역에 머물렀다.

2. 그 무렵 아난다 존자는 닥키나기리에서 고귀한 비구 승가와 함께[536] 유행을 하고 있었다.[537] 그 무렵 아난다 존자의 30명의 상

인데 이것은 큐빗과도 같은 길이다. 그래서 큐빗으로 옮겼다. 1큐빗은 약 18인치, 곧 45.72cm에 해당한다. 라따나와 핫타도 대략 이 정도의 길이로 보면 되겠다.

534) "'떨어져(cavitthā)'라는 것은 죽었다(matā)거나 망가졌다(naṭṭhā)는 것이 아니다. 그녀가 부처님의 대행자인 마하깟사빠 존자를 비방(upavāda)한 뒤 존자가 육신통에 대한 사자후(sīha-nāda)를 토하는 도중에 그녀의 가사(kāsāvāni)는 가시 나무줄기(kaṇṭaka-sākhā)나 가려움증을 유발하는 나무줄기(kacchu-sākhā)처럼 그녀의 몸을 찌르기 시작하였다. 그녀가 그 가사를 벗어버리고 [재가자를 상징하는] 흰 옷(setakāni)을 입는 순간(nivattha-kkhaṇa)에 그녀의 마음은 편안하게(citt-assāda) 되었다. 그래서 이렇게 말한 것이다."(SA.ii.176)

535) 북전 『마하와스뚜』(Mahāvastu, 大事, Mvu.iii.47~56)에도 본경에 해당하는 내용이 나타나고 있다.

536) '고귀한 비구 승가와 함께'는 mahatā bhikkhusaṅghena saddhiṁ을 옮긴 것인데 본서 제1권 「회합 경」(S1:37) §1과 「자자(自恣) 경」(S8:7) §1 등에서 보듯이 여기서 mahatā는 고귀함이나 위대함을 뜻한다. 많은 비구들을 뜻할 때는 본서 제1권 「잔뚜 경」(S2:25) §1 등의 여러 경들에서 sambahulā bhikkhū(많은 비구들)로 나타나고 있다.

좌 비구들이 공부지음을 버리고 낮은 [재가자의] 삶으로 되돌아갔는데 그들은 대부분 젊은 사람들이었다.

3. 그때 [218] 아난다 존자는 닥키나기리에서 원하는 만큼 유행을 한 뒤 라자가하 대나무 숲의 다람쥐 보호구역에 있는 마하깟사빠 존자에게 다가갔다. 가서는 마하깟사빠 존자에게 절을 올리고 한 곁에 앉았다. 한 곁에 앉은 아난다 존자에게 마하깟사빠 존자는 이렇게 말했다.

4. "도반 아난다여, 몇 가지 이유 때문에 세존께서는 신도 집에서 세 명 이상이 무리지어 음식을 [받으면 안된다는 계목을] 제정하셨습니까?"538)

"깟사빠 존자시여, 세 가지 이유 때문에 세존께서는 신도 집에서 세 명 이상이 무리지어 음식을 [받으면 안된다는 계목을] 제정하셨습니다. [첫째는] 행실이 나쁜 사람들을 제어하기 위해서이고, [둘째는] 온후한 비구들이 편안하게 머물도록 하기 위해서이니, '사악한 원을 가진 자들이 편을 만들어 승가를 분열시키지 말기를.'이라는 [의도에 의해서입니다.] 그리고 [셋째는] 신도 집에 대한 동정 때문입니다.539)

---

537) 주석서에 의하면 닥키나기리는 라자가하(Rājagaha)를 에워싸고 있는 남쪽 지역(dakkhina-bhāga)에 있는 산(giri)들을 말한다. 세존께서 반열반하시자 아난다 존자는 대중들에게 이 소식을 전하기 위해서 사왓티(Sāvatthi)로 갔다가 다시 라자가하로 돌아오는 도중에 이곳 닥키나기리에 들린 것이다. (SA.ii.176)

538) '신도 집에서 세 명 이상이 무리지어 음식을 [받으면 안된다는 계목을] 제정함'은 kulesu tika-bhojanaṁ paññattaṁ을 풀어서 옮긴 것인데, 이것은 『비구계목』의 32번째 빠찟띠야(Pācittiya, 단타죄, 單墮罪)를 두고 한 말이다.(Vin.iv.71～75 참조할 것)

깟사빠 존자시여, 이러한 세 가지 이유 때문에 세존께서는 신도 집에서 세 명 이상이 무리지어 음식을 [받으면 안된다는 계목을] 제정하셨습니다."

5. "도반 아난다여, 그런데도 그대는 감각기능들의 문을 보호하지 않고, 음식에 적당한 양을 알지 못하고, 깨어 있음에 전념하지 못하는 신참 비구들을 데리고 유행을 하였단 말이오? 사람들은 그대가 곡식을 짓밟으면서 유행하였다고 생각할 것이고 그대는 신도 집을 해치면서 유행하였다고 생각할 것이오. 도반 아난다여, 그대의 회중은 부서졌고, 그대의 신참들은 떨어져 나갔소. 그런데 이 아이[540]는

---

539) 『율장』(Vin.ii.196)에 의하면 원래 이 계목은 데와닷따가 자신을 지지하는 신도 집들을 의지하여 파벌을 만들어 승가의 분열을 조장하려 하였기 때문에 제정된 것이다.(Vin.iv.71도 참조할 것)
첫 번째와 두 번째 이유에 대한 번역은 보디 스님, 803~804쪽 295번 주해를 참조하여 옮겼다. 세 번째 이유에 대해서 주석서는 "비구 승가가 화합하고 포살과 자자(uposatha-pavāraṇa)를 잘 행하면 이런 승가에 음식을 베푼 재가자들은 천상에 태어나기 때문이다."(SA.ii.178)라고 설명을 하고 있다. 물론 신도 집에 부담을 주지 않으려는 것이 세 번째 이유라 보는 것이 더 현실적이다.
북전『마하와스뚜』(大事, Mvu.iii.48)에는 신도 집의 보호와 안락함을 위한 것과 나쁜 자들이 파벌을 만드는 것을 막기 위해서라는 두 가지 이유를 들고 있다.

540) '아이'는 kumāraka(아이, 동자, 청년)를 옮긴 것이다. 주석서에 의하면 아난다 존자는 세존과 같은 날에 태어났다고 한다.(DA.ii.425; ApA.58; 358) 만일 이것이 사실이라면 아난다 존자는 이때 80살이 된 늙은이다. 그런데도 깟사빠 존자는 아난다 존자를 책망하면서 이처럼 아이라 부르고 있다.
그런데 삼장의 다른 기록들을 참조하면 아난다 존자는 세존보다 상당히 어렸던 것으로 보인다. 적어도 30살 정도는 어렸다고 볼 수 있다고 한다. 아난다 존자의 연령에 대한 여러 의견은 *Encyclopaedia of Buddhism*(Vol. I, fasc. 4, p.529)에 실린 C. Witanachchi의 글 "Ānanda"를 참조할 것.
주석서는 마하깟사빠 존자가 아난다 존자를 젊은이라 부른 것에 대해서 이렇게 설명하고 있다.
"그대는 감각기능의 단속을 놓아버린(indriya-saṁvara-rahita) 신참 비

그것조차 모르다니!"

"깟사빠 존자시여, 제 머리는 허옇게 세었습니다. 그런 제가 지금까지도 마하깟사빠 존자로부터 '아이'라는 말을 듣는 것에서 벗어날 수 없단 말입니까?"

6. "그대는 [219] 감각기능들의 문을 보호하지 않고, 음식에 적당한 양을 알지 못하고, 깨어 있음에 전념하지 못하는 신참 비구들을 데리고 유행을 하였기 때문이오. 사람들은 그대가 곡식을 짓밟으면서 유행하였다고 생각할 것이고 그대가 신도 집을 해치면서 유행하였다고 생각할 것이오. 도반 아난다여, 그대의 회중은 부서졌고, 그대의 신참들은 떨어져 나갔소. 그런데 이 아이는 그것조차 모르다니!"

7. 툴라난다 비구니541)는 마하깟사빠 존자가 위데하의 성자인 아난다 존자를 '아이'라는 말로 얕잡아 보았다는 말을 들었다. 그때 툴라난다 비구니는 마음이 언짢아서 언짢은 말을 내뱉었다.

"마하깟사빠 존자는 전에 외도였으면서542) 어떻게 위데하의 성자인 아난다 존자를 아이라는 말로 얕잡아 본단 말인가?"

구(nava bhikkhu)들과 함께 돌아다녔다. 이처럼 젊은이들과 함께 돌아다녔으니 젊은이라 부를 만하다."(SA.ii.179)

541) 문자적으로 툴라난다(Thullanandā)는 뚱보(thulla, thūla) 난다라는 뜻이다. 이 비구니는 비구니 계목인 『비구니 위방가』(Bhukkhuni Vibhaṅga)에서 비구니 승가의 말썽꾸러기로 자주 등장하고 있다.(Vin.iv.216, 218, 223~224 등을 참조할 것.)

542) "'전에 외도였으면서(aññatitthiyapubbo samāno)'라는 것은 마하깟사빠 장로는 이 교법(sāsana)에서 스승(ācariya)도 은사(upajjhāya)도 알려져 있지 않기 때문이다. 그는 스스로 물들인 옷(kāsāya)을 입고 출가하였다(nikkhanta). 그래서 이 비구니는 분개하여(anattamanatā) 그를 전에 외도였던 자라고 묘사하고 있는 것이다."(SA.ii.179)
아난다 존자를 위데하의 성자(Vedeha-muni)라 부르는 것에 대해서는 위의 「처소 경」(S16:10) §4의 주해를 참조할 것.

8. 마하깟사빠 존자는 툴라난다 비구니가 이런 말을 하는 것을 전해 들었다. 그때 마하깟사빠 존자는 아난다 존자에게 이렇게 말했다.

"도반 아난다여, 툴라난다 비구니는 참으로 경솔하고 경망스럽게 말을 하였소. 왜냐하면 나는 머리와 수염을 깎고 물들인 옷을 입고 집을 나와 출가한 이후로 그분 세존·아라한·정등각자 외에 다른 사람을 스승으로 지목한 적이 없음을 너무 잘 알기 때문이오."

9. "도반이여, 전에 내가 재가자였을 때 이런 생각이 들었소. '재가의 삶이란 갇혀 있고 때가 낀 길이지만 출가의 삶은 열린 허공과 같다. 재가에 살면서 더할 나위 없이 완벽하고 지극히 청정한 소라고동처럼 빛나는 청정범행을 실천하기란 쉽지 않다. 그러니 나는 이제 머리와 수염을 깎고 물들인 옷을 입고 집을 떠나 출가하리라.'라고. 그런 나는 나중에 헤진 헝겊 조각으로 만든 가사를 입고 [220] 세상에 계신 아라한들을 [본보기로] 삼아서 머리와 수염을 깎고, 물들인 옷을 입고 집을 떠나 출가하였소."

10. "그런 나는 출가하여 대로를 따라 걷다가 라자가하와 날란다 사이에 있는 바후뿟따 탑묘[多子塔]에 앉아 계신 세존을 뵈었소.[543] 그분을 뵙자 내게는 이런 생각이 들었소. '내가 스승을 뵙게 된다면 그분은 바로 지금 내가 뵙는 바로 이분 세존일 것이다. 내가 선서를 뵙게 된다면 그분은 바로 지금 내가 뵙는 바로 이분 세존일

---

543) 주석서는 이 부분을 주석하면서 마하깟사빠 존자의 몇몇 전생 이야기를 포함하여 세존을 만나는 것을 정점으로 하는 마하깟사빠 존자의 일대기를 상세하게 서술하고 있다.(SA.ii.180~197) Hecker의 "Mahākassapa: Father of the Saṅgha"(*Great Disciples of the Buddha*, Nyanaponika and Hecker, pp. 109~119)를 참조할 것.

것이다. 내가 정등각자를 뵙게 된다면 그분은 바로 지금 내가 뵙는 바로 이분 세존일 것이다.'라고.[544]

도반이여, 그런 나는 거기서 세존의 발에 머리 조아려 절을 올린 뒤 세존께 이렇게 말씀드렸소. '세존이시여, 세존께서는 저의 스승이시고 저는 제자입니다. 세존이시여, 세존께서는 저의 스승이시고 저는 제자입니다.'[545]라고."

11. "도반이여, 이렇게 말씀드리자 세존께서는 이렇게 말씀하셨소.

'깟사빠여, 이처럼 마음으로 모든 것을 구족한 그대와 같은 제자에게 알지 못하면서도 '나는 안다.'고 말하고, 보지 못하면서도 '나는 본다.'고 말하는 자는 그의 머리가 떨어질 것이다. 깟사빠여, 그러나 나는 알면서 '나는 안다.'고 말하고, 보면서 '나는 본다.'고 말한다.[546]

544) 본문에는 satthāraṁ ca vatāham passeyyaṁ bhagavantam eva passe-yyaṁ(내가 참으로 스승을 뵙게 된다면 나는 세존을 뵙게 될 것이다로 직역 됨) 등으로 나타나는데, 역자는 '내가 스승을 뵙게 된다면 그분은 바로 지금 내가 뵙는 바로 이분 세존일 것이다.' 등으로 풀어서 옮겼다. 이것은 주석서에서 설명하고 있는 대로(SA.ii.197) 옮긴 것임을 밝힌다.

545) Ee에는 '세존이시여, 세존께서는 저의 스승이시고 저는 제자입니다.'라고 한 번만 나타나고 있다. 그러나 Be와 Se에는 이처럼 반복되어 두 번이 나타나고 있다. 주석서도 두 번 나타나는 것으로 확정하고 있다. 주석서는 이렇게 설명하고 있다.
"'세존께서는 저의 스승이십니다.'라고 두 번만(dve vāre) 나타나고 있다. 그런데 [실제로는] 세 번(tikkhattuṁ) 말한 것으로 알아야 한다."(SA.ii.197)

546) "'그의 머리가 떨어질 것이다(muddhā pi tassa vipateyya).'라는 것은 알지 못하면서도 안다고 공언하는(paṭiñña) 외도의 스승(bāhiraka satthu)은 이처럼 온 마음을 다하여(sabba-cetasā) 청정하게 믿는 마음을 가진(pa-sanna-citta) 제자가 이러한 최상의 겸손(parama-nipaccakāra)을 드러내면, 그의 머리는 마치 줄기에서 떨어지는 야자 열매처럼 목에서 떨어져버릴 것이고 일곱 조각이 나버릴 것이라는 뜻이다. … 그러나 세존의 황금 색(suvaṇṇa-vaṇṇa) 발아래 이러한 최상의 겸손을 드러내더라도 스승의 몸의 털조차(loma-matta)도 동요하게 하지 못한다. 이처럼 스승은 큰 위신력(mahānubhāva)을 가지셨다."(SA.ii.197~198)

깟사빠여, 그러므로 그대는547) 이와 같이 공부지어야 한다. '나는 장로 [비구]들과 신참 [비구]들과 중진 [비구]들에 대해서 강한 양심과 수치심을 확립하리라.'라고 그대는 이와 같이 공부지어야 한다.

깟사빠여, 그러므로 그대는 이와 같이 공부지어야 한다. '내가 유익함과 관련된 법을 들으면 그 모두를 깊이 새기고 마음에 잡도리하며 온 마음을 다하여 몰두하고548) 귀를 기울여 그 법을 들으리라.'라고 그대는 이와 같이 공부지어야 한다.

깟사빠여, 그러므로 그대는 이와 같이 공부지어야 한다. '나는 편안함이 함께한 몸에 대한 마음챙김549)을 놓아버리지 않으리라.'라고 그대는 이와 같이 공부지어야 한다.'라고."550)

12. "도반이여, 그런 뒤 세존께서는 이러한 교계를 하신 뒤 자리에서 일어나서 가시었소. [221] 도반이여, 나는 칠일동안은 빚진 사람으로 백성들이 주는 공양을 먹었지만551) 팔 일째에 구경의 지혜가

---

547) "'그러므로 그대는(tasmātiha te)'이라는 것은, '나는 알면서 안다고 하고 보면서 본다고 하기 때문에, 깟사빠여, 그대는 이와 같이 공부지어야 한다.'는 말이다."(SA.ii.198)

548) "'온 마음을 다하여 몰두하고(sabbacetasā samannāharitvā)'라는 것은 마음을 조금이라도 밖으로 향하지 않게 하고(cittassa thokampi bahi gantuṁ adento) 온 마음이 몰두되게 해라는 뜻이다."(SA.ii.198)

549) "'편안함이 함께한 몸에 대한 마음챙김(sātasahagatā kāyagatāsati)'이란 부정관(不淨觀, asubha)과 들숨날숨(ānāpāna)에 대한 마음챙김으로 증득한 초선(初禪)을 통해서 얻은 행복과 함께한(sukha-sampayuttā) 몸에 대한 마음챙김을 말한다."(SA.ii.198)

550) "[여기서 세존께서는 마하깟사빠 장로에게] 세 가지 교계(tividha ovāda)를 하고 계신다. 장로에게는 이것이 [세존의 문하로] 출가(pabbajjā)한 것도 되었고 구족계(upasampadā)를 [받은 것도] 되었다."(SA.ii.198)

551) "'빚진 사람(sāṇa)'이란 오염원이라는 빚을 가진 자(sakilesa sa-iṇa)라는 뜻이다. '백성들이 주는 공양을 먹었다(raṭṭhapiṇḍaṁ bhuñji).'는 것은 믿

생겼소.

그때 세존께서는 길을 벗어나서 어떤 나무 아래로 가셨소.552) 도반이여, 나는 헤진 헝겊 조각으로 만든 가사553)를 네 겹으로 접어서

음으로 베푸는 공양(saddhā-deyya)을 먹었다는 말이다. 네 가지 수용(pari-bhoga)이 있다. ① 훔친 것의 수용(theyya-paribhoga: 파계한 자들이 공양을 수용하는 것) ② 빚낸 것의 수용(iṇa-paribhoga: 계를 구족하였지만 반조하지 않고 수용하는 것) ③ 상속자의 수용(dāyajja-paribhoga: 7가지 유학들이 수용하는 것) ④ 주인의 수용(sāmi-paribhoga: 아라한이 수용하는 것)이다. …

그러므로 아라한만이 빚지지 않고 수용한다. 장로는 범부(puthu-jjana)였을 때는 자신이 빚낸 것의 수용으로 공양을 먹었기 때문에 이렇게 말한 것이다. 그는 팔 일째에 구경의 지혜(aññā)가 생겼다. 즉 아라한과(arahatta-phala)가 생겼다는 뜻이다."(SA.ii.199)

'빚진 사람'은 Ee, Se에는 sāṇa로, Be에는 saraṇa로 나타난다. 뜻은 같다. 『맛지마 니까야』「박꿀라 경」(M124/iii.127) §38에도 같은 구문이 나타나는데 여기서도 sāṇa로 나타난다. 네 가지 수용에 대한 설명은 『청정도론』 I.125~128을 참조할 것.

552) "이것은 세존께서 장로를 만난 바로 그 첫째 날(paṭhamatara)에 벌어진 일이고 장로가 아라한됨을 증득한 것(arahatta-adhigama)은 나중의 일이다. 설법의 순서(desanā-vāra)상 아라한됨을 증득한 것을 먼저 말씀하셨을 뿐이다.

그런데 왜 세존께서는 길을 벗어나서 나무 아래로 가셨는가? 세존께서는 '나는 이 비구가 태어나면서부터(즉 비구가 되면서부터) 숲에 머무는 수행을 하는 자(jāti-āraññika)가 되게 하고, 태어나면서부터 분소의를 입는 수행을 하는 자(jāti-paṁsukūlika)가 되게 하고, 태어나면서부터 한 자리에서만 먹는 수행을 하는 자(jāti-ekāsanika)가 되게 하리라.'라고 생각하셨기 때문이다."(SA.ii.199)

553) 여기서 '가사'는 saṅghāṭi의 번역이다. 비구는 세 가지 옷[三衣] 이상을 수용하지 못하는데 그것은 상의(uttarāsaṅga, 중국에서는 울다라승(鬱多羅僧) 혹은 칠조가사(七條袈裟)로 옮겼음)와 하의(antaravāsaka, 안타회, 安陀會)와 겉옷이라는 의미를 가진 상가띠(saṅghāṭi, 승가리, 僧伽梨)이다. 그런데 지금 한국의 승단에서는 이 상가띠를 가사라 부르고 있어서 역자는 상가띠를 가사로 의역하였다. 엄밀히 말하면 가사(袈裟)는 kāsāya(물들인 옷)을 음역한 것이라서 위의 삼의가 모두다 가사에 해당한다. 출가자는 반드시 물들여서 삼의를 입어야 하기 때문이다.

지금도 남방 스님들은 이 삼의만을 입는다. 자기 개인 숙소에 머물 때는 더

[자리를] 만든 뒤 세존께 이렇게 말씀드렸소. '세존이시여, 세존께서는 제게 오랜 세월 이익과 행복이 있도록 여기에 앉으십시오.'라고."

13. "도반이여, 세존께서는 마련된 자리에 앉으셨소. 세존께서는 자리에 앉으신 뒤 나에게 말씀하셨소.

'깟사빠여, 그대가 입고 있는 헤진 헝겊 조각으로 만든 가사는 부드럽구나.'

'세존이시여, 세존께서는 연민하는 [마음을] 내시어 저의 이 헤진 헝겊 조각으로 만든 가사를 받아주소서.'

'깟사빠여, 그러면 그대는 나의 이 삼베로 만든 다 떨어진 분소의를 입겠는가?'

'세존이시여, 저는 세존의 삼베로 만든 다 떨어진 분소의를 입겠습니다.'

도반이여, 그런 나는 헤진 헝겊 조각으로 만든 가사를 세존께 드렸소. 그리고는 세존의 삼베로 만든 다 떨어진 분소의를 받았소."554)

워서 상의(웃따라상가)와 하의(안따라와사까)만을 입고 있지만 밖으로 나올 때는 반드시 겉옷인 상가띠를 수한다. 상가띠는 상황에 따라서 온몸을 감싸거나 한쪽 어깨를 드러내는 등으로 다양하게 수한다. 이 이외의 옷, 즉 팬티나 셔츠나 양말 등은 입거나 신으면 안된다. 삼의에 속하지 않기 때문이다. 미얀마 스님들은 여기에다 왼쪽 어깨에 천이나 담요 같은 것을 하나 더 가지고 다니는데 이것은 좌구이다. 앉을 때는 이것을 깔고 앉는다.

554) 주석서를 요약하면 다음과 같다.
세존께서 마하깟사빠 장로와 겉옷을 바꾸려고 하신 이유는 장로를 당신의 지위에 앉히려고 하셨기 때문(attano ṭhāne ṭhapetu-kāmatāya)이다. 세존께서 '이 삼베로 만든 다 떨어진 분소의를 입겠는가?'라고 물으신 것은 그가 분소의를 입을 육체적인 힘(kāya-bala)을 갖추었는가가 아니라 도닦음을 성취(paṭipatti-pūraṇa)할 수 있겠는가를 말씀하신 것이다.
세존께서 입고 계신 분소의는 뿐나(Puṇṇā)라는 여자 노비(dāsi)가 덮고 있다가 공동묘지(āmaka-susāna)에 내버린 것으로, 세존께서는 그것을 주워서 거기에 득실거리던(samparikiṇṇa) 벌레(pāṇaka)들을 주워내고 입으셨

14. "도반이여, 바르게 말하는 자가 말하기를 '세존의 아들이요 직계 자손이요 입으로부터 태어난 자요 법에서 태어난 자요 법이 만든 자요 법의 상속자요 삼베로 만든 다 떨어진 분소의를 받아 지닌 자'라고 말하는 것은 바로 나를 두고 '세존의 아들이요 직계 자손이요 입으로부터 태어난 자요 법에서 태어난 자요 법이 만든 자요 법의 상속자요 삼베로 만든 다 떨어진 분소의를 받아 지닌 자'라고 말하는 것이오."555)

15. "도반이여, 나는 원하는 만큼 감각적 욕망들을 완전히 떨쳐

다고 한다. 그리고 그것을 위대한 성자들의 계보(mahā-ariya-vaṁsa)를 잇는 것으로 삼으셨으며, 대지는 진동하였고 신들은 찬미하였다고 한다.
세존께서 분소의를 장로에게 주신 뜻은, '나는 태어나면서부터(즉 비구가 되면서부터) 분소의를 입는 수행을 하고, 태어나면서부터 숲속에 머무는 수행을 하고, 태어나면서부터 한자리에서만 먹는 수행을 하고, 태어나면서부터 차례대로 탁발하는 수행을 하는 자(sapadāna-cārika)가 이 분소의를 입기를 원한다. 그대는 이러한 뜻을 따라서 바르게 사용하겠는가?'라는 것이다. 장로가 받은 것은, '저는 이러한 수행을 하겠습니다.'라고 하면서 받은 것이다. 이렇게 두 분이 겉옷(상가띠, 가사)을 교환하자 대지는 진동을 하였다. (SA.ii.199~200)

555) "이런 말을 통해서 장로는 [툴라난다 비구니가 제기한] 출가[에 대한 혐의]를 깨끗하게(parisodhitā) 하였다. 그가 아난다 존자에게 이렇게 말한 목적은 다음과 같다.
'스승이나 계사가 없던 자가 [나처럼] 목욕하고 머리를 깎고(nhāpita-muṇḍaka) 스스로 물들인 옷(가사)을 입고(sayaṁ-gahita-kāsāva) 외도 교단을 떠났는데(titthiya-pakkantaka), 3가우따(1가우따는 대략 2Km 정도임)까지 [부처님이] 마중을 나오셨고, 세 가지 교계를 통해서 출가하고 구족계를 받았으며, 세존과 겉옷(상가띠, 가사)을 바꾸어 입은 자가 또 어디 있는가? 그러니 보라! 툴라난다 비구니가 얼마나 잘못된 말(dubbhāsita)을 하였는가를.'
장로는 이와 같이 자신의 출가에 대한 의문을 말끔히 가시게 하고 이제 육신통으로 사자후를 토한다."(SA.ii.200~201)
비슷한 구문이 『맛지마 니까야』「차례대로 경」(Anupada-sutta, M111) §22에서는 세존께서 사리뿟따 존자를 칭찬하는 구절로 나타나고 있다.

버리고 해로운 법[不善法]들을 떨쳐버린 뒤, 일으킨 생각[尋]과 지속적인 고찰[伺]이 있고, [222] 떨쳐버렸음에서 생겼고, 희열[喜]과 행복[樂]이 있는 초선(初禪)에 들어 머문다오."

16 ~30.

<이하 구차제증득과 오신통은 앞의 「선(禪)과 최상의 지혜 경」(S16:9) §§3~16을 참조할 것.>

31. "도반이여, 나는 원하는 만큼 모든 번뇌가 다하여 아무 번뇌가 없는 마음의 해탈[心解脫]과 통찰지를 통한 해탈[慧解脫]을 바로 지금·여기에서 스스로 최상의 지혜로 실현하고 구족하여 머문다오."

32. "도반이여, 이러한 나의 육신통을 가릴 수 있다고 생각하는 사람은 차라리 7큐빗이나 7.5큐빗 정도나 되는 [큰] 코끼리 왕을 [작은] 야자수 잎으로 가릴 수 있다고 생각하는 것이 더 나을 것이오."556)

33. 그러나 툴라난다 비구니는 청정범행으로부터 떨어져 [환속하여 버렸다.]

사후(死後) **경**(S16:12)

Paraṁmaraṇa-sutta

1. 이와 같이 나는 들었다. 한때 마하깟사빠 존자와 사리뿟따 존자는 바라나시에서 이시빠따나의 녹야원에 머물렀다.

2. 그때 사리뿟따 존자는 해거름에 홀로 앉음을 풀고 일어나서 마하깟사빠 존자에게 다가갔다. 가서는 마하깟사빠 존자와 함께 환

556) 이것은 위 「처소 경」(S16:10)의 마지막 부분(§22)과 같다.

담을 나누었다. 유쾌하고 기억할 만한 이야기로 서로 담소를 하고서 한 곁에 앉았다. 한 곁에 앉은 사리뿟따 존자는 마하깟사빠 존자에게 이렇게 말했다.

3. "도반 깟사빠여, 여래[557]께서는 사후에 존재하십니까?"

"도반이여, 세존께서는 '여래는 사후에 존재한다.'라고 설명하지 않으셨습니다.[無記]"

"도반이여, 그러면 여래께서는 사후에 존재하지 않으십니까?"

"도반이여, 여기에 대해서도 세존께서는 '여래는 사후에 존재하지 않는다.'라고 설명하지 않으셨습니다." [223]

"도반이여, 그러면 여래께서는 사후에 존재하기도 하고 존재하지 않기도 하십니까?"

"도반이여, 여기에 대해서도 세존께서는 '여래는 사후에 존재하기도 하고 존재하지 않기도 한다.'라고 설명하지 않으셨습니다.[無記]"

"도반이여, 그러면 여래께서는 사후에 존재하는 것도 아니요 존재하지 않는 것도 아니십니까?"

"도반이여, 여기에 대해서도 세존께서는 '여래는 사후에 존재하는

---

557) 주석서는 여기서 '여래(tathāgatā)'는 중생(satta)을 뜻한다고 설명하고 있다.(SA.ii.201)
복주서는 여기에 대해서, "중생은 과거 겁과 과거 생에서 업과 오염원들에 의해서 태어났듯이 지금도 그와 같이 왔다(tathā etarahi pi āgato)고 해서 여래라 한다. 혹은 업을 지은 대로 자기 존재가 생긴다(tathā taṁ taṁ attabhāvaṁ āgato)고 해서 여래이고 이것은 중생을 말한다."(SAṬ.ii.149)라고 설명하고 있다.
본서 제3권 「야마까 경」(S22:85) §11에 해당하는 주석서(SA.ii.311)에도 이런 설명이 나타나고 있다.
그러나 이러한 설명은 선뜻 동의하기가 힘들다. 본서 제3권 「아누라다 경」(S22:86 = S44:2) §3에는 "그분 여래는 최상의 사람이며, 최고의 사람이며, 최고에 도달한 분입니다(tathāgato uttamapuriso paramapuriso parama-pattipatto)."라고 나타나고 있기 때문이다.

것도 아니요 존재하지 않는 것도 아니다.'라고 설명하지 않으셨습니다."

4. "도반이여, 그러면 왜 여래는 설명하지 않으셨습니까?"

"도반이여, 이것은 이익을 주지 못하고, 청정범행의 시작에도 미치지 못하고, 염오로 인도하지 못하고, 탐욕의 빛바램으로 인도하지 못하고, 소멸로 인도하지 못하고, 고요함으로 인도하지 못하고, 최상의 지혜로 인도하지 못하고, 바른 깨달음으로 인도하지 못하고, 열반으로 인도하지 못하기 때문입니다. 그래서 세존께서는 설명하지 않으셨습니다."

5. "도반이여, 그러면 세존께서는 무엇을 설명하셨습니까?"

"도반이여, 세존께서는 이것은 괴로움이라고 설명하셨습니다. 세존께서는 이것은 괴로움의 일어남이라고 설명하셨습니다. 세존께서는 이것은 괴로움의 소멸이라고 설명하셨습니다. 세존께서는 이것은 괴로움의 소멸로 인도하는 도닦음이라고 설명하셨습니다."

6. "도반이여, 그러면 왜 세존께서는 이것을 설명하셨습니까?"

"도반이여, 이것은 참으로 이익을 주고, 이것은 청정범행의 시작이고, 염오로 인도하고, 탐욕의 빛바램으로 인도하고, 소멸로 인도하고, 고요함으로 인도하고, 최상의 지혜로 인도하고, 바른 깨달음으로 인도하고, 열반으로 인도하기 때문입니다. 그래서 세존께서는 이것을 설명하셨습니다."

유사정법(類似正法) **경**(S16:13)

Saddhammapatirūpaka-sutta

1. 이와 같이 나는 들었다. 한때 세존께서는 사왓티에서 제따

숲의 아나타삔디까 원림에 머무셨다.

2. 그때 마하깝사빠 존자가 세존께 다가갔다. 가서는 세존께 절을 올리고 한 곁에 앉았다. [224] 한 곁에 앉은 마하깝사빠 존자는 세존께 이렇게 여쭈었다.

3. "세존이시여, 무슨 원인과 무슨 조건 때문에 이전에는 학습계목은 더 적었지만 구경의 지혜에 안주하는 비구들은 더 많았으며, 무슨 원인과 무슨 조건 때문에 지금은 학습계목은 더 많아졌지만 구경의 지혜에 안주하는 비구들은 더 적습니까?"558)

4. "깟사빠여, 그것은 이와 같다. 중생들이 하열해지고 정법이 사라질 때에는 학습계목은 더 많아지지만 구경의 지혜에 안주하는 비구들은 더 적다.

깟사빠여, 유사정법(類似正法)559)이 세상에 생기지 않는 한 정법은

558) 본경에서 마하깟사빠 존자가 정법(正法, saddhamma)의 보존에 관심을 보이는 것은 세존께서 입멸하신 뒤에 가지게 된 일차합송(일차결집, pathama-saṅgīti)에서 자신의 역할을 예견한 것으로 여겨진다.
부처님의 마지막 행적을 담고 있는 『디가 니까야』 「대반열반경」(D16) §6.20에는 수밧다라는 늙깎이 비구(Subhadda nāma buḍḍhapabbajita)가 "도반들이여, 이제 그만하십시오. 슬퍼하지 마십시오. 탄식하지 마십시오. 도반들이여, 우리는 이제 그러한 대사문으로부터 속 시원하게 해방되었습니다."라는 등의 망언을 한 것이 나타난다.
이를 통해서 우리는 정법과 유사한 것(유사정법)이 나타날 소지를 보았다. 그래서 깟사빠 존자는 늙깎이 수밧다가 한 이 말을 기억하고, 법과 율을 서둘러 결집하지 않으면 오래지 않아 정법이 사라질 것이라고 우려하여, 결집을 주도하게 되었다고 한다.(Vin.i.5)
같은 질문에 대한 세존의 다른 대답이 『맛지마 니까야』 「밧달리 경」(M65/i.444) §§29~34에도 나타난다.

559) '유사정법(類似正法)'은 saddhamma-paṭirūpaka를 옮긴 것인데 정법(saddhamma)과 유사한 것(paṭirūpa)으로 직역할 수 있어서 이렇게 옮겼다. 마치 종교가 아니지만 종교를 닮은 것을 유사종교라 하듯이 정법이 아니

사라지지 않는다. 그러나 유사정법이 세상에 생기면 정법은 사라지게 된다.560)

지만 정법을 닮았다는 뜻이다. 이런 의미에서 여기서 paṭirūpaka(유사, 類似)는 『맹자』에 나오는 사이비(似而非, 흡사하지만 아닌 것)와 같은 뜻이라 할 수 있다.

주석서는 두 가지 유사정법을 들고 있는데 ① 증득(adhigama)에 관한 것과 ② 교학(pariyatti)에 관한 것이다. 전자는 10가지 위빳사나의 경계(vipassanā-upakkilesa)를 말하고(『청정도론』XX.105~128 참조) 후자는 세 번의 합송(결집, saṅgīti)에서 부처님의 말씀으로 인정되지 않은 것을 말한다.

단, 요소에 대한 가르침(Dhātu-kathā), 대상에 대한 가르침(Ārammaṇa-kathā), 더러움에 대한 가르침(Asubha-kathā), 지혜의 토대에 대한 가르침(Ñāṇavatthu-kathā), 명지의 보고(Vijjā-karaṇḍakoti)와 같은 다섯 가지 가르침의 토대(kathā-vatthu)는 정법의 영역에 포함시키고 있다.

유사정법에 속하는 교학은, 비밀 율(Guḷhavinaya), 비밀 웻산따라(Guḷhavessantara), 비밀 마호사다(Guḷhamahosadha), 완나 삐따까(Vaṇṇapiṭaka), 앙굴리말라 삐따까(Aṅgulimālapiṭaka), 랏타빨라 갓지따(Raṭṭha-pāla-gajjita), 알라와까 갓지따(Āḷavakagajjita), 웨달라 삐따까(Vedalla-piṭaka)와 같은 비불설(abuddha-vacana)을 말한다.(SA.ii.201~202)

복주서는 부처님의 말씀과 모순되기 때문에 비불설(非佛說, abuddha-vacana)이라 하며, 부처님께서는 앞뒤가 맞지 않는(pubba-apara-viruddha) 말씀을 하지 않으셨기 때문이라고 설명하고 있다.(SAṬ.ii.150)

여기서 관심을 끄는 것은 '웨달라 삐따까'인데 복주서는 이것은 나가(nāga, 용)들의 거처로부터 가져온 것인데 웨뚤라 삐따까(Vetulla Piṭaka)라고도 부른다고 설명하고 있으며, 논쟁에서 설한 것(vāda-bhāsita)으로 구성되어 있다고도 풀이한다.(*Ibid*)

웨달라 삐따까에 대한 복주서의 이러한 설명은 이것이 대승경전(Mahā-yāna sūtra)들을 모은 것임을 보여준다 하겠다. 스리랑카 역사서에서 대승(Mahāyāna)은 웨뚤라와다(Vetulla-vāda, Sk. Vaitulya-vāda, 方等)라고 언급되고 있기 때문이다.(Walpora. Rahula, *History of Buddhism in Ceylon*, pp.87~90 참조) 그리고 복주서의 이런 설명은 나가르주나(Nāgārjuna, 용수) 스님이 반야부 경전(Prajñāpāramitā Sūtra)들을 용궁(nāga)으로부터 가져왔다고 하는 설을 암시하고 있는 것으로 보인다.

그리고 상좌부에서 다섯 가지 가르침의 토대(kathā-vatthu)를 정전(正典)으로 인정하는 것은 이것이 유명한 스님들의 교학에 대한 요점을 담고 있는 논서이기 때문인 것으로 보인다.

560) 한편 주석서는 부처님 가르침이 어떻게 해서 점점 사라지게 되는가를 증득

깟사빠여, 예를 들면 황금과 유사한 것이 세상에 생기지 않으면 황금은 사라지지 않는다. 황금과 유사한 것이 세상에 생기면 황금은 사라지게 된다.

깟사빠여, 그와 같이 유사정법이 세상에 생기지 않는 한 정법은 사라지지 않는다. 그러나 유사정법이 세상에 생기면 정법은 사라지게 된다."

5. "깟사빠여, 땅의 요소[地界, 地大]가 정법을 사라지게 만들지 않는다. 물의 요소가 … 불의 요소가 … 바람의 요소가 정법을 사라지게 만들지 않는다.

그러나 여기 쓸모없는 인간들이 나타나서 이 정법을 사라지게 만든다.

깟사빠여, 배는 많이 실으면561) 침몰하지만 정법은 그와 같이 사

에 관계된 정법(adhigama-saddhamma)과 수행에 관계된 정법(paṭipatī-saddhamma)과 교학에 관계된 정법(pariyatti-saddhamma)의 세 측면에서 상세하게 설명하고 있다.(SA.ii.202~204)

561) '많이 실으면'은 ādiken'eva(ādikena eva)를 옮긴 것이다. 주석서는 이 단어를 ādānena(취함)와 gahaṇena(받아들임, 거머쥠)로 설명하고 있어서 이렇게 옮겼다. 그리고 주석서는 이 비유를 다음과 같이 적용시키고 있다.
배는 물품(bhaṇḍa)을 많이 받아들여서 실으면 가라앉지만 정법은 그렇지 않다. 정법은 교학(pariyatti) 등을 많이 싣는다 해서 사라지지 않기 때문이다. 오히려 교학이 쇠퇴하면(hāyamāna) 수행이 쇠퇴하고 수행이 쇠퇴하면 증득도 쇠퇴한다. 그러나 교학을 가득 채우는(pūraka) 사람은 수행을 가득 채우고 수행을 가득 채우는 사람은 증득을 가득 채운다. 그러므로 교학 등이 증가하면(vaḍḍhamāna) 불법(sāsana)은 증장하나니 마치 상현 달(nava-canda)과도 같다.(SA.ii.204)
역자는 주석서의 이런 설명을 토대로 해서 ādikena를 많이 실으면으로 옮겼다. C.Rh.D도 이런 의미로 옮겼다.(KS 2:152 참조)
그런데 ādikena는 '갑자기'로도 이해할 수 있다. 이것은 『맛지마 니까야』(M.i.395; 479; ii.213)와 『자따까』(J.vi.567) 등에서 '점차적으로'를 뜻하는 anupubbena의 반대가 되는 것으로 나타나고 있기 때문이다. 그러므로 본문은 "배는 갑자기 침몰하지만 정법은 그와 같이 [갑자기] 사라지지 않는

라지지 않는다."

6. "깟사빠여, 다섯 가지 유해한 현상이 나타나면 정법을 혼란스럽게 하고 사라지게 한다. 무엇이 다섯인가?

깟사빠여, 여기 비구들과 비구니들과 청신사들과 청신녀들이 스승562)을 존중하지 않고 순응하지 않으며 머문다. 법을 존중하지 않고 순응하지 않으며 머문다. 승가를 존중하지 않고 순응하지 않으며 머문다. [225] 공부지음을 존중하지 않고 순응하지 않으며 머문다. 삼매를 존중하지 않고563) 순응하지 않으며 머문다. 깟사빠여, 이러한 다섯 가지 유해한 현상이 나타나면 정법을 혼란스럽게 하고 사라지게 한다."564)

7. "깟사빠여, 다섯 가지 현상이 나타나면 정법을 확고하게 하고 혼란스럽지 않게 하고 사라지지 않게 한다. 무엇이 다섯인가?

깟사빠여, 여기 비구들과 비구니들과 청신사들과 청신녀들이 스승

다."로도 옮길 수 있다. 바로 앞의 주해에서 소개했듯이 주석서는 정법이 점진적으로 사라지는 모습을 설명하고 있는데, 정법은 하루아침에 갑자기 사라지는 것이 아니라 유사정법에 의해서 잠식되면서 점진적으로 사라진다는 의미로 이해할 수 있다. 보디 스님은 이렇게 이해하여 옮겼다.

562) 여기서 '스승'으로 옮긴 단어는 satthā인데 초기불전에서 이 단어는 거의 예외 없이 부처님을 지칭한다. 일반적으로 우리가 스승으로 부르는 단어는 ācariya이다.

563) "'삼매를 존중하지 않는다(samādhismiṁ agāravo).'는 것은 여덟 가지 증득(aṭṭha samāpatti, 초선부터 비상비비상처까지의 삼매)을 생기게 하지 않고(anibbattento), 생기게 하기 위한(nibbattan-attha) 노력(payoga)을 하지 않는 것을 말한다."(SA.ii.205)

564) 『앙굿따라 니까야』 「낌빌라 경」(A5:201)에서도 정법이 오래 머물지 못하는 이유를 다섯 가지로 들고 있는데 처음의 넷은 동일하다. 다섯 번째의 삼매(samādhi) 대신에 '서로서로를 존중하지 않고 순응하지 않으며 머묾'을 들고 있는 것이 다르다.

을 존중하고 순응하며 머문다. 법을 존중하고 순응하며 머문다. 승가를 존중하고 순응하며 머문다. 공부지음을 존중하고 순응하며 머문다. 삼매를 존중하고 순응하며 머문다.

깟사빠여, 이러한 다섯 가지 현상이 나타나면 정법을 확고하게 하고 혼란스럽지 않게 하고 사라지지 않게 한다."

깟사빠 상윳따(S16)가 끝났다.

여기에 포함된 경들의 목록은 다음과 같다.

① 만족 ② 수치심 없는 자 ③ 달의 비유
④ 신도 집 방문 ⑤ 늙음, 세 가지 ⑥~⑧ 교계
⑨ 선(禪)과 최상의 지혜 ⑩ 처소
⑪ 의복 ⑫ 사후 ⑬ 유사정법이다.

제17주제

이득과 존경 상윳따(S17)

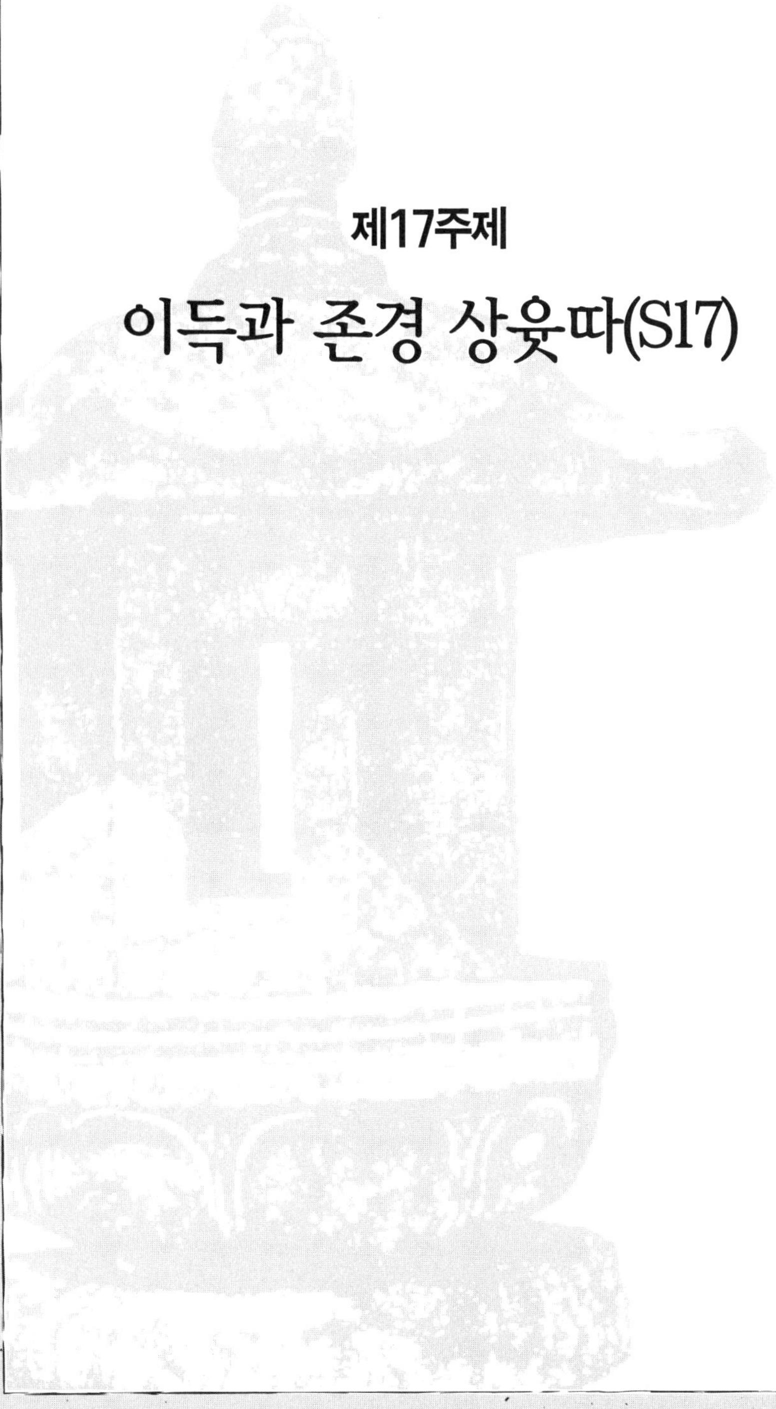

제17주제(S17)

이득과 존경 상윳따

Lābhasakkāra-saṁyutta

제1장 첫 번째 품

Pathama-vagga

무서움 경(S17:1)

Dāruṇa-sutta

1. 이와 같이 나는 들었다. 한때 세존께서는 사왓티에서 제따 숲의 아나타삔디까 원림에 머무셨다.

2. 거기서 세존께서는 "비구들이여."라고 비구들을 부르셨다. "세존이시여."라고 비구들은 세존께 응답했다. [226] 세존께서는 이렇게 말씀하셨다.

3. "비구들이여, 이득과 존경과 명성565)은 무섭고 혹독하고 고약한 것이다. 그것은 위없는 유가안은566)을 얻는데 방해물이 된다.

---

565) "'이득(lābha)'이란 네 가지 필수품(catu-paccaya)을 얻는 것이다. '존경(sakkāra)'이란 잘 만들어졌고 잘 생산된 이런 [필수품들을 통해서] 얻는 것 [예배하는 것(pūjanā) – SAṬ.ii.152]이다. '명성(siloka)'이란 칭송하는 환호(vaṇṇa-ghosa)이다."(SA.ii.206)

566) 유가안은(瑜伽安隱, yoga-kkhema)에 대해서는 본서 제4권 「유가안은을 설하는 자 경」(S35:104) §2의 주해와 본서 제1권 「까시 바라드와자 경」(S7:11) {665}의 주해를 참조할 것.

비구들이여, 그러므로 이와 같이 공부지어야 한다. '우리는 이미 일어난 이득과 존경과 명성을 제거하리라. 그러면 일어난 이득과 존경과 명성이 우리의 마음을 사로잡아 머물지 못할 것이다.'라고. 비구들이여, 그대들은 이와 같이 공부지어야 한다."

낚싯바늘 경(S17:2)

Baḷisa-sutta

3. "비구들이여, 이득과 존경과 명성은 무섭고 혹독하고 고약한 것이다. 그것은 위없는 유가안은을 얻는데 방해물이 된다.

비구들이여, 예를 들면 낚시꾼이 미끼가 달린 낚싯바늘을 깊은 물속에 던지면 미끼를 발견한 물고기가 그것을 삼키는 것과 같다. 그러면 낚시꾼의 낚싯바늘을 삼킨 그 물고기는 곤경에 처하고 재난에 처하게 되며, 낚시꾼은 자기가 하고자 하는 대로 할 수 있게 된다.

비구들이여, 여기서 낚시꾼은 마라 빠삐만을 두고 한 말이요, 낚싯바늘은 이득과 존경과 명성을 두고 한 말이다.

비구들이여, 어떤 비구든지 이득과 존경과 명성이 생겼을 때 그것을 즐기고 그것을 탐착하면 그 비구를 일러 '마라의 낚싯바늘을 삼켰다. 곤경에 처했다. 재앙에 처했다. 빠삐만이 하고자 하는 대로 할 수 있게 되었다.'라고 한다."

4. "비구들이여, 그와 같이 이득과 존경과 명성은 무섭고 혹독하고 고약한 것이다. 그것은 위없는 유가안은을 얻는데 방해물이 된다.

비구들이여, 그러므로 이와 같이 공부지어야 한다. '우리는 이미 일어난 이득과 존경과 명성을 제거하리라. 그러면 일어난 이득과 존경과 명성이 우리의 마음을 사로잡아 머물지 못할 것이다.'라고. 비구들이여, 그대들은 이와 같이 공부지어야 한다."

거북이 경(S17:3)

Kumma-sutta

3. "비구들이여, [227] 이득과 존경과 명성은 무섭고 혹독하고 고약한 것이다. 그것은 위없는 유가안은을 얻는데 방해물이 된다.

비구들이여, 옛날에 어떤 호수에 큰 거북이567) 가족이 오랫동안 살고 있었다. 그때 어떤 거북이가 다른 거북이에게 이렇게 말했다. '얘야 거북아, 아무개 지역에는 가지 말거라.' 그러나 그 거북이는 그 지역으로 갔다. 그런 그를 사냥꾼이 줄이 달린 작살568)로 찔러버렸다. 그러자 그 거북이는 [처음의] 거북이에게 다가갔다.

비구들이여, [처음의] 거북이는 그 거북이가 멀리서 오는 것을 보았다. 보고는 그 거북이에게 이렇게 말했다.

'얘야 거북아, 너는 아무개 지역으로 간 것은 아니지?'

'저는 그 지역으로 갔습니다.'

'얘야 거북아, 그러면 너는 [작살에] 찔리지는 않았느냐?'

'찔리지는 않았는데 이 줄이 등 뒤에서 계속 따라옵니다.'

'이런, 너는 [작살에] 찔렸구나. 너의 아버지와 할아버지도 이처럼

---

567) 여기서 '거북이'로 옮긴 원어는 kumma이다. 빠알리어에는 거북이를 뜻하는 두 단어가 나타난다. 하나는 여기서처럼 kumma이고 다른 하나는 kacchapa이다. 본경에서 kumma는 호수에 사는 거북이이고, 본서 제4권 「거북이 비유 경」(S35:240)에는 kumma와 kacchapa가 함께 쓰여 땅에 사는 것으로 나타나고 있다. 그리고 제6권 「구멍을 가진 멍에 경」 1(S56:47) §3에는 kacchapa가 바다에 사는 거북이로 나타나고 있다.
본경에 해당하는 주석서에는 kumma를 kacchapa로 설명하고 있는데(SA.ii.206) 이처럼 kumma와 kacchapa는 둘 다 구분 없이 동의어로 쓰이고 있다. 역자는 본서 전체에서 이 둘을 모두 거북이로 옮기고 있다.

568) '줄이 달린 작살'은 papatā를 옮긴 것이다. 주석서에 의하면 이것은 상자에 든 작살인데 긴 줄에 묶여 있어서(dīgha-rajjuka-baddha) 목표물에 던지게 되면 줄도 작살을 따라 목표물로 가게 되는 것이라고 한다.(SA.ii.207)

사냥꾼의 [작살에] 찔려서 곤경에 처하고 재난에 처했다. 저리 가거라. 얘야 거북아, 너는 이제 더 이상 우리들 가운데 있지 못한다.'"

4. "비구들이여, 여기서 사냥꾼이란 마라 빠삐만을 두고 한 말이다. 작살이란 이득과 존경과 명성을 두고 한 말이다. 줄이란 즐김과 탐욕을 두고 한 말이다.

비구들이여, 어떤 비구든지 이득과 존경과 명성이 생겼을 때 그것을 즐기고 그것을 탐착하면 그 비구를 일러 '줄이 달린 작살에 찔렸다.[569] 곤경에 처했다. 재앙에 처했다. 빠삐만이 하고자 하는 대로 할 수 있게 되었다.'라고 한다.

비구들이여, 그와 같이 이득과 존경과 명성은 무섭고 혹독하고 고약한 것이다. 그것은 위없는 유가안은을 얻는데 방해물이 된다."

5. "비구들이여, 그러므로 이와 같이 공부지어야 한다. '우리는 이미 일어난 이득과 존경과 명성을 제거하리라. 그러면 일어난 이득과 존경과 명성이 우리의 마음을 사로잡아 머물지 못할 것이다.'라고. [228] 비구들이여, 그대들은 이와 같이 공부지어야 한다."

긴 머리 염소 경(S17:4)

Dīghalomi-sutta

3. "비구들이여, 이득과 존경과 명성은 무섭고 혹독하고 고약한 것이다. 그것은 위없는 유가안은을 얻는데 방해물이 된다.

비구들이여, 예를 들면 긴 머리를 가진 염소가 가시덤불에 들어가

---

569) '줄이 달린 작살에 찔렸다.'는 giddho papatāya를 옮긴 것이다. Ee, Be, Se에 모두 이렇게 나타나고 있지만 뜻으로 볼 때 giddho(탐욕스러운) 대신에 Be의 각주에서 밝히고 있는 viddho(찔린, 맞은)가 되어야 한다. 역자는 viddho로 읽어서 옮겼다.

면 여기저기에 걸리고 여기저기에 찔리고 여기저기에 묶여 여기저기에서 재난에 처하는 것과 같다.

비구들이여, 그와 같이 여기 어떤 비구는 이득과 존경과 명성에 압도되고 전도된 마음을 가진 채로 오전에 옷매무새를 가다듬고 발우와 가사를 수하고 마을이나 성읍으로 걸식하러 들어간다. 그러면 그는 여기저기에 걸리고 여기저기에 찔리고 여기저기에 묶여 여기저기에서 재난에 처하게 된다."

4. "비구들이여, 그와 같이 이득과 존경과 명성은 무섭고 혹독하고 고약한 것이다. 그것은 위없는 유가안은을 얻는데 방해물이 된다.

비구들이여, 그러므로 이와 같이 공부지어야 한다. '우리는 이미 일어난 이득과 존경과 명성을 제거하리라. 그러면 일어난 이득과 존경과 명성이 우리의 마음을 사로잡아 머물지 못할 것이다.'라고. 비구들이여, 그대들은 이와 같이 공부지어야 한다."

똥벌레 경(S17:5)

Mīḷhaka/Piḷhaka-sutta

3. "비구들이여, 이득과 존경과 명성은 무섭고 혹독하고 고약한 것이다. 그것은 위없는 유가안은을 얻는데 방해물이 된다.

비구들이여, 예를 들면 똥벌레가 있는데 그는 똥을 먹고 똥으로 가득하고 똥으로 채워졌는데 다시 그의 앞에 큰 똥 무더기가 있다. 그래서 그 똥벌레는 '나는 똥을 먹고 똥으로 가득하고 똥으로 채워졌다. 그런데 다시 내 앞에는 큰 똥 무더기가 있다.'라고 다른 똥벌레들을 무시하는 것과 같다.

비구들이여, [229] 그와 같이 여기 어떤 비구는 이득과 존경과 명성에 압도되고 전도된 마음을 가진 채로 오전에 옷매무새를 가다듬고 발우와 가사를 수하고 걸식을 위해서 마을이나 성읍으로 들어간다. 거기서 그는 원하는 만큼 공양을 하고 다음날의 공양청을 받고 탁발음식이 넘쳐나게 된다."

4. "그러면 그는 승원으로 돌아가서 비구들의 무리 가운데서 '나는 원하는 만큼 공양을 하였고, 다음날의 공양청을 받았으며, 탁발음식이 넘쳐납니다. 그리고 나는 의복과 탁발음식과 거처와 병구완을 위한 약품을 충분히 얻습니다. 그러나 다른 비구들은 공덕이 적고 영향력이 없어서 의복과 탁발음식과 거처와 병구완을 위한 약품을 얻지 못합니다.'라고 자랑을 한다.

그는 이득과 존경과 명성에 압도되고 전도된 마음을 가져, 계를 잘 지키는 다른 비구들을 무시한다. 비구들이여, 이러한 쓸모없는 인간에게는 오랜 세월 손해가 있고 괴로움이 있게 된다."

5. "비구들이여, 그와 같이 이득과 존경과 명성은 무섭고 혹독하고 고약한 것이다. 그것은 위없는 유가안은을 얻는데 방해물이 된다.

비구들이여, 그러므로 이와 같이 공부지어야 한다. '우리는 이미 일어난 이득과 존경과 명성을 제거하리라. 그러면 일어난 이득과 존경과 명성이 우리의 마음을 사로잡아 머물지 못할 것이다.'라고. 비구들이여, 그대들은 이와 같이 공부지어야 한다."

벼락 경(S17:6)

Asani-sutta

3. "비구들이여, 이득과 존경과 명성은 무섭고 혹독하고 고약한 것이다. 그것은 위없는 유가안은을 얻는데 방해물이 된다.

비구들이여, 벼락은 누구에게 내리치겠는가? 아직 마음의 [이상인 아라한과를] 얻지 못하였으면서도 이득과 존경과 명성을 바라는 유학에게 내리친다.570)

비구들이여, 벼락이 내리치는 것은 이득과 존경과 명성을 두고 한 말이다."

4. "비구들이여, 그와 같이 이득과 존경과 명성은 무섭고 혹독하고 고약한 것이다. 그것은 위없는 유가안은을 얻는데 방해물이 된다.

비구들이여, 그러므로 이와 같이 공부지어야 한다. '우리는 이미 일어난 이득과 존경과 명성을 제거하리라. 그러면 일어난 이득과 존경과 명성이 우리의 마음을 사로잡아 머물지 못할 것이다.'라고. 비구들이여, 그대들은 이와 같이 공부지어야 한다."

독화살 경(S17:7)

Diddha-sutta

3. "비구들이여, [230] 이득과 존경과 명성은 무섭고 혹독하고

---

570) 보디 스님이 밝힌 대로 이 문장은 Ee. Be, Se 모두 정확한 판독을 하기가 어렵다. Be는 이러한 문제를 해소하기 위해서 긴 주를 달고 있다. 보디 스님은 이 문장을 "Kaṁ bhikkhave asanivicakkaṁ āgacchatu? Sekhaṁ appattamānasaṁ lābhasakkārasiloko anupāpuṇāti."로 고쳐서 제시하고 있다. 역자는 이것을 따라 옮겼다.
주석서는 이렇게 부연설명을 하고 있다.
"여기서 '아직 마음의 이상인 [아라한과를] 얻지 못한(appattamānasaṁ)'이란 아라한됨을 성취하지 못한 자(anadhigata-arahatta)를 말한다.
세존께서는 중생들이 괴로움을 받기를 원해서(dukkha-kāmatāya) 이런 말씀을 하신 것이 아니라, 위험함(ādīnava)을 보여주시기 위해서이다. 번개(asani-cakka)가 머리(matthaka)에 내리치는 것은 오직 한 명의 개인적인 존재(atta-bhāva)만 파멸시키는 것에 지나지 않는다. 그러나 마음이 이득과 존경과 명성에 사로잡힌 자는 지옥 등에서 끝없는 괴로움(ananta-dukkha)을 경험하기 때문이다."(SA.ii.208)

고약한 것이다. 그것은 위없는 유가안은을 얻는데 방해물이 된다.

비구들이여, 독이 묻은 화살로571) 누구를 꿰뚫겠는가? 아직 마음의 이상인 [아라한과를] 얻지 못하였으면서도 이득과 존경과 명성을 바라는 유학을 꿰뚫는다.

비구들이여, 화살이란 것은 이득과 존경과 명성을 두고 한 말이다."

4. "비구들이여, 그와 같이 이득과 존경과 명성은 무섭고 혹독하고 고약한 것이다. 그것은 위없는 유가안은을 얻는데 방해물이 된다.

비구들이여, 그러므로 이와 같이 공부지어야 한다. '우리는 이미 일어난 이득과 존경과 명성을 제거하리라. 그러면 일어난 이득과 존경과 명성이 우리의 마음을 사로잡아 머물지 못할 것이다.'라고. 비구들이여, 그대들은 이와 같이 공부지어야 한다."

자칼 경(S17:8)

Siṅgāla-sutta

3. "비구들이여, 이득과 존경과 명성은 무섭고 혹독하고 고약한 것이다. 그것은 위없는 유가안은을 얻는데 방해물이 된다.

비구들이여, 그대들은 밤이 지나고 새벽이 되었을 때 자칼이 우는 소리를 들었는가?"

"그러합니다, 세존이시여."

"비구들이여, 늙은 자칼이 옴572)이라는 병에 걸리면 그는 빈 동굴

---

571) '독이 묻은 화살로'는 diddhagatena visallena sallena를 옮긴 것이다. Ee에는 diddha 대신에 diṭṭha로 나타나는데 의미가 통하지 않는다. 역자는 Be와 Se의 diddha(Sk. digdha, √dih(*to smear*)의 과거분사)로 읽어서 옮겼다. 『자따까』(J.iv.435)에도 diddha+sara(*a poisoned arrow*)로 나타난다. 이 단어 자체가 '독에 묻은'이란 뜻이다.
visallena는 C.Rh.D의 제언대로 visa(독)+sallena(화살)로 이해해야 한다.

에서도 편하지 않고 나무 아래에서도 편하지 않고 노지에서도 편하지 않아서, 어디에 가고 어디에 머물고 어디에 앉고 어디에 눕더라도 곤경에 처하게 된다.

비구들이여, 그와 같이 여기 어떤 비구가 이득과 존경과 명성에 압도되고 전도된 마음을 가지게 되면 그는 빈집에서도 편하지 않고 나무 아래에서도 편하지 않고 노지에서도 편하지 않아서, 어디에 가고 어디에 머물고 어디에 앉고 어디에 눕더라도 곤경에 처하게 된다."

4. "비구들이여, [231] 그와 같이 이득과 존경과 명성은 무섭고 혹독하고 고약한 것이다. 그것은 위없는 유가안은을 얻는데 방해물이 된다.

비구들이여, 그러므로 이와 같이 공부지어야 한다. '우리는 이미 일어난 이득과 존경과 명성을 제거하리라. 그러면 일어난 이득과 존경과 명성이 우리의 마음을 사로잡아 머물지 못할 것이다.'라고. 비구들이여, 그대들은 이와 같이 공부지어야 한다."

거센 바람 경(S17:9)

Verambā-sutta

3. "비구들이여, 이득과 존경과 명성은 무섭고 혹독하고 고약한 것이다. 그것은 위없는 유가안은을 얻는데 방해물이 된다.

---

572) '옴'은 Ee: ukkaṇṇaka(Be, Se: ukkaṇṭaka)를 옮긴 것인데 보디 스님이 *mange*라고 옮기고 있어서 이렇게 옮겼다. 주석서는 이렇게 설명하고 있다. "이것은 추운 계절(sītakāla)에 생기는 병으로 온몸의 털(loma)이 빠져서 피부가 추위에 노출되는 병이다. 추위 때문에 상처는 얼어붙게 된다. 마치 광견병에 걸린(ummattaka-sunakhena daṭṭha) 사람이 빙빙 돌면서 방황하는 것과 같이 이 병에 걸리면 자칼도 그와 같이 된다. 그래서 이 병에 걸리면 안전한 곳(sotthi)이란 있을 수가 없다."(SA.ii.208)

비구들이여, 하늘 위에 웨람바 바람573)이 불면 그 웨람바 바람은 그곳을 날아가는 새를 날려 버린다. 웨람바 바람에 의해서 날려간 그 새의 다리는 저쪽으로 떨어지고 날개는 이쪽으로 떨어지고 머리는 다른 곳으로 떨어지고 몸은 또 다른 곳으로 떨어진다.

비구들이여, 그와 같이 여기 어떤 비구는 이득과 존경과 명성에 압도되고 전도된 마음을 가진 채로 오전에 옷매무새를 가다듬고 발우와 가사를 수하고 몸을 보호하지 않고 말을 보호하지 않고 마음을 보호하지 않고 마음챙김을 확립하지 않고 제대로 단속하지 않은 채 걸식을 위해서 마을이나 성읍으로 들어간다. 그는 거기서 제대로 몸을 감싸지도 않고 제대로 옷을 입지도 않은 여인을 본다. 제대로 몸을 감싸지도 않고 제대로 옷을 입지도 않은 그런 여인을 보고서 애욕이 그의 마음을 물들게 한다. 그는 마음이 애욕에 물들어 공부지음을 버리고 낮은 [재가자의] 삶으로 되돌아가 버린다.

그러면 어떤 자들은 그의 의복을 가져가 버리고 다른 자들은 발우를 가져가 버리고 또 다른 자들은 좌복을 가져가 버리고 또 다른 자들은 바늘통을 가져가 버린다. 마치 거센 바람에 날려간 새처럼."

4. "비구들이여, 그와 같이 이득과 존경과 명성은 무섭고 혹독하고 고약한 것이다. 그것은 위없는 유가안은을 얻는데 방해물이 된다.

비구들이여, 그러므로 이와 같이 공부지어야 한다. '우리는 이미 일어난 이득과 존경과 명성을 제거하리라. 그러면 일어난 이득과 존경과 명성이 우리의 마음을 사로잡아 머물지 못할 것이다.'라고. 비

---

573) "'웨람바 바람(verambha-vātā)'이란 이런 이름(즉 웨람바)을 가진 강풍(mahā-vātā)을 말한다. 그러면 어느 곳(ṭhāna)에서 이 바람은 부는가? 4대륙(cattāro dīpa)이 연잎 정도(uppali-nipatta-matta)의 크기로 보이는 [높은] 곳에서 분다."(SA.ii.208~209)

구들이여, 그대들은 이와 같이 공부지어야 한다."

게송이 있는 경(S17:10)

Sagāthaka-sutta

3. "비구들이여, 이득과 존경과 명성은 무섭고 혹독하고 고약한 것이다. 그것은 위없는 유가안은을 얻는데 방해물이 된다.

비구들이여, 여기서 나는 어떤 사람을 보나니, [232] 그는 존경에 압도되고 전도된 마음을 가진 채로 몸이 무너져 죽은 뒤에 처참한 곳, 불행한 곳, 파멸처, 지옥에 태어났다.

비구들이여, 여기서 나는 어떤 사람을 보나니, 그는 존경받지 못함에 압도되고 전도된 마음을 가진 채로 몸이 무너져 죽은 뒤에 처참한 곳, 불행한 곳, 파멸처, 지옥에 태어났다.

비구들이여, 여기서 나는 어떤 사람을 보나니, 그는 존경과 존경받지 못함의 둘 다에 압도되고 전도된 마음을 가진 채로 몸이 무너져 죽은 뒤에 처참한 곳, 불행한 곳, 파멸처, 지옥에 태어났다."

4. "비구들이여, 그와 같이 이득과 존경과 명성은 무섭고 혹독하고 고약한 것이다. 그것은 위없는 유가안은을 얻는데 방해물이 된다.

비구들이여, 그러므로 이와 같이 공부지어야 한다. '우리는 이미 일어난 이득과 존경과 명성을 제거하리라. 그러면 일어난 이득과 존경과 명성이 우리의 마음을 사로잡아 머물지 못할 것이다.'라고. 비구들이여, 그대들은 이와 같이 공부지어야 한다."

5. 세존께서는 이렇게 말씀하셨다. 스승이신 선서께서는 이렇게 말씀하신 뒤 다시 [게송으로] 이와 같이 설하셨다.[574)]

574) 아래 두 게송은 『장로게』(Thag.91) {1011~1012}와 『여시어경』(It.74

"존경을 받든 존경을 받지 않든
아니면 이 둘 다에 속하든
그의 삼매는 동요하지 않나니
무량함에 머물기 때문이라네.575)

참을성 있게 참선을 하고
미세한 견해로 위빳사나를 닦으며576)
취착의 멸진을 기뻐하는 자577)를
참된 사람이라 부른다네."

~75)에도 나타난다.

575) '무량함에 머물기 때문이다.'는 Be와 Se의 appamāṇa-vihārino로 읽은 것이다. Ee에는 appamāda-vihārino로 나타난다. 그런데 『장로게』(Thag) {1011}의 Ee, Be, Se에는 모두 appamāda-vihārino로 나타나고 있다. 『장로게 주석서』(ThagA)에는 여기에 대한 설명이 없다. 그런데 본경에 해당하는 주석서에는 "무량한 과의 삼매로 머무는(appamāṇena phala-samādhinā viharantassa)"(SA.ii.209)으로 나타난다. 그래서 Be와 Se대로 옮겼다. 그리고 『앙굿따라 니까야』 「삼매 경」(A5:27) §§1~2에도 무량한 삼매(samādhiṁ bhāvetha appamāṇaṁ)가 나타나고 「소[牛] 경」(A9:35) §3에도 나타난다.

576) '미세한 견해로 위빳사나를 닦으며'는 Ee와 Be의 sukhumaṁ diṭṭhi-vipa-ssakaṁ 대신에 Se의 sukhuma-diṭṭhi-vipassakaṁ으로 읽어야 한다. 『장로게』{1012}와 『여시어경』(It.75)에도 이렇게 나타난다. 주석서는 다음과 같이 설명하고 있다.
"'미세한 견해(sukhuma-diṭṭhi)'란 아라한도의 견해(arahatta-magga-diṭṭhi)를 뜻하고, '위빳사나를 닦는 자(vipassaka)'라 부르는 것은 과의 증득(phala-samāpatti)을 위해서 위빳사나를 확립한 뒤에(paṭṭhapetvā) 거기에 도달하였기 때문(āgatattā)이다."(SA.ii.209)

577) "'취착의 멸진을 기뻐하는 자(upādāna-kkhay-ārāma)'란 취착의 멸진이라 불리는(upādāna-kkhaya-saṅkhāta) 열반(nibbāna)을 기뻐하는 자이다."(SA.ii.209)

제1장 첫 번째 품이 끝났다.

첫 번째 품에 포함된 경들의 목록은 다음과 같다.

① 무서움 ② 낚싯바늘 ③ 거북이
④ 긴 머리 염소 ⑤ 똥벌레
⑥ 벼락 ⑦ 독화살 ⑧ 자칼
⑨ 거센 바람 ⑩ 게송 있음이다.

제2장 두 번째 품

Dutiya-vagga

금발우 경(S17:11)

Suvaṇṇapāti-sutta

3. "비구들이여, [233] 이득과 존경과 명성은 무섭고 혹독하고 고약한 것이다. 그것은 위없는 유가안은을 얻는데 방해물이 된다.

비구들이여, 여기 나는 마음으로 어떤 사람의 마음을 이와 같이 꿰뚫어 안다. '이 존자는 은가루로 가득한 금으로 만든 발우를 얻으려고 고의적인 거짓말을 하지는 않을 것이다.'라고.

그렇지만 나는 다음에 그 사람이 이득과 존경과 명성에 압도되고 마음이 전도되어 고의적으로 거짓말을 하는 것을 보게 된다."

4. "비구들이여, 이와 같이 이득과 존경과 명성은 무섭고 혹독하고 고약한 것이다. 그것은 위없는 유가안은을 얻는데 방해물이 된다.

비구들이여, 그러므로 이와 같이 공부지어야 한다. '우리는 이미 일어난 이득과 존경과 명성을 제거하리라. 그러면 일어난 이득과 존경과 명성이 우리의 마음을 사로잡아 머물지 못할 것이다.'라고. 비구들이여, 그대들은 이와 같이 공부지어야 한다."

은발우 경(S17:12)

Rūpiyapāti-sutta

3. "비구들이여, 이득과 존경과 명성은 무섭고 혹독하고 고약한 것이다. 그것은 위없는 유가안은을 얻는데 방해물이 된다.

비구들이여, 여기 나는 마음으로 어떤 사람의 마음을 이와 같이 꿰뚫어 안다. '이 존자는 금가루로 가득한 은으로 만든 발우를 얻으려고 고의적인 거짓말을 하지는 않을 것이다.'라고.

그렇지만 나는 다음에 그 사람이 이득과 존경과 명성에 압도되고 마음이 전도되어 고의적으로 거짓말을 하는 것을 보게 된다."

4. "비구들이여, 이와 같이 이득과 존경과 명성은 무섭고 혹독하고 고약한 것이다. … 그대들은 이와 같이 공부지어야 한다."

금화 경 등(S17:13~20)

Suvaṇṇanikkha-suttādi

3. "비구들이여, [234] 이득과 존경과 명성은 무섭고 혹독하고 고약한 것이다. 그것은 위없는 유가안은을 얻는데 방해물이 된다.

비구들이여, 여기 나는 마음으로 어떤 사람의 마음을 이와 같이 꿰뚫어 안다.

'이 존자는 금화를 얻으려고(S17:13) …

'이 존자는 백 개의 금화를 얻으려고(S17:14) …

'이 존자는 황금 주화를 얻으려고(S17:15) …

'이 존자는 백 개의 황금 주화[578]를 얻으려고(S17:16) …

'이 존자는 금으로 가득한 땅을 얻으려고(S17:17) …

'이 존자는 물질적 보상을 얻으려고(S17:18) …

---

578) '금화'는 suvaṇṇa-nikkha를, '황금 주화'는 siṅgi-nikkha를 옮긴 것인데, 각각 다른 형태의 금으로 만든 주화이다. 아마 후자가 전자보다 더 값이 있거나 더 양질의 금으로 만든 주화인 듯하다. 그래서 각각 금화와 황금 주화로 옮겼다. 주석서는 "금화란 어떤 금으로 만든 주화(ekassa kañcana-nikkhassa)이고, 황금 주화란 싱기라는 금으로 만든 주화(siṅgī-suvaṇṇa-nikkhassa)이다."(SA.ii.210)라고 설명하고 있다.

'이 존자는 생명을 부지하려고(S17:19) …
'이 존자는 나라에서 제일가는 미녀[579]를 얻으려고(S17:20) 고의적인 거짓말을 하지는 않을 것이다.'라고.

그렇지만 나는 다음에 그 사람이 이득과 존경과 명성에 압도되고 마음이 전도되어 고의적으로 거짓말을 하는 것을 보게 된다."

4. "비구들이여, 이와 같이 이득과 존경과 명성은 무섭고 혹독하고 고약한 것이다. 그것은 위없는 유가안은을 얻는데 방해물이 된다.

비구들이여, 그러므로 이와 같이 공부지어야 한다. '우리는 이미 일어난 이득과 존경과 명성을 제거하리라. 그러면 일어난 이득과 존경과 명성이 우리의 마음을 사로잡아 머물지 못할 것이다.'라고. 비구들이여, 그대들은 이와 같이 공부지어야 한다."

제2장 두 번째 품이 끝났다.

두 번째 품에 포함된 경들의 목록은 다음과 같다.

① 금발우 ② 은발우, 두 가지 ③~④ 금화
두 가지 ⑤~⑥ 황금 주화 ⑦ 땅 ⑧ 보상
⑨ 생명 ⑩ 미녀 — 이러한 열 가지이다.

---

579) '나라에서 제일가는 미녀(janapada-kalyāṇi)'에 대해서는 아래 「미녀 경」(S17:22) §3과 본서 제5권 「경국지색 경」(S47:20) §3과 『디가 니까야』 「뽓타빠다 경」(D9) §35와 『맛지마 니까야』 「긴 사꿀루다이 경」(M79) §10과 「웨카낫사 경」(M80) §3의 비유를 참조할 것.

제3장 세 번째 품

Tathiya-vagga

여인 경(S17:21)

Mātugāma-sutta

3. "비구들이여, 이득과 존경과 명성은 무섭고 혹독하고 고약한 것이다. 그것은 위없는 유가안은을 얻는데 방해물이 된다.

비구들이여, [235] 여자 한 명이 남자 한 명과 [단 둘이] 있다 하더라도 그 여인이 그 남자의 마음을 사로잡아 머물지는 못한다. 그러나 이득과 환대와 명성은 그의 마음을 사로잡아 머문다."

4. "비구들이여, 이와 같이 이득과 존경과 명성은 무섭고 혹독하고 고약한 것이다. … 그대들은 이와 같이 공부지어야 한다."

미녀 경(S17:22)

Kalyāṇī-sutta

3. "비구들이여, 이득과 존경과 명성은 무섭고 혹독하고 고약한 것이다. 그것은 위없는 유가안은을 얻는데 방해물이 된다.

비구들이여, 나라에서 제일가는 미녀가 홀로 남자 한명과 [단 둘이] 있다 하더라도 그 나라에서 제일가는 미녀가 그 남자의 마음을 사로잡아 머물지는 못한다. 그러나 이득과 환대와 명성은 그의 마음을 사로잡아 머문다."

4. "비구들이여, 이와 같이 이득과 존경과 명성은 무섭고 혹독하고 고약한 것이다. … 그대들은 이와 같이 공부지어야 한다."

외동아들 경(S17:23)[580]

Ekaputtaka-sutta

3. "비구들이여, 이득과 존경과 명성은 무섭고 혹독하고 고약한 것이다. 그것은 위없는 유가안은을 얻는데 방해물이 된다.

비구들이여, 신심있는 청신녀가 사랑스럽고 소중한 외동아들에게 바르게 원한다면 이렇게 원해야 한다. '얘야, 너는 찟따 장자[581]와 알라위에 사는 핫타까[582]처럼 되어라.'라고. 비구들이여, 찟따 장자

---

580) 본경과 다음 경은 『앙굿따라 니까야』 제2권 「포부 경」(A4:176)과 제1권 「발원 경」 1/2/3/4(A2:12:1~4)의 네 개의 경과 같은 내용을 담고 있다.

581) 찟따 장자 혹은 맛치까산다의 찟따 장자(Citta gahapati Macchikasaṇḍi-ka)는 까시(Kāsi)에 있는 맛치까산다의 상인이다. 그가 태어나는 날 여러 가지(citta) 꽃비가 흩날렸다고 해서 붙인 이름이라 한다. 그는 5비구 가운데 한 분인 마하나마 장로(아래 나타나는 삭까의 왕인 마하나마가 아님)를 뵙고 자신의 망고 원림(Ambāṭakārāma)에 정사를 짓고 머물게 하였으며 마하나마 장로로부터 법을 듣고 불환과를 얻었다.
그 후 많은 비구들이 망고 원림을 방문하여 그의 환대를 받았다. 그가 여러 장로 비구들과 나눈 대화가 본서 제4권 「찟따 상윳따」(S41)에 전해 오는데 여기에 포함되어 있는 경들은 왜 부처님께서 그를 두고 『앙굿따라 니까야』 「하나의 모음」에서 "법을 설하는 자(dhamma-kathika)들 가운데서 으뜸"(A1:14:6-3)이라고 칭찬하셨는지를 보여주는 좋은 보기가 된다.

582) 알라위에 사는 핫타까(Hatthaka Āḷavaka) 왕자는 『앙굿따라 니까야』 「하나의 모음」(A1:14:6-4)에서 사섭법을 실천하는 자들 가운데 으뜸이라고 언급되고 있다. 그는 알라위 왕의 아들이었으며 그가 아이였을 때 알라와까 약카(Āḷavaka yakkha)에게 먹힐 뻔했던 것을 세존께서 구해 주셨다. 약카가 손으로 그를 세존의 손에 놓아주었기 때문에 핫타까(hattha는 손을 뜻함)라 불리게 되었고 한다.(AA.i.391) 그만큼 세존과 인연이 많은 사람이었다. 여기에 대해서는 본서 제1권 「알라와까 경」(S10:12) {857}의 주해를 참조할 것.
그는 커서 세존의 법문을 듣고 불환과를 얻었으며 500명의 재가자들을 거느렸다고 한다.(AA.i.392; SnA.240) 그와 관련된 몇몇 경들이 초기불전에 전해 온다.
한편 알라위(Āḷavī)는 사왓티에서 30요자나 정도 떨어진 곳에 있는 지방이

와 알라위에 사는 핫타까는 내 청신사 제자들의 모범이고 표준이기 때문이다.

'얘야, 만일 네가 집을 나가 출가한다면 너는 사리뿟따와 목갈라나처럼 되어라.'라고 원해야 한다. 비구들이여, 사리뿟따와 목갈라나는 내 비구 제자들의 모범이고 표준이기 때문이다.

'얘야, 그러나 너는 아직 마음의 궁극적인 이상을 실현하지 못한 유학이면서 이득과 존경과 명성을 얻지는 말아라.'라고 원해야 한다. 비구들이여, [236] 아직 마음의 궁극적인 이상을 실현하지 못한 유학이면서 이득과 존경과 명성을 얻는 것은 그에게 장애가 된다."

4. "비구들이여, 이와 같이 이득과 존경과 명성은 무섭고 혹독하고 고약한 것이다. … 그대들은 이와 같이 공부지어야 한다."

외동딸 경(S17:24)

Ekadhītu-sutta

3. "비구들이여, 이득과 존경과 명성은 무섭고 혹독하고 고약한 것이다. 그것은 위없는 유가안은을 얻는데 방해물이 된다.

비구들이여, 신심있는 청신녀가 사랑스럽고 소중한 외동딸에게 바르게 원한다면 이렇게 원해야 한다. '얘야, 너는 쿳줏따라 청신녀583)

며(SnA.i.220) 사왓티와 라자가하의 중간에 있었다고 한다. 부처님께서는 몇 번 알라위에서 머무셨다고 하며 16번째 안거를 알라위에서 보내셨다고 한다. 알라위에는 탑묘(cetiya)들이 많았고 약카 신앙이 성행한 곳이다.(*Ibid*) 알라위에도 많은 비구들이 거주했던 것 같으며 특히 이들의 거처를 만들고 수리하는 일(nava-kamma) 때문에 부처님께서는 몇 가지 계율을 제정하셨다고 한다.(Vin.ii.172*ff*; iii.85; iv.34~35) 알라위의 왕은 알라와까(Āḷavaka)라 불렸으며 알라위 사람들은 알라와까들(Āḷavakā)이라 불렸다.

583) 쿳줏따라 청신녀(Khujjuttarā upāsikā)는 꼬삼비(Kosambī)의 고시따

와 웰루깐다끼의 난다마따584)처럼 되어라.'라고. 비구들이여, 쿳줏따라 청신녀와 웰루깐다끼의 난다마따는 내 청신녀 제자들의 모범이고 표준이기 때문이다."

'얘야, 만일 네가 집을 나가 출가한다면 너는 케마 비구니585)와 웁

(Gosita) 장자(고시따 원림을 지어 승가에 보시한 자)의 보모로 있다가 뒤에는 꼬삼비의 우데나 왕의 첫째 왕비인 사마와띠(Sāmāvati)의 하녀가 되었다. 세존이 꼬삼비에 오셨을 때 가르침을 듣고 예류과를 얻었다. 환희로 가득한 그녀를 보고 사마와띠가 전말을 묻자 모두 이야기해주었으며 사마와띠는 그녀로부터 부처님의 가르침을 전해 들었으며, 그날부터 그녀를 자신의 어머니처럼 대했다고 한다. 사마와띠는 환희심이 생겨서 매일 그녀가 법을 듣고 와서 자신과 측근들에게 설해 주도록 하였다. 그들은 쿳줏따라가 들려주는 부처님의 가르침을 듣고 모두 예류과를 얻었다고 한다.

이런 연유로 세존께서는 『앙굿따라 니까야』 「하나의 모음」에서 그녀를 "많이 들은(bahussutā) 여자 신도들 가운데 으뜸"(A1:14:7-3)이라고 칭찬하고 계신다.

584) 웰루깐다끼의 난다마따(Veḷukaṇḍakiyā Nandamātā)는 아완띠(Avanti)의 웰루깐따(혹은 웰루깐다)에 살고 있었으며(TagA.105) 그녀는 사리뿟따와 목갈라나 존자에게 큰 믿음을 가진 사람이었다. 『앙굿따라 니까야』 「난다마따 경」(A7:50)에서도 사리뿟따와 목갈라나 존자가 언급되고 있다. 그 경에 의하면 그녀의 아들 난다가 왕의 사람들에게 잡혀서 죽어도 그녀는 동요하지 않았다고 하며, 네 가지 禪을 증득했고 불환과를 얻었다고 한다.

한편 『앙굿따라 니까야』 「하나의 모음」에는 "禪을 얻은 자들 가운데서 웃따라 난다마따(난다의 어머니)가 으뜸"(A1:41:7-5)이라고 나타나는데 이 둘은 다른 사람이다. 그러나 이 두 사람 모두 禪의 증득에 뛰어났던 것은 분명하다.

585) 케마 비구니(Khemā bhikkhunī)는 맛다(Madda) 지방에 있는 사갈라(Sā-gala)의 왕족 출신이다. 그녀는 뛰어난 외모를 가졌으며 빔비사라 왕의 첫째 왕비였다. 세존께서 라자가하의 대나무 숲(Veḷuvana)에 머무실 때 세존께서는 형상의 덧없음을 말씀하신다는 말을 듣고, 자신의 외모도 덧없다고 말씀하실 거라 여기고 세존을 뵈러 가지 않았다고 한다. 빔비사라 왕의 설득으로 세존을 뵈러 갔는데 세존은 그녀의 면전에 그녀보다 훨씬 아름다운 천상의 요정을 만들어서 그 요정이 점점 늙어서 형편없이 되어 쓰러져 죽는 모습을 보이게 하셨다. 그것을 본 그녀는 낙담에 빠졌고 부처님께서는 그녀에게 형상의 덧없음을 설하셨다. 세존의 설법을 듣고 그녀는 아라한이 되었다고 하며 왕의 허락을 받아서 출가하였다고 한다.(AA.i.342~345)

빨라완나 비구니[586]처럼 되어라.'라고 원해야 한다. 비구들이여, 케마 비구니와 웁빨라완나 비구니는 내 비구니 제자들의 모범이고 표준이기 때문이다.

'얘야, 그러나 너는 아직 마음의 궁극적인 이상을 실현하지 못한 유학이면서 이득과 존경과 명성을 얻지는 말아라.'라고 원해야 한다. 비구들이여, 아직 마음의 궁극적인 이상을 실현하지 못한 유학이면서 이득과 존경과 명성을 얻는 것은 그에게 장애가 된다."

4. "비구들이여, 이와 같이 이득과 존경과 명성은 무섭고 혹독하고 고약한 것이다. … 그대들은 이와 같이 공부지어야 한다."

사문과 바라문 경1(S17:25)

Samaṇabrāhmaṇā-sutta

3. "비구들이여, [237] 어떤 사문이든 바라문이든 이득과 존경과

케마 장로니는 여러 곳에서 비구니들 가운데서 제일로 칭송되었으며, 세존께서는 『앙굿따라 니까야』 「하나의 모음」(A1:14:5-2)에서도 "큰 통찰지를 가진 자들 가운데서 케마가 으뜸"이라고 칭찬하신다.

586) 웁빨라완나 비구니(Uppalavaṇṇā bhikkhunī)는 사왓티에서 상인의 딸로 태어났다. 그녀의 피부가 청련(uppala)과 같아서 지은 이름이라고 한다. 그녀는 아름다워서 많은 왕들로부터 청혼을 받았지만 그녀의 아버지는 출가하기를 원했고 그녀도 그것을 당연한 것으로 받아들였다. 출가하여 포살일에 등불을 켜고 집회소를 청소하면서 그 등불의 불꽃을 불의 까시나(tejo-kasi-ṇa)로 하여 禪을 증득하였고 무애해를 갖춘 아라한이 되었다 한다. 웁빨라완나 장로니는 특히 변형의 신통(iddhi-vikubbana, 『청정도론』 XII.22 ~ 24 참조)에 능했다고 한다.(AA.i.345~356)

『앙굿따라 니까야』 「하나의 모음」(A1:14:5-2)에서 부처님께서는 웁빨라완나 장로니를 두고 "신통력을 가진 자들 가운데서 으뜸"이라고 칭송하셨다. 사리뿟따 장로와 마하목갈라나 장로가 부처님의 두 비구 상수제자이듯이 본경에서처럼 케마 장로니와 웁빨라완나 장로니는 부처님의 두 비구니 상수제자로 거명된다.

명성의 달콤함과 위험함과 벗어남[587]을 있는 그대로 최상의 지혜로 알지 못하는 자들은 그 누구든지, 사문들 가운데서는 사문이라 불릴 수 없고 바라문들 가운데서는 바라문이라 불릴 수 없다. 그 존자들은 사문 생활의 결실이나 바라문 생활의 결실을 지금 · 여기에서 스스로 최상의 지혜로 알고 실현하여 드러내지 못한다."

4. "비구들이여, 어떤 사문이든 바라문이든 이득과 존경과 명성의 달콤함과 위험함과 벗어남을 있는 그대로 최상의 지혜로 아는 자들은 그 누구든지, 사문들 가운데서는 사문이라 불릴 만하고 바라문들 가운데서는 바라문이라 불릴 만하다. 그 존자들은 사문 생활의 결실이나 바라문 생활의 결실을 지금 · 여기에서 스스로 최상의 지혜로 알고 실현하여 드러낸다."

사문과 바라문 경2(S17:26)

3. "비구들이여, 어떤 사문이든 바라문이든 이득과 존경과 명성의 일어남과 사라짐과 달콤함과 위험함과 벗어남을 있는 그대로 최상의 지혜로 알지 못하는 자들은 … 지금 · 여기에서 스스로 최상의 지혜로 알고 실현하여 드러내지 못한다."

4. "비구들이여, 어떤 사문이든 바라문이든 이득과 존경과 명성의 일어남과 사라짐과 달콤함과 위험함과 벗어남을 있는 그대로 최상의 지혜로 아는 자들은 … 지금 · 여기에서 스스로 최상의 지혜로 알고 실현하여 드러낸다."

---

587) 주석서는 이 넷을 사성제와 배대하고 있다. 본서 「깨닫기 전 경」(S14:31) §4의 주해를 참조할 것.

사문과 바라문 경3(S17:27)

3. "비구들이여, 어떤 사문이든 바라문이든 이득과 존경과 명성을 꿰뚫어 알지 못하고 이득과 존경과 명성의 일어남을 꿰뚫어 알지 못하고[588] 이득과 존경과 명성의 소멸을 꿰뚫어 알지 못하고 이득과 존경과 명성의 소멸로 인도하는 도닦음을 꿰뚫어 알지 못하는 자들은 그 누구든지, 사문들 가운데서는 사문이라 불릴 수 없고 바라문들 가운데서는 바라문이라 불릴 수 없다. 그 존자들은 사문 생활의 결실이나 바라문 생활의 결실을 지금·여기에서 스스로 최상의 지혜로 알고 실현하여 드러내지 못한다."

4. "비구들이여, 어떤 사문이든 바라문이든 이득과 존경과 명성을 꿰뚫어 알고 이득과 존경과 명성의 일어남을 꿰뚫어 알고 이득과 존경과 명성의 소멸을 꿰뚫어 알고 이득과 존경과 명성의 소멸로 인도하는 도닦음을 꿰뚫어 아는 자들은 그 누구든지, 사문들 가운데서는 사문이라 불릴 만하고 바라문들 가운데서는 바라문이라 불릴 만하다. 그 존자들은 사문 생활의 결실이나 바라문 생활의 결실을 지금·여기에서 스스로 최상의 지혜로 알고 실현하여 드러낸다."

---

588) "여기서 '일어남(samudaya)'이란 이전에 지은 업(pubba-kamma)에 의해서 지금 자기 자신(atta-bhāva)이 좋은 가문의 아들로 태어났고, 잘생긴 외모를 갖추었고, 선한 말을 하고, 두타행을 하는 자의 위의를 갖추고, 법복을 입고, 측근들을 거느리고 있는 등의 이득과 존경이 생긴 것을 말한다. 그들은 이러한 사실을 일어남의 진리(집성제, samudaya-sacca)를 통해서 꿰뚫어 알지 못한다는 뜻이다. 소멸과 도닦음도 각각 멸성제와 도성제(nirodha-sacca-magga-sacca)를 통해서 알아야 한다."(SA.ii.210)

겉 피부 경(S17:28)

Chavi-sutta

3. "비구들이여, 이득과 존경과 명성은 무섭고 혹독하고 고약한 것이다. 그것은 위없는 유가안은을 얻는데 방해물이 된다. [238]

이득과 존경과 명성은 겉 피부를 자른다. 겉 피부를 자른 뒤에는 속 피부를 자른다. 속 피부를 자른 뒤에는 살을 자른다. 살을 자른 뒤에는 힘줄을 자른다. 힘줄을 자른 뒤에는 뼈를 자른다. 뼈를 자른 뒤에는 골수에 닿은 채로 있게 된다."

4. "비구들이여, 이와 같이 이득과 존경과 명성은 무섭고 혹독하고 고약한 것이다. … 그대들은 이와 같이 공부지어야 한다."

밧줄 경(S17:29)

Rajju-sutta

3. "비구들이여, 이득과 존경과 명성은 무섭고 혹독하고 고약한 것이다. 그것은 위없는 유가안은을 얻는데 방해물이 된다.

이득과 존경과 명성은 겉 피부를 자른다. 겉 피부를 자른 뒤에는 속 피부를 자른다. 속 피부를 자른 뒤에는 살을 자른다. 살을 자른 뒤에는 힘줄을 자른다. 힘줄을 자른 뒤에는 뼈를 자른다. 뼈를 자른 뒤에는 골수에 닿은 채로 있게 된다."

4. "비구들이여, 예를 들면 힘센 남자가 말총으로 만든 질긴 밧줄로 [사람의] 두 무릎을 감아서 단단하게 죄면 그것은 우선 겉 피부를 자를 것이고, 그 다음에 속 피부를 자를 것이다. 그 다음에 살을 자를 것이고, 그 다음에 힘줄을, 그 다음에 뼈를 자를 것이다. 뼈를 자른 뒤 그것은 골수에 닿은 채로 있을 것이다.

비구들이여, 그와 같이 이득과 존경과 명성은 겉 피부를 자른다. 겉 피부를 자른 뒤에는 속 피부를 자른다. 속 피부를 자른 뒤에는 살을 자른다. 살을 자른 뒤에는 힘줄을 자른다. 힘줄을 자른 뒤에는 뼈를 자른다. 뼈를 자른 뒤에는 골수에 닿은 채로 있게 된다."

5. "비구들이여, 이와 같이 이득과 존경과 명성은 무섭고 혹독하고 고약한 것이다. … 그대들은 이와 같이 공부지어야 한다."

비구 경(S17:30)

Bhikkhu-sutta

3. "비구들이여, [239] 아라한이어서 번뇌가 다한 비구에게도 이득과 존경과 명성은 장애가 된다고 나는 말한다."

이렇게 말씀하시자 아난다 존자가 세존께 여쭈었다.

"세존이시여, 왜 아라한이어서 번뇌가 다한 비구에게도 이득과 존경과 명성은 장애가 됩니까?"

4. "아난다여, 나는 이득과 존경과 명성이 그의 확고부동한 해탈589) 그 자체에 장애가 된다고 말하지는 않는다. 아난다여, 그러나 방일하지 않고 근면하고 스스로를 독려하며 머무는 자는 [여러 가지로] 지금·여기에서 행복하게 머묾을 누릴 수 있는데,590) 이득과 존

---

589) '확고부동한 마음의 해탈(akuppā ceto-vimutti)'로 읽지 않은 이유에 대해서는 본서 제2권 「깨닫기 전 경」(S14:31) §7의 주해를 참조할 것.

590) '[여러 가지로] 지금·여기에서 행복하게 머묾을 누릴 수 있음'은 diṭṭha-dhamma-sukha-vihāra-adhigatā를 옮긴 것이다. 이것이 복수로 쓰이고 있어서 '[여러 가지로]'를 넣어서 옮겼다. 주석서는 이렇게 설명하고 있다.
"'[여러 가지로] 지금·여기에서 행복하게 머묾(diṭṭha-dhamma-sukha-vihārā)'이란 과의 증득을 통한 행복하게 머묾들(phala-samāpatti-sukha-vihārā)을 말한다. 공덕을 갖춘 번뇌 다한 자는 죽이나 과자 등을 공양 받

경과 명성은 그가 이런 것들을 누리는 데는 장애가 된다고 나는 말한다."

5. "아난다여, 이와 같이 이득과 존경과 명성은 무섭고 혹독하고 고약한 것이다. 그것은 위없는 유가안은을 얻는데 방해물이 된다.

아난다여, 그러므로 이와 같이 공부지어야 한다. '우리는 이미 일어난 이득과 존경과 명성을 제거하리라. 그러면 일어난 이득과 존경과 명성이 우리의 마음을 사로잡아 머물지 못할 것이다.'라고. 비구들이여, 그대들은 이와 같이 공부지어야 한다."

제3장 세 번째 품이 끝났다.

세 번째 품에 포함된 경들의 목록은 다음과 같다.

① 여인 ② 미녀 ③ 외동아들 ④ 외동딸
세 가지 ⑤~⑦ 사문과 바라문 ⑧ 겉 피부 ⑨ 밧줄 ⑩ 비구이다.

게 되면 오고 가는 사람들에게 덕담(anumodana)을 하고 법을 설하고 질문에 대답하느라 과의 증득에 들어서(phala-samāpattiṁ appetvā) 앉아 있을 기회(okāsa)를 얻기 어렵기 때문이다."(SA.ii.211)
본경은 아라한에게 적용되기 때문에 주석서는 지금·여기에서 행복하게 머묾을 과의 증득을 통한 행복하게 머묾이라고 설명하고 있다. 그러나 다른 경들에는 네 가지 禪(무색계 선을 포함한 본삼매) 가운데 어느 하나에 들어 머무는 것도 지금·여기에서 행복하게 머묾이라고 설명하고 있고(본서 「신참 경」(S21:4) §6; 『디가 니까야』 「확신경」(D28 §19); 『앙굿따라 니까야』 「아누룻다 경」(A8:30) §8 등), 본서 「늙음 경」(S16:5) §5에서는 더 넓은 의미로 나타나고 있다.
아무튼 본경에 의하면 이득과 존경과 명성을 가진 자는 아라한이라 하더라도 신도들을 제접하느라 삼매에 들어 머무는 행복을 누리기 힘들다. 하물며 그렇지 않은 사람들은 말해 무엇하랴. 아라한은 아니더라도 우리나라 스님네들이 신도 제접이나 법문이나 행정 때문에 바빠서 혼자 지내는 행복을 누리기가 얼마나 힘든지를 보면 부처님의 말씀이나 주석서의 설명을 충분히 공감할 수 있다 싶다. 두려운 일이다.

제4장 네 번째 품

Catuttha-vagga

분열 경(S17:31)

Bhindi-sutta

3. "비구들이여, 이득과 존경과 명성은 무섭고 혹독하고 고약한 것이다. 그것은 위없는 유가안은을 얻는데 방해물이 된다. [240]

비구들이여, 이득과 존경과 명성에 압도되고 전도된 마음을 가졌기 때문에 데와닷따591)는 승가를 분열시켰다."

---

591) 데와닷따(Devadatta)의 일화는 『율장』의 『소품』(Vin.ii.180~203)과 『법구경 주석서』(DhpA.i.133~149)에 상세하게 언급되어 있다. 이 둘을 참조하여 요약하면 다음과 같다.
데와닷따는 부처님의 외삼촌이었던 숩빠붓다의 아들이다. 데와닷따는 부처님께서 성도후에 까삘라왓투를 방문하셨을 때 밧디야(Bhaddiya), 아누룻다(Anuruddha), 아난다(Ānanda), 바구(Bhagu), 낌빌라(Kimbila)와 이발사였던 우빨리(Upāli) 등과 함께 출가하였다. 이들은 아누삐야(Anupiyā, 까삘라왓투 동쪽에 있던 성읍)에서 출가하였다고 한다.(Vin.ii.180; AA.i.108; DhpA.i.133; iv.127)
데와닷따는 출가한 다음 해에 신통을 얻었다고 하며 부처님께서 언급하신 12명의 뛰어난 장로들 가운데 그가 포함된 곳이 나타날 정도로 출중했던 것이 분명하다.(Ud.i.5; DhpA.i.64*f.*) 『율장』(Vin.ii.189)에는 사리뿟따 존자가 데와닷따를 칭송하면서 라자가하를 다녔다는 언급도 있다.
그러나 뛰어난 그도 야심에 사로잡히자 삿된 길로 들어서게 된다. 『율장』에 의하면 그는 부처님이 연로해지시자 부처님께 가서 교단의 지도자의 위치를 그에게 물려줄 것을 요청하고 부처님께서는 그를 꾸짖으신다.(Vin.ii.188; M.i.393) 화가 난 데와닷따는 보복하겠다고 맹세한다. 그때쯤 그는 아자따삿뚜를 선동하여 그의 아버지 빔비사라 왕을 시해하게 하고, 자신은 부처님을 시해할 계획을 세우게 된다. 그는 독수리봉 산의 비탈길에서 바위를 떨어뜨려 부처님 발에 피가 흐르게 하였으며, 술 취한 코끼리를 내몰아 부처님을 시해하려했으나 코끼리가 부처님의 자애의 힘 때문에 유순해져서 실패로 돌아가고 만다.

4. "비구들이여, 이와 같이 이득과 존경과 명성은 무섭고 혹독하고 고약한 것이다. … 그대들은 이와 같이 공부지어야 한다."

선근(善根) **경**(S17:32)

Kusalamūla-sutta

3. "비구들이여, 이득과 존경과 명성은 무섭고 혹독하고 고약한 것이다. 그것은 위없는 유가안은을 얻는데 방해물이 된다.

비구들이여, 이득과 존경과 명성에 압도되고 전도된 마음을 가졌기 때문에 데와닷따의 선근(善根)은 뿌리가 뽑혀버렸다."592)

이러한 소식을 들은 신도들은 그를 배척하였으며 그의 악명은 아주 높아졌다. 그러자 그는 꼬깔리까(Kokālika) 등 그를 추종하는 비구들과 함께 승가를 분열시키고자 다섯 가지를 승가에 제안한다. 그것은 "① 모든 비구는 살아있는 동안 숲 속에 거주해야 한다. ② [공양청에 응하면 안되고] 반드시 걸식으로 생계를 유지해야 한다. ③ 분소의만 입어야 하고 [신도들이 주는 옷은 받으면 안된다.] ④ 나무 아래에만 거주해야 하고 [지붕 아래에 머물면 안된다.] ⑤ 모든 육류와 생선을 먹으면 안된다.(yāvajīvaṁ āraññakā assu, piṇḍa-pātikā, paṁsu-kūlikā, rukkha-mūlikā, maccha-maṁsaṁ na khādeyyuṁ)"(DhpA.i.141)는 것이다.

그러나 부처님께서는 우기철에 나무 아래서 자는 것만 제외하고 이렇게 살고자 하는 비구는 그렇게 살아도 된다고 하셨지만, 이것을 승가의 규칙으로 삼는 것은 승낙하지 않으셨다. 간교한 데와닷따는 이것을 빌미로 그를 추종하는 비구들과 왓지족 출신(Vajjiputtaka) 신참 비구 오백 명을 데리고 승단을 떠나서 가야시사(Gayāsīsa)로 가 버렸다.

부처님께서는 사리뿟따와 목갈라나 존자를 보내서 비구들을 다시 승가에 들어오게 하셨으며, 그 소식을 들은 데와닷따는 입에서 피를 토했으며 9개월 동안 심한 병에 걸렸다고 한다. 죽음이 가까워진 것을 안 그는 세존을 만나기 위해서 들것에 실려 사왓티의 제따와나로 떠났다. 제따와나에 도착하여 연못에서 몸을 씻으려 하는 순간에 땅이 두 쪽으로 갈라져서 그를 무간지옥(Āvīcī)으로 빨아들이고 말았다. 그는 십만 겁을 무간지옥에서 고통을 받은 뒤에 인간으로 태어나서 앗팃사라(Aṭṭhissara)라는 벽지불이 될 것이라고 한다.(DhpA.i.148)

592) "'선근(善根, 유익함의 뿌리, kusala-mūla)'이란 탐욕 없음, 성냄 없음, 어

4. "비구들이여, 이와 같이 이득과 존경과 명성은 무섭고 혹독하고 고약한 것이다. … 그대들은 이와 같이 공부지어야 한다."

선법 경(S17:33)
Kusaladhamma-sutta

3. "비구들이여, 이득과 존경과 명성은 무섭고 혹독하고 고약한 것이다. 그것은 위없는 유가안은을 얻는데 방해물이 된다.

비구들이여, 이득과 존경과 명성에 압도되고 전도된 마음을 가졌기 때문에 데와닷따의 선법은 뿌리가 뽑혀버렸다."

4. "비구들이여, 이와 같이 이득과 존경과 명성은 무섭고 혹독하고 고약한 것이다. … 그대들은 이와 같이 공부지어야 한다."

밝은 법 경(S17:34)
Sukkadhamma-sutta

3. "비구들이여, 이득과 존경과 명성은 무섭고 혹독하고 고약한 것이다. 그것은 위없는 유가안은을 얻는데 방해물이 된다.

리석음 없음의 세 가지 유익한 법[善法, kusala-dhamma]을 말한다. 선근 등으로 불리는 비난받지 않는 법(anavajja-dhamma)의 뿌리가 뽑히지 않았더라면 데와닷따는 천상에 태어나거나 도와 과를 증득할 수 있었을 것이다."(SA.ii.211)

"'뿌리가 뽑혀버렸다(samucchedaṁ agamā).'는 것은 짓고 모은(kat-ūpa-cita) 많은 사악한 법의 힘(bala)으로 이 개인(atta-bhāva, 즉 데와닷따)의 선근이 뿌리가 뽑혔다는 것이다. 그러나 전적으로(accantāya) 그런 것은 아니다. 해로움(불선)이란 것은 유익함(선)처럼 큰 힘(mahā-bala)이 있지 않다. 그러므로 이것은 [데와닷따] 개인에게만 적용되어, 이런 부류의 사람들에게만 [참회하여] 고칠 수 없는 것(atekicchatā)이 된다."(SAṬ.ii.156)

다음의 두 경들도 술어만 다르지 같은 뜻을 담고 있다.

비구들이여, 이득과 존경과 명성에 압도되고 전도된 마음을 가졌기 때문에 데와닷따의 밝은 법은 뿌리가 뽑혀버렸다."

4. "비구들이여, 이와 같이 이득과 존경과 명성은 무섭고 혹독하고 고약한 것이다. … 그대들은 이와 같이 공부지어야 한다."

떠나감 경(S17:35)[593]

Pakkanta-sutta

1. 이와 같이 나는 들었다. 한때 [241] 세존께서는 라자가하에서 독수리봉 산에 머무셨다.

2. 그것은 데와닷따가 [승가를] 떠난 지 얼마 되지 않았을 때였다. 그때 세존께서는 비구들을 불러서 데와닷따에 대하여 말씀하셨다.

3. "비구들이여, 자멸하려고 데와닷따에게 이득과 존경과 명성이 생겨났다. 비구들이여, 파멸하려고 데와닷따에게 이득과 존경과 명성이 생겨났다.

비구들이여, 예를 들면 파초가 열매를 맺고는 자멸하고 파초가 열매를 맺고는 파멸하는 것과 같다. 비구들이여, 그와 같이 자멸하려고 데와닷따에게 이득과 존경과 명성이 생겨났고 파멸하려고 데와닷따에게 이득과 존경과 명성이 생겨났다."

4. "비구들이여, 예를 들면 대나무가 열매를 맺고는 자멸하고 대나무가 열매를 맺고는 파멸하는 것과 같다. 비구들이여, 그와 같이

---

593) 게송을 포함한 본경은 『앙굿따라 니까야』 「데와닷따 경」(A4:68)과 꼭 같다. 그리고 본경과 다음 경의 내용은 『율장』(Vin.ii.187~188)에도 나타나고 있다.

자멸하려고 데와닷따에게 이득과 존경과 명성이 생겨났고 파멸하려고 데와닷따에게 이득과 존경과 명성이 생겨났다.

비구들이여, 예를 들면 갈대가 열매를 맺고는 자멸하고 갈대가 열매를 맺고는 파멸하는 것과 같다. 비구들이여, 그와 같이 자멸하려고 데와닷따에게 이득과 존경과 명성이 생겨났고 파멸하려고 데와닷따에게 이득과 존경과 명성이 생겨났다.

비구들이여, 예를 들면 암 노새가 수태를 하고는 자멸하고 암 노새가 수태를 하고는 파멸하는 것과 같다.[594] 비구들이여, 그와 같이 자멸하려고 데와닷따에게 이득과 존경과 명성이 생겨났고 파멸하려고 데와닷따에게 이득과 존경과 명성이 생겨났다."

5. "마치 그 열매가 파초를 죽게 하고
그 열매가 대나무와 갈대도 죽게 하고
태아가 암 노새를 죽이는 것처럼
존경은 어리석은 사람을 죽게 하노라."[595]

수레 경(S17:36)

Ratha-sutta

1. 이와 같이 나는 들었다. 한때 [242] 세존께서는 라자가하에서 대나무 숲의 다람쥐 보호구역에 머무셨다.

---

594) 주석서에 의하면 사람들이 암 노새(assatari)를 말(assa)과 짝짓기를 시켜서 수태한 뒤에 출산할 때가 되더라도 암 노새는 발굽으로 땅을 차고 서 있기만 할 뿐 스스로 새끼를 낳지 못한다고 한다. 그러면 사람들은 암 노새의 네 발을 묶은 뒤 배를 갈라서 새끼(pota)를 받아내고, 암 노새는 그 자리에서 죽게 된다고 한다.(SA.ii.211~212)

595) 본 게송은 본서 제1권 「데와닷따 경」(S6:12) {597}과 같다.

2. 그 무렵 아자따삿뚜 왕자[596]는 아침저녁으로 5백 대의 수레를 몰고 데와닷따를 시중들러 가서 5백 개의 탈리빠까(밥 보시)로 그에게 음식을 공양하였다. 그때 많은 비구들이 세존께 다가갔다. 가서는 세존께 절을 올리고 한 곁에 앉았다. 한 곁에 앉은 비구들은 세존께 이렇게 말씀드렸다.

3. "세존이시여, 아자따삿뚜 왕자가 아침저녁으로 5백 대의 수레를 몰고 데와닷따를 시중들러 가서 5백 개의 탈리빠까(밥 보시)로 그에게 음식을 공양합니다."

4. "비구들이여, 데와닷따의 이득과 존경과 명성을 부러워하지 말라. 아자따삿뚜 왕자가 아침저녁으로 5백 대의 수레를 몰고 데와닷따를 시중들러 가서 5백 개의 탈리빠까(밥 보시)로 그에게 음식을 공양하면 할수록 데와닷따에게는 퇴보가 기대되고 유익한 법들[善法]이 증장하지 않을 것이다.

비구들이여, 예를 들면 사나운 개의 코에 담즙을 뿌리면[597] 그 개는 더욱더 사나와지는 것과 같다. 비구들이여, 그와 같이 아자따삿뚜 왕자가 아침저녁으로 5백 대의 수레를 몰고 데와닷따를 시중들러 가서 5백 개의 탈리빠까(밥 보시)로 그에게 음식을 공양하면 할수록 데와닷따에게는 퇴보가 기대되고 유익한 법들[善法]이 증장하지 않을 것이다."

---

596) 이 이야기는 아자따삿뚜(Ajātasattu)가 아직 왕위에 오르기 전의 일이다. 아자따삿뚜에 대해서는 본서 「목침 경」(S20:8) §3의 주해를 참조할 것.

597) '코에 담즙을 뿌리면'은 nāsāya pittaṁ bhindeyyuṁ을 옮긴 것이다. 주석서와 복주서는 다음과 같이 설명하고 있어서 이렇게 옮겼다.
"이것은 곰의 담즙(accha-pitta)이나 생선의 담즙(maccha-pitta)을 콧구멍(nāsa-puṭa)에 던져 넣는다(pakkhipeyyaṁ)는 뜻이다."(SA.ii.212)
"던져 넣는다는 것은 뿌린다(osiñceyyuṁ)는 뜻이다."(SAṬ.ii.157)

5. "비구들이여, 이와 같이 이득과 존경과 명성은 무섭고 혹독하고 고약한 것이다. … 그대들은 이와 같이 공부지어야 한다."

어머니 경(S17:37)

Mātu-sutta

1. <사왓티의 아나타삔디까 원림(급고독원)에서>

3. "비구들이여, 이득과 존경과 명성은 무섭고 혹독하고 고약한 것이다. 그것은 위없는 유가안은을 얻는데 방해물이 된다. [243]

비구들이여, 여기 나는 마음으로 어떤 사람의 마음을 이와 같이 꿰뚫어 안다. '이 존자는 어머니 때문에 고의적인 거짓말을 하지는 않을 것이다.'라고.598)

그렇지만 나는 그 다음에 그 사람이 이득과 존경과 명성에 압도되고 마음이 전도되어 고의적으로 거짓말을 하는 것을 보게 된다."

4. "비구들이여, 이와 같이 이득과 존경과 명성은 무섭고 혹독하고 고약한 것이다. … 그대들은 이와 같이 공부지어야 한다."

아버지 경 등(S17:38~43)

Pitu Suttādi

---

598) "도둑(cora)들이 황야(aṭavi)에 그의 어머니를 잡아 가두어 놓고 '그대가 거짓말을 하면 어머니를 풀어줄 것이고, 그렇지 않으면 풀어주지 않겠다.'라고 협박하더라도, 고의적인 거짓말(sampajāna-musā)을 하지 않을 것이라는 뜻이다. 아래 「아버지 경」 등(S17:38~43)도 같은 방법으로 알아야 한다." (SA.ii.212)
이렇게 어머니를 두고 협박을 해도 거짓말을 하지 않을 사람도, 이득과 존경과 명성에 사로잡히면 고의적인 거짓말을 하게 된다는 말씀이다.

3. "비구들이여, 이득과 존경과 명성은 무섭고 혹독하고 고약한 것이다. 그것은 위없는 유가안은을 얻는데 방해물이 된다.

비구들이여, 여기 나는 마음으로 어떤 사람의 마음을 이와 같이 꿰뚫어 안다.

'이 존자는 아버지 때문에(S17:38) … 이 존자는 형제 때문에(S17:39) … 이 존자는 자매 때문에(S17:40) … 이 존자는 아들 때문에(S17:41) … 이 존자는 딸 때문에(S17:42) … 이 존자는 아내 때문에(S17:43) 고의적인 거짓말을 하지는 않을 것이다.'라고.

그렇지만 나는 그 다음에 그 사람이 이득과 존경과 명성에 압도되고 마음이 전도되어 고의적으로 거짓말을 하는 것을 보게 된다."

4. "비구들이여, 이와 같이 이득과 존경과 명성은 무섭고 혹독하고 고약한 것이다. 그것은 위없는 유가안은을 얻는데 방해물이 된다.

비구들이여, 그러므로 이와 같이 공부지어야 한다. [244] '우리는 이미 일어난 이득과 존경과 명성을 제거하리라. 그러면 일어난 이득과 존경과 명성이 우리의 마음을 사로잡아 머물지 못할 것이다.'라고. 비구들이여, 그대들은 이와 같이 공부지어야 한다."

제4장 네 번째 품이 끝났다.

네 번째 품에 포함된 경들의 목록은 다음과 같다.

① 분열 ② 선근 ③ 선법
④ 밝은 법 ⑤ 떠나 감 ⑥ 수레
⑦ 어머니 ⑧ 아버지 ⑨ 형제
⑩ 자매 ⑪ 아들 ⑫ 딸 ⑬ 아내이다.

이득과 존경 상윳따(S17)가 끝났다.

제18주제

라훌라 상윳따(S18)

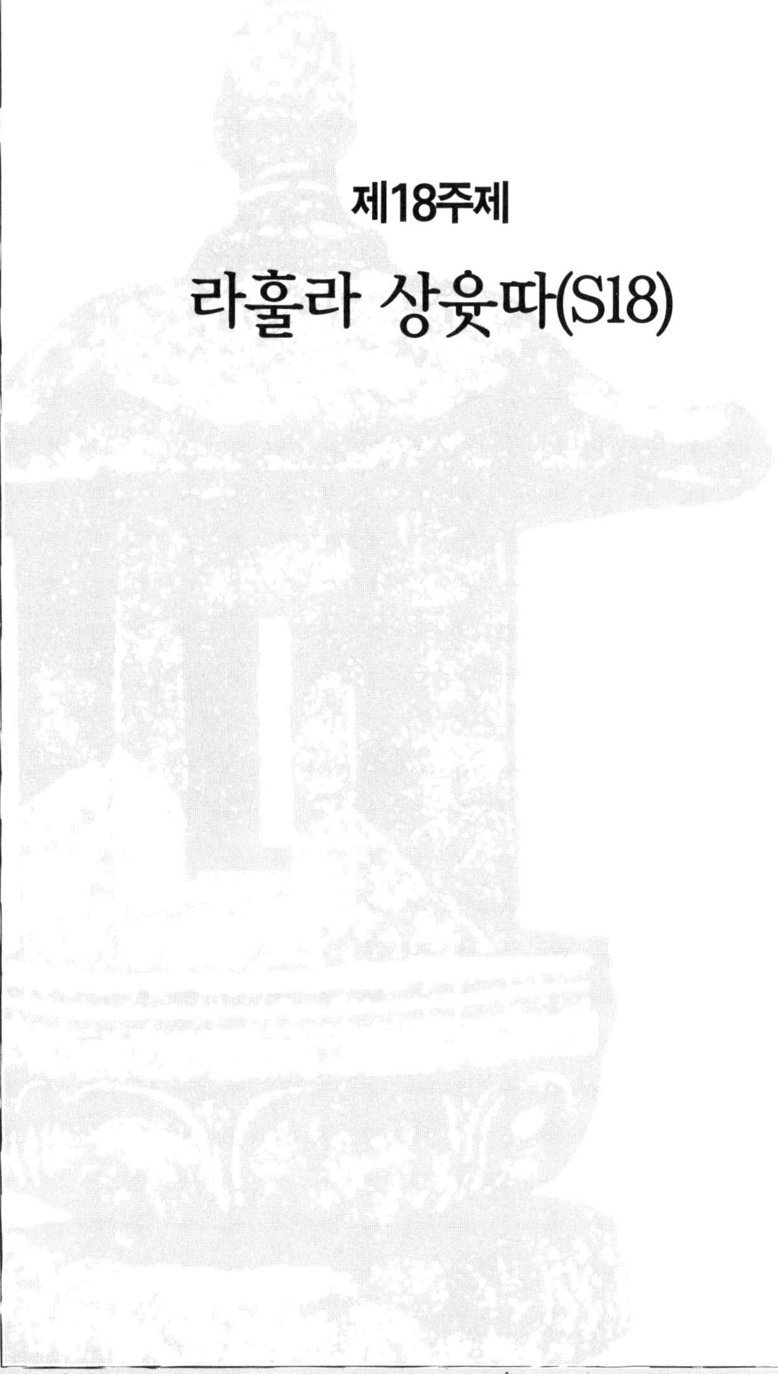

제18주제(S18)
라훌라 상윳따
Rāhula-saṁyutta

제1장 첫 번째 품
Pathama-vagga

눈[眼] **경**(S18:1)
Cakkhu-sutta

1. 이와 같이 나는 들었다. 한 때 세존께서는 사왓티에서 제따 숲의 아나타삔디까 원림(급고독원)에 머무셨다.

2. 그때 라훌라 존자[599]가 세존께 다가갔다. 가서는 세존께 절

---

599) 라훌라 존자(āyasmā Rāhula)는 세존의 외아들이다. 라훌라 존자는 세존이 출가하시던 날 태어났다. 세존께서는 깨달음을 증득하신 지 2~3년 뒤에 부친 숫도다나(Suddhodana, 淨飯) 왕의 간청으로 고향 까삘라왓투를 방문하셨는데 그때 부처님의 아내였던 야소다라(Yasodharā, 뒤에 출가하여서는 밧다 깟짜나(Bhaddā Kaccānā) 비구니로 불림)는 라훌라를 세존께 보내어서 상속물을 달라 하라고 시켰다. 라훌라의 말을 듣고 세존께서는 사리뿟따 존자에게 라훌라를 출가시키게 하셨다. 무소유의 삶을 사시는 부처님이 아들에게 상속물로 줄 것은 출가밖에 없었을 것이다. 라훌라 존자를 출가시키면서 세존께서는 라훌라 존자에게 "다시는 세상에 태어나지 말라(mā lokaṁ punarāgami)."(Sn.59 {339})라는 간곡한 말씀을 하셨다.
부처님께서 라훌라를 가르치신 여러 경들이 니까야에 전승되어 온다. 그 가운데서 라훌라 존자를 가르치신 최초의 경은 『맛지마 니까야』 「암발랏티까 라훌라 교계경」(M61)인데 여기서 부처님께서는 발 씻는 세숫대야의 비유로 그를 엄하게 가르치신다. 이 가르침은 아쇼까 대왕에게도 큰 감명을 주어서 그의 명령으로 바위에 새긴 아쇼까 대왕의 칙령에서도 이 경의 일부를 언급하고 있다. 라훌라 존자는 「짧은 라훌라 교계 경」(M147)을 통해서 아

을 올린 뒤 한 곁에 앉았다. 한 곁에 앉은 라훌라 존자는 세존께 이렇게 말씀드렸다.

3. "세존이시여, 세존께서 간략하게 법을 설해 주시면 감사하겠습니다. 그러면 저는 세존으로부터 법을 들은 뒤 혼자 은둔하여 방일하지 않고 열심히, 스스로 독려하며 지내고자 합니다."

4. "라훌라여, 이를 어떻게 생각하는가? 눈은 항상한가, 무상한가?"

"무상합니다, 세존이시여."

"그러면 무상한 것은 괴로움인가, 즐거움인가?"

"괴로움입니다, 세존이시여." [245]

"그러면 무상하고 괴로움이고 변하기 마련인 것을 두고 '이것은 내 것이다. 이것은 나다. 이것은 나의 자아다.'600)라고 관찰하는 것이 타당하겠는가?"

"그렇지 않습니다, 세존이시여."

"라훌라여, 이를 어떻게 생각하는가? 귀는 … 코는 … 혀는 … 몸은 … 마노[意]는 항상한가, 무상한가?"

"무상합니다, 세존이시여."

"그러면 무상한 것은 괴로움인가, 즐거움인가?"

"괴로움입니다, 세존이시여."

라한이 되었다. 그 외에도 라훌라를 교계하신(Rāhulovāda) 경이 몇 개 더 전해 온다.(M62; S.iii.105; A.iii.152 등) 이런 라훌라 존자였기에 『앙굿따라 니까야』 「하나의 모음」(A1:14:3-1)에서 세존께서는 그를 "배우기를 좋아하는(sikkhā-kāma) 비구 가운데서 으뜸"이라고 하셨다. 북방에서는 밀행(密行)제일이라 부른다.

600) '이것은 내 것이다. 이것은 나다. 이것은 나의 자아다.'에 대한 주석서의 설명은 본서 「배우지 못한 자 경」 1(S12:61) §4의 주해를 참조할 것.

"그러면 무상하고 괴로움이고 변하기 마련인 것을 두고 '이것은 내 것이다. 이것은 나다. 이것은 나의 자아다.'라고 관찰하는 것이 타당하겠는가?"

"그렇지 않습니다, 세존이시여."

5. "라훌라여, 이렇게 보는 잘 배운 성스러운 제자는 눈에 대해서도 염오하고, 귀에 대해서도 염오하고, 코에 대해서도 염오하고, 혀에 대해서도 염오하고, 몸에 대해서도 염오하고, 마음에 대해서도 염오한다.

염오하면서 탐욕이 빛바래고, 탐욕이 빛바래므로 해탈한다.601) 해탈하면 해탈했다는 지혜가 있다. '태어남은 다했다. 청정범행(梵行)은 성취되었다. 할 일을 다 해 마쳤다. 다시는 어떤 존재로도 돌아오지 않을 것이다.'라고 꿰뚫어 안다."

---

601) "'염오하면서 탐욕이 빛바래고(nibbindaṁ virajjati)'에서는 탐욕의 빛바램(virāga)을 통해서 네 가지 도(cattāro maggā)를 설하셨다. '탐욕이 빛바래므로 해탈한다(virāgā vimuccati).'에서는 해탈(vimutti)을 통해서 네 가지 사문의 결실(사문과, sāmañña-phalāni)을 설하셨다."(SA.ii.213)
주석서에는 염오하다(nibbindati)에 대한 설명은 나타나지 않지만 이것의 명사인 염오(nibbidā)를 강한 위빳사나(balava-vipassanā)를 뜻한다고 주석서는 계속해서 설명하고 있다.(여기에 대해서는 본서 「기반 경」(S12:23) §4의 주해 등을 참조할 것) 그러므로 염오-이욕-해탈-구경해탈지는 차례대로 강한 위빳사나-도-과-반조를 뜻한다.(virāgoti maggo, virāgā vimuccatīti ettha virāgena maggena vimuccatīti phalaṁ kathitaṁ. vimuttasmiṁ vimuttamiti ñāṇaṁ hotīti idha paccavekkhaṇā kathitā. – MA.ii.115 = 『맛지마 니까야』 「뱀의 비유 경」(M22) §29에 대한 주석)
본 상윳따에 포함된 22개의 경들 가운데 S18:1~20까지의 20개의 경들은 각각 안의 감각장소, 밖의 감각장소, 알음알이, 감각접촉, 느낌, 인식, 의도, 갈애, 육대(六大), 오온이라는 10가지 주제의 무상·고·무아와 염오-이욕-해탈-구경해탈지를 강조하고 있다. 무상·고·무아를 통한 염오-이욕-해탈-구경해탈지에 대해서는 본서 제3권 해제 §3-(4)-②와 본서 제4권 해제 §3-(6)과 제3권 「과거·현재·미래 경」 1(S22:9)의 주해들 등을 참조할 것.

형색 경(S18:2)

Rūpa-sutta

2. 그때 라훌라 존자가 세존께 다가갔다. …

3. "라훌라여, 이를 어떻게 생각하는가? 형색은 [246] … 소리는 … 냄새는 … 맛은 … 감촉은 … [마노의 대상인] 법은 항상한가, 무상한가?"

"무상합니다, 세존이시여."

"그러면 무상한 것은 괴로움인가, 즐거움인가?"

"괴로움입니다, 세존이시여."

"그러면 무상하고 괴로움이고 변하기 마련인 것을 두고 '이것은 내 것이다. 이것은 나다. 이것은 나의 자아다.'라고 관찰하는 것이 타당하겠는가?"

"그렇지 않습니다, 세존이시여."

4. "라훌라여, 이렇게 보는 잘 배운 성스러운 제자는 형색에 대해서도 염오하고, 소리에 대해서도 염오하고, 냄새에 대해서도 염오하고, 맛에 대해서도 염오하고, 감촉에 대해서도 염오하고, [마노의 대상인] 법에 대해서도 염오한다.

염오하면서 탐욕이 빛바래고, 탐욕이 빛바래므로 해탈한다. 해탈하면 해탈했다는 지혜가 있다. '태어남은 다했다. 청정범행(梵行)은 성취되었다. 할 일을 다 해 마쳤다. 다시는 어떤 존재로도 돌아오지 않을 것이다.'라고 꿰뚫어 안다."

알음알이 경(S18:3)

Viññāṇa-sutta

2. 그때 라훌라 존자가 세존께 다가갔다. …

3. "라훌라여, 이를 어떻게 생각하는가? 눈의 알음알이는 … 귀의 알음알이는 … 코의 알음알이는 … 혀의 알음알이는 … 몸의 알음알이는 … 마노의 알음알이[意識]는 항상한가, 무상한가?"

"무상합니다, 세존이시여."

"그러면 무상한 것은 괴로움인가, 즐거움인가?"

"괴로움입니다, 세존이시여."

"그러면 무상하고 괴로움이고 변하기 마련인 것을 두고 '이것은 내 것이다. 이것은 나다. 이것은 나의 자아다.'라고 관찰하는 것이 타당하겠는가?"

"그렇지 않습니다, 세존이시여."

4. "라훌라여, 이렇게 보는 잘 배운 성스러운 제자는 눈의 알음알이에 대해서도 염오하고, 귀의 알음알이에 대해서도 염오하고, 코의 알음알이에 대해서도 염오하고, 혀의 알음알이에 대해서도 염오하고, 몸의 알음알이에 대해서도 염오하고, 마노의 알음알이에 대해서도 염오한다.

염오하면서 탐욕이 빛바래고, 탐욕이 빛바래므로 해탈한다. 해탈하면 해탈했다는 지혜가 있다. '태어남은 다했다. 청정범행(梵行)은 성취되었다. 할 일을 다 해 마쳤다. 다시는 어떤 존재로도 돌아오지 않을 것이다.'라고 꿰뚫어 안다."

감각접촉 경(S18:4)

Samphassa-sutta

2. 그때 라훌라 존자가 세존께 다가갔다. …

3. "라훌라여, 이를 어떻게 생각하는가? 눈의 감각접촉은 … 귀의 감각접촉은 … 코의 감각접촉은 … 혀의 감각접촉은 … 몸의 감각접촉은 … 마노의 감각접촉은 항상한가, 무상한가?"

"무상합니다, 세존이시여."

"그러면 무상한 것은 괴로움인가, 즐거움인가?"

"괴로움입니다, 세존이시여."

"그러면 무상하고 괴로움이고 변하기 마련인 것을 두고 '이것은 내 것이다. 이것은 나다. 이것은 나의 자아다.'라고 관찰하는 것이 타당하겠는가?"

"그렇지 않습니다, 세존이시여."

4. "라훌라여, 이렇게 보는 잘 배운 성스러운 제자는 눈의 감각접촉에 대해서도 염오하고, 귀의 감각접촉에 대해서도 염오하고, 코의 감각접촉에 대해서도 염오하고, 혀의 감각접촉에 대해서도 염오하고, 몸의 감각접촉에 대해서도 염오하고, 마노의 감각접촉에 대해서도 염오한다. [247]

염오하면서 탐욕이 빛바래고, 탐욕이 빛바래므로 해탈한다. 해탈하면 해탈했다는 지혜가 있다. '태어남은 다했다. 청정범행(梵行)은 성취되었다. 할 일을 다 해 마쳤다. 다시는 어떤 존재로도 돌아오지 않을 것이다.'라고 꿰뚫어 안다."

느낌 경(S18:5)

Vedanā-sutta

2. 그때 라훌라 존자가 세존께 다가갔다. …

3. "라훌라여, 이를 어떻게 생각하는가? 눈의 감각접촉에서 생긴 느낌은 … 귀의 감각접촉에서 생긴 느낌은 … 코의 감각접촉에서 생긴 느낌은 … 혀의 감각접촉에서 생긴 느낌은 … 몸의 감각접촉에서 생긴 느낌은 … 마노의 감각접촉에서 생긴 느낌은 항상한가, 무상한가?"

"무상합니다, 세존이시여."

"그러면 무상한 것은 괴로움인가, 즐거움인가?"

"괴로움입니다, 세존이시여."

"그러면 무상하고 괴로움이고 변하기 마련인 것을 두고 '이것은 내 것이다. 이것은 나다. 이것은 나의 자아다.'라고 관찰하는 것이 타당하겠는가?"

"그렇지 않습니다, 세존이시여."

4. "라훌라여, 이렇게 보는 잘 배운 성스러운 제자는 눈의 감각접촉에서 생긴 느낌에 대해서도 염오하고, 귀의 감각접촉에서 생긴 느낌에 대해서도 염오하고, 코의 감각접촉에서 생긴 느낌에 대해서도 염오하고, 혀의 감각접촉에서 생긴 느낌에 대해서도 염오하고, 몸의 감각접촉에서 생긴 느낌에 대해서도 염오하고, 마노의 감각접촉에서 생긴 느낌에 대해서도 염오한다.

염오하면서 탐욕이 빛바래고, 탐욕이 빛바래므로 해탈한다. 해탈하면 해탈했다는 지혜가 있다. '태어남은 다했다. 청정범행(梵行)은 성취되었다. 할 일을 다 해 마쳤다. 다시는 어떤 존재로도 돌아오지

않을 것이다.'라고 꿰뚫어 안다."

인식 경(S18:6)

Saññā-sutta

2. 그때 라훌라 존자가 세존께 다가갔다. …

3. "라훌라여, 이를 어떻게 생각하는가? 형색에 대한 인식은 … 소리에 대한 인식은 … 냄새에 대한 인식은 … 맛에 대한 인식은 … 감촉에 대한 인식은 … [마노의 대상인] 법에 대한 인식은 항상한가, 무상한가?"

"무상합니다, 세존이시여."

"그러면 무상한 것은 괴로움인가, 즐거움인가?"

"괴로움입니다, 세존이시여."

"그러면 무상하고 괴로움이고 변하기 마련인 것을 두고 '이것은 내 것이다. 이것은 나다. 이것은 나의 자아다.'라고 관찰하는 것이 타당하겠는가?"

"그렇지 않습니다, 세존이시여."

4. "라훌라여, 이렇게 보는 잘 배운 성스러운 제자는 형색에 대한 인식에 대해서도 염오하고, 소리에 대한 인식에 대해서도 염오하고, 냄새에 대한 인식에 대해서도 염오하고, 맛에 대한 인식에 대해서도 염오하고, 감촉에 대한 인식에 대해서도 염오하고, [마노의 대상인] 법에 대한 인식에 대해서도 염오한다.

염오하면서 탐욕이 빛바래고, 탐욕이 빛바래므로 해탈한다. 해탈하면 해탈했다는 지혜가 있다. '태어남은 다했다. 청정범행(梵行)은 성취되었다. 할 일을 다 해 마쳤다. 다시는 어떤 존재로도 돌아오지

않을 것이다.'라고 꿰뚫어 안다."

의도 경(S18:7)

Sañcetanā-sutta

2. 그때 라훌라 존자가 세존께 다가갔다. …

3. "라훌라여, 이를 어떻게 생각하는가? 형색에 대한 의도는 … 소리에 대한 의도는 … 냄새에 대한 의도는 … 맛에 대한 의도는 [248] … 감촉에 대한 의도는 … [마노의 대상인] 법에 대한 의도는 항상한가, 무상한가?"

"무상합니다, 세존이시여."

"그러면 무상한 것은 괴로움인가, 즐거움인가?"

"괴로움입니다, 세존이시여."

"그러면 무상하고 괴로움이고 변하기 마련인 것을 두고 '이것은 내 것이다. 이것은 나다. 이것은 나의 자아다.'라고 관찰하는 것이 타당하겠는가?"

"그렇지 않습니다, 세존이시여."

4. "라훌라여, 이렇게 보는 잘 배운 성스러운 제자는 형색에 대한 의도에 대해서도 염오하고, 소리에 대한 의도에 대해서도 염오하고, 냄새에 대한 의도에 대해서도 염오하고, 맛에 대한 의도에 대해서도 염오하고, 감촉에 대한 의도에 대해서도 염오하고, [마노의 대상인] 법에 대한 의도에 대해서도 염오한다.

염오하면서 탐욕이 빛바래고, 탐욕이 빛바래므로 해탈한다. 해탈하면 해탈했다는 지혜가 있다. '태어남은 다했다. 청정범행(梵行)은 성취되었다. 할 일을 다 해 마쳤다. 다시는 어떤 존재로도 돌아오지

않을 것이다.'라고 꿰뚫어 안다."

갈애 경(S18:8)

Taṇhā-sutta

2. 그때 라훌라 존자가 세존께 다가갔다. …

3. "라훌라여, 이를 어떻게 생각하는가? 형색에 대한 갈애는 … 소리에 대한 갈애는 … 냄새에 대한 갈애는 … 맛에 대한 갈애는 … 감촉에 대한 갈애는 … 법에 대한 갈애는 항상한가, 무상한가?"

"무상합니다, 세존이시여."

"그러면 무상한 것은 괴로움인가, 즐거움인가?"

"괴로움입니다, 세존이시여."

"그러면 무상하고 괴로움이고 변하기 마련인 것을 두고 '이것은 내 것이다. 이것은 나다. 이것은 나의 자아다.'라고 관찰하는 것이 타당하겠는가?"

"그렇지 않습니다, 세존이시여."

4. "라훌라여, 이렇게 보는 잘 배운 성스러운 제자는 형색에 대한 갈애에 대해서도 염오하고, 소리에 대한 갈애에 대해서도 염오하고, 냄새에 대한 갈애에 대해서도 염오하고, 맛에 대한 갈애에 대해서도 염오하고, 감촉에 대한 갈애에 대해서도 염오하고, [마노의 대상인] 법에 대한 갈애에 대해서도 염오한다.

염오하면서 탐욕이 빛바래고, 탐욕이 빛바래므로 해탈한다. 해탈하면 해탈했다는 지혜가 있다. '태어남은 다했다. 청정범행(梵行)은 성취되었다. 할 일을 다 해 마쳤다. 다시는 어떤 존재로도 돌아오지 않을 것이다.'라고 꿰뚫어 안다."

요소[界] **경**(S18:9)

Dhātu-sutta

2. 그때 라훌라 존자가 세존께 다가갔다. …

3. "라훌라여, 이를 어떻게 생각하는가? 땅의 요소는 … 물의 요소는 … 불의 요소는 … 바람의 요소는 … [249] 허공의 요소는 … 알음알이의 요소는 항상한가, 무상한가?"602)

"무상합니다, 세존이시여."

"그러면 무상한 것은 괴로움인가, 즐거움인가?"

"괴로움입니다, 세존이시여."

"그러면 무상하고 괴로움이고 변하기 마련인 것을 두고 '이것은 내 것이다. 이것은 나다. 이것은 나의 자아다.'라고 관찰하는 것이 타당하겠는가?"

"그렇지 않습니다, 세존이시여."

4. "라훌라여, 이렇게 보는 잘 배운 성스러운 제자는 땅의 요소에 대해서도 염오하고, 물의 요소에 대해서도 염오하고, 불의 요소에

---

602) 여기서처럼 몇몇 초기불전들은 네 가지 근본물질[四大, cattāro mahā-bhūta]에다 '허공의 요소(ākāsa-dhātu)'와 '알음알이의 요소(viññāṇa-dhātu)'를 첨가하여 여섯 가지 요소[六大]를 설하고 있다. 주석서 문헌들에 의하면 여기서 허공의 요소는 물질을 한정(pariccheda)하기 때문에 파생된 물질(upādā-rūpa)에 속하고 알음알이의 요소는 정신[名, nāma] 즉 모든 마음과 마음부수[心·心所]를 다 포함한다고 한다. 이렇게 해서 이 6가지 요소[六大]는 삼계의 정신·물질[名色, nāma-rūpa]을 모두 다 포함한다고 설명하고 있다.(SA.ii.214; SAṬ.ii.159; AA.ii.278; DhsA.326 등)
실제로 아비담마에서는 허공(ākāsa)을 파생된 물질 가운데서도 추상적인 물질(anipphanna-rūpa)의 영역에 포함시키고 있다. 『아비담마 길라잡이』 제6장 §4와 해설을 참조할 것.
여섯 가지 요소에 대한 자세한 분석은 『맛지마 니까야』 「요소의 분석 경」(M140/iii.240~243) §§7~32를 참조할 것.

대해서도 염오하고, 바람의 요소에 대해서도 염오하고, 허공의 요소에 대해서도 염오하고, 알음알이의 요소에 대해서도 염오한다.

염오하면서 탐욕이 빛바래고, 탐욕이 빛바래므로 해탈한다. 해탈하면 해탈했다는 지혜가 있다. '태어남은 다했다. 청정범행(梵行)은 성취되었다. 할 일을 다 해 마쳤다. 다시는 어떤 존재로도 돌아오지 않을 것이다.'라고 꿰뚫어 안다."

무더기[蘊] **경**(S18:10)

Khandha-sutta

2. 그때 라훌라 존자가 세존께 다가갔다. …

3. "라훌라여, 이를 어떻게 생각하는가? 물질은 … 느낌은 … 인식은 … 심리현상들은 … 알음알이는 항상한가, 무상한가?"

"무상합니다, 세존이시여."

"그러면 무상한 것은 괴로움인가, 즐거움인가?"

"괴로움입니다, 세존이시여."

"그러면 무상하고 괴로움이고 변하기 마련인 것을 두고 '이것은 내 것이다. 이것은 나다. 이것은 나의 자아다.'라고 관찰하는 것이 타당하겠는가?"

"그렇지 않습니다, 세존이시여."

4. "라훌라여, 이렇게 보는 잘 배운 성스러운 제자는 물질에 대해서도 염오하고, 느낌에 대해서도 염오하고, 인식에 대해서도 염오하고, 심리현상들에 대해서도 염오하고, 알음알이에 대해서도 염오한다.

염오하면서 탐욕이 빛바래고, 탐욕이 빛바래므로 해탈한다. 해탈하면 해탈했다는 지혜가 있다. '태어남은 다했다. 청정범행(梵行)은 성취되었다. 할 일을 다 해 마쳤다. 다시는 어떤 존재로도 돌아오지 않을 것이다.'라고 꿰뚫어 안다."

제1장 첫 번째 품이 끝났다.

첫 번째 품에 포함된 경들의 목록은 다음과 같다.

① 눈[眼] ② 형색 ③ 알음알이
④ 감각접촉 ⑤ 느낌
⑥ 인식 ⑦ 의도 ⑧ 갈애
⑨ 요소[界] ⑩ 무더기[蘊]이다.

제2장 두 번째 품

Dutiya-vagga

눈 경(S18:11)

Cakkhu-sutta

2. 그때 [250] 라훌라 존자가 세존께 다가갔다. 가서는 세존께 절을 올린 뒤 한 곁에 앉았다. 한 곁에 앉은 라훌라 존자에게 세존께서는 이렇게 말씀하셨다.603)

3. "라훌라여, 이를 어떻게 생각하는가? 눈은 항상한가, 무상한가?"

"무상합니다, 세존이시여."

"그러면 무상한 것은 괴로움인가, 즐거움인가?"

"괴로움입니다, 세존이시여."

"그러면 무상하고 괴로움이고 변하기 마련인 것을 두고 '이것은 내 것이다. 이것은 나다. 이것은 나의 자아다.'라고 관찰하는 것이 타당하겠는가?"

"그렇지 않습니다, 세존이시여."

"라훌라여, 이를 어떻게 생각하는가? 귀는 … 코는 … 혀는 … 몸은 … 마노[意]는 항상한가, 무상한가?"

---

603) 본품의 10개 경들은 첫째 품의 열 개 경들과 순서대로 같은 내용을 담고 있다. 다른 점은 본품의 열 개 경들에 나타나는 §2의 이 부분이다. 첫째 품의 경들 §2에는 다음과 같이 나타났다.
<한 곁에 앉은 라훌라 존자는 세존께 이렇게 말씀드렸다. "세존이시여, 세존께서 간략하게 법을 설해 주시면 감사하겠습니다. 그러면 저는 세존으로부터 법을 들은 뒤 혼자 은둔하여 방일하지 않고 열심히, 스스로 독려하며 지내고자 합니다.">

"무상합니다, 세존이시여."

"그러면 무상한 것은 괴로움인가, 즐거움인가?"

"괴로움입니다, 세존이시여."

"그러면 무상하고 괴로움이고 변하기 마련인 것을 두고 '이것은 내 것이다. 이것은 나다. 이것은 나의 자아다.'라고 관찰하는 것이 타당하겠는가?"

"그렇지 않습니다, 세존이시여."

4. "라훌라여, 이렇게 보는 잘 배운 성스러운 제자는 눈에 대해서도 염오하고, 귀에 대해서도 염오하고, 코에 대해서도 염오하고, 혀에 대해서도 염오하고, 몸에 대해서도 염오하고, 마노[意]에 대해서도 염오한다.

염오하면서 탐욕이 빛바래고, 탐욕이 빛바래므로 해탈한다. 해탈하면 해탈했다는 지혜가 있다. '태어남은 다했다. 청정범행(梵行)은 성취되었다. 할 일을 다 해 마쳤다. 다시는 어떤 존재로도 돌아오지 않을 것이다.'라고 꿰뚫어 안다."

형색 경 등(S18:12~20)

Rūpa Suttādi

<이 경들은 첫째 품의 경들과 같은 내용을 담고 있다. 차이점은 바로 앞의 「눈 경」(S18:11)의 주해를 참조할 것.> [251]

잠재성향 경(S18:21)[604]

Anusaya-sutta

2. 그때 [252] 라훌라 존자가 세존께 다가갔다. 가서는 세존께 절을 올린 뒤 한 곁에 앉았다. 한 곁에 앉은 라훌라 존자는 세존께 이렇게 여쭈었다.

3. "세존이시여, 어떻게 알고 어떻게 보아야 알음알이를 가진 이 몸과 밖의 모든 표상들에 대하여[605] '나'라는 생각과 '내 것'이라는 생각과 자만의 잠재성향[606]이 일어나지 않게 됩니까?"

---

604) 본경은 본서 제3권「라다 경」(S22:71)과「라훌라 경」1(S22:91)과 같은 내용을 담고 있다.

605) "'알음알이를 가진 이 몸(imasmiñca saviññāṇake kāye)'이란 알음알이를 가진 자신의 몸(attano saviññāṇaka-kāya)을 말한다. '밖의 모든 표상들(bahiddhā sabbanimittā)'이란 알음알이를 가진 남의 몸(parassa saviññāṇaka)이나 알음알이가 없는 것(aviññāṇaka)을 말한다. 혹은 전자는 알음알이를 가진 나와 남의 몸을 뜻하고, 후자는 밖에 있는 것으로 감각기능에 묶여 있지 않은 물질(bahiddhā anindriya-baddha-rūpa)을 뜻하는 것으로도 간주할 수 있다."(SA.ii.214~215)
『앙굿따라 니까야 주석서』는 다음과 같이 설명하고 있다.
"'밖의 모든 표상들(bahiddhā sabba-nimittā)'이란 색깔의 표상, 소리의 표상, 냄새의 표상, 맛의 표상, 감촉의 표상, 영원함 등의 표상, 인간의 표상, 법의 표상 등 이러한 밖의 표상들을 뜻한다."(AA.ii.206)
한편『맛지마 니까야 주석서』는 다음과 같이 설명한다.
"여기서 '밖'이란 알음알이를 가진(saviññāṇaka) 남의 몸(kāya)을 말한다. 그러나 '모든 표상들'이란 것은 감각기능을 가지지 않은 것(an-indriya-baddha)도 포함된다. 혹은, '알음알이를 가진 몸(saviññāṇaka kāya)'이란 말에는 자신과 남의 몸이 포함되고, '밖의 모든 표상들'이란 말에는 감각기능을 가지지 않은 것도 포함된다."(MA.iv.78)
표상(nimitta)에 대해서는 본서 제3권「할릿디까니 경」1(S22:3) §6의 주해를 참조할 것.

606) "'나'라는 생각과 '내 것'이라는 생각과 자만의 잠재성향'은 ahaṁkāra-mamaṅkāra-māna-anusayā를 풀어서 옮긴 것이다. 주석서는 이 합성어를 "'나'라는 견해(자아가 있다는 삿된 견해)와 '내 것'이라는 갈애와 자만이

4. "라훌라여, 그것이 어떠한 물질이건, 그것이 과거의 것이건 미래의 것이건 현재의 것이건 안의 것이건 밖의 것이건 거칠건 미세하건 저열하건 수승하건 멀리 있건 가까이 있건 '이것은 내 것이 아니요, 이것은 내가 아니며, 이것은 나의 자아가 아니다.'라고 있는 그대로 바른 통찰지로 보아야 한다.607)

라훌라여, 그것이 어떠한 느낌이건 … 그것이 어떠한 인식이건 … 그것이 어떠한 심리현상들이건 … 그것이 어떠한 알음알이건, 그것이 과거의 것이건 미래의 것이건 현재의 것이건 안의 것이건 밖의 것이건 거칠건 미세하건 저열하건 수승하건 멀리 있건 가까이 있건 '이것은 내 것이 아니요, 이것은 내가 아니며, 이것은 나의 자아가 아니다.'라고 있는 그대로 바른 통찰지로 보아야 한다.

라훌라여, 이렇게 알고 이렇게 보아야 알음알이를 가진 이 몸과 밖의 모든 표상들에 대하여 '나'라는 생각과 '내 것'이라는 생각과 자만

라는 잠재성향(ahaṁkāra-diṭṭhi ca mamaṁkāra-taṇhā ca māna-anusayā ca)"(SA.ii.215)으로 풀어서 설명하고 있어서 이렇게 옮겼다.
『앙굿따라 니까야 주석서』는 이렇게 설명하고 있다.
"'나'라는 견해(ahaṅkāra-diṭṭhi)와 '내 것'이라는 갈애(mamaṅkāratanhā)와 아홉 종류의 자만(nava-vidha-māna)이 없다는 뜻이다."(AA.iv.31)
경에서 자만은 '내가 더 뛰어나다.'는 방법, '나와 동등하다.'는 방법, '내가 더 저열하다.'는 방법(S22:49; D33 §1.10 (23) 등)의 셋으로 나타나는데 이 각각에 다시 뛰어나다(seyya), 동등하다(sādisa), 저열하다(hīna)는 세 가지가 있어서 자만에는 모두 아홉 가지가 있다고 주석서들은 설명하고 있다. (VbhA.486; DhsA.372) 본서 제1권 「사밋디 경」(S1:20) {48}의 주해를 참조할 것.

607) "'바른 통찰지로 보아야 한다(sammappaññāya passati).'는 것은 위빳사나와 더불어(saha vipassanāya) 도의 통찰지(magga-paññā)로 잘 보아야 한다는 말이다."(SA.ii.215)
한편 오온에 대한 이러한 11가지를 통한 분류는 『위방가』(Vbh.1~12)에서 상세하게 분석되고 있다.

의 잠재성향이 일어나지 않게 된다."

빠짐 경(S18:22)

Apagata-sutta

2. 그때 [253] 라훌라 존자가 세존께 다가갔다. 가서는 세존께 절을 올린 뒤 한 곁에 앉았다. 한 곁에 앉은 라훌라 존자는 세존께 이렇게 여쭈었다.

3. "세존이시여, 어떻게 알고 어떻게 보아야 [우리의] 마음은 알음알이를 가진 이 몸과 밖의 모든 표상들에 대하여 '나'라는 생각과 '내 것'이라는 생각과 자만을 제거하게 되고, 여러 가지 차별된 생각을 뛰어넘어 평화롭게 되고 잘 해탈하게 됩니까?"608)

4. "라훌라여, 그것이 어떠한 물질이건, 그것이 과거의 것이건 미래의 것이건 현재의 것이건 안의 것이건 밖의 것이건 거칠건 미세하건 저열하건 수승하건 멀리 있건 가까이 있건 '이것은 내 것이 아니요, 이것은 내가 아니며, 이것은 나의 자아가 아니다.'라고 있는 그대로 바른 통찰지로 본 뒤에 취착 없이 해탈한다.

라훌라여, 그것이 어떠한 느낌이건 … 그것이 어떠한 인식이건 …

---

608) 원문은 'kathaṁ nu kho, bhante, jānato kathaṁ passato imasmiṁ ca saviññāṇake kāye bahiddhā ca sabbanimittesu ahaṅkāramamaṅ-kāramānāpagataṁ mānasaṁ hoti vidhā samatikkantaṁ santaṁ suvimuttan ti?'인데 중성명사 mānasaṁ(마음)이 주어이고 hoti(이다)가 동사이다.
"'여러 가지 차별된 생각을 뛰어넘어(vidhā samatikkantaṁ)'란 여러 가지 자만의 부분(māna-koṭṭhāsa)을 잘(suṭṭhu) 뛰어 넘어라는 말이다. '평화롭게 되고(santaṁ)'란 오염원들을 가라앉혀(kilesa-vūpasama) 평화롭게 된다는 말이다. '잘 해탈하게 된다(suvimutta).'라는 것은 오염원들로부터 잘 해탈한다는 말이다."(SA.ii.215)

그것이 어떠한 심리현상들이건 … 그것이 어떠한 알음알이건, 그것이 과거의 것이건 미래의 것이건 현재의 것이건 안의 것이건 밖의 것이건 거칠건 미세하건 저열하건 수승하건 멀리 있건 가까이 있건 '이것은 내 것이 아니요, 이것은 내가 아니며, 이것은 나의 자아가 아니다.'라고 있는 그대로 바른 통찰지로 본 뒤에 취착 없이 해탈한다.

라훌라여, 이렇게 알고 이렇게 보아야 [우리의] 마음은 알음알이를 가진 이 몸과 밖의 모든 표상들에 대하여 '나'라는 생각과 '내 것'이라는 생각과 자만을 제거하게 되고, 여러 가지 차별된 생각을 뛰어넘어 평화롭게 되고 잘 해탈하게 된다."

제2장 두 번째 품이 끝났다.

두 번째 품에 포함된 경들의 목록은 다음과 같다. [254]

① 눈[眼] ② 형색 ③ 알음알이 ④ 감각접촉
⑤ 느낌 ⑥ 인식 ⑦ 의도 ⑧ 갈애
⑨ 요소[界] ⑩ 무더기[蘊]의 열 가지에다
⑪ 잠재성향 ⑫ 빠짐이 들어 있다.

라훌라 상윳따(S18)가 끝났다.

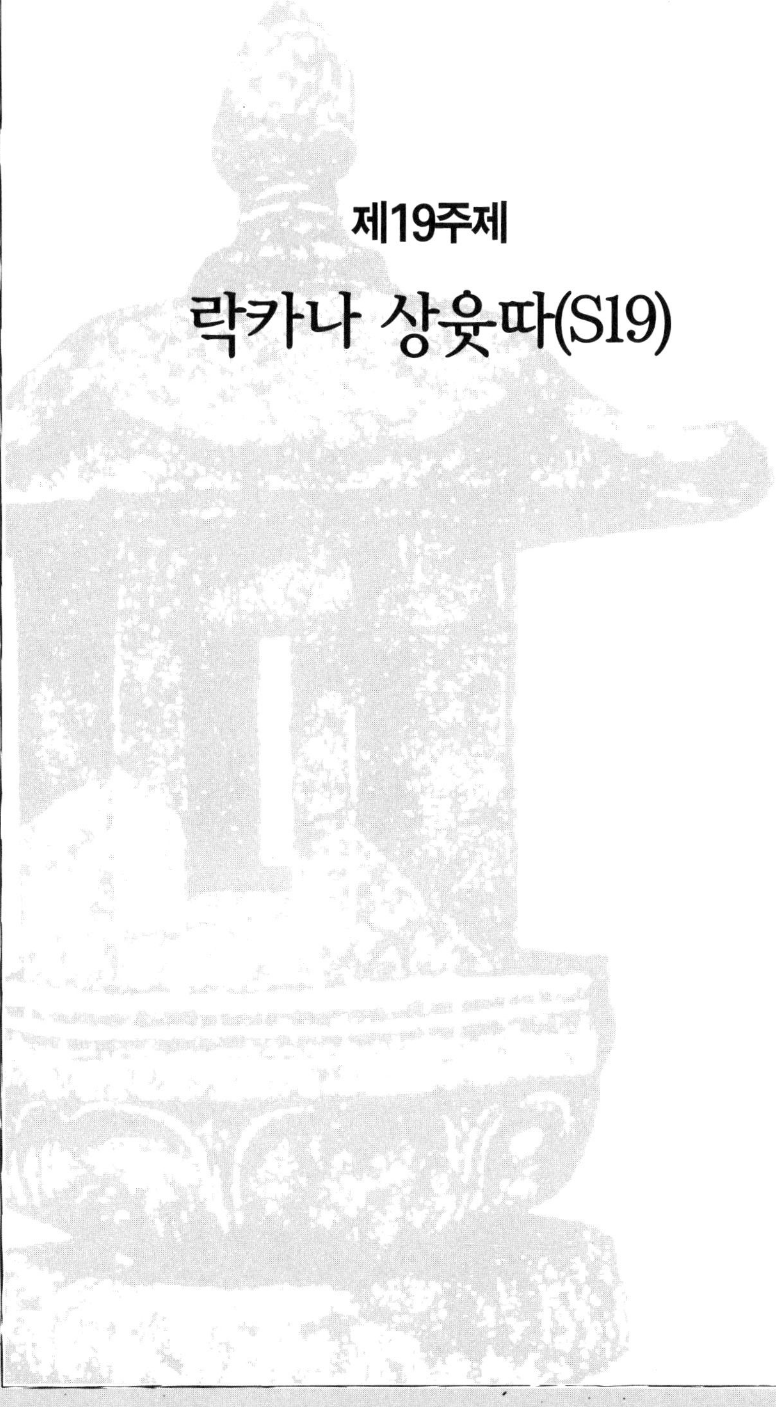

제19주제

락카나 상윳따(S19)

제19주제(S19)

락카나 상윳따[609)]

Lakkhaṇa-saṁyutta

제1장 첫 번째 품

Pathama-vagga

뼈 경(S19:1)

Aṭṭhi-sutta

1. 이와 같이 나는 들었다. 한때 세존께서는 라자가하에서 대나무 숲의 다람쥐 보호구역에 머무셨다.

2. 그 무렵 락카나 존자[610)]와 마하목갈라나 존자가 독수리봉 산에 머물고 있었다. 그때 마하목갈라나 존자는 오전에 옷매무새를 가다듬고 발우와 가사를 수하고 락카나 존자에게 다가갔다. 가서는 락카나 존자에게 이렇게 말했다.

---

609) 여기 「락카나 상윳따」(S19)에 포함되어 있는 일련의 경들은 『율장』(Vin.iii.104~108)에도 포함되어 나타난다.

610) 주석서에 의하면 락카나 존자(āyasmā Lakkhaṇa)는 우리에게 가섭 삼형제(Tebhātika-Jaṭila, 직역하면 엉킨 머리 삼형제)로 알려진 세 명의 외도 수행자 문하의 1000명의 제자 가운데 한 사람이었다. 그는 본서 제4권 「불타오름 경」(S35:28/iv.19f)에서 세존께서 설하신 불의 설법을 듣고 아라한이 되었다. 문자적으로 락카나(lakkhaṇa)는 '특징'이라는 뜻인데, 그는 범천(Brahma)과 같은 몸(atta-bhāva)의 특징을 구족(lakkhaṇa-sampanna)하였기 때문에 락카나라 불리게 되었다고 한다.(SA.ii.216)

"도반 락카나 존자여, 걸식을 위해서 라자가하로 들어갑시다."

"그럽시다, 도반이여."라고 락카나 존자는 마하목갈라나 존자에게 대답했다.

3. 그때 마하목갈라나 존자는 독수리봉 산을 내려오면서 어떤 장소에서 미소를 지었다.611) 그러자 락카나 존자가 마하목갈라나 존자에게 이렇게 말했다.

"도반 목갈라나여, 무슨 원인과 무슨 조건 때문에 그대는 미소를 짓습니까?"

"도반 락카나여, 지금은 그 질문을 하기에 적당한 때가 아닙니다. 그 질문은 세존의 곁에서 제게 해 주십시오."

4. 그때 [255] 락카나 존자와 마하목갈라나 존자는 라자가하에서 걸식하여 공양을 마치고 걸식에서 돌아와서 세존께 다가갔다. 가서는 세존께 절을 올리고 한 곁에 앉았다. 한 곁에 앉은 락카나 존자는 마하목갈라나 존자에게 이렇게 말했다.

"오늘 마하목갈라나 존자는 독수리봉 산을 내려오면서 어떤 장소에서 미소를 지었습니다. 도반 목갈라나여, 무슨 원인과 무슨 조건

---

611) 마하목갈라나 존자는 아래 본문에서 보듯이 해골이 허공을 날아가는 것을 보고 미소를 지었다(sitaṁ pātvākāsi). 이런 불쌍한 존재를 보면 연민(kāruñña)을 해야 하는데 그는 왜 미소를 지었을까? 주석서에 의하면 그는 자신의 성취(attano sampatti)와 부처님 지혜의 성취(buddha-ñāṇa-sampatti)를 기억했기 때문이라고 한다. 즉 자신은 이러한 존재로 태어날 가능성으로부터 벗어남을 성취하였고, 부처님들은 '업의 과보는 불가사의하다.'라는 것을 직접 경험하신 뒤에 가르치셨으며, 그러한 부처님들은 법의 요소(dhamma-dhātu)를 철저하게 꿰뚫으신 분들이라는 것을 기억했기 때문이라고 주석서는 적고 있다.(SA.ii.216)
복주서는 여기서 법의 요소(dhamma-dhātu)란 일체를 아는 지혜(一切智知, sabbaññutaññāṇa) 혹은 법의 고유성질을 뜻한다고 설명하고 있다.(SAṬ.ii.161)

때문에 그대는 미소를 지었습니까?"612)

"도반이여, 오늘 나는 독수리봉 산을 내려오면서 해골이 허공을 날아가는 것을 보았습니다. 그런데 그것을 독수리들과 까마귀들과 솔개들613)이 계속해서 달려들어 갈비뼈 사이를 쪼아대고 찢어대자 그것은 비명을 질러댔습니다. 도반이여, 그러자 내게는 이런 생각이 들었습니다.

'참으로 경이롭구나. 참으로 놀랍구나. 이런 모습을 한 중생이 있고 이런 모습을 한 약카가 있고 이런 모습의 몸을 받은 자가 있다니!'"614)

5. 그러자 세존께서는 비구들을 불러서 말씀하셨다.

"비구들이여, 안목을 갖춘 제자들이 있고 지혜를 갖춘 제자들이 있나니 나의 제자 가운데 이러한 모습을 알고 보고 목격하는 자가 있기 때문이다. 비구들이여, 나도 전에 그 중생을 보았지만 설명을 하지 않았다. 만일 내가 이것을 설명하였다면 남들이 나를 믿지 않았을 것이고, 나를 믿지 않는 자들에게는 오랜 세월 손해가 되고 괴로움이 될 것이기 때문이었다.

---

612) "그러면 락카나 장로는 왜 보지 못하였는가? 그에게는 천안(天眼, dibba-cakkhu)이 없었는가? 천안이 없는 것이 아니다. 다만 마하목갈라나 장로는 전향(轉向)을 하여(āvajjento) 그것을 보았고 락카나 장로는 전향을 하지 않았기 때문에 보지 못했다. 번뇌 다한 [아라한]은 아무 이유 없이(akāraṇa) 미소를 짓지 않는다. 그래서 락카나 장로가 그에게 [그 이유를] 물은 것이다."(SA.ii.217)

613) 주석서는 여기에 나타나는 독수리들과 까마귀들과 솔개들은 약카(yakkha)들, 즉 약카 독수리들, 약카 까마귀들, 약카 솔개들(yakkha-gijjhā ceva yakkha-kākā ca yakkha-kulalā ca)이라고 설명하고 있다. 왜냐하면 자연적인(pākatika) 독수리 등에게는 이런 존재가 그들의 시계(視界)에 들어오지 않기 때문이다.(SA.ii.217)

614) "이 문장은 중생들에 대한 목갈라나 존자의 연민(kāruñña)을 반연하여 생겨난 법에 대한 절박함(dhammasaṁvega)을 보여주고 있다."(SA.ii.217)

비구들이여, 이 중생은 라자가하에서 소 도살업자였다. 그는 그 업의 과보로 여러 해 동안, 여러 백 년 동안, 여러 천 년 동안, 여러 백 천 년 동안 지옥에서 고통을 받은 뒤에 그 업의 과보가 남았기 때문에 [256] 이런 모습의 몸을 받는 것을 겪는 것이다."615)

고기 조각 경(S19:2)

Maṁsapesi-sutta

1. 이와 같이 나는 들었다. 한때 세존께서는 라자가하에서 …

2. 그 무렵 락카나 존자와 마하목갈라나 존자가 독수리봉 산에 머물고 있었다. … …

"도반이여, 오늘 나는 독수리봉 산을 내려오면서 고기 조각이 허공을 날아가는 것을 보았습니다. … …

5. "비구들이여, 이 중생은 라자가하에서 소 도살업자였다. …"616)

---

615) "'그 업의 과보가 남았기 때문에(tasseva kammassa vipāka-avasesena)'라는 것은 그가 여러 의도들(nānā-cetanā)을 통해서 모은 것으로 다음 생들에 계속해서 [겪게 될] 업(aparāpariya-kamma)이 있었기 때문에 라는 뜻이다. 왜냐하면 어떤 의도(의도는 바로 업을 말한다) 때문에 그는 지옥에 재생연결(paṭisandhi)이 생겼는데, 그 과보가 다하자 다시 남은 업(avasesa-kamma)이나 업의 표상(kamma-nimitta)을 대상(ārammaṇa)으로 삼아서 다시 아귀 등에 재생연결이 생겼기 때문이다. 그래서 그 재생연결은 업에 대응해서(kamma-sabhāgatā) 생기거나 대상을 대응해서(ārammaṇa-sabhāgatā) 생기는 것이다. 그래서 '그 업의 과보가 남았기 때문에'라고 한 것이다.

이 중생은 지옥에서 벗어날 때 살점이 붙어 있지 않은 소의 해골 더미(gunnaṁ aṭṭhi-rāsi)가 표상(nimitta)으로 나타났다고 한다. 그래서 그는 마치 숨어 있던 업(paṭicchanna kamma)이 지자(viññu)들에게 드러난 것과 같이 되어서 해골의 모습을 한 아귀(peta)가 되었다고 한다."(SA.ii.218)

재생연결에 대해서는 『아비담마 길라잡이』 제3장 §9의 해설을, 업과 업의 표상에 대해서는 제3장 §17의 해설을 참조할 것.

고깃덩이 경(S19:3)
Maṁsapiṇḍa-sutta

1. 이와 같이 나는 들었다. 한때 세존께서는 라자가하에서 …

2. 그 무렵 락카나 존자와 마하목갈라나 존자가 독수리봉 산에 머물고 있었다. … …

"도반이여, 오늘 나는 독수리봉 산을 내려오면서 고깃덩이가 허공을 날아가는 것을 보았습니다. … …

5. "비구들이여, 이 중생은 라자가하에서 새 도살업자였다. …"

가죽이 벗겨진 자 경(S19:4)
Nicchavi-sutta

1. 이와 같이 나는 들었다. 한때 세존께서는 라자가하에서 …

2. 그 무렵 락카나 존자와 마하목갈라나 존자가 독수리봉 산에 머물고 있었다. … …

"도반이여, 오늘 나는 독수리봉 산을 내려오면서 가죽이 벗겨진 사람이 허공을 날아가는 것을 보았습니다. … …

5. "비구들이여, 이 중생은 라자가하에서 양 도살업자였다. …"

---

616) 주석서에 의하면 이 '소 도살업자(go-ghāṭaka)'는 지옥에서 벗어날 때 고기 조각(maṁsa-pesi)이 표상(nimitta)으로 나타났기 때문에 고기 조각의 모습을 한 아귀가 되었다고 한다.(SA.ii.218)

칼로 된 털 경(S19:5)

Asiloma-sutta

1. 이와 같이 나는 들었다. 한때 세존께서는 라자가하에서 …

2. 그 무렵 [257] 락카나 존자와 마하목갈라나 존자가 독수리봉 산에 머물고 있었다. … …

"도반이여, 오늘 나는 독수리봉 산을 내려오면서 온몸에 칼로 된 털을 가진 사람이 허공을 날아가는 것을 보았습니다. … …

5. "비구들이여, 이 중생은 라자가하에서 돼지 도살업자였다. …"

창으로 된 털 경(S19:6)

Sattiloma-sutta

1. 이와 같이 나는 들었다. 한때 세존께서는 라자가하에서 …

2. 그 무렵 락카나 존자와 마하목갈라나 존자가 독수리봉 산에 머물고 있었다. … …

"도반이여, 오늘 나는 독수리봉 산을 내려오면서 온몸에 창으로 된 털을 가진 사람이 허공을 날아가는 것을 보았습니다. … …

5. "비구들이여, 이 중생은 라자가하에서 사슴 도살업자였다. …"

화살로 된 털 경(S19:7)

Usuloma-sutta

1. 이와 같이 나는 들었다. 한때 세존께서는 라자가하에서 …

2. 그 무렵 락카나 존자와 마하목갈라나 존자가 독수리봉 산에 머물고 있었다. … …

"도반이여, 오늘 나는 독수리봉 산을 내려오면서 온몸에 화살로 된 털을 가진 사람이 허공을 날아가는 것을 보았습니다. … …

5. "비구들이여, 이 중생은 라자가하에서 고문하는 사람이었다. …"617)

바늘로 된 털 경1(S19:8)

Sūciloma-sutta

1. 이와 같이 나는 들었다. 한때 세존께서는 라자가하에서 …

2. 그 무렵 락카나 존자와 마하목갈라나 존자가 독수리봉 산에 머물고 있었다. … …

"도반이여, 오늘 나는 독수리봉 산을 내려오면서 온몸에 바늘로 된 털을 가진 사람이 허공을 날아가는 것을 보았습니다. … …

5. "비구들이여, 이 중생은 라자가하에서 말 조련사였다. …"618)

---

617) 주석서에 의하면 이 사람은 국가에 죄를 지은 자들에게 형벌을 가하다가 마지막에는 화살을 쏘아서 죽이는 역할을 하던 사형집행인이었다고 한다. 그는 지옥에서 벗어날 때 그 업의 과보가 남았기 때문에 화살에 찔린 모습이 표상으로 나타나서 온몸에 화살로 된 털을 가진 아귀가 되었다고 한다.(SA.ii.219)

618) 여기서 '말 조련사'는 Be, Se의 sūta를 옮긴 것인데 주석서는 말 조련사(assa-damaka)를 뜻한다고 설명하고 있어서 이렇게 옮겼다.(SA.ii.220) Ee에는 sūcaka(일러바치는 자, 중상모략하는 자)로 나타난다.

바늘로 된 털 경2(S19:9)

1. 이와 같이 나는 들었다. 한때 세존께서는 라자가하에서 …

2. 그 무렵 락카나 존자와 마하목갈라나 존자가 독수리봉 산에 머물고 있었다. … …

"도반이여, 오늘 나는 독수리봉 산을 내려오면서 온몸에 바늘로 된 털을 가진 사람이 허공을 날아가는 것을 보았습니다. [258] 그의 몸에 난 바늘들은 머리에서 입으로 박혀 있기도 하고 입에서 가슴으로 박혀 있기도 하고 가슴에서 배로 박혀 있기도 하고 배에서 넓적다리로 박혀 있기도 하고 넓적다리에서 장딴지로 박혀 있기도 하고 장딴지에서 발로 박혀 있기도 하였습니다. 그래서 그 사람은 비명을 질러댔습니다. … …

5. "비구들이여, 이 중생은 라자가하에서 중상모략을 일삼는 자였다. …"619)

항아리만한 불알 경(S19:10)

Kumbhaṇḍa-sutta

1. 이와 같이 나는 들었다. 한때 세존께서는 라자가하에서 …

---

619) '중상모략을 일삼는 자'는 sūcaka를 옮긴 것인데 Ee, Be, Se 모두 이렇게 나타난다. 주석서도 pesuñña-kāraka(중상모략하는 자)로 설명하고 있다. 주석서에 의하면 그는 사람들을 두 편으로 갈라서 서로서로 계속해서 중상모략을 하게 하여(sūcetvā sūcetvā) 재난(anayabyasana)이 일어나게 하였다고 한다. 그래서 바늘에 찔린 듯한 고통(sūcīhi bhedana-dukkha)을 겪게 하였기 때문에 그 업 자체를 표상으로 삼아서(kammameva nimittaṁ katvā) 바늘로 된 털을 가진 아귀가 되었다고 한다.(SA.ii.220)
주석서는 '암시하다, 중상모략하다'의 뜻을 가진 sūceti와 '바늘'을 뜻하는 sūci의 유사성을 가지고 설명하고 있다.

2. 그 무렵 락카나 존자와 마하목갈라나 존자가 독수리봉 산에 머물고 있었다. … …

"도반이여, 오늘 나는 독수리봉 산을 내려오면서 항아리만한 불알을 가진 사람이 허공을 날아가는 것을 보았습니다. 그는 갈 때도 그 불알을 어깨에 걸치고 가고 앉을 때에도 그 불알 위에 앉았습니다. 그런데 그것을 독수리들과 까마귀들과 솔개들이 계속해서 달려들어 쪼아대고 찢어대자 그 사람은 비명을 질러댔습니다.

… …

5. "비구들이여, 이 중생은 라자가하에서 부패한 관료였다. …"620)

제1장 첫 번째 품이 끝났다.

첫 번째 품에 포함된 경들의 목록은 다음과 같다.

① 뼈 ② 고기 조각 ③ 고깃덩이
④ 가죽이 벗겨진 자 ⑤ 칼로 된 털
⑥ 창으로 된 털 ⑦ 화살로 된 털
두 가지 ⑧~⑨ 바늘로 된 털 ⑩ 항아리만한 불알이다.

---

620) '부패한 관료'로 옮긴 원어는 gāma-kūṭa인데 마을의 사기꾼으로 직역할 수 있다. 주석서에 의하면 그는 몰래 뇌물을 받기도 하고 잘못된 판단으로 큰 실수를 범하기도 하였으며 재산의 주인을 엉터리로 판단하기도 하였다고 한다.(SA.ii.220)
여기서 까마귀들로 옮긴 원어는 Be, Se에는 kākā로 나타나고 Ee에는 dhaṅkā로 나타난다. 여기에 대해서는 본서 제1권 「수찌로마 경」(S10:3) {808}d와 주해를 참조할 것.

제2장 두 번째 품

Dutiya-vagga

머리 째 푹 빠진 자 경(S19:11)

Sasīsaka-sutta

1. 이와 같이 나는 들었다. 한때 세존께서는 라자가하에서 …

2. 그 무렵 [259] 락카나 존자와 마하목갈라나 존자가 독수리봉 산에 머물고 있었다. … …

"도반이여, 오늘 나는 독수리봉 산을 내려오면서 어떤 사람이 똥 구덩이에 머리 째 푹 빠진 채로 허공을 날아가는 것을 보았습니다.

… …

5. "비구들이여, 이 중생은 라자가하에서 간통자였다. …"621)

똥 먹는 자 경(S19:12)

Gūthakhādi-sutta

1. 이와 같이 나는 들었다. 한때 세존께서는 라자가하에서 …

2. 그 무렵 락카나 존자와 마하목갈라나 존자가 독수리봉 산에 머물고 있었다. … …

"도반이여, 오늘 나는 독수리봉 산을 내려오면서 어떤 사람이 똥 구덩이에 머리째 푹 빠져서는 양손으로 똥을 먹으며 허공을 날아가

---

621) 주석서에 의하면 그는 남의 아내와 간통을 하여 천한 즐거움과 감각적 욕망을 즐긴 간통자(pāradārika)였기 때문에 그런 업에 대응하여(kamma-sabhāgatā) 이런 곳에 태어났다고 한다.(SA.ii.220)

는 것을 보았습니다. … …

5. "비구들이여, 이 중생은 라자가하에서 바라문이었다. 그는 깟사빠 정등각자 시대에 비구 승가에게 공양하기 위해서 초청을 한 뒤 그릇에 똥을 가득 채워서 '존자들이여, 원하는 대로 드시고 남는 것은 가져가시오.'라고 말했다. …"

가죽이 벗겨진 여인 경(S19:13)

Nicchavi-itthi-sutta

1. 이와 같이 나는 들었다. 한때 세존께서는 라자가하에서 …

2. 그 무렵 락카나 존자와 마하목갈라나 존자가 독수리봉 산에 머물고 있었다. … …

"도반이여, 오늘 나는 독수리봉 산을 내려오면서 가죽이 벗겨진 여인이 허공을 날아가는 것을 보았습니다. … …

5. "비구들이여, 이 여인은 라자가하에서 간통녀였다. …"622)

추녀 경(S19:14)

Maṅgulitthi-sutta

1. 이와 같이 나는 들었다. 한때 세존께서는 라자가하에서 …

2. 그 무렵 [260] 락카나 존자와 마하목갈라나 존자가 독수리봉

---

622) 주석서에 의하면 이 여인은 자신의 감각접촉(phassa)에 만족을 못하여 남편을 속이고 외간 남자들과 놀아난 '간통녀(aticārini)'였다고 한다. 그런 업에 대응하여 즐거운 감각접촉(sukha-samphassa)을 누리지 못하고 괴로운 감각접촉(dukkha-samphassa)을 겪도록 가죽이 벗겨진 여인(nicchav-itthi)으로 태어났다고 한다.(SA.ii.221)

산에 머물고 있었다. … …

"도반이여, 오늘 나는 독수리봉 산을 내려오면서 냄새나고 못생긴 여인이 허공을 날아가는 것을 보았습니다. … …

5. "비구들이여, 이 여인은 라자가하에서 점치는 여자였다. …"623)

땀투성이 여인 경(S19:15)

Okilinī-sutta

1. 이와 같이 나는 들었다. 한때 세존께서는 라자가하에서 …

2. 그 무렵 락카나 존자와 마하목갈라나 존자가 독수리봉 산에 머물고 있었다. … …

"도반이여, 오늘 나는 독수리봉 산을 내려오면서 숯불에 그을리고 굽히고 땀투성이인 여인이 허공을 날아가는 것을 보았습니다. … …

5. "비구들이여, 이 여인은 깔링가 왕의 첫째 왕비였다. 그녀는 질투심에 사로잡혀 후궁에게 활활 타오르는 숯불을 부었다. …"

머리 잘린 자 경(S19:16)

Asīsaka-sutta

---

623) '못생긴'은 maṅguli를 옮긴 것인데 주석서에서 "못생기고 보기 흉하고 험상궂은(virūpaṁ duddasikaṁ bībhacchaṁ)"(SA.ii.221)으로 설명하고 있어서 이렇게 옮겼다.
주석서에 의하면 이 여인은 향과 꽃을 받고 사람들에게 어떤 의식을 거행하면 부자가 된다고 하면서 그들을 속였다고 한다. 그는 이처럼 많은 사람들이 나쁜 견해(dudditthi)와 삿된 견해(micchā-diṭṭhi)를 가지게 만들었다. 그는 향과 꽃을 받았기 때문에 냄새가 나게 되었고 나쁜 견해를 가지게 만들었기 때문에 못생기게 되었다고 한다.(*Ibid*)

1. 이와 같이 나는 들었다. 한때 세존께서는 라자가하에서 …

2. 그 무렵 락카나 존자와 마하목갈라나 존자가 독수리봉 산에 머물고 있었다. … …

"도반이여, 오늘 나는 독수리봉 산을 내려오면서 머리는 없고 몸통만 있는데 눈과 입이 가슴에 붙어 있는 자가 허공을 날아가는 것을 보았습니다. … …

5. "비구들이여, 이 중생은 라자가하에서 하리까라는 참수인(망나니)이었다. …"

사악한 비구 경(S19:17)

Pāpabhikkhu-sutta

1. 이와 같이 나는 들었다. 한때 세존께서는 라자가하에서 …

2. 그 무렵 락카나 존자와 마하목갈라나 존자가 독수리봉 산에 머물고 있었다. … …

"도반이여, 오늘 나는 독수리봉 산을 내려오면서 가사가 시뻘겋게 달구어지고 불꽃을 튀기고 빛을 내며, 발우와 허리띠와 몸도 [261] 시뻘겋게 달구어지고 불꽃을 튀기고 빛을 내는 비구가 허공을 날아가는 것을 보았습니다. … …

5. "비구들이여, 이 비구는 깟사빠 부처님 시대에 사악한 비구였다. …"624)

---

624) "그는 신도들이 믿음으로 보시한 네 가지 필수품(paccaya)을 받고서도 몸과 말의 문을 단속하지 않고(asaṁyata) 생계가 타락하고(bhinn-ājīva) 마음의 소일거리(citta-keḷi)를 찾아 빈둥빈둥 놀면서 돌아다녔다고 한다. 그

사악한 비구니 경(S19:18)

Pāpabhikkhuni-sutta

1. 이와 같이 나는 들었다. 한때 세존께서는 라자가하에서 …

2. 그 무렵 락카나 존자와 마하목갈라나 존자가 독수리봉 산에 머물고 있었다. … …

"도반이여, 오늘 나는 독수리봉 산을 내려오면서 가사가 시뻘겋게 달구어지고 불꽃을 튀기고 빛을 내며, 발우와 허리띠와 몸도 시뻘겋게 달구어지고 불꽃을 튀기고 빛을 내는 비구니가 허공을 날아가는 것을 보았습니다. … …

5. "비구들이여, 이 비구니는 깟사빠 부처님 시대에 사악한 비구니였다. …"

사악한 식카마나 경(S19:19)

Pāpasikkhamānā-sutta

1. 이와 같이 나는 들었다. 한때 세존께서는 라자가하에서 …

2. 그 무렵 락카나 존자와 마하목갈라나 존자가 독수리봉 산에 머물고 있었다. … …

"도반이여, 오늘 나는 독수리봉 산을 내려오면서 가사가 시뻘겋게 달구어지고 불꽃을 튀기고 빛을 내며, 발우와 허리띠와 몸도 시뻘겋게 달구어지고 불꽃을 튀기고 빛을 내는 식카마나[625]가 허공을 날아

는 지옥에서 굽혀진 뒤 아귀계에 떨어져서 이처럼 비구와 비슷한 몸(atta-bhava)을 받았다고 한다. 아래의 비구니 등의 경우도 이렇게 이해해야 한다."(SA.ii.222)

가는 것을 보았습니다. … …

5. “비구들이여, 이 식카마나는 깟사빠 부처님 시대에 사악한 식카마나였다. …”

사악한 사미 경(S19:20)

Pāpasāmaṇera-sutta

1. 이와 같이 나는 들었다. 한때 세존께서는 라자가하에서 …

2. 그 무렵 락카나 존자와 마하목갈라나 존자가 독수리봉 산에 머물고 있었다. … …

“도반이여, 오늘 나는 독수리봉 산을 내려오면서 가사가 시뻘겋게 달구어지고 불꽃을 튀기고 빛을 내며, 발우와 허리띠와 몸도 시뻘겋게 달구어지고 불꽃을 튀기고 빛을 내는 사미가 허공을 날아가는 것을 보았습니다. … …

---

625) ‘식카마나(sikkhamānā)’는 중국에서 식차마나(式叉摩那)로 음역하였는데, 이것은 출가하여 구족계를 받기 전에 2년 동안 여섯 가지 법을 공부하는 기간 중에 있는 여성 출가자를 일컫는 술어이다.(sikkhamānā nāma dve vassāni chasu dhammesu sikkhitasikkhā – Vin.iv.122 등)
남자는 20살이 넘어서 출가하면 바로 구족계를 받아 비구가 되지만 여자는 20살이 넘어서 출가해도 이러한 2년간의 견습기간을 가진 뒤에 비구니 구족계를 받고 비구니가 되어야 한다. 이것은 세존께서 팔경법(八敬法)으로 제정하신 것이다.(팔경법에 대해서는 『앙굿따라 니까야』 제5권 「고따미 경」(A8:51) §7을 참조할 것.)
한국 승가(조계종)에서도 식카마나 수계는 잘 지켜지고 있다. 조계종에서는 사미니계를 받고 2년 뒤에 식카마나 계를 받을 수 있으며, 이 식카마나계를 받은 지 2년 뒤에 비구니 구족계를 받게 제도화하고 있다. 남자 출가자는 사미계를 받고 4년 뒤에 비구 구족계를 받게 되어 있으므로, 조계종에서 출가하여 구족계를 받기 까지는 남녀 같은 기간이 걸리는 셈이다.

5. "비구들이여, 이 사미는 깟사빠 부처님 시대에 사악한 사미였다. …"

사악한 사미니 경(S19:21)

Pāpasāmaṇerī-sutta

1. 이와 같이 나는 들었다. 한때 세존께서는 라자가하에서 …

2. 그 무렵 락카나 존자와 마하목갈라나 존자가 독수리봉 산에 머물고 있었다. … …

"도반이여, 오늘 나는 독수리봉 산을 내려오면서 가사가 시뻘겋게 달구어지고 불꽃을 튀기고 빛을 내며, 발우와 허리띠와 몸도 시뻘겋게 달구어지고 불꽃을 튀기고 빛을 내는 사미니가 허공을 날아가는 것을 보았습니다. … …

5. "비구들이여, [262] 이 사미니는 깟사빠 부처님 시대에 사악한 사미니였다. …"

제2장 두 번째 품이 끝났다.

두 번째 품에 포함된 경들의 목록은 다음과 같다.

① 머리 째 푹 빠진 자 ② 똥 먹는 자 ③ 가죽이 벗겨진 여인
④ 추녀 ⑤ 땀투성이 여인 ⑥ 머리 잘린 자
⑦ 사악한 비구 ⑧ 사악한 비구니 ⑨ 사악한 식카마나
⑩ 사악한 사미 ⑪ 사악한 사미니이다.

락카나 상윳따(S19)가 끝났다.

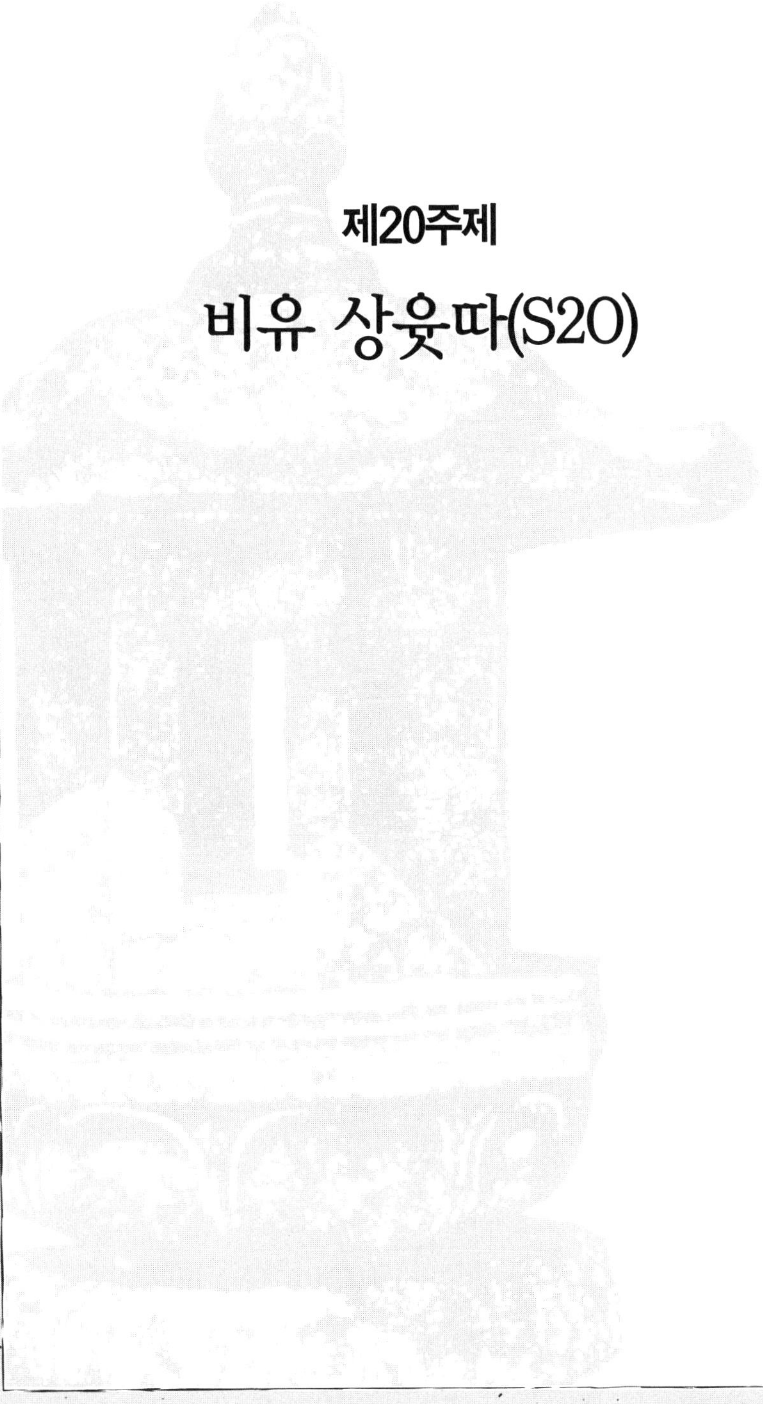

제20주제

비유 상윳따(S20)

제20주제(S20)

비유 상윳따

Opamma-saṁyutta

뾰족지붕 경(S20:1)

Kūṭa-sutta

1. 이와 같이 나는 들었다. 한때 세존께서는 사왓티에서 제따 숲의 아나타삔디까 원림(급고독원)에 머무셨다. [263]

2. 거기서 세존께서는 비구들에게 말씀하셨다.

3. "비구들이여, 예를 들면 뾰족지붕이 있는 집의 서까래들은 모두 뾰족지붕으로 향하고 뾰족지붕으로 모이며 뾰족지붕이 없어지면 그것들도 모두 없어지는 것과 같다.626)

비구들이여, 그와 같이 모든 해로운 법들[不善法]은 모두 무명을 뿌리로 하고 무명으로 모이며 무명이 뿌리 뽑히면 그것들도 모두 뿌리 뽑힌다."

4. "비구들이여, 그러므로 그대들은 참으로 이와 같이 공부지어야 한다. '우리는 방일하지 않고627) 머무르리라.'라고 그대들은 이와

---

626) '뾰족지붕이 있는 집(kūṭ-āgāra)'의 비유는 본서 제3권 S22:102, 제5권 S45:11, S46:7, S48:52 등에도 나타나고 있다. 뾰족지붕이 있는 집은 중각(重閣)으로 한역되었다.

627) "'방일하지 않고(appamatta)'란 마음챙김을 통해서 놓아버리지 않음(avippavāsa)에 확고하여(ṭhitā hutvā)라는 뜻이다."(SA.ii.223)

같이 공부지어야 한다."

손톱 경(S20:2)

Nakhasikha-sutta

3. 그때 세존께서는 조그만 먼지덩이를 손톱 끝에 올린 뒤 비구들을 불러서 말씀하셨다.

"비구들이여, 이를 어떻게 생각하는가? 내가 손톱 끝에 올린 조그만 이 먼지덩이와 저 대지 가운데 어떤 것이 더 많은가?"

"세존이시여, 이 대지가 더 많습니다. 세존께서 손톱 끝에 올리신 조그만 그 먼지덩이는 아주 적습니다. 세존께서 손톱 끝에 올리신 조그만 그 먼지덩이는 대지에 비하면 헤아릴 것도 못되고 비교할 것도 못되며 아예 한 조각에도 미치지 못합니다."

4. "비구들이여, 그와 같이 인간에 다시 태어나는 중생들은 참으로 적다. 인간이 아닌 다른 곳에 태어나는 중생들이 훨씬 더 많다."628)

5. "비구들이여, 그러므로 그대들은 참으로 이와 같이 공부지어야 한다. '우리는 방일하지 않고 머무르리라.'라고 그대들은 이와 같이 공부지어야 한다."

---

628) 이 주제는 본서 제6권 「진리 상윳따」(S56)의 여러 경들(S56:102~31)에서 상세하게 다루어지고 있다. 주석서에 의하면 여기서 '인간(manussa)'이란 단어에는 신(deva)들도 포함된 것이라고 한다. 그래서 이 말씀은 인간과 천상에 다시 태어나는 중생들은 참으로 적다고 이해해야 한다고 한다.(SA.ii.223)

가문 경(S20:3)

Kula-sutta

3. "비구들이여, [264] 예를 들면 어떤 가문이든 여자가 많고 남자가 적은 가문은 밤도둑들의 침입을 받기 쉬운 것과 같다.629) 비구들이여, 그와 같이 비구가 자애를 통한 마음의 해탈[慈心解脫]을 닦지 않고 많이 공부짓지 않으면 그는 비인간들630)의 침입을 받기 쉽다.

비구들이여, 예를 들면 어떤 가문이든 여자가 적고 남자가 많은 가문은 밤도둑들의 침입을 받기 어려운 것과 같다. 비구들이여, 그와 같이 비구가 자애를 통한 마음의 해탈을 닦고 많이 공부지으면 그는 비인간들의 침입을 받기 어렵다."

4. "비구들이여, 그러므로 그대들은 참으로 이와 같이 공부지어야 한다. '우리는 자애를 통한 마음의 해탈을 닦고 많이 공부짓고 수레로 삼고 기초로 삼고 확립하고 굳건히 하고 부지런히 정진하리라.' 라고 그대들은 이와 같이 공부지어야 한다."

---

629) 이 비유는 『율장』(Vin.ii.256)과 『앙굿따라 니까야』 「고따미 경」(A8:51/iv.278) §9에도 나타나는데 적용되는 경우가 다르다.
여기서 '밤도둑들'은 corehi kumbhatthenakehi를 옮긴 것이다. 직역하면 항아리(kumbha)로 도적질하는(thenaka) 도둑(cora)들이 된다. 주석서는 "남의 집에 들어가서 등불(dīp-āloka)을 비추어서 남의 재물(para-bhaṇḍa)을 훔치기 위해서 단지(ghaṭa)에 등불을 피워서 들어간다. 그래서 항아리로 도적질하는 자들(kumbha-tthenakā)이라 부른다."(SA.ii.223)라고 설명하고 있다. 역자는 밤도둑으로 쉽게 옮겼다.

630) 경에서 '비인간(amanussa)'은 주로 "약카나 귀신 등(yakkha-pisācādi)" (DA.iii.886; AA.ii.269 등)을 뜻한다. 여기서도 마찬가지다.

가마솥 경(S20:4)

Ukkhā-sutta

3. "비구들이여, 아침에 백 개의 가마솥으로[631] 음식을 보시하고 점심에 백 개의 가마솥으로 음식을 보시하고 저녁에 백 개의 가마솥으로 음식을 보시하는 것보다, 소젖을 짜는 정도의 짧은 시간[632]이라도 아침에 자애의 마음을 닦고 소젖을 짜는 정도의 짧은 시간이라도 점심에 자애의 마음을 닦고 소젖을 짜는 정도의 짧은 시간이라도 저녁에 자애의 마음을 닦는다면 이것이 더 큰 결실이 있다."

4. "비구들이여, 그러므로 그대들은 참으로 이와 같이 공부지어야 한다. '우리는 자애를 통한 마음의 해탈을 닦고 많이 공부짓고 수레로 삼고 기초로 삼고 확립하고 굳건히 하고 부지런히 정진하리라.' 라고 그대들은 이와 같이 공부지어야 한다."

---

631) '가마솥'은 Be, Se의 okkhā와 Ee의 ukkhā를 옮긴 것이다. 주석서는 큰 입을 가진 솥(mahāmukha-ukkhali)으로 설명하고 있어서(SA.ii.224) 가마솥으로 옮겼다.

632) '소젖을 짜는 정도의 짧은 시간이라도'는 gadduhana-mattaṁ을 옮긴 것이다. 주석서는 이것을 go-duhana-mattaṁ(소젖을 짜는 정도)으로 풀고 있다. 그리고 그 뜻을 다음과 같이 설명하고 있다.
"gadduhana-mattaṁ은 소젖을 짜기 위해서 한 번(eka-vāraṁ) 젖꼭지를 잡아당기는 정도(agga-than-ākaḍḍhana-matta)의 [시간]이라는 뜻이다. 혹은 gandha-ūhana-mattaṁ이라는 뜻도 된다. 즉 두 손가락(aṅguli)으로 향의 조각(gandha-piṇḍa)을 잡고 한 번 그 향기를 맡는 정도(ghāyana-matta)의 [시간]이라는 뜻도 된다.
이 정도의 시간이면 무량한 세계(aparimāṇā loka-dhātu)에 살고 있는 중생들의 이로움을 가득 채우는(hita-pharaṇa) 자애의 마음(metta-citta)을 닦을 수 있다. 이것이 하루에 세 번 보시를 베푸는 것(dinna-dāna)보다 더 큰 공덕(mahap-phalatara)이 있다."(SA.ii.224)

창(槍) 경(S20:5)

Satti-sutta

3. "비구들이여, [265] 예를 들면 날카로운 끝을 가진 창이 있는데 어떤 사람이 와서 '나는 이 날카로운 끝을 가진 창을 손이나 주먹으로 구부리고 비틀어버리고 꼬아버릴 것이다.'633)라고 한다 하자. 비구들이여, 이를 어떻게 생각하는가? 그 사람은 날카로운 끝을 가진 창을 손이나 주먹으로 구부리고 비틀어버리고 꼬아버릴 수 있겠는가?"

"그렇지 않습니다, 세존이시여. 그것은 무슨 이유 때문인가요? 세존이시여, 그 사람이 날카로운 끝을 가진 창을 쉽게 손이나 주먹으로 구부리고 비틀어버리고 꼬아버리는 것은 고사하고 그는 지치고 고생만 할 것이기 때문입니다."

"비구들이여, 그와 같이 어떤 비구가 자애를 통한 마음의 해탈을 닦고 많이 공부짓고 수레로 삼고 기초로 삼고 확립하고 굳건히 하고 부지런히 정진하고 있는데 비인간이 그의 마음을 혼란시키려고 한다면 그 비인간은 지치고 고생만 하게 될 것이다."

4. "비구들이여, 그러므로 그대들은 참으로 이와 같이 공부지어야 한다. '우리는 자애를 통한 마음의 해탈을 닦고 많이 공부짓고 수레로 삼고 기초로 삼고 확립하고 굳건히 하고 부지런히 정진하리라.' 라고 그대들은 이와 같이 공부지어야 한다."

---

633) '구부리고 비틀어버리고 꼬아버린다.'는 각각 동사 patileṇeti와 patikoṭṭeti와 pativaṭṭeti를 옮긴 것이다. 주석서는 이들을 각각 꼭대기를 쳐서 구부리는 것, 가운데를 쳐서 구부리는 것, 꼬는 것으로 설명하고 있다.(SA.ii.224~225)

궁수 경(S20:6)

Dhanuggaha-sutta

3. "비구들이여, 예를 들면 네 명의 무거운 활을 가진 [266] 능숙하고 숙련된 노련한 궁수들이 사거리에 서 있다 하자. 그때 어떤 사람이 와서 '나는 이 네 명의 잘 훈련되고 능숙하고 숙련된 노련한 궁수들이 사방으로 쏜 화살들이 땅에 닿기 전에 잡아서 가지고 오리라.'고 한다 하자.634)

비구들이여, 이를 어떻게 생각하는가? 이 사람은 최고의 속력을 가진 재빠른 사람이라고 할 만하겠는가?"

"세존이시여, 만일 그 사람이 단 한명의 잘 훈련되고 능숙하고 숙련된 노련한 궁수가 한 방향으로 쏜 화살이 땅에 닿기 전에 잡아서 가지고 온다면 그 사람은 최고의 속력을 가진 재빠른 사람이라 할 만합니다. 그런데 네 명의 잘 훈련되고 능숙하고 숙련된 노련한 궁수들이 사방으로 쏜 화살들이 땅에 닿기 전에 잡아서 가지고 온다면 더 말해 무엇 하겠습니까?"

"비구들이여, 그 사람보다 더 빠른 것이 해와 달의 속력이다. 비구들이여, 그 사람보다 더 빠르고 해와 달보다 더 빠른 것이 해와 달의

---

634) '무거운 활을 가진 궁수들'로 옮긴 원어는 daḷha-dhammā dhanu-ggahā인데 주석서는 무거운 활을 잡은 궁수들(daḷha-dhanuno issāsā)로 설명하고 있다. 그리고 주석서는 계속해서 이렇게 설명하고 있다.
"여기서 '무거운 활(daḷha-dhanu)'이란 2천의 힘(dvisahassa-thāma)을 말한다. 2천의 힘이란 활을 들고 힘껏 시위를 당겼다 놓았을 때 시위에 매어진 청동과 가죽 등의 무게가 땅으로부터 펴져나가는 [힘의 양]을 말한다.
'능숙한(sikkhitā)'이란 10년이나 12년 동안 스승의 집에서 기술을 배운 것(uggahita-sippā)을 뜻한다.
'숙련된(katahatthā)'이란 단지 기술만 배운 것을 가지고 숙련되었다고 하지 않는다. 정통한 것(ciṇṇa-vasībhāvā)을 뜻한다.
'노련한(kat-ūpāsanā)'이란 왕의 궁전 등에서 자신들의 기술을 과시하는 것(dassita-sippā)이다."(SA.ii.225)

앞에서 달리는 신들이다. 그러나 그 신들의 속력보다 더 빨리 수명의 형성들635)은 소멸한다."

4. "비구들이여, 그러므로 그대들은 참으로 이와 같이 공부지어야 한다. '우리는 방일하지 않고 머무르리라.'라고 그대들은 이와 같이 공부지어야 한다."

쐐기 경(S20:7)
Āṇi-sutta

3. "비구들이여, 옛날에 다사라하들에게 아나까라는 타악기가 있었다.636) 그 아나까에 금이 가면 다사라하들은 다른 쐐기를 덧댔다. [267] 비구들이여, 이렇게 하여 그 아나까 타악기의 원래 표면은 사라져버리고 덧댄 쐐기들이 쌓인 것만 남게 되는 때가 도래하였다."

---

635) "'수명의 형성들(āyu-saṅkhārā)'이란 물질적인 생명의 기능(rūpa-jīvit-indriya, 즉 몸의 수명)을 두고 한 말이다. 그러나 비물질적인 법들(arūpa-dhammā, 즉 정신적인 현상들 = 심, 심소법들)이 무너지는 것(bheda)은 설명할 수가 없을 정도로 빠르다."(SA.ii.227)
여기에 대해서는 본서 「배우지 못한 자 경」1(S12:61) §5의 주해를 참조할 것. 그리고 아비담마적으로 볼 때 정신은 물질보다 16배 빨리 무너진다. (『아비담마 길라잡이』 제4장 §6과 제3장 §17의 2번 해설 참조)

636) 주석서에 의하면 '다사라하(Dasāraha)들'은 끄샤뜨리야들이었는데 그들은 100의 몫 가운데 10을 가졌기(satato dasabhāgaṁ gaṇhiṁsu) 때문에 이렇게 불렸다고 한다. 즉 다사라하를 다사+아라하 즉 '[백 개 중에서] 열 개를 가질 수 있음[dasa(10)+āraha(가능함)]'으로 이해한 것이다.
'아나까라는 타악기(Ānaka nāma mudiṅga)'는 아주 큰 게의 집게발로 만든 것인데 사방 12요자나까지 그 소리를 들을 수 있었다고 하며 축제일에 사람들을 모으는데 사용되었다고 한다.(SA.ii.227)
문자적으로 ānaka는 '부르는 자, 호출자'를 뜻한다. '타악기'로 옮긴 mudiṅga는 일반적으로 북으로 옮기는데 여기서 보듯이 아나까는 가죽으로 만든 북이 아니라서 타악기로 옮겼다.

4. "비구들이여, 미래의 비구들도 이와 같이 될 것이다. 그들은 여래가 설했고 [가르침이] 깊고, 뜻도 깊고, 출세간적이고, 공함[空性]과 관련된 경들637)을 외우면 그것을 듣지 않고, 귀 기울이지 않고, 잘 알아서 마음에 새기지 않고, 그 법들을 잘 이해해야 하고 정통해야 한다고 생각하지 않을 것이다.

그러나 시인이 지었고 아름다운 시어를 가졌고 외도들이 지었고 [그들의] 제자들이 설한638) 경들을 사람들이 외우면 비구들이 그것을 듣고, 귀 기울이고, 잘 알아서 마음에 새기고, 그 법들을 잘 이해해야 하고 정통해야 한다고 생각할 것이다.

비구들이여, 이와 같이 여래가 설했고 [가르침이] 깊고, 뜻도 깊고, 출세간적이고, 공함[空性]과 관련된 경들은 사라지게 될 것이다."

5. "비구들이여, 그러므로 그대들은 참으로 이와 같이 공부지어야 한다. '여래께서 설하셨고 [가르침이] 깊고, 뜻도 깊고, 출세간적

---

637) 주석서는 '[가르침이] 깊은(gambhīra)' 경으로는 『숫따니빠따』 「살라 경」(Salla sutta, Sn3:8, Se의 주석서에는 Sallekha sutta(M8)로 나타남)을 들고 있고, '뜻이 깊은(gambhīr-attha)' 경으로는 『맛지마 니까야』 「긴 방등 경」(M43)을 들고 있다.
그리고 '출세간적(lokuttara)'이라는 것은 출세간의 이상을 밝히는 것(attha-dīpaka)이고, '공함[空性]과 관련된(suññata-ppaṭisaṁyutta)'이란 중생이 공하고 단지 법일 뿐임(satta-suññata-dhamma-matta)을 드러내는 것이라고 설명하고 있다.(SA.ii.229)
이 구절은 본서 제6권 「담마딘나 경」(S55:53) §3에도 나타나고 있다. 이 경을 주석하면서 주석서는 본경의 주석서에서 언급된 것과는 다른 경들을 보기로 들고 있다.(S55:53 §3의 주해를 참조할 것)

638) '[그들의] 제자들이 설한'은 sāvaka-bhāsitā를 옮긴 것이다. 여기서는 바로 앞에 나타나는 외도들의 제자들을 뜻한다. 주석서는 "그들의 제자들이 설한(tesaṁ tesaṁ sāvakehi bhāsitā)"(SA.ii.229)으로 설명하여 외도들의 제자들임을 밝히고 있으며, 복주서는 "부처님의 제자들보다 잘 알려지지 않은 자들의 제자들"(SAṬ.ii.169~170)이라고 설명하고 있다.

이고, 공함[空性]과 관련된 경들을 외우면 우리는 그것을 들을 것이고, 귀 기울일 것이고, 잘 알아서 마음에 새길 것이고, 그 법들을 잘 이해해야 하고 정통해야 한다고 생각할 것이다.'라고 그대들은 이와 같이 공부지어야 한다."

목침 경(S20:8)

Kaliṅgara-sutta

3. "비구들이여, 지금 릿차위들은 목침을 베고 자면서 [268] 방일하지 않고 근면하게 지내고 있다. 그래서 마가다의 왕 아자따삿뚜 웨데히뿟따639)는 그들을 침공할 기회를 얻지 못한다.

---

639) 아자따삿뚜 왕은 모든 경에서 이처럼 '마가다의 왕 아자따삿뚜 웨데히뿟따(rājā Māgadha Ajātasattu Vedehiputta)'로 정형화되어 나타난다. 아자따삿뚜(Ajātasattu)라는 이름은 '왕의 적(sattu)은 태어나지 않을 것(ajāta)이다.'라고 점성가들이 예언했기 때문에 그렇게 불린다고 주석서는 설명하고 있다.(DA.i.133) 이름만으로도 그 권세를 알 수 있다.

그는 32년간 왕위에 있었다고 하며(Mhv.ii.31) 그가 왕으로 있을 때 왓지(Vajjī)를 정복하고 꼬살라를 병합했다. 그는 빠딸리뿟따(지금 인도 비하르 주의 주도인 빠뜨나)를 큰 도시로 만들게 하였으며 나중에 이는 마가다국의 수도가 되었다. 그는 인도를 통일국가로 만들 튼튼한 기초를 닦은 왕임에 틀림없다.

그리고 주석서에는 그가 웨데히뿟따(Vedehiputta, 위데하의 여인의 아들)라 불린다고 해서 그의 어머니가 위데하 출신이라고 봐서는 안되고 그의 어머니는 꼬살라 왕의 딸이라고 밝히고 있다. 웨데히는 현자(賢者)와 동의어(paṇḍita-adhivacana)라고 주석서는 설명하고 있다.(DA.i.139) 고층 『우빠니샤드』에 속하는 『브르하다란야까 우빠니샤드』(Bṛhadāraṇyaka Upa-niṣad, 2.1.1~17)에도 아자따샤뜨루(Ajātaśatru)라는 왕의 이름이 나타나는데 같은 사람으로 보는 것이 타당할 것이다.

아자따삿뚜는 빔비사라 왕의 아들이었으며 빔비사라 왕을 시해하고 왕이 되었다.(DA.i.137) 그는 아버지를 시해하고 왕이 되었기 때문에 자신도 그의 아들 우다이밧다(Udāyībhadda)에 의해서 시해당할까 항상 두려워했고 그래서 아들이 출가하기를 바랐다고 한다.(DA.i.153) 그러나 결국은 그의 아비구들이여, 그러나 미래에 릿차위들은 가냘프게 되고 손과 발이 부드러워지며 솜 베개를 갖춘 부드러운 침상 위로 해가 뜰 때까지 자게 될 것이다. 그러면 마가다의 왕 아자따삿뚜 웨데히뿟따는 그들을 침공할 기회를 얻게 될 것이다."

4. "비구들이여, 지금의 비구들은 목침640)을 베고 자면서 방일하지 않고 근면하게 머물고 있다. 그래서 마라는 그들을 침공할 기회를 얻지 못한다.

비구들이여, 그러나 미래에 비구들은 가냘프게 되고 손과 발이 부드러워지며 솜 베개를 갖춘 부드러운 침상 위로 해가 뜰 때까지 자게 될 것이다. 그러면 마라는 그들을 침공할 기회를 얻게 될 것이다."

5. "비구들이여, 그러므로 그대들은 참으로 이와 같이 공부지어야 한다. '우리는 목침을 베고 자면서 방일하지 않고 근면하게 머무

버지 빔비사라왕이 처참하게 죽던 날에 태어난(DA.i.137) 그의 아들 우다이밧다(Udāyibhadda)에 의해서 그도 시해당하고 말았다 한다.(Mhv.iv.1.26)

아자따삿뚜는 『맛지마 니까야』 「지와까 경」(M55) 등에 나타나는 아바야(Abhaya) 왕자와는 이복형제 사이다. 『디가 니까야 주석서』에는 그가 데와닷따와 역모를 꾸며서 그는 부친을 시해하고 데와닷따는 부처님을 시해하려 했던 사실이 상세하게 나타난다.(DA.i.135~137) 주석서에 의하면 부친을 시해하고 잠을 제대로 이루지 못하던 왕은 『디가 니까야』 제1권 「사문과 경」(D2)에서 나타나듯이 명의(名醫) 지와까(Jīvaka Komārabhacca)를 통해서 부처님을 뵙고 법문을 들은 뒤 잘못을 참회한 후에야 제대로 잠을 이룰 수 있었다고 한다.

640) '목침'은 kaliṅgara를 옮긴 것이다.
주석서에 의하면 부처님이 깨달으신 초창기(paṭhama-bodhiya)에 비구들은 공양(bhatta-kicca)을 마친 뒤부터 명상주제(kammaṭṭhāna)를 들고 [참선을] 하였으며, 해가 지고 나면 목욕을 하고 밤의 초경(初更)까지 포행을 하였다(caṅkamanti)고 한다. 그리고 한밤중에는 여기서 언급한 목침(kaṭṭha-khaṇḍa = kaliṅgara)을 베고 쉬었으며, 그리고는 밤의 말경(末更)에 일찍 일어나서 다시 포행을 하였다고 한다.(SA.ii.230)

르리라.'라고 그대들은 이와 같이 공부지어야 한다."

큰 코끼리 경(S20:9)

Nāga-sutta

2. 그 무렵 어떤 신참 비구가 지나치게 신도 집들을 방문하였다. 그러자 비구들이 그에게 말했다.

"존자는 지나치게 신도 집들을 방문하면 안됩니다."

그러자 그 비구는 이렇게 말했다.

"이 장로 비구들은 자신들이 신도 집들을 방문해도 된다고 생각하는데 왜 저는 안됩니까?"

3. 그러자 많은 비구들이 세존께 다가갔다. 가서는 세존께 절을 올린 뒤 한 곁에 앉았다. [269] 한 곁에 앉은 비구들은 세존께 이렇게 말씀드렸다.

"세존이시여, 여기 어떤 신참 비구가 지나치게 신도 집들을 방문합니다. 그러자 비구들이 그에게 말했습니다. '존자는 지나치게 신도 집들을 방문하면 안됩니다.' 그러자 그 비구는 이렇게 말했습니다. '이 장로 비구들은 자신들이 신도 집들을 방문해도 된다고 생각하는데 왜 저는 안됩니까?'라고."

4. "비구들이여, 옛날에 밀림 속에 큰 호수가 있었는데 큰 코끼리들이 그곳을 의지하여 살았다.641) 그들은 그 호수에 들어가서 코로 연뿌리를 뽑아내서 그것을 잘 씻어서 진흙이 없게 만들어 씹어서 먹었다. 그래서 그들은 아름답게 되고 강건하게 되었다. 그 덕분에

---

641) 이 코끼리의 비유는 『율장』(Vin.ii.120)에서 데와닷따와 관련되어서 나타나고 있다.

그들은 죽음을 만나지 않았고 죽음에 버금가는 괴로움도 받지 않았다.

비구들이여, 그런데 그 큰 코끼리들을 따라서 배우는 어린 후예들은 그 호수에 들어가서 코로 연뿌리를 뽑아내서 그것을 잘 씻지 않아서 진흙이 묻은 채로 씹어서 먹었다. 그래서 그들은 아름답게 되지도 않고 강건하게 되지도 않았다. 오히려 그 때문에 그들은 죽음을 만나게 되었고 죽음에 버금가는 괴로움을 받게 되었다."

5. "비구들이여, 그와 같이 여기 장로 비구들은 아침에 옷매무새를 가다듬고 발우와 가사를 수하고 걸식을 위해서 마을이나 성읍으로 들어간다. 그들은 거기서 법을 설한다. 재가자들은 그들에게 청정한 믿음을 표시한다.[642] 그들은 얻은 것에 묶이지 않고, 홀리지 않고, 집착하지 않으며, 위험함을 보고, 벗어남을 통찰하면서 사용한다. 그래서 그들은 아름답게 되고 강건하게 된다. 그 덕분에 그들은 죽음을 만나지 않고 죽음에 버금가는 괴로움도 받지 않는다.

비구들이여, 이런 장로 비구들을 따라서 배우는 신참 비구들은 아침에 옷매무새를 가다듬고 발우와 가사를 수하고 걸식하러 마을이나 성읍으로 들어간다. 그들은 거기서 법을 설한다. 재가자들은 그들에게 청정한 믿음을 [270] 표시한다. 그러나 그들은 얻은 것에 묶이고, 홀리고, 집착하며, 위험함을 보지 않고, 벗어남을 통찰하지 않으면서 사용한다. 그래서 그들은 아름답게 되지 않고 강건하게 되지 않는다. 그 때문에 그들은 죽음을 만나고 죽음에 버금가는 괴로움을 받게 된다."[643]

---

642) 즉 네 가지 필수품(paccaya)들을 보시한다는 뜻이다. 본서 「달의 비유 경」(S16:3) §9의 주해를 참조할 것.

643) 여기에 대한 설명은 바로 다음의 「고양이 경」(S20:10) §5를 참조할 것.

6. “비구들이여, 그러므로 그대들은 참으로 이와 같이 공부지어야 한다. ‘우리는 얻은 것에 묶이지 않고, 홀리지 않고, 집착하지 않으며, 위험함을 보고, 벗어남을 통찰하면서 사용하리라.’라고 그대들은 이와 같이 공부지어야 한다.”

고양이 경(S20:10)
Bilāra-sutta

2. 그 무렵 어떤 신참 비구가 지나치게 신도 집들과 교제하였다. 그러자 비구들이 그에게 말했다.

“존자는 지나치게 신도 집들과 교제하면 안됩니다.”

그러나 그 비구는 비구들의 훈계를 받았지만 그만두지 않았다.

3. 그러자 많은 비구들이 세존께 다가갔다. 가서는 세존께 절을 올린 뒤 한 곁에 앉았다. 한 곁에 앉은 비구들은 세존께 이렇게 말씀드렸다.

“세존이시여, 여기 어떤 신참 비구가 지나치게 신도 집들과 교제합니다. 그러자 비구들이 그에게 말했습니다. ‘존자는 지나치게 신도 집들과 교제하면 안됩니다.’ 그러나 그 비구는 비구들의 훈계를 받았지만 그만두지 않습니다.”

4. “비구들이여, 옛날에 어떤 고양이가 있었다. 그 고양이는 뒷골목과 하수구와 쓰레기통에서[644] ‘만일 생쥐가 이곳에 나타나면 나는 그놈을 잡아서 먹어버리리라.’라고 생각하면서 생쥐가 나타나기를 기다리며 서 있었다. 비구들이여, 그때 그 생쥐가 그곳에 나타났

644) ‘뒷골목과 하수구와 쓰레기통에서’는 sandhi-samala-saṅkaṭīre를 주석서(SA.ii.231)를 참조해서 옮긴 것이다.

다. 고양이는 그것을 잡아서 씹지도 않고 바로 삼켜버렸다. 그러자 그 생쥐는 그 고양이의 큰창자도 갉아먹고 작은창자도 갉아먹었다. [271] 그 때문에 고양이는 죽음을 만나고 죽음에 버금가는 괴로움을 받게 되었다."

5. "비구들이여, 그와 같이 여기 어떤 비구는 오전에 옷매무새를 가다듬고 발우와 가사를 수하고 몸을 보호하지 않고 말을 보호하지 않고 마음을 보호하지 않고 마음챙김을 확립하지 않고 감각기능들을 제대로 단속하지 않은 채 걸식하러 마을이나 성읍으로 들어간다.

그는 거기서 제대로 몸을 감싸지도 않고 제대로 옷을 입지도 않은 여인을 본다. 제대로 몸을 감싸지도 않고 제대로 옷을 입지도 않은 그런 여인을 보고서 애욕이 그의 마음을 물들게 한다. 그는 마음이 애욕에 물들어 죽음을 만나고 죽음에 버금가는 괴로움을 받게 된다.

비구들이여, 여기서 죽음이란 성자의 율에서 공부지음을 버리고 낮은 [재가자의] 삶으로 되돌아가는 것이다. 비구들이여, 죽음에 버금가는 괴로움이란 오염된 계를 범한 것인데 계를 범한 것에 대한 출죄(出罪)가 제정되어 있는 것을 말한다."645)

6. "비구들이여, 그러므로 그대들은 참으로 이와 같이 공부지어야 한다. '우리는 몸을 보호하고 말을 보호하고 마음을 보호하고 마

---

645) 네 가지 빠라지까(pārājika, 바라이죄, 波羅夷罪)를 범하면 그 범계로부터 벗어나는 방법이 없기 때문에 그것은 출가자에게는 죽음과 같다. 그 외 상가디세사(saṅghādisesa, 僧殘罪) 등의 계를 범하면 출죄하는 방법이 『율장』에 마련되어 있기 때문에 이것은 출가자로서의 죽음에는 해당되지 않지만 죽음에 버금가는 괴로움이라고 표현하고 있다. 『맛지마 니까야』 「꼬삼비에 사는 비구 경」(M48)에 의하면 출죄에 해당되는 계를 범하면 즉시 대중에게 드러내어야 한다. 그리고 그 범계에 맞는 처벌을 받아야 한다.

음챙김을 확립하고 감각기능들을 제대로 단속하여 걸식하러 마을이나 성읍으로 들어가리라.'라고 그대들은 이와 같이 공부지어야 한다."

자칼 경1(S20:11)
Siṅgālaka-sutta

3. "비구들이여, 그대들은 밤이 지나고 새벽이 되었을 때 늙은 자칼이 우는 소리를 들었는가?"

"그렇습니다, 세존이시여."

"비구들이여, 이 늙은 자칼은 옴이라는 병에 걸렸다. 그럼에도 그는 여전히 가고 싶은 대로 가고 서고 싶은 대로 서고 앉고 싶은 대로 앉고 [272] 눕고 싶은 대로 눕는다. 더군다나 찬바람까지 그에게 세차게 불고 있다.[646]

비구들이여, 여기 어떤 자[647]가 만일 자기 존재가 이러한 상태로 되는 것을 겪을 각오가 되어 있다면 자기가 석가족 후예인 [나]의 제자[648]라고 주장해도 좋을 것이다."

---

646) 자칼과 옴에 대한 설명은 본서 「자칼 경」(S17:8) §3의 주해를 참조할 것.

647) 주석서는 이 어떤 자는 다름 아닌 데와닷따(Devadatta)라고 설명하고 있다.(SA.ii.231)

648) '석가족 후예인 [나]의 제자'는 Sakyaputtiya를 풀어서 옮긴 것이다. 이 단어는 석가족 아들로 직역할 수 있는 Sakya-putta의 곡용형으로 원 뜻은 '석가족 아들에 속하는 자'이다. 물론 여기서 석가족 후예(석가족 아들, Sakya-putta)는 부처님을 뜻하고, 석가족 후예에 속하는 자(석가족 아들에 속하는 자)는 부처님의 제자를 뜻한다. 그래서 이렇게 풀어서 옮겼다.
데와닷따는 자기가 부처님의 제자라고 주장하지만 그의 행위(ācāra)는 그렇지 못하다고 부처님께서는 말씀하고 계시는 것이다. 사꺄(Sakya)에 대한 논의는 본서 제3권 「걸식 경」(S22:80) §1의 주해를 참조할 것.

4. "비구들이여, 그러므로 그대들은 참으로 이와 같이 공부지어야 한다. '우리는 방일하지 않고 머무르리라.'라고 그대들은 이와 같이 공부지어야 한다."

자칼 경2(S20:12)

3. "비구들이여, 그대들은 밤이 지나고 새벽이 되었을 때 늙은 자칼이 우는 소리를 들었는가?"

"그렇습니다, 세존이시여."

"비구들이여, 이 늙은 자칼은 어느 정도는 은혜를 알고 은혜에 보답할 줄 알 것이다.[649] 그러나 여기 어떤 자는 자기는 석가족 후예인 [나]의 제자라고 주장하지만 전혀 은혜를 모르고 은혜에 보답할 줄도 모른다."

4. "비구들이여, 그러므로 그대들은 참으로 이와 같이 공부지어야 한다. '우리는 은혜를 알고 은혜에 보답할 줄 아는 자가 되리라. 우리가 입은 작은 호의라도 빼놓지 않을 것이다.'라고 그대들은 이와 같이 공부지어야 한다."

---

649) 주석서에 의하면 어떤 농부가 큰 뱀(ajagara)으로부터 자칼을 구해 주었다고 한다. 그 후에 큰 뱀이 농부를 붙잡자 자칼은 농부의 동생들에게 이 사실을 알려서 그들이 농부를 구하게 하여 은혜를 갚았다고 한다.(SA.ii.232)

비유 상윳따(S20)가 끝났다.

여기에 포함된 경들의 목록은 다음과 같다.

① 뾰족지붕 ② 손톱 ③ 가문
④ 가마솥 ⑤ 창(槍) ⑥ 궁수
⑦ 쐐기 ⑧ 목침 ⑨ 큰 코끼리
⑩ 고양이, 두 가지 ⑪~⑫ 자칼이다.

제21주제

비구 상윳따(S21)

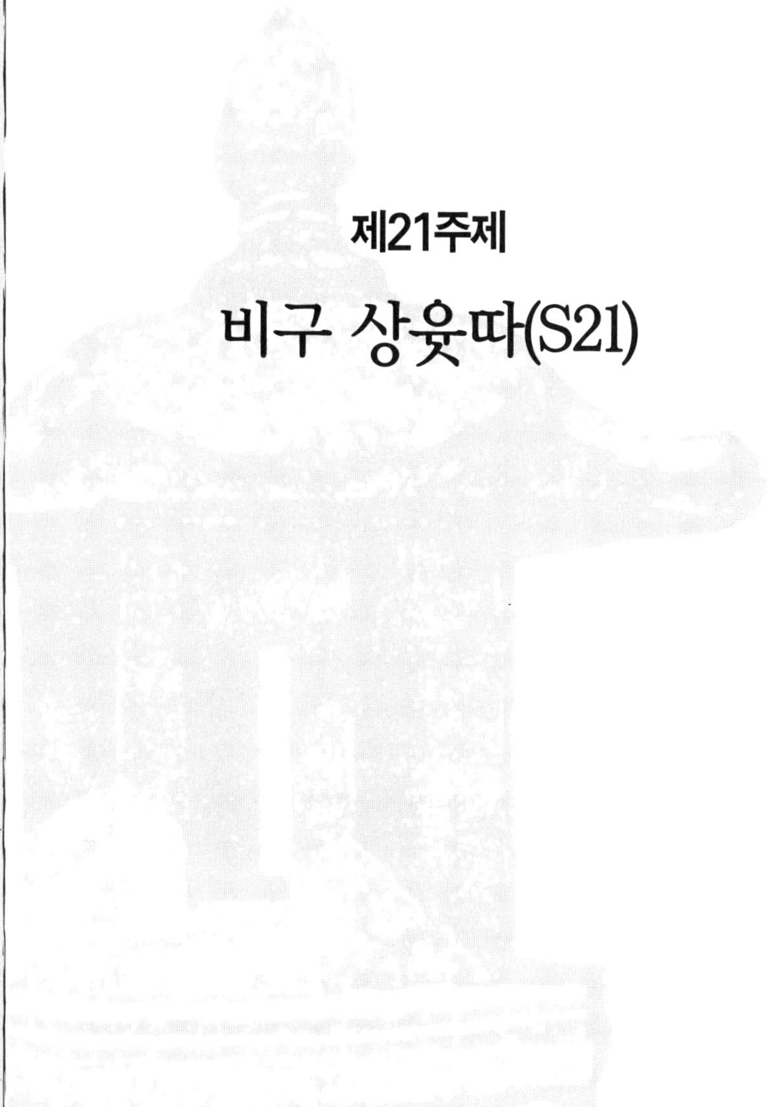

제21주제(S21)

비구 상윳따

Bhikkhu-saṁyutta

꼴리따 경(S21:1)650)

Kolita-sutta

1. 이와 같이 나는 들었다. [273] 한때 세존께서는 사왓티에서 제따 숲의 급고독원에 머무셨다.

2. 거기서 마하목갈라나 존자는 "도반 비구들이여."라고 비구들을 불렀다. "도반이시여."라고 비구들은 마하목갈라나 존자에게 응답했다. 마하목갈라나 존자는 이렇게 말했다.

3. "도반들이여, 여기 나는 한적한 곳에 가서 홀로 앉아있는 중에 문득 '성스러운 침묵, 성스러운 침묵'이라는 이런 생각이 마음에 일어났습니다. 그러면 어떤 것을 성스러운 침묵이라 합니까?"651)

---

650) 꼴리따(Kolita)는 라자가하 근처에 있는 마하목갈라나 존자가 태어난 마을 이름이었는데 마하목갈라나 존자의 이름이 되었으며 목갈라나는 그의 어머니 이름 목갈리(Moggalī) 혹은 목갈라니(Moggallāni)에서 유래되었다.
본경은 본서 제4권 「제2선 경」(S40:2)과 거의 동일한데 제2선보다는 성스러운 침묵을 중시하는 경이다. 주석서의 설명처럼 본경은 목갈라나 존자가 아라한과를 증득하기 위해서 애쓰던 일주일간을 언급하고 있다.(SA.ii.233)

651) 주석서는 왜 제2선이 '성스러운 침묵(ariya tuṇhī-bhāva)'인가를 이렇게 설명하고 있다.
"제2선에서는 일으킨 생각과 지속적인 고찰[尋伺, vitakka-vicāra]이 소멸된다. 이 둘이 소멸하기 때문에 소리의 감각장소(sadd-āyatana, 즉 말)가 일어나지 않게(appavatti) 된다. 그래서 제2선을 '성스러운 침묵'이라 하는

4. "도반들이여, 그런 내게 이런 생각이 들었습니다.

'일으킨 생각과 지속적인 고찰을 가라앉혔기 때문에 [더 이상 존재하지 않으며], 자기 내면의 것이고, 확신이 있으며, 마음의 단일한 상태이고, 일으킨 생각과 지속적인 고찰은 없고, 삼매에서 생긴 희열과 행복이 있는 제2선(二禪)에 들어 머문다. 이것을 성스러운 침묵이라 한다.'

도반들이여, 그런 나는 일으킨 생각과 지속적인 고찰을 가라앉혔기 때문에 [더 이상 존재하지 않으며], 자기 내면의 것이고, 확신이 있으며, 마음의 단일한 상태이고, 일으킨 생각과 지속적인 고찰은 없고, 삼매에서 생긴 희열과 행복이 있는 제2선(二禪)에 들어 머물렀습니다. 도반들이여, 그런 내가 이와 같이 머물 때 일으킨 생각이 함께한 인식과 마음에 잡도리함이 일어났습니다."

5. "도반들이여, 그때 세존께서 신통으로 다가오셔서 이렇게 말씀하셨습니다.

'목갈라나여, 목갈라나여, 성스러운 침묵에 대해서 방일하지 말라. 바라문이여, 성스러운 침묵에 마음을 안주시켜라. 성스러운 침묵에 마음을 하나로 만들어라. 성스러운 침묵에 마음이 삼매에 들게 하라.'

도반들이여, 그런 나는 그 뒤에 일으킨 생각과 지속적인 고찰을 가

것이다. 세존께서는 "법담을 나누거나 성스러운 침묵을 지키는 것"(M26 §4; A9:4 §3)을 말씀하셨는데 여기서는 명상주제를 마음에 잡도리하는(kamma-ṭṭhāna-manasikāra) 초선 등도 성스러운 침묵이라는 이름을 얻게 된다." (SA.ii.233)

한편 본서 제4권 「까마부 경」 2(S41:6/iv.293) §§4~5에서는 일으킨 생각과 지속적인 고찰을 말의 행위[口行, vaci-saṅkhāra]라 부르고 있는데 이 두 가지 심리현상은 발성을 하는데 관련되어 있기 때문이다. 그래서 그 경의 §5는 "먼저 생각을 일으키고 지속적으로 고찰하고, 뒤에 말을 터뜨립니다. 그래서 일으킨 생각과 지속적인 고찰은 말의 행위입니다."라고 설하고 있다.

라앉혔기 때문에 [더 이상 존재하지 않으며], 자기 내면의 것이고, 확신이 있으며, 마음의 단일한 상태이고, 일으킨 생각과 지속적인 고찰은 없고, 삼매에서 생긴 희열과 행복이 있는 제2선(二禪)에 들어 머물렀습니다. [274] 도반들이여, 바르게 말하는 자가 말하기를 '그는 스승의 보호를 받아서 큰 신통의 지혜를 얻은 제자이다.'라고 하는 것은 바로 나를 두고 하는 말입니다."652)

우빠띳사 경(S21:2)653)

Upatissa-sutta

2. 거기서 사리뿟따 존자는 "도반 비구들이여."라고 비구들을 불렀다. "도반이시여."라고 비구들은 사리뿟따 존자에게 응답했다. 사리뿟따 존자는 이렇게 말했다.

3. "도반들이여, 여기 나는 한적한 곳에 가서 홀로 앉아있는 중에 문득 이런 생각이 일어났습니다.

'변하고 다른 상태로 되어가기 때문에 나에게 근심·탄식·육체적 고통·정신적 고통·절망을 일어나게 하는 그런 것이 이 세상에는 있는가?'

도반들이여, 그런 내게 이런 생각이 들었습니다.

---

652) "이러한 방법으로 스승께서는 일곱 번째 날에 장로의 퇴보에 빠진 삼매(hānabhāgiya samādhi)를 증장시켜서 장로가 큰 신통의 지혜(mahā-bhiññatā), 즉 육신통(chaḷ-abhiññatā)을 증득하게 하셨다."(SA.ii.233) 마하목갈라나 존자가 출가한지 칠 일째 되던 날에 부처님께서 그를 교계하신 이 유명한 일화는 『앙굿따라 니까야』 제4권 「졸고 있음 경」(A7:58)에 나타나고 있으므로 일독을 권한다.

653) 우빠띳사(Upatissa)는 사리뿟따 존자의 이름이었다.(『맛지마 니까야』 「역마차 경」(M24/i.150) §17; 『율장』(V.i.42) 등)

'변하고 다른 상태로 되어가기 때문에 나에게 근심·탄식·육체적 고통·정신적 고통·절망을 일어나게 하는 그런 것은 이 세상에는 없다.'"

4. 이렇게 말하자 아난다 존자가 사리뿟따 존자에게 이렇게 말했다.

"도반이여,654) 스승(세존)께서 변하고 다른 상태로 되어간다 하더라도 그대에게는 근심·탄식·육체적 고통·정신적 고통·절망이 일어나지 않겠습니까?"

"도반이여, 스승께서 변하고 다른 상태로 되어간다 하더라도 나에게는 근심·탄식·육체적 고통·정신적 고통·절망이 일어나지 않습니다. 그러나 내게 이런 생각이 들 것입니다.

'이처럼 크나큰 영향력이 있고 이처럼 크나큰 신통력이 있고 이처럼 크나큰 위력이 있는 스승께서 사라지셨구나. 만일 그분 세존께서 오래 긴 세월을 머무셨다면 그것은 많은 사람의 이익을 위하고 많은 사람의 행복을 위하고 세상을 연민하고 신과 인간의 이상과 이익과 행복을 위하는 것이었을 것이다.'라고."

5. "그렇다면 [275] 그것은 사리뿟따 존자가 오랜 세월동안을655) '나'라는 생각과 '내 것'이라는 생각과 자만의 잠재성향을 완전히 뿌리 뽑은 채로 [머물렀기] 때문입니다. 그래서 스승께서 변하고

---

654) Ee: āvuso Sāriputta 대신에 Be, Se: āvuso로 읽었다.

655) "여기서 '오랜 세월동안을(dīgha-rattaṁ)'이란 것은 부처님께서 라자가하의 멧돼지 동굴에서 디가나카 유행승(Dīghanakha-paribbājaka)에게 느낌을 철저하게 아는 것(vedanā-pariggaha)을 설하신 지 오래되었다는 말이다. 바로 그날에 사리뿟따 존자의 윤회에 잠복해 있던 번뇌(vaṭṭa-anugata-kilesā)는 모두 뿌리 뽑혔기(samūhatā) 때문이다."(SA.ii.234)
여기에 대해서는 『맛지마 니까야』 「디가나카 경」(M74) §10 이하 특히 §14를 참조할 것.

다른 상태로 되어간다 하더라도 사리뿟따 존자에게는 근심·탄식·육체적 고통·정신적 고통·절망이 일어나지 않는 것입니다"

통(단지) 경(S21:3)
Ghaṭa-sutta

2. 그 무렵 사리뿟따 존자와 마하목갈라나 존자는 라자가하에서 대나무 숲의 다람쥐 보호구역에 하루 동안 머물렀다. 그때 사리뿟따 존자는 해거름에 홀로 앉음을 풀고 일어나 마하목갈라나 존자에게 다가갔다. 가서는 마하목갈라나 존자와 함께 환담을 나누었다. 유쾌하고 기억할 만한 이야기로 서로 담소를 하고서 한 곁에 앉았다. 한 곁에 앉은 사리뿟따 존자는 마하목갈라나 존자에게 이렇게 말했다.

3. "도반 목갈라나여, 그대의 감각기관들은 참으로 고요하고 안색은 아주 맑고 빛납니다. 오늘 하루 마하목갈라나 존자는 평화롭게 머물렀습니까?"

"도반이여, 오늘 나는 거칠게656) 하루를 머물렀습니다. 그러나 나는 법담을 나누었습니다."

"누구와 함께 마하목갈라나 존자가 법담을 나누었단 말입니까?"

"도반이여, 나는 세존과 함께 법담을 나누었습니다."

4. "도반이여, 지금 세존께서는 멀리 사왓티에서 제따 숲의 아

656) "'거칠게(oḷārikena)'란 대상이 거친 것(oḷārik-ārammaṇatā)을 두고 한 말이다. 그는 천안과 천이계(천안통과 천이통)로 머묾(dibbacakkhu-dibba-sota-dhātu-vihāra)을 통해서 머물렀기 때문인데, 이런 [신통은] 형색의 감각장소와 소리의 감각장소(rūpāyatana-saddāyatana)라 불리는 거친 것을 대상으로 하기 때문이다. 그래서 거칠다고 한 것이다."(SA.ii.234)

나타삔디까 원림(급고독원)에 머물고 계십니다. 그렇다면 마하목갈라나 존자가 신통으로 세존께 다가갔습니까, 아니면 세존께서 신통으로 마하목갈라나 존자에게 오셨습니까?"

"도반이여, [276] 내가 신통으로 세존께 다가가지도 않았으며 세존께서 신통으로 제게 오시지도 않았습니다. 다만 세존께서는 나와 [소통하기 위해서] 그분의 신성한 눈과 신성한 귀의 요소를 맑게 하셨고 나도 세존과 [소통하기 위해서] 나의 신성한 눈과 신성한 귀의 요소를 맑게 하였을 뿐입니다."657)

5. "그러면 마하목갈라나 존자는 세존과 함께 어떠한 법담을 나누었습니까?"

"도반이여, 여기 나는 세존께 이렇게 여쭈었습니다.

'세존이시여, '정진을 시작한 자, 정진을 시작한 자'라고들 합니다. 세존이시여, 어떻게 해서 정진을 시작한 자가 됩니까?'

도반이여, 이렇게 말씀드리자 세존께서는 내게 이렇게 말씀하셨습니다.

'목갈라나여, 여기 비구는 '피부와 힘줄과 뼈가 쇠약해지고 몸에 살점과 피가 마르더라도 남자다운 근력과 남자다운 노력과 남자다운 분발로써 얻어야 하는 것을 얻을 때까지 정진을 계속하리라.'라고 정진을 시작한 자가 되어 머문다.658) 목갈라나여, 이렇게 해서 정진을

---

657) 본문은 주석서에 나타나는 아래 문장을 참조해서 의역하였다.
"그는 천안(天眼)으로 스승께서 제따 숲의 승원에서 간다꾸띠(향실, 香室, Gandhakuṭi)에 앉아계신 것을 보고 천이(天耳)로 소리를 들었다. 스승께서도 그렇게 하셨다. 이렇게 하여 그들은 서로서로를 보고 소리를 들은 것이다."(SA.ii.235)
즉 신통을 부려서 직접 세존께로 간 것이 아니라 멀리 있으면서도 천안통과 천이통으로 서로서로 대화를 하였다는 말이다.

658) 본서 「십력 경」 2(S12:22) §6과 같다. 그곳의 주해를 참조할 것.

시작한 자가 된다.'라고.

도반이여, 저는 세존과 함께 이러한 법담을 나누었습니다."

6. "도반이여, 예를 들면 산의 왕 히말라야 가까이에 조그마한 자갈 몇 개를 놓고 [비교하는] 정도와 같습니다. 그와 같이 우리도 마하목갈라나 존자와 [비교하면] 그 정도에 지나지 않습니다. 참으로 마하목갈라나 존자는 크나큰 신통력이 있고 크나큰 위력이 있어서 원하기만 하면 일 겁을 머물 수 있기659) 때문입니다."

7. "도반이여, 예를 들면 큰 소금 통 가까이에 조그마한 소금 조각 몇 개를 놓고 [비교하는] 정도와 같습니다. 그와 같이 우리도 사리뿟따 존자와 [비교하면] 그 정도에 지나지 않습니다. [277] 참으로 세존께서는 여러 방법으로 사리뿟따 존자를 칭찬하고 칭송하고 찬탄하셨기 때문입니다.

'사리뿟따는 통찰지와 계
고요함을 두루 구족했나니
저 언덕에 도달한 비구 있다면
잘해야 그와 동등할 정도.'라고."660)

8. 이처럼 두 분 위대한 용들661)은 서로가 서로에 대해서 잘 말

---

659) 주석서에 의하면 여기 나타나는 '겁(劫, kappa)'은 수명의 겁(āyu-kappa)을 뜻한다고 한다.(SA.ii.235) 『앙굿따라 니까야 주석서』(AA.iv.149)에 의하면 수명의 겁은 대략 백 살 정도이다. 겁에 대한 여러 가지 설명은 본서 「산 경」(S15:5) §3의 주해를 참조하고, 본서 제6권 「탑묘 경」(S51:10/v.259) §5와 주해도 참조할 것.

660) 본 게송은 본서 제1권 「제따 숲 경」(S1:48) {159}와 「급고독 경」(S2:20) {315}로도 나타나는데 이 두 경에는 급고독 장자가 신이 되어서 읊은 것으로 나타나고 있다.

하고 잘 표현하면서 기뻐하였다.

신참 경(S21:4)

Nava-sutta

2. 그 무렵 어떤 신참 비구가 걸식하여 공양을 마치고 걸식에서 돌아와서 승원에 들어가 무관심한 채로 침묵하며 편히 지내고 있었다. 그는 가사를 만드는 시간에도 비구들을 위해서 일을 하지 않았다.

그러자 많은 비구들이 세존께 다가갔다. 가서는 세존께 절을 올린 뒤 한 곁에 앉았다. 한 곁에 앉은 비구들은 세존께 이렇게 말씀드렸다.

3. "세존이시여, 여기 어떤 신참 비구가 걸식하여 공양을 마치고 걸식에서 돌아와서 승원에 들어가 무관심한 채로 침묵하며 편히 지내고 있습니다. 그는 가사를 만드는 시간에도 비구들을 위해서 일을 하지 않습니다."

4. 그때 세존께서는 어떤 비구를 불러서 말씀하셨다.

"오라, 비구여. 그대는 내 이름으로 '도반이여, 스승께서 그대를 부르십니다.'라고 그 비구를 불러오라.

"그렇게 하겠습니다, 세존이시여."라고 비구는 세존께 대답한 뒤 그 비구에게 다가갔다. 가서는 그 비구에게 이렇게 말했다.

"도반이여, 스승께서 그대를 부르십니다."

"알겠습니다, 도반이여."라고 그 비구는 대답한 뒤 세존께 다가갔다. 가서는 세존께 절을 올리고 한 곁에 앉았다. [278] 한 곁에 앉은

---

661) 여기서 '두 분 위대한 용들(ubho mahā-nāgā)'은 상수제자인 사리뿟따 존자와 목갈라나 존자를 뜻한다. 그러므로 여기서 용(나가, nāga)은 아라한의 뜻으로 사용되었다. 용(나가)에 대해서는 본서 제1권 「회합 경」(S1:37) {123}의 주해와 본서 제3권 「나가 상윳따」(S29)의 경들을 참조할 것.

그 비구에게 세존께서는 이렇게 말씀하셨다.

5. "비구여, 그대는 걸식하여 공양을 마치고 걸식에서 돌아와서 승원에 들어가 무관심한 채로 침묵하며 편히 지내고 있으며, 가사를 만드는 시간에도 비구들을 위해서 일을 하지 않는다는 것이 사실인가?"

"세존이시여, 저는 제 자신의 소임을 다하고 있습니다."

6. 그러자 세존께서는 마음으로 그 비구의 마음에 일어난 생각을 아신 뒤 비구들을 불러서 말씀하셨다.

"비구들이여, 그대들은 이런 비구를 성가시게 하지 말라. 비구들이여, 이 비구는 바로 지금·여기에서 행복하게 머물게 하는, 높은 마음인 네 가지 선(禪)을 원하는 대로 얻었고 힘들이지 않고 얻었고 어렵지 않게 얻었다. 그는 좋은 가문의 아들들이 집에서 나와 출가하는 목적인 그 위없는 청정범행의 완성을 지금·여기에서 스스로 최상의 지혜로 알고 실현하고 구족하여 머문다."

7. 세존께서는 이렇게 말씀하셨다. 선서이신 스승께서는 이렇게 말씀하신 뒤 다시 [게송으로] 이와 같이 설하셨다.

"이것은 게을러서도 아니요 근력이 부족해서도 아니니
열반을 증득하여 모든 괴로움에서 벗어난 것이로다.

이 젊은 비구야말로 으뜸가는 인간이니
마라와 그의 탈 것을 이기고서[662]

---

662) '마라와 그의 탈 것을 이기고서'는 jetvā Māraṁ savāhanaṁ을 옮긴 것이다. 본경에 해당하는 주석서는 여기서 '탈 것(vāhana)'이 무엇인지를 설명하지 않고 있다. 그러나 다른 주석서들에서는, 기리메카(Girimekha) 코끼리(SnA.ii.15 = Sn {442}에 대한 주석)로, 혹은 마라의 군대(AA.iii.18 =

[이 생에서] 그의 마지막 몸을 가지고 있도다."

수자따 경(S21:5)

Sujāta-sutta

2. 그때 수자따 존자663)가 세존께 다가갔다. 세존께서는 수자따 존자가 멀리서 오는 것을 보셨다. 보시고서는 비구들을 불러서 말씀하셨다.

3. "비구들이여, 저 선남자는 두 가지로 빛이 난다. [279] 그는 멋있고 수려하고 우아하며 준수한 용모를 갖추었다. 그리고 그는 좋은 가문의 아들들이 집에서 나와 출가하는 목적인 그 위없는 청정범행의 완성을 지금·여기에서 스스로 최상의 지혜로 알고 실현하고 구족하여 머문다.

4. 세존께서는 이렇게 말씀하셨다. 선서이신 스승께서는 이렇게 말씀하신 뒤 다시 [게송으로] 이와 같이 설하셨다.

"이 비구는 올곧은 마음으로 빛이 나도다.

「노력 경」(A4:13/ii.15) §13에 대한 주석)로 설명하고 있다. 『자따까』(J.i.72)에는 마라가 기리메카 코끼리를 타고 미래의 부처님을 공격하러 보리수로 가는 것이 나타난다. 그러므로 마라의 탈 것은 마라의 코끼리나 마라의 군대를 뜻한다.

663) 본경에 해당하는 주석서와 복주서는 수자따 존자(āyasmā Sujāta)에 대한 설명을 하지 않는다. DPPN은 본경의 수자따 존자가 『장로니게』(Thig) {313~338}를 지은 순다리 장로니(Sundarī theri)의 아버지로 『장로니게 주석서』에 나타나는 수자따 존자로 보고 있다.(ThigA.229) 이 주석서에 의하면 그는 바라나시의 바라문이었는데 아들의 죽음을 슬퍼하던 중에 와싯티 장로니(Vasiṭṭhi therī)를 만나 세존께서 미틸라(Mithilā)에 계신다는 말을 듣고 세존께 가서 출가하여, 출가한 지 삼 일만에 아라한과를 얻었다고 한다.(*Ibid*)

매이지 않고 묶이지 않으며 취착하지 않아서 평화롭나니
마라와 그의 탈 것을 이기고서
[이 생에서] 그의 마지막 몸을 가지고 있도다."

라꾼따까 밧디야 경(S21:6)

Bhaddiya-sutta

2. 그때 라꾼따까 밧디야 존자664)가 세존께 다가갔다. 세존께서는 라꾼따까 밧디야 존자가 멀리서 오는 것을 보셨다. 보시고서는 비구들을 불러서 말씀하셨다.

3. "비구들이여, 그대들은 못생기고 보기 흉하고 기형이고 비구들이 경멸하는 저 비구가 오는 것을 보는가?"

"그렇습니다, 세존이시여."

"비구들이여, 이 비구는 크나큰 신통력이 있고 크나큰 위력이 있다. 그리고 이 비구가 이미 얻지 못한 증득[등지]을 찾기란 쉽지 않다. 그리고 그는 좋은 가문의 아들들이 집에서 나와 출가하는 목적인

---

664) 라꾼따까 밧디야 존자(āyasmā Lakuṇṭaka Bhaddiya)에서 라꾼따까는 난쟁이를 뜻한다. 그는 사왓티의 장자 가문에서 태어났으며 키가 아주 작았기 때문에 라꾼따까(난장이)라 불리었다고 한다. 그가 난쟁이로 태어난 것은 전생의 업 때문이라고 한다. 키가 작았지만 그는 감미로운 목소리(mañju-ssara)를 가졌으며 그의 감미로운 목소리를 듣고 달려온 여인이 웃을 때 드러낸 이빨을 보고 그것을 명상주제로 삼아 수행하여 불환자가 되었고 뒤에 사리뿟따 존자의 가르침으로 아라한이 되었다 한다.(AA.i.195~196) 그는 『앙굿따라 니까야』 「하나의 모음」(A1:14:1-7)에서 "감미로운 목소리를 가진 자들 가운데서 으뜸"으로 언급되고 있다. 『장로게』(Thag) {466~472}로 나타나는 그의 게송은 본경에 포함되어 있지 않다.
본경의 산문 부분은 『자설경』(Ud.76)에도 나타난다.(Ud.74~75도 참조할 것) 주석서에 의하면 육군비구(六群比丘, chabbaggiya, 여섯 무리의 비구)들이 난장이라고 그를 놀렸다고 한다, 육군비구는 『율장』에 자주 나타나는 여섯 비구를 상수로 한 행실이 나쁜 비구들의 무리를 말한다.

그 위없는 청정범행의 완성을 지금·여기에서 스스로 최상의 지혜로 알고 실현하고 구족하여 머문다.

4. 세존께서는 이렇게 말씀하셨다. 선서이신 스승께서는 이렇게 말씀하신 뒤 다시 [게송으로] 이와 같이 설하셨다.

"거위들과 백조들과 공작들과
코끼리들과 점박이 사슴들은
몸의 크기와 상관없이
모두 사자를 두려워한다네.

그와 같이 인간들 사이에서도
왜소하지만 통찰지를 가졌다면
그가 참으로 위대한 자이지
잘 가꾼 몸을 가진 어리석은 자가 그렇지는 않다네."

위사카 경(S21:7)665)

Visākha-sutta

1. 이와 같이 나는 들었다. 한때 [280] 세존께서는 웨살리에서 큰 숲[大林]의 중각강당에 머무셨다.

2. 그때 빤짤리의 아들 위사카 존자666)가 집회소에서 예의바르

665) 본경은 『앙굿따라 니까야』 「위사카 경」 (A4:48)과 설한 곳만 다르고 내용은 같다.

666) 빤짤리의 아들 위사카 존자(āyasmā Visākha Pañcāliputta)는 마가다의 지역 왕(maṇḍalika-rājā)의 아들이었다. 그의 어머니가 빤짤라 왕의 딸이었으므로 그는 빤짤리의 아들(Pañcāli-putta)이라 불리었다. 『앙굿따라 니까야 주석서』 (AA.iii.90)는 빤짤라에 사는 바라문녀의 아들(pañcāla-brāhmaṇiyā putto)이라고 표현하고 있다. 아버지가 죽자 그는 아버지의

고 명확하고 흠이 없고 뜻을 바르게 전달하며 [해탈에] 관계되고 [갈애와 삿된 견해에] 의지하지 않는[667] 법다운 이야기로 비구들을 가르치고 격려하고 분발하게 하고 기쁘게 하였다.

그때 세존께서는 해거름에 홀로 앉음을 풀고 일어나셔서 집회소로 가셨다. 가서는 마련된 자리에 앉으셨다. 자리에 앉으신 세존께서는 비구들을 불러서 말씀하셨다.

3. "비구들이여, 누가 예의바르고 명확하고 흠이 없고 뜻을 바르게 전달하는 언변을 구족하여 [갈애와 삿된 견해에] 의지하지 않고 집회소에서 법에 관한 이야기로 비구들을 가르치고 격려하고 분발하게 하고 기쁘게 하였는가?"

"세존이시여, 빤짤리의 아들 위사카 존자가 … 비구들을 가르치고 격려하고 분발하게 하고 기쁘게 하였습니다."

4. 그러자 세존께서는 빤짤리의 아들 위사카 존자에게 이렇게 말씀하셨다.

"위사카여, 장하고도 장하구나. 위사카여, 그대가 … 비구들을 가르치고 격려하고 분발하게 하고 기쁘게 하였다니 참으로 장하구나."

뒤를 이어 지역 왕이 되었는데 세존께서 그곳에 오시어 설법하는 것을 듣고 출가하였으며 세존을 따라 사왓티로 가서 거기서 아라한이 되었다고 한다. (ThgA.ii.75)

그의 게송은 『장로게』(Thag) {209~210}으로 나타나며 본경 §2에 나타나는 그에 대한 묘사는 본서 제1권 「사리뿟따 경」(S8:6) §2에서 사리뿟따 존자를 묘사하는 것으로도 나타난다.

667) 주석서는 "'의지하지 않고(anissita)'란 윤회(vaṭṭa)를 의지하지 않는다, 윤회를 벗어남(vivaṭṭa)을 의지하여 설한다는 뜻이다."(SA.ii.239)로 설명하고 있다.

그런데 다른 문맥에서는 "갈애와 사견에 의지하는 것(taṇhā-diṭṭhi-nissaya)을 의지하지 않고"(SA.iii.29 등)로 해석하는 곳이 몇 군데 있어서 '[갈애와 사견에] 의지하지 않고'로 옮겼다.

5. "현자가 어리석은 자들 가운데 섞여 있을 때
말을 하지 않으면 사람들은 그를 알지 못한다네.668)
말을 하더라도 불사(不死)의 길을 설할 때
사람들은 그를 알게 된다네.

법을 설하고 밝혀라.
선인(仙人)들의 깃발669)을 드날려라.
선인들은 잘 설하신 [법을] 깃발로 삼나니
법이야말로 선인들의 깃발이기 때문이라네."

난다 경(S21:8)

Nanda-sutta

2. 그때 [281] 세존의 이모의 아들인 난다 존자670)가 잘 누르고

---

668) '말을 하지 않으면 사람들은 그를 알지 못한다.'는 Ee: no bhāsamānaṁ jānanti와 Se: na bhāsamānaṁ jānanti 대신에 Be: nābhāsamānaṁ jānanti(= Ee: A.ii.51)로 읽은 것이다. 그렇지 않으면 뜻이 반대가 되어버린다. 불교 산스끄리뜨(BHS)로 된 『우다나와르가』(Udānavarga, 出曜經, Uv29:43~44)에도 nābhāṣamāna jñāyante로 나타나는데 Be와 같은 입장이다.

669) "'선인(仙人, isi)들'이란 부처님 등 성자들을 뜻하고, '선인들의 깃발(isinaṁ dhaja)'은 아홉 가지 출세간법들을 뜻한다."(AA.iii.90)
아홉 가지 출세간법은 예류도와 예류과부터 아라한도와 아라한과까지의 8가지와 열반을 말한다.

670) '세존의 이모의 아들인 난다 존자'는 āyasmā Nando bhagavato mātucchā putto를 옮긴 것이다. 난다 존자는 세존의 부친인 숫도다나(Suddhodana) 왕과 세존의 이모인 마하빠자빠띠 고따미(Mahāpajāpati Gotami) 사이에서 난 아들이다. 그러므로 세존의 배다른 동생이다. 그런데 본경은 그를 이모의 아들(mātucchā-putta)로 표현하고 있어서 이렇게 옮겼다.
그에 대한 이야기는 『자설경』(Ud.21~24)에 나타나며 더 자세한 이야기는 『법구경 주석서』(DhpA.i.115~122)에 실려 있다. BL 1:217~23을 참

잘 눌러 편 가사를 입고 눈에 화장을 하고 멋진 발우를 들고 세존께 다가갔다.671) 가서는 세존께 절을 올린 뒤 한 곁에 앉았다. 한 곁에 앉은 난다 존자에게 세존께서는 이렇게 말씀하셨다.

3. "난다여, 믿음으로 집을 나와 출가한 그대와 같은 선남자가 잘 누르고 잘 눌러 편 가사를 입고 눈에 화장을 하고 멋진 발우를 들고 다니는 것은 참으로 어울리지 않는다. 난다여, 믿음으로 집을 나와 출가한 그대와 같은 선남자에게는 숲에 머무는 자가 되고 탁발음식만 수용하는 자가 되고 분소의를 입는 자가 되어 감각적 욕망들을 기대하지 않고 머무는 것이 어울린다."

4. 세존께서는 이렇게 말씀하셨다. 선서이신 스승께서는 이렇게 말씀하신 뒤 다시 [게송으로] 이와 같이 설하셨다.

"언제 나는 난다가
숲에 머물고 분소의를 입고
모르는 사람이 남겨준 음식672)으로 연명하면서

조할 것.

671) "그러면 그는 왜 이렇게 처신을 하였는가? 세존의 의향을 알아보기 위해서(ajjhāsaya-jānan-attha)이다. 만일 스승께서 내 동생(kaniṭṭha-bhātika)이 이렇게 꾸미니 아름답다고 하시면 계속 이렇게 하고 다닐 것이고, 나무라시면 이런 것을 버리고 평생을 누더기 옷(saṅkāra-coḷa)를 입고 외딴 처소(pariyanta-senāsana)에 살 것이라고 생각했기 때문이다."(SA.ii.239)

672) '모르는 사람이 남겨준 음식'은 aññāt-uñcha를 옮긴 것이다. 주석서는 이렇게 설명하고 있다.
"음식(bhojana)을 구하는 자가 잘 알려지고 권력이 있는 집안(issara-jana-geha)들로부터 맛있고 향신료를 잘 넣어서 만든 음식을 구하면 이때 남겨준 음식(uñcha)을 잘 아는 사람이 남겨준 음식(ñāt-uñcha)이라 한다. 그러나 남의 집의 대문에 서서 얻은, 이것저것 뒤섞인 음식(missaka-bhojana)을 '모르는 사람이 남겨준 음식(aññāt-uñcha)이라 한다."(SA.ii.239)

감각적 욕망들에 무관심한 것을 보게 될까?”

5. 그 후에 난다 존자는 숲에 머무는 자가 되고 탁발음식만 수용하는 자가 되고 분소의를 입는 자가 되어 감각적 욕망들에 무관심하여 머물렀다.

띳사 경(S21:9)

Tissa-sutta

2. 그때 [282] 세존의 고종사촌 동생673)인 띳사 존자가 세존께 다가갔다. 가서는 세존께 절을 올린 뒤 한 곁에 앉았는데 괴롭고 실망스러워 눈물을 흘리고 있었다. 그러자 세존께서는 띳사 존자에게 이렇게 말씀하셨다.

3. “띳사여, 왜 그대는 한 곁에 앉아서 괴롭고 실망스러워 눈물을 흘리고 있는가?”

“세존이시여, 비구들이 저에게 사방에서 아주 심한 말로 야유를 퍼부으며 공격을 하기 때문입니다.”674)

“띳사여, 그것은 그대는 남을 훈계하지만 그대가 남의 훈계를 듣는 것을 견디지 못하기 때문이다. 띳사여, 믿음으로 집을 나와 출가한 그대와 같은 선남자가 남을 훈계하지만 남의 훈계를 듣는 것을 견

---

673) ‘고종사촌 동생’은 pitucchā-putta를 옮긴 것이다. DPPN에 의하면 띳사 존자는 세존의 고모인 아미따(Amitā)의 아들이라고 한다.

674) 주석서에 의하면 그는 아직 사미면서 멀리서 세존을 찾아온 장로들을 시봉하지도 않고 예를 갖추지도 않았다고 한다. 그것은 그가 끄샤뜨리야 출신이라는 자만심(khattiya-māna)에다 자신이 세존의 사촌이라는 생각 때문이었다고 한다. 그래서 다른 비구들이 그를 에워싸고 아주 심하게 그를 나무랐다고 한다.(SA.ii.240~241) 이 일화는 『법구경 주석서』(DhpA.i.37~39 = BL 1:166~167)에도 나타나고 있다.

디지 못하는 것은 참으로 어울리지 않는다. 띳사여, 믿음으로 집을 나와 출가한 그대와 같은 선남자에게는 남을 훈계하기도 하고 남의 훈계를 듣는 것을 견디기도 하는 것이 참으로 어울린다."

4. 세존께서는 이렇게 말씀하셨다. 선서이신 스승께서는 이렇게 말씀하신 뒤 다시 [게송으로] 이와 같이 설하셨다.

"왜 분노하는가? 분노하지 말라.
띳사여, 분노하지 않는 것이 그대에게 더 좋다네.
분노와 자만과 경멸을 길들여라.
그러면 청정범행이 성취된다네."

장로라 불리는 자 경(S21:10)
Theranāmaka-sutta

1. 이와 같이 나는 들었다. 한때 세존께서는 라자가하에서 대나무 숲의 다람쥐 보호구역에 머무셨다.

2. 그 무렵 장로라 불리던 어떤 비구675)가 있었는데, 그는 혼자 머무는 자가 되어 혼자 머무는 것을 칭송하면서 걸식하러 혼자 마을에 들어가고 혼자 나오고 혼자 외딴 곳에 앉고 혼자 포행을 하였다.

3. 그러자 많은 비구들이 세존께 다가갔다. [283] 가서는 세존께 절을 올린 뒤 한 곁에 앉았다. 한 곁에 앉은 비구들은 세존께 이렇게 말씀드렸다.

"세존이시여, 여기 어떤 비구가 장로라 불리고 있는데 그는 혼자

---

675) 주석서는 '장로라 불리던 어떤 비구(aññataro bhikkhu theranāmako)'에 대한 아무런 설명을 하지 않고 있다.

머무는 자가 되어 혼자 머무는 것을 칭송합니다."

4. 그때 세존께서는 어떤 비구를 불러서 말씀하셨다.

"오라, 비구여. 그대는 내 이름으로 '장로여, 스승께서 그대를 부르십니다.'라고 그 장로라는 비구를 불러오라.

"그렇게 하겠습니다, 세존이시여."라고 그 비구는 세존께 대답한 뒤 장로에게 다가갔다. 가서는 장로에게 이렇게 말했다.

"장로여, 스승께서 그대를 부르십니다."

"알겠습니다, 도반이여."라고 장로 존자는 그 비구에게 대답한 뒤 세존께 다가갔다. 가서는 세존께 절을 올리고 한 곁에 앉았다. 한 곁에 앉은 장로 존자에게 세존께서는 이렇게 말씀하셨다.

5. "장로여, 그대는 혼자 머무는 자가 되어 혼자 머무는 것을 칭송한다는 것이 사실인가?"

"그렇습니다, 세존이시여."

"장로여, 그러면 그대는 어떻게 혼자 머무는 자가 되어 혼자 머무는 것을 칭송하는가?"

"세존이시여, 여기 저는 걸식하러 마을에 혼자 들어가고 혼자 나오고 혼자 외딴 곳에 앉고 혼자 포행을 합니다. 세존이시여, 저는 이렇게 혼자 머무는 자가 되어 혼자 머무는 것을 칭송합니다."

"장로여, 그것도 혼자 머무는 것이다. 나는 그것이 아니라고 하지 않는다. 장로여, 그러나 혼자 머무는 것을 상세하게 완성하는 것에 대해서 이제 들어라. 듣고 마음에 잘 새겨라. 나는 설할 것이다."

"그렇게 하겠습니다, 세존이시여."

6. "장로여, 그러면 어떻게 하면 혼자 머무는 것이 상세하게 완성되는가? 장로여, 여기서 과거의 것은 이미 버려졌고 미래의 것은

포기되었다. 그리고 현재의 자기 존재의 획득들에 대한676) 욕탐이 잘 제거되었다. 장로여, 이렇게 하여 혼자 머무는 것이 상세하게 완성된다."

7. 세존께서는 [284] 이렇게 말씀하셨다. 선서이신 스승께서는 이렇게 말씀하신 뒤 다시 [게송으로] 이와 같이 설하셨다.

"모든 것을 지배하는 자, 모든 것을 아는 자
현명한 자, 모든 법들에 물들지 않는 자
모든 것을 버린 자, 갈애를 멸진하여 해탈한 자 —
이런 사람을 나는 혼자 머무는 자라 부른다네."677)

마하깝삐나 경(S21:11)

Mahākappina-sutta

---

676) "'과거의 것은 이미 버려졌고(yaṁ atītaṁ tam pahīnaṁ)'라는 것은 과거의 오온에 대한 욕탐을 버림에 의해서 버려졌다는 뜻이다. '미래의 것은 포기되었다(yam anāgataṁ tam paṭinissaṭṭhaṁ).'는 것은 미래의 오온에 대한 욕탐을 포기함에 의해서 포기되었다는 뜻이다."(SA.ii.243)
여기에 대해서는 『맛지마 니까야』 「경사스러운 하나에 몰입함 경」(M131/iii.188~189)과 「마하 깟짜나 존자와 경사스러운 하나에 몰입함 경」(M133) §§13~18 등을 참조할 것.
여기서 '현재의 자기 존재의 획득들에 대한'이라고 자기 존재의 획득들(atta-bhāva-paṭilābhesu)이라는 복수 형태를 사용한 것은 특이하다. 아마 오온의 각각을 모은 것으로 이해해서 복수로 사용한 듯하다.

677) 첫 번째 세 구절은 『숫따니빠따』(Sn) {211}에도 나타나고 조금 다르게 『법구경』(Dhp) {353}에도 나타난다.
"'모든 것을 지배하는 자(sabba-abhibhu)'란 모든 무더기·감각장소·요소(온·처·계, khandh-āyatana-dhātu)와 세 가지 존재(bhavā)를 지배하고 머무는 자라는 말이다. '물들지 않는 자(anupalitta)'란 이러한 법들에 대해서 갈애와 사견의 반죽(taṇhā-diṭṭhi-lepa)으로 물들지 않았다는 뜻이다. '갈애를 멸진하여 해탈한 자(taṇha-kkhaye vimutta)'란 갈애의 멸진이라 불리는 열반을 대상(ārammaṇa)으로 한 해탈을 통해서 해탈한 자란 말이다."(SA.ii.243)

2. 그때 마하깝삐나 존자[678]가 세존께 다가갔다. 세존께서는 마하깝삐나 존자가 멀리서 오는 것을 보셨다. 보시고서 비구들을 불러서 말씀하셨다.

3. "비구들이여, 그대들은 피부가 희고 여위고 큰 코를 가진 저 비구가 오는 것을 보는가?"

"그렇습니다, 세존이시여."

"비구들이여, 저 비구는 크나큰 신통력이 있고 크나큰 위력이 있다. 그리고 저 비구가 이미 얻지 못한 증득[等持]을 찾기란 쉽지 않다. 그리고 그는 좋은 가문의 아들들이 집에서 나와 출가하는 목적인 그 위없는 청정범행의 완성을 지금·여기에서 스스로 최상의 지혜로 알고 실현하고 구족하여 머문다."

4. 세존께서는 이렇게 말씀하셨다. 선서이신 스승께서는 이렇게 말씀하신 뒤 다시 [게송으로] 이와 같이 설하셨다.

---

678) 마하깝삐나 존자(āyasmā Mahakappina)는 꾹꾸따와띠(Kukkuṭavatī)라는 변방에 있는 나라의 왕가에서 태어났다. 그의 아버지가 죽자 마하깝삐나라는 이름의 왕이 되었다. 그는 세존보다 나이가 많았다고 한다. 세존이 정각을 이루신 뒤에 사왓티에서 온 상인들로부터 부처님이 출현하셨다는 말을 듣고 전율을 느낀 그는 왕위를 버리고 그의 대신들과 함께 세존을 찾아와서 출가하여 모두 아라한이 되었다고 한다. 그의 아내 아노자(Anojā)도 왕이 대신들과 함께 출가하였다는 말을 듣고 대신들의 아내들과 함께 역시 출가하여 예류과를 얻었다고 한다.(AA.i.318 이하)

마하깝삐나 존자는 홀로 禪을 닦는 것에만 치중하였다고 하는데 이를 아신 부처님께서 설법을 하라고 권하셨고, 그는 단 한 번의 설법으로 천 명의 비구들을 아라한이 되게 하였다고 한다.(AA.i.324) 그래서 세존께서는 『앙굿따라 니까야』 「하나의 모음」(A1:14:1-13)에서 그를 "비구들을 교계하는 자(bhikkhu-ovādaka)들 가운데서 으뜸"으로 언급하고 계신다. 그의 게송은 『장로게』(Thag) {547~556}으로 나타나고 있으며 본서 제6권 「마하깝삐나 경」(S54:7)에서도 세존께서 그를 삼매를 많이 닦은 자라고 칭찬하고 계신다.

"가문을 신뢰하는 사람들 가운데선
끄샤뜨리야가 단연 으뜸이 되고
천상의 신들과 인간들 가운데선
명지(明知)와 실천 구족한 자[明行足] 단연 으뜸이로다.679)

태양은 낮에만 빛나고
달은 밤에만 비추며
끄샤뜨리야는 갑옷을 입어야 빛나고
바라문은 참선해야만 참으로 빛나지만
깨달음을 성취한 자는
온 밤과 낮 동안 영광으로 빛나도다."680)

도반 경(S21:12)

Sahāyaka-sutta

2. 그때 [285] 마하깝삐나 존자의 제자인 두 도반 비구가 세존께 다가갔다. 세존께서는 그 비구들이 멀리서 오는 것을 보셨다. 보시고서 비구들을 불러서 말씀하셨다.

3. "비구들이여, 그대들은 깝삐나의 제자들인 저 두 도반 비구가 오는 것을 보는가?"

"그렇습니다, 세존이시여."

"비구들이여, 저 비구들은 크나큰 신통력이 있고 크나큰 위력이

---

679) 본 게송은 본서 제1권 「사낭꾸마라 경」(S6:11) {596}으로도 나타나고 있으며, 『맛지마 니까야』 「유학 경」(M53) §25와 『앙굿따라 니까야』 「공작 보호구역 경」(A11:11) §10 등에도 나타나고 있다.

680) 주석서는 이 두 번째 게송을 '모든 행복을 증장시키는 게송(sabbamaṅgala-gāthā)'이라 부르고 있다.(SA.ii.247)

있다. 그리고 저 비구들이 이미 얻지 못한 증득[等持]을 찾기란 쉽지 않다. 그리고 그들은 좋은 가문의 아들들이 집에서 나와 출가하는 목적인 그 위없는 청정범행의 완성을 지금·여기에서 스스로 최상의 지혜로 알고 실현하고 구족하여 머문다."

4. 세존께서는 이렇게 말씀하셨다. 선서이신 스승께서는 이렇게 말씀하신 뒤 다시 [게송으로] 이와 같이 설하셨다.

"저 두 비구는 진정한 도반이어서
오랜 세월 함께 지냈나니681)
붓다가 선포한 법에서
정법이 저들을 함께 지내게 했다네.

성자가 선포한 법으로
깝삐나가 저들을 잘 인도하였나니
그들은 마라와 그의 탈 것을 이기고서
[이 생에서] 그들의 마지막 몸을 가지고 있도다."

비구 상윳따(S21)가 끝났다.

여기에 포함된 경들의 목록은 다음과 같다.

① 꼴리따 ② 우빠띳사 ③ 통(단지) [286]
④ 신참 ⑤ 수자따 ⑥ 라꾼따까 밧디야
⑦ 위사카 ⑧ 난다 ⑨ 띳사
⑩ 장로라 불리는 자 ⑪ 마하깝삐나 ⑫ 도반이다.

---

681) 주석서에 의하면 그들은 지난 오백 생 동안 도반이었다고 한다.(SA.ii.247)

제2권 연기를 위주로 한 가르침에 포함된 상윳따들의 목록은 다음과 같다.

① 인연 ② 관통 ③ 요소
④ 시작을 알지 못함 ⑤ 깟사빠
⑥ 이득과 존경 ⑦ 라훌라
⑧ 락카나 ⑨ 비유 ⑩ 비구이다.

제2권 연기를 위주로 한 가르침이 끝났다.

십력(十力)의 바위산에서 생겨나
열반의 대해를 목적지로 하여
팔정도를 물로 삼아 [흘러가는]
승자의 말씀에 대한 이 감격 오래 전해지기를!

dasabalaselappabhavā
nibbānamahāsamuddapariyantā
aṭṭhaṅgamaggasalilā
jinavacananadī ciraṁ vahatū

지은이 · 각묵스님

1957년 밀양 생. 1979년 화엄사 도광 스님을 은사로 사미계 수지. 1982년 범어사에서 자운 스님을 계사로 비구계 수지. 7년간 제방 선원에서 안거 후 인도로 유학, 인도 뿌나 대학교(Pune University)에서 10여 년간 산스끄리뜨, 빠알리, 쁘라끄리뜨 수학. 현재 실상사 한주, 초기불전연구원 지도법사
역·저서로「금강경 역해」(2001, 12쇄 2023),「아비담마 길라잡이」(전 2권, 대림 스님과 공역, 2002, 12쇄 2016, 전정판 4쇄 2021),「네 가지 마음챙기는 공부」(2003, 개정판 9쇄 2022),「디가니까야」(전 3권, 2006, 8쇄 2022),「니까야 강독」(I/II, 2013, 6쇄 2023),「담마상가니」(전 2권, 2016),「초기불교 입문」(2017, 4쇄 2023),「위방가」(전 2권, 2018),「이띠웃따까」(2020),「우다나」(2021)

상윳따니까야
Saṁyutta Nikāya
주제별로 모은 경

제2권 연기를 위주로 한 가르침

2009년 11월 5일 초판1쇄발행
2025년 6월 10일 초판7쇄발행

옮긴 이 | 각묵 스님
펴낸 이 | 대림 스님
펴낸 곳 | 초기불전연구원
경남 김해시 관동로 27번길 5-79
전화 (055)321-8579
홈페이지 | http://tipitaka.or.kr
http://cafe.daum.net/chobul
이 메 일 | chobulwon@gmail.com
등록번호 | 제13-790호(2002.10.9)
계좌번호 | 국민은행 604801-04-141966 차명희
하나은행 205-890015-90404 (구.외환 147-22-00676-4) 차명희
농협 053-12-113756 차명희
우체국 010579-02-062911 차명희

ISBN 978-89-91743-16-8
ISBN 978-89-91743-14-4(전6권)

값 | 30,000원